歴史の影

恥辱と贖罪の場所で

アーナ・パリス【著】
Erna Paris

篠原ちえみ【訳】
Chiemi Shinohara

社会評論社

Long Shadows
Truth, Lies and History

ローランドに

道徳的宇宙は長い弧を描いている。
ただし、それは正義の方へと向かっている

――セオドア・パーカー、奴隷制度反対論者

＊目次

■正義はどこに？

※原書［　］はそのまま表記し、原文イタリック体には傍点を付し、訳注は（訳者の割り注）とした。

序章

打ちひしがれた国々への旅

ジョージ・オーウェルの作品のなかでも飛びぬけて秀逸な『一九八四年』には、強者の常識とも言えることを思い出させるこのような言葉がある。「現在を支配するものが過去を支配し、過去を支配するものが未来を支配する」。私がオーウェルの小説を読んだのは、まだ子どもの頃であったが、大学時代のある時点までこの言葉の意味を深く考えることはなかった。そのときのことは今も鮮明な記憶として残っている。哲学の講義のなかで、私たちの教授は、一般に歴史と呼ばれる出来事が、選択、あるいは操作によって形作られる方法について話していた。それまで私は深く考えることもなく、過去の歴史を生真面目で忠実な記述者によって記録された事実の集合体と見なしていたので、「歴史」が解釈（恐らく、悪意に満ちた解釈）の前では脆弱なものでありえるという考えに想像力をかき立てられた。今から考えれば、私たちは無意識の偏見に気付いた時にだけ、何かを学ぶことができるのかも知れない。

　振りかえってみると、それが本書を書き始める始点だったのかも知れない。しかし、それを実際に動かせたのは、一九六〇年代、フランスに暮らしていたときだった。ある週末、私は大学の友人と小旅行に出かけ、偶然にもヴォージュ山脈にあるナッツヴァイラー＝シュトゥットホーフというナチ収容所に出くわし、そこで初めて第二次世界大戦とホロコーストの陰惨な事実に遭遇したのだった。ガイドがこの場所を案内してくれた。そこは人が来ないような人里離れた場所で、私たちの他には誰もいなかった。ガイドの後を歩きながら、小さな建物へと案内された。建物のなかは部屋が二つあり、そのひとつはガス室だった。ここで最初に殺されたのはユダヤ人の母親と小さな娘であったとのガイドの説明に、私たちは無言で聞き入っていた。そのとき、瞬間的にある想像に打たれ、おぞましさに体がこわばるのを感じた。想像のなかで、その母親は私の母となり、私は母のおびえた子どもになっていた。体からすっかり感覚が失われたのを感じながら、隣の「解剖室」へと案内されると、部屋の中央に大きなテーブルが見えた。そのテーブルは、流れ出る血を集める溝に縁取られていた。ちょうど母が七面鳥料理のために使っていた銀製の溝つきの大皿を大きくしたようなものであった。

私にはこのような出来事を受け入れる準備などできていなかった。ヨーロッパのユダヤ人大量虐殺についてほとんど無知であった。そのため、そのときに受けたショックは私の脳裡に永久に焼きつき、記憶について問いを持ち始めるようになった。当時のフランスで何よりも驚いたことは、フランス人の友人とその隣人が戦争について話した内容ではなく、むしろ口を閉じていたことだった。私が問いかけると、返ってくる答えのほとんどが回避的なものか、そうでなければ戦時下におけるフランス人レジスタンスについての英雄伝のような主張であった。フランスにいたユダヤ人の運命は完全に闇に葬られていて、フランス国家のストーリーから完全に抜け落ちているように思われた。こうした若いころの幾多の経験が最終的に一本の糸で結ばれたのは一九八三年だった。この年、リヨンでゲシュタポ長官として働いていた戦時中の役割のために戦犯として指名手配されていたクラウス・バルビーがボリビアで捕らえられ、裁判にかけられるためフランスに送還されたのだ。

バルビーの逮捕を聞いたとき、彼のフランスとのかかわり、フランスの彼とのかかわりについて本を書くことは私にとって決定的となった。バルビーについて書くことで、フランスに住んでいた間感じていた、何かが抜け落ちているという感覚の原因をつきとめることができるはずだと直感した。これまで圧縮され、瓶詰めにされていた話題が突然コルク栓を抜かれたかのように、彼の逮捕が伝えられるとフランスはこの話題で持ち切りになった。バルビーのフランス帰還は、戦争中の話題が取り上げられるきっかけとなり、ヴィシー政権の対独協力についての国民的議論へとドアを開いた。一方、私の方は、バルビーに関する執筆を終えた後も、歴史の曖昧さに対する疑問にとらわれたままだった。現在求められる解釈に適合するよう過去が扱われる方法を追跡すること。それ以上に興味深いことはないように思われた。

問題はこうだ。その解釈は誰の解釈で、一体誰がそれを欲しているのか？　誰が過去の出来事を決定し、それを歴史として伝えることができるのか？

二一世紀を迎え、多くの国々が簡単には受け入れられない恥辱の歴史と格闘している。南アフリカは、これまでに例を見ない「真実と和解」ヒアリングを設置し、アパルトヘイト時代の犯罪が告白されることで、抑圧された人たちの傷が癒され、人権という価値の全面的承認といった民主主義社会の基盤作りができることを願っている。第二次世界大戦終結後、ドイツ政府はホロコーストを生き抜いた五〇万人以上のユダヤ人生還者に一〇四〇億マルクを越える賠償金を支払いながら、過去の陰惨な記憶をどう扱うかについて未だ試行錯誤を重ねている。一九八〇年代以降、フランスでは反ユダヤ主義と戦争時のユダヤ人移送の遺産に対処しようとする要求に迫られ、一九九五年、政府はついに自国のユダヤ系市民に対する正式な謝罪を行った。しかし、ヴィシー政権下のボルドー地域で「ユダヤ人問題」の責任者であったモーリス・パポンに対する一九九七年から一九九八年までに行われた裁判は、五〇年前の問題的行動が引き起こした国家的痛手が未だにわだかまりとなっている事実をまざまざと見せつけた。一方、日本では、日本軍の性的奴隷であった従軍慰安婦、連合軍の戦争捕虜、西洋の注目を再び引くことになった一九三七年の南京レイプの生存者、中国などで日本軍が行った生物兵器開発のための人体実験を逃れたり、そこから生還した戦争犠牲者に対する謝罪を求める声が高まっている。太平洋の反対側では、アメリカが未だに社会に弊害を与えている奴隷制という遺産と格闘し続けている。チリでは、アウグスト・ピノチェト将軍が約三〇年間にもわたる特権的自由の後、国際法のもとで起訴された。免罪の効力が溶けた今、今後、何千人もの「行方不明者」事件にかかわったアルゼンチン人がその罪を追求されるであろう。最後に、ハーグとタンザニアのアルーシャの二つの国際司法法廷では、一九九〇年代に旧ユーゴスラビア、ルワンダで犯された人道に対する罪が裁かれている。これと並行して、カンボジアと東ティモールでも同じような犯罪を裁くための法廷開設に向けた動きが見られる。

強者の不処罰を裁くという前例のない試み、そしてある種の正義を課そうとする試みは（それが成功するか否かにかかわらず）、国際的人権の新しい基準として新世紀初頭に始まった。この背景には、将来、正義が社会に根付くことを願い、政府に過去の不正義を承認させようと求める圧力が常にあった。

私が本書をほとんど偶然的に書き始めるきっかけとなったのは一九九六年春の日本への旅であった。この旅は私の研究の目的で計画されたものではなかったが、日本に行くのなら二〇世紀の歴史と想像力の源泉である広島と長崎を訪問することに決めた。日本人が市民に対する核爆弾投下という事実をどう記憶しているのか知りたいと思った。東京のカナダ大使館のおかげで、昭和天皇の戦争責任に言及したことで狙撃された本島等元長崎市長をはじめとする重要な人たちから話を聞くことができた。とはいえ、新幹線で南へと向かいながら、その旅がその後三年にわたる旅の出発点になろうとは思ってもみなかった。その後、私は世界中をまわり、いくつかの国の未決着の歴史に個人的に触れ、多くの忘れ得ぬ人たちと出会ったが、これらの経験は私のものの見方に計り知れない影響を与え、過去を見る視線を研磨してくれた。

私はすぐに広島と長崎で見聞きしたことが、集団的記憶が形成される仕方、また、そのストーリーから排除されていると気付いた人たちはどうなるのかという、それまで私が長い間関心を持っていたこととぴったりと符合することに気付いた。とりわけ、陰惨な過去の出来事が起こった後、歴史を注意深く再構築し、ある部分だけを選択的に利用した結果、現在の国のあり方が影響を被っているというパターンが見られるのは、日本以外にもあるのかと思い始めた。そして、同様の例は世界中随所に見られることに気付いた。たとえば、北アイルランド問題、インドとパキスタンの未解決の領土問題、イランのシャー（国王）の独裁制からイマーム（イスラム教の導師）下における神権制への移行、ソ連崩壊後ロシアにおける（確かに一時的な）パワーバキューム、オーストリアでの受け入れがたいナチの記憶、中国の資本主義を未だに覆う毛沢東共産主義の影響、アルゼンチンのダーティ・ウォーの首謀者に対するpunto final（終止符＝これ以上犯罪を詮索しないという政府の決定）がもたらした社会不安などが挙げられるが、これらは氷山のほんの一角に過ぎない。とりわけ興味深く思われたのは、ある重要な出来事が記憶される方法、あるいは故意に記憶されない方法を探ることであった。もうひとつ興味深いのは、国家公認のストーリーに個人的体験が取り入れられた人たち、あるいはそこから排除された一般の人たちが受ける影響であった。

本書の構成は、それ自体、自然な順序で構成されている。国家の記憶を支えているものをつきとめるためには、自分の目で確かめることが何より必要だった。そして、私が取り上げようと思った主題は、異なる角度から眺めた戦争の影響とその余波――市民抗争や弾圧、神話づくりなど――であった。図書館での通常の調査に加え、私の情報源は、時間を経るうちに社会の方向性がどのような方法で、また、どのような理由で変更されるのかを確かめようとする作家としての私自身の経験、それに私が出会う人たちであった。

私の最初の疑問はこうだった。どんな方法を使うべきか？　主題の規模に圧倒されないためにはどうすればよいのか？　私が選んだのは、これまで何世紀にもわたって、人々との出会いや研究を通して世界を探索してきた旅行者が取ったと同じ、最も直接的で最も親密なインタビューという方法であった。私のこれまでの長年の研究が、その経験を光で照らしてくれることを願った。こうした旅では、つねに自分が部外者であること、また、内部にいる人たちの目には自分が侵入者と映る可能性のあることも十分認知していた。私にできることは、捏造、正義、不正義を内包する国家的記憶の複雑なパターンを理解しようとする私の真の熱意、相手への共感が必要なアクセスを与えてくれると信じることだけであった。

部外者は内部にいる人たちとは違った角度から物事を見ることができるが、それこそ私が自分の国カナダを取り上げなかった理由である。私の国カナダもまた、独立を主張するケベックとそれを引きとめようとする「その他のカナダ」の関係をはじめ、最近になって限られた方法でのみ語られている先住民に対する間違った待遇に至るまで、歴史的記憶となると素材には事欠かない。カナダでの私は、積極的には国民的議論に参加したり、民主主義においては政治的行為となる不参加という形で、いつも事件の可能的アクターとして行動している。私たちはどこへ行こうと個人的な偏見から自由になれないものだが、部外者としてなら、偏見と曇りの少ない視線でものごとを眺めることができるだろう。

さらに、私は一人で旅をすることに決めた。観光には二人連れがよいのはわかっていたが、一人旅だと注意が散漫になることもなく人々との出会いに集中できると考えたからである。とはいっても、旅の途中、たとえばサラエボ近郊の破壊されたアーミチ村で危険な目にあったように、ときどき間違った判断を下すこともあった。

調査方法を決定すると、後は訪問地リストの準備だった。私にとって、二〇世紀の最も強烈な遺産であり、個人的に最も強く引き寄せられる第二次世界大戦の未決着の歴史をもつ国以外には考えられなかった。日本、フランス、ドイツは、未だに戦争の遺産を克服できずにいるが、各国はそれぞれの仕方で――日本においては否認、否定という仕方で、フランスの場合は神話づくりという仕方で、そしてドイツでは異なるアプローチを複合させた痛々しいやり方で――敗北の歴史に取り組んでいる。記憶はどのような方法で形づくられるのか？　戦後五〇年が経った今も歴史との和解を阻んでいるものは何なのか？　こうした問いを私はそれぞれの国で考えてみた。次に、私が取り上げたのは、現時点でのテーマ、すなわち世紀末に未解決のまま残っている白人と黒人の対立である。この対立は、西洋では二つの国家を致命的なまでにさいなませている。そのひとつアメリカでは、民主主義的な土壌に奴隷制を制度化した悲劇から立ち直っていないし、もうひとつの南アフリカでは、アパルトヘイトの過去と直接的に対峙しようとしている。さらに、歴史をめぐる旅の三つめのモチーフとして、民族的アイデンティティに目覚めるきっかけとして戦争が使われる方法を調べるため、ユダヤ人とセルビア人を例として取り上げた。ユダヤ人は、過去の歴史的悲劇の記憶を今日の宗教的アイデンティティの核心として選んだが、その際、内部における対立を一切体験しなかった。一方でセルビア人の知識人、政治家は、意識的に国家的ストーリーを操作し、そのために出口を見失い、同胞のみならず他民族の多くの人々を今なお苦しませている。

最後に私が試みたのは、国際犯罪を裁く法廷と司法アカウンタビリティを意味する二つの場所を訪れ、未解決の歴史的記憶を扱う上で、実際に正義が役割を果たし得ることを証明することだった。私の知的人生、および感情的人生の発端でもあり、戦後のニュルンベルク裁判、そしてそこで提示された、人間性の核心をえぐるような犯罪に対しては何が罰則となりえるのかとの問いに対する私の関心の発端は、フランスのナッツヴァイラー＝シュトゥットホーフとの偶然の遭遇だったことは間違いない。私は、戦争犯罪に対処するために創設されたボスニア、クロアチア、ルワンダ、そして後になってコソボでの新しい国際司法法廷における「ニュルンベルク」の新たな誕生について調査することを決め、同時に長年私を悩ませてきた集団的罪、赦し、忘却の問題に取り組むことにした。

本書を調査、執筆するうちに、この主題は今までになく私の思考のなかで大きな部分を占めるようになった。初めて会う外国の作家を前に、極めて率直な態度で接してくれ、個人的体験と国家の複雑な歴史との関連性を明確にしようと試みる多くの人たちの意志に、私は感銘を受けずにはいられなかった。こうした出会いでしばしば感じた親密感のおかげで、本書は私が本来意図していた以上に個人的なものになった。同時にまた、本書は日記や記録としてだけでなく、いくつかの国では歴史はどのように作られ、どのように記憶されるかを描いた国家のストーリーとしても読んでいただけるはずである。

参考文献について

毎回、旅に出る前にはあらかじめ大量の文献に目を通した。各章の参考文献には最も参考になった本のタイトルを記しているが、以下の個人が書いた著作も同様の重要な注意が払われるべきである。

Martha Minow,
"Between Vengeance and Forgiveness"
Benedict Anderson,
"Imagined Communities: Reflections on the Origins and Spread of Nationalism"
Michael Ignatieff,
"Blood and Belonging: Journeys into the New Nationalism"
今は亡きJudith N. Shklar,
"The Faces of Injustice"
Mark Osiel,
"Mass Atrocity, Collective Memory, and the Law"
David H. Jones,
"Moral Responsibility in the Holocaust: A Study in the Ethics of Character"
Ian Buruma,
"The Wages of Guilt: Memories of War in Germany and Japan"
Charles S. Maier,
"The Unmasterable Past"
Christopher Edley Jr.,
"Not All Black and White: Affirmative Action, Race, and American Values"（傑出した議論である）

Ervin Staub,
"The Roots of Evil: The Origins of Genocide and Other Group Violence"（ここ最近、頻繁に参考にさせてもらっている洞察に富んだ著作）

以上の著作、参考文献に示した著作は、それぞれの国について理解し、記憶という概念を理解するうえで非常に役に立った。唯一、残念だったのはPeter Novickの『アメリカの中のホロコースト（The Holocaust in American Life）』の出版された時期が、本書にとって少しだけ遅過ぎたということである。最後に、折に触れて言及、引用した、歴史と政治と記憶に関するこれまでの私の著作を挙げておきたい。

"The Garden and the Gun: Journey inside Israel"
"Unhealed Wounds: France and the Klaus Barbie Affair"
"The End of Days: A Story of Tolerance, Tyranny, and the Expulsion of the Jews from Spain"
'Pulling the Threads Together, Beyond Imagination':
（Jerry S. Grafstein 編 "Canadians Write about the Holocaust" 収録）

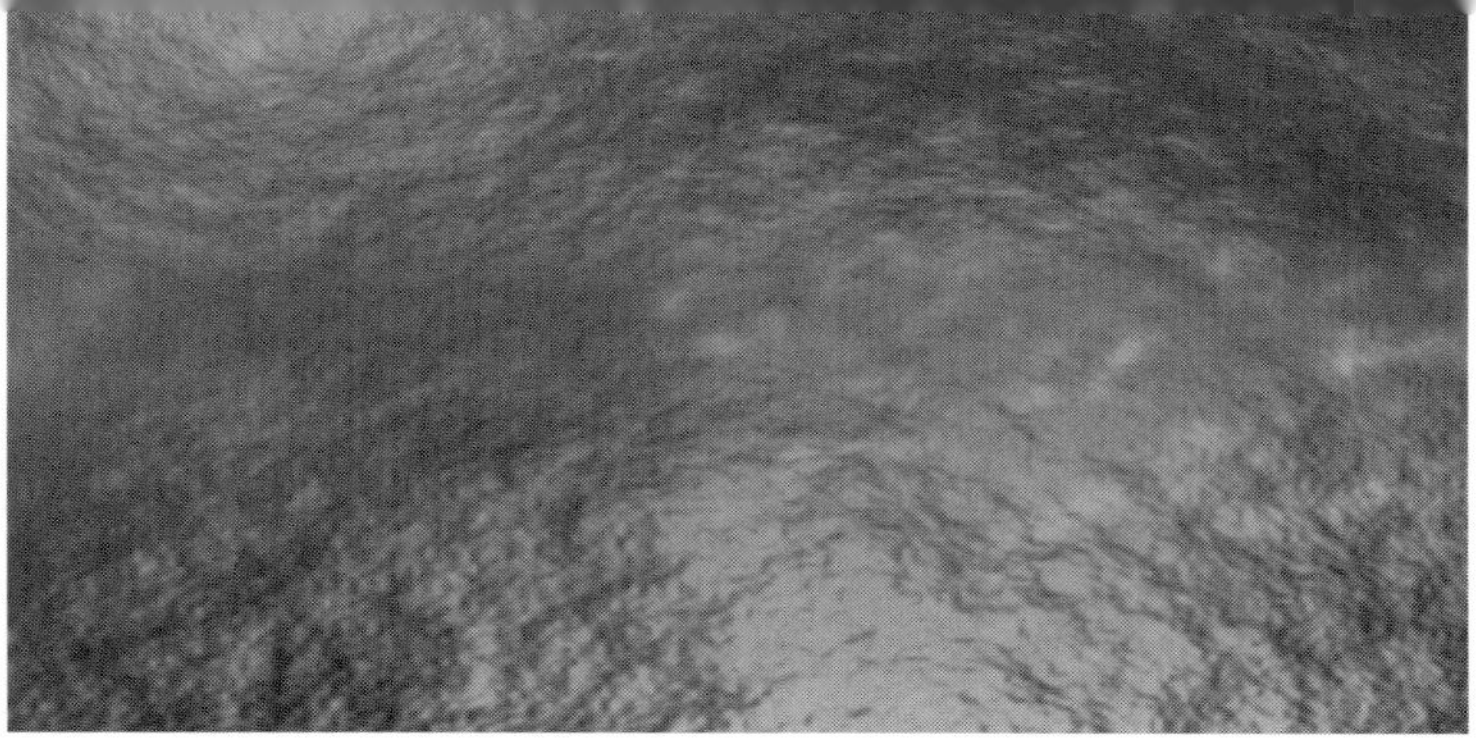

記憶と第二次世界大戦

Memory and the Second World War

第1章

シーシュポスの石
ドイツ

過去であるものは死んではいないし、過去でさえない。
われわれは過去を切り離し、他人であるかのように振舞う。
——クリスタ・ヴォルフ　『幼年期の構図』

下水の悪臭が充満する東ベルリンの路上。古い鉄線が不気味にぶら下がり、日の当たらない廃墟の中庭には未収集のゴミが散在している。アパートの壁に書かれた落書きの層が、時代の多難な転変を物語っている。「ナチはここにいる！」という文字の上から、別の落書きが「ファシズムを攻撃せよ！」と命じる。その上に見えるのは、「無断居住者の権利を守れ！」という文字。ドイツ民主共和国（旧東ドイツ）の老朽化したシンダーブロックの建物隣には、西側の建設業者が持ち込んだ、一九世紀建築を修復した概観とガラスと鉄筋でできた近代的建物が並立している。居住者のなかには腹を立てる人たちもいる。

しかし、こうしたベルリンの開発ラッシュですら、町中にある何百という空き地で耳を傾ければ聞こえてくる不穏な歴史のささやきを消すことはできない。ナチ時代の恐怖を残そうと意図的に、あるいは東ドイツでよくあったように単に放置されたため、こうした記憶の穴は一度も塞がれたことはない。東ドイツでは、空爆の跡が生々しく残る廃墟と空き地は、反ファシスト的プロパガンダのために何十年もの間都合よく利用されてきたのだ。

私がここにやってきたのは、歴史のこうしたささやきを聞くため、過去へと直結する記憶の穴を探るためだ。何ヶ月もの準備の後、私は個人的不安のもとになっていたこの国にとうとうやって来た。初めてホロコーストの重要性を認識し、私自身の生命をホロコースト生還者の子孫の末端として――私の両親はカナダ生まれのユダヤ人――理解してからというもの、ドイツという国は私にとっては禁じられた、不吉な場所であった。一九六〇年代、歴史に関する深い知識のなかった私は、フランスとドイツの国境を越えて、シュバルツバルト地方にあるフライブルクへ何度も足を運んだものだ。私はこの町に魅了されていた。しかし、それはヴォージュ山脈付近にあるナッツヴァイラー＝シュトゥットホーフというナチ強制収容所を訪れるまでの話で、それまでの私はアウシュビッツではなくグリム兄弟に親近感を抱いていた。それ以降、ドイツには一度も戻ってはいなかった。

そして、一九九七年の現在、私は再びドイツを訪れようとしている。過去数年間、一九三三年から一九四五年のドイツで起こった事実の詳細について身を切られるような思いで学び、どのように、どうしてそんなことが起こったのかを理解しようと取り組んできた。この研究の一部として私は記憶に焦点を当ててきた。加害国家ではホロコーストをはじめとする過去の悲惨な出来事は、集団的ストーリーのなかでどのように語られているのか。一般の国民はそれらをどう記憶しているのか。子どもたちは何を聞かされているのか。今、私は歴史研究者として、これらの問いに対するより深い答えを求めてドイツにやってきた。

この旅ではベルリンを起点にしようと思った。もっと言うなら、長い歴史をもったユダヤ人コミュニティがかつて暮らした東ベルリンを起点にしようと思った。そこから記憶と歴史のささやきを求めて旅をするのが私の計画だった。私の旅がいつもそうであるように、ここドイツでも旅程の一部は計画されていない。話をしてくれる人に耳を傾け、そうでなければ直感に従うつもりだ。

記憶のなかの世界：戦前、ドイツ系ユダヤ人の拠点であったベルリン。ここに住んでいたユダヤ人は強制移送され、コミュニティは消滅した。それから長い年月が経つというのに、彼らが営んでいた活気ある世界は未だにひっそりと、それでもはっきりと残されている。私が泊っていた場所にもその名残は明白に現れていた。私に滞在場所を提供してくれたのは、元アメリカ外交官で、現在はヨーロッパのユダヤ人の生活再建基金、ロナルド・E・ローダー基金ドイツ支局長のジョエル・レヴィだった。私の部屋は、旧東ドイツのオラニエンブルガー通りにある部分的に再建された、かつての有名なノイエ・シナゴーグの客室である。ここにいるだけで、奇妙な曖昧さの核心に放り込まれたような気がする。レヴィが宿泊用の二室のひとつをすすめてくれたとき、私は迷うことなく受け入れた。ノイエ・シナゴーグにはたくさんの記憶が焼きついている。これ以上過去に近づくことのできる場所などあるだろうか。そして、実際、私の予感は正しかった。

ノイエ・シナゴーグは、三二〇〇席を擁するユダヤ教会として一八六六年に建てられた。宮殿のような風格をもつこのシナゴーグは、七〇年にわたり、新ユダヤ改革運動の興奮とブルジョア的プライドの象徴だった。ユダヤ改革運動というのは、ユダヤ人を他のドイツ人から隔絶するような流行遅れの正統的慣習を捨て去り、近代的な啓蒙主義を取り入れようとする動きであった。ノイエ・シナゴーグは、ルター派のドイツ人が彼らの宗教を信仰できるのと同じように、ユダヤ人が堂々とユダヤ教を信仰できる場所だった。彼らはユダヤ宗派に属する誇り高きドイツ人だったのだ。しかし、第二次世界大戦中、シナゴーグは破壊され、その後五〇年、このすすけた瓦礫は東ドイツ政府によって西側、ファシストの乱暴さの動かぬ証拠として、ドイツ民主共和国が最期を迎える一九八八年まで他の廃墟と同様に放置されてきた。その年、共産党のホーネッカー書記長はこの名所を再建するための財政援助を約束した（当時ホーネッカーはアメリカ訪問を予定しており、この行為が海外で評価されることを願った）。さらに、西ドイツ政府も財政支援を確約し、こうしてシナゴーグの礎が再建された。その後、一九八八年一一月九日、ユダヤ人の家や商店が焼かれ、ベルリンの夜空が真っ赤な炎で覆われたクリスタルナハト（水晶の夜）からちょうど五〇周年にあたる日に、部分的に再建されたこの場所で記念式典が行われた。

部分的な再建とは、意図的、かつ象徴的である。まるで俳句のように、この建物を訪れた人は自然に残り部分を想像するよう促される。半分だけが記憶され、不明瞭で、修復不可能なこの建物は、ここにありながら完全にここにあるわけではない。建物の一部は再び使用されているが、それは博物館として明かに過去の方向を指している。さらに、目を引く警察の存在が、どうしても過去と現在の記憶を呼び起こす。建物を出入りする度に金属察知機を通過し、パスポートの提示を求められたが、疑心暗鬼の警備員は私の顔を決して覚えてくれないようだった。外の壁にはクリスタルナハトについて書かれた額があって、それを読もうと通行人が頻繁に立ち止まる。彼らの顔にはショックの表情が浮かぶ。ベルリンの壁が崩壊する一九八九年まで、この場所を知る西ドイツ人は数人しかいなかった。

滞在した一週間、二階のホールを使っているのは私一人のようだったが、行方不明者の博物館にたった一人でいると、神経が衰弱するようだった。特に夜がひどかった。私は次第にテレビを見るようになって、チャンネルを頻繁に変えた。ある夜、たまたま、カナダに暮らすナチ戦犯に関するアメリカのドキュメンタリーをやっていた。[*1] 旧東ドイツでこの話題が取り上げられるのは初めてかしら？ 私は背筋を伸ばして椅子に座り、ナチを生み出したこの国が、戦後、数千人もの元ナチ党員や東ヨーロパのナチ共謀者が起訴を逃れようとやって来た私の国について知らされるのを見ていた。[*2] もちろん、後々になって不名誉な記録に直面している国はカナダに限ったことではない。世界中でホロコーストの残酷な事実が明るみに出てくると、過去一〇年間、今までナチとの関係が取り沙汰されていなかった国々でも次々とその証拠が露呈された。中立で知られるスイスでさえ、ナチから横領した金塊に関する苦悩が続いている。

沈黙の博物館でひとり、私はこのホールのちょうど下にある暗闇のなかで不気味に迫る数千もの空席のことを考えた。説明書きはないが、新しく取り替えられたそれらの空席は、かつてそこを使っていた人たちを追悼しているのだ。新しくも古いこの建物のなかでは、快適さを感じるには過去の思い出は息苦しいほど濃厚である。

シナゴーグ周辺は空き地になっているが、そこに昔何があったかを知る人はいる。案内してくれたララ・デーミッヒと私は、そうした場所を覗き込んでは以前あったものについて話をした。三〇代前半のララは東ベルリン市民で、ジョエル・レヴィのもとで働いている。ユダヤ人の彼女は、共産主義崩壊後に信仰に「戻り」、過去の記憶を呼び起こす場所を数多く見て回ったから、このあたりのことはよく知っている。私たちが歩いていたのは、国際的に著名なアーティストのクリスチャン・ボルタンスキーが「失われた建物」と名付けたコンセプショナルな作品を製作した空き地だった。空き地の両側を挟む建物の壁にはプレートが付けられ、一九四五年に強制連行された全てのアパート住人の名前、居住期間が刻まれている。最後のユダヤ人が消えたのは一九四二年であった。

私たちは通りを一ブロック歩き、かつてのユダヤ人託児所へとやってきた。次の通りを進むと、偉大な哲学者モーゼス・メンデルスゾーンを記念するプレートのある建物と、一八世紀後半に彼が創設したユダヤ人学校にやってきた。生前、メンデルスゾーンが目指した試みは、ユダヤ人を「ドイツ化」し、同化させるのに役立つとして、リベラル派のキリスト教徒たちにモデルとされた。しかし、メンデルスゾーンは完全な同化という考えをユダヤ人のアイデンティティを消滅させるという理由で文化的に不可能、不適切として斥けていた。彼にとって、ユダヤ人の解放に必要な平等とは、マイノリティが自分の生活態度をリベラルな多元主義の環境のなかで維持できる権利であった。問題なのは、価値ある生活の尺度として理性のもとで共存しようとする人々の意志だった。

しかし、彼の時代においてすらそれは実現しなかった。メンデルスゾーンは友人である神学者ヨハン・ラーヴァテールとの激しい公的論争に入り込んだ。ラーヴァテールはメンデルスゾーンにキリスト教への改宗を迫った。結局、メンデルスゾーンは神経衰弱に陥ったが、ユダヤ人である限り「本物の」ドイツ人になることは不可能であるという友人ラーヴァテールの発言が彼の絶望の部分的原因だったと考えられないでもない。

かつての学校跡に隣接する空き地には、一八二九年から一九四五年、ユダヤ人老人ホームがあった。今は現存しないその建物は、ナチ時代には（空爆で破壊されるまで）、アウシュビッツへの移送を待つユダヤ人を集めておく収容所としてゲシュタポに利用されていた。その隣にあるアパート建物は戦争直後まで残った。そんなに近くにあって、ここの住人たちが周辺から狩られてきた五万五〇〇〇人もの隣人に起こった出来事を見たことも聞いたこともないとは考えられない。その一〇階建てアパートからは、少なくとも何十という窓が現場を見下しているのだ。

消えた老人ホームの隣には、多くの消滅場所のなかでも最大の場所、一六七二年から一八二七年まで使われていたベルリン最古のユダヤ人墓地がある。メンデルスゾーンは、彼の時代のユダヤ人とともにここに眠っていた。しかし、彼らは二度「死んだ」のだ。墓地は一九四三年にゲシュタポの命令で踏み荒らされ、今は木々が茂るだけの特色のない平地になっている。完全な忘却。ただし、メンデルスゾーンの墓石だけがぽつんと復旧されている。粉砕され、跡形もなくなった土地に、かつて統合の夢を体現した人の名前と生死の日付を刻まれた記念碑が立っているというのは何とも皮肉なことである。

しかし、行方不明になったベルリンのユダヤ人は、薄暗く空っぽな空間に住みついている。私にはその気配を通して、彼らが自分たちの運命をささやきかけているのが感じられる。その一方では、共産主義時代の名残である建築物が、その安っぽさ、見せかけだけの空虚さをやかましく宣言している。ララと私はオラニエンブルガー通りでタクシーを拾って、一九八〇年代に建設されたフーゼマン通りで降りた。ここは概観だけ復旧された唯一の通りで、指導者のパレードには十分なほど幅広いのだが、修復が表面的にしかなされていないことは一目瞭然だ。修復から一〇年が経った今、下部の腐朽は薄っぺらな表面の亀裂を侵食し、パレード専用路沿いの屋根は崩壊寸前である。私たちは歴史と記憶が一、二マルクで売られている有名なブランデンブルク門まで歩いた。かつて、アドルフ・ヒトラーが千年帝国の総統として乗り入れたこの場所では、今やトルコ人行商が旧東ドイツ秘密警察の帽子（相乗効果をねらって赤い星の記章が縫いつけられている）、ロシア風の毛皮帽子、マトリョーシカ人形などの安物土産を売っている。門の内側では、未だに消化しえない過去の断片が見える。真面目そうな婦人が一九八九年のドイツ統一を祝して非宗派的な「沈黙の部屋」を主催し、そこで国際平和について黙想するよう通行人に向かって呼びかけている。

通りを下って行くと、詩人シェリーの描いたオジマンディアス彫像を思わせる、朽ち果てたエーリッヒ・ホーネッカーの元国会がある。ベルリンの壁を乗り越えようとする逃亡者に射撃命令が出されたはここだった。ここで、国家保安警察（シュタージ）が国民すべての協力のうえ、国民すべてを監視し続けたのだ。今では、古代遺跡に苔がはえるように、廃墟の上には落書きが見られる。

壁の向こうには、西ベルリン市が建設したガラス張りの巨大な超近代的建物が東を向いて立っている。その間違いようもないメッセージは、「鎖につながれた人たちよ、私たちが成し遂げた結果を見るがいい！」といった感じだろう。ホーネッカー政府はこれに対して、この風景を遮るアパートを建設することで、さらに生徒用に西ベルリンを白く塗りつぶした地図を作ることで応酬した。

ナチ、そして旧東ドイツ。記憶の穴と歴史が重なり合う。この兄弟のような二〇世紀の亡霊は、現在から切り離され、未だに消化されないまま空中に漂っている。

ララはユダヤ教を信仰しているが、宗教につきものの儀式的慣習や規則には関心はないと言う。さらに、彼女にはモーゼス・メンデルスゾーンの求めた理想を叶えようとする気持ちは毛頭ない。メンデルスゾーンと違って、彼女は自分のことを「ドイツに暮らすユダヤ人」と呼び、「ドイツ系ユダヤ人」という呼び方を頑なに拒否している。一九八九年、ドイツ統一がかなった日、ララは祝福の輪に加わらなかったが、その理由は、彼女いわく、居心地が悪いくらい「あまりにドイツ的」だったからである。

「でも、あなたはドイツ人でしょう」と私が言った。

彼女は表情を曇らせて、「ええ、そうね、もちろん……、違う、そうじゃないわ！　ドイツに住むユダヤ人ですよ」と言った。

「他の人たちもそう感じているの？」

「そうですね。ドイツ人もユダヤ人もいるけれど、ドイツ人でさえドイツ人であることをうれしく思っているわけじゃない。彼らはむしろ自分たちを『ヨーロッパ人』と呼ぶか、何か他の呼び方で呼んでいます。ドイツ人であることは大変なことなのです」

「ドイツ人の友達はいますか？」

「当然よ！　たくさんいますよ！」。そう言って考えられないほど馬鹿げた質問をしたかのように私を見た。「私が生まれたのはここなんだから」。

ララの友達エヴァ・ニケルに会ったとき、ララのこうした曖昧な感情が彼女だけのものではないことを感じた。エヴァの母親はホロコースト生還者で、最初の夫は五歳と七歳になる子どもたちとともにアウシュビッツに移送された。戦争が終わると、エヴァの母をかくまってくれた勇気あるカソリック家族の息子と結婚した。その若い男性はエヴァの父親で、娘をユダヤ人として育てようと主張したのは彼だった。

エヴァはノイエ・シナゴーグのコミュニティ総務部の部長で、彼女のアパートにはそこからあまり遠くないところにある。そのアパートには歴史がいっぱい詰まっている。一八六五年、このアパートを建てたのはエヴァの曽祖父だということだが、その資金の出所が興味深い。エヴァが言うところの「家族神話」によれば、一八世紀中頃、彼女の祖先はプロシアのフレデリック大王の命の恩人だという。七年戦争（一七五六〜一七六三年）のある日、落馬したフレデリック大王は負傷したままそこへ倒れ込み、今にも敵の兵士に発見されるところだった。そこにエヴァの祖先である兵士モーゼス・イサーチが駆け寄り、大帝を抱き起こして荷車に載せて運んだ。イサーチは人目を避けるために干し草で大帝を覆い、ゆっくりと野原を進んで行った。ベルリンのユダヤ人たちの間ではイサーチは有名だったらしい。モーゼス・メンデルスゾーンも彼の友人であったし、メンデルスゾーン同様、フレデリック大王もリベラルな啓蒙思想を持つ主導者であった。実際、フレデリック大王が主張した宗教的寛容性は、その頃の知的潮流に多大な影響を与えた。そこで、大帝は命を助けてくれたユダヤ人イサーチにお礼をしようと思い、多くの報奨金を与え、そのおかげで彼は家族のための「基金」らしきものを設けることができた。イサーチが亡くなると、遺言によって男の子たちは専門職に就けるよう財産を相続し、女の子たちはユダヤ人と結婚する場合のみ持参金を受け取った。「彼はこれからどうなるか分かっていたのです」とエヴァは言う。「当時、多くのユダヤ人がキリスト教会に行き、洗礼を受け始めた。そうなると、ユダヤの血筋を受け継ぐのは女性であると曽祖父は考えたのです」。

真偽のほどは分からないが、興味深いこの話を聞きながら私が思い出していたのは、ドイツにおけるユダヤ人の長く、複雑な過去についてであった。「賢明なる君主」フレデリック大王こそ、宗教的寛容性に近代的スタンダードを敷いた人であった。フランス革命後、ヨーロッパを風靡した理性という新しい考え方を反映して、ドイツ系ユダヤ人は一八世紀の終わりごろには完全なる市民権を手に入れた。しかし、その一方では、ドイツには中世にまで遡る悲惨な反ユダヤ主義の歴史がある。[*3] いわゆる井戸の毒殺者（一四世紀にペストが流行した時、ユダヤ人が給水場にペスト菌を混入したとして批難された）と呼ばれる大虐殺の数件はドイツで起こっている。一三四九年二月の凍てつくある日、シュトラスブルク市だけでも九〇〇人ものユダヤ人が炎に投げ込まれた。他のヨーロッパ諸国でも血の中傷（イエス・キリストの受難を冷やかすためにキリスト教徒の子どもを殺害した、あるいはミサ聖祭のパンを冒瀆したかどでユダヤ人が不当告発された事件）が数多く見られるにしても、ドイツほど「殺人者ユダヤ」の払拭されないイメージが記憶と民話に刻印された不穏な場所はない。

ユダヤ人解放によってドイツ系ユダヤ人は近代世界に入ることになり、そこで知的職業とビジネスの分野で成功するのだが、彼らの成功は多くの人たち妬みと哲学的問いを投げかけた。それを最もよく表現しているのは、社会哲学者のハンナ・アーレントの言葉である。「封建的秩序の崩壊は、平等という新しい革命的概念をもたらした。そうなると『国家内国家』はもはや許容されえなくなった」[*4]。多くのユダヤ人がキリスト教に改宗したとはいえ（エヴァの曽祖父が改宗を試みたように）、洗礼は強制的ではなかったことが、アーレントが分析を試みた困難な矛盾を生じさせた。モーゼス・メンデルスゾーンがヨハン・ラーヴァテールとの論争の挙句、神経衰弱に陥ったというのも無理はない。

エヴァの家族は中流階級だった。戦前、エヴァの母親は婦人専用の帽子屋を営み、夫は輸送会社を経営していたが、アドルフ・ヒトラーが選挙で勝利を収めた後、一九三〇年代に迫害が始まるとアルゼンチンへの移住を考え始め、航海に備えて絨毯や家具などをロンドンに送った。しかし、パスポートが「偽造である」とされ、パスポート申請用代金を支払ったが、そのお金も盗まれてしまった。結局、家族はベルリンに留まることを余儀なくされた。

一九四二年二月、エヴァの母の夫は職場でゲシュタポに取り囲まれ、そのまま強制移送された。母親は絶望のうちに友人のカソリック家族に助けを求めた。彼らは援助を約束し、二人の小さな女の子を四〇キロ離れたベルリン近郊の田舎の家にかくまった。エヴァの母はベルリンに留まり、口の固い友人宅を掃除して子どもたちの食費を払った。その後、ユダヤ人地区に住むことも危険なほど状況が悪化してくると、彼女は別のキリスト教の友人宅に身を寄せた。エヴァの父親はこの女性の息子である。

毎週、エヴァの母は危険を冒してユダヤ人であることを示す黄色い星のワッペンを取って列車で娘たちに会いに行ったが、一九四四年のある日、娘二人は忽然と消えていた。二人が遊んでいるところを発見し、怪訝に思った人がゲシュタポに通報したことが判明した。

家族のアパートはどうにか空爆とナチによる盗用を逃れ、現在、構成メンバーは変わったとはいえ、再び家族の集う場所となった。エヴァが生まれたのは一九四八年で、学校では教師をはじめ誰一人、彼女の家族について話してくれる人はいなかったという。「ここ東ドイツでは誰もが自分たちはファシズムの犠牲者だと考えていますが、そこにもランキングがあるのです。なかには自分たちこそより尊敬されるべき犠牲者だと考える人たちがいます」。そう言って、彼女は皮肉な微笑みを浮かべた。「最も尊敬されるべきは共産党の闘士たち、ユダヤ人はなかでも最低です」。これについては以前読んだことがあった。国立戦争博物館では共産党主導による反ファシスト闘争を褒め称えているが、強制移送と市民殺害についてはほとんど何も触れられていない。ラヴェンスブリュック強制収容所にユダヤ人犠牲者を追悼する石碑が加えられたのは、一九八〇年の半ばになってからだ。「東ドイツ人はナチ時代に起こったことについてはほとんど考えたこともありません。唯一考えていたことといったら、ナチはファシストであって、私たちは社会主義者であるということだけでしょうね」、と彼女は続ける。「子どもの頃から教えられてきたのはそのことだけです。新しい世界に生きているのだから、過去のことなど全て無視されていましたよ。私たちの世代は両親と同じように同じメッセージを何度も何度も聞かされ、それを信じてきました。しかし、心のなかではみんな分かっています。ナチ時代に起こったことが、ドイツ人とユダヤ人の間に壁を作り、今日まで尾を引いているのです」。

彼女は他の東ドイツ人と変わりなく社会に溶け込んでいるし、高校で社会主義経済を教えたこともあった。ララとの会話を思い出しながら、どうしても尋ねてみたい質問があった。「あなたはドイツ人ですか?」。

彼女は肩をすくめて笑った。「好むと好まざるとにかかわらず、そうだと思うわ。ドイツ語は私の母国語だし、これこそ私の文化なのだから。でも、本当のところ、私は二つの世界に住んでいます。今日でさえ、ドイツ人はユダヤ人について気まずい思いがあります。現在のドイツ人はユダヤ的なことに興味を持っているし、ユダヤ的なものが流行ってもいます。でも、彼らは本物のユダヤ人と会ったことがないのです。最近、キールで誕生日パーティーに出席しましたが、自己紹介としてベルリンのオラニエンブルガー通りのユダヤ人センターで働いていますと言ったら、みんな長いこと黙ってしまったわ。自分のグラスをじっと見つめてね。私は表情を読む術を身につけなければ。私がユダヤ人だと言ったら、みんなは会話の内容にとても慎重になるし、そうなればもう自然な関係ではなくなるでしょう。典型的ですよ。いくらユダヤ文化に興味があると嘘っぽい興味を示しても、ドイツ人とユダヤ人の間には無視できない亀裂がある。私たちの間にはホロコーストがあるのです」。

エヴァが過去を葬ることができたのは一九九二年だった。彼女の母親は戦争中のことを決して話さなかったが、行方不明になった二人の娘のことだけは憑かれたように話していた。夜には叫び出すこともあった。「母は一九八七年、死の六ヶ月前には重病でした。彼女はいつも娘たちが帰ってくると信じて、ルート!、ギテル!、と二人の名前を呼び続けていました。それが母の最後の言葉になりました。その時から、私は二人を探す決心をしたのです。二人にとって、そして私にとっても魂の平安を求める必要があったのです。アウシュビッツを訪れましたが悲惨なだけでした。ガス室の焼却炉わきに立って、ここでは魂の平安など得られないと思いました。その後、イスラエル行きを決め、犠牲者すべての名前が刻まれているヤド・バシェム（ホロコースト慰霊博物館）を訪れようと思いました。そのころには旅行も許可されていて、私はそこでとうとう二人の名前を見つけることができたのです。そこにいた親切な人が、子どものための記念公園に行くようにと勧めてくれました。その公園で私ははじめて魂の平安、そして静けさを感じることができました。その瞬間から、私は二人が今は安らかに眠っていると確信しました。ついに二人の永眠の場所を見つけることができたのです」。

私は黙って紅茶を飲み干した。エヴァに対する深い共感は部屋の空気を満たした。別れの挨拶をすませて階段を降りるまで、私は悲しみに洗われてしまうのをじっとこらえた。かわいそうなエヴァ、気の毒な彼女の母親、哀れな行方不明の子どもたち。私は死者のささやきを聞こうと一心に耳を澄まし、ベルリン市のこの古い区画が内包する歴史の襞について考えるのだった。

誰一人はっきりと理由を説明できなかったが、ドイツ統一後、東ベルリンのお金持ちの間で流行したもののなかにはユダヤ的スタイルというのがあって、「ユダヤ的なるもの」に似せたり、あるいはより現実的にはそれを認めることがお洒落だとされた。この傾向はドイツ全体に見られたが、旧東ドイツの首都ほどそれが強く見られたところはなかった。五五歳以下の人で実際にユダヤ人に会った人がごく限られている世界では、ユダヤ的なことも最近のブームとなりえるわけだ。

オラニエンブルガー通りには、カフェ・メンデルスゾーンやカフェ・ジルバーシュタイン（誰かがこのレストランの戦前の名前を調べ出した）などがある（どちらもユダヤ系の名前）。さらに、全メンバーがキリスト教徒のドイツ人で構成されたユダヤ系民族音楽バンドがキリスト教徒のドイツ人観客に向かって演奏している。ララはこうしたことすべてが不気味だと言う。「ドイツ人は本当の理解や興味もないままにユダヤ文化を呑み込もうとしているのです」と彼女は不満をあらわにした。ユダヤ的なものへのあからさまな興味は、何か不自然で奇妙に思われる。ベルリンで過ごした最初の夜、ノイエ・シナゴーグに併設する文化センターでコンサートに出席した。モーリス・ラヴェル作曲の有名なユダヤの追悼歌「カディーシュ」も演奏された。観客のほとんどがキリスト教徒のベルリン市民であったが、演奏に耳を傾ける彼らは打ちひしがれたような様子だった。

コンサート後、ローランド・E・ローダー基金のジョエル・レヴィは私の質問に答えてこう言った。「ドイツ人の多くはユダヤ系イベントに一生懸命参加しようとしています。彼らは子どもたちをユダヤ教の宗教学校やユダヤ人サマーキャンプに送り込んでいます。さらに、私たちのノイエ・シナゴーグや併設センターにも足を運び、できる限りすべてのイベントに参加しようとしています。それでもまだ満足いかないようですね」。

「でも、ノイエ・シナゴーグは博物館でしょう？　生きたユダヤ人に接触する場ではないですよね？」と私は困惑して尋ねた。

「そう、興味深いと思いませんか？」。レヴィが答える。「断言できるわけではありませんが、どうも彼らは癒しを求めているように見えてなりません」。

ある夜、ホロコースト後のユダヤ教会の現状を把握しようと、西ベルリンにある正統派のシナゴーグで礼拝に参加した。格子戸の後にいる女性たちの間に潜り込むと、なかに一人、他の誰より祈禱に熱中しているスカーフを被った女性が目に付いた。彼女は周囲など視野に入っていない様子で一心不乱に祈禱を続けていた。礼拝が終わるのを待って、私はその女性に近づき会話を始めた。このシナゴーグに来るのは今回が初めてだと言う。ここに来た理由を尋ねると、彼女は最近見た夢のせいだと言った。夢のなかで、親戚の数人がユダヤ人だったことが判明し、その夢を通してキリスト教信者の親戚が犯した悪事に関し、自分にも罪があることを悟った。それ以降、親戚の赦しを神に乞うため祈禱を続け、一方ではユダヤ教を勉強し始めた。今ではユダヤ教会の礼拝参加を許されるまでになった。「家族の罪を感じます。私は物事を正しくやり直す必要があるのです」、と彼女は熱心に語った。

「ユダヤ人のなかには最終的にキリスト教に改宗する人たちが出てくると思いますか？」との彼女の問いに、私は答えた。

「考えられないでしょうね」

「何となくそう感じるだけなの」と、悲しそうな微笑みを浮かべて、彼女はため息をついた。

ユダヤ教に対するこの混乱した、情熱的な専有は珍しいことではないらしい。以前聞いた話によると、ユダヤ教に改宗し、大学でユダヤ教学の学位を目指していた女性がいたという。その女性は教授と他の学生がみんなキリスト教徒であること、そしてコースがあまりに世俗化し過ぎていて、歴史への傾向性が強いと言って次第に攻撃的になり、ある日とうとう教授に向かって爆発し、発砲するに至った。

警察に向かって、彼女は独善的にこう宣言したという。「キリスト教徒がタルムードを教えるなんて許されるべきじゃないわ」。

一〇年間にわたりベルリンでユダヤ人の成人教育と文化プログラムを担当する女性で、こうした傾向を熟知するニコラ・ガリンガーは、非ユダヤ教徒の間でユダヤ的なものへの関心は増加する一方だと言う。「ドイツ人は三時間列を作ってもヘブライ語クラスを受講しようとしますからね」とユダヤ人センターで彼女は怪訝そうに語った。「彼らはヘブライ語の新聞を読みたいとか、イスラエルを訪れるつもりだと言います。六〇〇人用のホールで計画したイベントには、一〇〇〇人以上が詰めかけたこともありました。彼らのほとんどが中流階級で教育を受けている良心的ドイツ人ですが、この関心の高さはバランスを欠いているように思われます。たとえば、新しいラビの就任報告という小さなユダヤ人コミュニティのなかでも最小のイベントでさえ、全国紙の第一面記事として取り上げられることも珍しくありません」。

「そう、多くのドイツ人が答えを求めてユダヤ人に近づいてきます。でも、ここはそのための場所ではありません。彼らにとって必要なのは、自分の両親や祖父母がしたことに目を向けるため自らのコミュニティに向き合うことです。心の平安を求めたいのは分かりますが、自分が殺そうとした人に向かって自分の問題を解決して欲しいと頼むなんて、それは無理というものです。彼らはユダヤ人を殺そうとしたのですからね！」

彼女の否定的態度はララがドイツ人としてのアイデンティティを否定することと関連があるようだ。二人とも「ドイツ人」とはあまり深く係わりたいとは願っていないし、罪の意識に苛まれ、癒しを求めている「ドイツ人」たちに近づいて欲しいとも思っていないのだ。

しかし、ノイエ・シナゴーグと併設センターの所長ヘルマン・シモンとキュレーターのチャナ・シュルツは、こうした急激な関心の高まりを別の角度から捉えている。「ドイツでは強制収容所を追悼し、すべての学校で目を覆いたくなるような恐ろしい写真を見せています」とシュルツは言う。「ホロコーストはテレビや新聞をはじめ、至るところで、いつでも存在しているかのようです。とはいっても、ドイツ人は生きたユダヤ人を見たことがないので、未だに謎めいた偏見が残っているのです。彼らがこのセンターにやってくるのはそのためで、ユダヤ教の食事や割礼をはじめ、実に奇妙な質問をいろいろとしてくるのです」。

チャナは「彼ら」という言葉を使ったが、ユダヤ教に改宗するまでは彼女の名前は「クリスティアーヌ」だった。一九五六年生まれの彼女は、ほとんどのドイツ人とは違って、ユダヤ人と多くの場面で接触のあった家庭で育ってきた。彼女の父クラウス・シュルツは一九六七年から七七年までベルリン市の市長を務め、一九七七年から一九八一年までは在イスラエルのドイツ大使として赴任していた。[*5]

「ドイツ人にとってセンターとシナゴーグは生きた記念塔なのです」と、ヘルマン・シモンは言う。「彼らはここに自分たちの人生を立証する写真の入った箱などを持って来ます。それは、私たちの公文書館がそうした写真の保管場所としてふさわしいと考えているからです。親戚の行方を知ろうとアメリカからはるばるやってくる人たちもいます。こんなに長い月日が流れているというのに！　当センターには二人の追跡調査員がいますが、二五年は遅すぎます。昨日もベルリン生まれのあるご婦人がやってきて、ユダヤ人であった生みの母を探していると言っていました。悲しいことです。それに、『近所に住んでいた人たちがその後どうしたかいつも気にかかっていて、退職した今になって時間ができたので……』と恥ずかしそうに言う人たちもいます。どうやらここは過去について話したい人が安心して来ることのできる場所になっているようです。私たちはナチ時代を人々がどう過ごし、どう行動したかについて今なお学び続けています」。

「私たちが一九九五年にここに来るまで、ユダヤ人経験についての情報源といったら、わずかに親ユダヤ家の非ユダヤ人と教会のみでした。今ではユダヤ人の視点が初めて知らされるようになったのです」とチャナは付け加えた。

ノイエ・シナゴーグと併設センターが一般の人たちに公開されるようになったのは、今からわずか二年前のことである。しかし、すでに三五万人の人々が情報を求めて、あるいは「心に刻むよう伝えよ」という常設展を見るために、オラニエンブルガー通りにある半分再建された建物を訪れている。

「告白をしようとやって来た人はいませんでしたか？」と私は尋ねた。

「いません」とシモンがぴしゃりと言った。「そうした人たちには来てほしくありません。絶対に。絶対に。そうなると困ります」。

「たとえば、そんな人がいたらどうしますか？」

「告白の場所としてはふさわしくないのです」と、彼はこの話題に蓋をしようと繰り返す。

ドイツ人と「ドイツに暮らすユダヤ人」。私が見る限り、両者の間に和解はありえない。戦後五〇年以上が経った今、新しい世代がユダヤ人と非ユダヤ人双方にとって消化しえないかに見える記憶と格闘している。そして、多くのドイツ人が両親や祖父母の行った悪事への贖いを試みる一方で、ユダヤ人の方ではドイツ人の懇願と「ユダヤ人スペース」の専有化にますます居心地が悪くなっていく。両者の間にある溝は深まるばかりだ。チャナとヘルマンのオフィスを出るとき、私は自問していた。死んだ人たちに代わって生存者が「赦し」を与えることは可能なのか？　そう頼まれることは正しいことなのか？　道徳的ジレンマは深まる一方である。「赦し」が存在しないのなら、後世の世代は一体どうすべきなのか？　一方で、決して超えられない線が存在するのも事実だ。ヘルマン・シモンの主張通り、ある種の赦しを与えることは絶対に不可能であり、今後も与えられることはない。

ホロコーストの記憶を刻む過程は多層的であり、記憶の修復は長く、遅々とした歩みで行われてきた。しかし、ナチ時代についてほとんど語られることのなかった終戦直後とは違い、今ではその動きははっきりと見られる。一九四五年以降、ドイツは過去に別れを告げ、新しい時代の幕開けを迎えた。勝者である連合国側の援助を受けながら民主化を進め、経済を発展させ、敵ではなくパートナーとして他のヨーロッパ諸国と歩調を合わせてきた。冷戦が深まってくると、元ナチ幹部のなかには反共協力者として歓迎される者さえあった。さらに、ドイツ人のなかには一九四五年から一九四六年にかけて行われたニュルンベルク国際軍事裁判を「勝者の正義」として拒否する人たちもいたが、同時に、この裁判は浄化という意味で捉えられもした。ヒトラーとその共謀者は死んだか、しかるべき方法で罰せられた。戦後フランスのように、過去はきれいさっぱり払拭されたというふりをすることも可能であった。歴史は新しいスタートを切ったのだ。

しかし、そのスタートには誰が係わっていただろうか？　戦後、ドイツ連邦共和国（ＦＲＧ・旧西ドイツ）は初代首相コンラッド・アデナウワーの下で司法を必要とした。しかし、判事のほとんどは戦前ナチに仕えていた。彼らはユダヤ人から市民権と市民の権利を奪った悪名高きニュルンベルク法を後ろ盾にし、蛮行を見逃し、誘拐された囚人に有罪判決を言い渡し、占領国から死刑収容所への移送を助け、老衰者たちを組織的に殺害することを容認したのだった。ナチ司法は実にエムスラント地方とハンブルグ・フールスビュッテルに独自の収容所を備えていた。そうした事実にもかかわらず、戦後、彼ら以外にその仕事ができる人はいなかった。

ドイツ連邦共和国はまた経験ある官僚を必要としたが、効率性と専門知識を備えた彼らの恐るべき過去も汚れにまみれていた。外交団や軍事関連の分野でも状況は同じだった。ほとんどすべてが道徳的にかんばしくない過去を持っていた。そのため、実践的理由から（ヒトラー時代のドイツを生きた人たちのなかで洗脳を免れることのできた人はほとんどいなかったのだから）、そして、歴史的な記憶喪失はいちばん手っ取り早い方法であったため、いわゆる脱ナチ化は（よく言っても）でたらめなものであり、有罪判決を受けて刑務所に入っていた人たちも務めを果たすためにできるだけ早く釈放された。戦後、新ドイツ連邦のインフラは、不正義を犯したり、時には虐殺を含む個人的過去を持つ人たちにほとんど完全といっていいほど依存していた。

このことは誰もが理解していたので（議論はほとんどされなかったが）、西ドイツは基本法と呼ばれる新しい憲法で自らを自らに対して守った。一九四九年に公布された基本法第一条項は、無条件の個人の権利宣言で始まる。この基本法では、幾分アメリカ路線に似て、無制限で過剰に中央集権的な権力の可能性を分権と抑制という方法で制限しようとしている。また、国際協調的な外交政策のためにルールを定めることによりナショナリズムの生みの子である孤立主義を斥けている。さらに、先の戦争はヨーロッパのユダヤ人に対してなされたという認識に基き、生存者への補償という原則を適用した。

新憲法は再び自国が同じあやまちを犯すのではと危惧する多くのドイツ人たちのバイブルとされた（軍部の復興を危惧する日本の平和主義者にとっての日本国憲法と同様に）。そして、危機的状況が垣間見える時はいつでも、大衆のなかにいる知識層が何よりもまず新憲法を指差し、その重要性を思い出させた。しかし、基本法を生み出したドイツの歴史への取り組みは、ほとんど制度的な枠内に留まっているかに見えた。なぜなら、一般レベルにおいては過去は未だに抑圧され続けていたからだ。学校で学ぶ子どもたちはドイツの近代史についての一般知識を持っていたにもかかわらず、両親世代のナチズムへの関与についてはからっきり無知であった。家族レベルでは深い沈黙が覆っていたのだ。

そのころ、記憶の曖昧性と忘却が異様なかたちで隣り合っている風景が時折見られた。ダッハウの火葬場は一九四〇年代にはバーとして公開されていた。さらに、元強制収容所のわずかだけが追悼碑を掲げていたが、それらのほとんどが「死者のために：一九三三～一九四五」あるいは「国家社会主義独裁国の犠牲者を追悼して」といった、不明瞭でそっけない献辞しか掲げていなかった。こうした血の通わない献辞はほとんど無意味であった。なぜなら、ベルリンの「テロルの地形測量」国際展示資料センター館長トマス・ルッツが指摘したように、「それらのモニュメントを見た市民は、恐らく、郷土の戦死した兵士のことを思い出すぐらいだった」からである。

この沈黙を破る試みが出るまでには二〇年の歳月を要した。そして、この動きが若い世代から出てきたのは無理もないことだろう。一九六〇年代後半、ドイツにおける反体制「革命」は、他の西洋諸国を襲った社会運動の一端であった。若者たちは過去を払拭し、歴史をまったく新しいものに変えるために出発できると信じて、両親世代の価値観、既成の社会、さらには国の諸機関を拒否したのである。しかし、ドイツではいわゆる世代間ギャップが特に大きく開いていた。若い人たちは父親がヒトラーの名の下で何をしたのかを知りたがり、それを知ったとき、あるいは（多くの場合そうであったように）、両親が返答を拒否したとき、多くが家族崩壊の道をたどった。学校や大学では、トラウマを受けた二世世代がドイツ人としてのアイデンティティを新しい方法で再定義しようと模索し始めた。彼らは罪というものを完全な意味で拒否した。彼ら戦後生まれは何ひとつ咎められるような行動に関与していないのだ。理想主義のなかで、彼らは新しいドイツ社会の輪郭をおおまかに描こうと試みた。ゼノフォビア（外国人嫌悪）や人種差別があのような想像を絶する事態の原因になったというのなら、歴史的にドイツの「国家観」を定義してきた価値を回避すればいいのだ。

彼らのなかには、しばしば教会を通して個人的贖罪を試みる人たちもいた。ドイツ、ポーランド、イスラエルでは、アクシオーン・シューネツァイヒェン・フリーデンスディーンステ（平和のための行動和解サービス）キャンペーンが、ホロコースト生還者とともにユダヤ人墓地を修復し、シナゴーグの建設をはじめ、ヒトラー時代に集団差別のターゲットとされた身体障害者のために働くことで、「贖罪」を促した。一方では、文字通りドイツの地に留まることができなくなった人たちもいる。数年前、ニューヨーク市である女性に会ったことがある。彼女は両親が未だにナチ支援者であったことを誇りにしている事実を発見してから、兄とともにドイツを後にした。兄はイスラエルへ移住し、彼女の方はユダヤ系ドイツ語新聞『アウフバウ』に勤めていた。また、ドイツ人のベアーテ・クラルスフェルトはフランス人の夫セルジュとともに世界で有名なナチ・ハンターになった。一九八〇年代の半ば、私はパリで、ボリビアで捕えられ、フランスへ送還されたナチ戦犯クラウス・バルビーに関する調査をしていた頃、このカップルに会ったことがある。バルビーの逮捕も二人が計画し、実行したものであった。一九三九年、ベルリンのごく普通の家庭で生まれたベアーテは、家族からそれほど大きな期待をかけられていたわけでもなかった。彼女は学校を辞め、秘書として働くようになったが、一九六〇年代にフランスへ留学しようと決め、パリのカフェでセルジュと出会った。セルジュはホロコースト生還者で、父は一九四三年九月に家族から引き離されていた。自国で起こった虐殺の歴史についてまったく無知な学生であった彼女は、心の底から衝撃を受けた。

ベアーテは決して「それが」どこででも起こり得たと主張することで責任を最小限にとどめようとはせず、両親世代の罪を自分のものとして受けとめ、私に向かって言ったように、「祖国の誇りを回復するため」に全身全霊をもって戦っている。罪を犯した人たちが責任を引き受けるまで歴史のページをめくることはできないと信じ、一九六〇年代から七〇年代にドイツの主要ポストに就いていた元ナチ党員を猛烈に攻撃し続けた。そのなかには、戦前、海外向けラジオ・プロパガンダの副ディレクターとしてヨゼフ・ゲッペルスのもとで働いていた当時のクルト・ゲオルグ・キージンガー首相も含まれていた。一九六八年一一月七日、彼女はベルリンで行われたキリスト教民主同盟の会議に出席した。秘書らしく身なりを整え、ノートパッドを手にした彼女は、首相が演説を行おうとしたその瞬間、演壇に近づき、「ナチ！　ナチ！」と叫んで、公衆の面前で首相を侮辱した。会議は大混乱のうちに散会となり、ベアーテ・クラルスフェルトは刑務所行きとなった。しかし、その様子はメディアを通して世界中に流された。

一九七〇年、ベアーテとセルジュは、西ドイツの国会議員エルンスト・アシェンバッハの在ブリュッセル欧州委員会ドイツ代表への就任を妨害した。アシェンバッハはドイツにおける戦争犯罪裁判の停止を求めロビー活動をしたことがあるが、その裏にはそれなりの理由があったことがクラルスフェルトの発見で明かになった。アシェンバッハは一九四〇年から一九四三年にかけて、フランス系ユダヤ人の迫害と強制移送に関与していた。

ベアーテとセルジュは数十年間にわたる劇的な活動で知られるが、ドイツではベアーテの情熱は単に若者の怒りの爆発として捉えられていた。一九六〇年代後半までに、何千人ものドイツ人が反ナチ活動の輪に加わった。ベアーテが支払った代償は家族の喪失だった。彼女の父はすでに亡くなったが、母は娘の行動を恥さらしなものだと思って決して容認しなかった。「私は非ユダヤ人のドイツ人として行動しているのです」と、ベアーテは常々そう主張してきた。[*6]

ナチ時代の記憶を修復するプロセスが真剣に始まったのは、六八年世代（若い世代がそう自称したように）が社会的に重要な地位に就いたときだった。教育カリキュラムには改革が加えられ、今ではナチ時代についての学習内容のなかに元強制収容所や、残虐行為が起こった監禁場所跡にある記念碑訪問なども含まれるようになり、記念碑の多くが不当に標的とされた犠牲者としてユダヤ人を特定するに至った。保守派の抵抗に抗しながらも、ドイツ人の多くが不承不承ではあったものの、社会全体がナチに協力したという深部を承認し始めると、一九八〇年代までにはニュルンベルクで正当に処理されたヒトラーの「惨忍性」、あらゆるドイツ人は国家社会主義の犠牲者であった、という古びた見解は大部分基盤を失った。およそ四〇年前にカール・ヤスパースによって指摘された区別、つまり、個人的過失には「罪」があるのに対し、集団的に目を逸らすことがなければ犯されなかった犯罪には「公的責任」が伴うという区別が脚光を浴びるようになった。一方で、ララ・デーミッヒがそっけなく言ったように、こうしたすべてのことがドイツ人であることをより耐えがたいものにした。

二階建てツアーバスに乗った外国人ツーリストが笑っている。「美しきベルリン」は巨大な建設工事現場だ。瓦礫の上ではクレーンが威嚇的に動き、工事用ヘルメットを被った人たちが機械の騒音に負けないようにと声を張り上げている。粉砕された建物から出た塵が空気を詰まらせている。ドイツが歴史の新しいページを繰ろうとしている時、不動産投資家たちは「未来を作る」ために大挙してここへ乗り込んできた。ボンは連邦政府の首都としての役割を終え、第三帝国以来初めてベルリンは再びドイツの首都になろうとしていた。中央ヨーロッパで最も重要な都市として、東西にまたがる異文化の戦略的橋渡しという意味でもベルリンは格好の場所だった。

不名誉な過去を持つベルリンが再び地図上に現れることには、当然、疑問の声も上がった。統一後、作家のギュンター・グラス（「ドイツの良心」と呼ばれている）は、ナショナリズムへの回帰という可能性に「懸念を抱いた」と述べ、統一ドイツは生得的に危険な国家になるだろうと言って保守派たちを憤慨させた。事実、大規模な発掘場所の上ではクレーンが舞っているが、この掘り返しと再建という新しい建設の開始には不安が残る。その下には何が埋もれているのだろう？　ベルリン市の地勢は、戦争に関する未発掘の記憶で満ちている。なかでも、ポツダム広場の巨大なインターセクションの古びたライヒスターク（旧ドイツ帝国議会議事堂で、現在はドイツ連邦議会議事堂）に隣接する場所ほど、戦争の生々しい思い出を甦らせる場所はないだろう。現在、ヨーロッパ最大規模の工事が行われていることで知られるポツダム広場には、ドリルと機械のうなりが響いているが、その広場の真ん中には有刺鉄線で囲まれた草とマウントのノーマンズランド（中間地帯）がぽっかりと見える。ヒトラーの地下壕はこの場所の底に、不発弾のように横たわっている。実際、ここは未発掘のまま残る考古学サイトのようだ。不名誉な記憶を呼び出すこの場所をどうするかについては、警察を駐在させるということ以外、未だに何の結論も出されてはいない。ベルリン市が最も恐れていることのひとつは、スキンヘッドとネオナチがこの現場をあからさまに崇拝してしまうことである。

そこから数ブロック先にも、もうひとつの重層化された記憶の場所が横たわっている。元プリンツ・アルブレヒト通り、ヴィルヘルム通り、アンハルター通りに囲まれたこの小さな界隈は、一九三三年から一九四五年までナチ恐怖政治の重要機関が集中していた。ナチ武装親衛隊（SS）本部とゲシュタポ本部、SS秘密警察、国家保安本部をはじめ、ハインリッヒ・ヒムラー、ラインハルト・ハイドリヒとエルンスト・カルテンブルナーもそれぞれここに本部を置いていた。まさにこの場所でユダヤ人やジプシーの虐殺が準備、調整され、ナチ占領下の国々の運命が決定されたのだ。

一九世紀的な荘厳さの中に佇むライヒスターク、ベルリンの壁の残部は（一九六〇年代に再建された）、ギュンター・グラスの反対にもかかわらず再使用されかけていた。ベルリンの壁は、一九六一年、共産主義の東と「ファシスト」の西を分断するために建設され、今ではあんぐりと口をあけた何千人ものツーリストを呼び集めている。ツアーのオペレータがかつてチェックポイント・チャーリーとして知られた、東から西に抜ける狭い通路、そして、誰かが赤ペンキでコンクリートに落書きした心にまっすぐ響く感動的な「なぜ?」を誇らしげに指差している。かつて、東から西へ逃亡しようとした一〇〇〇人もの人たちがこの場で射殺されたのだ。

その痛々しい問いに対する返答は何もない。ただし、地元政治家は時代の変化を反映させようと通りの名前をせっせと改名し始めた。一九四五年以降、当時はソ連セクターに属していたプリンツ・アルブレヒト通りは、一九四四年九月にラヴェンスブリュック強制収容所で殺されたドイツ共産主義のヒロイン、ケーテ・ニーダーキルヒナーにちなんでニーダーキルヒナー通りと改名された。一九八九年にベルリンの壁が崩壊すると、その通りを再びプリンツ・アルブレヒト通りに戻そうという声もあったが、ナチ時代を思い出させるとして結局その案はボツになった。その後、ニーダーキルヒナー通りの名を維持し、同時にこの通りにだけ特別な郵便番号をつける、というベルリン郵便局の決定により決着した。「これこそドイツ人が歴史を扱う典型的やり方ですよ」と、トマス・ルッツはそう言って笑った。年齢およそ四〇歳、思慮深いルッツは、公的記憶の回復に人生を捧げてきた。

私はベルリン中心部にあるルッツのオフィスを訪れた。そこはベルリン市の心臓部、鉄道と地下鉄が乗り入れるバンホフ・ツオーから目と鼻の先である。過去以上に現在についてくれるバンホフ・ツオーでは、頽廃した風貌の麻薬中毒の若者と麻薬取引人が駅構内や外の路上で堂々と取引をしている。失業率の高い統一ドイツのなかでも、旧東ドイツではとりわけ失業率も高く、社会からはみ出た人たちは大勢で首都に流れ込んでくる。ツオーには警察の姿も見えるがただ監視しているだけのようだ。

トマス・ルッツは「テロルの地形測量」国際展示資料センター館長である。ベルリンでは、この常設展はナチ官僚機構が果たした役割を立証するものであるが、さらにルッツは一九八四年以降、ドイツ全土にある多くの記念博物館での展示の調整にかかわってきた。今ではこうした記念博物館は六〇を数え、ブーヘンヴァルトやザクセンハウゼンなどの元強制収容所であった現場から、ボランティアによって経営されている小さな博物館に至るまで大小さまざまに及ぶ。そして、ゲシュタポが国内外からの強制労働者教育のために使った初期の教育向けワークキャンプにもいくつかの記念碑がある。これらの記念碑は、最近まで「忘れられた迫害者」であったホモセクシュアル、身体障害者、レジスタンス闘士、ジプシーにも捧げられている、とルッツは言う。展示のなかには、ナチによる迫害がエスカレートするなかで、医師や心理療法師、法律家といった専門職の人々が関与していった事実を立証するものもある。ルッツの概算では年に約三〇〇万人がこうした場所を訪れるという。

テロルの地形測量基金のオフィスは、高層オフィスビルのワンフロアにあった。そのことが私に官僚と官僚主義のアイロニーについて考えさせた。かつて、ナチ官僚は机についてジェノサイドに関する仕事に精を出したが、今は打ちひしがれた彼らの子ども、孫たちが机について犠牲者を記憶しようと懸命になっている。真面目な風貌をしたルッツは、贖罪に真剣に取り組んだ世代のなかでも、とりわけこの活動に心を砕いた一人である。一九七〇年代半ば、高校生だったルッツはアウシュビッツ記念館で一〇日間ボランティアとして働いた。その痛々しい経験は彼の人生を変え、歴史と政治を専攻に選び、平和のために仕事をしたいと考えるに至った。「ドイツの民主主義を鍛錬するには過去の補償は不可欠ですが、情報をどう提示するかが重要なカギになります」とルッツは説明する。「私たちの仕事は、来館者がナチの犠牲者に自分を重ねることができるよう手助けすることですが、お手軽で感情的な一体化で終わってほしくはありません。ドイツ人の大部分が犠牲者ではないので、コンテクスト抜きの感情は理解という意味では何の役にも立ちません。私たちの責務は、第三帝国という出来事を歴史理解の脈絡に統合するうえで必要な道具を提供することです」。

彼はヨーロッパのユダヤ人虐殺を承認することこそ、ドイツの最重要責務であるという信念からすべてを始めている。「統一ドイツでは、すべての大型記念博物館がユダヤ人の運命に言及しています。そして、旧東ドイツにおける主題の取扱いに関しては言いたいことは山のようにありますが、そこにも新しい変化が見られます。私たちの博物館では、ドイツのこの場所にあったテロル（恐怖）の政府中央機関と、たとえばポーランドなどのドイツ国外の殺人現場に実際にあったリンクを再構築しようと試みています」。私たちは翌日、テロルの地形測量展示館前で待ち合わせた。ここは、ライヒスタークの周辺にある記憶の地形の核心にあって、発掘された元ゲシュタポ本部の礎石に隣り合っている。

この展示の正式名称は、「テロルの地形測量：ゲシュタポ本部、ＳＳ本部、国家保安本部」である。ゲシュタポ本部に隣接し、ベルリンの壁へと続くそのロケーションは明らかに皮肉である。この展示は、一九八七年、ベルリン市の七五〇周年記念式典に際してオープンし、当初は臨時展として計画されていたが、ドイツ国民のあいだであまりに有名になったため、常設展として残されることになった。それから一〇年になるが、今でも年間一〇万から一五万人が訪れる。展示館の前でルッツが説明する。「犠牲者でなく、加害者が記念碑を建てることは非常に難しいことです」。「テロルの地形測量はドイツ大衆を招こうとする私たちの試みなのです」。

私たちが眺めていたのは、連合軍の空爆で破壊されたが、地下牢部分が露出されたゲシュタポ本部の礎石だった。私は当時のこの建物内部を想像しようと試みた。聞くだけで身も凍るような名前の人たちの存在を、その人たちの机を、占領部分の描かれたヨーロッパ地図を熱心に眺めている人たちを、東部戦線のアインザッツグルッペン（親衛隊主導の特別殺人部隊）から送られた報告書に目を通している人たちの姿を。たとえば、それが一九四一年、私の家族が殺されたウクライナからの報告書だったとしたら？　ここは、今まで行ったどこよりもドイツに対する私の不安を大きくさせる。単に記憶のこの場所に立っているだけで、恐怖心に身体中が震え上がるようだ。

ルッツと別れた後、私は展示館に入った。ナチの冷血な官僚組織についての情報と写真をストレートに提供している。展示では、まず、ニュルンベルク法の適用に始まって、強制移送、死刑収容所における警察の役割を説明しながら、ナチ親衛隊員とユダヤ人について情報を提供している。トップコートと帽子を着用したベルリンの年配ユダヤ人が駅で他の人たちとともに不安な表情で列車を待つ写真に、キャプションの必要はない。この人は他のドイツ人と何ら変わりない中流階級のドイツ人で、それにもかかわらず、死が確実に用意されている場所へと移送されるのだ。次に、ジプシーや非ドイツ人たちの強制移送、政治的囚人のその後について解説がなされる。展示の最後では、戦争の最終日、ベルリン市中核のこの付近が空爆で破壊されたとき、すぐ隣のゲシュタポ牢に捕われていた政治的囚人たちがいた事実が言及されている。また、ナチ秘密警察幹部のポートレイト写真のなかには、戦後ＦＲＧで老衰のため安らかに世を去った幹部の内面が透けて見えるような、見る人の心をわざと乱させるものも含まれていた。
私は無検閲のカメラレンズに捕らえられた殺人心理を前にして息を呑んだ。額縁の中のその写真は、殺害の数秒前を捉えたものだ。一九四一年、ラトビアのある町。姓名不詳の男性三人が塹壕のふちに膝をついている。彼らの首に銃をつきつけているのは、アインザッツグルッペンのナチ親衛隊メンバー三人である。一番手前の親衛隊員の表情は、興奮に緩んでいる。同じような写真をどこかの博物館でも見たことがある。殺人者の顔面に浮かぶ、疑いようのない歓喜。これこそ、私を最も不快にするものだ。

私は建物の周囲を歩き、マルティン・グロピウス・バウのテラスにある屋外カフェで紅茶を注文した。この建物は一九七〇年代の終わりに再建された美しい一九世紀建築で、再建後には本来の目的であった博物館、展示ホールとして甦った。夕方も近づくころ、長い影法師は和やかで平和的だが、この静けさの向こうには戦争の傷跡が未だに感覚をきしませている。マルティン・グロピウス・バウの壁には、戦後五〇年経った今でも戦争最終日の激戦で残されたマシンガンの痕跡が残っている。一九四三年一一月から続いた一八ヶ月の集中爆撃により、この区域の建物のほとんどすべてが破壊された。半分跡形もなくなった残骸、ごっそりと爆撃を受けた空っぽの空間は、過去を思い出させると同時に、記憶喪失を促す助けにもなった。敗戦後、時折、「過去を受け入れる」ことについて話すことがあったにしても、ほとんどのベルリン市民は不承不承に不名誉なこの歴史的舞台を無視しようとした。彼らは数十年もの間、この場所を拒んで、作家クリスタ・ヴォルフが表現したように「他人であるかのように振舞って」いた。戦後、中心部であった建物の主要部分は爆破され、その後、瓦礫が除去され残骸も取り壊されると、ナチの記憶を物理的に残す場所は平坦化され、空っぽなスペースだけが残った。

私は、本人から渡されたトマス・ルッツの研究報告や、ドイツにおける記念碑建設をめぐる動きについてなど大量の資料に目を通し、戦後一〇年目にベルリン市が「ベルリン中心部がドイツの首都、かつ近代的メトロポリスであることを示す」ための都市再建国際コンテストの計画を発表していたことを知った。[*7] しかし、新しい「近代」の下に過去を埋めようとする計画を手っ取り早く終わらせる手助けをしたのは、元ナチ帝国首都の心臓部におけるベルリンの壁建設であった。ベルリンの壁はナチ時代の記憶をますます風化させていった。分割された都市、分割された国、分割された世界の象徴を目の前にして、その恐怖心に毎日のように向き合っているときに、誰がこの地で起こった過去を振り返ろうとするだろうか？

一般の人たちの間で議論が起こったのは、一九七〇年代後半だった。このスペースをどう利用すべきだろう？ある人が道路再建計画を提案すると、これがきっかけとなって「人間の権利を求める国際連合」というグループが内務省の議員宛てに公開質問状を送った。質問状は、「かつてプリンツ・アルブレヒト通りを占拠した茶シャツ党員（ナチ党の高官たち）の恐怖」を思い出すよう促し、この再建計画に立派な記念碑建設を含めることを要求した。一九八三年、当時のベルリン市長であったリヒャルト・フォン・ヴァイツゼッカーがコンペティションを主催した。彼はイベントを発表する際、「良かれあしかれ、ベルリンはドイツ史を見守る守護者である」と述べている。「私がこの重要なコンテストを興味深く眺めているのは、主催者としての立場ゆえとは限らない」[*8]。実に、ヴァイツゼッカーの興味は学問的な枠内には収まらなかった。ヴァイツゼッカーにはナチと関係のあった父がいた。一九三八年から一九四三年にかけて、父のエルンスト・フォン・ヴァイツゼッカーは第三帝国外務省の次官として働いていた。一九四六年、若きリヒャルトはニュルンベルク裁判で父の弁護人として法廷に立ったこともあった。

コンテストの募集要項には、「この場所の持つ歴史的意味と実践的機能性をもちあわせている」ことが望ましいと書かれてある。応募が集まり、受賞作品が選ばれた。しかし、一九八四年、上院は計画の中止を可決する。

中止の表面上の理由は、「この場所の持つ歴史的意味」を記憶するための気の滅入るような不可欠さを隠蔽すると期待されたベルリン市七五〇周年記念式典を待つというものであった。しかし、最早こうした公的な言い訳をする時期ではなくなっていた。一九八五年五月上旬、ナチ敗北から四〇回目の記念日を間近に控えたある日、「ベルリンのファシズムとレジスタンスの行動的博物館」と自称する組織が、「元ゲシュタポ総司令部跡で象徴的な発掘」を要求する手紙を送った。それには、「五月五日日曜日、午前一一時、われわれはプリンツ・アルブレヒト広場の地勢的歴史が注目されるべく試みる」と書かれてあった。「ナチ・ファシズム解放記念日である来る五月八日、われわれは多大な犠牲を払った反ナチ・レジスタンスの戦士たちを追悼する。……さらに、ドイツのファシズムの最高司令部が建っていたこの場所に、将来、『黙想の場』が建設されることを要求する。これにより、ドイツからファシズムと戦争を完全に消し去るため、歴史の教訓である経験と理解が後世に手渡されるだろう」[*9]。

五月八日、若者の小さなグループがゲシュタポ本部跡地に現れ、「足元を掘り返そう」と書いた看板を掲げた。彼らは、あっけにとられている群集の前で、タブー視されていた過去の基盤を発掘しようと、「歴史的現場を掘り返し」始めたのだった。

私はルッツに電話して、彼が書いたこの記事について尋ねてみた。「あの事件はターニングポイントでした」、とルッツは言った。

その後、一九八五年一二月、「ゲシュタポ地勢の歴史と将来を愁う市民」と名乗るグループがベルリン新市長のエーベルハルト・ディープゲン宛てに手紙を送った。この手紙には、ナチ史跡には国際的重要性があり、この場所の取扱いはもはや彼一人の判断に留まるものではないと書かれていた。「政治家、特別な管理団体、ひとりの個人がこの地勢の将来の概観を決めたり、恐怖政治が行われた最高司令部の残骸を保護する権限はない。これまで四〇年にも及ぶ抑圧時代が終わった今、それは単に不可能である」[*10]。

変化が訪れたのは、彼らの勇気や大胆さのおかげだったのだろうか？　議論に官僚主義的対応やそれに伴う虚言が入ってくると、一般の人たちや若者が乗り込み、とうとうベルリン市政が降参した。ついに発掘が始まり、ゲシュタポ本部の地下室の壁と元地下牢の配置が白日のもとにさらされた。埋められていた過去の亡霊のような建築が、こうしてついにその姿を現した。

当時のドイツ連邦共和国大統領はリヒャルト・フォン・ヴァイツゼッカーであった。ナチ敗北から四〇周年目にあたる一九八五年五月八日、ヴァイツゼッカー大統領はドイツ連邦議会でドイツの過去と現在についての演説を行った。ヴァイツゼッカー大統領は、ナチ犯罪による犠牲者について、また、記憶を鮮明なまま維持することの必要性について堂々と語った初めてのドイツ大統領となった。歴史的盲目についての彼の言葉はあまりにも有名で、陳腐な決まり文句として軽視される危険性を秘めているほどであるが――あまり巧妙に要約された知恵ほど簡単に危険にさらされるものだ――その言葉は何度も繰り返される必要があると思う。ヴァイツゼッカーは、「計り知れないほどの死者の数と人間の悲嘆の山並み」、そして断種された人々、強姦された人々、非人間的状況で強制労働を強いられた人々に対して哀悼の意を表した。また、なかでも占領された国々における女性の悲嘆、第三帝国のもとで精神障害者やジプシー、ホモセクシュアルなどが殺害された事実についても特別の注意を促し、ヒトラーに抵抗を試みた人たちが払った犠牲についても言及した。フォン・ヴァイツゼッカーは言う。「独裁主義の根底には、ユダヤ人同胞に対する激しい憎悪がありました。……ユダヤ人種全体に対するジェノサイドは……歴史上例を見ません。先人は、われわれ若い世代に容易ならざる遺産を残しました……過去に目を閉ざす者は結局のところ現在にも盲目になります。非人間的な行為を心に刻もうとしない人は誰でも同じ危険を犯す危険性をまぬがれないのです」[*11]。

ドイツの政治家、要人によるこうした意志表明は、これ以外にもなされてきた。一九七〇年、ヴィリー・ブラントはワルシャワ・ゲットー記念碑の前で膝をつき、人々が息を呑むような行為を示して過去に対する遺憾と追悼の意を表明した。しかし、戦後、ドイツ要人によってなされた言説のなかで、とりわけ道徳的な重要性を持っているのはリヒャルト・フォン・ヴァイツゼッカー大統領の国会演説だろう。この演説は明かに時代の変化を刻むものであった。「一九八五年のヴァイツゼッカー演説以前は、政治家たちにベルリンのナチ史跡で演説させるのは大変なことでした」とトマス・ルッツが説明する。「しかし、一九九五年の五〇周年記念までには、待機リストが必要なほど多くの政治家たちがこぞって演説をしたがりました」。「待機リスト」が意味するのは、教育と和解へ向けての努力が主流になった、ということである。しかし、私が調べたファイルには、過去に対するこれとは違った見方を立証する統計があった。それは、一九九四年に行われたアメリカ・ユダヤ人委員会（AJC）の人間関係機関の調査で、「ユダヤ人と他のマイノリティに対するドイツ人の最近の態度」と名付けられ、一四三四件のインタビューをもとにしている（九九二件が旧西ドイツ、四四二件が旧東ドイツで行われた）。年齢、性別、宗教、政治的信条、教育にしたがって集められたこの調査結果は人口比の正確なサンプルであるとされ、とりわけ先述したようなユダヤ的なるものへの関心、あるいはユダヤ人への深い一体感を考えあわせてみると非常に興味深い。ドイツ社会でユダヤ人は「あまりに強い影響を持ちすぎている」に賛成するのは二〇パーセント、「世界の出来事にあまりに強い影響を与えている」が三一パーセント、「ユダヤ人は自分たちの目的のためにホロコーストを利用している」が三九パーセント、「ホロコーストは今日では重要性を持たない」が四〇パーセント、そして、驚くことに五六パーセントが「ドイツ統一後、私たちはホロコーストについてあまり語るべきではなく、過去との間にきちんと線引きをすべきである」という声明に同意している（旧西ドイツで）。「ホロコーストを正確に定義することができる」八七パーセント。「アウシュビッツ、ダッハウ、トレブリンカが強制収容所であることを知っている」九二パーセント。しかし、事実的知識の高さにもかかわらず、否定的な態度は否めない。

アンケートに答えたドイツ人の六〇パーセントが、ホロコーストについての記憶を保存したいと考えている。言いかえれば、彼らはトマス・ルッツやその他の仕事を承認している。その一方で、気落ちしてしまうくらい否定的な数字は高い。それに、ジプシー、トルコ人、ベトナム人、アフリカ系、ポーランド人、アラブ系など他のマイノリティに対する数字はさらに高くなっている。こうした結果は、ドイツ人のゼノフォビアについての懸念を増加させるだけである。[*12]

北海に近いシュレスヴィヒ＝ホルシュタイン地方にフリードリヒシュタットという小さな町がある。そこに、町のユダヤ人に関する完全な歴史をまとめた人がいると聞いたことがあった。この人が一体どういう人なのか、なぜそんなことをしたのか、誰一人はっきりとは知らない。私は好奇心にかられた。トロントでドイツ生まれのホロコースト生還者からそのことを聞いて以来、調査を試み、何度となく行き詰まりにぶつかったが、とうとうその人、カール・ミヒェルゾーンを見つけることができた。

ベルリンに来て八日目、ヨーロッパ横断鉄道でハンブルクに向かった。そこでローカル線の「牛乳配達用列車」に乗り換え、北を目指した。列車は、風車やほこりっぽい並木道を走る自転車を追い越し、牛や羊が草をはむ未開墾の野原を越えて走っていく。急勾配の屋根と赤いこけら版でできた赤レンガの家が集まる村を通り過ぎた。何軒かは昔ながらの草ぶき屋根だ。牧歌的でのどかな生活が垣間見えるようだ。

人口二七〇〇人の町フリードリヒシュタットは、のどかな風景に点在する小さな宝石のようだ。もともとは一七世紀、アムステルダムからやってきたオランダ人商人が住みついたらしい。町の一部、「昔の町」という意味のアルトシュタットには、小さな運河が流れている。戦前のドイツ建築と同じように見えるが、この「昔風」アルトシュタットは、人工的に風化させたきり妻、石作りの橋や丸石の石畳などが忠実に再現されている。しかし、記憶を刺激させようと部分的に修復されたベルリンのノイエ・シナゴーグ、あるいは倒壊したまま放っておかれた東ベルリンやドイツ帝国議会周辺の廃墟とは違って、ここは戦争などなかったかのようにきれいに復元されている。市庁舎の外にある額には、メノナイトに関する言及とともに「寛容の町フリードリヒシュタット」という文字が見える。寛容性はこの町の輝かしい歴史的主張のようである。しかし、それとは裏腹に、私の知っている限り、一六七五年以来この町に確かにいたユダヤ人は、今では一人もいない。

七〇代のカール・ミヒェルゾーンは、健康そうで年よりずっと若く見える。退職前は会計士として働いていたと言う。運河に隣接するおとぎばなしに出てくるような小さな家に住んでいる。彼はアマチュアの歴史家で、地元の歴史協会の会員だと自己紹介する。一九七一年、ミヒェルゾーンはユダヤ人の話を含む町の歴史調査をしていたところ、いくつかの疑問を持ち始めた。戦争勃発当時、この町には若干四〇人のユダヤ人がいた（その数十年前には、コミュニティのほとんどはハンブルクに移住した）が、ミヒェルゾーンが子どものころにはユダヤ人の級友がいて、彼らのその後を知りたいと思うようになった。一九三八年一一月、フリードリヒシュタットではクリスタルナハトの日に、ポグロム（ユダヤ人虐殺）が起こり、それがユダヤ人を見た最後となったという。

ミヒェルゾーンは、私がはるばるベルリンから会いに来たことに驚いていた。自分の仕事は地元の歴史に限られているのに。それに答えて私は、何としてでもあなたを探し出そうと決心していた、と言った。そして、彼の主張に異議を唱えて、忘却の彼方に押しやられている人々を追跡することで歴史を再生させようとする彼の試みは、彼らの人生の威厳を回復することであり、さらに町の歴史の失われた断片を修復するという意味で非常に重要であると説明した。ミヒェルゾーンはそれを聞くと喜んで、趣味が高じてやがて取りつかれてしまったと語ってくれた。最初、友人や隣人たちは、ユダヤ人が存在した記録を探すことは無理だと否定的だったが、彼はその間違いを証明してみせた。町の公文書館には、ユダヤ人の出生証明書、学校の記録カード、パスポート、手書きのビジネス帳簿、個人的な手紙や挨拶状などが眠っていた。ナチによるポグロム後、忽然と消えたユダヤ人コミュニティの情報は、無関心のうちに隠されていたわけだ。彼はユダヤ人の強制移送の道すじをたどっていった（多くがまずテレジエンシュタット収容所、それからアウシュビッツ収容所に送られた）。証拠が次々と挙がるにつれ、ミヒェルゾーンの関心はますます深まるばかりだった。調査を始めてほぼ三〇年になる今も、仕事が片付いたとは到底言えない。

私たちは小さな運河に沿って歩き、かつてシナゴーグとして利用されていた建物の前で立ち止まった。一八四五年に建てられたこの建物は、ユダヤ人学校、ラビの家でもあった、と彼は説明してくれた。しかし、ナチがほとんど破壊してしまい、後になって家屋として再建された。壁にかかった額には、「寛容さのなかで共に暮らし、用心深くあろう」という文字が刻まれている。

「これは誰が書いたのですか?」。私は尋ねた。

「私です」。ミヒェルゾーンが恥ずかしそうに答える。

私たちは小さな通りを抜けて町の公文書館へやって来た。公文書館もまたミニチュアのようにこじんまりしていて、ガラスのキャビネットには中世時代の町の紋章やバッチなどが飾られている。ミヒェルゾーンの調査用にあてがわれた小部屋には、ファイル棚や展示ケースなどが所狭しと置かれてある。「これが私の作った死者追悼のための本です」。彼はそっと言って、ガラスの下にある書類入れを指し示した。フリードリヒシュタットのユダヤ人一人にそれぞれ一ページが割り当てられていた。

彼は棚にきちんと積み重ねられた青いルーズリーフ・フォルダをいくつか抜き出し、最初のひとつを無作為に開いてみせた。それはクルト・ヘイマン家族の記録で、なかには一九二〇年の学校記録、訪問カード、ヘイマンの開業許可書（彼は馬の売買をしていた）、大きな「J」（ユダヤ人 Jude の頭文字）の赤文字が押されたパスポート申請用紙、法に則って一九三八年にヘイマンの公式書類の名前に「イスラエル」の文字が加えられたという確認書類などが含まれていた。

ミヒェルゾーンは顔の前で手を振って、信じられないといった風に笑った。「理解しがたいね。まったく信じられませんよ!」。通訳として同伴してくれたブリッタ・ヴィルロットはショックを隠しきれなかった。三八歳の教師であるブリッタは、ナチによるこうした侮蔑行為については無知だった。ナチは、すべてのユダヤ人男性の名前に「イスラエル」を、すべてのユダヤ人女性に「サラ」をつけるよう強制していた。「私が学生だったころ、学校で戦争中のことを両親から聞き出すように言われましたが、誰一人、積極的に話してくれる人はいませんでした。私の方もあまりしつこくは尋ねませんでした」と彼女は言った。「今ではもう無理です。父は亡くなってしまいましたから」。そう言った彼女はまるで自分が恥ずべきことをしたかのように赤面していた。「困ったことです。本当に困ったことです」。彼女はそうつぶやいて、遠くを見つめた。

カール・ミヒェルゾーンは、町の若者たちと同じくヒトラー・ユーゲントに加わった。彼は、友人ロルフ・メイヤーの耳をつまんで級友たちの前で「これがユダヤ人の顔ですよ！」と言った一人の教師を除いて、この町では反ユダヤ主義はほとんどなかったと主張する。多くのナチ党員がいたにもかかわらず、である。「反ユダヤ思想を持たないナチ党員がいたと言うのですか？」と私は尋ねた。

「その通りですよ」。彼は主張を曲げない。「ゲシュタポはキール郊外の町、そしてフレンスブルグにいました。こうした町からやってきた人たちがポグロムを推進したのであって、地元の人たちではありません」。

フリードリヒシュタットは、長年、それぞれのコミュニティ同士がお互いに良好な関係を保ってきた。つい先ほど前に訪れた教会では、一八四八年から五〇年にかけて起こった戦争でフリードリヒシュタット出身のユダヤ人兵士が参加したことを記す額に私は気がついていた。そのとき、ミヒェルゾーンは一七六二年にルター派の教会建立に寄与したユダヤ人がいたことを示す記録を見せてくれた。しかし、それは一世紀以上も前の話だ。「一九三〇年以前、役場にはユダヤ人職員もいましたよ」と、彼は断固として主張した。

戦争中、ミヒェルゾーンはヴェアマハト（ドイツ国防軍）に加わり、ロシア戦線に従軍した。ユダヤ人の受けた仕打ちについて知ったのは戦争が終わってからだと言った（「信じたくはなかったけれど、信じざるを得なかった。それを聞いたとき、ひどく失望しました。ドイツ人はよい国民だと常に信じていましたから」と悲しそうに言った）。しかし、元ヴェアマハトといえば、ちょうどそのころ世間で関心を集めていた。「絶滅戦争：ヴェアマハトの犯罪　一九四一～一九四四」という展覧会がドイツ国内を巡回しており、物議をかもしていた。その展覧会は、ソビエト連邦、バルカン諸国で普通のドイツ軍が行ったユダヤ人やジプシー、戦犯の殺戮を立証するものである。こうした殺戮を行ったのはアインザッツグルッペンではなく、普通のドイツ軍隊であったのだ。銃殺される市民の写真、一般のヴェアマハト兵士が大量殺戮を綴った手紙や日記なども展示されている。キュレーターのハネス・ヘアは、すべての国防軍が残虐な殺戮を犯したというわけではないが、事実は明かにされる必要がある、と述べている。展覧会が開催される都市では、ネオナチが「われわれの祖先は犯罪者ではない。われわれは彼らを誇りに思う」というプラカードを掲げてデモンストレーションを行い、「ドイツ人にまず仕事を」と書かれた反移民ポスターも見られた。

カール・ミヒェルゾーンもこの展覧会のことを聞いてショックを受けたと言う。「私の隊ではそんな事実はひとつもありませんでしたよ！」と彼は言う。

丹念にひとつ、またひとつと、彼は一七世紀半ばから二〇世紀半ばに至る三〇〇年のあいだにフリードリヒシュタットに生きたユダヤ人の人生の証を再構築してきた。シナゴーグ復元の資金も募った。ミヒェルゾーンのところには、フリードリッヒシュタットでかつて暮らしたことのあるユダヤ人ホロコースト生還者とその子孫から書類が送られてくる。さらに、毎年、世界中から自分の、あるいは祖先の町であるこの地に巡礼にやってくる。今も、ミヒェルゾーンはアメリカとパラグアイからやってきた訪問者を迎え入れようとしているところだ。いつものように訪問者を公文書館に連れて行き、作成した家族の記録を見せてあげる。「彼らはテーブルに座ってすすり泣くのですよ」。ミヒェルゾーンはそちらのテーブルを指差しながら、そっと言った。

「私たちは恥かしさでいっぱいです。みんなそう感じています」。彼は窓の外を見ながらそう付け加えた。「この仕事を通して平和をもたらすことができれば、と願っています」。

歴史を心に刻もうとする試みがすべてうまくいっているわけではない。たとえば、「愛想のつきる」ような試みのひとつが、ベルリン西セクターにあるモニュメントである。フリードリヒシュタットから再びベルリンに戻った私は、ユダヤ人成人教育プログラムのニコラ・ガリンガーに案内されてここにやってきた。週に数回、青空市場が開かれる小さな広場に置かれた厚手の大型鏡。その鏡には、かつてこの界隈で強制連行されたユダヤ人の名前が書かれてある。そこを訪れた日、陽射しが反射する鏡には、横付けされた二台のトラックと山盛りのブロッコリが映っていた。各店舗が店じまいを始めると、数人の売り子が死者の名前をのぞきこんで口紅を塗る風景が見えた。

これとは対照的に、アーティストのレナータ・シュティとフレイダ・シュノックは、ベルリン市内のバイエリッシェス・フィアテル界隈をかつてそこに住んでいたユダヤ人の生きた記憶に変えることで、間違いなく世界でも例を見ない独創的記念碑を製作した。一九九三年六月、二人はこの界隈の街灯という街灯から明るくペイントした八〇の看板を吊るした。それぞれの看板の裏側には、一九三三年から一九四四年までにナチによって出された反ユダヤ的な法令がひとつずつ書かれてある。たとえば、こうである。「ベルリン市政府は直ちに公立学校からユダヤ人教師を停職処分にすること：一九三三年四月一日」。その看板裏側に色付きで描かれている図は、小学校教師の職を暗示する簡略化された絵「2＋（小学校教師が板書した文字を示す）」である。「ユダヤ人による石鹸、ひげそりクリームの購入を禁ず：一九四一年六月二六日」。その裏面には赤色のかみそりが描かれてある。ユダヤ人に対する差別的法律は、日常生活の些末なことから破滅的なインパクトのあった旅行制限まで、広範にわたってユダヤ人の行動を制限した。「ユダヤ人の移住を禁止する：一九四一年一〇月二三日」。この致命的な命令の裏面にはひとつの黒い長方形が描かれてある。

　私は作品を製作した二人とこの界隈で待ち合わせ、一緒に通りを歩こうと思っていた。二人と顔を合わせて、歩き出す前からもうレナータ・シュティは演説を始めた。彼女はドイツに対する怒りをあらわにし、ナチ時代の記憶復活について熱狂的に語り、彼女が言うところの「ドイツで起こったことの再現」がボスニアで起こったことに憤慨していた。「私たちがこれを作ったのは、旧ユーゴスラビアで戦争が始まったときでした。死んだ人は二度と帰っては来ないけれど、今生きている人と将来を変えることができます。ボスニアには強制収容所が存在したし、情報は入っていたというのに西側諸国が行動を起こすまでには長い時間がかかった。セルビア人が女性を強姦しているという事実を知っていたにもかかわらず何もしなかった。そして今だって誰一人として彼女たちのことを気にかけている人はいません。私たちは一体どんな世界に住んでいるのでしょう？　テレビで人が殺されているのを見て何ひとつ行動を起こさない人はナチと同じです。誰かが助けを求めていたら、助けてあげるべきです。そうでなければ、私たちは人間ではありません。それが道徳ってものでしょう。五〇年前に起こったことを記念するだけでは不充分なのです」。彼女のパートナーのフレイダは笑ってはいたが、心持ち居心地が悪そうだった。

　思うに、こうした熱い情熱こそ、この性質の仕事――あまりに公共的必要性のある――に対する思いを強めているのだろう。「テロルの地形測量」と同様、彼らのインスタレーションももともとは一時的な展示として始まったが、後に常設となった。作品が路上で展示されるということは、バイエリッシェス・フィアテル界隈の住人にとっては、外出したり、窓の外を眺めるたびにナチ時代を想起させるものと向き合うことを意味したし、展示が続く今でもその事実は変わらない。一人の男性などは、二人が作品を配置している最中に、「出て行け、汚れたユダヤ人め！」と叫んだが、地元の人たちの反応はおおむね肯定的だった。今では何千人もの観光客がこの通りを歩こうとやって来る。

「パリ出身の友人が言っていましたが、パリでも同じようなことが過去起こったにもかかわらず、町の中心部でこんなモニュメントを展示することは絶対に不可能だということです」。再び歩き出したとき、レナータがそう説明してくれる。「理由はわかりませんが、ドイツには過去と向き合おうとする熱意のようなものがあります。こうした熱意は他の都市では見られないものです」。とはいっても、二人ともこの熱意と同時にある種の不明瞭さが確実に残る事実を実際に体験していた。作品を展示する前、二人は隠しマイクを使って道行く人たちに声をかけてみた。

「このあたりに昔どんな人たちが住んでいたかご存知ですか？」という問いに、プードルを連れた八〇歳くらいの老婦人が答えてくれた。

「ユダヤ系市民ではなかったかしらね」

「彼らがどこにいるかご存知ですか？」

老婦人は一瞬考えて、「そういえば、ここにはもういないわね。きっとイスラエルに行ったのでしょう」と答えた。

「強制移送のことを知っていますか？」

「ここでは強制移送なんて起こっていませんよ」と、老婦人は断固とした口調で主張する。「彼らはまだ生きていて、きっとイスラエルで暮らしているはずですよ」。

「その人は無知でもなければ、嘘を言っているわけでもないのです」と、レナータはこの話を語った後でそう言った。「みんなあんまり近づきたくないのです。私たちは何度も何度も自分に言い聞かせていると、それを信じ込むようになるものです。この老婦人はユダヤ人の運命など気にかけたくないのです。彼女のような人たちは未だに過去のことなど考えたくないのですよ。自分の生活に何らかの不調和を来すことになると困るからです」。

街灯の看板は、その法律の内容が現在の場所に対応するように掲げられている。たとえば、ベーカリーの前にはユダヤ人のケーキ購入を禁じる看板が、肉屋付近にはユダヤ人に配給肉の購入を禁じる看板が掲げられている。小さな公園の入口には、ユダヤ人は黄色のベンチしか使用できないと警告する看板が見える。

　レナータとフレイダにとっては、過去に対するドイツ人の曖昧さはこの路上にも残っているように思われる。ヒトラー時代にはユダヤ風の通りの名前が改名されたが、未だにそれらはもとに戻されていない、あるいは完全に元通りになっていないため、現在、複数の名前が付けられている通りもあると二人は指摘する。さらに、アルベルト・アインシュタインの家の前にある額には、彼がここに一九一八年から一九三三年まで住んでいたとは書かれているが、この偉大な科学者がどういう理由でこの場所を去り、国を捨てたのかについての言及はなされていない。

　二人の芸術家はあまりに批判的すぎやしないか、という気もする。あまり多くを求め過ぎているのでは？　私はこの問いをやんわりと投げてみたが、彼らの答えは断固として「ノー」であった。彼ら二人はどちらも非ユダヤ人である。二人とも、どちらかというとトマス・ルッツ派、つまり記憶をより直接的、または暗示的に維持しようとする比較的若い世代のグループに属していた。彼らは、ホロコースト犠牲者を追悼するために建てられようとしていた巨大なモニュメントをめぐる駆け引きにまみれた政治的ディベートを嫌っていた（結局のところ、アメリカ人建築家のピーター・アイゼンマンによる二〇〇〇本のコンクリート柱を使った墓場のごとき作品が選ばれた）。「私たちの作る作品は、人々の生活に直接的にかかわってくる社会的彫刻であって、状況について考えざるをえなくなる作品です」とフレイダが説明する。「過去だけではなく、現在についても考えさせるのが私たちの作品です」。レナータが怒りを込めて付け加える。「私たちはワイマールに行けばドイツ文化、ゲーテ、バウハウス、ニーチェについて考えますが、同じようにブーヘンヴァルト元強制収容所についても私たちの作品を通して考えてもらいたいと思います」。

（二〇〇〇年一月二七日、アウシュビッツ解放記念日から五五年目のその日、記憶に満ちたブランデングルク門隣では、アイゼンマンのホロコースト記念碑のオープニング式典が開催された。連邦議会議長ウォルフガング・ティールゼが、ドイツはヨーロッパのユダヤ人に対するジェノサイド追悼を、ここ中央ベルリンで行う決意をした、と説明した。「なぜなら、近代ドイツのアイデンティティはナチ時代の恐怖を認識することと密接に結び付いているからです」。ホロコースト生還者でノーベル平和賞受賞者のエリー・ヴィーゼルもその日招かれて演説を行った。「ユダヤ人に対する苦痛をこのような短期間で与えた国民はドイツ人以外にはありません。アウシュビッツは永久にドイツの歴史であり、同時にユダヤ人の歴史です」。しかし、その日、キリスト教民主同盟に属するベルリン市長エーベルハルト・ディープゲンの姿は見えなかった。彼は繰り返し、アイゼンマンのモニュメントはあまりにも巨大であまりにあからさまだと述べていた。彼の抵抗は、多くの人が心の中に秘めていたもやもやした曖昧性を反映していた）。

ニュルンベルクのゲルマン国立博物館では、アウシュビッツ生還者のアドルフ・フランクルの絵画を取り上げた「地獄のビジョン」展が開かれようとしていた。その展覧会についてはカナダを出る前に聞いていたので、アドルフ・フランクルの息子で、この展覧会の主催者トマス・フランクルに連絡を取っていた。彼は浮き文字で印刷されたオープニング・セレモニーへの正式招待状を送ってきてくれた。ドイツ国内でのホロコーストへの多大な関心を考えてみれば、ドイツ最大の芸術・文化ギャラリーであるこの国立博物館で、これまでにこの種の展覧会が開催されていなかった事実は非常な驚きである。

私はベルリンからニュルンベルクへ移動した。魅力的な古都ニュルンベルクは、ワイマールと同様、歴史の重荷を背負っている。ユダヤ人から公民権と市民としての身分を剥奪した悪名高きニュルンベルク人種法（ユダヤ人差別迫害法）は、一九三五年、ここで発布されたのだ。ヒトラーへの盲目的な忠誠心のうちに熱狂的に声を張り上げる、顔のない人間の海と化した党大会が開かれたのもこの町だった。また、ここは半世紀がたった今でも背筋を凍らせるほど激しい人種的憎悪を煽りたてたナチ放送「デア・シュトゥルマー」を担当したユリアス・シュトライヒャーの拠点でもあった。さらに、ニュルンベルク国際軍事裁判が行われた場所として、初めて国際法において「人道に対する罪」が定義されたという歴史的重要性を持っている。

ヒトラーはこの古都をとても気に入っていた。実際、私が滞在しているのはドイッチャー・ホフという運河を見下ろすヒトラーご用達のホテルだった。ヒトラーが使っていた部屋（一〇四、一〇五室のダブルスイート、観光名所としての説明はなされていない）を見てみたいと伝えると、支配人はあっけにとられたようだった。戦争中には一部破壊されたが、一九四九年に再びオープンするとホテル側は会議施設完備の伝統的ホテルという売り文句を宣伝しようと試みてきた。過去に関する言及などまったく歓迎されていないのだ。

ゲルマン国立博物館はドイッチャー・ホフから目と鼻の先にある。建物の概観からは、文化の重要性を示そうとする、しっかりとした一九世紀的構造が見て取れる。しかし、何かしっくりこないように思われる。建物に沿って置かれたインスタレーションは一九九三年、人間の権利を記念して建てられたもので、大きな円柱がいくつもいくつも空高く伸びている。その記念碑的ネオクラシック風デザインは、瞬間的にアルベルト・シュペーアがヒトラーの願った千年帝国を象徴するべく手掛けたナチ建築を思い出させる。フランクル展の開催を前に、私は館長のウルリッヒ・グロスマンと会ってそのことを話してみた。グロスマンは幾分きまり悪そうに笑った。「コンテンポラリー・アートではこうした大きな円柱が使われることがよくあります。個人的には好きではありませんが。こうした円柱は、歴史感覚や歴史的内容をもちあわせない、芸術的に言っても空虚な代物です」。私は、「歴史感覚」を欠く、というコメントに対してやんわりと反論してみた。そして、そのアーティストがパリ在住のイスラエル人であるという事実を知り、興味をひかれた。私の推測に過ぎないが、かつてナチ党のお膝元であったニュルンベルクで、ユダヤ人アーティストがヒトラーの象徴的建築を人権のための建築として変容させたという事実は、単なる偶然とは思えない。

オープニング当日、定員二〇〇人の博物館オーディトリアムは満員になり、オーストリア国民議会議長ハインツ・フィッシャー博士、当時のスロバキア共和国大統領ミヒャル・コヴァーチをはじめとする高官、海外からやってきた高官などが参加した（フランクルはブラチスラバというスロバキアの町から強制移送された）。演壇で、紹介を受けたフィッシャー博士は咳払いをした後、ナチ党が本当の意味で生まれたのはヒトラーが市民であったオーストリアであったことを認め、ウィーンは最近になってホロコースト生還者のために基金を創設したと発表した。さらに、コヴァーチ大統領は、自国の過去に対して深く羞恥を感じており、彼自身、今は新しいヨーロッパを特徴づける人権的価値と民主主義の信奉者であると述べた（その数ヶ月後、右翼勢力に負け落選した）。歴史芸術家はアドルフ・フランクルの作品を評価し、グロスマン博士はゲルマン博物館を代表して、この展示会を主催できることを光栄に思っていると述べた。参加者たちすべてが満足しているようだった。

その後、ベルリンからやってきたボサボサ頭の若い歴史家が演壇に上がった（私は後になって、彼は招待されてはいたが、誰一人彼がネクタイなしでやってくるとは思っていなかったと教えてもらった）。「ここニュルンベルクでフランクル展が開催されることはきわめて重要なことです」と、グイド・バウダッハはニュルンベルク市の高官たちを前に講演を始めた。「それというのも、ご存知のようにすべてはここから始まったのです。ニュルンベルク市民は単なる傍観者ではなく、意欲的な死刑執行者だったのです！」。『ヒトラーの意に喜んで従った死刑執行人たち――普通のドイツ人とホロコースト』という賛否両論を巻き起こした本は、ドイツ市民によるユダヤ人殺害の共謀性をテーマにした本で、アメリカ人学者ダニエル・ゴールドハーゲンによって書かれた。この本のドイツ語版が出版されたのは、このイベントから一年ほど前の一九九六年八月であった。『ヒトラーの意に喜んで従った死刑執行人たち』のドイツ語版初版はたちまち完売し、追加の一三万部がドイツ全土の本屋に発送された。ゴールドハーゲンがブックツアーのためドイツにやってきた際には、ハンブルクでの最初の講演に六〇〇人もが詰めかけた。さらに、ツアーの最後地ミュンヘンでは、出版社が二五〇〇席のシンフォニーホールに会場を移す必要があったほどの反響だった。そのころ、ゴールドハーゲンへの攻撃や擁護を含む熱狂的議論に影響されずに新聞に目を通したり、テレビやラジオをつけることは不可能である、との記事を読んだことを覚えている。こうしたすべての現象は、――実際にこれは社会現象であったが――他の出来事以上に、ホロコーストの記憶がどれほど生々しく今なお鮮明であるかを示していた。ニュルンベルクのホロコースト関連イベントが開催されているこの会場では、舞台に立った若い世代バウダッハがユダヤ人虐殺におけるヒトラーへのサポートや扇動について年配世代を糾弾しているのである。明らかに歓迎されていない彼の攻撃に対し、会場ではひそひそと異議がささやいていた。

スピーチの後、私は博物館ロビーでバウダッハを取り囲む小さなグループの輪に加わった。あからさまな憤慨が見えた。世代間ギャップは大きく開き、紛れもない隔絶へと向かっている。「あなたの髪はどうしてそんなにボサボサなのです？」と怒りにまかせて婦人が答えを要求する。バウダッハはみんなに聞こえるように鼻をならして笑っていた。

今は亡きアドルフ・フランクルはアウシュビッツでの犠牲者と乱暴な抑圧者のポートレイトを二〇〇点以上製作した。その作品は戦前ドイツ表現主義の影響を受け、けばけばしい青や赤、黄色や緑色で何層にも塗られた絵具と、強勢ある筆致を特徴とする。描かれた主題のほとんどが顔のない、人間性を剥奪された没個性的な人々である。それは、没個性的な痛みを受けた容れ物の表現でもある。

優れた数点の絵画を除き、フランクルの作品が一流の芸術作品と見なされることはないだろう。しかし、ドイツ最高の文化ギャラリーで展覧会を開くことには、もうひとつの目的を達成する意味合いがある。具体的に言うと、国立博物館はこの展覧会を通してホロコーストに関する最初の公的声明を発表できるわけだ。さらに、それ以上に重要なのはフランクルの絵画が子どもたちの教育にとって強力な道具になりえる点であり、それはドイツ政府が切望していることなのだ。

オープニングの翌日、憂鬱を誘う作品が並ぶギャラリーを訪れたグループのなかに、二〇名の生徒たちの姿があった。椅子に腰掛けた一六、七歳の生徒たちは、描かれた犠牲者たちの不安なまなざしや沈黙の叫び、殺人的な看守の横目を前に、見た目にも明らかなくらい不安な表情をしていた。ひょっとすると、この生徒たちのなかには看守の親戚がいるかも知れないのだ。ドイツの法律は子どもたち全員にナチ時代を学ぶことを義務付けているため、不愉快なことも避けられない。しかし、この展覧会に来るまではこれらの絵画に描かれた激しい痛みに直接触れる必要はなかったであろう。

教育プログラムの最初のスピーカーはレナーテ・ズスマンという年配の女性で、ぞっとするような話を私たちの前で披露した。一九四五年一月、アウシュビッツに収容されていたレナーテは衣服をはぎとられ、髪の毛を剃られ、すでにガス室に入れられていた。そのとき、ソ連軍が近くまでやってきているという噂が収容所内に流れ、続いて起こった騒乱のなかで命からがら逃げ出し、かろうじて生き延びたのだった。

不気味な静けさがギャラリーを包み、子どもたちの表情にはショックがありありと見えた。持ち場にいる警備員でさえ、こわばった表情を見せていた。真面目そうなブロンドの少年が手を挙げて、期待を込めてズスマン婦人に質問を投げかけた。「あなたのような年配のユダヤ人生還者をなぐさめるために、僕たちができることをぜひ教えてください」。

「それは無理です」。その口調にはとげとげしい響きはまったくなかった。

少年は不意をつかれたようだった。しかし、レナーテ・

ズスマンにそれ以上何が言えただろうか。アドルフ・フランクルが表現しようとした苦痛のなかで生きていかなければならない人たちにとって、どんな「なぐさめ」が可能だというのだろうか。全てが丸く収まるのはおとぎばなしの中だけである。

ヨーロッパで過去の亡霊に最も深く取りつかれた国ドイツで記憶を探っていた私は、しばし息抜きの必要性を感じた。ニュルンベルクからそう遠くないところにローテンブルク・オプ・デア・タウバーという魅力的な小さな町がある。そこを訪れることは自然の成り行きだった。ビュルツブルクの五〇キロ南、ロマンティック街道沿いにあるこの町は、戦時中の空爆を逃れ、中世の面影を残す貴重な宝庫として私のガイドブックも推奨している。実際、古い教会や梁を使った切り妻屋根の家など、建物の素敵なことといったら。多くの観光客がここを訪れ――この町ではありふれた光景らしい――、ほとんどの人たちが市庁舎前の広場に集まり、半ズボンやチロル風スカートをはいた「羊飼い」や「羊飼いの女性」がアコーディオン・バンドの伴奏でダンスをするのを見物している。もうひとつの呼び物は、元市庁舎下の時計から毎時きっかりに飛び出す木製のカッコウである。カッコウ時計と無垢――おとぎばなしの時代の古きよきドイツ。

しかし、一三世紀のドミニコ修道尼僧院にある州立郷土博物館に、興味深い響きの「ユダヤ人展示室」があると読んだとき、息抜きしようと思っていた欲望が消えてしまった。ひとたびそれを知ると、そこを素通りできるはずもなかった。説明によると、中世時代この町には多くのユダヤ人が暮らしていたが、「血の中傷」の噂が国中に流れると多数が虐殺されたらしい。それでも、ローテンブルク・オプ・デア・タウバーは第二次世界大戦までかなりしっかりしたユダヤ人コミュニティを維持していたことで知られていた。

その展示室には平凡な展示品がいくつか展示されている。出エジプト記を記念して毎年行われる過越しの祭りパスオーバー（キリスト教の復活祭にあたるユダヤ教の祝日）の正餐用のお皿、一九三〇年代の祈禱書などが見える。しかし、展示室奥の不思議な光景が私の視線を捉えた。それは修復されたユダヤ人墓地で、そこに並んでいるのはヘブライ文字が刻まれた本物の墓石であった。展示の目的で墓地を掘り返すことは想像しがたいことだ。とはいえ、すぐに私はドイツに残るユダヤ人墓地はごくわずかで、そのためユダヤ人の生活に関する全てが貴重品とみなされている事実に思い当たった。しかし、もっと奇妙なのは、「ホロコースト」の解説として書かれた文章が中世ポグロムのひとつについての説明であったことだ。ローテンブルク・オプ・デア・タウバーの近代史については一言の言及もない。

私はこの間違いを、入口で入場券を売っていた人好きのする年配の女性に指摘してみた。彼女ほどの年齢の人なら、ここ数十年間の出来事について実際の知識を持ちあわせているはずだろう。「ええ、そうね」と彼女は言って、「この本にその説明があったと思いますよ」。そう言いながら、彼女は机の下からローテンブルクのユダヤ人に関する大型本を引っ張り出し、注意深く目を走らせた。しばらく待ったが、何も見つからない。ふと、彼女が思い出したようにその本の表紙を確認した。なんてことだろう！　それは中世ローテンブルクのユダヤ人に関する本ではないか。

「ええっと」、彼女は幾分きまり悪そうな表情を浮かべてこう言った。「実際には、一九三八年、市長がローテンブルクでのユダヤ人解放を宣言すると、ユダヤ人は田舎へ散って行ったのです」。

「田舎へ？　確かですか？」。私は驚いてそう尋ねた。

「もちろん。彼らは都市での居住を制限されたため、田舎へ行ったのです。みんな田舎で暮らすことを選んだのです」

「その後どうなったのですか？」

「それは分かりません。恐らく、まだそこに暮らしているでしょう。でも、ご指摘いただいた点については館長にお伝えしておきます。ここの展示品について問題を指摘したのは、あなた一人ではありませんから」

なんと慈悲深く、気持ちがいい説明だろう、と私は思った。ベルリンでプードルを散歩させていた、完全に無邪気な老婦人と同じだ。この種の記憶喪失はもはやドイツ社会の大部分で許容され得ないというのに、地方都市ローテンブルク・オプ・デア・タウバーでは州立博物館のユダヤ人展示室においてすら、近代史の真実は未だにタブーなのだ。

ここを引き上げよう。私の喉にはこの町の嘘が魚の骨のように刺さっている。

私の次の目的地はシュツットガルト近くのバート・ボルという町にあるプロテスタント・アカデミーであった。そこでは所長のゴットリンド・ビガルケと会う予定になっていた。ビガルケとは以前から文通していた。彼女は、ある手紙のなかで「プロテスタント・アカデミー（約二〇校ある）は、ナチ時代に道徳をはじめとする文明が崩壊したことに対するキリスト教徒と教会による反発として設立された」と説明してくれた。[*13] そうなると、当然、私は彼らの取り組みについて知りたいと思った。

アカデミーの大きく平たい建物は、美しい田舎の風景のなかに立っている。近代的で極めて清潔なこの建物は、リラクゼーションや瞑想のための場所という印象を与えている。ゴットリンド・ビガルケは五〇代前半の打ち解けた女性で、ドイツの時代変転を担った六八年世代の一人である。彼女がここで働いているのは、平和とドイツの文明復興への個人的コミットメントの結果といえる。日の当たる彼女のオフィスで、私たちはソファーに腰を下ろしてドイツのルター派教会について話を始めた。彼女は教会の道徳的崩壊、つまり改宗したユダヤ人を追放せよというナチの命令をすべてではないがほとんどの主導者が受け入れた理由を説明していた。「彼らはよき市民、従順で、法を遵守する市民であろうとしたのです。それはルター派の伝統でもあるのです。ユダヤ系だからという理由で『神に話しかけてはならない』と言い、ユダヤ人を追放することができたのはそのためです」。彼女は今もこのことについて怒りを感じている。

戦後、教会には戦争中の行いを恥じる空気があった。若き牧師エーベルハルト・ミュラーは、教会が新しいドイツ民主主義に貢献できる方法を考えるため、プロテスタントの「経済・法律の専門家」を招くようヴュルテンベルクの主教を説得した。それこそが事実上の出発点となった。一九四五年、ドイツ教会主導者たちは、教会の統一会議の席で自分たちの行いに間違いがあったと告白した。しかし、生半可な懺悔には容赦のないゴットリンドは、そうした告白ですら「生ぬるい」ものであったと言う。「今日、その告白が十分であるとは思いません。彼らはユダヤ人を、かつて家族にユダヤ人信者のいたプロテスタントを助けなかったことについては反省していません。たとえば、『私たちの愛は十分ではなかった、あるいは十分に抵抗しなかった』という比較表現を見てもわかります。実際は、彼らはまったく愛さなかったし、まったく抵抗しなかったというのに、ですよ」。戦後、誰一人深刻に「反省」した人はいなかった、と彼女は信じている。「戦争中、みんな強いられてそうしただけだと言います。私の家族でさえそういう言い方をします。ある意味ではそう言えるでしょうが、それは真実の半分に過ぎないのです」。

ルター派教会のなかで抵抗したのはごくわずかであった。

そのうちの一人、潔白で信頼できる人が「道徳的な曖昧さ」のなかで彼女の行く先を照らしてくれた。「一九六〇年代前半に一〇代だった私は、真実を隠すような嘘を繰り返すまいと必死でした。信頼の置ける人を探していた私は、教会でその人を見つけることができたのです」。その後、彼女は牧師となり、自分たちの世代は過去について責任があるわけではないにしても、ドイツ生まれであるということで責任を免れ得ないのだと気付かされることになる。彼女は教会のプログラムで初めてノルウェーのオスロに招待されたが、ドイツ人であることで拒否されることを恐れて断った。それから数年後、もう一度その招待がきた時、彼女は参加を決意した。ノルウェーの同僚の家に招かれたとき、彼女は何か言わなければという思いに押されてこう言った。「ドイツ人である私をこうして招いてくれることがどんなに大変なことであるか承知しています」。これに対して、彼はこう答えた。「よく来てくれました。確かにここへ来てくれたドイツ人はあなた以外ほとんどいません」。オランダ改革教会との合同交流会の前に、ゴットリンドは同行したドイツ人信者に向かって、オランダで会う人すべてに歓迎されるわけではないことを承知しておくようにと述べた。「なかには異議を唱えて、『何ひとつしていない私たちがどうして？』と言う人もいました。私は、『オランダ人は経済面では私たちと取引する必要があるかもしれませんが、心から私たちのことを好きだと思っているわけではありませんよ。そのことを肝に命じておくことが必要です』と警告しました」。

パンフレットがうたっているように、今日、プロテスタント・アカデミーは対話と「文化的議論」を求める独立プラットフォームとして、社会変化、異なる宗教間の寛容性、普遍的問題といったトピックを討議するセミナーを主催し、対話の輪に加わるよう全世界の人々に呼びかけている。その日は、「インドはどこへ向かうのか」というセミナーが開かれ、ケララのキリスト教主教、宗教間理解を促進するための組織をつくったボンベイのイスラム教徒、教授やアーティストを含むインドからのグループが参加していた。私たちの会話も終わりに近づいたころ、ゴットリンドがふと思い出して今晩イェーベンハウゼンという近くの村でユダヤ系伝統音楽コンサートが開催されると教えてくれた。ユダヤ人の歴史に興味のある地元の人たちが主催するイベントで、私には興味深いかも知れないと言う。この地元有志はユダヤ人記念博物館まで設立しているらしい。

戦前、イェーベンハウゼンには大きなユダヤ人コミュニティがあった。（一九世紀、王がユダヤ人に呼びかけて国境付近の閑散地スワビア・アルプスへの入植を促し、それにより人口は二倍に増えたという）。入植したユダヤ人は丘の斜面に家を建て、小さな町をつくった。それは都市へと発展し、村に住む農民以上に洗練された暮らしをするようになった。一九四三年のある夜、ユダヤ人はベッドから引きずり下ろされ、誘拐されるという事件が起こった。家のなかも略奪されたが、宗教的な品物やその他の記念品は当時無価値とされ、そのまま投げ捨てられた。その後、それらの品物は近所の非ユダヤ人によって集められ、さびれたプロテスタント教会に保管された。イェーベンハウゼンにユダヤ人博物館ができた経緯はざっとこうである。

「すべてはここの住人たちが『屋根の上のバイオリン弾き』の劇を見たことから始まりました。ご存知でしょう？それ以来、この地のユダヤ人について学ぼうとイベントを組織し始めたのです」とゴットリンドが言う。「彼らは協会のような組織を作っていて、今晩のコンサートもその協会の主催で行われます」。

ケララの司教、ボンベイのイスラム教徒、教授、アーティスト、ゴットリンドと私は、そろってそのコンサートに行くことに決めた。

そのプロテスタント教会はまるで小さな宝石のようだ。一八世紀の飾り棚、聖者を描いたすぐれた肖像画もある。ユダヤ人博物館は教会の裏手にあり、展示の解説として「地元コミュニティの歴史を示すもの」と書かれている。ヘブライ語が刻まれた墓石が壁に立て掛けられている（壁には行動すべてが「夫に名誉を与えた」夫人の墓石であると記されている）。その近くにはキング・ダビデという名の元宿屋の看板がある。看板にはハープを奏でるダビデ王の金属製の大きな彫像がある。ガラスケースのなかを見ると、杉のお皿の下には過越しの祭りについてのキュレーターの解説、祈禱書、ユダヤ暦（これにも学術的解説がついている）、ユダヤ人名の起源についてのもったいぶった説明書き、誰かの家の戸口から取られてきたメッツザー（羊皮紙の巻物）、死亡証明書、バル・ミツバーの記念品などが展示されている。

ローテンブルク・オプ・デア・タウバーでもそうだったが、集められた「発見物」は、何世紀にもわたり隣人であったユダヤ人についての博物館に展示されている。

破壊された場所で、私はこの考古学的発掘の目的は何なのだろうと考えてみた。イェーベンハウゼンのよき市民たちは、ことが終わってから殺害された隣人について理解しようとしているのだろうか？　忘却という二度目の死からユダヤ人を救おうとしているのだろうか？　あるいは、丘の道沿いに並ぶ小さな家から発せられる沈黙の告発に対する自衛手段なのだろうか？　これらの家はずいぶん昔に整備され、今では新しい住人が住んでいるが、村のすべての人たちが過去の真実を知っている。

小さな教会には、中年の男性や女性（四〇歳以下の人はほとんどいないようだった）がたくさん集まっていた。ブロンド女性とそのパートナーであるニュージャージー出身の若いアメリカ人がイーディッシュ語の歌を歌うことになっていた。その男性はアメリカ英語でユダヤの伝統音楽発祥の地、東ヨーロッパのイーディッシュについて説明を試みていた。彼は身振りやイントネーションを誇張し、タップを踏みながら力強く演奏を始めた。「このなかにイーディッシュ語の分かる人はいますか？」。彼は叫んだ。きまり悪そうな小さな笑いが部屋中に広がった。

イーディッシュ語？　彼らのユダヤ系隣人たちはドイツ語だけを、それも誇りをもって話していたというのに。最高の皮肉、無意識の皮肉とでも言おうか、舞台横の壁にはイェーベンハウゼンのかつてのユダヤ教先唱者の大きな肖像画が掲げられている。この人物、ハインリヒ・ゾントハイムはドイツ人的風貌をもつ裕福なユダヤ系市民であった。もともと「テナーの王様」として知られたゾントハイム氏は、肉付きもよく、誇りにあふれ、満ちたりた表情を浮かべている。その彼が、今晩ここで演奏されている東ヨーロッパ音楽と一緒にされるなんて。ましてやイーディッシュ語の労働者階級アクセントと一緒にされるなんて。なんということだろう。一九世紀、二〇世紀初頭、進んでドイツに同化したゾントハイム氏や他のユダヤ人たちは、彼らの名のもとに演奏されているこの風景を墓場からぞっとした面持ちで眺めていることだろう。

観客にとっては母国語であるドイツ語ではなくイーディッシュ語で死者の声を聞くほうが容易なのだろうか。ゾントハイム氏はドイツ語で夢を見ていたのだ。この観客たちと何ひとつ変わりなく生活していたのだ。

演奏者は観客に向かってイーディッシュ語のレッスンをしていた。「後に続いて言ってみましょう。みんなで合唱しましょう」。指揮にしたがって観客たちが楽しそうに合唱する。「オイ、オイ、オイ」と彼が指示すると、お互い恥ずかしそうに笑いながら、「オイ、オイ、オイ」と大きな声で歌い返す。観客のほとんどが戦後生まれだから、ニュージャージーの男性は、彼らが初めて出会うユダヤ人なのかも知れない。彼は町の博物館を具現化する存在なのだ。

そのうち、悲しみに満ちた感情的な歌が始まった。イーディッシュの母親が息子にやさしく歌っている。「トーラー（ユダヤ教の律法、モーゼの五書）を勉強して一生懸命働きなさいね、かわいい赤ちゃんよ。もっと大事なのは成長して立派な大人になることよ」。私は周りを見まわした。イーディッシュ語はドイツ語と似ているため、ほとんどの人たちが歌詞の大まかな意味を掴んでいる。観客のなかには、頭を垂れている人たちもいる。さらに、まばたきをして涙を抑えようとする人たちもいる。すすり泣きをこらえようとする音が聞こえてくる。その子どもは成長することはなかったのだ。その事実が雲のように部屋中を覆っていた。

悲しみに打ちひしがれた殺人者の子どもたちがすすり泣いている。私もまた涙をおさえられなかった。死者の悲しみ、生存者への憐憫、そして怒りを感じて。

昔のマオリ文化では、戦士は強さと勇気を吸収するために敵を食べたという。ドイツでは、新世代が親の世代が破滅に追いこんだ文化のカリカチュアを、この場合、東ヨーロッパのユダヤ人に結びつけて吸収しようと躍起になっている。オイ、オイ、オイ。しかし、哀れなイェーベンハウゼンのユダヤ人死者は、未だに仲間とはみなされていないのだ。未だに他の人たちと同じドイツ人ではないのだ。憎悪の対象になることは最早ないが、今度は病んだ崇敬の対象とされている。

「観客はどんな人たちなのですか？」。私はコンサートの後でニュージャージーの男性に尋ねてみた。

「それがよく分からないのですよ」。彼は当惑したようにそう言った。「ほとんどが中年で、ユダヤ人を理想化しているようです。以前、ある女性から『あなたはやはり神に選ばれた民ですね』と言われましたよ！」。

私はトマス・ルッツが語った懸念を思い出さずにはいられなかった。ルッツは、彼の展示館が犠牲者への理解を促すのであって、犠牲者への神経症的一体化という方向に向かうことを懸念している。さらに、学習が有効に行われるであろう文脈において情報を伝えたいと語っていた。ゴットリンド・ビガルケは同意するだろう。「彼らはこうしたイベントを繰り返し繰り返し行っているのに、絶対に安堵を手に入れることはできないのです」。彼女は教会を後にしながら、悲しそうにそう言った。

アドルフ・ヒトラーが規定したウンターメンシェン（劣等民族）のカテゴリーに属したグループは、一九九〇年まではドイツ政府によって公式に承認され、何らかの方法で追悼された。しかし、この他にもヒトラーが想像できなかった苦悩者グループがあった。それは、ヒトラーに忠誠を尽くした支援者の子孫のグループであり、彼らは両親世代の犯した罪の重荷を一生背負って生きていくことになった。なかでも、第三帝国を背後で操り、ヒトラーの部下として公的に手を貸した人の子どもたちほど深い苦悩を背負った人はいない。その一部の人たちに見られる混乱、辛らつさ、悲しみや怒りはまさに衝撃的である。たとえば、かの高名なリヒャルト・ワーグナーのひ孫にあたるゴットフリート・ワーグナーもその一人である。ゴットフリート・ワーグナーといえば、ドイツ音楽界におけるダイアナ妃のように内部告発をし、ワーグナー音楽祭として国際的に知られるバイロイト音楽祭をつぶそうとする意図をあからさまにしている。ワーグナーは国中を回りながら、彼が嘘つきでナチの保護者と呼ぶ父親や祖母に対する憎しみをこれでもかと叫んでいる。

私はニュルンベルクのゲルマン国立博物館でゴットフリート・ワーグナーの講演を聞いた。ちょうどアドルフ・フランクル展のオープニング翌日だった。その時のゴットフリートは、彼が憎悪する祖父の時代から一世紀以上たって生まれているものの、身体的特徴というだけではなく、何か明らかにリヒャルト・ワーグナーを思わせる雰囲気を持っていた。体格がよくて衝動的、誇張癖があるゴットフリートは、大きな身振りでもってアピールも上手なようだ。どちらかというと彼にあまり好意的ではない観客を前に講演を始めた。彼の話を聞きながら（彼は家族についての暴露本を宣伝していたが、そわそわした観客は椅子の上で何度も姿勢を変えていた）、私の思いはリヒャルト・ワーグナーとドイツ国家の陶酔的なロマンスの方へ漂うのだった。「私は革命である。私は常に創造である。……私は喜びの新しい賛歌を世界に宣言する」と、ワーグナーは神秘的熱狂に陶酔しながら書いている。*14 私には、ゴットフリートが彼の曽祖父をひっくり返し、「ドイツ国家」という理想を同じ尊大な情熱でもって嫌悪しているように思われてならない。しかし、イデオロギー的違い以上に二人の共通点は大きいようだ。

会場のなかには、ゴットフリートが描こうとした過激な反ユダヤ主義者リヒャルト・ワーグナーの描写に異議を唱えようとする人もいた。一八五〇年、ワーグナーは『音楽におけるユダヤ人』という論文を発表し、啓蒙主義運動の価値の基盤をなすリベラリズムを否定し、その後ナチによって完璧なまでに磨かれるスタイルでユダヤ人を非人間化している。「ユダヤ教のくびきからの解放が重要であるようなら、われわれはこの自由のための戦争に力を結集させることに何よりも重点を置かなくてはならない。……そうしてわれわれは黄昏の暗闇の影に隠れている悪魔を野原から撤退させることができるのだ……」とワーグナーは書いている。しかし、ゲルマン国立博物館は偶然にもリヒャルト・ワーグナー広場に隣接しており、オペラハウスではシーズン開幕をワーグナー作品が飾っていた。ワーグナー音楽の魔力は、かつてないほど強烈である。自分の著名な家族に汚名を着せようとするゴットフリートの戦いはますます困難を極めている。

ゴットフリートはワーグナー家でリヒャルト以降初めてのオペラ監督、音楽学者となった。しかし、彼を勘当した父親ウォルフガングと祖母ウィニフレートの働きかけの末、ドイツ国内で除名処分とされ、今はイタリアのミラノに住んでいる。こうした家族による反撃にもかかわらず、彼は自分に課した仕事を遂行しようと必死である。彼の怒りはあまりに深い。

演壇に立ったゴットフリートは観客に向かって語りかけている。彼の幼少期は、戦後のバイロイト音楽祭の復興に対応していると言う。バイロイト音楽祭は、彼の言葉を借りれば「家族生活の絶対的核心」となった。「ワーグナーとして生まれたからには、有名な遺産を受け入れなくてはならなかったし、家族が神聖化したドイツの理想像のなかに自分をはめこむ必要があった」と彼は言う。

一九六一年、彼が一四歳のとき、人生で初めて現実としての歴史と向かい合うことになった。彼の教師はほとんど予備知識を与えないまま、クラスで強制収容所からのユダヤ人解放の映像を含むナチに関するアメリカ映画を見せた。彼を驚かせたのは、始終そこで使われていたリヒャルト・ワーグナーの音楽だった。

「私は父に、その理由を尋ねました。父はそのことを理解するにはまだ幼すぎると言って教えてくれませんでした。そこで、今度は祖母にどうして強制収容所があるのかと尋ね、『そんな話はニューヨークのユダヤ人の作り話ですよ』と言われました」。

それから間もなく、ゴットフリートは屋根裏部屋で古い箱を見つける。その中には慎重に隠されたフィルムが入っていた。一人こっそりとフィルムに虫眼鏡を当ててみると、そこには叔父のヴィーラントと祖母ウィニフレートがヒトラーと一緒に映っていた。

「そのとき、初めてすべてが一本の線で結ばれたのです」と、彼は観客の前で熱弁を振るう。「学校で見たあの映画、強制収容所、ナチ党大会、私の家族。私はそのフィルムを自分の部屋に隠して、それ以降、家族のなかでたった一人だけ部外者になりました。興味のないふりをして、できるだけ多くのことを聞き出そうとしました」。

その作戦はうまくいった。ウォルフガング・ワーグナーは、息子に向かって誇らしげにヒトラーがポーランドで戦傷したとき家にやって来たことや、ヒトラーが以前、世界からユダヤ人ボルシェビキが消えてしまえば、自分に東部の劇場の支配権を、兄ヴィーラントには西の劇場界を任せようと言ったことなどを話して聞かせた。

一九九〇年、ゴットフリート・ワーグナーは音楽学者としてテルアビブに招かれた。しかし、彼のまさにその名前が大きなスキャンダルの種になった。ジャーナリストからは質問攻めにあい、リヒャルト・ワーグナーの書いた『音楽におけるユダヤ人』に対する意見、さらにワーグナーの音楽がイスラエルで演奏されるべきかなどを矢継ぎ早に尋ねられた。大学での講演前には脅迫状まで送られてきた。講演には四〇〇人もの観客が詰めかけたが、誰一人、最前列に座ろうとはしなかった。

「その旅は私の人生における岐路でした。そこで気付いたのは、今までの私は批難の対象を家族に向けていただけで、リヒャルト・ワーグナーを見逃そうとしていたのです。しかし、ナチズムの基礎であるイデオロギーは作曲をはじめとするワーグナー作品すべてに浸透しています。リヒャルト・ワーグナーの音楽、オペラの歌詞、思想の間には一貫性があるのです」

会場にいたワーグナー音楽のファンがワーグナー擁護を試みようと手を挙げた。講演の間中、彼らはあからさまに大きな声で話をし、質疑応答の時間が来るのを今か今かと待っていた。

「どうしてリヒャルト・ワーグナーをナチ呼ばわりするのですか?」。ある女性が怒りを露にそう尋ねた。「当時はナチなんて一人もいませんでしたよ!」。

ゴットフリードは戦闘準備万全といった様子で、「そう言うことで、あなたは彼を免責しようとしているのです」と厳しい口調で言った。「リヒャルト・ワーグナーは熱烈な反ユダヤ主義者でしたよ」。

「彼が反ユダヤ主義者だったことは周知の事実です」。もう一人の女性が立ち上がってそう言った。「しかし、それが一体どうしたというの?」。

今やゴットフリードは堂々と怒りをあらわにしている。「私の家には意図的に非公開にされているリヒャルト・ワーグナーの書いた一万通もの手紙があります。なかには私の祖母とヒトラーとの間に交わされたラブレターもあります。ヒトラーが刑務所に入っていたとき、『わが闘争』を書くための紙を送ったのは祖母でした。民主主義社会ではこれは醜聞ではありませんか」。

「それがワーグナー音楽とどう関係があるのです?」。別の人が尋ねる。

「ワーグナーを本当に理解するなら、われわれはリヒャルト・ワーグナーの音楽の解釈を変えるべきです」とゴットフリードは主張する。「われわれは、彼の恐るべき国家主義的考え方と彼の作曲方法との関連を理解するために、説明書きの入ったプログラムノートを作ってもいいですし、そうすべきなのです」。

彼の怒りはあまりにもあからさま、あまりにも大きく膨張していた。それを見ると、彼と個人的に話してみたいと思った。私は自己紹介をして、翌日のランチに彼を誘った。ゴットフリートが選んだレストランは運河のそばにあり、ビールを痛飲するビジネスマンであふれていた。音楽は騒々しくて、会話するのも難しいくらいだ。「可能ならばバイロイト音楽祭をなくしてしまいたい。でも、それ以上にワーグナー音楽とオペラにおけるテーマを明確にさせる歴史的テキストを付けて、彼の音楽が演奏されるのを見てみたいですね」。彼は騒音をかきわけてそう叫んだ。演壇を降りても、ゴットフリートは同じような情熱をもって語り、感情は怒りだけで満たされている。

人生を変えたイスラエル訪問後、彼はユダヤ人との交流のなかに慰めを見出したという。生まれて初めてぬくもりと受け入れられたという感情を感じたのは、ニューヨークのユダヤ人コミュニティのなかでだったと言う(強制収容所に関する祖母のコメントを考えれば、彼がニューヨークのユダヤ人を友人として選んだのも無理はない、と私は考えていた)。ゴットフリート・ワーグナーはホロコースト教育にも熱心に取り組んでおり、アメリカのホロコースト記念博物館の館長とも交友関係を築いている。

「yichusという言葉の意味を知っていますか?」と、サラダフォークを空中であぶなっかしそうに振りながら彼は私に尋ねた。「ニューヨークの友達といる時に経験したのはまさにそれでした。誇り、そう、誇りの感情ですよ。私を受け入れてくれた新しい家族に対する誇りです」。

リヒャルト・ワーグナーの成熟した作品に一貫したテー

マは「愛を通しての贖罪」という空想的誇張であると言われる。リヒャルトのひ孫にあたるゴットフリートもまた、愛を通しての贖罪を求めている。親族が、直接であれ間接的にであれ、熱狂にかられた情熱で憎もうとした人たちを愛することで贖罪を求めている。彼のドイツ、そして家族が犯した過去に対する回答は憤怒として現れている。

私の旅はドイツ人なら誰しも簡単には逃れられない、苦痛と記憶の柔らかい神経中枢へと私を手繰り寄せている。ドイツ人は、日本人のように都合の悪い部分をわきに追いやり、広島と長崎の被害者体験にだけ焦点を当てるといった方法で過去を無視することもできなければ、戦後フランス政府がやったように全国規模の感動的レジスタンス神話を作り上げることもできない。私がこれから会おうとしているのは、ナチ党官房長官であり、ヒトラーの次に権力を握っていた人物の息子マルティン・ボルマン・ジュニアである。彼はその名前によって一生払い去ることのできない重荷を背負わされている。私が最初に彼について知ったのは、イスラエル人心理学者ダン・バーオンの研究を通してであった。加害者であるナチ党員の子どもが被ったホロコーストの影響を研究した最初の心理学者である[*15]バーオンは、ホロコースト生還者の子どもとナチ加害者の子ども向けのワークショップを開催している。二つのグループは初めは別々に集まっていたが、徐々に多大な困難を乗り越えて合同で集まることができるようになった。私はカナダからボルマン・ジュニアに連絡を取り、ドルトムントに近いハーゲンという彼の住む町で会う了解を取りつけていた。

列車はシュツットガルトから幅広いライン川沿いを北へと進む。ビンゲンとコブレンツを分かつ丘の頂上に立つおとぎ話のお城を通り過ぎる。目の前に広がるこうした心躍らせる幻想の世界は、子どものころに読んだ絵本や幼いころの無知へと私の意識を引き戻した。ローテンブルク・オプ・デア・タウバーでは得られなかった休息を求めてケルンで一泊した。ケルン市中心部は驚きの宝庫である。ちょうど駅隣にある有名な大聖堂は、一三世紀に建設が始まり、完成したのが一九世紀というゴシック芸術の傑作である。大聖堂に隣接するのはローマ・ゲルマン博物館で、その床はゲルマニア（ドイツ）を支配したローマ帝国の完璧なモザイクで埋められている。しかし、ここでもまた駅前にひしめく若者の群集がより今日的な課題を物語っている。若者の間に広がる失業、ドラッグ、マージナライゼーション（周縁化）という問題は極めて深刻である。

ケルンからは再び列車で北へと向かう。ドルトムント駅にはマルティン・ボルマン・ジュニアが私を待っていた。

彼は六七歳、長身で痩せており、幾分恥かしがりだが温和な人という印象を受けた。私のスーツケースを運ぼうとぎこちなく身をかがめたとき、私はふと彼が自分であることに不調和を来しているように感じられた。私たちはハーゲン近郊にある小さなホテルへと車で向かった。ホテルはボルマン・ジュニアが予約してくれていた。私は部屋に荷物を置いて、ホテルの支配人が用意してくれていた部屋でインタビューを試みた。すべてが事前に、完璧に準備されていた。

ボルマン・ジュニアは、ドイツの学校でホロコーストを献身的に教える一方で、父のことを「愛すべき家庭人」として記憶している。しかも、ボルマンと妻ゲルダは熱狂的な反ユダヤ主義者であった事実にも係わらず、父親が家庭で反ユダヤ的な言葉を使っているのを一度として聞いたことがないと言う。父ボルマンは、キリスト教はナチのイデオロギーと相容れないという理由で、ドイツ教会との間に「戦争」を促したこともあった。さらに、スラブ系に対しても激しい敵意をむきだしにし、一九四二年八月には「われわれが彼らを必要としない限り、彼らは死ぬより他ない」と書いている。

殺人を背後で操った黒幕である父の記憶をたたえることは簡単なことではない。ボルマン・ジュニアはそれをカソリックの司祭になることで成し遂げた。

しかし、そう言ってしまうとあまりに話を簡略化することになる。もっと人間的に興味深い話をこれからしなくてはなるまい。両親に対する私たちの愛情はすべてを越えるからである。

彼は一九三〇年、生存した八人の子どもの最年長として生まれた（彼の母は多産の功績によりヒトラーから金メダルを授与されている）。年少時代はミュンヘンで過ごしたが、そこでボルマン家族はＮＳＤＡＰ（国家社会主義ドイツ労働者党、いわゆるナチ党）党員専用の護衛付き地区に住んでいた。この護衛付きの環境のなかでは心配など何ひとつなく、快適そのものもだった。父マルティン・ボルマンは、朝仕事にでかけて夜には家に帰ってきたが、息子マルティンはナチ党員用地区の外で起こっている残酷さにはまったく気付かなかった。

一九四〇年、マルティンは初めて現実の世界を垣間見ることになる。彼はミュンヘン南のシュタルンベルクにあるナチ党員子弟のためのナチ党国立学校に送られた。この学校の目的は新帝国のためのエリートを育てることで、雰囲気にはヒトラー・ユーゲントに見られる軍事色が色濃く漂っていた。学校の規則は忠誠と国家への服従を促し、生徒たちは平手打ちなどの体罰を受けた。ナチ文化は男性的肉体の強靭さを崇拝したため、体育教育が一日の大半を占めた。強者のみが敵を撃退することができるのだ。

学術プログラムの中心は、ヒトラーの『わが闘争』であった。「私たちはそれを聖書のように勉強しました」、とボルマン・ジュニアが言う。「憎悪こそが私たちの信条でした」。それを聞いた私は、憎悪、果敢さ、そして情熱こそがドイツ民族の「正真の」性質であると定義したベルリン大学哲学教授で第三帝国の主導的理論家アルフレッド・バウミュラーのことを、また、ナチ党幹部の子どもたちは特別な洗脳を受けていた、という事実について読んだことを思い出していた。

「ナチ党員専用地区での生活がそうであったように、学校での私たちは現実から隔離されていました。強制収容所の存在は知っていましたが、教師たちはそこでは犯罪者は再教育され、社会の有益な一員として復帰できるよう指導しているのだと言いました。それはよいことだと教えられたのです。学校の隣にはナチ親衛隊が監督するダッハウ出身の囚人たちの会社がありましたが、誰一人ひどい扱いをされるのを目にしたことはありません。私たちの前ではそんなことはなかったですね」

彼は一九四五年四月二三日の出来事を昨日のことのようにはっきりと覚えている。その日、ナチ親衛隊の制服を着た一五歳のクラス全員が、アメリカ軍との戦闘のためイタリアの南部戦線へと送られた。銃さえ持たされていなかった。道路は爆破され、使用に耐えるような橋すら残っていなかった。「一週間、私たちはただただ敵に遭遇しないよう願いながら走りまわっていただけです。それから、四月三〇日、私たちはヒトラーがドイツ国民のために戦死したと知らされました。私はただただ打ちひしがれて、これで世界も終わりを迎えるだろうと真剣に考えていました」。

彼らのグループにいた大人八人はすべてその場で銃を使って自害した。子どもたちは家族のもとへ帰るように言われた。

家族のもとへ？「私は母がどこにいるのか知りませんでした。父はヒトラーとともに地下壕にいたことを知っていたので、死んだはずだと思いました。私は悲しみに打ちひしがれ、絶望のどん底にいました。行き先も知らずにただ走り出し、オーストリア国境に近いドイツ側の農家を見つけ、そこに駆けこみました。農夫にはマルティン・ブレグマンと名乗りました。学校では決して本名を言ってはいけないと言われていましたから。彼は私を泊めてくれ、何も聞かずに家族の一員として迎えてくれました」。

その農夫は『シュツットガルト』紙を購読していて、ある夜、家族が寝静まったころ、若きマルティンはニュルンベルクで軍事裁判が開かれていることを知ったのだった。農家の「いい部屋」のテーブルに向かい、ランプの明かりの下で読んだ新聞には、ベルゲン―ベルゼン解放後初めて撮られた写真をはじめ、起訴証言も掲載されていた。

「そのとき私は父が欠席裁判で有罪になったことを知ったのです。私は目の前が真っ暗になり、完全に打ちのめされました」。ボルマンはそう言うと、口をつぐんで唾を飲み込んだ。「私は父を愛していました」。

五〇年経った今でさえ、ボルマンの声は割れ、目にはかすかに涙が見えた。沈黙が充満した部屋で私は彼が冷静さを取り戻すのを待った。「それと同時に、父の遺体が発見されていないことも知りました」。彼は続けた。「長い間、父がまだどこかで生きているのではないかという希望を抱いていましたが、一九七三年、ヒトラーが隠れていた地下壕の外側で父の遺体の一部が発見されたと知りました。父は青酸カリを飲んでいました」[*16]。

「お父さまに対する起訴内容を読んだとき、どんな思いが頭を過りましたか?」

「恐ろしさでいっぱいでした。でも、私はそれを敵が作った嘘だとは絶対に思いませんでした。立証は明らかで感情的なものではありませんでした。それが事実であることは分かっていました」

「マルティン・ブレグマン」は彼が読んだ記事についてはロをつぐんでいたが、彼が取り乱しているのに気付いた農夫が、ある日、マルティンの信仰を尋ねた。マルティン家はずいぶん昔にナチの思想に「改宗」していて宗教を信じてはいなかったが、偽って「プロテスタント」と答えた。農夫は熱心なカソリック信者であったが、何か助けになるかもしれないと思って娘にプロテスタントの聖書を買いに行かせた。

「聖書を読んだことで私の人生は変わりました」とボルマン・ジュニアが言う。「道に迷ったり、打ちひしがれた人がキリストの恩寵によって救われることが分かったからです。それに、犯罪者にも救いの道は閉ざされているわけではありません。このことが私と父に対する望みを与えてくれました。父が生きていれば、父は宗教を見出し、神から赦しを得られるかもしれないと思って祈りました」。

一九四七年五月、一七歳のマルティン・ボルマン・ジュニアはカソリックに改宗した。そして、同年八月、彼は農夫とともに丘陵の牧草地で働いているとき、命の恩人であり、戦時中、反ナチ・レジスタンスで戦ったその人に自分の本当のアイデンティティを告げた。農夫は一言だけこう言った。「家の女性たちには内緒にしておきなさい」。

ボルマン・ジュニアは本名を使うことに決めた。一九五八年には、カソリック司祭になった。一九六〇年代、病気でヨーロッパ帰還を余儀なくされるまで元ベルギー領コンゴで布教師として献身的に働いた。その後は学校で宗教を教えるようになったが、悪名高い名前のために拒絶されたことはバイエルン地方の小さな町でただ一度だったと言う。教育委員会で彼の名前が採用候補として上がったとき、委員の一人が反対の声をあげた。

「ボルマンですって！　絶対にだめです。あらゆる新聞が私たちのことを書きたてるわ」

「これまでにお父さまを憎んだ時期がありましたか？」。私は再び沈黙をとらえて、そう尋ねた。

「一度もありません。私が唯一感じるのは、痛烈な悲しみと苦痛だけです」

「お父さまには自分のしたことに対する責任があると思いますか？」

「あると思います。父には責任があります。父は自分の能力を恐ろしいイデオロギーを広めるために用いたのですから。父は確かに間違いを犯しましたが、人間というのは間違いを犯す権利があるものです。私たちは一人として完璧ではないのですから」

カソリックへの改宗は一生つきまとう苦悩から救ってくれた。宗教は彼に無条件で赦しを与えてくれたからだ。それにマルティン・ジュニアは流行りの心理学を少しばかり付け加え、今では父がヒトラーの犠牲者であったと考えていると言う。父ボルマンは一九一四年、一四歳のときに家出を図り、農場で働き、その後は一度も学校に戻らなかった。一九二六年、アドルフ・ヒトラーと出会った瞬間、ボルマンはただちに彼に魅了された。「ヒトラーは父の空虚な人生に意味を与えました。父は文字通り自分の人生をヒトラー総統に捧げたのです。昔、父に国家社会主義とは何かと尋ねたことがあります。そのとき、父は『国家社会主義者はヒトラーの意思の具現化である』と答えました」。

さらに、ボルマン・ジュニアはヒトラーも犠牲者であった可能性があると信じている。「ヒトラーはウィーンで少年だったころにイデオロギーのとりこになったのです。もちろん、そうしたものの考え方をするようになったという責任はありますが。私はヒトラーも父も戦犯になる以前に犠牲者であったと思っています」。

トラウマに苦しむ哀れなマルティン・ボルマンと犠牲者にさせられた親友アドルフ。

「こう言っては失礼かもしれませんが、」と私は口を挟んだ。「五五〇〇万もの人々が、あなたのお父さまがヒトラーと仕組んだ戦争で殺されてしまったのですよ。そして、その中にはヨーロッパからほとんど根絶されてしまった何百万人ものユダヤ人がいたのですよ」。

「その通りです」と彼は認めた。「間違いを犯しやすい人間の弱さから出たものです。その意味では責任があります」。

「あなたの信仰によりお父さまがしたことを赦すことができますか?」

「赦しを与えるのは私の役目ではありません。慈悲深い神のみが決めることです」

「その答えを単なる言い訳で充分ではないと感じる人たちもいるでしょう」

「父の果たした政治的役割に関しては、父にはその結果に完全なる責任があります」

「その事実を受け止めたうえで、それでもまだお父さまを愛することができますか?」

「はい。父は神の前だけで責任があるという事実を受け止めています」

私は沈黙するしかなかった。彼は神学によって、犯罪者である父に対する苦痛と悲嘆を、のっぺりした血の通わないペーストに変えたのだ。

オーストリアのジャーナリスト、ピーター・シクロフスキーは、ナチ党幹部の子どもや孫たちにインタビューを試みた初めての作家である。一九八七年、彼の本がドイツで発刊されると、一大センセーションを巻き起こした。『有罪として生まれて:ナチ家族の子どもたち』というタイトルがすべてを物語っている。この本には、愛情、憎悪、勇敢さ、羞恥という遺産を受け継いで生まれた人たち、怒りや鬱病に苦悩する人たちの姿が描かれている。

元ナチ幹部で戦争犯罪者の祖父を持つある若者は、ホロコーストに関する癪に障る授業にどんなにうんざりしているかと激しい批難を浴びせた。「ナチについてみんな言いたいことを言えるよ。でもね、制服を着た彼らがかっこいいということだけは確かだよ! あんなパレードや大会があったなんてさぞかしワクワクしたことだろう。今日、どこを探したってあんな興奮は見つかりっこないよ」。ある日、彼はそうした考えを高校のクラスで発表した。「まるで堰をきったダムのようでしたよ」と彼はシクロフスキーに言った。「教室中に叫び声が上がり、教師は『あなたにこれ以上のことを期待する方が間違っていますよ。何といってもあなたは戦犯として絞首刑にされた人の孫ですものね』と言いましたよ」。

ロドルフという若者のケースでは、世間からみれば何らかの形で有罪な自分は刑務所に入れられて当然だと思っている。彼は、「僕にどんな邪悪さが潜んでいるか、誰も分かりっこないのだから」と悲しそうに付け加えた。別の若者は、ユダヤ人に取りつかれて、強制収容所に関するものなら片っ端から読んだと言う。彼はそれを「逆偏見」と呼び、犠牲者との関係を「ほとんど性的」だといっている。学校を退学したある女の子は、退学したことについて聞かれると、「私は生きている、それだけで十分じゃない？」とインタビュアに挑みかかった。「何ひとつ面白いものなんてない。家族の古い写真を見ると、制服を着たみんなが立派に見える。当時の私たち家族は特別な身分だったのよ。私たちにはお抱え運転手がいたし、何もかも興奮に包まれていた。三部屋しかない狭い家に住んでいる今とは全然違っていたわ。とにかく、誰に聞いても何ひとつ答えを得られない。祖父について尋ねても、答えはいつも『邪悪な人だった』と言われるだけ。祖父ってどんな人だったの？　黒魔術師？　私には分からないわ。恐らく、馬鹿な私にはそういう問題は難し過ぎるのよ」。

自著の序文のなかで、ピーター・シクロフスキーはこう書いている。「［戦争が終わると、］両親は自分を犠牲者とみなした。若い子どもたちはその見方をそのまま受け入れたが、ひとたび大人になって戦争中に両親が実際に担っていた役割を知ると、たいてい、子どもたちは彼らの犠牲者になってしまう。戦争に負けたにもかかわらず、家ではファシスト的態度を維持するメンタリティの犠牲者になるのだ。外部の環境は変わった。戦後、ドイツとオーストリアは民主主義国家の道を歩み始めた。しかし、ナチ的イデオロギーは加害者の脳裡に深く刻み込まれており、……戦後世代は家の外では民主主義的構造に、家の中ではファシスト的構造に直面するという状況に立たされた」[*17]。

一九八七年八月一七日にベルリンのシュパンダウ監獄で首吊り自殺を図った父ルドルフ・ヘスの擁護を続けるヴォルフ・ヘス、フランスの『ル・モンド』紙の記者に父は今でもドイツでは人気があると言ったヘルマン・ゲーリングの娘エッダ[*18]のような例外を除き、ナチの子どもたちのほとんどが両親や祖父母に肯定的な家族の絆を感じることができなかった。

私はナチ占領下のポーランド総督であったハンス・フランクの息子ニクラスに会うためにドルトムントからハンブルクへと旅を続けた。ニクラス・フランクの書いた『父よ（英語版タイトルは『帝国の影に』）』はこれまでに読んだ本の中でも強烈なもののひとつだったから、彼との出会いには大きな期待があった。この本もまた一九八七年に出版され、大きな反響を呼んだ。四年後、英語版ができあがるとアメリカの出版社は心理的に最も過激な箇所を修正するよう主張し、今でもニクラスはそのことで彼らを許してはいない。ニクラス・フランクにとっては、ニュルンベルクでの父の死刑執行記念日を、父の最期の瞬間を空想しながらマスターベーションの快楽とともに祝うという事実は、彼の目的の最も肝心な部分なのだ。「私はこの部分を加えることで、最も手痛く父を傷つけることができると感じるのです。それに、私が書いたことはまったく本当のことなのです」と、彼は一九七〇年代後半から海外特派員として働く『シュテルン』誌のオフィスで語ってくれた。「一〇月一六日という日が、私の家族と友人にとって神聖な日だということがお分かりになるでしょう。私たちの父は毎年繰り返し繰り返し死ぬわけです。だから、私はその偉大な瞬間を私なりのやり方で祝うというわけです。本当に胸の悪くなる奴ですよ」。

彼は本のなかで次のように書いている。「少年時代、私はあなたの死を自分のなかに取り込み、同時にあなたの死に取り込まれた。私には生きたいという欲望があったから、あなたの死を自分の一部にする必要があった。あなたにはこれが分かるだろうか？　私の声が聞こえるだろうか？　そして、私はそれをやりおおせたのだ。生きているのは私なのだ。そして、今や、私はあなたより年上なのだ。これこそ私の望みだ。これこそ、まだ幼い私が成し遂げようと心に誓ったことだ。あなたが死んだときより一瞬でも長生きをする、それが私の誓いだった」[*19]。

ニクラス・フランクは幾分太り気味の、頭のはげかかった五八歳で、シニカルな笑いが癖になっている。家族のなかで生き残っているのは、彼と兄だけである。「妹や弟たちが死んだのは父のせいですよ」と言う。「妹のひとりは『父以上に年を取りたいとは思わないわ』と口癖のように言っていました。その妹は四六歳のときにガンで亡くなりました。ちょうど父が死んだときの年齢でした。もうひとりの妹も死んでしまいましたが、彼女は古き良きアパルトヘイト時代に南アフリカへ行き、父をいつも擁護していました。弟は日にほぼ一三リットルもの牛乳を飲み始め、だんだんと体重を増やして腎臓と肺をやられて亡くなりましたが、それ以外、私には弟が死んだ理由は考えられません。彼もまた、父は無実で連合軍の犠牲になったのだと、下らないことを言っていつも父を擁護していました。彼らの誰一人として自分自身の人生を見つけることができなかったのです。私としても自分の人生を見つけることができたかどうか、はっきりとは分かりません。とにかく生き延びてはいますがね」。彼はそう言ってにやりと笑った。

『父よ』には痛切な問いかけが数多く出てくる。「父よ、なぜ他にもたくさんの選択肢があったのに、その人生を選んでしまったのですか？　あなたは有能な弁護士だった。優れた音楽家でもあった。繊細さと洗練さを兼ね合わせたあなたはみんなから好かれてもいた。なぜ、父よ、みんなに嘘をついたのですか、特にあなたを憎み、それでもあなたを愛したいと思っている息子に対して。なぜ、父よ、あなたは人生を捧げた犯罪の非道さについての裁判証言を引っ込めるような臆病者だったのですか？　それだけが唯一の正しい声明であったのに。なぜ、父よ、甘やかされた幼い王子を手許に置くことで私の人生を汚してしまったのですか。私と同年のユダヤ人の子どもたちが二キロ離れた場所で壁に打ちつけられているときに？」。

その問いに対するヒントはハンス・フランクの性格にあったと言える。歴史家ラウル・ヒルバーグは、ホロコーストに関する決定版とされる論文のなかでハンス・フランクを次のように描写している。「感傷性と残忍性をそなえた気まぐれな独裁者……。（彼は）クラクフの城ではショパンのピアノ曲を弾いてゲストを楽しませ、文化的指導者のごとく振舞った。（しかし、）会議室でのフランクはポーランド破壊の一部始終を計画した設計者だった。強力で空虚……（彼は）みんなからケーニッヒ・フランク（フランク王）と呼ばれていた」[*20]。

ニクラスは父が卑怯な便宜主義者だったと確信している。それ以上でもそれ以下でもない。個人的野望を満たすために、ナチ党の大義に仕えたり空っぽな美辞麗句を信奉することが必要であれば、あらゆる調整を試みただろう。マルティン・ボルマン・ジュニアと同様に、ニクラスも父が家庭で反ユダヤ的言葉を使ったのを思い出すことができなかった。それで、戦後、自分の記憶が正しいかどうかを姉妹や叔母に聞き、それが正しかったことを確認した。「もしヒトラーが、『オーストリア人を殺せ』とか、『中国人、あるいはフランス人を殺せ』と言ったなら、父はその命令を同じ残酷さでもって実行したことでしょう。父はイデオロギーや人種差別に興味があったわけではなく、ヒトラーだけを気にかけていた。父はヒトラーの愛情だけを望んでいました。おそらく、性的な意味でだと思います。父にとって問題だったのは、父の〈王国〉が父によって統治されているかどうかだったのです。個人的な権力が何より重要だったのです。そうそう、制服と宝石もね」。

一九四五年上旬、ポーランド国境にソ連の赤軍がやって来ると、フランク家はバイエルン北部へと退去した（ニクラス曰く「父は手に入れた盗品の入った退蔵から運べるだけの品物をしっかりと持って逃げた」）。五月上旬、ハンス・フランクはアメリカ軍に逮捕された。学校にあがったばかりのニクラスは、父が刑務所にいること、そして恐らく絞首刑になることに気付いていた。「村の人はこぞってそのことについて話していました。新聞もありました。私はまだ新聞を読むことはできなかったけれど、強制収容所の写真をたくさん見ました。それらの写真がポーランドのものだということも知っていました。私は写真の子どもたちが私くらいの年齢であることに気付き、恥かしさでいっぱいになりました。彼らは死んで、私は生き続けるのです。私は速読できるよう練習して、それで自分が犯罪者の家庭の一員であるという事実を発見したのです」。

母はユダヤ人ゲットーのことでヒトラーとヒムラーにいつも感謝していたに違いない。そこは彼女にとっては割引価格で買える初のスーパーマーケット、フランク家の特権だったのだから。ゲットーは母が自分の仕立て屋を一箇所に集めておくために必要だった。消費欲にかられた母はメルセデスに乗ってナチ親衛隊にエスコートされて派手なショッピング・ツアーへとでかけたものだ。私もその買い物に子守りのヒルデと手をつないで一緒に連れて行ってもらった。……誰かが私を抱き上げて、のぞき穴のなかを見せてくれた。その男は「そこに邪悪な魔女が座っているのが見えるだろう？」と言う。壁の近くに女性が座っているのが見えた。私たちの方を見ずに、床だけをじいっと見下ろしている。私は泣き始めた。「あんな女なんて恐がる必要はないさ」と男は私を慰める。「何にしろ、すぐに殺されるんだから」[*21]。

父よ、「毛皮」という言葉を耳にするとき、私はいつも母がガス室へ送られる前のユダヤ人から盗んできた毛皮コートの山を撫でていた風景を思い出す。

私の脳裡には言いようのないイメージが常にこびりついている。父よ、……誰一人そのイメージを消し去ることはできないのだ。……あなたはこれまでに歩みを止め、反省し、自分であることの恐怖から、自分がしたことの絶対的な恐怖に涙を流したことがあるだろうか？[*22]

拘留中、ハンス・フランクは『絞首刑との対峙』というタイトルの自己憐憫に満ちた伝記を書いた。ニクラスは、その本が「反吐がでそうなほどの虚栄心」から書かれており、「吐き気を催させる感傷的なガラクタ」と評する。その本には、ソ連軍がポーランドに侵攻し、フランク王が自分の城から撤退しようとしているシーンが次のように描かれている。

「さらば、永久にさらば、ポーランドの民とポーランドの土地よ！　神が共にあられんことを、神のご加護がありますように！」と、主権者ハンス・フランクはこの悲劇的瞬間をそう綴っている。この奇妙な幻想、空想的な自己誇張こそ、ニクラスが最も不快に感じるものであり、これこそ真実を語り得ない父の無能力さの原因なのである。ニュルンベルク裁判で、ハンス・フランクは自分が変わったことをちらりと示唆した。かつて「寄生虫であるユダヤ人を見つけ次第絶滅させねばならない」と言った同じ人物が、今、法廷で「この戦争でヒトラーが行った行為が消えない限り、今後一〇〇〇年が経とうとドイツ国民から罪を拭い去ることはできません」[*23]。その声明を聞いたニクラスは喜んだが、すぐにまた打ちひしがれた。彼の父は最終弁論で自分の言葉を撤回したのだ。「敵側のわれわれに対する行為がある限り、過去のみならず現在もソ連やポーランド、チェコがドイツに対して犯している最もおぞましい集団的犯罪がある限り、わが国のすべての罪は完全に払拭されます。彼らはドイツ国民に対する自らの犯罪を裁きはしないのですから」[*24]。

「本のなかで、父はポーランドでのことには一言も触れていません。一言もですよ。父は自分のしたことについては決して語らないのです。この本が出版されたのは一九五一年で、私がそれを読み始めたのは一二歳のときでした。読んでいて反吐が出そうでした。というのも、この人はまた私に嘘をついていると思ったからです」

ニクラスの母はこの本を売って家計を支えた。本を買ってくれそうなドイツのナチ党員に手紙を送った。彼らはできる限り多くの本を買ってくれ、さらにはハンスと彼らの愛する総統の不当な死について追悼の手紙を書いてよこした。ウィニフレート・ワーグナーも援助の手を差し伸べ、ヒトラーに忠実であり続ける知人を紹介してくれ、ハンス・フランクの本を「これまで読んだなかで最高のヒトラー研究書」と絶賛した。一九五〇年代初頭、十代のニクラスはドイツ国内をハイキングしてまわっていた。そのとき、車に乗せてくれた人のほとんどが、フランクという名前を聞くと哀れなハンスと彼の子どもたちへの同情を表わすことを知った。

彼は自著『父よ』について聞きに来た観客を前にこう言うのが好きだ。「失礼かも知れませんが、ドイツ人は信用なりません」。受けはよくないが、彼は気にしない。「そうでなければと願いたいところですが、実際には第三帝国を生き延びた殺人者のすべてが戦後家庭を作ってきたわけです」と彼は言う。「その彼らが日曜日に昼食を取りながら子どもたちにどんなことを話しているか、だいたい見当がつくでしょう」。

「ドイツの民主主義は本当には根付いていない、と言いたいのですか？」と私は尋ねた。

「その通り。われわれは民主主義国家を作り上げたが、それは他の国々に厳しく監視されていたからです。もちろん、われわれは民主主義が好きですよ。民主主義は無害ですからね。でも、ドイツに来る外国人労働者をドイツ人はどう扱っていますか？　それを考えると、真っ白なシーツをかぶせた下には未だに典型的なドイツ的ふるまいが山のように残っているように思われてならないのです。それが再び露呈する日が来るのではないかと危惧しています。だからこそ、私はヨーロッパ統合を支持しています。ヨーロッパが統合すれば、ドイツが再び強力になることは有り得ませんからね」

興奮、苛立ち、怒りを込めて話しながら、ニクラスは鉛筆をもてあそんでいた。私はそれを聞きながら、アメリカ・ユダヤ人委員会（ＡＪＣ）が三年前に行ったドイツ人の態度に関するアンケート調査のことを話そうかと思っていた。一部の人たちはフランクのことを「取りつかれている」、あるいは「気が狂っている」として意に介さない——私も実際にそれを耳にしたことがある——が、ＡＪＣの調査結果を見ると、彼の考えがあながち的外れとは言えないことがわかる。

「理解はできますよ」と彼は続ける。「過去に起こったことを受け入れるのは実際とても困難なことですし、学校での取り組みもうまくいっています。しかし、私たちの人生は常に痛みとともに共存しているようなものです。普通の犯罪歴を持つ他の人たちと同じようにはなれっこないのです。一九三三年以前には、私たちドイツ人は他国の人たちと同様に恥ずべき歴史を持つ通常の犯罪国家でしたが、今は違います。今では、みんな『あれは祖父がしたことで、私たちには関係ない』と言いますが、実際のところ彼らの心からはあのことが離れないのです。逃れることはできないのです。そのことで怒りを感じる時もあります。ドイツの外では、われわれドイツ人は常に汚名を着せられているのです」。

「まるでドイツ人がある種の遺伝的欠陥を持っているかのように聞こえますが」

「違います。遺伝ではなくてこれは単なる伝統ですよ」と彼は笑った。

『シュテルン』誌のオフィスは、有名なハングルク港に面している。そこには、いわゆる一九四七年の「エクソダス（出エジプト）号」乗船者の運命を記念する大型プレートがある。戦後、虐殺を生き延びた四〇〇〇人のユダヤ人を乗せた船は、パレスチナに向けて出航したが、その後イギリスによってちょうどここハンブルク港に強制的に移送されたのだった。セントルイス号もまた、一九三九年に希望に満ちた約一〇〇〇人のユダヤ人を乗せてこの港を出航した。しかし、その支援努力はまたもや失敗に終わった。しかし、ニクラス・フランクには過去を思い出させるような公的記念碑など不必要だ。彼の個人的苦悩は継続的で永久に終わることはないのだから。

「私の脳が機能しつづける限り、忘れることなど不可能です。父のことを考えない日などありません。毎日彼に向かって『どうしてあんなことをしたのですか』と問い続ける必要があるのです」

「あなたはお父さまが臆病なうえに嘘吐きで、ヒトラーに夢中で盲目的従順だったと書いていますよね。それ以上、何を知ることが必要なのですか？」。私はできる限り柔らかく尋ねた。

「私が問い続けているのは、私も父と同じ性質を持っているのではないかという恐怖心のせいかも知れません」とニクラスは答えた。「父と同じ過ちを犯さないようにね」。

彼を見ていると作家のギュンター・グラスを思い出さず

にはいられない。罰として、積み上げては落ちる巨石を永久に丘の上に運ぶことを命じられた古代のコリントス王シーシュポス。二人ともシーシュポスに似ているが、ひとつだけ違うのはフランクとグラスがその困難を自ら進んで引き受けている点である。ギリシア神話では、シーシュポスは死をまぬがれようと神を欺いたことにより罰せられるが、それはフランクとグラスがそれぞれ象徴的なやり方で引き受けていることに他ならない。罪という状態のなかで生き延びた――つまりホロコースト後をドイツ人として生きる――代償として、二人とも私的な、また公的な贖罪の人生を作り上げたのだ。

フランク同様、グラスもまた、ドイツ国民に向かってことあるごとに自分は、自分を含むドイツ人を恐れていると述べている。一九九七年、グラスは将来移民になるかもしれない外国人労働者に対するドイツ人の態度を取り上げて、ドイツ人を「密かな人種差別者」であると糾弾した。最大限の衝撃を与えるため、彼は言葉を選んで、ドイツ人は「絶滅戦争」の仲間であると言い、さらに「われわれは再び、野蛮な行動の受動的目撃者になる可能性がある、それも今回は民主主義という後ろ盾を伴って」と手厳しく述べている。

ギュンター・グラスは、「克服され得ない」過去についての会話を嫌っていた。「まるでわれわれが過去を克服できるみたいではないですか」と彼は一九九七年にフランスのテレビ用に撮影されたドキュメンタリーのなかで投げ捨てるように言っている。[*25] 歴史が私たちに示すのは、繰り返される歴史は絶え間ない監視、警戒によってのみ変えられる、ということである。ギュンター・グラスとニクラス・フランクは自らに歴史の監視人となる役目を課したのだ。

「子どもたち」の激しい怒りはある場所では決して軽減されることはない。そうした怒りは、今や選挙資金疑惑で不面目な立場に立たされているヘルムート・コール元首相が述べたように、「後から生まれた者の恩恵」を社会的に高い地位にいる人が無神経に言及するたびにぱっと燃えあがる。これまで、知識人、特に歴史家たちが、地雷の埋まった過去を掘り返す度に曖昧さが露呈されてきた。歴史的記録を「標準化」しようとするすべての試みが冒瀆として激しい批難を浴びてきた。一九八〇年代半ばに起こった歴史家論争で、ドイツで最も高名な歴史家の一人エルンスト・ノルテは、ナチ時代には殺人もあったが、それは無分別でも突然起こったわけでもなく、部分的に「ノーマルな」過去として説明できるという歴史的解釈を試みた。ノルテは、いくつかの例外を除けばすべての主要国はそれぞれの「ヒトラー時代」があったと説明し、それによりジェノサイド的傾向のあったヒトラー時代の特殊性を矮小化した。同時に、ドイツの罪は他国によるドイツへの犯罪に対する反動であったのだから、ドイツの罪は軽減される（ここまでがノルテのポイント）だけでなく、汚名は完全に払拭されるというニュルンベルク法廷でのハンス・フランクの最終弁論を思い出させる解釈を提起した。ノルテは、いわゆる国家の敵が何百万人と抹殺されたスターリンの強制労働収容所（グラーグ）は、ヒトラーの人種絶滅計画以上に「より独創的」であったとした。また、「継続的にナチの過去を嘆くという圧力に抗する何らかの正当化があるのではないか」と疑問を投げかける。ノルテは、新しいユダヤ人国家創設のため同胞を犠牲にしたとして、デイビッド・ベン・グリオンと「シオニスト」を批難するという古びたデマを復活させる。さらにひどいことには、「『ドイツ人の罪』についで話すことが『ユダヤ人の罪』というナチお得意の議論に類似することをわざと見逃している」と主張する。[*26] これは、本物の罪について進行中の国家的責任議論が、あたかもユダヤ人に関するナチのでまかせプロパガンダと対置されるかのような主張である。

ノルテは一見するとあちこちから考えをつぎあわせた追認論的アジェンダを持つ歴史家であり、そのやり方は歴史家の多くがイデオロギー宣伝にかかわり歴史家の職を貶めたナチ時代の記憶を呼び起こした。とはいっても、彼のあからさまな追認論的アプローチの仕方にはとりわけ新しい要素は何ひとつなかった。ほぼ同じ時期、フランスのメディアはナチ戦犯クラウス・バルビーの帰還に関して激しい議論を繰り広げており、なかにはバルビー以後、世界中で起こった多くの虐殺を取り上げてバルビーの犯罪を相対化するような議論もあった。

しかし、そこには違いがあった。ノルテはドイツ人で、未だに化膿した傷口をいじっていたのだ。過去を克服する？　戦後四〇年たって、おぞましい歴史を清算していなければ噴出もしていないこの国では、ナチ時代は不発弾であった。議論は続いた。ノルテの歴史解釈はドイツ世論に見られる国家主義的、右傾化を強めるのではとの懸念や、過去を払拭しようとしているのではとの懸念をもたらした。しかし、それ以上に多くの人たちが、著名な歴史家の真のねらいは問題となっている唯一の問いから注意を逸らすことだと考えていた。その問いかけとは、命を守るはずの医師をはじめプロのキャリアや博士号を持った普通の人たちが、なぜナチ犯罪に加担したのか、ということである。さらに、ナチのカタストロフは二〇世紀半ばのヨーロッパ社会のなかで、いかにして起こったか、である。

ノルテに反論を試みたのは、ドイツのナショナリズムに強い警戒感を抱く社会哲学者ユルゲン・ハーバーマスをはじめとする一流の論客であった。ハーバーマスは、戦後生まれのドイツ人に戦争責任はあるのかという、ドイツが直面するジレンマの核心をつく問いを投げかけた。それに対するハーバーマスの答えは真っ向からの「責任あり」であった。「戦後に生まれたとはいえ、それを可能にした生活の文脈のなかで成長したという単純な事実がある以上、」と彼は説明する。「われわれの誰一人として、その脈絡から逃れることはできない。というのも、われわれの個人としての、あるいはドイツ人としてのアイデンティティは絶対的にそこにおいて形作られているからである」[27]。

ホロコーストの記憶はイスラエル人にとってと同様、現代ドイツ人のナショナル・アイデンティティにとっても重要であるとハーバーマスは主張する。「ナチ犯罪が可能になった起源に対して歴史的責任をとることもなく、ドイツ国の法的子孫であると一体誰が主張できるだろうか。また、それなくして一体誰がドイツ文化の伝統を持続させることができるだろうか。われわれ自身の実存は、それとともに歴史的に編み上げられたというのに。今や修復しえない批判的記憶を持たずして、ドイツ人であることは可能だとでも言うのか？　われわれにアイデンティティを賦与する伝統に対して反省的、批判的態度を持たずしてドイツ人であることが可能だと言えるのか？」と彼は有名なエッセイのなかで問いかける[28]。ハーバーマスの表現は一見複雑だが、そのメッセージは決然としている。すなわち、ナチの腰部から生まれた自分を直視せよ、ということである。

ニクラス・フランク、ギュンター・グラス、ユルゲン・ハーバーマス、ベアーテ・クラルスフェルト、トマス・ルッツ。彼らはナチ時代についてのドイツ史解釈のナラティブを築くべく戦っている。彼らはすべて自らに真実の守護者となることを課した人たちである。

しかし、皮下感染は決して拭い去れないし、消え去らない。別のところでは別の主張が噴き出している。一九九八年、エルンスト・ノルテの大失敗から一〇余年経ったころ、ドイツ書籍出版協会はドイツ人作家マルティン・ヴァルザーに「ドイツにドイツ人を、世界の国々にドイツを再紹介した」との理由で恒例の平和賞を贈った。しかし、ヴアルザーが受賞講演で述べた内容を考えると、これ以上に皮肉なことはない。七〇代のヴァルザーは、ユルゲン・ハーバーマスと同様、集団責任の認識を訴えることで作家としての活動を始めたが、次第にその立場から逸脱していった。一九八八年、彼はナショナリズムの発端を糾弾しながらドイツ統一を支持したが、一九九八年には思いもよらないほどの転換を果たし、ドイツの罪はドイツ叩きに使われる「道徳的むち」であり、「羞恥の永久常設展」としてアウシュビッツを「機構化」していると（ノルテの論調と同様）嘆いてみせた。明らかに、公衆の面前では言いにくいことを言った勇気により（スピーチを始めるにあたり、ヴァルザーはこれからその大胆さに自ら「震える」ような声明を発表すると予告していた）、館内総立ちの拍手喝采を浴びた。席に座ったままだったのは、当時ドイツ・ユダヤ人コミュニティの指導者であった今は亡きイグナッツ・ビュビスと妻だけだったという。

しかし、ヴァルザーは一般にアジェンダを持っていると見られていたエルンスト・ノルテとは違い、長年ドイツの良心と目されていた。それゆえに、このスピーチが巻き起こした社会的議論の規模は通常ではなかった。一九九七年にアメリカ・ユダヤ人委員会（ＡＪＣ）が行ったアンケート調査は、ヴァルザーの主張は約半数のドイツ人が内心思っていたことであった事実を裏付けた。ドイツ人の羞恥と罪の重荷はあまりに重くなり過ぎている。「なぜ過去を過去としてしまわないのか」。これこそ、ヴァルザーの主張の趣旨だった。

理解はできる。良きドイツ人にとって、いまだに記憶に痛みを伴うナチの過去を二一世紀にまで持ち込まなければならない事実はこの上もない苦痛である。しかし、ヴァルザーの懇願は歴史的には無意味であり、危険ですらある。この危険性こそ、数日後にリヒャルト・フォン・ヴァイツゼッカー元大統領が『フランクフルター・アルゲマイネ』紙上でヴァルザーの「有害な扇動的スピーチ」について述べた際にほのめかした点であった。加害国家の重荷というのは何百万人というドイツ人が集団的過去に怒りを感じ、それが足手まといになっているということだけでは抹消されえないのである。[*29]

それでは、「和解」という概念はホロコースト問題において意味があるのだろうか、あるいはそれは可能なのだろうか。実際のところ、ある種の試みは滑稽に見える。たとえば、一九八五年五月の喜劇的な馬鹿馬鹿しさを例にとってみよう。当時のアメリカ大統領ロナルド・レーガンは、ナチ敗北の四〇周年、および強制収容所解放を記念するために、ルクセンブルクとの国境に近いドイツの町ビットブルク軍事墓地の外交的訪問を計画していた。レーガンの伝えようとしていたメッセージは、一九八五年五月は冷戦終結を告げるのみならず、平和の始まりを告げるものであるという「和解」の象徴であり、それゆえ日程にダッハウ訪問を含めてはどうかというヘルムート・コール首相の示唆を最初から斥けた。「私はその歴史には触れたくはない」と、レーガンはホワイトハウスの記者会見で述べた。「［第二次世界大戦］のときに大人であったり、参加した人たち［ドイツ人］の誰一人として生き残ってはいない。そして、戦争を覚えているのはごく限られた人たちです。……ドイツ人が背負わされている罪の意識は不必要だと思う」[*30]。

この非歴史的、驚くべき無知をさらけだしたような発言は、喜劇のほんの始まりに過ぎなかった。四月、訪問予定の一ヶ月前、ビットブルク墓地にナチ武装親衛隊のメンバー四九人が埋葬されているというニュースがメディアに流れた。この親衛隊は、一九四二年、フランスにあるオラドール村の六四二人を虐殺した第二SS機甲師団「ダス・ライッヒ」に属していたことから、フランス人の憤慨と顰蹙を買った。ホロコースト生還者エリー・ヴィーゼルはレーガン大統領に訪問中止を求め、「大統領、あの場所は閣下の行くべき場所ではありません。あなたがいるべき場所は武装親衛隊の犠牲になった人たちの側です」とのメッセージを伝えた。さらに、アメリカ下院は三九〇対二六という大差で、大統領に訪問再考を促す決議を出した。

一方、それから数日後、西ドイツ議会ではコール政府にレーガン日程からビットブルクを外すことを要求する緑の党による動議が三九八対二四票で破れた。ヘルムート・コール首相は、キャンセルなしという「尊敬すべきジェスチャー」に対してレーガンに謝辞を送り、「和解が可能になるのは、国籍にかかわりなく、すべての人々を悼むことができるときである」と述べた。

明らかに名誉挽回の時期は近いと感じた元ナチ武装親衛隊は、ネッセルヴァンク付近のスキーリゾート地に集まり、「われわれも他の兵士と同じ兵士である」との声明を発表した。

五月五日、ビットブルクを訪れたレーガン大統領は、花輪を捧げ、ベルゲン―ベルゼンの強制収容所記念博物館を訪問した。五月八日、リヒャルト・フォン・ヴァイツゼッカー大統領がドイツ連邦議会において記憶と責任に関する有名な演説を行った。さらに五月一一日、SS機甲師団の元兵士たちがネッセルヴァンクで最初の同窓会を開催した。

ビットブルク墓地事件で露呈された道徳的混乱は、日常生活の水面下では未だに和解しえない過去が潜んでおり、状況さえ許せば、すぐにでも噴火してしまうことを示していた。噴火のきっかけとなるのはたいていが馬鹿馬鹿しさである。思慮や理解のかけらも持ち合わせず、「集団の罪」の複雑性をわきによけようとしたレーガン大統領は、のちにラウル・ヒルバーグが呼んだ「曖昧模糊とした集団的無知」[*31]のなかに第三帝国を封じようとしたのだった。結果は予期できた。ビットブルク事件は、ドイツ人にとって過去に蓋をする手助けになるだろうとレーガン大統領が考えた、まさにその記憶を掘り起こすきっかけとなった。アウシュビッツのガス室を命からがら逃げ出したレナーテ・ズスマンが、これを最もよく述べている。ヒトラー時代の生存者にとっては、お手軽な慰めなど無意味である。ヒトラー時代、差別の標的にされた人たち、その子どもたち、その孫たちにとっても同様である。

しかし、二一世紀が近づくと、記念碑の建設や、クレヅマー（ユダヤ伝統音楽）に涙したり、「工芸品」を集めて奇妙なユダヤ博物館をつくること、あるいはヘブライ語を熱狂的に勉強したりすることとは、たとえ意図としては正しくとも、ナチ犯罪の記憶を追い払うことはできないという理解を前提として、新しいアプローチの方法が現れ始めた。それは精神医学から出てきた考え方で、過去を「克服」するのではなく、過去と「取り組む」ために恐怖と集団的悲嘆を分析しようとするアプローチである。

エルサレムにあるヘブライ大学のダン・バーオンは、ヒトラーのジェノサイドについての戦後の沈黙がドイツ人の子どもに与えた影響を研究してきた。そのプロセスで明らかになりつつあるのは、子どもたちは家族のために隠蔽されたおぞましい何か——何なのかは分からないが——から目をそむける必要性を感じ取り、自身でもしばしば進んで共謀者となることであった。バーオンが加害者の子どもたちのために開催したドイツでのワークショップは、今までなかった新しいサポートを提供することになった。マルティン・ボルマン・ジュニア、ゴットフリート・ワーグナー、強制労働施設の所長として戦犯として絞首刑を受けたナチ親衛隊の隊長の息子ディルク・クールにとって、このミーティングは自分たちの苦悩を、同じ苦悩を持った人たちと共有し合う初めての機会となった（ニクラス・フランクにも連絡が来たが、彼は参加しなかった）。アルベルト・シユペーアの娘ヒルデ・シュラムは、すでに人種差別に対する最前線で戦っていた。ある男性はイスラエル人と結婚していた（彼は勝ち誇ったように「私の父の孫はユダヤ人である！」と宣言したという）。ある人は、自分の血に「毒の入った血」が流れていると信じた妹が自殺したと報告してきた。[*32]

最後に、バーオンは、ほとんどがアメリカ人であるホロコースト生還者の子どもたちと、ナチ加害者の子どもたちを対面させる機会を設定した。大きな動揺があった。ホロコースト生還者で、家族全員が虐殺された両親を持つジュリー・ゴシャークは、ドイツの地に降り立つことに肉体的な恐怖を感じたと語ってくれた。ミーティングの数週間前から、彼女は悪夢にうなされ続けた。ジュリーが加害者グループのなかで最初に会ったのは、名前を聞いただけでも身震いするようなマルティン・ボルマン・ジュニアであった。[*33] ボルマン・ジュニアは、私との会話のなかで、この出会いに圧倒的な「羞恥」を感じたと語ってくれた。最初は躊躇していたが、時間が経つと一緒に会話ができるようになった。最後には相手の前で涙を流すことができるようになった。あるドイツ人参加者は、自分が両親を愛し続けるなら、それは個人的に共謀したことになるのだろうかと尋ねた。ホロコースト生還者の息子は彼の手を取り、あなたには両親を愛する権利があると言ったとき、彼の目からは涙が流れた。

旅の最終地点ベルリンに戻った私は、ハニ・レウェレンツというセラピストがバーオンのアイデアを取り上げ、それをより大きなグループに適用していることを知人から教えられた。ハニと彼女のパートナーはドイツ人の若者、ユダヤ人生還者の子どもにワークショップを開いている。私は彼女に連絡を取ってくれるよう知人に頼んだ。

ドイツでの最終日の朝がやってきた。その日、私たちは小さなカフェで会った。ハニは暖かみのある、率直でとても人好きのする女性だった。

「私たちは薄っぺらな和解には興味はありません。私たちが求めているのは、率直に相手と直面すること、そしてお互いを知ることです」と彼女は言う。「心理学的な見地から見れば、ユダヤ人の大虐殺はこの国では未だに統合されていません。ほとんどのドイツ人がユダヤ人に会ったこともなく、お互いのグループに対する巨大な観念だけが膨らんでいます」。

彼女の説明によると、ドイツの若者たちは自分を恥じているために、集団的ユダヤ人に「ナチ」と見なされるのではないかという幻想を抱いている。一方で、ユダヤ人はすべてを許す「飾り棚のユダヤ人」としてドイツ人に利用されるのを恐れている。「ユダヤ人にもまた恥かしいという感情があるのです」と彼女は言う。「犠牲者の子どもであることに対する恥です。虐待は羞恥の感情を生み出すのです」。

彼女のグループは約一六人から成り立っている。そのうち七五パーセントが加害者の子どもである。「私たちは参加者全員に参加理由を聞きます。ドイツ人は自分の動機をあまりはっきりとは言いません。これこれを勉強しているから、といったようなことを言いますが、遅かれ早かれ持ちあがってくる疑問――彼らが本当に知りたいのは、祖父が父にどんな影響を与えたか、そして父が彼らにどんな影響を与えたか――については口を閉ざしています。心の奥深くでは、自分に犯罪者の傾向があるのではないかと恐れています。ドイツでは未だにこの血統という考え方が残っています。ドイツ語でAbstammungと言うのは、出自、血筋のことです。だから、ここへやってくる人たちも遺伝的過失という意識的、あるいは潜在的な考えを持ってやってきます。それは全くの幻想ですが、その影響は非常に強くて彼らを無力化してしまうほどです」。

ハニは、そうした恐怖の原因は部分的に、あらゆる人が時折露呈する自然的攻撃性と残忍性との間にある混乱から生じていて、そのため正常な自然的攻撃性すら生来の「邪悪さ」の表れであると恐れているのではないかと言う。「六八年生まれのなかには、政治的スペクトラムの反対側、つまり、左翼的革命やテロリズムを支持するという極端に走った人たちもいました。彼らは自分の怒りの出所を知っていました。彼らの次世代は、もっとソフトですが、鬱病に陥りやすく、自己破壊的ですが、その理由さえ知らないのです。助けを求めに自主的にやって来た人にとってさえ、その理由があまりにも遠い過去に潜んでいるため、かなり見えにくいのです。私はこれらの戦後世代はナチの両親と祖父母世代が決して払わなかった代償を払っているのだと考えています」。

私は、自分も父親のようになるのではないかというニクラス・フランクの漠とした不安と恐れに思い当たった。彼は「犯罪者家族（彼自身の言葉）」から、さらにそれを拡大して、今日のドイツに残るナチズムの名残から自分を引き離そうと懸命な努力を続けている。ハニ・レウェレンツのグループはフランクとマルティン・ボルマン・ジュニアが感じた衝撃に直面することを恐れてはいるが、衝撃の程度はそこまでひどくはない。「彼らは両親や祖父母がよい人たちなのだという幻想のなかで生きてきたかもしれません。そして、突然、愛する家族を殺人者として認識しなければならないという状況に直面するのです」。

一九九三年以降、旧東ドイツからの参加希望者はわずかに一人であったが、ハニはこれを非常に意義深いことと捉えている。まず、東ドイツ人は自分たちのことを「西側ファシズム」の犠牲者とみなしており、今では繁栄の約束を満たされないドイツ統一の犠牲者と考えている。彼らにとって、ナチ時代の共謀と罪は関心外なのだ。少なくとも、今のところは。

「単純な和解が実際には不可能であることがわかったとき、一体どうなるのですか?」と私はドイツ人を自称することを拒むララ・デーミッヒ、一方でシナゴーグのなかで罪悪感にかられたドイツ人女性のことを思い出しながらそう尋ねた。

「そのときは、すべての人にとって困難ではあっても解放された瞬間になるでしょう。目覚めのときです。現実を変えることはできませんが、現実を平坦化しないよう心がけるべきです。私たちにできるのは、現実に対処するためにドイツ人、ユダヤ人お互いの無実を認識できるよう手助けすることだと思います。私たちは加害者でも被害者でもなく、その子どもであり、孫たちなのです。私たちは自らを被害、加害意識から、また、遺伝的罪悪についての幻想から目覚めさせ、自らに暖かい同情心を持つよう、受け継いだ困難を引き受けることができるよう手を貸しているのです。家族がしたことを知った後で自分を受け入れることは、他の何にも増して難しいことだからです」

驚いたことに、ハニはそう言いながら泣いていた。「莫大な勇気を持って自分自身、そして困難に直面するすべを学ぼうとしている人たちを見ていると、深く心を動かされます」と彼女はささやいた。私はテーブルの向こうに手を伸ばし、彼女の手を取った。彼女はドイツ人で、ユダヤ人ではないのだ。私は、軽いショックとともに、彼女が他人を助けることで自分を癒そうとしているのだとそのとき理解した。

衝突と終わりなき論争のかなたには、言葉なく真実だけを語る場所がある。一八八〇年に建てられたヨーロッパ最大のユダヤ人墓地、ベルリンのヴァイセンゼー墓地はそうした場所のひとつである。平坦な地平に偉大なモーゼス・メンデルスゾーンの墓石だけがぽつんと立つさびれた他の墓地と違って、ここはどういうわけか破壊を免れてきた。

ララと私は一緒にここにやってきた。石畳は紅葉した落ち葉を被り、つたに覆われたプラタナスの木々が通りに身をかがめている。草やシダの厚い茂みを抜けて、いくつもの小道が方々に延びている。雑草が茂り過ぎた墓地は、謎めいていて気持ちを寂しくさせる。墓地の世話をする人たちはほとんどいないのだ。

昔の語り手のように、ヴァイセンゼー墓地もまた百年間の物語を語ってくれる。小道をたどっていくと、楽観的な一九世紀の家族霊廟がある。装飾されたその霊廟には、そこに葬られているのがユダヤ人だと知れる印は何ひとつない。社会の一部がすでに彼らに対して背を向けはじめた時代に暮らす、解放され、希望に満ちた人たちだった。この時代のユダヤ人は、立派な国民とみなされることもない追放者として、それでも頑なに彼らの「ドイツ人的」気質を最後まで守り続けた。それから半世紀後、ナチの迫害を逃れようと、ベルリンのユダヤ人たちのなかにはこの墓地に身を隠す人もいた。

墓地の一部には、一九一四年から一九一八年に亡くなった戦死者のために、小さな白い墓標の列が完璧な軍隊的規則正しさで並んだ区画がある。そこに葬られているのは、マスケット銃兵、手榴弾兵、電信技手、指揮官たちである。この区画が完成した日付は一九二七年となっている。時間はなくなりかけているが、まだ母国のために死んだ愛国者としてドイツのユダヤ人を祀ることはできた。

私は一九三〇年代後半からの墓石の前で立ち止まった。そこには自殺と刻まれてある。ニュルンベルク法はすでに発効していた。人々は生活の糧を得る権利を奪われ、子どもたちは教育を受ける権利を奪われ、欲しいときに食糧を買う権利を奪われ、すべての権利を奪われた。残されたのはただ生きる権利だけであった。

それから、ついに、長い時代の終わりを告げる墓石にやってきた。二つの墓石には次のように刻まれている。

ザデック家：殺害される　一九四二年～四三
ヴィルヘルム五三歳、エルナ五一歳、
ジークフリート五四歳、フルダ四七歳、
ハンナ一九歳、ルート一九歳

シェーファー家：殺害される　一九四二～四三
エドガー七四歳、エリーゼ七二歳、マルティン四六歳、
ロッテ四二歳、イルゼ一九歳
〝子どもたちと孫たち〟

ヴァイセンゼー墓地は一〇〇年の歴史を、その開かれた本を読もうとする人たちに差し出している。豊かな記憶を抱えながら、一方で放置されつつあるこの場所には、ドイツの克服しえない過去が横たわっている。

第2章

曇りガラスの向こうの真実
フランス

生きている人には尊敬を
死者には真実だけを供すべし
——ヴォルテール『オイディプス書簡』

ボルドーで開かれるモーリス・パポン裁判の初日を傍聴するために、私はベルリンを後にしたが、傍聴券が送られてこないというお役所的不手際のせいで一、二週間待たなければならなくなった。大したことではない。私は旅の拠点としてパリに小さなアパートを借りていたし、大好きなこの町で数日間を過ごすことは苦にはならない。こうして私は馴染みのパリ一四区に戻って来て、見なれた風景を楽しんでいる。街角にある「私の」カフェでは、戸口の外に置かれた氷と海藻の入った入れ物からアルカション産生牡蠣が売られている。通りを歩くと地元のブーランジェリーから焼きたてのクロワッサンのおいしそうな匂いが漂ってくる。窓辺に置かれたケーキやタルトの完璧なことといったら。行きつけの八百屋の店主はアルジェリア人で、数年来の顔なじみだ。私たちは天候について、今週入荷された野菜について立ち話をする。そこから少し行くと、五感を喜ばせてくれるルー・ダグエールのマーケットがある。魚介類が売買されるこの青空マーケットでは驚くような発見が尽きない。あるクリスマスには、そこではタツノオトシゴが売られていて、その非常識な食材を見ても驚きの表情ひとつ見せずに、今晩のおかずにと注意深く品定めしているパリの婦人を見た。同年、付近のシャクートリー（ハムやソーセージ、お物菜などを売るお店）の窓にいくつかの（死んだ）クロウタドリの頭がのぞいているパイを見た。おそらく「四と二〇のクロウタドリ、パイに詰められて焼かれた」という子ども向けの歌にちなんでのことだろう。フランスでは、食べられるすべてのものが、何年にもわたって記憶に残り、代々語り継がれるごちそうの口実となりえる。

私はフランスが大好きだ。ここには子ども時代から定期的に来ている。若い頃の最初の結婚により、フランス国籍さえ持っている。私がホロコーストの現実に直面し、初めて記憶について探ってみたいという衝動に駆られたのも、同時に、夢にも見なかったような美しさを発見したのもここフランスだった。フランス人というのは実に芸術的である。シャンゼリゼのロン・ポアンに飾られるクリスマス装飾といった「何の変哲もない」ものでさえ、私には息を呑むほどに美しく感じられる。

一九八〇年代中頃、私は一年余りパリに戻ってきた。ボリビアの隠れ家でセルジュとベアーテ・クラルスフェルトによって発見され、裁判のために大々的に送還されたナチ戦犯のクラウス・バルビーのフランス帰還を記録に残すためだった。モーリス・パポンと同じように、バルビーはニュルンベルク判例が批准された一九六四年一二月にフランスの法律に取り入れられた「人道に対する罪」で告発されていた。フランス刑法のもとでは、犯罪後一〇年が経つと、あらゆる犯罪は自動的に「時効成立」となるか、あるいは免責されることになっている。ただし、人道に対する罪に限ってはこの限定法規は適用されず、バルビーのような元ナチが法的免責を要求することを避けるためにフランスの法律でも有効とされていた。「リヨンの殺し屋」として知られたバルビーは、フランス南部の都市リヨンのゲシュタポ長官であった。彼の惨忍さは戦後四〇年経った今でも伝説的に語られている。彼は何のためらいもなく犠牲者の頭を蹴り上げ、酸を膀胱に注入し、天井の留め金から命も絶え絶えの人を吊るした。休日には、小さなラブソング（彼の一八番は「聞かせてよ、愛の言葉を」だった）をピアノで演奏することを好んだが、戦時中の主要任務はリヨンを拠点に活動していたフランス人レジスタンスの撲滅と、ユダヤ人の強制連行と強制移送であった。フランスにおける比類なき英雄、レジスタンスの神格化されたシンボルであったジャン・ムーランの撲殺者として、バルビーはフランス精神のなかでも最高の品格をけがした敵と見なされていた。一九八三年にフランスに送還されたとき、戦争中、任務の手助けをしてくれたすべてのフランス人について話ができるなら幸せだ――とても幸せだ――と言って、うららかな青年時代について記憶に残っているのは元友人たちの名前だけだとインタビューでずるそうに答えている。フランスへ送還されてから一九八七年に裁判が始まるまで、多くのフランス人が――そして大部分のメディアが――法廷で元ナチ親衛隊の指導者が証言するであろう内容について非常に懸念していた。また、彼の証言が戦後直後のパージ以来、対独協力に関して国中に広がっていた不安定な穏やかさを乱すのではないかとの懸念もあった。さらに、報復的攻撃や反攻撃に関する噂まで流れた。一九八五年の秋、[*1]バルビーに関する本のフランス語版プロモーションのためにパリを訪れた私は、カナダ大使館から二日続けて同じホテルに滞在しないようにとの警告を受けた。

バルビー裁判は、メロドラマと弁護士の演技（弁護士ジャック・ベルゲスはレジスタンスと対独協力をアルジェリアにおける植民地戦争の恐怖になぞらえようと試みて、少しは成功したようだ）に事欠かない、フランスならではの芝居がかった裁判だった。そして、裁判のなかで誰がレジスタンスで、誰がそうでなかったか、という問いが提起されると社会を混沌に陥れた。とはいえ、これらのひとつとして究極的に被告を無罪にする役には立たなかった。クラウス・バルビーは終身刑を言い渡され、一九九一年九月、七八歳で白血病のため世を去った。[*2]

一九九七年一〇月八日、モーリス・パポン裁判の初日に出席できない私は、何百万もの人たちと同じようにテレビの前に陣取った。その映像は劇的だった。ボルドーの古い大聖堂から石灰石の一八世紀建築物である重罪院へ延びる石畳には、一四台の警察護送車の列ができ、建物裏のひっそりした路地にも報道写真家や警察、警護の人たちが詰めかけていた。彼らが今か今かと到着を待っていたのは、ドイツ占領下のボルドーで総務局長として「ユダヤ人問題」の責任者であり、戦後はアルジェリアで政府高官、パリ警視総監、第四、五共和制政府で二期連続閣僚を務めたパポンを乗せたフィルム窓の護送車だった。パポンは今、クラウス・バルビーが一九四二年から四四年の間、地元の南西部から一五六〇人のフランス人、ユダヤ人難民の強制移送の罪で裁かれたときに適用されたニュルンベルク法のもとで、人道に対する罪への共謀により告発されていた。ボルドーでの数年間、パポンの仕事は公的関係や洗礼記録などを調査することでユダヤ人を特定し、ユダヤ人の資産をアーリア人化するために奪い、個人であれ集団であれ逮捕すること、さらにヴィシー政府が設置した強制収容所メリグナックや、パリ近郊で北東にあるドランシー収容所への移送の手筈を整えることであった。ドランシーはアウシュビッツの控え室とされ、そこからは「東」と婉曲的に呼ばれた場所へと列車が定期的に出ていた。パポンは、言いかえれば「ユダヤ人の最終的解決」に手を貸した主要フランス人であったわけだ。

裁判の前には、パポンは自分の職は「重要性もなく、不明瞭な」ものであり、自分は単に命令に従っただけだと弁明し、ドランシーへ移送した男女や子どもの集団が送られる最終目的地については知らなかったと主張した。私は見世物的メディアがボルドーで展開され始めたのを見ながら、彼は一度もドランシーを訪れたことがないのかと訝った。一九八四年、クラウス・バルビー事件を調査していたとき、私はそこへ元ユダヤ人レジスタンスのメンバーたちに案内してもらったことがあった。囚人用バラックは未だに当時のままで、有刺鉄線もそのまま残っていた。ドランシーは秘密の場所として隠蔽されているわけではない。車で走っていれば見えるし、さらに、収容所は利便性を考え鉄道駅近くに設置されていた。モーリス・パポンが窒息しそうな移送列車に詰めて移送した母や幼い子どもたちは、ここに到着するとトイレも食事も与えられずに、汚れた藁のうえに一緒に集められた。通常、母親は直ちにアウシュビッツに送られ、子どもたちが一時的に残された。ドランシーに送られてきた子どもたちのなかにはたった一人でやってきた子もいた。以前読んだオデット・ダルトロフ・バティクルという名の収容所捕虜が戦後綴った手記が忘れられない。彼女は次のように書いている。「子どもたちは移送列車にぎゅうぎゅうに詰められて到着した。一つの車両には九〇人ほどの子どもに女性一人があてがわれていた。年齢は生後一五ヶ月から一三歳……みんな医療施設に入れられる必要があるほど病気だったが、これから未知の目的地へと送られることになっていたからそれは不可能だった。……私たちに自分の最も大切な所有物、引き離される前に母親が与えた両親の写真を見せてくれた……私たちは子どもたちの名前を書き出してリストアップを試みたが、ある悲劇的事実に出会って驚愕した。小さな子どもたちは自分の名前すら知らないのだ。小さな少年は「ピエールの弟だよ」と繰り返し繰り返し言い続けていた。移送者名簿の名前の横にはクエスチョンマークが並ぶだけだった」。[*3]

それから五〇年後、もうひとつのクエスチョンマークがボルドーの陪審員たちの頭上を覆っていた。政府役人、公務員にとって道徳的責任とは何なのか？　そして、仮に道徳的責任があるとするなら、良心はどの時点で職務遂行に優先させられるべきなのか？　一九四九年、ナチの傀儡ヴィシー政権のもとで警察長官だったルネ・ブスケの裁判では、三年前にニュルンベルク軍事裁判が結審し、一二名のナチ首謀者が死刑を言い渡され、単に職務上の命令に従っただけであるという被告の主張を斥けて判例ができていたにもかかわらず、その点についてはたちまちうやむやにされた。その後、ニュルンベルク判決は国際法の母体に組み入れられ、たとえ命令されたとしても誰一人、基本的人権を蹂躙する法的自由を有しないことが明言された。

フランスがクラウス・バルビー裁判とともに過去に関する手遅れの調査をはじめて以降、数十年の間にもうひとつの裁判があった。それは、一九九四年のポール・トゥヴィエの裁判である。といっても、バルビーとトゥヴィエの裁判は同等ではない。バルビーはドイツ人ナチ党員であり、フランス人にとっては被占領下にいた無実の自分たちに手ひどい仕打ちをした外国人だった。一方、トゥヴィエはフランス人ではあったが、ナチ親衛隊をモデルにしたフランス版ファシストの準軍事部隊ミリスのメンバーであった。彼もまたナチではあったが、純フランス国産だった。しかし、モーリス・パポンは違っていた。彼は理想的公務員という例外を除き、ある特定の政治的信念をはっきりと持っていたわけでもなく、自分の職務を勤勉さと専門知識をもってやり遂げた忠実な役人だった。彼は弁論のなかで、自分は命令に従っただけで、移送したユダヤ人が最終的にどうなるかについては何も知らなかったと述べたが、さらに踏み込んで、自分は自分とフランスを破滅に追い込もうとする「ニューヨーク」の部外者たちが目論んだ国際的陰謀の犠牲者であると描写して見せた。さらに、本当のところ自分はフランス人レジスタンスのメンバーで「ダブルゲーム」をしていたのだと言い、支持者を含むあらゆる人が仰天したことには、冤罪を負わされたフランス系ユダヤ人の原型であるアルフレッド・ドレフュスに比べて見せた。パポンは一度たりとも革長靴で町を練り歩いたこともなければ、鞭を振り上げたこともなかったし、恐らく愛国的情熱に浮かれてヴィシー政権の旗を振ったこともなかっただろう。にもかかわらず、五〇年経った今でも、クラウス・バルビーと同様に自分の正しさを挑発的に主張し続けているのだ。

フランス国民は初期バルビー事件のときと同じようにこの裁判に魅了され、同時に困り果ててもいた。パポン調査は抜けめないフランソワ・ミッテランによって策略的に遅延されながら、一六年間にわたって続けられており、最近になってやっとジャック・シラク大統領の賞賛すべき政治的英断により裁判にかけられることになった。この裁判は再び、埋もれた過去の悪事というフランス史の暗部に光を当て、その過程で他の熱狂的市民を特定することになるかも知れない。さらに、戦後半世紀にわたって慎重に回避されてきた戦後フランスのイデオロギー的起源に関する公的説明を余儀なくされるかも知れない。バルビー裁判はこれらの記憶へのドアを開けてはくれたが、記憶と和解のプロセスを始めるには至らなかった。パポンは八七歳で、彼の元同僚もほとんどが亡くなっていることから、彼の裁判はナチ非占領下のフランスを統治していたヴィシー傀儡政権によるナチとの協力、そしてユダヤ人強制移送というフランス史の暗部を再訪する最後のチャンスになるかもしれない。

私はメディアが護送車のなかの囚人をそわそわと待つのを見ながら、モーリス・パポンがいかに見事に「ユダヤ人問題」からフランス・レジスタンスの尊敬すべき英雄シャルル・ド・ゴールのもとで国家再建時代の官僚へと身を翻すことでナチ敗北を生き抜いてきたかを思い出さずにはいられなかった。さらに、場所こそ違え多くのフランス人の動きを反映したパポンの翻身そのものが、フランス人全員がドイツ軍に対して英雄的抵抗をしたとされた戦後の公的歴史の胡散臭さを露呈していると思わずにはいられなかった。すべてのフランス人がレジスタンスに参加したというこの愛すべきフィクションは、それが最も国益にかなうと信じたシャルル・ド・ゴールによって考案されたが、後に明らかになったように、実際にはまったく逆効果であった。現在、歴史家の概算によれば、フランス人のわずか一パーセントがレジスタンスとして積極的に戦い、一パーセントが親ナチ活動に積極的に参加しており、残りの九八パーセントはあからさまに、あるいは受動的にヴィシー政権の指導者であったアンリ・フィリップ・ペタン元師とそのナチ的政策を支持していたという。

戦争終結時には新しい共和制に移行する必要があったことから、多くの人たちは潜在的にレジスタンス神話はフランス人が積極的に宣伝した作り話であったという認識を、持っている。しかし、数十年後、この完璧な作り話を是認することが次第に困難になってくると、次のような新しい問題が現れはじめた。フランス史について実際は嘘であったものを拒否すれば、戦後共和国体制の思想的根拠の崩壊につながりかねなかった。クラウス・バルビーとポール・トゥヴィエの裁判は、この過程を開始したという意味で騒動の引き金となった。フランスの高位高官の一人が、今や人道に反する罪への共犯で告発されていることは、一部の人たちが闇のなかに葬っておきたいと望む曖昧さに再び光を当てようとする脅迫であった。しかし、世論は、疑いようのないほど変化していた。最近の世論調査によれば、六七パーセントのフランス人が告訴はフランスの近代史を理解する手助けになると考えており、七七パーセントがパポンのような公務員はユダヤ人強制移送に対する責任があると考えている。

「幼いころからみんなが私に嘘を言い続けてきたと思います。もし知っていたなら、私はずいぶん前に質問をしていたでしょう」と、アカデミー・フランセーズのベルトラン・ポアロ＝デルペシュは、ル・モンド紙に発表した風刺劇「分析台のマリアンヌ（マリアンヌはフランスを象徴する女性名）」のなかで精神分析医に言っている。[*4] 国民のあいだに蔓延する潜在的不安をフロイト的視点から眺めるという点で彼は間違っていない。ドイツ同様、フランスでもお父さんとお母さんは延ばし延ばしになっている説明をする必要があるのだ。

フランス人はずいぶん昔に取り入れ、子どもたちに教えていた虚偽的な歴史に対する用語をちゃんと持っている。彼らはそれをla boue（泥）と呼び、それを「掻き乱そうとする」人は誰でも厳しい公的批難の矢面に立たされた。「泥」のなかに埋められたのは、戦争中のフランスについての議論の余地もない次のような事実であった。

・一九四〇年六月一四日、フランスの誇るマジノ線を敗り、勝利したドイツ軍がパリへ意気揚揚と凱旋した。途中、ドイツ軍はほとんどレジスタンスに遭遇することはなかった。
・一九四〇年六月一六日、ポール・レイノーの第三共和制が倒れ、フランス議会議員と上院議員六四九名のうち五六九人がフランスの誇りを守るためアンリ・フィリップ・ペタン元帥に独裁的権力を与えることに賛成の票を投じた。
・一九四〇年六月一七日、ペタン元帥はフランスの降伏を宣言し、新政府の対独協力を発表した。「フランスの悲しみをいやすために、私はフランスに自らを捧げます」。彼は有名なスピーチをこう始めている。「重々しい気持ちとともに、われわれは戦いを中止する必要があることを述べておく。昨夜、私は敵に対して、何らかの方法で敵対関係を、名誉ある形で終わらせる用意があるかどうか尋ねた」[*5]。

・休戦協定により、ドイツはフランス北部と大西洋沿岸部を含むフランスの五分の三を支配下に置く。さらに、ペタン元帥のもとで温泉町ヴィシーで名ばかりの新フランス独立政府を樹立する。ヴィシー政権の法律は、ドイツの法令を妨害しない限りにおいて占領地域、非占領地域のいずれの地域で有効である。占領地域では、ドイツの命令はフランスの行政機関により施行が義務付けられる。これにより、占領下ボルドーではモーリス・パポンが戦争中のキャリアを築くことになる。

その後四年間に起こった出来事は、それから半世紀のあいだ物議をかもすことになった。しかし、最近、大多数のフランス人が、ナチとの協力を温かく迎えたという事実は不承不承ではあるが認めている。実際、フランス人はフィリップ・ペタンを敬愛していた。第一次世界大戦の英雄として、フランス人同胞の期待のシンボルとして、彼はフランスで最も尊敬される、ほとんど聖人に近い人だった。一般市民は、彼が近くを通っただけで感激の涙にむせび、フランスのカソリック教会も少なくとも彼の初期のスピーチがわざと宗教的な調子を含んでいたときには、ペタンを無条件で支持していた。一九四〇年一一月にリヨンを訪れた際には、ペタンは直ちに地元の大司教ピエール・ゲリエーにより暖かく迎えられ、次のような言葉で神格化された。「フランスは、永遠の運命へと導いてくれる指導者を求めていた。そして、神はあなたを遣わしてくれたのだ」[*6]。

フランスがドイツとの戦いで優勢であり、あちこちでレジスタンスが見られるという神話が現れたのは、一九四四年六月一四日、シャルル・ド・ゴールがノルマンディー地方のベイエーにやって来て、何千人もの支持者が「ド・ゴール万歳」、「共和国万歳」という叫び声で彼を迎えたときであった。「共和国万歳」？ 風向きが変わったのを感じ取ると、数年間、権威主義的な親ナチ政権を支持していた多くの人たちが共和主義者に鞍替えした。トリコロールの旗で救世者を迎え、共和国のスローガンを叫んだ人たちにとって、昨日のことなどすでに忘却の彼方へと消えていた。その後三世代にもわたってフランスを定義してきた神話は、こうして時代の便宜的な変革の間で形作られたのであった。大陸に残った（自分たちも含めて）数百万人ものフランス人があたかも物理的、歴史的国家から切り離されたかのように、亡命政府を導いたと主張するド・ゴールとともに「フランス」はロンドンに一時的に避難していたというフィクションを喜んで鵜呑みにしたのだった。実際には、近隣諸国同様、ドイツによって壊滅状態に追い込まれ、屈辱的な服従を強いられたというのに、今では勝者の側に自らを位置付ける素晴らしいチャンスに恵まれていた。連合軍とともに戦った勝者として、それもフランス人勝者としてロンドンから戻ったシャルル・ド・ゴールには対独協力という汚点はまったくなかった。

その虚偽はうまく広まった。結局のところ、フランスでは市民が事実上過去を払拭し、歴史を「初年」として新しく始めることができるという新奇なアイデアは、一七八九年のフランス革命の時代からすでに試みられていた。ナチ占領直後の混乱期には、対独協力者に対するパージが現在の共和制から不名誉な過去を引き離そうと試みたが、それはフランス革命後に起こった大恐怖時代が、旧体制を打倒し、新体制を誕生させたのと全く同じやり方だった。一九四五年以降、約三〇万人の最もあからさまなナチ共謀者が簡易裁判にかけられ、公然と糾弾された。七〇〇〇人以上が死刑判決を受け、まともに裁判の手続きを経ることもなく、九〇〇〇人近くが復讐心に燃えたフランス人によってリンチ殺害された。しかし、フィリップ・ペタンの告発ほど過去を新しく作りかえた事実をくっきりと象徴化した事件はない。ペタンは一九四五年八月一五日、死刑を言い渡された（シャルル・ド・ゴールによって三日後に死刑執行を取り消されたが）。彼の側近の幾人かは実際に死刑執行され、なかにはヴィシー政権で首相だったピエール・ラヴァル、ナチ親衛隊のフランス版ミリス長官であったジョセフ・ダーナンもいた。一方では、個人的に三万人のユダヤ人をゲシュタポに引き渡す交渉をした警察長官ルネ・ブスケは、五年間の「国内冷遇措置（国内の公職に就けないなどの措置）」を言い渡された後、直ちに免罪された。レジスタンスを助けたと考えられたためである。ブスケと数千人ものナチ協力者の政府関係者、公務員、ビジネスマン、ジャーナリストやその他もろもろは戦後の復興には欠かせないと考えられていた。つまり、彼らは敬意を払われるべき存在だったため、レジスタンスに変えられたわけである。この際、小道具として使われたのは、フランス人が「ダブル・ゲーム」と呼ぶ装置であり、ナチに仕えているふりをしながら、一方では二重スパイとして、つまりレジスタンスの闘士として活動していた、という主張であった。

一九五三年八月、フランス議会は一般恩赦法を可決し、一九四〇年から一九四四年に行われた不名誉な行為すべてを手際良く国家の屋根裏部屋に追いやった。以降、深い記憶喪失が定着した。戦後ドイツでも同じ忘却に取りつかれていたが、異なる点といえばドイツ人のなかにはナチの残虐的行為を相対化したがる人がいたとはいえ、それをはっきりと否定することは状況的に困難だった点である。しかし、ドイツに比べればフランスの歴史的記憶にはかなりの柔軟性があった。ド・ゴールのフランスは、連合国軍の側にいたのだ。「フランス」は戦争に勝利したのだ。

何十年もの間、三三万人のフランス系ユダヤ人がたどった戦時中の運命という主題はタブーであり、この奇妙な記憶違い（不在がそのように描写されうるなら）はルネ・ブスケの公判中、あらわになった。ブスケは数千人のユダヤ人市民の移送を、フランスのナチ親衛隊と交渉したというのに——フランス警察によって実行された逮捕と移送は、彼らの助力なしでは起こり得なかった——その部分は体よく短時間で済まされた。一九四九年のブスケの弁明は、一九九七年のモーリス・パポンのそれとうりふたつであった。具体的には、自分は命令に従っただけで事実上、権威はなかった、あまりに熱狂的な部下たちが任務以上のことをやった、という主張である。当時、法廷は彼に同情的だった。

一九六〇年代、フランス滞在一年目に見たこの薄気味の悪い欠落をよく覚えている。「移送された人たち」はレジスタンスのメンバーであって決してユダヤ人市民ではなかったし、実際、ユダヤ人など存在しないかのようだった。それでもやはり、反ユダヤ主義は存在した。私はパリのメトロの壁に書かれた「ユダヤ人に死を」という文字を決して忘れることができないし、私が診てもらった医師の名前を言ったとき、衝撃をあらわに「でも、彼はユダヤ人よ！」と言った「友人」のことを忘れない。ある日、ふとパリの古いユダヤ人街に足を踏み入れ、支払をしながらカナダから来ていることを告げた。「ああ、カナダ」と店主はそっと言った。「そこではユダヤ人たちはどんな暮らしぶりですか？」それまで一度も自分を集団として考えたことはなかった私は、そのとき、彼がどんな人生を送ってきたか知る由もなかったのだ。彼の言葉の意味を完全に理解するまでには数年がかかった。

当時、ユダヤ人のジェノサイドについて語る人はいなかった。ユダヤ人自身ですらそうだったと、後になって知った。一九四〇年以前、フランスのユダヤ人は自分たちを生粋のフランス人だと考えていた。しかし、一〇月三日にヴィシー政府が厳しいユダヤ人取締法を可決したとき、それは驚くべき不信に変わった。一九世紀後半、ロシアとウクライナで帝政ロシアによるポグロムが始まって以来、この国は数千人の難民にとって天国であったし、さらにフランスはヨーロッパで最初にユダヤ人マイノリティが解放された国だった。それゆえにその裏切りにはただ呆然とするしかなかった。それから数十年後の一九八〇年代、私はある人が経験した「見捨てられた」という感覚に出会って涙したことがある。レイモンド・ラウル・ランベールは、家族とともにアウシュビッツに移送されるまで、非占領地域であったフランス南部のユダヤ人協会の指導者であった。彼のものの見方や考え方は、文化的、歴史的にどこを取ってもフランス的であり、したがって、祖国が自分を拒否するという「不可能な」事実を受容することができなかった。

　ヴィシー政府が新しい反ユダヤ法令を発令するという記事を読んだとき、ランベールは日記にこう記した。「数日以内に私が二流市民にされるなんてありえない。フランスで生まれ、文化的にも宗教的にもフランス人の息子がフランス社会から容赦なく追放されるなんて不可能だ。……そんなことが可能だというのか？　私には信じられない。フランスはもはや私の知っているフランスではなくなってしまう」[7]。

　戦後、フランス政府はアウシュビッツに消えたユダヤ人遺族に死亡証明書を送っている。死亡証明書には同じ言葉が書かれてあった。「ドランシーにて死亡」という文字と、移送の日付、そして「フランス国のために死亡」という奇妙な献辞。しかし、ユダヤ人の愛国心はどういうわけか不変だった。フランスのユダヤ人は自分たちの個人的悲劇を集団的国家犠牲と一緒に捉え、多くが進んで公式死亡証明書の虚偽を受け入れたのだ。パリにあるペール・ラシェーズ墓地では、死刑収容所から戻ってくることのなかった人の墓石に、この「フランス国のために死亡」という文字が愛する遺族によって刻まれた。本当の事実である「祖国の手によって死亡」ではなく。

　しかし、深い沈黙が最後には粉砕されるように、最も強力な神話もいずれは露呈される運命にあるものだ。一九六〇年代後半までには変化の兆しが見られた。記憶に関する研究で最も重要なフランス人歴史家ピエール・ノラは、この変化が始まった時期を一九六七年の六日戦争（イスラエルとアラブの戦争）であったと推定している。再びユダヤ人壊滅の可能性が切迫してくると、若い世代はわずか二〇年ほど前に起こった半ば抑圧されたジェノサイドの事実に向き合うことになり、恐怖におとしいれられた。インテリゲンチャを含む左翼思想はこの世代を特徴づけた。たとえば、ジャン＝ポール・サルトルとシモーヌ・ド・ボーヴォワールはアルジェリア独立のために戦い、フランスによる植民地支配の終焉に手を貸した。当時、世界的現象として起こっていたアイデンティティ認識の動きを受けて、女性はフェミニズムを作り直し、マイノリティは新しい力を蓄え始め、若者は大人グループから自分たちを引き離そうと躍起になっていた。フランスのユダヤ人は、それまでにはヨーロッパ最大のユダヤ人コミュニティを形成するようになっていたが、彼らもまたこうした動きのなかで自らの方向性を探り始めた。強制収容所から戻ってきた生還者に、モロッコとアルジェリア出身の大人数のユダヤ系移民が加わった。彼らはフランスに数世紀にもわたって生きてきた同化したユダヤ教信者以上に、ホロコースト生還者に近しい人たちだった。こうして、新しい自己覚醒に目覚めたユダヤ人は、ヴィシー時代に起こった出来事をもう一度見直し始めた。

抑圧されたユダヤ人の記憶の回復は、生々しく、そして痛々しいものだった。やがて、ペール・ラシェーズの空っぽの墓地では、「アウシュビッツにて殺害される」という修正された文字が見えるようになった。

マルセル・オフュルスの占領と対独協力についてのドキュメンタリー映画『哀しみと憐れみ』を見た日のことを覚えている。社会に大きな影響を与えたこの映画は、一九六九年に国営テレビネットワークが放映権を拒否していたため、まずフランス映画界で封切られた。私はトロントでカナダのテレビ局が放映したその映画を見て、あっけにとられた。あらゆるシーン、あらゆるインタビューで、私がフランスにいる間偶然見つけた戦争関連の謎めいた記憶の抜け穴が、歴史的脈絡のなかで解釈可能になった。そして、ナッツヴァイラー＝シュトゥットホーフへの訪問はより重大な意味を持ち始めた。フランス人もまたオフュルスの映画に衝撃を受け、その後、苦々しいディベートが繰り広げられた。しかし、映画については好き勝手なことが言えたが、すぐにヴィシー政権とユダヤ人に関するストーリーが反駁の余地もないほどの詳細とともに暴露されることになった。振りかえって見ると、ヴィシー研究に携っていた主要歴史家がフランス人ではなく、詮索好きの外国人だったことは当然といえば当然であった。たとえば、隠された歴史の仮面を最初に剥ぐことになった一九七三年の『ヴィシー時代のフランス』を書いたアメリカ人学者ロバート・O・パクストンがいる。一九八一年には再びパクストンはカナダ人同僚のマイケル・マラスとともに影響力のある本を出版した。*8 どちらの本も口当たりの悪い真実を記録していて、なかにはペタン政権下で使われた悪名高い反ユダヤ人法――一六八件ものニュルンベルク法令に類する法令が出され、なかにはニュルンベルク法令以上に苛酷なものもあった――は、広く信じられているようにドイツ人の命令によってではなく、ヴィシー政府の後押しなくては発令されなかったことを証明する極めて重要な証拠も含まれていた。ヴィシー政権下では、非占領地域にいたすべてのユダヤ人は登録を義務付けられ、仕事や専門職から排除され、多くの外国人（フランスに難民として逃れて来た人たち）は二一ヶ所の収容所に詰め込まれた。収容所では数千人もがモーリス・パポンのような人たちによってドランシーに移送される前に栄養失調と病気のため死んでいる。フランスは、占領された西ヨーロッパ諸国のなかで、唯一独自の反ユダヤ法を制定した国であったことも判明した。フランスの積極的援助のおかげで、フランス占領地域に必要とされたゲシュタポはわずか二五〇〇人だけであった。西ヨーロッパ域内では、ヴィシー・フランスは非占領地域からユダヤ人をナチに引き渡した唯一の国であったことも明らかになった。

これらの情報公開は、ペタンとヒトラーの共謀に関するお決まりの説明、すなわち、ペタンは敵に手を貸すことでフランスの自律性を維持しようと試みた、つまり対独協力は究極的な愛国主義的行為であった、という論への正面切っての反駁であった。

これらの本が出版されると、一九四〇年から四四年のあいだに実際には何が起こったのか、そしてその意味を問う白熱した国民的ディベートに燃え上がった。これこそ、その後ほぼ三〇年間にわたってやむことなく続いている議論である。対独協力のあらゆる局面を描いた確証的論文が次々と発表されたにもかかわらず、議論はまだ終わりにはならなかった。私がフランスにいた一九八〇年代半ばには、この主題に関する白熱した議論に触れずにテレビを見たり、ラジオを聞いたりすることは実に不可能だった。暗い影が高位高官の名声を陰らせていた。なかには、議論の余地もない「正真正銘の」フランス・レジスタンスのメンバーとされていた人が、ナチのために働いた二重スパイであったとして批難を受けていた。（これは、二重スパイとしてレジスタンスのために動いていたと主張するパポンのような何千人もの共謀者の言い分に酷似していた)。

レジスタンスであったとされる特定の政府高官に対する新しい疑惑が問題として取り上げられ始めたのは、クラウス・バルビー裁判に至った一九八〇年代であり、このことは戦後うやむやにされていたた古い傷の解決と関連性があった。過去四〇年間を覆っていたベールが取り払われはじめると、このような告発が持ちあがるのは避けられないことだったが、いくつかの奇妙なことがあった。たとえば、フランソワ・ミッテランの例がある。一九九四年、共和国大統領であり、ほぼ三〇年にわたり自身が神話化した「左派グループ」の指導者であったミッテランが、うっかり自分の秘密を漏らしてしまった。ミッテランの伝記[*9]は彼の政敵ですら予想しなかったほどカラフルなものであったことが判明した。十代であった一九三〇年代から、三〇歳になるまでの長い間、若きミッテランはフランス保守派と手を結んでいた(スペイン内戦のときにはスペイン共和党ではなく、フランコ支持を選んでいる)。一九四〇年の敗北後、フィリップ・ペタン陣営に加わったミッテランは、一九八〇年代になるまでルネ・ブスケとのあいだに友好関係を維持しており、実際、ブスケはしばしば大統領官邸であるエリゼ宮を訪れていた。

ここに描かれている人物は半世紀にわたってフランス・レジスタンスの輝かしい象徴であったフランソワ・ミッテランその人だったのだろうか。答えはイエスである。戦後フランスでは、誰もが自称レジスタンス出身者だったのだ。

ミッテランは亡くなる前に、フランス人が五〇年間「知っていた」ことを公の場で率直に語った。具体的には、レジスタンスと対独協力の境界線は多くの場合、流動的であり、フランス人のなかには双方に哲学的忠誠を捧げてきた人たちもいたということであった。彼自身、レジスタンスに加わったのは遅まきながら一九四三年であり、それ以来、明らかにレジスタンスであると分かる行動を取る一方で、同時にヴィシー時代の極右の友人との関係を保ってきた。

「私が作られたのは家族環境の結果である」と彼は自己弁護のなかで言っている。「私の家族はブルジョワで、地方出身、保守的、カソリック、愛国主義的で恐らくは順応主義者だった。彼らは反ユダヤ主義者ではなく、穏健派だった」[*10]。後になって、共和国の社会党大統領であったミッテランは、彼のようなバックグラウンドを持つ野心家の若者にとって、ペタン元帥を敬愛するのは自然な成り行きであったと説明した。ペタン政府に加わってから三年後、個人的熟考の後で彼は考えを変えた。ペタンに仕えた間、彼は共産主義者、ド・ゴール支持者、そして他の「反ナショナリスト」についての知識を集め、外国人排斥集会に参加した。同じ対独協力者の道を歩んでいたモーリス・パポンもまた一九四三年を待って、レジスタンスに参加した。この二人は戦時をかいくぐった世代が同情的に理解してくれる軌跡を共有していた。これこそ、フランス政治の複雑な曖昧さであると言えよう。

一九九四年九月一二日の有名なテレビインタビューで、ミッテラン大統領は長年のフランスの歴史的分割、つまり、ドイツによる占領以前、その間にも続いていた長年同胞を隔てていた「左翼」と「右翼」の「永久的内戦」(ミッテランの言葉)について触れた。フランス国家の本質にかかわるこの二つの敵対するビジョン、すなわち革命以来、フランスの政治的ディスコースを形作ってきた相反する神話はあまりにも異なっていたため、二〇世紀までには歴史家のエルンスト・ラヴィッセが「〈二つのフランス〉について書き、誰もがそれを理解しているほどであった」。国家に関する二つのパースペクティブは、ヤヌスの二つの顔のようである。ひとつは秩序と厳格なルールを重んじる革命以前のフランス、もうひとつは正義と近代の国民国家に価値を見る革命後のフランス。こうしてみると、一七八九年のフランス革命、ヴィシー・フランスは〈二つのフランス〉を典型的に示す事件であり、この二極を結ぶ道は時に内戦にも相当するような激しい抗争の時代でもあった(一九六〇年には、グルノーブル市の生徒を対象に調査がなされた。「一七八九年の革命はよかったでしょうか、悪かったでしょうか」という調査の結果、五五パーセントがよいと答え、三〇パーセントが悪であったと答えた)。こうしたことを考慮すると、一九九〇年代に行われたモーリス・パポンという人物の裁判は、「革命後」フランスによる「革命前」フランスの裁判であると言うこともできるだろう。

テレビ画面に新しい映像が映し出された。到着したパポンが大勢の警護に囲まれて法廷に入り、右手にある防弾プラスチックの向こう側に座る。傍聴席は、弁護士や犠牲者の遺族、ジャーナリストなどで埋められていた(傍聴希望者の半分は席を確保できず、あふれた人たちはビデオを設置した法廷内の大部屋に収容された)。初日の今日は陪審員の選定をはじめとする導入的裁判手続きに費やされることになっている。裁判官の質問に答えて、被告は自分のことをできるだけ言葉少なに表現した。「パポン、モーリス、八七歳、退職者」と彼は力強くはきりとした声でそう言った。長いあいだ待たれていた裁判がこうして始まった。

私の入場券は二週間先の日付が付されていたが、パリには見どころがたくさんあった。新聞、ラジオ局、テレビ画面などあらゆるメディアでは、ボルドー発のニュースやコメントが圧巻し、社会を震撼させていた。これらのメディアは当然のように何年間にもわたって押し黙っていたが、フランスの長期にわたるイデオロギー的分裂ははきりしていた。政治的スペクトラムの一端には、反動主義者の小さなグループがあり、このグループはいわゆる近代性に先立つ古き良き二〇〇年前を今なお懐古している。このグループの一部となっている王政論者は、マリー・アントワネットの死亡記念日には毎年大がかりな集会を開催している。マリー・アントワネットの死という出来事は、フランスの歴史的記憶に深く根を下ろしたこの一派の起源を表わし、この延長上にはヴィシー・フランス、ペタン、パポンという流れを位置付けることができる。

一九九七年一〇月一六日、私は一五〇人の行列に混じってパリのサン・デニにある一二世紀に建てられたノートルダム大聖堂に入った。かつてこの大聖堂の地下室にはフランス国王や王妃の亡骸が保管されていた。聖堂内では、各席に伝統と「古の法則」であるフランス的遺風を賞賛するボフルモン公爵の言葉が見える（後半は、「フランスの記念碑」を維持するための寄付請願になっている）。王政主義者の女性は羽根付き帽子とシャネルのスーツという装いでたち、男性はフランス上流階級らしく、顎を持ち上げ、背筋をピンと伸ばして着席している。男性が羽織っているのは、一六世紀の上流階級の紋章ともいえる深緑色のオーバーコートだ。ゴシック様式の堂内には、オルガンとコーラスによる「怒リノ日」が響き渡っている。

黄金の百合の紋章（百合はフランス王家の紋章）で装飾された祭壇の前で、司祭がアントワネット王妃の悲劇的な死について、とりわけ彼女の子どもに対する強い愛情について語り始める。司祭は心を揺さぶるような言葉を選びながら、マリー・アントワネットをカソリック教会の聖人にしたいというあからさまな思惑へと参列者をたぐり寄せようと試みる。「マリー・アントワネットが大逆罪を犯したという証拠などまったくないのです！」と司祭は悲しみに打ちひしがれた震え声で訴えかける。「彼女は政治的な理由だけで裁かれてしまったのです。それも革命主義者によって!」。この最後の言葉が持つ恐ろしい呪いが大聖堂中に響く。

「フランスのために祈りましょう。国のために、マリーのために、フランス王妃のために命を捧げた人たちのために祈りましょう」と司祭が最後に言う。参列者は十字を切って、ある特定のフランスという理想のために祈りを捧げる。その理想とは、一七八九年とその後一八四八年に起こった革命を生き延びたフランス、一八七〇年のパリコミューンを生き延び、一八九九年の「国賊」アルフレッド・ドレフュスの明らかな勝利を生き延びたフランス、そしてフランスの名においてかつて統治者であったフィリップ・ペタン元帥の恥辱を生き延びたフランスである。彼ら王政主義者の描くフランスは、この国を統治したすべての左翼政府を生き抜いたフランスなのである。

キャンドルを手に、私たちは聖堂地下室へと静かに降りて行く。黄色の炎が揺れる場所が暗闇を照らしている。コーラスが合唱し、主の祈りが唱えられる。私たちは格子窓に鼻を押し付けて、ギロチンにかけられた王妃の大理石でできたからっぽの墓を見つめる。

大聖堂の外では、王政復古の動きであるフランス・ロイヤリステというグループが百合の紋章に十字架とハートが描かれたビラを配っていた。さらに、二〇世紀初期の反共和国運動にちなんで付けられたアクシオン・フランセーズ・エブドという団体がマリー・アントワネットの死を特集した二〇〇〇年記念号(一九九三年発刊の)を売っている。その編集後記をめくってみると、民主主義の危険性についての痛烈な批判が目に入る。

ここに追悼のために来る人たちにとっては、民衆によるバスチーユ監獄の襲撃以来、愛する祖国にはよい出来事などひとつとして起こってはいない。そして、今、彼らの仲間で、かつてフィリップ・ペタンの命令を実行した年配の男性がボルドーの法廷で裁かれているのだ。彼らは、恐らく一時的に覆い隠されている過去を追悼するためにここに集まったのだろう。一時的に覆い隠されている過去――そう、この国では何であれ完全に抑圧され、消滅したとは決して言えないのだ。

今ではサン・ドニの大聖堂の記念礼拝に見られた王政主義を反映してはいないフランス・カソリック教会の主流派は、パポン裁判が始まったころ過去の困難な記憶に向き合っていた。ごく最近まで、教会は反近代性と固く結びついていた。一九世紀半ばには、ローマ・カソリック教会の『罪に関する摘要』（一八六四年）が、教会の内外で発展的な自由主義的傾向性を妨害しようと試み、報道の自由や言論の自由、非カソリック教徒に対する宗教の自由など、あらゆる社会的自由を与える動きを徹底的に批難した。さらに、カソリック教会が公的に定義した「あやまち」のなかには、教会の教義に進歩と近代文明を取り入れるべきであるという信条も含まれていた。ナチ占領以前、そしてヴィシー政権下では、フランス・カソリック教会はナショナリスト・イデオロギーの基盤であった。ヴィシー新体制のスローガン「労働、家族、国家」は、教会の教えを補う価値であったため、組織としての教会はフィリップ・ペタンと快適な関係を保っていた。「これらの三つはわれわれのものである」とゲリエー枢機卿はペタンのリヨン訪問初日に喝采を送った。「フランスはペタンであり、ペタンこそフランスである」。

歴史家のエティエンヌ・フイルーによれば、フランスの聖職者たちは一九四〇年の敗北に際し、「われわれは戦争に負けたのだから、この状況下でできることを精一杯やるべきだ」という、大多数のフランス人と何ら変わらぬ反応を示した。フイルーはフランス・カソリック教会がナチびいきであったと示唆しているわけではないが、対独協力はフランスの国益に最も適うと考えた政府を支持することで「愛国的」であったとしている。あれほど多くのフランス人がナチ協力者となった理由は、彼らが民主主義や共産主義を毛嫌いしていたため、さらに反ユダヤ主義的——これは教会の顕著な特徴であった——だったためである。クラウス・バルビーに関する調査のなかで、私はこの考えを完璧に表した発言に出くわしたことがある。「対独協力に加わったのは、私が反共産主義者であり、フランスと長い歴史をもつヨーロッパを新興アジアの蛮族から守りたいと思ったからです」、とある人は説明した。そのために、彼は「自分の道徳的判断を喜んで克服し、新たな十字軍の仲間に加わった」[*11]。ここに見られる宗教的言葉遣いは、明らかに意図的であり、決して珍しいことではない。何百万という人たちが、ゲシュタポ宛てに隣人を告発する手紙を書き、多くの場合、「よきフランス人、よきカソリック教徒、ならびに元軍人より」[*12]、あるいは「祖国に仕える愛国者より」[*13]といった、自己祝賀ムードの狂信的愛国主義の署名をしたためた。カソリック教会は、「キリスト教文明」の守護者として戦争初期のヴィシー・対独協力政府の基盤であったのだ。

しかし、フランスでは歴史的振り子は一方から他方へと揺れ動くものだ。一七九一年、フランス新共和国はヨーロッパで初めてユダヤ人マイノリティに完全な市民権を与えたが、その一〇〇年後には国家の安定性を揺るがし、未だにフランス家庭の食卓で語られる悪名高いドレフュス事件とともに振り子は再び右に揺れた。今から考えてみると、アフルレッド・ドレフュス自身はこの事件のなかではまったく重要性を持ってはいなかった。アルザス地方の旧家出身で、平凡なユダヤ系陸軍大尉であったドレフュスは、無実の罪で告発を受けた後、反逆罪の容疑をかけられたが、最終的には冤罪《えんざい》が判明すると罪を取り消された。しかし、この事件を取り巻く騒動は、古い政治的分離をくっきりと浮き彫りにしていた。産業化が急速に進み、近代化が不快に感じられ始めた時代、ユダヤ系ドレフュス、すなわち非カソリック教徒のマイノリティであったドレフュスは、その時代の欲求不満のはけ口となり、ドレフュス擁護派と反ドレフュス派両陣営の指導者はこれをきっかけに政治活動を始めることになった。右派にいたのは、反民主主義的アクシオン・フランセーズの動きであり、これはウルトラナショナリズムと反ユダヤ主義を大綱として掲げていた。一方の左派には、未来の首相であるジョルジュ・クレマンソーがいた。クレマンソーはドレフュスに関する論文のなかで、「正義なしではどんな愛国主義もありえない」と、共和国フランスの価値を理路整然と明示してみせた。簡単に言えば、アクシオン・フランセーズの哲学は、ドレフュス事件からヴィシー・フランスとナチとの協力への道標となったのだ。ドレフュス事件からヴィシー時代への流れのなかで「外国人」に対する偏見はさらに深まった。「フランス的であること」は、外国的、威嚇的、おそらく「根無し的」なユダヤ人の対極に位置した。反ユダヤ主義はにわかに活気づき、伝統的キリスト教に内在する反ユダヤ的伝統や、文化人類的科学と大衆的な反資本主義から生まれた人種差別が合流し、反ユダヤ主義という大きな流れとなって低層レベルから社会全体へと広がった。このキリスト教右翼思想の中心にあったのが、フランス・カソリック教会であった。

そういうわけだから、一九四〇年一〇月にフィリップ・ペタン元帥が独自にユダヤ人取締法を可決したときには、ペタンはそれがフランス大衆に広く受け入れられることをちゃんと知っていた。こうした時代にぬくぬくと暮らして成功を収めたのが、野心的な若者モーリス・パポンであった。一九四二年、ドランシーへのユダヤ系市民移送に協力したパポンは、他のフランス人とほとんど変わりない反ユダヤ主義者であったのだろう。当時の愛国主義的ビジョンとされていたのは、カソリック教徒で民族的に純粋なフランス人であり、たとえ二〇〇年間忠誠を誓ってきた市民といえどもそこにはユダヤ人は含まれていなかったのだ。〈二つのフランス〉の右側では、当然ながら彼らを排除する有機国家を維持するため、マイノリティの犠牲は当たり前だった。このようなフランスで、カソリック教会の主要指導者たちはフィリップ・ペタンを神が送った救世主として暖かく迎え入れたのである。

数名の勇気ある司教をのぞき、フランス・カソリック教会は一九四〇年一〇月、反ユダヤ法令が可決された際には何の反応も示さなかったし、一九四一年にさらにひどい差別的法律が発効されたときにも反対運動を行わなかった。「ユダヤ人問題の最終的解決」がすぐそこまで来ていると考える人など一人もいなかったし、非カソリック市民の人権などまったく問題ではなかった。これとは反対に、フランスのプロテスタント教会は比べ物にならないくらいに慎重であり、彼らの憤慨は結果をもたらすことになった。フランス・プロテスタント教会の指導者マルク・ボーグナーは、ナチやパポンのようなヴィシーの手下から逃れてきたユダヤ人をかくまうために教会コミュニティーを結集させた。

この状況に変化が現れたのは一九四二年七月だった。七月一六日、パリジャンたちは、ライフルの柄で殴られ、家から引きずり出されるユダヤ人の叫び声でベッドから飛び起きた。同日午後、一万二八八四人の男女、子どもが食糧やトイレの用意のない大型競技場ヴェロドローム・ディヴに収容された。ドイツ軍服を着た人の姿はなく、そこにいたのはフランス官憲に他ならなかった。

カソリック教会の指導者的立場にあった聖職者は、これを知ってあまりに衝撃を受けたため、手遅れの抵抗を始めた。[*14] フランスの枢機卿や司教を代表して、パリ大司教の署名入りの手紙がペタンに届けられた。翌月、非占領地域である南フランスでユダヤ人強制連行が起こったとき、ゲリエー枢機卿――ペタンを神の遣いであると暖かく迎え入れたと同じ人物の――もまた手紙を書き、それまでの枢機卿からは考えられないような行動に出た。彼はドランシーへ送られる途中の子どもたち八四人をリヨンで個人的に助け、教会の保護下に置いた。

この高位聖職者の反乱はヴィシー政権にとっては深刻な打撃であった。教会はナショナリスト的イデオロギーの、そして政府支持の基盤であったからだ。ヴィシーが認可したユダヤ人強制連行は中止され、ドランシーからアウシュビッツへの移送者の数があまりにも突然に、あまりにも急減されたため、移送列車の管理責任者であったアドルフ・アイヒマンは激昂して「これは威信にかかわる問題である！」と宣言し、ドイツが戦争に勝った暁にはフランスに有利な新ヨーロッパ秩序の可能性は失われることになると警告したほどであった。しかし、このころには民衆の間でもレジスタンスが起こり、その波は広がっていた。ついに、フランスからのユダヤ人移送者の数は（フランスのユダヤ系人口に比例して）他のドイツ占領国に比べると格段に減った。[*15] この大きな理由は、カソリック教会の態度の変化、そして援助の手を差し伸べ始めた民衆にあった。

一九七〇年代の中頃から、指導的立場にある聖職者たちは困難な問題を議論してきた。何にも増してカソリック教会はなぜ沈黙したままだったのか。そして、指導者たちが最悪の命令であった不正義に抗議し始めるまでにどうしてあんなに長い時間がかかったのか。この問題は公の場でも熱心に語られていたので、それについて誰かにインタビューしたいと思った。私はパリ枢機卿ジャン＝マリー・ルスティゲールのオフィスに電話をした。私たちは一九八九年にトロントで会ったことがあり、そのとき、クラウス・バルビー事件についてのフランス人の反応について話していた。ルスティゲール枢機卿はユダヤ系市民として生まれ、青年のときにカソリックに改宗したが、その事実が彼や家族を戦争から守ったわけではなく、母親は強制移送から二度と生きては帰らなかった。しかし、彼は何ひとつ聞かずにかくまってくれた人たちに救われ、偽造書類を用意してもらい生き延びることができた。フランス史上、ルスティゲール枢機卿ほど熱心にキリスト教徒とユダヤ教徒の間の親善のために尽力したカソリック聖職者はいない。

彼の「特別顧問」から送られたファックスには、枢機卿は今ちょうどパリを出るところで、「大変申し訳ないのですが、一九八九年にトロントで始まった交流を今回は継続することができません」と書かれている。しかし、ジャン・デュジャルダン神父が喜んでお会いしてくれるとのこと。私はデュジャルダン神父に電話をし、今週の後半パリの中心部にあるオフィスで会う約束を取りつけた。

フランスとユダヤの歴史に情熱を注ぐデュジャルダン神父は気取らない人だった。彼の書斎の壁にはその手の本がずらりと並んでいた。デュジャルダン神父は、対ユダヤ教関係のための聖公会で書記を務め、実践的責任者としてキリスト教会とフランスのユダヤ人コミュニティとの対話を日常ベースで行なっている。この仕事に関わるようになったのはクラウス・バルビー裁判以降だと言う。「戦後、教会は、われわれに必要なのは追放と〈国家的和解〉だけであるという態度を保ってきました」と彼は言う。しかし、その態度に変化が現れたのは、ジャック・デュケーヌが『ナチ占領下のフランス・カソリック教会』[*16]のなかで、一般のカソリック教徒は宗教指導者以上に同情的だったと書いた一九六六年であった。この本は大きな反響を巻き起こした勇気ある本だったとデュジャルダン神父は言う。しかし、その議論に本当の意味で刺激を与えたのはパクストンの説明だった。「そのとき初めて、ヴィシーに関する一般的見解――ペタン政権はドイツの圧力の下で危害を最小限にとどめようとしたという、深く刻まれた観念――が崩れ始めたのです」。

フランス・カソリック教会内部で交わされた議論はローマで起こった変化に後押しされた。その変化は、一九六〇年代初期、第二ヴァチカン公会議の時期に始まった。その間、ヨハネス二三世は、長年にわたりユダヤ人を「欺く者」としてきた教義やユダヤ人とユダヤ教に対する憎悪を煽りたてた伝統的儀式の一部を拒否した。それから数十年間、ヴァチカンの調査はキリスト教教義に内在する反ユダヤ的起源を探り続け、パリの強制連行でフランス教会が行動を起した一九四二年七月から五〇周年目に当たる一九九二年に、ヨハネ・パウロ二世がフランス国民に宛てて、そのとき何をすべきであったのかを自問するようにと書いた。返答を求められたデュジャルダン神父は、カソリック教会は、フランス国家同様に自らの良心を吟味すべきであったと示唆する記事を発表した。

一九九七年、ヴィシーによる反ユダヤ人法の施行記念日の三日前にあたる九月三〇日、モーリス・パポン裁判の公判が始まる八日前、フランス聖公会はドランシー強制収容所で記念式典を開催した。その目的は、占領下において指導的立場にあったカソリック聖職者の沈黙と黙認とに向き合い「悔悛」することであった、とデュジャルダン神父は説明する。その日、ドランシーを管轄する教区の大司教オリヴィエ・ドゥ・ブーランジェーによって次のような声明が発表された。「今日、われわれは沈黙が犯罪であることを告白します」と、大司教は用意された文書を読み上げた。「われわれは、フランス・カソリック教会が信者同胞の良心を教育するという任務を果たさなかったことを認めます。また、［われわれ教会は］抵抗と保護が必要とされ、しかも可能であった当初から、キリスト教徒と同様に援助の手を差し伸べなかったことに対する責任を認めます。個人による数々の勇気ある行動があったにしても……フランス・カソリック教会がユダヤ人に対して無責任であったことは、われわれの歴史の一部であることを［率直に認めます］。われわれはこの失策を認め、神の赦しを乞い、この悔悛の言葉をユダヤ人に聞いていていただきたいと思います」。

この驚くべき悔悛声明はちょうどよいタイミングで出された。ユダヤ人、メディア、一般のカソリック教徒からの反応はおおむね肯定的であったが、デュジャルダン神父が言うには、郵送されてきたいくつかの反論の厳しさに悔悛声明を書いた神父たちは驚いたという。「われわれは数百通ほどの手紙を受け取りましたが、ほとんどの手紙が私たちを〈反逆者〉と批難しました。多くの反ユダヤ主義者がこれまでカソリック教会を味方と考え、それを喜んで受け入れてきましたが、今では見捨てられたように感じているのです。その声明の必要性を感じていなかった司教でさえ、もはやその必要性を疑わないほど衝撃を受けたことは事実です。個人的には有罪ではなくても、教会自体はその罪を免れない、ということをはっきりと伝えたかったのです。われわれの意図は、過去の教訓を学ぶことで、今日と将来をよりよく生きることです。今日の生を理解するためには過去にきちんと直面しなければなりませんが、残念ながら多くのキリスト教徒はこの重要性を理解していません」。

その声明がヨハネ・パウロ二世からの手紙に触発されたことは驚きではない。一九九三年後半、非凡な勇気をそなえたヨハネ・パウロ二世はイスラエルとの基本合意に署名し、教皇庁とユダヤ人国家がともに宗教的不寛容に決然たる措置をもって臨むという確約を交わした。一九九四年一一月には、カソリック教会は「数世紀にもわたり教会の顔に泥を塗った同胞の弱さに対して深い後悔の念」を表わす義務を有するという声明を発表した。二〇〇〇年三月一二日、悔恨を表す紫色の法衣をまとったヨハネ・パウロ二世は、カソリック教会史上最も率直なローマ・カソリック教会による陳謝を表明し、二〇〇〇年間の誤りを深く悔いた。同じ月、彼はイスラエルと占領地域を訪れ、エルサレムではイスラエル政府高官や宗教指導者をはじめ、故郷ポーランドのワドウィスの生存者である子ども時代の友人たちに見守られるなか、ホロコースト記念館のヤド・バシェムに立った。ユダヤ教徒とキリスト教徒の和解に対する教皇の計り知れない貢献は、ヨハネス二三世のそれと同じように、カソリック教会の歴史において劇的な変化を刻むこととなった。

話はここでは終わらない。悔悛声明が出される二年前の一九九五年七月一六日、フランス警察による悪名高いヴェルドローム・ディヴ事件の記念日、フランソワ・ミッテランの後継者、ジャック・シラク大統領は、戦後のフランス政治指導者のなかで初めてヴィシー政権の犯した犯罪、とりわけユダヤ人に向けられた刑事犯罪に対するフランス政府の責任を認め、「占領国ドイツの犯罪的狂気はフランス人によって、フランス政府によってさらに増強されたのである」と述べた。「この暗黒期はフランス史上、永久に汚点となって残り、過去、そしてわれわれの伝統を傷つけました。啓蒙の国フランス、人権の国フランス、難民と政治亡命者の国フランスを傷つけてしまったのです。〔ユダヤ人の強制移送により〕、フランスは贖いようのない過ちを犯してしまいました」[*17]。

この演説は、ドイツ連邦議会でのリヒャルト・フォン・ヴァイツゼッカーによる記憶に関する力強い演説の一〇年後になされたが、フランスで過去に直面する過程が始まったことを示すこれまでになかった重要なサインであった。このような重大な声明を発表することで、シラクは公の場において「フランス」は戦争中にロンドンに亡命政府を置いていたのだから、ヴィシー政権は「不法」であり、したがってそれに続く第四、第五共和制政府には汚点はない、という国家的神話に挑戦を挑んだのである。嵐のような議論が巻き起こった。しかし、運命を決める発言がすでになされた以上、撤回は不可能だった。国家の首長がヴィシーの過去を名指しし、過去の出来事を「集団的過ち」と呼んだのだ。

シラクはド・ゴールのおとぎ話、すなわち在イギリスの「フランス政府」という観念が最終的に、そして永久に廃棄され、フランス人が民主的に選んだフィリップ・ペタン政府をはじめとする過去に自ら責任を負わなければ、フランスは決して前進することはできないと伝えようとしたのである。この声明は、モーリス・パポン裁判がなぜこの二年後に始まったかという疑問に説明を与えてくれる。フランソワ・ミッテランはパポン裁判の開廷を準備し、真実の否定とヴィシー政権の「不法性」に基く――これこそミッテランと戦争中に忠誠を翻した数千人のフランス人を守ったレトリックであった――国家的和解、免罪と恩赦の有用性を最後まで信じた。年齢的にも若いシラクは（一九四〇年、シラクは八歳だった）、過去の個人的関与の事実を語る必要はなかったとしても、その言葉は間違いなく政治的勇気に裏付けられたものであった。しかし、それ以上に重要だったのは、シラク大統領がフランスの歴史的記憶に関して相対する両陣営の間に和解の可能性を示唆していたことであった。

使いなれた路線でボルドーへと南下する（私の元義理の母はスペインとの国境に近いバイヨンヌ付近のフランス南西部に住んでいて、私たちは今でも親交を保っていた）。フランス南西部のメトロポリス、ボルドーは、言うまでもなくワインの産地として知られているが、同時に食通の伝統、とりわけフォア・グラの産地としても知られている。ここはまた、ローマ帝国の都として栄えたことに始まる古代貴族都市でもあった。一二世紀から一四世紀にかけて、ボルドーは他のアキテーヌの地域とともにイギリスによって支配されていた（ブドウ栽培を発展させたのはイギリス人で、ボルドー産ワインはイギリス人により中世オックスフォードやケンブリッジなどの一流ワインセラーへと流れた）。ボルドーはフランス革命の穏健派ジロンド党、モンテスキュー、モンテーニュの生誕地でもある。言いかえれば、ここは偉大な文学、活発な知的生活と（なかでも顕著なのが）カラフルな政治劇にあふれた栄華ある快楽的フランスの凝縮した土地なのだ。

モーリス・パポン裁判が三週目に入ったボルドー重罪院では、歴史の振り子が左右に揺れ動いている。私は法廷内――洗面所を思わせる緑色に塗られた何の変哲もない長方形の空間――の傍聴席についた。私の席は「訴訟当事者席」の列に近い場所にあった。この裁判は彼らのために行われているのであり、なかには片道列車でドランシーへ移送された生還者、次の停車駅アウシュビッツで死んだ人たちの遺族がいる。今日、被告席にモーリス・パポンを座らせることができたのは、遺族の一人であり、各地のかび臭い公文書館で忍耐強い調査を続けてきたミシェル・スリティンスキーのおかげである。

一九四二年一〇月一九日、スリティンスキー家が住む界隈は警察によって一斉閉鎖された。当時一七歳であったスリティンスキーを除く全員が逮捕、強制連行された。スリティンスキー少年はアパートの屋根に登ってあやうく難を逃れた。その後、彼はレジスタンスに加わるが、一九四六年にボルドーに戻って来ると父親や兄弟、叔母たちが行方不明になっており、何が起こったのかをまわりの人たちに尋ねてまわった。強制連行後に残された家族は、あのときの一斉逮捕がフランス警察によって行われたことを信じようとはしなかったが、スリティンスキーはドイツ人の関与がまったくなかったことを確信しており、その後たったひとりで調査を開始し、何年にもわたって忍耐強く調査を続けてきた。

それから二〇年後、古文書の専門家である友人から得た情報をもとに、彼はフランス警察と行政官が行ったユダヤ人家庭についての詳細調査ファイルを探し出した。しかし、そこには問題の最も肝心な部分、つまり責任者の名前が欠けていた。それからさらに年月が経った一九八〇年、ボルドーの蚤の市に戦時下のジロンド県についての情報が記載された書類が現れた。ユダヤ人問題の責任者であったジロンド県総務局長モーリス・パポン。スリティンスキーが長年探していた名前がとうとう見つかったのだ。

一九八一年五月、調査をもとにした風刺週間誌『ル・カナール・アンシェネ』が、レイモンド・バール現内閣の財務大臣に関する暴露記事を発表した。[*18] スリティンスキー、彼の幼なじみモーリス・ダビッド・マティソン、それにボルドーの弁護士ジェラルド・ブーランジェーは、その人物を「人道に対する罪」への共謀で告発した。

法廷正面に座っているのは訴訟当事者で、複数の検察官（フランスの法律では複数であれば訴訟当事者は個人であっても組織であってもそれぞれ別の弁護人が代理人になれる）が法廷の左側にいる。ジェラルド・ブーランジェーはこれまで一六年間、この訴訟を担当してきた。彼がこの訴訟に取り組んでいる個人的理由は、アルジェリア独立戦争が起こっていた子ども時代にさかのぼる。ある日、ブーランジェー少年は年配のアラブ人の頭めがけて石が投げられたのを偶然目にした。この人種差別的暴力行為はその後も彼の記憶にしみつき、法律の勉強から弁護士の道へと彼を導き、その途上でモーリス・パポン裁判に出くわすことになった。法廷右側には、六五歳の威厳に満ちた深刻な表情のジャン・マルク・バロー率いる被告側弁護団が控えている。バローは哲学的右派に属する知識人で、君主制主義者、熱心なカソリック教徒であるが、それでも人権の擁護者とされている（ニュルンベルク裁判に関する本を著している）。バローは人道に対する罪の存在を斥けているわけではなく、不適当な人物を捕まえているという点を主張していた。

バローが立ちあがり、モーリス・パポンの責任に関する問いを投げかける。パポンは司令系統でどの部分にいたのかか？ パポンはドランシー経由で移送した人たちの最終目的地を知っていたのか？ パポンがレジスタンスのメンバーであったという事実はどうなのか？ パポン裁判の陪審員が向かい合っているのは、ニュルンベルク国際軍事裁判が直面したと同じ問いである。具体的には、職務はどう位置付けられるのか、下級兵士もまた命令を与えた上官に対して責任があるのか、さらにその上官は国家元首に対して責任があるのか、公務員は政府が発効した法律に従い、それを実行する誓いを守る義務があるのか、といった問いである。

ジェラルド・ブーランジェー検察官は、パポン事件について二冊の本を書いていた。裁判では時々その二冊の本を代わる代わる大きな声で、しかも長々と読みあげた。ジャン・マルク・バロー弁護士もまた大作を書いており、裁判の開始に先だち、今月はじめに首尾良く再版していた。ペンによる裁判というわけである。被告人ですら、法廷の内外で自分の言い分を主張する機会を得ていた。イギリス国営放送BBCはモーリス・パポンとのインタビューを放送しており、そのなかでパポンは自分が過去の時代のスケープゴートになっていると宣言し、「私には何ひとつ恥じることはない」と堂々と述べている。「ユダヤ人に対するジェノサイドは二〇世紀の歴史に拭い去れない傷跡を残しました。二〇世紀は歴史上最も悲惨な世紀であったと思います。それを思うと私の心は悲しみに満たされます」と述べた。*19

被告側弁護団の横でパポンは防弾ガラスの向こうに座っている。どこをとっても冷静でスキのない椅子に背筋を伸ばして座り、ノートを見るときには頭を前に傾ける。銀髪は一糸の乱れなく整えられており、完璧なまでにきちんとしたスーツは濃い色で、胸ポケットからは赤いハンカチーフをのぞかせている。モーリス・パポンはその世代の非の打ちどころのないスタイルで正真正銘のフランス人であり、フランス人なら彼のあらゆる仕草にそれを見るだろうし、その認識があればたちまちこの告発の真意を見抜くだろう。政府役人で高い地位にいたということは、コネのある家族の選ぶキャリアだったからだ。フランスが国益の保護者であるなら、その公務員は権力の重要な代理人である。フランス政府の中心的役割が問題視されはじめたのは、グローバライゼーションにより停滞しているフランス経済と社会構造が安定性を失った最近のことに過ぎない。一九四二年当時には、野心的なブルジョワの息子なら誰だってモーリス・パポンでありえたのだ。

パポンは政治的にはやや左寄りの裕福な中流家庭に生まれた。文学と法律と政治学を学び――政府役人にはよくあるパターンである――一九四〇年の敗戦まで軍隊に入った後で、個人的コネを利用してペタン政府で職を得た。一九四二年、ボルドーに配置された三二歳のペタンは上官への忠誠心によりすでに評判を得ていた。一九四三年四月、ドイツ軍はその報告書のなかで、ペタンをすぐれた対独協力者として、また「ドイツ政府の意のままになる」人物として評価している。[*20] 同年二度目に書かれた七月の報告書のなかでは、「礼儀正しいすぐれた交渉者である。微妙な局面ではしばしば慎重な動きを見せ、上官であるモーリス・サバティエにうかがいを立てることを忘れない。ペタンは司令部と完全に協働している」と書かれている。[*21]

パポンは二〇世紀のフランス史の連続性と曖昧さ、つまりヴィシー政権の過去と共和国の未来をつなぐ糸を体現したような輝かしい職歴を持っている。そうした連続性は、はっきりと公的なものにならない限り何ら恥ずべきことではなく、これはパポンと同様のことをした何千人ものケースに当てはまった。

しかし、社会の潮流は変化していた。とりわけ、一九八七年の劇的なクラウス・バルビー裁判、そして一九九四年のポール・トゥヴィエ裁判（トゥヴィエは同年四月に終身刑の判決を受けた）以降、その変化は明らかであった。パポンはその変化のなかで捕らえられた。パポンの裁判が大きなセンセーションを巻き起こした理由は、法の下では個人責任という原則が基本であるにもかかわらず、政府高官の告発は国家が生き延びた拠所であった神話や、さらに彼のような個人的軌跡を持つ多くの人たちの過去に疑問を投げかけたためであった。しかし、そうした人たちのなかには、被告席に連れてこられるまでにはすでに死んでいた勘のよい人たちもいた。個人責任の原則は大前提であったが、実際には、パポンは以前裁判にかけられる予定でいた高官たち、特にルネ・ブスケの副官であり、ナチ占領地域のヴィシー警察長、その後は三大陸をまたにかけたビジネスで成功を収めたジャン・ルゲーをはじめとする亡霊を代表して被告席についていた。ルゲーは一九七九年四月には手配されていたが、一九八九年、裁判の前にガンのために亡くなった。あるいはブスケ自身も一九四九年の恩赦の後、国際銀行家として輝かしいキャリアを築き上げていた。最終的にブスケはセルジュとベアーテ・クラルスフェルトの努力のおかげで人道に対する罪で告発されたが、一九九三年六月、裁判にかけられる前にパリのアパート前で殺害された。

傍聴席の向かい、法廷正面には判断力、知的厳格さで知られるルイ・カスタネード裁判長率いる白い襟付きの赤いローブを羽織った裁判官たちが並んでいる。カスタネード裁判長は、以前、裁判の期間中パポンを放免したことで（パポンはすぐに五ツ星ホテルの部屋を予約し、報道関係者を招いてシャンパンを振舞った）、さらにはある犠牲者の親戚と血縁関係があることを検察側弁護士アーノ・クラルスフェルトを通して露呈させたことで国中をスキャンダルに陥れた。フランスの裁判はいつもドラマにこと欠かないが、わざとらしい振るまいに発展することも珍しくなく、この裁判も例外ではなかった。セルジュとベアーテの息子である若きクラルスフェルトは、辛らつでいつでも準備万端、メディア効果を熟知した弁護士である。肩まで伸びた乱れ髪を振り払おうと頭を大きくそらし、ほつれ髪の間から法廷をのぞき見る。バイロンのごとき悲壮さと無関心な様子で椅子にだらっと座っている。そうした彼の動きは退屈な裁判でカメラを魅了した。休憩中には、黒い半そでシャツで一九五四年のジェームス・ディーンのように煙草を口の辺にくわえてロビーをブラブラと歩きまわり、熱弁をふるうチャンスを待ちながらテレビレンズを探していた。『ル・モンド』紙は愛情を込めて彼を「狂犬」になぞらえ、彼の方でもその役目を完璧にこなしていた。裁判が終わると、彼はローラーブレードでさっさとホテルへ戻って行った。

クラルスフェルトはこの裁判のこととなると、最も適切な家系に生まれていると言える。パポン裁判、さらに裁判に先立つシラクの声明をもたらした人が二人いるとすれば、それは彼の両親に他ならないからだ。クルト・キージンガー首相をはじめとする、現在のドイツ政府高官を務める元ナチ党員を捜し出すこと以外にも、彼らは対ナチ協力をしたフランス人にも注意を向けており、数年間にわたるロビー活動の結果、ついにゲシュタポの指導者三人を前代未聞の裁判にかけることに成功していた。その三人は、一九四〇年から一九四三年までパリのナチ警察総監を務めたクルト・リシュカ、カール・アルブレヒト・オベルグの片腕で、ナチ親衛隊フランス支部の幹部であったヘルベルト・ハーガン、そしてドランシー強制収容所所長であったエルンスト・ハインリッヒゾーンで、三人が三人とも、クラルスフェルトによって公の目にさらされる以前は、ドイツで知的職業に従事しながら穏やかな生活を営んでいた

（ハインリッヒゾーンは故郷の市長を務めていた）。クラルスフェルトはクラウス・バルビーをボリビアから連れ戻すために活動し、さらにルゲー、ブスケ、パポンを追跡していた。

クラルスフェルトが利用したのはこの時代の典型ともいえる手段、つまり、多くの観客にメッセージを伝えようとする大胆でメディア受けする曲芸であった。一九七六年、セルジュはミュンヘンで行われたネオナチ集会に参加し、党が復活している事実に大衆の注意を引こうと試みた。インタビューに答えて、彼は「戦後はじめて公の場でナチに痛めつけられるユダヤ人になろうと思いました」と言っている。ネオナチは予想通り彼を痛めつけ、ネオナチの復興はありのまま報道された。のちになって、クラルスフェルトは骨の折れる調査の結果、確認できたすべての名前をリストアップして「移送されたフランス系ユダヤ人のための記念」という記録にまとめた。長い時間がかかったが、個人の運命をつづった簡単なリストのなかでポーランドの火葬場に消えた人たち、ドランシーで「フランス国のために」死んだと言われた赤ちゃんたちの実在がはじめて承認された。クラルスフェルトや彼らの突拍子もないやり方を嫌う人たち、いわゆる「泥」を引っ掻き回さないでほしいと願う人たちはたくさんいた。しかし、ドイツ、フランス両国で、この驚くべきカップルは閉ざされた記憶の扉を上手にこじ開け、死者のための正義を要求してきた。

今や、三〇年間にもわたり過去の犯罪と言い逃れを暴露しようとしてきたクラルスフェルトの戦いの遺産とも言うべき裁判が、実際にボルドーの法廷で行われている。モーリス・パポンやその延長上にあるヴィシー・フランスによる犠牲者は、この瞬間を長いこと待ちわびていたのだ。

裁判の初日から、戦後時代の神話はジャック・シラクが導入した透明性という新しい文化と衝突した。犠牲者とその弁護士が求めていたのは、フランスの神格化された歴史の根本的修正に他ならなかった。陪審員の三分の二が四〇歳以下であった。そして、彼らの下すモーリス・パポンへの評決は、〈二つのフランス〉のうち、どちらが将来を担うことになるかを示してくれるかもしれない。

私は傍聴席にある誰もが欲しがった席から法廷を眺めている。被告弁護の証言者として年配の政治家と有名なレジスタンス闘士が名を呼ばれたとき、問題となっている過去の試金石が法廷に姿を現した。レジスタンス闘士が弁護ですって？　公判中のモーリス・パポンはペタンの共謀者ではなかったの？　レジスタンスの英雄ならパポンの反対側にいたのではなかったの？　まったく、これこそ曖昧さの核心である。

ジャン・ボジという七六歳のコルシカ議会の元議員が、自ら「親ドレフュス」家族出身であると紹介し、彼の政治的立場が自由主義派であるとほのめかす。自らを共和党側にしっかりと引き寄せた後、戦後同僚であったパポン氏を「冷静」で「決然とした」リベラル的価値観を持った人であったと述べる。それを知っているボジは、パポンが強制移送の命令に署名したときユダヤ人の運命に関して知らなかったはずだと確信している。

「フランスの名誉を傷つけるようなことは、この裁判で終わりにしていただきたい」と、彼は嘆願する。「必要とあらば恩赦の可能性も考えられて然るべきだと思います！」。「われわれは法律にのっとって一人の人間を裁いているのであって、恩赦を議論しているのではありませんよ」とカスタネード裁判長が戒告を与える。

ドレフュスの名が出された後、次にフランスのレジスタンスの象徴的英雄であるジャン・ムーランの名が現れた。ムーランという輝かしい名は、実のところ最近になってかすかに汚れを帯びてきた。ムーランはナチにより――それがクラウス・バルビーであったことだけは分かっている――逮捕されたが、他のレジスタンスのメンバーに欺かれたのか、さらにクラウス・バルビーがかつて主張したように、殺害されたのではなく刑務所内で自殺を図ったのかどうか、といった疑問が最近になって浮上してきた。ほとんどの人はバルビーも、悪名高い依頼人を弁護しながら大衆を惑わすことに快楽を感じている芝居がかった弁護士ヴェルジェも信じてはいなかった。しかし、告発がなされたという事実は、真偽を別としてもこれまで神聖とされてきた名声に疑問を投げかけていた。

ジャン・ムーランの名は弁護側と検察側双方から引き合いに出された。パポンと同様、ムーランはヴィシー時代には地元知事であったが、法廷で検察側が指摘したようにロンドンのド・ゴールに加わるために敗戦後直ちに辞任していた。そして、レジスタンスのために究極の代償として命を落とした。一方、モーリス・パポンは自分の職に留まり続け、人道に対する罪の共犯になった。

「ジャン・ムーランはロンドンへ向かう一九四〇年までヴィシーの反ユダヤ法を適用したのですよ！」と、さっと立ちあがったジャン・マルク・バロー弁護士がやり返す。

ジャン・マルク・バローの返答は公平ではなかった。というのも、ナチがパリを占領したのは一九四〇年六月一四日で、ジャン・ムーランがナチ協力を拒否したのは六月一七日以降であり（彼はナチ協力を拒否したため、拷問にかけられ監禁されたのだから）、さらにヴィシーの差別的法律が発布されたのは一〇月三日で、一一月までにはムーランはすでにロンドンに向かっていたからである。しかし、私にはムーランの個人的旅程など実際には重要ではないと思われた。注目されるべきは、レジスタンスに関する議論であり、偉大な英雄として個人化された人物が、死後五〇年経って今世紀最悪の非人道的犯罪の共犯者として告発されている元同僚の公判中、フランスの法廷に引っ張り出されている、その事実ではないのか。

カスタネード裁判長が再び静粛を命じた。「当法廷はジャン・ムーランを論じる場ではありません」と、彼は弁護士たちをとがめる。「ジャン・ムーランは誰一人移送してはいないのですから」。

哀れなジャン・ルイ・カスタネード裁判長。シンボルを満載したこの裁判で焦点を絞ろうと腐心している。人道に対する罪は、一九四五年にニュルンベルクで行われた国際軍事裁判により定義づけがなされた。その定義「戦前、もしくは戦争中にすべての民間人に対して行われた殺人、根絶、隷属、移送、およびその他の非人道的行為、または犯行が犯された国の国内法への違法のいかんにかかわらず、……政治的、宗教的、人種的な理由による迫害行為」[*22]は、ボルドーで行われているこの法廷ドラマの一部に過ぎなくなっている。いくらがんばったところで裁判長がせいぜい望めるのは、フランス史の混乱を中央舞台から引き離し、パポンに焦点を絞ることだけである。

モーリス・パポンの弁護をするために、ある有名人物が証言台に進み出た。八一歳になるピエール・メスマールは、一九四〇年からロンドンを拠点とする自由フランスに仕え、一九七二年から一九七四年まで首相を務めた。大きなよく通る声で、メスマール前首相はド・ゴールによって創り出され、ジャック・シラクの声明が発表されるまで国全体に免罪を与えていた神話を繰り返す。「ヴィシー政府が休戦協定に署名した瞬間から、その政府は違法でありました」と彼は高らかに唱える。「違法な政府がフランスを代表するなどということはありえませんし、フランスの責任を負うなどもってのほかです。ヴィシーはヴィシーだけに責任があるのであって、ヴィシーとは法律に従うことを選んだ政府役人や軍部のことです」。

この証言が防弾ガラスの後ろで硬直して座っている哀れ

なモーリス・パポンの助けになるのかどうかは直ちには分かりかねた。メスマールは一九六〇年になるまでパポンに会ったことはないと認めていたからである。しかし、もちろんメスマールは被告について語ろうとボルドーまでわざわざ出掛けて来たわけではない。彼がここに来た理由は、現在のフランス共和国大統領が掲げた集団的責任という新しいビジョンから「フランス」を守るために他ならなかった。「ヴィシーの犯罪に対する責任をフランスに、つまり全フランス市民に押しつけるような政府要人の声明には断固として反対します」と彼は熱弁をふるう。「そうした言葉は自由フランスに参加した人たちやシャルル・ド・ゴール将軍、フランス・レジスタンスの闘士には受け入れ難いものです！」。

彼は感情的な息を吸い込む。「自分の死が近づきつつある今、五五年が経ったこの時期にフランス人はお互いに憎み合うことをやめて、許し合う必要があると私には思われます」。

「間違いを認めることなく、赦しや和解が可能だというのですか?」。検察側弁護士ミシェル・ザウイが言葉をはさむ。メスマールはその重要な問いを無視することに決め、自己主張に没頭する。「私が戦争の犠牲者に、とりわけ何の過失もない犠牲者に対し、どんなに深い敬意を払っているかを申し上げたい。しかし、私は武器を持って立ち上がり死んでいった人たちに対してより深い敬意を表します。というのも、フランスの自由解放は彼らのおかげだからです」。

この言葉は、ユダヤ人の話があまりにも幅を利かせているためレジスタンスの話を押しつぶしているという、クラウス・バルビー事件で最初に浮上した論点をほのめかしている。実際のところ、人道に対する罪とはユダヤ人に対する犯罪を意味しているのだ。

「不法な政府による非人道的命令に従った政府高官について、あなたはどう思われますか?」。証言をもとの争点に引き戻すべく、クラルスフェルトが質問を投げる。

被告のための証言者ピエール・メスマール元首相は躊躇しない。「自分の良心に反する行動を命じられた場合は、ただちに辞任すべきです」。彼はそう言って証言台を後にした。メスマールは一度としてパポン被告の方を見ようとはしなかった。モーリス・パポンは石のように硬い表情で、凝結したように座っていた。

戦後のド・ゴール政権にかかわった生存者が証言のためにやってきた。そのなかには、フランス元首相レイモンド・バール七三歳もいた。バールは一九七六年にパポンに会っており、一九七八年にはバール内閣の予算大臣としてパポンを任命した。「いいえ」と彼は反対尋問にそう答える。戦時中のパポンの任務については知りませんでした。いいえ、新しい大臣の過去に関する調査は必要ありません。「彼の評判はこの上なく優れたものでした」と、バール元首相は断定的にそう述べた。

それではモーリス・パポンの優れた評判の出所はどこなのだろう？　オリビエ・ギシャー七六歳、いわゆるド・ゴール派の男爵は、一九五八年に当時パリ警視総監時代のパポンに会っている。ギシャーはかつてド・ゴール自らがフランス解放の時期にド・ゴール政権のボルドー代表であったパポンを称して「多大な貢献をした」と言ったコメントを覚えている。ギシャーは国家の神話について驚くほどあけっぴろげであった。「パリ解放の時期、ド・ゴールには国をひとつにまとめあげたいという宿願がありました。それこそ、彼がヴィシー政権は「不法であったため」事実上存在しなかった、さらにわれわれは戦争に勝ったという神話を作り上げた理由です」と彼は法廷で主張した。「ド・ゴールは大多数のフランス人が裁判にかけられるのをどうにかして避けようとしたのです。単純に存在しなかった国家にかわってフランス人に罪を着せることはできない、というのがド・ゴールの理由づけでした！」。

法廷はしばし沈黙に包まれた。ここいる誰一人、半世紀にわたりフランスのあらゆる学校で教えられてきたこの神話の発明についての、このような事実然とした説明を聞こうとは思ってもみなかった。しかし、オリビエ・ギシャーにはまだ言いたいことがあった。「もちろん、ド・ゴール将軍のもとで働いた全ての首相が以前ヴィシー政府の役人として働いていました。[*23]とはいえ、ヴィシー政権は違法政府だったのだから、そうも言えないことになります」。

不思議の国のアリスはうさぎの穴に落ち込んで、ボルドーに姿を現したのだろうか？　西洋諸国のなかで、五〇年前にフランスで考案されたこのように洗練された実践的ごまかしを自慢できる国が他にあろうか。

こうした証言のひとつとして、不運なモーリス・パポンと関係あるものはなかった。唯一の例外は、ドランシーへの移送責任者を筆頭に、終戦直前のレジスタンス参加、その後の戦後共和政における要職というパポンの経歴をたどった人は他にもいたという事実であった。すべてのフランス人にとって、レジスタンスで果たした役割は将来を決めるカギであったが、同じように遅ればせながらレジスタンス参加したフランソワ・ミッテランとは違い、モーリス・

パポンの参加は英雄的とは言えなかった。一九四三年後半、ヒトラーがスターリングラードで敗北すると、パポンは抜け目なく予防措置を取りはじめた。彼は戦前から知己であったユダヤ人レジスタンスを自宅に招き、*24 公の場でヴィシー体制への昇進を断っている。一九四四年五月、ユダヤ人局長官の職を辞任し、戦争が事実上終結した六月、効果を狙ってド・ゴールのフランスにおける極秘代表ガストン・クザンをもてなした。ちょうどボルドー地域での足がかりを探していたクザンは、その後パポンとの会合について他の人たちに伝えた。ボルドー解放から二日目、パポンは地元警察所長を集めてガストン・クザンに仕えるようにとの命令を下し、数日内には新しい役職を獲得することに成功した。今や、彼はガストン・クザン事務局局長モーリス・パポンであり、共和国とランド県の行政長官であった。

ユダヤ人局の責任者として、かつてモーリス・パポンは排他的な反ユダヤ人法の実行に当たり、彼の署名によってあらゆる家族の強制移送が認可された。その事実にもかかわらず、パポンは証言のなかで自分は常にユダヤ人に同情的であったと述べた。彼は法廷の前で、自分はドランシーへ移送される子どもたちのために毛布を要求したと主張した。彼は自分が追っ払ったユダヤ人に対して深く同情し、数人のユダヤ人を助けようとしたと力説した。ひとたびはユダヤ人男性を一時的に家にかくまったこともあると言った。そして、凍てつくような聖なるクリスマスの日、子どもたちを乗せた列車が移送された後には妻とともに悲しみの涙を流したと言う。傍聴席にいたホロコースト生還者たちの表情には不信の色が浮かび、まわりに聞こえるほどのさげずみで嫌悪を表わした。

パポンの被告弁論の趣旨は、自分は命令に従うなかで最善をつくしたというものであった。自国の法に仕えるということは愛国的義務であり、忠実な公務員は自分の任務を放棄したりしないものだ。自分のしなくてはならないことに涙したかも知れない。かわいそうなユダヤ人の子どものために毛布を要求したかも知れない。しかし、上官に命令された限り、移送に署名することは彼の任務であったのだ。

年配の女性が証言席にやってきた。ジレット・シャペルは八三歳の未亡人で、夫であったジャン・シャペルはボルドー全域の業務長官モーリス・サバティエの副官であった。シャペル婦人と夫はヴィシー政府から派遣されてサバティエとともにボルドーへやってきた。彼女は仕事をしていたときのモーリス・パポンを知る唯一の証人である。「モーリスは逮捕命令など出してはいませんよ。モーリスは高潔な人なのですからね。逮捕命令を出したのはフランス警察です！」。彼女は、抑制がきかない早口で述べた。「モーリスは列車を注文しましたし、そのときは家畜用ではなく、乗客用の列車を手に入れようと尽力したのです！　彼らに毛布をあげようとさえしたのですよ、そうでしょう、モーリス？　こんな裁判は本当にひどいわ！　モーリスは偉大なレジスタンスだったのに！」。

シャペル婦人は長年会っていなかった旧友を振りかえった。パポンの顔は真っ白だった。傍聴席にいた私たちは恥かしさのあまり頭を垂れた。

「あんなことをするなんて、あまりにひど過ぎたのです。ひど過ぎましたよ！　私たちはどうかしていたのです！」。彼女はおかまいなしに続ける。「母親を移送し、子どもたちだけを残すなんて！　かわいそうな子どもたち。その後ナチが戻ってきて子どもたちを連れ去ったのです。それでは［フランス］警察はどうでしょう？　彼らなんて最悪ですよ！　警察の一人だけが、完全なヴィシー派だけが刑務所に入りました。それに、ご存知ですか？　サバティエ氏の奥さんはユダヤ人だったのですよ！　そうなると、彼がユダヤ人の運命を知っていたとは考えられないでしょう！」。

これにはカスタネード裁判長も驚いたようだった。「サバティエ夫人はユダヤ人だったのですか？」。

「そうですよ。その通りです」。シャペル婦人はうなずいた。「だからこそ、彼はヴィシーから離れようとしたのです。ボルドーにいる方が夫人には安全だと考えたのです」。

裁判長が驚きを表わした小さな疑問。一九八一年、モーリス・パポンの履歴調査委員会は、サバティエが「管轄域内における反ユダヤ的抑圧に対する全責任を負っていた」*25と結論づけたのだった。パポン同様、サバティエもまた一九八〇年代に調査の対象となったが、起訴される前に死んでいた。

「私の夫が［一九八一年に］哀れなモーリスに対する仕打ちを見たとき、彼はただただ衝撃を受けていました」とシャペル婦人が続ける。「夫は、『なんて恐ろしいことだ！　彼らは何ひとつ分かっていないのだ！』と言いました。その三ヶ月後、［彼女の］夫は自殺したのです……」

年老いて、疲れ果て、打ちのめされたシャペル婦人は証言席の手すりの上にうなだれた。

反対尋問は穏やかだった。「マダム、あなたは詳細な記憶を持っておられるようだから、モーリス・パポンがどういう点で偉大なレジスタンスであったのかお話し願えませんか？」。

「いいえ、それはできかねます」と彼女は答えた。「私はそんな高い地位にいたわけではありません。でもね、私たちはみんな仲間、あるいは殺人者と呼ばれていたのですよ。私はユダヤ人であれブルターニュ地方の子であれ子どもたちはみんな好きです。心が痛みます。ここに来る前、私の腸は機能を止め、便秘になってしまいましたよ！」

傍聴席にはくすくす笑いが飛び交った。裁判長の表情は厳しいままだった。

「カスタネード裁判長、あなたがほんのわずかな赦しと平穏を与えてくだされば……」。彼女の言葉はそこで止まり、頭を垂れた。

「マダム、」と裁判長が優しい声で答えた。「赦しを与えることは、この法廷の権限ではありませんよ」。

歴史の振り子はヴィシー時代に引き戻される。過去を再現しようとする人が証言台に上がるたびに、私たち傍聴人は振り子が止まる場所で痛々しい瞬間を感じる必要があった。続いて被告側の証人としてやってきたのは、アカデミー・フランセーズのモーリス・ドリュオン、「自由フランス」の元メンバー、ピエール・メスマール内閣で文化相を務めた人物である。ドリュオンは犠牲について、食糧不足について、寒さについて、家族との別離について、レジスタンスの生活に常につきまとう危険についてを、まるで昨日のことのように語った。彼にとっては、また、レジスタンスとして積極的に戦った勇敢な一パーセントのフランス人にとっては、その時期に匹敵するような時期などありえないことはドリュオンの話しぶりに明らかに見てとれた。

彼は憤慨をあらわにしている。「この裁判は記憶と［フランスのために］命を落とした犠牲者に対する侮辱です」と彼は言う。「レジスタンスのメンバーとして承認されたヴィシー政府高官が、今、一陪審員団の前で告発されているとは実に驚くべきことではありませんか。彼は三五〇〇万人の陪審員が二度選出した人物、フランシスク［ヴィシーのメダル］と、同時にレジスタンスのメダルを贈られた人物と同じ過去を持っているというのに！」（ドリュオンがほのめかした、フランソワ・ミッテランを選んだとき、フランス人はヴィシーとの関連性を知っていたというのは誤りであるが、彼の言わんとすることはわかる）。

ドリュオンは対独協力についての一般的弁護へと話を持っていく。「彼ら［パポンとその他］が強制収容所で起こっていたことを知っており、協力を拒否したというのなら、状況はさらに悪くなっていたはずではありませんか！　それにユダヤ人がそのことを知っていたなら、彼らは羊のように黙って屠殺場へ行ったりはしませんよ！」。

傍聴席の一人が立ち上がった。「われわれには武器はなかったのですよ！」。

「戦後、ヴィシーの裁判は片付いているというのに、われわれはそれをまた最初から蒸し返しているのです」。傍聴席の声を無視してドリュオンは続ける。「われわれは移送されたレジスタンスであれ、人質であれ、ユダヤ人レジスタンスであれ、辛苦をなめたり苦闘した人なら誰でも同じように敬意を表します。今日われわれは、あたかもユダヤ人だけが犠牲者であるかのようにユダヤ人のための特別カテゴリーを作ろうとしています。まるで列車を爆破して死んだ人たちは死んで然るべきであったと言っているようなものではないですか。これこそ、正義と「誤って」呼ばれる復讐であります」。

「そして、この裁判を援助しているのは誰だと思いますか？　いいですか、この裁判を後押ししているのはドイツです。ドイツは今や統合され、明日には再び昔のように力を取り戻すかも知れません。ドイツが帝国主義の復活を抑える唯一の方法は、ナチの悪魔を覚えておくことです。われわれが象徴的フランス人を批難すれば、「ドイツ人は『フランス人だってわれわれと同じように悪かったのだ』と簡単に言うことができるでしょう。彼らの罪は消されるでしょう。犠牲者の子どもが死刑執行者の子どもと仲良くなるなんて、ある種の矛盾ではないですか」

「私の父はユダヤ人レジスタンスのメンバーでした」と検察側の弁護士フランシス・ジェイコブが叫ぶ。「そのような発言は許されませんよ！」。

「私はフランス人で、子どものころに洗礼を受けたカソリック教徒です」とドリュオンがジェイコブの顔をにらみながら応酬する。「しかし、私の祖先の一部はユダヤ人でした。一方の血筋にもう一方の血筋を対立させることは断固として許されません！」。

「いいえ、違います！」とクラルスフェルトが大声をあげる。「今日のフランスが過去のフランスを批難しなければ、明日には再び行政官がユダヤ人を死刑場に送ることが可能になるでしょうよ」。

「一九四五年一一月一一日、すべての戦争犠牲者が追悼されたのに、なぜ出生の理由だけで強制移送されたユダヤ人についてひとことの言及もなかったのですか？」。ミシェル・ザウイ検察官が問い詰める。
「多くの人は内心それが重大な間違いだと思っていたことは確かです」と裁判長が取りなした。
「これはフランスそのものに対する裁判です」。ドリュオンが大声で叫んだ。「しかし、フランスはそんなにひどいことをしたわけではありませんよ！」。

法廷における混沌たる雰囲気そのものだけでも困惑させるものになってきているところに、モーリス・ドリュオンは簡潔な言葉で戦時中のヴィシー政府と戦後共和政政府の灰色の結び付きを露呈させた。彼の言ったこの「フランスに対する裁判」とは、「正統」国家フランス、「本当の」フランス、社会再建のために必要であったモーリス・パポンをはじめとするヴィシー共謀者を土壇場になって偶然含むことになったフランス人レジスタンスの国に対する裁判であることを観客に理解させせようとする意図があった。それは、「フランス」が霧に包まれた個人的過去を人生の最期まで隠しとおしたフランソワ・ミッテラン大統領のようなレジスタンスの英雄を含んだのと同じことなのだ。

モーリス・パポンが挙手をして発言を求めた。彼はゆっくりと立ちあがり、裁判長の方に向き直った。「数日前から、私の裁判はド・ゴール将軍「とレジスタンス」の裁判へと脱線しています」と彼は、よく響く皮肉なトーンを込めた声で言う。「私はこの裁判が起こってしまったことに関してドリュオン氏の憤懣に共鳴いたします。私も彼の仲間の一人です」。

人道に対する罪、ナチとの共謀のかどで裁かれている人物が、ド・ゴール主義のレジスタンス闘士と同じ怒りを表明しているのである。肝つぶしの混乱もはなはだしいではないか。

犠牲者とその子どもたちを国家の敵として責めるに等しいモーリス・ドリュオンの痛烈な批判は、ボルドーの法廷にいた彼の世代にとってはお馴染みの告発であった。というのも、反ユダヤ主義はその時代の人種差別であったからである。しかし、かつての憎悪は一九九〇年代になると――ドイツをはじめフランスでも――よりあからさまにフランスではアラブ系や黒人を暗示する「移民」に向けられるようになった。事実、法廷内の忠誠心の混合や交差する忠義の糸は、ボルドー法廷の外でもひんぱんに見られる。フランスの極右政党である国民戦線は、モーリス・ドリュオンと似通った意見を発表していた。ジャン＝マリー・ル・ペンは、パポン裁判が「ユダヤ中心主義的」であると述べているし、第二時世界大戦は何千万人という死者を出しており、共産主義はもっと多い一億五〇〇〇万人の死者に対する責任があるという事実を忘れることは不当と主張している。ル・ペンは、一九八七年、一九九七年、過去二度にわたり、ナチのガス室を「歴史の些末な事件」として軽視する発言を行っている。二度目の一九九七年には、ル・ペンは自伝のプロモーションのためミュンヘンにいて、ドイツの右翼政治指導者で元ナチ親衛隊幹部であったフランツ・シェーンフーバーもかけつけていた。

ル・ペンは「突飛な」怒りを表わすことでメディアの注目を集めている。一九八八年、彼はユダヤ系の大臣ミシェル・ドゥラフォーのことを「ドゥラフォー・クレマトワ（ドゥラフォー・火葬場）」と呼び、別の大臣で死刑収容所からの生還者シモーヌ・ヴェイユ（哲学者シモーヌ・ヴェイユとは別人）に「ジェノサイドについて話すときには、私はいつでも彼らはヴェイユ老婦人を忘れましたね、と言うんですよ」と言った。一九八七年のラジオインタビューでは、「私はガス室がなかったと言っているわけではなく、自分ではひとつも見たことはないし、その質問については調べたことはないと言っているのです」と言っている。

ドイツと同様に、フランスにはホロコーストの規模を否定することを犯罪とする法律がある。そして、ル・ペンはどこにでもいるデマゴーグ（扇動者）のように、のうのうと「政治的正しさ」を振りかざす事情通たちが表現の自由に対して共謀を企てていると主張している。彼はこの法律のもとでしばしば告発され、罰金を課されてはいるものの、マイノリティを痛めつけようと口を開くたび支援者たちから拍手喝采が送られるため、彼の目的は達成されているかのようだ。ル・ペンの中核的支持者層は、フランス革命以来、見え隠れしている〈二つのフランス〉のウルトラ保守派であり、彼らの多くが実際には自己防衛のためにヴィシー・フランスの敗北後は沈黙を守ってきたのである。そこにはまた、政治的中心である自由主義に興味を持たないでいる元共産主義者も含まれる。ド・ゴール主義者、アカデミー・フランセーズの有力メンバー、誰もが認めるレジスタンスの英雄であるモーリス・ドリュオンが、こうしたグループの言葉遣いを選んだことは、パポン裁判における政治的、歴史的な複雑さを露呈する結果となった。

週刊誌『ラクシオン・フランセーズ』がドリュオンの証言、それに「狂信的ユダヤ人の大うそ」について語った内容を賞賛すると、この融合はさらに奇妙さを増してきた。「フランスと罪を分割させることでドイツの罪を軽減させてはならない」とドリュオンを引用しながらある論者は主張する。「ナチと数名のフランス人が実行した犯罪にヴィシーを巻き込むようなシラク氏の論は［間違っている］……すべてが終わってみると、ヴィシー政権の業績は大部分が有益であった……」。*26 こうした解釈は、一九六八年以前のドイツでよく聞かれた解釈と何と似通っていることだろう。汚い仕事をしたのは幾人かの悪党であって、絶対に「私たち」ではないのだ。

半世紀以上の間に「国家の敵」のカテゴリーが変化せざるをえなかった事実を鑑みるなら、ジャン＝マリー・ル・ペンと国民戦線は、数十年前にアクシオン・フランセーズの動きを啓発した根強い保守的思考とほぼ直接的につながっている。アクシオン・フランセーズはフランス独特の方法で言うならファシストであり、指導者のシャルル・モラスは殺人者と言うよりはスノッブ、芸術愛好家、マスキュリニスト（いわゆる男らしさを好む人たち）であり、古代信奉者であった（彼はプラトンを崇拝し、フランスにエリート支配を強いる君主制の導入を夢見た）。さらに、モラスはフランスのドイツへの降伏を嬉々として受け入れた反民主主義者でもあった。「われわれの最悪の敗北は、民主主義の打倒というよい結果をもたらした」と述べたこともある。

戦後、フランスが共和政に取って代わると、モラスの人気は落ちたが、彼の考えの多くは一次的にさえぎられたに過ぎなかった。しかし、現状の自由主義が深刻な挑戦を受けたのは、一九七〇年代にル・ペンが台頭したときであった。フランスでは数十年間にわたり、あからさまな人種差別と反ユダヤ主義は社会的タブーとされてきたため、一九八三年にパリで「フランス友情の日」という名目で珍しい会合が開かれることを知ったフランス国民は非常に驚いた。新しい国民戦線のメンバーは興味深い顔ぶれだった。ル・ペンの隣にはヴィシーのラジオ・プロパガンダ局長の元執行補佐、さらに「新秩序」という右翼学生団体のリーダー、アルジェリア独立戦争のとき軍事クーデターでド・ゴールを脅した極右組織のメンバー、そして『西側諸国の防衛』の著者などが見られた。昔からあった考え方は、それを語ってくれる新しい宣伝者たちを見つけ出したようだった。ある家族中心主義の団体が「マルクス主義者、ユダヤ人、フリーメーソン、そしてプロテスタント、この四つのスーパーパワーがフランスを植民地化しようとしている」とシャルル・モラスを喚起させるような言葉を高らかに宣言する。新聞の編集者は、「唯一の防衛なきコミュニティはフランス人コミュニティである」と述べた。最近出版された『人間のくず、ドレフュス』の著者は、アラブ移民は「うさぎのように多産」であると言い、ある政府高官のことを「トルコ人のようだ」と語る。しかし、何よりもあからさまなのはフィリップ・ペタン元帥の存在であり、元帥の写真は灰皿やポスター、ボタンやお皿などを飾っていた。長い間消えていた古い分派の保守派は、徐々にその姿を現し始めていた。

一九八四年のヨーロッパ選挙では、国民戦線は一一パーセントを獲得したことから、ル・ペンは政治の表舞台に躍り出て、党の名前はフランス大衆の広く知るところとなった。その後は一〇年以上その座を確保し続け、一九九五年のフランス大統領選挙では一五パーセントの得票率を得た。

ル・ペンは人種差別的言動を解放し、ヴィシー時代以来はじめて宗教的、民族的憎悪を世間で認められるものにしていった。やがて、人々は人種差別的な確信をあからさまに語り、フランスの経済不振や将来の不安要因とされ集団的非難の対象となったアルジェリア移民の殺害に拍手が送られたことさえあった。憂慮すべきことに、多数派の政党でさえもル・ペンの人気に押され、独自の（ル・ペンほど過激ではないものの）反アラブ系レトリックを使ったり、反移民法案を提出するという事態が起こってきた。しかし、一九九〇年代後半までには、強力なライバルが現れたことから、ル・ペンと国民戦線の将来は以前ほどの確実性を失ったようだ。[*27]

こうした状況こそ、モーリス・パポン裁判が行われている時代を取り巻く危なっかしい政治状況であった。大部分のフランス人はパポン裁判を支持してはいても、モーリス・ドリュオンと極右が堂々と、あるいは場所によってはヒソヒソと述べられた見解、すなわちこの件に関してはユダヤ人について度を越した議論がされているという見解に同意するフランス人は大勢いたようだ（言うまでもなく、この反応は統計として示されたわけではないが、傍聴席で、あるいはカフェやディナーパーティーでの親しい人同士の会話のなかではこうした無防備のコメントは確実に聞かれた）。

私の傍聴許可期間は終わり、席を譲る日がやってきた。私はパリの「自宅」へと戻り、数日後に私の住む一四区のコミュニティ・センターで「フランスは消滅しつつあるか？」という興味深い集会が開かれることになっていると知った。当日の夕方、数ブロック先にある市役所で講演を聴くために集まっていた約二〇〇名ほどに合流した。ほとんどが中年、見た目からすると労働者階級で見事に全員が白人であった。

「移民関係の専門家」と紹介した四〇歳そこそこの講演者は、開口一番に外国人に対する厳しい攻撃を始めた。かつてはフランスに支配されていた彼らが、今ではフランス国土でフランス人を支配している。「フランス」は消滅の危機にさらされている。フランス語を母国語とするヨーロッパの白人キリスト教徒の宝庫フランスは、アラブ系の侵略にさらされつつある。

私のまわりの観客は注意深く聞いているようだ。なかには同意を込めてうなずいている人もいる。彼の考えは最初にゼノフォビア（外国人恐怖症）が現れた時期と同じくらい古いにもかかわらず、講演者は非常に注意深く自分の議論を進めているようだ。フランスの法律はヘイト・スピーチ（特定のグループに対する憎悪をかきたてるような言葉）を禁じているため、それほど用心深くなる必要があるものと思われる。まず、「ゆりかごの復讐」という憂慮すべき不安要因を切り口として始める。フランスの出生率は減少の一途をたどっている一方で、外国人（アラブ系住民）はたくさんの子どもを産んでいる、と彼は主張する。外国人（アラブ系住民）は奇妙な食べ物を食べていて、そのぞっとするような料理は不快なにおいを発している。彼らの子どもたちはアラビア語を話し、実際、通りでは耳障りな非フランス語的響きが聞こえてくる。さらに、講演者はシングルマザーのこと、彼らの「子だくさん」ぶりについて、そしてフランス人の高失業率について話したあとで、仕事を奪っているアラブ系を批難する。

講演者は自ら人種差別主義者ではないと言う。自分は「理性を中心に置く」、愛国心にあふれるフランス文明の擁護者である、と。そう、彼は同化を信じている。実際、彼の母方の祖父は外国人だった（くすくす笑いが会場に広がる）。しかし、適切な同化が可能なのは「ユダヤ－キリスト教的伝統」に生まれた人に限られる。アラブなど論外である。彼らがキリスト教徒でない限りは。同化というのは自ら生まれ育った文化的過去を捨て、新しい土地の文化を丸ごと受容することである。イスラム教徒にはそれはできないし、彼らはその醜い頑固さでフランスを支配しているのだ。

移民関係専門家はそこでため息をつく。彼は途方に暮れる。ただ、嘆くしかない。われわれは政治家など信用できない。意気地なしの政治家など。フランスが何万もの外国人を国外追放したところで、第一歩としては評価できるとはいえ問題が解決するわけではない。彼の額は悲しみのためしわが寄っている。しかし、彼はたった今、自分なりの解決法を語った。強制移送という解決法を。

観客のなかには、先ほど「同化」として説明された文化の完全な放棄――あるいは完全なる同化が人間にとって可能であるかどうか――について疑問を差し挟む人はいない。所属のためには完全な同化が必須条件であるという考え方は昔のフランスの理想であり、フランス文化の普遍性から生まれた考えであるが、今日、ヨーロッパ全土でみられる人口統計的変化によってその意味は問い直されている。つまり、マルチカルチャーに悩まされているのは何もフランス人に限ったことではないのだ。講演者がとりわけ懸念しているのは、外国人が――彼の言葉で言えば――「国民に溶け込む」ことができないという点であるが、外国人と移民という言葉が黒人やアルジェリア人を指す暗号であることは聴衆も十分承知しているので、「フランス人」になるための克服しえないバリアが肌の色であると言及するには及ばない。

ヴィシー時代には、フランス人の定義は宗教によりなされたが（カソリック教徒のみがフランス人だった）、一九九〇年代までにはその基準は幾分変化した、と講演者は続ける。わずかに幾分であるが。というのも、ヴィシーから五〇年後にはユダヤ人は、ええっと、ユダヤ人はですね……講演者は次の言葉に詰まったように見える。彼は「ユダヤ―キリスト教的伝統」を支持してはいるが、あまりにもあけっぴろげに発言するのを躊躇しているのかもしれない。何といっても、アラブ系住民に対して取るべき措置だと言ったこと――つまり、強制移送――を実施したかどで、あるフランス人が被告席に座っている、今はそんな微妙な時期なのだ。一瞬だけの度忘れの後、「ユダヤ人はフランスに来て、フランス国民のなかに溶け込むことができました」と急いでもとの調子に戻る。「さらに、覚えておくべきことは、ユダヤ主義は宗教であって人種ではないということです」。参加者は固い表情を崩しておらず、講演者の説明に納得していないようだ。ジャン＝マリー・ル・ペンは何の躊躇もなくユダヤ人も攻撃対象として指定したのだ。とすると、この「専門家」は偽物かも知れない。

いずれにしても、同化は注意を逸らすための言葉であった。というのは、非白人が「国民に溶け込む」ことができたとしても――彼の説明だとそれは不可能――たとえ祖先から何世代にもわたってフランスの地に暮らし続けてきたとしても同化しているはずの人も決して十分には同化していないからだ。たとえフランス陸軍の大尉であっても、アルザス地方の旧家の出であっても、アルフレッド・ドレフュスはその時代の外国人恐怖症に言わせれば「フランス人」ではなかったのだ。同様に、首相のレオン・ブルムも、同じく首相のピエール・マンデス＝フランスも、あるいは法律家、上院議員で一九四二年にアウシュビッツに移送されたピエール・マッセも、あるいは人間の権利連合会長で、一九四四年にフランスのミリスに殺害されたヴィクトール・バシュにしてもフランス人ではなかったのだ。フランス革命によってもたらされた人道的政策のため、フランスはヨーロッパで人種的多様性という意味では最も進んだ国のひとつになっている。しかし、フランス人は古典的多元主義、すなわち宗教やその他の多様化したコミュニティをあるがままに国家の傘下で保護するという観念を受け入れることにいまだに抵抗を感じている。ボルドーで裁かれている例の人物は、その初期の失敗例を代表しているのだ。この集会は昔からある同じ拒絶が新しい形で現れたに過ぎない。

しかし、同じくもう一方の自由主義的フランスも攻撃態勢を整えつつあった。単なる偶然なのか、ボルドーでパポン裁判が展開している時期、パリのコメディー・フランセーズでは一八世紀のドイツ人劇作家ゴットホルト・エフライム・レッシングの『賢者ナータン』が上演されている。レッシングの全作品は、啓蒙主義に触発された寛容性と人間性への彼の傾倒ぶりを反映している。哲学者モーゼス・メンデルスゾーンはレッシングの親友であり（二人とも真実と理性という当時の二大原則に生き方をなぞらえようと試みた）、『賢者ナータン』のなかでレッシングは当時でさえ「ドイツのソクラテス」と言われたメンデルスゾーンに賛辞を呈している。

私はチケットを買い、この華麗な劇場に足を踏み入れることができる素晴らしさを感じる。この劇場には、もっと著名な啓蒙主義の象徴ヴォルテールの有名な胸像、そして一六七三年に上演中、致命的病に倒れたモリエールが座った椅子もある。レッシング作品の教訓など古くさいと思われるかも知れないが、西洋の三大宗教が同等に示している倫理的基盤、人類の唯一の真なる黙示録である「人間性への奉仕における平等な愛」というテーマは、二〇世紀後半にこの国を窒息させている雰囲気のなかでは意義深い教訓かもしれない。『賢者ナータン』の登場人物はお互いのつながりあいを発見する（おそらく人間という同じ家族に）が、ユダヤ人だけが——それはモーゼス・メンデルスゾーン自身である——強力な権力者にさえ真実を語る意志によりレッシングの理想を生きるのである。

私は、旧東ベルリンの荒らされたユダヤ人墓地にぽつんと佇むメンデルスゾーンの墓石を心に思い浮かべる。メンデルスゾーンの死後二〇〇年、ナチ時代から五〇年が経つ今でも、彼はここパリで敬意を払われているのである。モーリス・パポンが裁判にかけられているのは、困難な道徳的判断に直面したパポンが、ほとんどの同胞と同じようにレッシングが語るまさにその勇気を持たなかったためではないだろうか。そうした弱さは理解しうるものだが、弁解にはならない。パポンは一度も間違いを犯したと認めてはいない——彼が唯一後悔を感じるのは、自分が移送した犠牲者たちの最終目的地を知らなかったことであった。

しかし、後悔する人たちもいる。悔悛声明を発表したカソリック教会をはじめ、フランス警察連合[*28]は最近になってユダヤ人狩り、強制逮捕と移送で警察が果たした役割に対して赦しを求めた。彼らは声明のなかで先任者を「占領下におけるユダヤ人強制移送の共謀者」と述べたうえで、次のように厳しく断罪した。「そうした卑劣［な行為］に加担したのは少数ではなかった」。それとほぼ同じころ、フランス医学連盟の会長が、ユダヤ人医師に厳しい人数制限を課した医師会の反ユダヤ主義に関して個人的な謝罪声明を発表した。

遠い過去に対する謝罪と赦しを求める請願があふれだすと、怒りをあらわにする人たちも現れた。「レジスタンスであるヴィシー、アルジェリア戦争……フランスは過去の記憶に病んでいる」。一九九七年一一月一日号の『ル・ポアン』誌の表紙にはこのような悲鳴が躍った。各々の意見はどうであれ、このヘッドラインに異議を唱えることは難しい。

クラウス・バルビーに関する本の調査をしていたとき、フランスで最もよく知られたレジスタンス闘士ルシー・オウブラックと彼女の夫レイモンドに会った。彼らを通して、ヴォルテール高校の歴史教師ダニエール・ルセリエに連絡を取っていた。彼女は私を一七歳と一八歳が学ぶクラスに招いてくれた。多民族が暮らすことで知られるパリ一一区のこの学校は、学力に関しても評判がよく、教室ではアルジェリア人、黒人、ユダヤ人はもとより、かつての「フランス人の宝庫」の子どもたちが比率よく学んでいる。教室に入るとき、お互いに笑ったり肘をつきあったりしている様子は、世界各地の学校で見られるのと同じ風景である。

私はそこで生徒たちがモーリス・パポンについて知って

いるかを調べ、パポン裁判について意見があればそれを聞きたいと思っていた。ボルドーで、あるいはパリで、大人たちが何を話していようと、重要なのはこれらの子どもたちの考えである。フランスは多文化国家である。たとえそうでないと繕ったとしてもそれは事実である。この歴史クラスは、将来のフランス人の態度について興味深いヒントを与えてくれるだろう。

やはり生徒たちはモーリス・パポンについては知っている。そして、案の定、彼が「ナチを助けた」ことで裁判にかけられていることも知っている。新聞を毎日読んで裁判の行方を見守っているのは一三人のうち七人で、他のほとんどの生徒がテレビのニュースを見ている。生徒たちはしっかりした意見を持っていて、喜んでその意見をクラスで話してくれた。

「あなたの国フランスにとって、この裁判は遅すぎたと思いますか？」と私が質問する。

わずかに一人の生徒が「遅すぎる」と言う。「私たちの祖父母は一度もそのことについては話してくれませんでした。今では彼らは死んだか、年を取り過ぎています」。

生徒たちが異議をとなえる。「遺族にとってはある決着が必要なのだから、裁判は重要だと思うわ」。最前列の女の子が意見を述べる。「個人は告発を受け、有罪か無罪かの判決を受ける必要があります。それが顔のないヒエラルキーだとかそんなことは言えません。だって、それを行ったのはれっきとした個人なのだから！」。

「このたぐいの出来事が熟するには五〇年かかります」と別の生徒が発言する。「しかし、自分の行動にはいつだって責任を取るべきです。裁判は遅すぎるとは思わないけれど、こんなに遅れたことはやはり残念です」。

「ミッテランはすべてを知っていたからこそこんなに長い間裁判を延ばし延ばしにしたんだよ」と別の声が言う。「あまりにも多くのフランス人が罪の意識に苛まれていたから、ほとんどの人たちが死ぬまで待たなければならなかったのです！」。

「ちょっと待って！　すべてのフランス人がナチに手を貸したり、ジェノサイドに参加したわけではないよ。僕の祖父母はレジスタンスだったよ！」。今まで一言も口をきいていなかった男の子がそう口を挟む。

「私たちは後になって出来事を振りかえって考える場合にだけ、それが悪かったと考えられるんだと思います」と別の生徒が言う。

「戦争中、人々は対独協力が悪いなどとは思っていませんでした。それに私たちだってその時代に暮らしていたらどうしたか分かりません。たとえば現在、賛成できないような法律が通過しても、私たちはそれに反対するような行動を起こすでしょうか？　起こさないと思いますよ！」

生徒たちの議論は、占領下フランスを生きた祖父母の世代についての話題へと戻った。「今から約三〇年前、一九六〇年代のドイツの若者は、戦争中に両親がしたことについて質問を始めました。あなたたち、あるいはご両親は、おじいさんに向かって『戦争中、何をしましたか？』という質問をしたことがありますか？」。私は尋ねた。

沈黙のあと、ついに男の子が口を開く。「尋ねようとしたことはあります。でも、そのときに起こったことを理解するにはまだ早いと言われました。でも、祖父はドイツ人に憎しみを持っています。捕虜収容所に収容されたことがあるので、ドイツ人と聞くたびに罵ります。それ以外には絶対に汚い言葉を使ったりしないのに、ですよ。祖父が絶対にドイツ人を赦さないのは驚きです」。

「何ですって？　何十万人ものユダヤ人を殺した人たちを赦すべきだと思うわけ？」と彼女は立ちあがって口を挟んだ。

こうした生徒にとって、ロンドンに逃れた「フランス政府」、あるいはヴィシー政府の「違法性」という戦後神話は単なる冗談に過ぎないようだ。「ちょっと待って。フランス人は何かしたのに〈フランスは〉何もしなかったと言うわけ？　さっぱり分からないね！」とある男の子が叫ぶと、教室に笑いが広がった。生徒のほとんどがカソリック教会による謝罪の言葉には満足しているようだった。ただし、大半が道徳的な行動を起こすことは何もしないよりはましだが、教会が遺族の赦しではなく神の赦しを求めた悔悛声明については容赦なく批判的であった。「神の赦しを求めるのもいいけれど、教会は人間から赦しを求めなければなりません」と後ろの席に座っている女の子が言うと、賛成の声が次々と上がった。それでは、警察による謝罪はどうだろう？「警察は彼らが日々僕たちにしていることについて赦しを求める必要がありますね！」。（拍手）

「教会が神の赦しを求めたときは何とも思いませんでしたが、警察がユダヤ人の赦しを求めたときには感動しました」とある生徒が発言する。「ド・ゴール将軍は過去について語るべきでした。ああして隠しだてするべきでは絶対にありませんでした」。

「私もそうだと思う。でも、すべての人を裁判にかけることはできなかったでしょう。国には将来のことを考える必要もあったもの」と他の生徒がそれに答える。

　私たちの議論はフランスの記憶というメリーゴーランドに乗って同じ場所へと戻ってくる。ただ、違う点といえば、彼らはとても若く、若者によく見られるように評価においてはまったく容赦ないことである。「パポン裁判が終わればヴィシーに関する議論は終わりになると思いますか？」。私は質問を投げた。

「絶対にありえませんよ。またいつでも再開されるに決まっています」。数人が同じような答えを出した。「全員を裁判にかけるか、状況に蓋をするか。それ以外に方法はありません。でも、どちらも不可能なのだから、その議論はいつでも再開されますよ」。

　机にかがみこんでいたアルジェリア系の少年が恐る恐る手を挙げた。「裁判は重要だと思います。国民戦線がいるのだから」と消え入るような声で言う。「国民戦線は同じような言葉遣いをしていて、同じことを今度は彼らがやる可能性があるからです」。

　今まで発言していなかった黒人の女の子が手を挙げた。「ヴィシーは悪かったでしょうが、国民戦線が権力を握ればそれ以上に状況は悪くなるでしょう」。彼女はそう警告する。「そのときにはユダヤ人、アラブ人、黒人みんながターゲットにされるでしょう。一体誰が〈生粋の〉フランス人なの？　それを決めるのは誰なの？」。教室はしーんとなった。生徒たちはみんな、極右政党国民戦線とジャン＝マリー・ル・ペンを恐れているようだ。「私は、フランス国民は彼らに権力を渡すのを許したりしないと思う」と彼女は続ける。「絶対にそんなことないわ」。黒い肌のパリジェンヌは、自分がフランス人であることについては自信たっぷりである。楽天主義というものは、若い人たちのなかで永遠に更新されるものだ。

　フランスの若者の縮図とも言うべきこの生徒たちは、フランス国家観に関する昔の神話、モーリス・パポンの裁判で破綻し始めたかに見える神話を拒否している。しかし、無数の議論や記事が出ているにもかかわらず、フランスの歴史的記憶の混乱が明瞭にされるのかに関しては自信がない。個人を人道に対する罪で裁くことに関しては遅すぎるということは決してないが、あまりに多くの責任者が（起訴も裁判もなく）静かに死んでいったため国家にとって過去を片付けることは困難であると考えている。「私が八〇歳になってもヴィシー議論は続いているでしょうよ！」と教室の後の生徒が声を上げた。クラスメイトは笑って力強くうなずいている。

ダニエール・ルセリエは対独協力をしたヴィシーについてことあるごとに生徒たちに教えている。とはいえ、彼女は他の教師がこの話題を自分が信じるほどには重要視していないのでは、と考えている。ヴィシー政権に関しては、毎年数多くの本が出版され、学校カリキュラムでも正式な学習内容に指定されている。しかし、なぜか多くの教師が時間切れになってしまう。「彼らは一九三九年を終えて、それ以降を教える時間はないと言います」と彼女は言う。「多くの教師は、戦争を学ぶことは今日のフランスの子どもにとって重要とは考えていませんが、私は、この国における現在を理解することほど重要なことはないと信じるようになりました。もちろん、教師自身もその主題について勉強したことはなく、かなり無知ではあります。私は今五〇歳ですが、学校でヴィシー・フランスについて学んだことなど一度もありませんでしたからね」。

有罪判決。一九九八年四月二日、フランス史上、最も長期にわたった裁判の後、陪審員が評決をまとめた。モーリス・パポンはユダヤ人の逮捕と移送によって人道に対する罪への共犯で有罪判決を受けたが、ユダヤ人殺人への共犯に関しては無罪となった。懲役一〇年という判決は、国、検察側の求刑した二〇年の半分であった。検察側はただちに控訴した。多くの人たちが、正義はなされ、フランス史の重要な一章がほぼ完璧に明らかにされた、と考えた。かつてフランソワ・ミッテラン内閣の法務大臣であったロベール・バディンテールは、「その歴史と結び付いた偉大な国家が、過去とその結果としての暗黒面に直面するうえで［示した］勇気」について語った。元レジスタンス闘士の全国連盟は、ヴィシーへの拒否を選び、しばしば死の代償を払うことになった人たちと、移送という機構の熱狂的従僕とを区別するために、占領下時代のフランス行政官僚の責任を明らかにする必要があると述べた。ほとんどの犠牲者も満足の意を表わし、一六年間待った甲斐があったと言った。両親や子ども、兄弟姉妹や叔父叔母の殺害はついに承認され、有罪という形で法的に非難されたのだ。

一方では、失望した人たちもいた。そのうちの二人は『ヴィシーを片付けよう：記憶と忘却』[*29]の著者アンリ・アムルー、そして『ヴィシー・シンドローム：一九九四年から現在まで』[*30]を書いた若いアンリ・ルソという著名歴史家だった。ルソによれば、パポン裁判のプロセスはすべてが「後退ステップ」であった。彼は「メディアにおける裁判」を痛烈に批判し、それが戦後パージの再開であり、司法裁判所にはそぐわない「追悼」の様相を呈したとし、「裁判によって歴史を意のままに書こうとしている」クラルスフェルト家による「報復」であると述べている。ルソはまた、「ユダヤ中心主義」の終わりを求め、その言葉遣いによって自らの立場を極右国民戦線に並置させた。

一方、アンリ・アムルーの方は複雑な時代の不運な「白か黒かの単純議論」に批判を絞ったが、自ら公の場で、かつてペタンびいきで知られた『ラ・プティ・ジロンド』紙のジャーナリストであったことを公表したとき、彼の客観性を疑問視する声が上がった。フランスほど高度に政治化された国では、どんな批評家も個人的歴史を暴露されることになるのだ。

当の被告はどうかと言うと、彼の弁護士によれば「軽蔑しか」感じていないという。それから一六ヶ月後の一九九九年一〇月一一日、控訴審の直前、警備のすきを狙って逃避したパポンはその「軽蔑」をはっきりと示した。彼はスイスへ逃亡し、ムッシュー・ド・ラ・ロシェ・ベルナールという貴族名をかたり、ホテルに滞在していた。同じ頃、『誰も知りたがらない真実』[*31]という本も出版している。パポンは『ル・スドゥエスト』紙に掲載された謎めいたコミニケのなかで「名誉を守るには亡命という方法しかない」と述べて、自らを亡命した「フランス史で最も偉大な人たち」のなかでも、とりわけビクトル・ユゴーになぞらえてみせた。彼はまた、誰にとは言わず「感化されている」といって裁判所を批難し、「頭を垂れることは断固として拒否する」と威張って断言した。パポンは一〇日後にスイスの瀟洒なスキーリゾート地グスタッドで発見され、今度は有名な文学者の名前「ラ・ロシュフーコー」をかたっていた。パポンはスイス政府によってフランスへ送還され、ついにパリのラ・サンテ刑務所に投獄された。パポンが審理に姿を現さなかったことから、控訴は自動的に却下されたが、パポンの弁護士ジャン・マルク・バローは、この訴訟をストラスブールにある欧州人権裁判所に持ち込むつもりだと述べている。

パポンの「名誉」についての耳障りな歪曲、そして「感化」に関するコメントは、彼が一度もヴィシー時代の試金石的価値への誓いを破ったこともなく、さらには後悔の念に欠けていることを思い出させてくれる。一方では、彼の裁判とその判決は、フランスの大勢がヴィシー時代の考え方からどれほど進歩したかを表わす確たる証拠でもあった。

一九八七年、クラウス・バルビー裁判の数ヶ月前、フランスのメディアはこぞって、バルビーの告発はホロコースト、フランス・レジスタンスの真の役割、アルジェリアの植民地戦争、さらに長い間意図的に曖昧にされてきたあらゆる事柄に教訓を与えるだろうとする希望的観測を流した。法の下で一人の個人が、自分が責任者であった特定の犯罪に関して裁かれていること、そして、これこそが正義の基盤であることを覚えておいたジャーナリストはごく限られていた。

同じようにモーリス・パポン裁判も困難な裁判であった。被告は繰り返し、自分は過ぎ去りつつある世代の集団的行為に関してスケープゴートにされていると説明していた。ある意味でそれは正しかったと言える。裁かれていたのはヴィシー・フランスの中核であった行政機関だった。しかし、それは事実であるとしても、自分は「スケープゴート」に過ぎないというパポンの言い逃れはあたらない。ヴィシー政権のヒエラルキーで指導的立場にあり、ドランシーをアウシュビッツへつないだ命令を出したという意味では、フランス人が被告者席に据えたかったのはヴィシー政権の支配者層にいたルネ・ブスケ、あるいは彼の同僚ジャン・ルゲーであったかもしれない。とはいっても、パポンはかけられた容疑に関して無実ではなかった。パポンは自分では誰一人殺害していないが、彼が署名した移送書類は、一〇〇〇人を超える人たちを結果的に死に至らしめた。自分の送った犠牲者が実際にアウシュビッツへ送られる途中であったとは知らなかった可能性はあるにしても、パポンはドランシー強制収容所が恐怖の場所であることは承知していた。それならば、老人たちや小さな赤ちゃんの行く末を疑問に思ったことがあるかも知れないのだ。容疑の性質からすると、有罪判決は正当であると思われる。懲役一〇年という比較的軽い判決は（終身刑ではなく）、ダンテ的な地獄の環におけるパポンの卑小な立場を妥当に反映した結果であったと言えよう。

モーリス・パポンはアドルフ・アイヒマンでもなければ、誰よりも先に自国フランス政府をヒトラーの「ユダヤ人の最終的解決」に結びつけたルネ・ブスケでもなかった。パポンは道徳意識に欠ける役人であり、優れて知的、無類の野心をもったテクノクラートであり、当時の大部分が信じたようにナチ・ドイツの勝利を疑わなかった。そして、その日が来たら自分もぜひ分け前をあずかりたいと思っていたのだ。

パポン裁判の最も重要な成果は、政府がしかるべき手続きを経て発効した法も人間文明の教えに反する可能性があり、そのような法に従うことは法的な正当防衛には当たらないとしたニュルンベルクの結論をフランス司法において再確認したことだった。政府高官を有罪に処するという決定は、それゆえに特別な意味を含んでいた。少なくとも、今後、フランス人官僚は、政府役人の鑑であった不運な前任者モーリス・パポン裁判を思い出すことなく反人道的命令に軽率に従うことはないだろう。

さらに、パポン裁判はついにフランスの裁判所で不処罰という問題に向き合ったというメッセージを送るという役割も果たした。というのも、不処罰は――起訴に関する一〇年間の限定的規程と政治的に動機づけられた手っ取り早い恩赦がもたらした――フランスの文化的土壌に深く根を下ろしていたからである。一九五三年、「パージ」されなかった対独協力者すべてが、恩赦という毛布のぬくもりの下で起訴の可能性を免れることになった。ド・ゴール将軍は一九五八年、フランスのナチ親衛最高司令官であったカール・アルブレヒト・オベルグを免責し、一九六二年にはアルジェリア戦争における戦犯全ての告発が免除された。ミリス指揮官であったポール・トゥヴィエは、一九七一年にジョルジュ・ポンピドゥー大統領によって特赦を与えられていた。しかし、こうした恩赦は忘却、友愛のいずれももたらさず、一方では犯罪が無視され犯罪者がのうのうと通りを歩くような環境を作り出し、犠牲者とその子孫は正義という頼みの綱を否定されたのである。少なくとも、パポン裁判とその判決はフランスが歓迎しているかに見える変化を示していた。

「ヴィシー」は終わったのだろうか？　私にはそうは思われない。記憶と将来の和解へのドアはきしみながらも幾分大きく開かれたとはいっても。徐々に大胆さを増す告発に揺れた一〇年間は、フランスの若者に半世紀にわたって社会に浸透していた歴史的神話から自分を引き離す術を与えたかもしれないし、フランス政府は一九四〇年から一九四四年の自国の過去に対して国家として責任を取ることができるよう、かつての二重性と和解しようと格闘している。ドイツもまた同様に、それもより長い時間をかけて同じプロセスを試みている。ロバート・パクストンが指摘したように、第二次世界大戦の参戦国としては、ドイツとフランスは唯一、大戦中の行為に対して自国民を人道に対する罪で裁いている。[*32] しかし、ドイツの過去が「克服しえない」ままとどまっているように――それどころか個人にとってさえ受容しえないように――長い年月を経て何世代もの市民が生きては死ぬまで、フランス人が文明社会の規範を逸脱した記憶を簡単に忘れたり、あるいはその記憶から癒されることはないだろう。ジャック・シラクの手厳しい言葉、「贖いようのない過ちを犯してしまった」記憶は、それほどまでに深くフランス人の心をえぐっている。

第3章

歴史の抹消
日本における虚偽と忘却

出る杭は打たれる
——日本のことわざ

伝統的日本建築には常に興味をひかれていた。簡素な木造の家屋には、幅広のふすまがそなわっている。このふすまを動かすだけで外にあるものをすべて見せたり、部分的に隠すこともできる。この考えはとても魅力的だ。「外にあるもの」はふすまを引く加減によって形を変える。それは世界の見方を固定する一定の枠組みをそなえたヨーロッパ、北米の建築構造とは明らかに異なっている。日本でよくあるように、庭が隣接していればふすまを調整するだけで、その景色を異なる角度から眺めることができるのだ。日本への旅は私にとって重要な経験になるだろうという予感は、日本を訪れる前に何度も感じていた。なぜならば、神と同様、人も現実を形作るからである。形而上学的にも、可動的で流動的な空間という考えは、真実とは何かという問いを投げかけるものだ。

それでは、政治における「ふすま」とは一体何だろう。フランスでは、第二次世界大戦後、この「ふすま」はシャルル・ド・ゴール将軍により調整されたが、そうすることでフランス人全体にとって共通の利益があると彼が判断したからに他ならない。ふすまを動かすということは、ナショナリズムを再形成することへの的確なメタファーであったし、今でもそうである。同時に、それは全ての人がひとつの共同体としてみなされる戦時下のように、あらゆるものが共通目標に向かって結束することへのメタファーでもあった。不体裁な過去が邪魔になれば、ふすまを動かすことでそれを隠すことができるのだ。

以前は、日本のことを考えると必ず広島の恐ろしい話を思い出したものだ。私が広島で起こった出来事を知ったのは随分昔のことだが、その時のことは今でもはっきりと覚えている。家族のリーディング・チェアに丸くなった私は、両親の本棚から適当に選び出した本を手にしている。その本はジョン・ハーシーの『ヒロシマ』で、一九四五年八月に広島と長崎の市全体を消し去った惨事を綴った巨大なルポルタージュであった。

無邪気な私の子ども時代は、そこで終わりを迎えた。そのとき、広島市を流れる太田川で溺れる人たち、核の炎が市内を焼き尽くすなか、崩れた破片にしがみつこうとしている人たち、顔面から滑り落ちる溶けた眼球などが、私の脳裡にしっかりと刻み込まれた。そして、この瞬間を生き延びた人たちが直面したことを表現するためにハーシーが使った、体から皮膚が「ドロドロに剥がれ落ちる」という言葉の恐怖……。

それから長い年月が経ち、あまり語られることのない日本軍の犯罪について知るようになった。人口を激減させるほどの中国人民間人が犠牲になった時期に発生した南京レイプ事件、そして悪名高い七三一部隊が満州で、そして東アジア全土で行った生物兵器開発のためのグロテスクな人体実験といった蛮行。世界がついにヒロシマを知るようになってから長い年月が経ち、やっとこうした犯罪が公の場に現われ始めた。日本軍の蛮行は、世界初の原子爆弾の恐怖、より近くで起こったホロコーストの陰に隠れ、西洋人の記憶のなかでわきに追いやられていた。日本の戦後世代は、自国の戦争の歴史について西洋人以上に無知である。過去の一部を覆い隠すため巧みなふすまが意図的に配置されたためである。

私は常々自分の目で日本を見てみたいと思っていたが、一九九六年にそのチャンスがやってきた。夫のトム・ロビンソンが日本の大学に客員教授として招かれたのだった。私は日本人がどのようにヒロシマを記憶しているかについて非常に関心があったし、子ども時代の静かな午後を台無しにした広島で私自身の記憶を探ってみたいと思った。第二次世界大戦、とりわけわずかしか知られていない日本軍の戦争犯罪は、どのように記憶されているのだろうか。私が特に訪れたいと思ったのは、東京の中心部にある神社、日本で最も物議をかもす場所だった。以前読んだ記事のなかに、普段でさえここに来れば、東京裁判後に絞首刑を執行された戦犯をはじめとする戦死者の魂を拝む人たちの姿が見られるとあった。

一〇〇年以上の歴史をもつ靖国神社は、徳川幕府倒幕後、天皇制の明治時代が始まった一八六八年、皇族治世崇拝のために捧げられた。第二次世界大戦が終わるまで、靖国神社は日本文化の核心のなかでも崇拝の心理的拠所として、宗教的、社会的、文化的、政治的システムといった包括的信念としての機能を果たしてきた。そのシステムは、西洋の民主主義につきもののほころびなど皆無の、非常に整然としたもので、国家は天皇を頂点とし、上層部には天皇を崇拝し、天皇のために死んでいった兵士を配したピラミッド型組織であった。かつての日本社会はしっかりと包まれた繭であり、皇族と軍の上層部が完璧な階層的地位において結びついた有機体であった。日本の神話[*1]によれば、最初の天皇となったのは聖なる武者、神武であった。神武の祖先は日の出国の女神、天照大御神であると信じられていたため、後の天皇は神の子孫であると考えられていた。すなわち、あらゆる皇族の行為は道徳的善悪にかかわらず神と完璧に調和し、神と神である天皇、神の治世とは一体であった。

秩序を教える儒教と大衆的宗教である神道が混じりあった精神的統合では、とりわけ重要なのは服従であった。最下層部では、親孝行と夫に対する妻の服従にはじまる不平等な関係という文脈内でまず地位の違いが生じてくる。個々人が天皇に対して忠誠を誓うにいたるまでのあらゆる義務はこの原型から生じてくる。「君を天とすれば、臣は地である。天は上を覆い、地は万物を載せる」とは、頻繁に引用される詩的表現である。

第二次世界大戦後、アメリカの課した民主主義が導入されると、天皇を頂点とする時代は公式に終わりを迎えた。しかし、靖国神社は今なお、時代遅れのメッセージを聞こうとやってくる人たちに、失敗に終わった戦争の昔の団結について語りかけている。その団結は、苦しみにあえぐ国民に向かって精神一統何事か成らざらん、と流され続けた政府のプロパガンダによりいっそう強化された。「われわれのからだがつらければつらいほど、ますますわれわれの意思、われわれの精神は肉体を凌駕する……へとへとになればなるほど、よい訓練になる」[*2]。空爆と一日一二時間の勤労によって精魂尽き果てていた国民はそう言い聞かされた。食糧もなく、身を暖める衣服さえない国民に、指導者たちは体を暖める体操を命じた。このような激励を可能にしたのは、戦前の日本社会を支配していた宗教的インフラに他ならなかった。仏教と神道のうえに成り立つ社会では、自己抑制と瞑想、精神的悟りの探求の上に生活が成り立っていた。こうした宗教的価値を政治の面に置き換えることは、それほど大きな飛躍ではなかったのである。

しかし、東京都心にこの靖国神社をまつり続けることには、もっと深い意味がある。ナチ時代のあらゆる遺物を取り払い、ナチの台頭を許したイデオロギーを犯罪としたドイツとは違って、靖国神社は今もなお宗教的、歴史的記憶に関する政府公認の史跡であり続けている。それは、ベルリン中心部にナチ幹部の記念碑を奉っているようなものである。

東京は数百万もの人々がひしめき合う、きらびやかな都市である。しかし、鳥居を一歩入ると、自然公園のような聖地に踏み込む。入り口付近の木々は、戦没者へ奉納されたものである。枝には白い小さなリボンがなびいている。この飾り付けは命を落とした息子や父、夫に対するお祈りの象徴である。歩道を歩きまわる白い鳩は、魂の生まれ変わりとして英雄や「神々」になったものと考えられている。

屋外の小さな社には、巡礼にやってきた第二次世界大戦の元兵士たちとその家族が集まっていた。白装束を着た二人の神官が儀式を執り行っている。年配の元兵士たち、背中の曲がった妻たちは椅子に座り、じっと沈黙を守っていた。

私に同伴してくれたのは東京大学で哲学を研究する院生三人である。彼らとは東京にいる夫の同僚を通して知り合った。三人にとって靖国神社訪問は初めてで、落ちつかない様子は一目瞭然だった。「僧侶だった祖父は、中国の戦犯収容所で亡くなりました」と、一人が低い声で言った。「靖国神社はとても微妙なところです。とても微妙です」と、もう一人が不安そうに答える。

私たちはそろって神社の博物館に入った。外見は通常の博物館と何ら変わらない。明治維新の武器や大砲などの展示物、天皇裕仁の理想化された肖像画などが展示されている。天皇裕仁は一九八九年に世を去ったが、生前は現人神であると誰もが――少なくとも一九四五年八月十五日の降伏の日までは――信じていた。その日、天皇は日本国民に向けて人間宣言をしたのだった。天皇を崇拝する国民にとって、この宣言は敗北の屈辱以上に衝撃的であった。その宣言は日本人の世界観を形作っていたイデオロギー的基盤を粉砕してしまったからである。

隣の部屋には、一九三一年の満州事変（軍事介入はしばしば「事変」という言葉で軽視される）に関する展示が見える。満州事変は、少なくとも日本以外の国では一四年にわたる日本の侵略戦争の第一歩と考えられている。しかし、靖国神社は博物館としてはここで終わっている。というのも、これらの展示品は単なる展示品としてではなく、間違いなく聖なる遺品――衣服のはぎれや微笑をたたえた若者の英雄的な写真、熱狂的な母親宛てのストイックな遺書など――として保管されているからである。あくまでも強調されるのは、死を前にしたときの勇気、そして高潔さである。

隣接する展示室では、一九三七年当時の南京のことが、「支那事変」として説明されている。ここにもより多くの遺品や礼賛的展示品があるが、実際に南京で起こった事についてはー言の言及もない。

そして最後に、丸い展示室の中央に置かれているのは、博物館の目玉である実物大の神風爆撃機である。神風は空軍の特別隊で、敵の標的に突撃するという自爆的任務を帯びていた。神風とは「天が送った」風を指し、かつて日本を敗北から救ったとされる神話にもとづき、宗教的な暗示を含む。神風爆撃機の横では、実物大の潜水工作員が海底で機雷付きの槍を叩きつけ、潜水艦と自らを爆発させせようとしている人間魚雷が置かれている。これらの若者たちは、天皇と祖国のために命を捧げるというこの究極的自己犠牲を受け入れることを余儀なくされ、そのために人生への執着を断つよう作られた言葉を繰り返し繰り返し聞かされた。「千尋の海に沈みつつ尚も御国の護り神」と。日本国民すべてが、天皇を頂点とした上層階級に服従を要請されるというこの精神的「家族国家」の理想により、国民は運命を受け入れるよう強いられたのである。

同伴していたアキが、奇妙な気持ちになってきたと言う。はじめは不安で、他人事のように感じていたが、若者たちの手紙や詩、祈りの言葉を読むにつれ、引き込まれるように感じ、同時に居心地の悪さも感じていると言う。そして、自分より若いこれらの兵士たちの気持ち、そして彼らがそのように考えるに至った過程を徐々に理解し始めた、と言った。しかし、こうした兵士たち、あるいは神である天皇に対する彼らの「捧げもの」など理解したい気持ちは微塵になかったアキはこの反応に戸惑った。また、友人たちは下らない遺物や神々を集めた、こんな馬鹿げた場所など今まで見たことがない、と言って自分の気持ちを冗談のなかに押し込めようとしていた。

神風爆撃機の隣にある小さな展示室では、戦争中のニュース映画が繰り返し流されている。微笑みをたたえた兵士が爆弾を投下したり、ビルマの小隊が怯えたイギリス兵士を戦利品に、カメラに向かってポーズを取っている。サウンドトラックとして使われているのは、奮起を促そうとする典型的な愛国音楽の耳障りな音。

博物館内にいる元兵士たちは、椅子に身を寄せ合って座り、感動的な面持ちでニュース映画に見入っている。まるでかつての思い出に我を忘れたようである。彼らを見ていると、私にも以前の思い出が蘇ってきた。以前、トロントでレニ・リーフェンシュタールの見事なプロパガンダ映画『勝利への意志』のスクリーニングに出かけたことがあった。『勝利への意志』は、ニュルンベルクで行われたナチ党大会の様子を伝えるドキュメンタリー映画で、催眠的存在のアドルフ・ヒトラーを目もくらむような濃度で伝えている。映画館が明るくなったとき、我にかえった私はまわりの観客を見て苦々しい気持ちになった。観客は、当然、歴史もしくは映画に興味のある人たちだろうと思っていたのに、そこにいたのは涙目で過去の思い出に浸っている老人ばかりだった。一人などは立ち上がることもできず、前列に倒れ掛かるように頭を垂れていた。係員から立ち去るように言われるまで、私はその老人から目を離すことができなかった。

靖国神社はそこで描かれている事件に関する何の分析も、解説も、そして物事を判断するために必要なパースペクティブも提供してはいない。杖をついた年配の退役軍人たちにとって、過去とは青春と英雄的行為に満ちた思い出の国なのである。

戦後しばらく、靖国神社を公式訪問する政府高官はいなかったが、三〇年後、三木武夫首相が鳴り物入りで個人訪問すべきと判断するほど、保守派の権力は再び拡大しつつあった。その後、首相のほとんどが三木首相の前例にならい「私人として参拝」という主張を繰り返しながら靖国神社を参拝している。たとえば、天皇裕仁崩御の翌年にあたる一九九〇年八月一五日には、一四名を越える政府閣僚がこの賛否両論の神社で儀式に参加した。興味深いことに、同年一月、右翼団体の一員が長崎市の本島等市長の暗殺を試みている。多くの日本人が沈黙のうちに考えていたこと、つまり「天皇には戦争責任がある」という考えを本島市長が堂々と発言したためだ。同年夏、靖国神社をそのような多勢で参拝することで、閣僚は天皇の戦争責任に関する彼らの立場を表明したわけである。この行為は、まさに歴史的ふすまの調整であり、日本の戦争記録を守るという言葉なき宣言でもあった。

一九九〇年はとりわけ問題の多い年であった。昭和が終わりを迎えただけでなく、天皇の死は文化的不明瞭さを露呈し、なかにはその不安から抜け出そうと過去に手を伸ばす人たちも現われ始めた。しかし、靖国神社参拝は危険を伴う厚顔無知な行為であった。靖国神社が神聖化する戦時中の歴史は、やっと公の目にさらされ始めたばかりであった。

日本の戦争とはこうである。一九三七年一二月一三日、陸軍第四師団が南京市に攻め込んだ。続いて揚子江両岸を占領していた海軍の戦艦が攻め入った。その日、南京市にはおよそ六〇万人がいた。

二週間のうちに、日本軍は路上の民間人を手当たり次第に大量殺戮し、残虐の限りを尽くした。日本軍による猛襲の野蛮さは言語を絶するものだった。民間人を刺し殺し、内臓を掻き出し、首を切り落とし、火をつけて殺し、溺死させ、犠牲者の眼球をキリで突き、生身の体から心臓をえぐり出した。男性からは睾丸を抜き、女性の性器には棒を差し込んだ。年齢を問わず女性は殺される前に白日のもと路上で輪姦された。父親は自分の娘を、息子は自分の母親を強姦するよう強要された。抵抗する市民は直ちにその場で処刑された。

こうした惨殺は軍隊内の士気を高め、将校たちは殺人を「効率的」に行うよう奨励された。ある二人の兵士は惨殺競争があったことを曖昧に認め、その結果として数百人の民間人が殺された。しかし、それも彼らにとっては単に「友好的な賭け」、あるいは「愉しみ」でしかなかった。こうした百人斬り競争は、大阪の『毎日新聞』[3]ほか、『東京日々新聞』、『ジャパン・アドバタイザー（英語版）』[4]の記録に残っている。

こうした蛮行により少なくとも二六万人が殺害され、二万人の女性が強姦され、南京市には炎がくすぶっていた。[5]この虐殺に関する公文書も存在した。中国人のほかにも、特派員や写真報道家、キリスト教使節団、日本人によってすら記録されている。大虐殺の翌年には、英語で書かれた『戦争の意味するところ：中国における日本軍の恐怖、記録報告』[6]が出版されたが、ヨーロッパ全土は戦争に巻き込まれていたため、この本が多くの人の目に触れることはなかった。

中国と日本のあいだに起こった戦争は、中国が日本古来の文化の源であったため、多くの意味で内部事件であった。

日本の芸術は形式において中国の影響を多大に受けている し、日本語の文字も中国語に由来する。仏教はもともと中国から伝来したものであり、儒教哲学も同様である。そうした文化的借用は、その土地固有の文化が生じるまで新しい環境のもとで吸収、同化、変容を被るのが常である。現代の日本社会は間違いなく独自の社会であるにしても、その根本的ルーツは隣国の文化に遡ることができる。

階層的社会において秩序や調和、従順を賛美する儒教的思想は、人種的優越という信念を加速し、また、日本古来の大衆宗教である神道の伝統が、これにさらなる混合を加えた。一八世紀の著名な国学者、本居宣長は日本人の善悪の判断基準は天照大神の啓示から派生すると述べている。「天照大御神の、御出生ましまし御本国なるが故に、万国の元本大宗たる御国にして、万の事異国にすぐれてめでたき」[*7]。しかし、とりわけ重要なのは天皇と政治との関係である。天皇とは天照大御神の末裔であり、天皇のあらゆる行動、あらゆる言葉は神の御心となる。換言すれば、天皇の言葉だけが道徳なのである。これが実際どう機能するかというと、政府の大臣と結合した軍隊が、天皇の名において莫大なオートノミー（自律性）をもって行動することが可能になる。原則として、天皇が公式に反対の意を示さない限りは（天皇は東京裁判で証言を求められることはなかったことから、天皇裕仁が知っていたか、知っていて目をつぶっていたかは未だに不明である）、天皇の名において行われる限り、「下層部の」国民が壊滅状態に至ることも許容されるのである。

一九三二年から一九四五年まで行われた医学的な人体実験が正当化された背景には、人種的優越という古来からのイデオロギーに愛国心が混ざり合い、さらに戦争への義務感が加わったという事情がある。満州駐屯の七三一部隊は、石井四郎という若い微生物学、免疫学者を隊長としていた。実際、生物兵器開発のための人体実験にかかわった多くが医者であった。石井四郎は、野放図で立身出世のためには何でもする極めて計算高い人物で、出世のためのコネにはこと欠かない名家の御曹司であった。一九二〇年後半、石井は超国家主義者たちの後押しを得て、軍事省で生物兵器製造を主張し、一九三〇年までには多くの賛同を得るまでになった。石井は陸軍医学学校の免疫学教授に抜擢された。

一九三二年、石井は三〇〇人の同僚とともに満州のハルビンに到着した。彼らは最高機密実行の許可と、そのための十分な経費を秘密口座から得ていた。石井の最初の主要施設は、地元の人たちがツォンマと呼ぶ捕虜収容所で、アメリカ人歴史学者シェルドン・Ｈ・ハリス[*8]によれば、高さ三メートルの煉瓦壁、有刺鉄線と高電圧線で囲まれた半キロ四方の建物であったらしい。事の大きさに気付かれないよう、施設建設を強いられた中国人強制労働者には目隠しがされていた。

　ここには二つの棟があった。ひとつは司令部、別の棟には刑務所と研究所、火葬場、軍需品集積所が入っていた。期間はまちまちだが、数百人の囚人たちがここに捕らえられた。ほとんどが男性だったが、女性や子どもも含まれており、漢民族（中国における多数派民族）のほかにもソ連人捕虜、スパイ行為で起訴されたヨーロッパ人、ハルビンに居住していたユダヤ人などが捕らえられていた。初期にはこれらの人々は何らかの犯罪行為で起訴されたり、裁判もなく有罪判決を受けた人たちであったが、しばらくして人間の供給量が減少してくると、単に「疑わしい者」が捕まえられ、この刑務所に運ばれてくるようになった。捕虜はやっと体が入る大きさの檻に入れられたが、実験対象として差し障りのないよう食べ物だけは十分に施され、健康状態を保つため運動もさせられた。

　石井の最初の研究対象は、牛や羊にとってはほぼ致命的な病気とされ、人間にも感染する炭疽菌、そして馬に特有の伝染病で人間も感染の恐れのある鼻疽、そして一四世紀にヨーロッパを壊滅させたペストであった。実験室で感染させたネズミからペストに感染したノミが採取され、そのバクテリアが捕虜に注入された。実験結果は感染と出た。一九三九年、石井はペストが生物兵器として「効果的」であると嬉々として報告している。使い終わった研究対象は毒を感染させて殺害し、隣接する解剖室で分析をした後、その残骸は火葬場に投げ込んだ。

　一九三九年になって石井にはより大きな施設が与えられた。その平房《ピョンファン》村も重要機密であり、実験室、実験用動物の家畜小屋、死体解剖棟、動物と人間の残骸を始末するための焼却炉三基のほか、日本人スタッフのためのレクリエーション用施設（スイミングプールも併設）などを含む七五棟を超える建物から構成されていた。施設の一部は若い医学生の訓練用に使われた。地元の人たちの疑心をはぐらかすために、この複合施設は材木工場と呼ばれ、研究者たちは人体実験用の人間をおもしろおかしく「マルタ（丸太）」と呼ぶようになった。

　一九四九年にアメリカの調査で証言した実験参加者は、「そこでは毎月三〇〇キロのペスト菌、五〇〇〜六〇〇キログラムの炭疽菌、八〇〇〜九〇〇キロの腸チフス、パラチフス、赤痢菌、一〇〇〇キロのコレラ菌を製造した」ことを認めている。[*9] しかし、最大の秘密は人体実験についてである。人体実験は、細菌感染に利用できそうな食べ物や他の媒体を調べたり、さらに毒素の致死量を特定するために行われていた。「マルタ」は、それぞれ番号で呼ばれ、人間が窒息死に至るまでの所要時間を特定するために逆さ吊りにされたり、塞栓症（血管中に空気が入って血管を閉塞する病気）の起源を実験するために静脈に空気を注入された。こうした実験はすべて数週間以内で終わっている。人体実験の対象とされた人は、実験の結果死に至ったか、実験対象として役に立たないため——彼らが使った用語を借用すれば——「生贄にされた」かであった。

石井はこの実験に従事している間、実験の成果を堂々と発表しているが、その際、人体実験を示唆する表現は避けていた。論文では、実験対象は「サル」とされ、特に「満州サル」という言葉は内情を知っている者にはことさら愉快に響いた。一九四九年、日本軍のある軍人が自ら進み出て、平房従軍中に数えた死者は三〇〇〇人、うち少なくとも六〇〇人が実験の結果殺されたと証言したが、[*10] いわゆる野外実験でのコレラ菌や腸チフス菌、ペスト菌の空中散布による死者数を含めると、犠牲者の数はその一〇倍に跳ね上がると見られている。[*11]

七三一細菌部隊の科学者たちは、医学研究の専門知識によって選ばれ、戦後の調査によると誰一人としてサディストでもなければ、精神錯乱者でもなかった。彼らは単に出世を願う理性的な便宜主義者であった。実際、これらの願いは戦時中、あるいは戦後に実現し、元七三一部隊の科学者の多くが大学学長、医学部の学部長、公衆衛生機関の長官といった地位を手に入れた。彼らは平常時にはたとえ事故でも危害を起こせばたじろぐような普通の人だったのだろう。日本人の人種的優越と国家の運命という信念を叩き込まれた結果、真夜中に目を覚まし、良心の呵責に苦しんでも、それを無視できたのである。「マルタ」に番号をつけるといった犠牲者の人間性剥奪も一助となった。必要とあらば、石井は部下たちに向かって、「犯罪者」は捕虜として結局は殺されるのだから、科学の進歩のために貢献できるなら彼らにとっても栄誉この上ないことだ、と言ってきかせた。

若いころ、敬愛する上官に教え込まれた強い信念を変えることは決して容易なことではない。一九九九年、戦後五四年たって、七三一の元科学者溝渕俊美は元同僚との同窓会を準備している時期、インタビューに応えて、今でも人体実験の犠牲者たちは「マルタ」であると言ってのけた。「私にとって彼らはマルタでしかなかった。マルタは人間とは考えられていませんでした。彼らは死刑の判決を受けたスパイか陰謀者だったのだから、二度死刑になったにすぎない。我々は死刑を執行しただけですよ」[*12]と言い放った。

七三一部隊に相当する罪を犯したのは、アウシュビッツでの医学実験のような計算づくの非道を人間の尊厳に対してやってのけたナチだけだと思っていた。しかし、私は後になって、アパルトヘイト時代の南アフリカでは狂気の科学者たちが、ガン細胞誘発毒素や「白人を黒人に変える」（スパイ目的で白人が敵の軍事部隊に潜入できるようにする）薬を開発するために躍起になっていたことを知り、二国の罪に比類すると考えるようになった。いずれの国においても、この種の行為に先立って犠牲者から完全に人間性を剥奪することが必要であった。歴史的には、人間性を剥奪された敵は、通常、病魔に蝕まれた最低の人間――換言すれば、非人間――として描かれ、この信念がひとたび根付けば、おぞましい行為すら澄み切った良心のなかで行うことができるようである。七三一部隊は、取るに足りない人種と見なされた人々に致命的な病気を感染させるということを平然とやってのけた。日本人ではない「マルタ」など、虫けら同然だったのだ。

戦後、記憶と忘却のふすまは再び元通りの場所に戻された。アメリカが手助けしたために、真実は半分隠されたままになった。ニュルンベルク裁判に相当する極東国際軍事裁判、いわゆる東京裁判は、一一ヶ国の代表が判事を務め、一九四六年五月から一九四八年一一月にわたって行われた。[*13]ニュルンベルク裁判では、被告のほとんどが殺人、隷属、移送や虐殺といった人間性に対する罪で有罪判決を受けたが、東京裁判での起訴容疑は、侵略戦争開始の共謀性に絞られた。七三一部隊が行った残虐な行為は意図的に回避された。

東京の巣鴨刑務所に逮捕、監禁された二八名のA級戦犯のなかには、南京大虐殺当時、中国における中央軍の最高責任者、日本軍司令官であった松井石根、一九四一年から四四年にかけて日本の首相、日本軍陸軍大将であった東條英機がいた。連合軍にとって、東條は誰よりも重要かつ象徴的な被告であった。極右国粋思想にもとづく軍国主義の象徴である東條は、一九二〇年代のはじめに「完全戦争」のイデオロギーを推進していた。

東條と松井はどちらも有罪判決を受け、巣鴨刑務所で一九四八年一二月二三日、他の五人とともに絞首刑を執行された。その後、二人は彼らの死を悼む同胞により、昭和殉難者として、また、「神」として靖国神社に祀られた。しかし、松井の方は重要人物の身代わりになったという可能性もある。松井は南京大虐殺が始まった時、肺炎を患っていたため、指揮権は天皇裕仁の命令により血縁の朝香宮鳩彦親王にまわってきた（東京裁判での証言で、松井は朝香宮と天皇に的確な指示を出せなかったことで自分を責め、彼らのためには死をもいとわないと公然と言い放った）。しかし、朝香宮の名前は東京裁判の被告名簿になかっただけでなく、戦争中、大小に至るあらゆる行為がその名のもとで実行された天皇の名前さえなかった。これに対する連合軍側による説明は、ジョセフ・B・キーナン主席検事が述べたように、天皇は政治的役割を持たない無力な存在であったというものであったが、この主張の真実性は当時に比べるとかなりあやふやになっている。現時点では、ダグラス・マッカーサー連合軍最高司令官が日本の文化的、政治的安定性の基盤となっていた天皇の取り調べを免除したというのが通説である。

マッカーサーはある意味で正しかった。新しい民主主義が台頭し、天皇はもはや神ではないと自ら宣言したにもかかわらず、裕仁を頂点とする戦前のヒエラルキーは、戦後日本の安定性に寄与することになった。しかし、アメリカは自国の政治目的に適うようにふすまをずらしていたのである。古来より存続してきた天皇制は日本の超保守的な一面であり、戦前の幹部指導者はこの影で強大な権力を握っていた。つまり、天皇制存続はこの政治的、社会的な極右勢力を保持することでもあったのだ。アメリカ政府の真意は、第二次大戦の残り火から生じつつあった冷戦にあり、その兆しは東京裁判が行われている最中にも見られた。要するに、共産主義に対抗するためには、日本の古い保守的右翼勢力が必要だったわけだ。

一九四七年、ジョージ・ケナンは新聞紙上で次のように述べていた。「日本の産業、商業分野の元指導者こそ日本における最も有能な指導者であること、彼らこそ最も日本社会の安定性を強化する要素であること、彼らがアメリカとの間に最も強い関係をもっていることを認めれば、アメリカ政府の対日外交政策は日本の主導権における彼らの然るべき地位の獲得を妨げる障害物を取り除くことでなければならない」。共産主義者の「操られグループ」に対する安定性を確保するため、アメリカは「干渉する道徳的権利」を有する、と彼は主張している。*14

石井四郎は告発を免れ、東京裁判では七三一部隊や生物兵器の研究に関してはほとんど触れられることはなかった。平房（日本軍は満州からの撤退の際すべて焼き払っていた）で実行された調査の全貌を知っていたのは石井四郎ひとりであり、石井の研究成果は一般の目にさらしてしまうには価値がありすぎた。冷戦が危機的な重要性を帯びてくると、アメリカ政府は石井が獲得した情報を喉から手が出るほど欲しがったというわけである。さらに、ソ連ではなく、アメリカ政府だけがその情報、技術にアクセスできるよう仕組んだ。

アメリカ政府と石井の間では秘密取引が成立した。データの引渡しと引き換えに石井は免訴された。しかし、広報とジャーナリズムの方をなんとかしなければならなかったが、こちらはそう簡単には交渉がつきそうになかった。一九四六年一月、『ニューヨーク・タイムズ』をはじめとする数紙の新聞が石井四郎とその「実験台の人間」についての記事を発表した。しかし、四月までにはすべての議論がぴったりと止み、生体を使った生物学的研究という主題は公の場から完全に消えている。[*15] こうした決定には政府の高官たちが絡んでいるはずで、石井四郎が日本政府の庇護下でのみ生体実験をなし得たと同様、生きた人間を実験台にした人物に法的免責を与えるという決定が単独で行われたとは考えにくい。

一九八六年、満州で捕らえられたアメリカ人元捕虜フランク・ジェームズが、アメリカ連邦議会で証言したところによれば、彼は頻繁に採血され、捕虜たちが眠る収容棟にはノミがばらまかれたという。ジェームズは平房から生還したが、それは彼の体力が人並み以上に優れており、臓器摘出後の半冷凍死体を検死台から運ぶよう命じられたからだろう。ジェームズは一九四五年にアメリカに帰還したとき、捕虜収容所での体験について一切口をつぐむことを宣誓する書類に署名させられたことを認めている。それから四〇年の月日が流れ、これ以上沈黙できないと心を決めた彼はこの宣誓をついに破った。[*16]

石井の娘である石井春海は、一九八二年八月二九日の『ジャパン・タイムズ』とのインタビューで、この取引がどう行われたかを語っている。「私の知る限りでは、取引が交わされたのは事実です。しかし、それを最初に打診してきたのはアメリカ側であって、父ではありません。これだけは言っておきます。父のもとで働いた人の誰一人、戦犯として裁かれなかった、という事実は重要ではありませんか？　起訴を逃れるために隠遁生活を余儀なくされた人たちに対しては心底お気の毒だと思いますが、占領軍と取引をした父の勇気がなければどうだったか……、お分かりでしょう」。[17]

東京裁判のなかでは七三一部隊についての事実は明らかにされなかったが、一九四九年に行われたソビエト連邦による裁判では、数人の医学科学者がかなり詳細に証言している。そのころには冷戦は氷河期に入っており、戦争の一部を隠蔽しようとしたアメリカ政府は、その後数十年間、証拠の信用性を意図的に失墜させるという手段を使った。一九九六年になって、東京裁判に関する記事のなかで、退役軍人でオクラホマ大学の法学教授ロバート・バー・スミスは、日本が生物兵器に関する実験を行っていたという示唆を一笑に付した。「ソ連裁判の焦点は、日本軍による細菌戦（国際軍事司法裁判で全く証拠が見つからなかった）の〝製造と利用〟に集中していた」とスミスは書いている。「ソビエト側の主張によれば、日本軍はペスト伝播用のノミを繁殖させ、細菌感染を拡大するために薬莢や爆弾を製造し、こうした準備はすでに一九三五年には始まっていたという。さらに、ソビエトの検察は日本軍が人体実験を行い、一九四〇年から一九四二年にかけて中国で実際に細菌を使用したとし、こうした全ての極悪行為の陰には財閥の存在があったとしている」。スミスは、このような告発は「殊勝げなでまかせ」と結論づけている。[18]

しかし、実際、ソビエト側の主張は正確だった。歴史家のシェルドン・ハリスは、私が行った取材で「この裁判で使われた一〇〇〇枚を越える証拠書類のコピーを入手している」と語った。「この裁判だけが、日本軍が中国で行った医学的残虐性の全貌を正面から暴露しようとした唯一の試みだった」。

天皇制の存続は、新しい民主主義のなかで戦前の極右コミュニティを存続させることでもあった。七三一部隊についての情報を隠蔽することも同様の効果があった。ドイツと日本で開かれた国際軍事司法裁判の対比は、それぞれの国による過去の扱い方の違いを表わしている。ニュルンベルク、東京の二つの裁判が終わる頃、ニュルンベルク裁判では、ナチ犯罪の核心部分が公の目にさらされ、ドイツの政治的土壌を大きく転換させるという明らかに多難なプロセスを始めるきっかけとなった。この意味で、一方の東京裁判は来るべき悲惨な結果を考えれば、ニュルンベルクの成果とは比べものにならないほどお粗末なものだった。（ドイツ、時間のかかったフランスとは違って）東京裁判に続く日本人の手による戦争犯罪裁判は一度も開かれなかったため、軍事裁判の判決を「勝者の正義」と一蹴することは決して困難なことではなかった。ドイツでもニュルンベルク裁判の結果を「勝者の正義」として無視する動きは一部に見られたが、国際司法裁判の明らかな透明性を前にすると、多くのドイツ人は口をつぐむしかなかった。一方、東京裁判では石井四郎との密室での政治取引がなされたため、今なお社会的に高い地位に留まったままの熱狂的ナショナリストに、「連合軍は一九三一年以来、日本がアジアで侵略戦争をはじめたというが、こちらにはこちらのものの見方がある」と反論する余地を残した。こうしたナショナリストは、裁判での東條発言を引用して、さきの戦争は西欧によるアジア植民地拡大に対する自衛行為であって、実際、日本が目指したのはアジアの近隣諸国を西欧列強の手から解放することであった、と主張している。愛国主義者は民主的リベラル派に攻撃を加え、彼らが戦争の汚物を蒸し返し、日本の名誉を傷つけているとしている。

二五年間、日本ではいくつかの国民的議論がおこったが、戦争の事実を学校で教えることは一度もなかった。裁判が行われている時期には南京大虐殺について語られることはあったし、有罪判決を受けた幹部指導者は絞首刑を執行された。一九五〇年代から一九六〇年代にかけて、罪の意識に苛まれた兵士数名が告白を始め、反戦的な映画や本も出版された。そして、一九七一年、数々の賞を贈られたジャーナリスト本多勝一による調査記事シリーズが発表されると、日本の保守派は騒然となった。『中国の旅』と題された本多の作品は、虐殺をかろうじて生き延びた犠牲者たちとのインタビューに基いており、一九七一年一一月にリベラル派の朝日新聞に掲載された。このなかで本多は、日本軍による南京大虐殺の犠牲者はおよそ三〇万人であったと結論した。

中国の旅だって？ 犠牲者へのインタビューだって？ 日本多への否定キャンペーンは直ちに二つの反駁とともに始まった。ひとつは、「本多勝一様への返書」[19]、もうひとつは「〝南京大虐殺〟のまぼろし」[20]と題された記事であった。こうした攻撃は一〇年以上続き、そのなかには田中正明による『南京大虐殺の虚構』（一九八四年発行）も含まれた。また、南京大虐殺を否定するわけではないが、「事件」は大げさに「誇張された」という主張も出てきた。こうした見解は、一九八六年に出た本（どうみても意図的に『南京事件』と題された）において詳述されている。このなかで、著者は、実際に殺害された人の数は三万八〇〇〇から四万二〇〇〇の間であると主張し、さらに、この事件は「虐殺」には程遠い事件であったと付け加えている。文部省はこの本を歴史教科書として採用している。

歴史的出来事をこのように大掛かりに否認するキャンペーンは、ネオナチなどによるホロコースト否定、矮小化を連想させるが、ホロコースト否定はドイツでは刑法に触れる犯罪であるのに対して、日本では選挙によって選ばれた政治家たちが修正主義的解釈を借用した発言をしたり、学校でさえ公然と歴史の歪曲が教えられている。一九七〇年代までには、極右主義者たちは暴力をもって反撃しているが、政府はこの暴力を批判することもなく、事実上野放しにしている。そのうち、政治家も自分たちの立場を表明することで、こうした動きをバックアップし始めた。三木武夫首相が靖国神社を私人として訪問したのは、一九七五年のことであった。

開始までに数十年はかかったものの、ドイツの若い世代が一九六〇年代後半に「両親」世代から説明を求めるようになると、最終的には元ナチ幹部で戦後も政府高官の地位についていた多くがその過去を暴露され、ドイツ社会はナチ時代という過去との対峙を余儀なくされた。日本では、比較的オープンであった時代から記憶の検閲へと、まったく流れは逆方向へと進んでいた。マッカーサーは民主主義的憲法をセーフガードとして日本社会の安定を保持したいと考えたが、旧体制の秩序を維持するためには公的記憶という代償を支払う必要があった。アメリカの占領が終わった後も、日本の裁判所による戦争犯罪の裁判は一度も行われず、七三一部隊の誰一人として有罪を言い渡されることはなかった。日本の表面上の安定性（とアメリカの目に正しいと映った反共産主義的態度）は、少なくとも部分的には忘却に根ざしていたのだ。

一九五二年、占領が終わるまでには、アメリカの課した「非日本的」価値に対抗すべきであるという保守的見解が優勢となった。その最高の武器が歴史教科書だった。一九八〇年代になって、南京大虐殺をはじめ、推定約二〇万人の韓国人やフィリピン人「慰安婦」（うちわずか四万人がこの苦渋を生き抜いている）に対する強制売春、そして生体細菌調査関連の残虐性に関する詳細な情報が日本に入ってくるようになると、中年層の多くが落胆した。私が長崎で会ったミュージシャンの後藤シノは「私たちは何も教えられてなかったのですよ！」と怒りを込めて言った。四〇代前半の夫ジュンは哲学の教授である。数百万人のその世代と同じように二人は騙されたように感じている。靖国神社に同伴してくれた大学生たちは、あからさまな軽蔑を見せた。彼らもまた、最近になってやっと自国の戦争に関する事実を知ったのだった。靖国という場所はおかしくも恥かしい場所であるが、困惑するほど馴染みのある文化――戦後にまで脈々と受け継がれ、自国の歴史に触れることすら否定されるような文化――を具現化しているのだ。

日本人が教えられてきたことは、たったひとつの出来事、世界で初めて原子力爆弾が投下された広島と長崎のことである。一九四五年以降に生まれた数え切れない子どもたちが教えられたように、これこそが戦争の核心なのであった。

新幹線は小さく揺れながら疾走している。南へと向かう途中、日本の風景が窓の外に漂う。数百メートル離れた都市をつなぐ醜悪な都会のスプロール化現象を見ているうちに、変遷を暗示する風景に好奇心をそそられる。塔のような屋根瓦が乗った低い伝統的家屋、その家を囲む田んぼは、有害煙をもくもくと吐き出す工場によって挟まれている。

昔らしい田舎の田園と戦後の規制なき成長という並置は、文化的変遷を顕著に示すメタファーである。つまり、古いものと新しいものが隣接しながら、外見上、両者の間にはものごとを鳥瞰できるだけの距離も展望もない。昨日も大阪で同じように感じた。広い通りには、濃い色のスーツに白いシャツ、タイ、黒い靴という同じ服装のサラリーマンが何百人も歩いていて、ほとんどが携帯電話とブリーフケースを持っている。知人は彼らのことを新しいサムライだと笑いながら言った。彼の説明によれば、昔のサムライは服装からそれぞれの階級と集団内における地位が一目で分かったそうだ。現在では、サラリーマンの階級にも同じような約束事があると言う。

確かに面白い説ではあるが、西洋化した日本には集団内での服従という昔の考え方が脈々と息づいている。労働者階級は所属する会社と社内での地位を暗示する制服を着ているし、事務とお茶くみが仕事の未婚女性、いわゆるＯＬは濃い色の女性版スーツと白いシャツを着ている。とりわけ興味深く、そして曖昧なのは、学校の生徒である。アメリカが課した憲法には軍隊保持を禁じる第九条があり、このため日本は正式に軍隊を保持できない。この第九条は、日本のリベラルや左翼が恭しい調子で引用する聖典であるが、彼らは自国に対する不信の念を抱き続けている。軍隊を思わせる生徒集団が通りを行進し、その背後では厳しい表情の教師たちがハンドマイクを手に独裁者然と声を張り上げている。男の子は「陸軍」風詰め襟、女子生徒は海軍のセーラー服型ブラウスといういでたちで、どう見ても軍服にしか見えない。公立学校では、髪の毛の長さ、アクセサリー着用が許可されていればその種類が指定されている。個人差を最小限に止めようとするこうした不便さは、服従という日本文化の価値観をはっきりと思い出させてくれる。この状況を説明しようと、友人があることわざを教えてくれた。「出る杭は打たれる」。

私が会った日本人の多くが現代日本人としてのアイデンティティという問いに直面していたが、それもさほど驚くほどのことでもないだろう。日本は「西洋」なのか？　日本には憲法もあれば民主主義的政治制度も整っており、こうした意味では西洋国として認められるであろう。最近では経済面での低迷が続いているが、それでも日本は世界のお金持ち国のひとつであり、技術革新においても最も進んだ国のひとつである。実際、日本ほど携帯電話が普及している国はない。といっても、大阪の街角でビジネスマンが携帯電話で商談をまとめながら、大げさに笑ったり、精力的にお辞儀したりする風景は、「西洋」諸国の風景とは大きく違っている。マクドナルドやバーガーキングは、寿司や刺身、天ぷらという日本食を押しのけ、最近では日本のレストランで最高の売上を記録している。これらは「西洋化」の証拠だと言えるだろうか？　さらに、日本はチューインガムの大量消費国であり、この習慣は日本人がアメリカ占領軍から覚えたものである。実際、数人の日本人作家が、子どもの頃に見た、路上に捨てられたキラキラ光る銀色の包み紙について懐かしそうに回想したりする。かつてリグリーズのガムは、戦後日本で初めて理解された「自由」、「民主主義」を、あるいは国民が個人として独立し、もはや天皇のために命を捧げる必要のない新時代を少なくとも象徴していたのだろう。

ＪＲの制服を着た若い女性が、販売用ワゴンを押しながら通路を歩いて行く。車両を出る際には、深くお辞儀をして「どうもありがとうございました」と挨拶をする。言葉遣いはきわめて丁重である。そうするうちに、「次の到着駅は広島」という車内アナウンスが流れた。

今、私はかつて表現を絶する出来事が起こった場所を訪れようとしている。その考えにそわそわしながら、私は文化と従順性について、また、この惨事を生き抜いた人たちが自分をどのように見ているのか、日本人が彼らをどう見ているのかについて再び考え始めた。ガンマ線を全身に浴びた人や、顔面火傷を負った人たちは、控えめに言っても「打たれなかった」生きた「杭」である。西洋では、広島と長崎の被爆者が受けた災禍のイメージは琥珀のなかに閉じ込められてしまったが、彼らの存在の意味は数十年のうちに曖昧な象徴へと消えてしまったかに思われる。被爆者と被爆都市は、世界の政治指導者が誇張を繰り返す一方で、核戦争の最期へと時を刻む半世紀におよぶ瀬戸際政策を示すシンボルへと形を変えた。時として、私たちは被爆者が未だに放射能の後遺症に苦しんでいること、次世代にまでその後遺症が続いていることを耳にするが、世界では核兵器禁止の動きが盛んになる一方で、被爆者たちの姿はますますおぼろになっていく。被爆者の体験は、次々と語られるホロコーストのストーリーの背後で影を潜めているのか。あるいは、一部の人たちがそれゆえに民間人に対する核兵器使用を十分正当化できると考え、アメリカを参戦へと導いた真珠湾攻撃という強烈な記憶の下敷きになっているのだろうか。理由は何であれ、私には生き地獄を生き延びた人たちが、国際的反核平和運動におけるぼんやりとした象徴に変えられてしまったように思えてならない。

私の乗ったタクシーは、神話と死の源、有名な太田川へ近づいていた。以前、カナダ人ディレクターのロバート・レページは、この川と生存の記憶をテーマとしたオペラ『太田川の七つの支流』[*21]を製作しているし、他にも太田川をテーマにして原爆投下後を描いたフィクションやフィルム、ドキュメンタリーなどが製作されている。実際に見る太田川は美しい。太田川は広島市の中心部を流れ、川の周辺は公園として整備されている。その川岸では市民が午後の日差しを楽しんでいた。

東京のカナダ大使館を通して、私は通訳の小倉ケイコを雇っていた。彼女は取材スケジュールを持って私のホテルにやってきた。真面目なプロフェッショナルで、海外からの来客を自分の白いＢＭＷで送ることには慣れているようだ。海外からやって来る人たちのほとんどが「ヒロシマの魂」を求めてやって来る、と彼女は言う。「ヒロシマの魂」は反核運動の象徴として、世界中の平和活動家を引きつける理由になっている。私たちは広島平和記念公園を通り過ぎた。平和記念公園は爆心地を中心に整備されており、記念碑が散在する緑あふれる広大な敷地である。拡声器を持った教師に引率された生徒の姿がたくさん見える。

広島の産業はいつも平和的だったわけではない。そのことについて尋ねたとき、ケイコは驚いたふうで、その話題には触れたくないという表情がありありと見えた。広島市は明治維新以来の軍事要地であり、一八九四年から九五年にかけての日中戦争では最高軍事司令官であった大本営が直接操業のために移転していたし、太平洋戦争中には主要な攻撃発射基地であった。原子爆弾が投下された日、広島には約三五万人がいたが、そのうちの四万人は兵士であった。エノラ・ゲイのもともとの目的地は瀬戸内海沿岸の福山市であったが、アメリカ軍が広島市を選んだ背景には、多くの軍事的理由があったと考えられる。

一九四五年八月六日、広島市上空で核爆弾が投下されるまで、戦争中心に動いていた広島市のコミュニティは国家奉仕の精神で一丸となって行動し続けていた。いつものように隣人は隣人を見張り、それぞれの役割をきちんと果たしているかを監視していた。戦争に負けるなどと疑う者は誰一人いなかった。戦争は神秘的な大和魂の現われなのだから。かつてのサムライの刀は今日では銃と軍艦に姿を変えたのだから。

その八月の早朝、エノラ・ゲイが太平洋上のティニアン島を飛び立った。五〇〇〇キロの核爆弾を搭載したアメリカ軍のB29は、「リトル・ボーイ」と呼ばれていた。八時一五分、爆撃機が積荷を投下した。原子力爆弾は閃光とともに炸裂し、続いて耳をつんざく爆風と強力な衝撃波によって放射能があらゆる方向へと飛び散った。原爆が炸裂した後、爆心地では地上の温度が太陽と同等になり、巨大なキノコ雲が上空を覆った。数秒内に人口の半分が即死し、町中が消え去った。

それから五一年後、渡辺チヨコは広島市の高級ホテルのロビーで私に手を差し出した。白髪が顔面を漂い、暖かく親切そうな表情をたたえている。皺一つないプリントスーツをきちんと着て、琥珀のネックレスをつけていた。額には大きな傷跡が見える。今日は彼女の七四回目の誕生日だという。

『ニューヨーカー』誌の記事として発表され、後に『ヒロシマ』という題名で出版された本のなかでジョン・ハーシーが追った生存者の一人は、広島市で最大の医療機関、赤十字病院で働く医師だった。当時の広島では一五〇人の医師が働いていたが、そのうちの六五人が即死し、残りのほとんどが負傷した。一七八〇人の看護婦のうち一六四五人が死んだか、働けないほどの重症を負った。渡辺チヨコは生き延びた一二六人の看護婦の一人で、その日も爆心地から約一・五キロ離れたところにある赤十字病院で働いていた。

当時、二二歳だった渡辺チヨコはすでに未亡人だった。国の呼びかけに応え、前線にいる若い兵士に慰めの手紙を書いた。数年後、文通相手は結婚を申し込み、彼女が承諾すると、相手は挙式のために帰還した。しかし、その後中国へ戻って戦死したという。

八月六日朝八時一五分、渡辺チヨコは赤十字病院二階の事務室にいた。隣の机では若い研修生がレポートを書いていた。突然、目が眩むような閃光が光り、続いてドーンという轟音、そして竜巻のような疾風が部屋を尽き抜けていった。秒速四四〇キロのこの疾風は市内を駆け抜けた。渡辺チヨコは瞬時に吹き飛ばされ、気を失った。約一五分後に意識が戻ると、同僚の姿が見えない。吹き飛ばされたか、粉砕してしまったのだろう、二度と姿を見ることはなかった。

いくつものガラスの破片を顔面に受け、額には一番大きな破片が突き刺さっていた。傷口から流れ出る血で何ひとつ見えない。包帯室へ駆け込んだが、何もかも消えていた。洗面台にあったタオルを見つけ、それを頭に巻いた。

病院内は混沌としていた。壁や天井は患者の上に落ち、爆風のため窓は粉々になっていた。あらゆる部屋が吹き飛んだ血で覆われていた。患者たちは寝転んだまま死んでしまったか、叫びながら方々へと走り出していた。奇蹟的にも、渡辺が担当していた兵士たちはみんな生き延びていた。彼女はこのグループを割り当てられたことをことさら誇りに思っていた。看護婦になることは子どもの頃からの夢だった。そのうえ皇軍兵士たちの看護ができるというのは、この上なく幸せなことだった。

路上で負傷した人たちが病院の入口に殺到した。病院にはわずかに六〇〇台のベッド数しかないというのに、その日、一万人以上もの人が病院に辿りついた。しかし、ほとんどのベッドは使い物にならない状態で、人々は床に横になり、階段は人々でぎゅうぎゅう、非常口にも倒れ込んでいた。嘔吐する人、血を流す人、叫び続ける人、あまりの衝撃に呆然として横たわっている人、なかには男女の区別がつかないほど、ひどい火傷を負っている人たちもいた。

爆発から約一時間後に始まった火事は、市内の木造家屋を次々と炎に巻き込み、吠え上がるような大火災となっていた。渡辺は今や病院で唯一の看護婦だった。他の看護婦たちはすでに病院を後にしていた。隣接する郵便局は炎に包まれていた。炎が達しないうちに患者たちを移動させなくてはならない。立って動ける患者たちは、担架で動けない患者を運ぶ手助けをした。消毒剤の赤チンがかろうじて数本残っていたが、それ以外に使える医薬品はまったくなかった。

病院は焼けてはいなかったものの、夕方までには一〇人ほどの職員はくたくたに疲れ果てていた。誰一人何も食べていなかった（非常用乾パンは翌日になるまで到着しなかった）し、死体は暑さで腐敗し始めていた。恐ろしいことに、その日の朝には比較的元気そうに見えた人たちが、今や恐ろしいほど病気になっていた。それは放射能による影響であったが、そのとき誰一人それを知る人はいなかった。

玄関を埋めつくしていた重傷、瀕死の人たちは、渡辺チヨコが傍を通る度に水を求めて脚を引っ張るのだった。そのなかの一人に、「私たちと一緒にいて下さい。どこにも行かないで下さい！」と懇願されたとき、一二時間たって初めて絶望と心細さに捉われた。

「ここで一緒に死ぬのよ」。彼女はそうささやいて、自分も床の上に横たわった。

渡辺チヨコはそう話しながら過去の思い出に没入していた。記憶をたぐりよせるうちに目には涙があふれ、両手は宙で動いていた。私もまた、彼女が潜り抜けてきたこれらの体験に圧倒され、当時二二歳の若さだったこの女性の強さと勇気に畏敬の念を感じた。私は衝動的に彼女の手を握った。年老いてごつごつしたその手は、あふれる感情にわなわなと震えていた。

彼女自身も放射線の病気に冒された。白血球は通常の半分の量しかないが、病気を報告したことはない。その理由を尋ねたときの彼女の説明は曖昧だったが、私が推測するに、病気を報告するにはプライドが邪魔しているか、反対に恥ずかしいと感じているからだろう。彼女以外にも多くの人たちが負傷を恥辱と感じた。とりわけ女性たちはそうだった。彼女は、原爆投下後の数年間、火傷や変形した顔が他人の目に触れないよう、日中の外出を避ける人たちが少なからずいたと話してくれた。それは、私が自問し続けてきた問い、つまり「他人とは違う」人たち、コミュニティに再び戻る権利がないと信じ込んだ人たちが被爆後どうなったのか、という問いに対する彼女の答えだった。

渡辺チヨコの人生で二つ目の悲劇は、原爆投下後九日目に起こった。絶望の淵にいる臣民に対して、天皇裕仁が国民に向けたラジオ放送で「堪え難きを堪え」るよう命じたのだった。そのなかで、天皇は日本の降伏を宣言した。このことは、降伏を無類の恥と考えていた国民にとっては理解し難いものだった。渡辺はその日「意志を失い」、彼女を支えていた強靭さ——原爆は落とされたが、いずれ勝利するという信念——が消え、元の状態に戻るまでには長い時間がかかった。こうして長い年月を経ても、天皇に対する「敬愛」の念は変わっていない。「天皇だけが悪いわけじゃない。天皇は裁判にかけられてもいないし、どうして日本人が天皇を責めることができますか」。渡辺はそう尋ね、天皇の罪の可能性を認めながらもそれを許すのだった。

その後、私はこれと同じ説明を何度となく聞いた。渡辺チヨコの説明は、未解決になっている国の戦争責任という問い、すなわち、一最高責任者の名のもとに行われた全犯罪に関する問いに対する日本人一般の返答であった。彼女に会ったとき、日本では七三一細菌部隊や南京大虐殺についての真実は知られていたにもかかわらず、彼女は自分の個人的英雄伝や被爆体験を歴史的文脈においてはまったく理解していないのだった。戦後五〇年間、彼女は広島の原爆については個人的、あるいは地域的な脈絡で以外、考えたことはないと言った。彼女は、あれは戦時中で、「だから、仕方がなかった」と表現した。日本では「仕方がなかった」という表現を何度も耳にしたが、これは因果関係の論理を拒否する、この国に深く根ざす運命論的考え方に基いている。実際、多くの人が原爆投下は何世紀にもわたって日本が被った無数の自然災害の一つだと考えていることを知った。渡辺チヨコもまた、今でも自分の被爆をそう理解している。

彼女は、残りの人生を未婚で子どものいない女性たちが何の役目も与えられない、固く組織された日本社会で過ごしてきた。五〇年間、彼女はある種の血液のガンを患っている。そうした苦渋や絶望を生き抜くことができた理由は何かと尋ねたら、彼女は柔らかな口調で、それでも躊躇なくこう答えた。「子どもはなくても、看護婦として働き、他人を助けてきたという確信があったからでしょうね」。

その日、渡辺チヨコは誕生日のディナーに私を誘ってくれた。私は喜んで受諾し、二人で私の滞在するホテルのレストランで若いマネージャーの付き添いで食事をした。渡辺が自分の人生を生き生きと語るのに注意深く耳を傾けながら、マネージャーが「健康の秘訣は何ですか?」と尋ねた。これはヒロシマの問いなのだ。彼女はメニューのうちで最も高価な刺身と天ぷらの食事、それから酒とビールを注文した。彼女は幸せそうで、輝いていた。

「渡辺さんは、あなたが広島の原爆について深く理解していると言っています。そして、そのことに深く感動しています」。渡辺はマネージャーが通訳しているのを聞きながら、大きく微笑していた。本当にそうかしら?「ありがとう」と言ったものの確信はなかった。今日は彼女の七四回目の誕生日。彼女の言葉は、この日、人生で最も辛かった日々を思い出す横で、海外からやってきた見知らぬ人が熱心に耳を傾けてくれた、そのことに対する返答だったのだろう。

当時二〇歳の大学生だった坪井直は、学校に向かう途中で閃光に遭い、身体が空中に投げ出されるのを感じた。意識が戻った時、シャツのそで部分とズボンに火がついていた。靴は吹き飛ばされていた。左肩と腰からは血が流れており、両手と脚にひどい火傷を負っていた。そして、空が真っ黒になった、と言う。燃えているシャツを着たまま、狂ったように走り始めた。まわりは沈黙に包まれていた。爆心地から少し離れた所では音が聞こえたが、彼は不気味な沈黙が覆った爆心地付近にいたのだった。

太田川に向かって走っていたのを覚えている。ジョン・ハーシーがまざまざと表現した太田川は、瀕死の人間で埋められており、その途中で坪井は未だに悪夢にうなされる恐ろしい光景を見たのだった。ある女学生の右目は飛び出し、髪の毛は燃えていた。彼と同じように川へ向かって走る女性の頭には八センチのガラス破片が突き刺さっていた。別の女性は飛び出した腸を体の中に押し戻していた。また、胸部が裂け、肺にはガラスの破片が刺さった老人の胃が呼吸するたびに動くのを目の当たりにした。

それから火災が始まった。炎に包まれた家に閉じ込められた子どもが泣き叫び、母親を呼んでいるが、母親は助けることもできず狂乱していた。そのとき、坪井は突然、冷静さを取り戻した。「戦争は始まったばかりだ！」と、その母親に向かって勇ましく叫んだ。「天皇陛下のために勇気を持ちなさい！」。

「あのときはまともじゃなかった」と坪井は今になって苦い皮肉を込めて言う。

坪井は川にかかる橋まで辿りついたが、橋は燃えていた。火傷を負い、出血しながら、疲労でくたくたになっていた彼は、路上に横たわって「坪井、ここに死す」という文字を煉瓦で彫り付けた。その後、トラックでやってきた見知らぬ人が彼を拾い、港へと連れて行った。彼はまだ若くて、そのうえ軍事訓練を受けていたから、今後の戦争で役に立つだろうと判断されたからで、老人、女性、子どもは見捨てられた。

「その時は助かって喜んだが、今は大きな怒りを感じます」。彼は視線を遠くに向けて、つぶやいた。「人間性の欠片もない人たちだ」。

多数が死んだのに自分だけが助かったことから、社会的に無能にさせるほどの罪悪感に苦しめられた。ナチのホロコーストを生き延びた人たちが未だにその事実に苦しんでいるのと同じである。三〇代、四〇代、常に自問し続けていた。自分が生き延びたのは、何の理由で、また、何の権利があってなのだろう？ そして、七二歳になった今でも、誰かが助けを求め、責められるという夢を見る。「坪井よ！ なぜ助けてくれなかったんだ？ トラックに拾われたとき、どうして他の人たちも助けてくれるよう頼まなかったのだ？」」。

私たちが話をしていたのは、狭い路地にある広島被爆者団体協議会の仮設運営所だった。この機関は被爆者に医療関連機関を紹介したり、日本政府が提供するわずかな補償への申請方法といった実践的アドバイスを提供している。私は坪井の話を聞きながら、「広島被爆者」とはよく言ったものだと考えていた（「被爆者」は英語「sufferers＝苦痛を負った人」をあてている）。向こうには少し開いたカーテンが見え、その奥では背中の曲がった不安そうな老女がカウンセラーの質問に答えていた。隣には老女の娘が座り、母の手を握っている。坪井の手や顔面、腕にはいまだに傷跡が痛々しく残っているが、ほとんどの身体的苦痛は消えた。一方で、坪井にもまた被爆者がよく言う「心に残る傷跡」がある。

最後の瞬間、彼は友情によって命拾いしたのだった。坪井を拾った兵士たちは彼を含む二万人の負傷者を港に置き去りにしたが、偶然にも級友が彼を見つけた。彼は今でもその後の思い出に圧倒されるのだった。友人は自身も重傷を負いながら、坪井を埠頭まで運び、医療手当てが受けられた似島行きの船に乗せてくれたのだった。

坪井は昏睡状態に陥り、それが四〇日間続いた。その間、すべての髪の毛が抜け落ち、皮膚が剥け落ちた。呼吸も困難で、医師は息子を探し当てた母親に、二ヶ月間毎日、明日までもたないだろうと言った。うじ虫が「死んだ」肉へ侵入してくると、母親はそれらをピンセットでつまんで駆除した。後になって、母親は彼の耳は文字通り頭からぶら下がっていたと言った。

一九四六年一月一〇日、やっとベッドに座ることができるようになった。一九四八年には恐る恐る普通の生活を始めた。

広島の被爆者の苦しみは、部分的な身体的回復だけでは終わらなかった。生き延びた被爆者たちは、放射線による後遺症という恐怖に怯えながら生きている。そして、もちろん、異質なものを拒否する文化では、彼らは他の人たちと「違っていた」。親は子どもの結婚相手を注意深く調べ、被爆者を避けた。放射能を浴びた人たちは早死にするか、あるいは子孫に突然変異の遺伝子を残すと考えられていた。坪井に恋人ができたとき、相手の両親は彼を拒絶したため、二人は隠れて会っていた。結局、両親はそれを見つけて娘を誘拐するなといって責めた。七年後、自殺をちらつかせた娘の脅しに負け、両親は彼らの結婚を許した。二人は四〇年以上連れ添ったが、一九九五年には妻は他界した。

別の形での差別にも苦しんだ。人生のほとんどを病院で過ごすことになると思われたので（実際、そうなった）、専門であるエンジニアとして仕事を探すことは不可能だった。かわりに中学校の教師になり、長年の勤務ののちには昇進もしたが、被爆者の七〇から八〇パーセントが就職できず、就職しても通常より低賃金で働かざるを得なかった状況を考えると、彼は幸福な方だった。

渡辺婦人とは違い、坪井はすぐに天皇崇拝を止めた。今になって当時一〇年間は「あらゆることに関して整理がつかなかった」と言っている。「天皇に見捨てられたと分かったとき、今後どうやって生きて行くべきか分からなかった」。そのとき、歴史関連の本を読み始めた。今では「民主主義と平等」を信じ、「日本政府は国民を戦争に駆り立てた数年間と戦争で国民が被った痛手に対し謝罪する必要があります。さらに日本が侵略した諸外国に対しても謝罪すべきです」と主張する。

しかし、奇妙なことに、坪井は原爆を投下し、人生を永久に変えてしまったアメリカ政府を批難してはいない。詳しくは教えてくれなかったが、罪の意識のようなものがあるのかも知れない。坪井は原爆に先だって日本が犯したさまざまな蛮行、とりわけ、公的議論も起こらず、決して承認されることのない蛮行について心を痛めている。しかし、こうした苦悩の感情も、公の場で行動したり、語ったりすることにはつながらない。日本では知人同士の間ですら、自分の意見を述べるには多大な勇気が必要とされるからだ。坪井が公的にしていることは、危険や衝撃を伴わない公認された反核運動に過ぎない。事実、これは広島市の公的「任務」になっている。非核活動に取り組む坪井は、実際に平和ミッションとしてニューヨークに派遣されたこともある。

こうした非核運動への取り組みは、無力さの気持ちを変えてくれたと言う。しかし、渡辺チヨコとは違って、坪井の心が平安を感じることはない。被爆都市の非核活動は、禁句とされている過去からは切り離されている。そして、禁句とされる過去の事実は、もみ消す以前にまず議論の壇上にさえ上らない。日本では、歴史は公式認可された暗黙の方法でふるいにかけられ、それが坪井の苦しみを一層強めている。

広島平和記念公園は、アメリカによる占領が終わってから三年後の一九五五年に造られた。建設までにそれほど時間がかかったのは、アメリカ占領軍が原爆についてのあらゆる公的議論を検閲したからである。つまり、ジョン・ハーシーやその他の人たちのおかげで、私たち西洋人は原爆について知らされたが、日本人が原爆を知るまでにはそれ以上の長い時間がかかったということである。しかし、広島のある地質学教授が原爆の遺物を収集しており、溶けた鉄片や破れてぼろぼろになった衣類、壊れた陶器などを保管しておいた。教授は隣人からは気でも違ったのだろうと思われていたが、それらの収集品こそがのちに広島平和記念資料館の基礎展示品となった。

笑いながら押し合いへし合いしている生徒集団が、教師に静かにするように言われている。この資料館は物理的な記録を残す場というだけでなく、靖国神社と同様、神聖なる神社なのである。かの地質学教授が収集したよじれたボトルのキャップや焼けた屋根瓦などが見える。館内には、子どもを亡くした遺族が寄贈した、焼け焦げた子ども服や、身も凍るような等身大の蠟人形がガラスケースに展示されている。蝋人形の家族は痛みを和らげようと腕を持ち上げ、よろよろと前へ歩いている。実に、これこそ原爆投下直後に起こったことなのだ。数千人という人たちが焼けただれた腕を持ち上げて、川の方向へよろよろと歩いていた。蝋人形の「皮膚」はズルズルで、裂けた肉片がぶら下がっている。そうなのだ。私はぞっとしてジョン・ハーシーの用いた表現の正しさに気がついた。しかし、人形の顔は生徒たちを恐れさせないよう汚れてはいない。眼窩から飛び出した眼球もなければ、誰一人灰まみれになってはいない。

広島平和記念資料館のメッセージは、その名称の二番目に使われている「平和」、つまり世界平和という言葉に込められている。日本人が被った戦時中のあらゆる苦渋は、ここ記念資料館に集積された。確かに原爆は落とされた。そして、確かに私たち日本人は原爆の被害者だ。しかし、今や私たちはその思いを人類すべてのため、平和の創設のために向けなければならない。原爆の記念碑の碑文には、「安らかにお眠りください。あやまちは二度と繰り返しません」とあるが、この主語なき碑文は日本の戦争犯罪を特定しているわけではない。解説は次のようになっている。「[碑文は]命を落とした原爆犠牲者の魂の永眠を祈り、戦争を二度と繰り返さないと誓う世界中の人々をこの場所に集わせる。したがって、この碑は過去の苦痛に耐え、憎悪を克服し、世界平和実現への願い、すなわち〝ヒロシマのこころ〟を表している」。

こうした衝撃的アピールや良心的な意図にもかかわらず、私は資料館と記念碑を前にして驚くほど冷めていたが、それはあらゆる文脈から「平和」という極めて高邁な理想が抽象化されていたからに他ならない。いったいどこに、原爆に先だって起こった日本軍による侵略の正確な記録があるのか？　戦争は悪だ、二度と戦争を繰り返してはならない、というだけでは不充分ではないか？　もちろん、展示品の選定に関する議論はあるにしても、保守派の思惑通り、この資料館と記念碑のメッセージは、ヒロシマとナガサキは日本の大枠の歴史とは無関係だと主張している。それゆえに世界平和という曖昧性が孤立しているのだ。でなければ、私がカナダに戻った後、日本の領事官が次回のニュースレターに「平和都市」ヒロシマについて「軽快で明るい」タッチで書いて欲しいと頼む、そんなことがどうしてできるだろうか。

ケイコと私は広島市内の別の場所、松尾コウソウ医師の家に向かった。彼の庭にはたくさんの花が咲いていた。庭仕事に励んでいると言う。日本でよくあるように、彼の外科医院は家の一部にあり、待合室も設えてあった。

松尾医師は、不妊症になったということ以外には一九四五年八月六日の出来事については何ひとつ話そうとはしない。そのかわり、私にホッチキス綴じの原稿を手渡した。この原稿は松尾医師が自分で英語らしきものに翻訳したもので、鉛筆で消した文字がたくさん見える。題名は「昨今心配多し」となっている。

松尾医師の心配事は尽きない。居間のソファに腰をおろしているとき、「なぜアメリカは核爆弾使用の可能性を伝えて日本に警告しなかったのでしょう?」と私の答えを期待してたずねた。彼はこれまでに会った多くのアメリカ人が罪の意識を感じていると思っている。「日本が他国に対して非道を働いたのは承知していますが、アメリカは東京を空爆したではないですか。報復としてはそれで十分ではないですか。それとも、ある種の犠牲者のバランスを取るため、原爆は必要だったということでしょうか」、と彼は言った。「仕方がなかったのかもしれません」。

私はこの言葉、この運命論的表現を再び耳にして驚いた。「仕方がない」。原爆は戦争の「バランス」を取るために「必要」であったかも知れないというのは驚くべき考えであるが、日本ではさして珍しいわけではない。松尾医師は倫理的な問題に悩まされた。前線の日本兵に性的サービスを強要させられた韓国人「慰安婦」が存在した事実を認めるよう日本政府が圧力をかけられてから二年が経った。松尾医師は、日本人すべてを代表して真の遺憾の意を表わすために、生存する犠牲者に公式謝罪と国庫から補償金を受け取って欲しいと考えている。さらに、日本が侵略した国々で学校を建設し、そこで正しい歴史が教えられて欲しいと期待している。日本が「真の民主主義国」であり、人々が思ったことを自由に表現し、発表できることを願っている。「日本人は昔のことなど忘れてしまいのです」と嘆く。苦悩のうちに書いた文章をライオンズクラブの仲間に見せると、「お上手ですな。文体などは特に素晴らしい！」と言われるだけ。家族の若いものからは、大昔の退屈な思い出に浸る愚老と無視されている。

「他人と同じ意見を述べることはどれほど重要なのですか？」との私の質問に、松尾医師は困惑したようだった。完全にバイリンガルの通訳ですら「conform」という語を調べる必要があった。私はそれを、他人と同じように行動し、考えることだと説明した。

「ああ」、ケイコはすぐにそう言い、私のために日本語の「和」という単語を書いた。「和」とは、「調和」のことで、「和を尊ぶ」とは「全体の調和を大切にすること」を意味する。そう説明しながら、ケイコは力強く頷いた。「つまり、議論もいいけれど、全体の調和を目指そう、ということ。必要ならば議論も許容するが、最終的には和に戻ってくるわけです」。

「議論を許容する」。私には、ここにこそ戦争の蛮行に関する論争を避け、それを自然消滅させ、公的記憶から抹消させようとする理由が潜んでいるように思える。ライオンズクラブの仲間が回避的対応——西洋化のベールの影で生きながらえた昔ながらの文化的態度を垣間見せてくれる——をした理由もここにある。かつて、精神こそは戦争における死をも克服すると説いた軍のプロパガンダを仏教と神道の文化が正当化できたように、和という宗教的、文化的考え方はさまざまな場面で自由な議論を事実上不可能にしている。政府による歴史教科書検閲という行為を越えたところには、文化そのものの存在があるのだ。

和に挑み、それによって命を失いかけた人がいる。元長崎市長の本島等氏である。一九八八年一二月、天皇裕仁がガンのため死にかけていたとき、本島は市政府の左派から天皇に戦争責任はあると思うかと問い詰められた。これに対し、本島氏は「天皇に戦争責任はあると思う」と答えた。

天皇裕仁は人間宣言を行い、市民の衣を纏ったにもかかわらず、とりわけ右翼保守派の間では国家の象徴として留まり続けた。本島市長の発言は、極右派にとってみれば国家反逆罪に等しかった。日本全国から六二グループの狂信者が黒い街宣車で長崎市内へと乗り込み、市長の死を求めた。一九九〇年一月一八日、一人の男が市長の肺を狙撃した。市長は一命を取り留めた。

長崎は歴史的に見ても日本では珍しく外国人に開かれてきた地である。一六世紀には港を求めるポルトガル人が日本にやってきたが、その後すぐにポルトガル以外の貿易船が長崎に寄港するようになった。しかし、日本政府は頑なに鎖国を守ろうとしたため、一六三八年には日本に滞在を希望する外国人は出島と呼ばれる島に閉じ込められ、この制度は一八五四年まで利用された。長崎にはキリスト教が根付き、日本で最大のカソリック教徒人口を擁するまでになった。日本政府は、日本人の人種的純血を守ろうとしたが、ある種の人間関係を回避することはできなかった。長崎には日本のどこよりもカールした髪の人たちが多く、何世紀にもわたって、そうした子どもたちは学校でいじめの対象になってきた。今日でさえ、子どもの誕生を待つ長崎の家族は、「高い鼻」の子どもが生まれないかと幾分心配になるという。

私はその長崎へと向かい、散らかったオフィスにいる小柄で幾分疲れたような人に会った。平日の午後二時にネクタイなしでオフィスにいるのは、日本では恐らく本島等ただ一人ではないだろうか。鼻からずれていく大きな眼鏡をかけた彼は、とても疲労しているように見えたが、事実、かつての事件以来活力がないのだと言った。

本島を批判する人たちは、天皇の戦争責任に関する本島発言の事実そのものを否定しているわけではない。彼らが批判しているのは、本島が「日本人としての考え方」をしておらず、西洋人のように原爆は日本の侵略戦争の結果と考えている、そのことなのである。日本人としての考え方をしていない、とはどういうことかと言うと、本島がアメリカを支持し、因果関係によって裁かれる場としての東京裁判でのアメリカ側の「勝者の」正義を認めているということだ。長崎原爆資料館の平和推進室室長田崎昇は、こう言った。「日本人は自分の国が残酷なことをしたと考えたくないのです。私たち日本人は他の国民と調和のうちに暮らしているのです」。ということは、本島はこの調和的な生活を乱すことによって「非日本的である」という罪を犯したということになる。本島は、日本の魂と統一性の象徴である天皇批判を行うことで和を乱した。彼が罰せられた理由はまさにそれであった。

さらに、本島の考えには驚くような部分があるが、彼は少数派のカソリック信者である。会話のなかで、本島は『長崎の鐘』の著者永井隆と同じように、長崎への原爆投下は「神のおぼしめし」であったと示唆した。原爆は「神の摂理」として「喜んで受け取るべき」ものである。原罪、罪、個人的責任を重んじる彼は、国家の責任の必要性を感じ、それゆえに天皇についての真実を述べたのである。結果、幾人かの同僚との間には軋轢が生じてしまった。新幹線の窓から外を眺めながら、私は緑の田んぼの間に立っている工場の煙突という光景に興味をひかれた。それは旧式の日本に隣接する新しい日本である。本島はこの「新しさ」を代表しており、近代的日本に伝統を持ち込もうとする人たち対する寛容性を持ちあわせていない。伝統とは和であり、記憶の抑圧、そして論争の抑圧を意味する。伝統とは、考え方や秩序を上部から教え込まれる階級的な社会構造であり、それは出ようとする杭を徹底的に打ち込む。伝統的考え方から見れば、それ以外に「仕方がなかった」のだから、誰一人責任を負わされることはできないということになる。一方、本島が信じるのは西洋的民主主義のオープンさであり、多様性、自分の考えを主張できる自由であり、未修正の真実を求めることである。彼が拒否しているのは服従である。

「日本では民主主義はどう理解されているのですか？」と私はたずねた。

「真の民主主義は人権と差異を認めることだが、日本では差異は許されないのです。日本人は同じ服を着て、大勢的意見を持つことをよしとする。子どもたちは歴史を教えられず、学校では質問さえしない。大学生ですらそうなのだから」。鉛筆をもてあそぶ彼の表情には嫌悪が見て取れた。「民主主義とは、小さな人が大きな人を見上げて自分の考えを述べることですよ」。そう付け加えながら、意味ありげな微笑みを浮かべて私を見た。私は大笑いしてしまった。本島等は背の低い人だった。

松尾医師と同様に、彼もまた抑圧された歴史、国家的解決と正義、民主主義の意味、半世紀前に長崎を襲った悲劇の宗教的意味などと格闘しながら呵責を感じている。本島等は西洋の民主主義につきものの自由主義の立場に立っているが、それを求めるうちに文化的限界を踏み越え、不文律のコードを破ってしまったのだ。勇敢で悲劇的、まわりと歩調があわない彼の不安は痛切である。

和を反映した態度を保持し、それゆえに気持ちを乱されていない渡辺婦人を除けば、私が会った歴史の証人たちは、彼らが記憶しようとする大型画面に映った歴史記録の映像が目の前で変化し続けるのを前に、物理的にも道徳的にも苦悩していた。事実はそこにあるというのに、日本の近代史における最悪の汚点は日本文化の範疇では把握されえない。それについて熟考することさえ危険である。約四〇年後、本島等はあえてそれを口にしたことで、あやうく命を失いかけたのだ。

一九六五年、東京教育大学の家永三郎教授は、文部省が憲法の保障する表現の自由をおびやかしているとして、日本政府を相手取り執筆した教科書を含む教科書検定訴訟を起こした。家永もまた罪の意識に苛まれていた。戦争中、高等学校の教師として、日本民族の特殊性や神国としての起源といった天皇神話を従順に教え込んでいたが、後になってそれに反対しなかったことを悔いた。「日本ではほとんど誰一人異議を唱える人はいなかった。われわれは体制順応主義の国民である」。一九九二年、家永は裁判所に姿を現したとき、支援者たちに向かってそう言っている。そう、一九九二年。家永は三〇年にもわたって、あきらめることなく敗訴を受けても上告、告訴を続け、新たな訴訟を起こし、最終的にいくつかの重要な（部分的ではあるが）勝利を勝ち取った。その一〇年前の一九八二年、それ以降、「侵略」という言葉を「軍事進出」に言い換えるようにとの指示を受け、アジアにおける日本の役割について教科書の記述を変更するよう強いられた。一九九三年には別件での判決が出され、文部省が南京大虐殺に関する家永の教科書記述を「検定」したのは違憲であるとし、学校で南京大虐殺を教えることを許可した。さらに、一九九七年八月の最高裁判所判決では、政府が家永の教科書から満州における七三一部隊の活動に関する記述を削除したことは違法であるという判決を示した。同時に、裁判所は七三一部隊が存在し、人体実験により囚人たちを殺害したことは、「否定の余地がないほど明らかである」という画期的な判決文をまとめた。

一九九七年八月当時、家永三郎は八三歳。主要な成功を勝ち取ったにもかかわらず、家永にとってはまだまだ多くの問題が山積していた。たとえば、日本軍が隷属した「従軍慰安婦」についての情報を伝える権利もまだ手に入れていない。さらに悪いのは、最高裁判所が未だに政府による歴史教科書検定の権利を認めていることだ。

家永には多くの敵がいる。極右勢力は家永の家を取り囲み、脅迫し続けている（実際に攻撃してはいないが）うえ、一部の歴史家たちも攻撃的反駁をしかけている。たとえば、東京大学教育学部教授の藤岡信勝は、家永が主張する歴史は「日本人を念頭において書かれたものではない」という古びた方法で反論している。「そうした歴史の書き手は反日思想にもとづく歴史を植えつけ、日本の子どもが作文に『日本は世界で最悪の国、道徳心のまったくない国』であると書く原因になっている」。「しかし、今の教科書は事実を記録するものでしょう？」。『アジアウィーク』の記者が尋ねたとき、[*22]藤岡は次のように答えている。「私たちの教科書は国際政治の道具になりさがっています。つまり、他国の国内政治で使われる道具、あるいは海外の政府が日本からお金を引き出すための道具になっているのです」。「国際政治では、ひとたび謝罪してしまえば、その国は悪いのだという固定観念を人々に与えるだけです」。

この説明の核心にあるのは、気持ちのよいナショナリズムは真実より好まれるという考えである。藤岡が心理的にそう言いたいのは理解できる。ドイツは子どもたちにナチ時代について、さらに「市民の勇気」という概念について、あるいは道徳的責任について辛抱強く教えてきたが、若い世代に変化が見られるまでには二〇年近くかかっている。戦後直後には、ナチ関係者がそのまま重要なポストに留まっていたり、官僚に就任していた。また、一般大衆もドイツは歴史ある文明国であり、ほんの短期間、頭のおかしい指導者にハイジャックされたと考えるよう奨励されていた。フランスでは、ヴィシー政権下でフランスが加担したユダヤ人強制送還というテーマが学校の教科書に記述されるまで、四〇年もの間、否定、神話づくりを行なってきたという事実がある。こうした動きに反対する保守派も数多く存在した。

記者にそう問い詰められて、藤岡は、日本は一度も意図的な虐殺を準備したことはないと指摘することで、ホロコーストに対して公式に謝罪したドイツを同一線上に置くことはできないと主張している。彼は、「アジア諸国はなぜいつまでも過去のことにこだわるのか？」と訝る。

それは、負の歴史遺産を抱えるあらゆる国家が直面しているジレンマである。過去の不快な歴史に真っ向から向き合うべきか。あるいはそれをわきに追いやり、過去の事件についてもっともらしい解釈を借用し、未来にのことだけに集中すべきか。この点、日本は戦後半世紀にもわたって後者を選んできたが、今になって定期的に溶岩が噴出する火山のごとく過去の問題があふれ出している。少なくとも問題の一部は、解決へ向けて「一からやり直そう」とする態度が根本的に欠落していることにある。もっと具体的に言えば、実際の過去の出来事に関する日本人一般の理解、あるいは犠牲者に対する補償問題における最低限のジェスチャーが欠けていることが問題なのである。

二一世紀になっても変化の兆しはほとんど見られない。一九八〇年代後半になるまで、天皇裕仁の存在は古くからある継続性を維持するのに役立ったわけだが、それこそマッカーサーが望んでいたことだった。しかし、天皇が死に瀕してから、天皇がそこにいるという単純な事実のもとで縛られてきた過去の断片が現われ始めた。裕仁に「戦争責任がある」と宣言した時点で、本島等が禁句を解いたのだ。さらに、戦後罪の意識にかられ、戦時中の自分の行いを熟考してきた元兵士の幾人かが告白を始めた。

最初に告白をしたのは、堀江シンザブロウで、一九八四年に朝日新聞紙上に少年時代の日記の一部を発表した。六〇年以上たつというのに、未だに南京でのことを思い出して目が覚めることがあると書いている。一九三七年一二月、彼は中国人の母親が一生懸命かばっていた子どもの胸に銃剣を突き刺したのだった。また、食糧に飢えた他の兵士とともに、一六歳の少年の人肉を食べた記憶が頭から離れないと書いた。堀江は、『ニューヨーク・タイムズ』誌のインタビューに答えて、「われわれは中国、韓国に対して謝罪しなければならない」とおののきながら主張している。[*23] 憲兵とともに中国で任務についていた彼の同僚は、中国人が殺されても何の感情も沸かなかったが、戦争が終結するころに捕えられ、他の日本人が盗みの罪で殺されたときは怒りを覚えたと回想している。このとき、彼は「命の尊さは万国共通」ということをぼんやり感じたが、自分の過ちの重大さに気付いたのは、二人の娘が生まれ父親になってからだった、と述べている。[*24]

さらに、一六歳のときに七三一部隊の少年隊員の一人であった篠塚良雄は、そこでペストやコレラ、腸チフスや炭疽菌などを培養し、それを人体で実験するという仕事をしていた。彼の告白は次のようである。「私ははじめて参加した生身の人間を使った解剖を今でもはっきりと覚えている。われわれが解剖した中国人は、計画通りペスト菌に感染させられた。感染はうまくいき、顔と身体は完全に黒くなった。男は特別秘密部隊によって担架に乗せられて検死室に連れて行かれた。私は生きたままの彼の身体から臓器をひとつずつ切開し、用意していた培養缶のなかに入れていった。このようにして、私は二ヶ月以内に五人の殺人に加担した……」。

「夜遅く風呂に入る時の会話はこんな風だった。『今日はマルタを何本倒した?』、『われわれのところでは二本倒したよ』」[*25]

そして、よく知られた東史郎のケースがある。若い時に南京大虐殺に参加し、その間日記をつけていた東は、一九八七年にその日記を公開するまで数十年間、良心の呵責に苦しんできた。そして、その年の一二月一三日、南京大虐殺から五〇年目の記念日に中国を訪れ、侵華日軍南京大屠殺遇難同胞紀念館で侵略の加害を謝罪した。

声明文のなかで、東は生涯にわたって彼を苦しめてきた問いを提示している。「家にいる時には善良であった者が、このように野蛮に変身したのはなぜか? 何がそうさせたのか? 我々を非人間的にした軍国主義教育とは如何なる教育であったのか。我々は侵略戦争を『聖戦』と教えられた。『横暴な中国人を懲らしめるのは正義だ』と教えられた。そして、中国人を軽蔑し、民族差別をたたき込まれ、暴支膺懲だと教育された。また、『天皇への忠義は山嶽よりも重く、汝等臣民の命は鴻毛よりも軽い、生きて虜囚の辱めを受けず。死んで護国の鬼となれ』と。しかし、これは自我の放棄であり、奴隷根性であり、道徳的無自覚であり、不正義・悪に反発する思考の欠如であった。唯一の正義は勝つことだとわれわれは教えられた」[*26]。

日本政府の対応にもかかわらず、三人は半世紀がたってようやく悔い改めという驚くべき行動を取ることにより、政府に第二次世界大戦の真実を承認するよう圧力をかけている。

この時期、中国本土以外の中国人コミュニティからもさらなる圧力がかかるようになった。日本と同様、中国でも被害者でさえ戦争犯罪の記憶を語ることが抑圧されていたが、とうとうその長い時期が終わったからだ。南京大虐殺のほぼ直後、事件に関するメディア報告は現われたにもかかわらず、戦後の中国は騒乱期に入ったため、この事件に関するきちんとした調査はほとんど不可能であった。第二次世界大戦が終わると、中国は内戦へと突入し、結果、一九四九年には毛沢東の共産党革命が起こった。一九五〇年代には、束の間、学問分野における弾圧が緩んだこともあったが、一九六〇年代半ばには反知識層の文化大革命が起こり、南京大虐殺の調査をさらに一〇年引き延ばす結果となった。一九七六年、毛沢東が世を去り、彼の思想的後継者である華国鋒と華の政敵であり、いずれ権力を握ることになる鄧小平との間に権力争いが起こると、第二次大戦中に起こった中国最悪の事件調査を求める研究者たちに好機がやってきた。

一九五〇年代、一時的な弾圧緩和のころ、南京大学の研究者たちが第一次調査を始めた。そして、一九六二年には一冊の本を完成させたが、この忘れられた本は文化大革命が終わるまで闇に葬られていた。一九七九年にはとうとう発表されたが、自由な閲覧は不可能で、記事や書評で取り上げることのできない「機密文書」に指定されていた。

中国政府が少なくとも部分的に南京についての情報を伏せたのには、いくつかの思惑があった。ひとつは経済的理由。中国は経済再建の資金を日本に大きく依存していた。さらに、自己防衛という思惑もあった。中国政府は自国の人権侵害の問題が表面化することを望まなかった。南京大虐殺についての真実が明るみに出れば、中国に対する批難を確実に招くことになるだろう。さらには、南京大虐殺に関する情報を抑制可能な「機密」の形で薄めておくことは有益であった。犠牲者への補償などまったくなかった。一九七〇年代、中国主導部が日本との間に、第二次世界大戦時のあらゆる顕著な問題は完全決着したとする条約を締結後は、犠牲者たちの希望はほとんど消えてしまった。

西洋諸国では、南京大虐殺問題は一九三八年に短期的に表面化したが、その後、消滅した。戦後の日本は同盟国、パートナーであり、世界でも有数の経済国になっていた。過去のことは忘れて将来のことを考えるべき時なのだ。

しかし、その後、時代を象徴すると同時に、今後、過去を抹消しようとする指導者が直面する問題を象徴するかのような出来事が起こった。一九九五年、中国のある学者が一九七九年に中国で書かれた本をアメリカに持ちかえり、その一部を「日本帝国主義と南京大虐殺」[*27]という題名でインターネット上に発表した。それを中国現代史を研究するバンクーバー在住のカナダ人大学院生ロバート・グレイが見つけた。グレイは、第二次世界大戦中に起こったよく知られていない事件の詳細さに驚嘆した。「私はその一部を翻訳し、コーネル大学で中国史を教えるマーク・セルデン教授他、数人に送りました。セルデン教授は翻訳を完成させ、本にして出版するよう強く勧めてくれました」とグレイは電話口で言った。「一九三〇年以降、英語の文献はまったくなかったので完成させたいと思いましたが、いくつか問題がありました。オリジナルの書類は、大虐殺以降に南京に留まった外国人、特にアメリカ人とイギリス人に対する不当な攻撃[28]、かなりの誇張、そして、日本人に関する激しい人種差別的描写が見られました。そのどれひとつとして、使用できませんでした。犠牲者とのインタビューや後に中国人に捕らえられた日本人兵士が撮影した虐殺の写真もあり、その情報源は信頼に値しますが、それに比べると著者の説明には大した価値があるとは思いませんでした」。

一九九六年、グレイは南京へ出向き、その本の主要筆者であるカオ・シンツ教授を探しあてた。そして、出版計画や表記に関する問題などを話しあった。カオ教授は、一九五〇年代当時、この本が出版できるよう外国人攻撃を入れる必要があったことを認め、グレイに中国人研究者が一九八〇年代に書いた最近の本を翻訳してくれるよう頼んだ。グレイはカオに書類を非機密文書にするようアレンジすること（一九九六年まではそれも可能だった）、問題表現を除く完全にオリジナルな形で出版を許可することを条件に同意した。

「今では、中国人なら誰しも南京大虐殺については知っています。大きな問題ですし、中国人は今も日本政府からの謝罪、そして補償を待っています。なかには中国政府の冷淡な態度に反抗する人もいますが、表面上は分かりません。というのも、犠牲者と会ってみると日本人に対するのと同じくらい、議論を抑圧する中国主導者に対して批判的だからです。でも、変化は見られます。一九九七年までは、補償を求めるロビー活動は堂々とできませんでしたが、それ以降、日中関係の悪化とともに犠牲者たちには望みが出てきました」

中国の外に暮らす多数の中国人ディアスポラにとっては、南京の記憶と対峙できるようになるまで約六〇年が必要だった。「時には、お互いにそのことについて話すことさえ避けていました」と、カナダ人医師でコミュニティのアクティビストであるジョセフ・ウォンは言った。トロントのダウンタウンにある彼のオフィスには、人権問題に関する彼の功績をたたえる勲章や記念品などが所狭しと置かれてある。「最近の中国の状況により、私たちは遠慮がちになっています。中国は外国の占領下にありましたし、自国の政府でさえ国民のために動いてはくれませんでした。難民として国を去ったほとんどが、いずれは中国に戻ろうと考えていました。北米の中国人にとっては、新天地に根を下ろし、自分たちの人権問題をオープンに話せるほど快適さを感じるまでに長い時間がかかりました」。

ウォンは一九六八年に香港からモントリオールのマクギ

ル大学に留学した。最初の五年間は自分の時計を香港時間に合わせていたという（卒業し、結婚した時にカナダを故郷と決め、時計の設定を変えた）。ウォンは多くのユダヤ人と友達になり、ユダヤ人の歴史、特に彼がほとんど無知であったホロコーストに関する歴史について知るようになった。そのうちに人権問題を公の場でオープンな状態にしておくことの重要性を徐々に理解しはじめた。北米に散らばる中国人コミュニティがついに結集しはじめたとき、ホロコーストに対するユダヤ人の取り組み方は彼らのお手本になった。「ホロコーストが毎年繰り返し思い起こされなければ、いつかは失われてしまうことに気付いたのです。それに、かつての文明国で起こった事実をあらゆるグループの人たちが理解することが重要なのです。南京大虐殺は第二次世界大戦のなかでも重要な事件ですが、事実はほとんど知られていません。私たちはその時代の歴史におけるその事件をはっきり位置づけたいのです。ユダヤ人グループの活動から学んだもうひとつの教訓は、正しいことをしているなら弁解じみた態度になる必要はないということです。正義は正義なのです」。

一九八九年に天安門虐殺が起こると、海外に暮らす中国人コミュニティは結集しはじめた。このなかから、活動の中核となる立場の主導者層が生まれた。サンフランシスコを拠点とするグループで、〝アジアにおける第二次世界大戦の歴史を保存するグローバル・アライアンス〟は、「日本人と日本政府に対する異議申し立て」であった。彼らは一九九四年に日本政府閣僚が述べた「南京大虐殺は中国人のでっちあげである」という発言を取り上げ、日本人に対して「良識ある国民」として政府に圧力をかけ、謝罪と補償を要求するよう呼びかけた。さらに、「日本が犯した犯罪」を研究する歴史家を援助するため、保管する記録を公開している。日本政府がこうした動きを無視しているのは驚くほどのこともないが、この活動の目的は結果ではなく、ロビー活動と圧力にあるのだ。グローバル・アライアンスには日本国内、日本国外の日本人も参加しており、なかでもノーベル文学賞受賞者の大江健三郎は最も著名なメンバーである。大江健三郎は『ニューヨーク・タイムズ』誌に「日本を麻痺させる歴史否定」という記事を寄稿している。[*29]

南京大虐殺からちょうど六〇年経った一九九七年一二月、南京大虐殺に関して英語で書かれたはじめての体系的な研究書が出版された。著者はアイリス・チャンで、小さいころから家族が食卓で話す会話を聞いて育った中国系アメリカ人である。[*30] 成長して南京大虐殺の研究調査を始めたころ、図書館に関連文献がまったくないことを知り驚いた。一九九四年、カリフォルニアのクパティーノで行われたグローバル・アライアンス主催の会議で、家族の「昔話」の正確性を信じるに至った。ホールには大虐殺の写真が展示されており、話には聞いていたとはいえ実際に見ると身が縮むようなものばかりであった。

多くの日本人歴史家を含む歴史家たちはチャンの『ザ・レイプ・オブ・ナンキン』を好意的に迎えたが、日本政府はその限りではなかった。一九九八年四月、駐米日本大使の斉藤邦彦はこの本を「間違いの多い」、「非常に不正確な表現」を含んでいると批判しながら、その間違い箇所を指摘してはいない。斉藤大使は、当時進行中であった日本軍「従軍慰安婦」に関する展示会をアメリカ下院が後援しないようにと釘を刺した後、「この本がアメリカで多くの注目を集めているのを見るにつけ遺憾に思う」と付け加えた。

南京大虐殺が国際的に知られるのでは、との日本政府の懸念に加えて、今まで政府が行ってきた虚偽と否定という戦略が失敗しつつあることを示すサインが現われ始めている。家永三郎の教科書裁判における重要な（完全ではないものの）勝利と並んで、日本では二つの裁判が係争中であった。ひとつは東史郎の日記に関するもので、そこには隊長であった橋本光治による中国人民間人の残虐的殺害が記述されていた。橋本は名誉毀損の罪で東を告発し、勝訴している。それでも東は裁判で戦う姿勢を崩さず、おかげで南京大虐殺に関する議論が公の場にとどまっていたが、残念ながら二〇〇〇年一月には東の控訴は斥けられた。

家永と同様に、東もまた脅迫から身を守る必要があった。彼は次のように証言している。「戦場に召集され、命をかけて戦ったが、南京六〇年の現在、南京大虐殺を虚構だと主張する連中と『南京戦争裁判』を闘っている。私は、人生の終着駅に立って、東京高等裁判所で日本の『ネオナチ』と闘っている。『東史郎の日記は虚構である、その虚構を是正し、日本軍の名誉を回復し、学校教科書に掲載されている南京大虐殺の記述を訂正しなければならない』、というのが告訴の本当の意図である。日本は中国に戦争に負けたのみならず、道徳的にも負けたのである」。

過去を知る権利という戦いで重大な役割を果たそうとしているのは、反権力的な新しい技術、インターネットである。一九八九年、現代日本美術を勉強しようと日本に来た若い中国人アーティストのクオ・ペイユは、「戦争に関する、さらに日本がその戦争でしたことに関する日本人の知識が極めて低いことを知り、計り知れないショックを受けた」と言う。そのため、彼は南京に関する展覧会を計画し、三〇〇〇もの粘土の「顔」に「魂の平安を得られることのなかった」犠牲者を象徴させた。彼は、作品を展示してくれる場所を探し始めたが、彼の学ぶ法政大学が展示を拒否したため、今度は広島市に連絡を取った。しかし、広島市政もこれを拒否したため、クオ・ペイユは小さな東京のアパートでウェブサイトを作成し、作品を公開した。彼もまた死の脅迫を受けている。

ウェブサイトといえば、グローバル・アライアンスもまた、彼らのウェブサイトに南京大虐殺に関する追加情報をリンクさせ、日本人とアメリカ人が対話できるチャットルームを開設した。しかし、日本では真崎良幸ほど新しいテクノロジーの世界とアクティビズムを直接的にリンクさせた人はいないだろう。福岡の短大で英語を教える真崎は、日本語と英語でアクセスできるウェブサイトを使い、日本政府に対して歴史の承認を求めている。ウェブサイトでは、南京大虐殺に関する詳細が公開され、西洋メディアによるニュース、東史郎と篠塚良雄の告白などを載せている。ウェブサイトの「訪問者」に東裁判の状況報告を伝え、全世界から援助を求める一方で、南京にある侵華日軍南京大屠殺遇難同胞紀念館、グローバル・アライアンスの活動についても説明を加えている。真崎が「良心的」と呼ぶ一橋大学教授の藤原彰をはじめとする日本人歴史家の文章も載せていて、海外のサイトへのリンクも張っている。真崎は、以前、リベラル派の国会議員にメールを送り、南京大虐殺について「どう考えるか」と問い掛けたことがある。元文部省大臣小杉隆は次のように答えている。「南京大虐殺はあったと思うし、日本の教科書でそのことを教えるべきだと思う」。真崎はその返答に驚き、それを自分のウェブサイトで公開してもいいかと尋ねた。「文部大臣という立場上微妙な状況にいるので、私の意見を載せないでもらえるとあり難い」というのが小杉の返答だった。

もう一人の国会議員、畑恵は、ホロコーストに対するドイツのポジティブな歩みを日本も見習って欲しいと返答し、真崎にウェブサイト上でそれを公開する許可を与えた。しかし、彼女は莫大な数の嫌がらせメールを受け取るようになり、結果として、自分に関する言及をすべて削除してくれるよう頼まざるを得なくなった。

私は真崎良幸のウェブサイトを通して彼に「会った」。彼のウェブサイトにはわずか二年間で三万件のアクセスがあると言う。[*31] つまり、教科書は事実を無視し、それをごまかし、一方で政治家は事実を完全否定しているが、日本人はインターネットを通して最新の国際調査の結果にアクセスできるというわけである。

真崎良幸がこうした活動に取り組むようになったもともとの発端は、十分に知らされていないことだった。政府が「従軍慰安婦」や南京大虐殺について虚偽を述べていることを確信していたが、それを証明する証拠はなかった。一九九六年上旬、ネット上をあれこれ調べていたところ、『写真で証明する南京大虐殺』という題名のアメリカの新刊本に出くわした。その本には六週間の大虐殺の間に撮影された四〇〇枚の衝撃的な写真をはじめ、公文書の調査資料が含まれていた。「非常に驚きましたが、写真そのものに、というより、この事件が正真正銘のもので、それがきちんと証明されている事実に驚いたのです」と彼は書いてよこした。さっそく本とビデオテープを注文し、文章を日本語に翻訳して著者であるシ・ユンに送り、協力して日本語版作成に取りかかることを提案した。

真崎は、アイリス・チャンとのインタビューや東史郎の証言、『ニューヨーク・タイムズ』のウェブサイトからダウンロードした記事を含む資料を学生に見せている。「学生たちは自分たちがどれほど間違った方向に導かれたかという事実に気付きます」、と彼は言う。「そして、私たち日本人は犠牲者だとしか教えられていないことにも気付きます。こうした知識があれば、少なくとも歴史についてバランスの取れた見方ができるようになるでしょう。どこの国に住む教授や政治家がいまだに虚言を使って彼らを惑わすことができるでしょう？　今までは、政府は本やフィルムなどの証拠を日本に持ち込むことを防いできましたが、インターネットがある現在、日本の外から入るすべての証拠は洪水のごとく入ってきています。嘘で固められ、隠された真実を目にしたとき、多くの日本人が良心の呵責を感じることは、大きな慰めにです」。

一九九九年一二月、東京では「戦争犯罪と戦後補償を考える国際市民フォーラム」という会議が開かれた。日本人弁護士、学者、医師、人権擁護団体の各グループから成る国際市民フォーラム実行委員会のほか、グローバル・アライアンス、世界ユダヤ人会議、カナダ・ユダヤ人会議、香港教育者連盟、香港教組が主催し、三日間にわたって討議が行われた。参加者のなかには高齢を迎えた南京大虐殺、七三一の生還者のほかに、拡声器をもった右翼の国粋主義者の標的になった本島等元長崎市長も含まれた。国粋主義者は、会場周辺を街宣車でパレードし、「南京大虐殺はなかった」とか「大東亜戦争は侵略戦争ではなかった」、「アメリカは神の前でナガサキとヒロシマを懺悔すべし」といったプラカードを振りながら叫んでいた。会議場では、本島が参加者に向かって、広島、長崎の被爆者をはじめ多くの日本人が戦争犯罪を起こした日本の責任について考えることもなく、自分たちを犠牲者としか認識していないと訴えていた。参加者のなかには、弁護士や歴史家をはじめ、日本政府から戦後補償を勝ち取るために活動している元戦争捕虜の姿も見られた。真崎によれば、弁護士が国会における戦争補償法案は通過しそうにないと報告したとき、元戦争捕虜たちは深く失望したという。代表者たちは、戦争の歴史認識を否定する日本政府の態度を、過去の記憶を風化させないよう努める一方で犠牲者への補償を提供し、ナチの過去を克服しようとするドイツ政府のポジティブな動きを怒りを込めて比較してみせた。

バンクーバーの弁護士で、カナダ・ユダヤ人会議の代表弁護士マルク・ワイントロウブは、ユダヤ人経験について語った。「ユダヤ人の記憶に関する取り組みがあったからこそ、私たちは生き延びることができたのです」。「戦争犯罪に関して人々を教育することは、汚名的行動を列挙するだけでは不充分です。悪から善を抽出するためにも補償は不可欠です」。会議中、フィリピン議会人権委員会は一九九九年、「慰安婦」問題に関して日本政府に決着を求める決議が提出されたこと、さらに韓国でも同じような法案が提出され、現在審議中であるとの報告があった。しかし、日本では同年、「新ガイドライン法案」、「戦争準備法案」、「日の丸・君が代法案」などが次々と国会で承認されていた。会議の最終報告書は次のように述べている。「日本政府が戦争犯罪責任を回避し、被害者への謝罪・補償を実現しようとしないことは「国家」としての品位を自ら貶しめるものです」。

その声は届いただろうか? もちろん、敵は気付いた。最終セッションの直後、約三〇〇人の代表者たちが参加した平和デモ行進が混雑した東京都内を練り歩き、南京大虐殺から六二年目の記念日に犠牲者たちを追悼した。反対側からは、南京敗北を祝す別のデモ行列がやってきていた。

さまざまな方向から圧力を受けながら、日本における変化はかたつむりのペースでわずかに前進したかと思うと、止まり、そして後退している。一九九四年、日本政府は圧力に押されて「従軍慰安婦」の存在をついに認めたが、一九九七年、官房長官の梶山静六は、当時は公娼制があり、元慰安婦のなかには自分たちの意思で商売としての売春に参加した人たちもいた、と批難した。一九九五年、村山富一首相は戦争の犠牲者の苦しみに対して謝罪を表明し、日本が戦争の道を取ったことで、「多くの国々、とりわけアジア諸国の人々に対して多大な損害と苦痛を与えた」と自国の非を認めた。[*32] しかし、国会では約三分の二の反対により公式謝罪の承認を得ることができず、元文部大臣が組織した村山の提案に対するキャンペーンでは、反対署名数は四五〇万件にものぼった。一九九七年、三四年間の努力の後、家永三郎はついに歴史教科書訴訟で勝利を勝ち取り、この結果、日本の学校で七三一部隊について教えることが可能となった。しかし、その前年、橋本龍太郎首相は一〇年間首相による参拝がやんでいた例の靖国神社を訪問した。この時期、同じような後退的歩みが目に付いた。一九九九年、東條首相の孫にあたる東條由布子は、『ニューヨーク・タイムズ』誌の取材に答えて、絞首刑を受けた祖父のイメージを回復するための活動についてこう語った。「これは個人的なことではありません。東條のイメージを良くすることは、戦時の日本のイメージを変えることでもあります。それこそが私の目的です」[*33]（彼女が書いた東條擁護の本は日本では一〇万部の売上を記録した）。大人向け漫画本『戦争論』は、第二次世界大戦の主目的は白人によるアジア植民地の拡大を防ぐことにあったという主張を甦らせた。[*34] 同年、南京大虐殺を「嘘」であると主張する国粋主義者、石原慎太郎が東京都知事として選出された。それから、二〇〇〇年五月、森喜朗首相は国会議員と神道関係者たちに向かって、「日本は天皇を頂点とした、神の国である」と発言している。

最終的には、若い世代が徐々に自国の名のもとで行われた史実を知ることで、数十年にわたって行われてきた歴史否定は、はじめて拒絶されることだろう。ドイツで過去の扉を押し開けたのは若い世代だった。フランスでも若い世代が先頭に立ち、世論を変えてきた。すでに、一九九四年のアンケート結果では、日本人の五人に四人が戦争犯罪に関する政府の主張に不信感を抱いており、適切な補償金と公式謝罪が必要と考えている。真崎良幸は、彼のメールサポーターの九〇パーセントが真崎のロビー活動を支持していると言う。

真崎がインターネット調査から学んだことは、彼の活動に弾みをつけ、伝統的な和と遠慮を越えようとしている。彼は家族でただ一人、政治や人権運動にかかわっている。「今こそ、政府は過去の事実を認め、心の底から謝罪をするべきです。すでにそういう時期に来ているのです」と彼は書く。「それがかなえば、私の活動も終わりになります。そして、若い世代に国を譲り渡し、平和のうちに永眠できるでしょう」。

歴史の公式承認と補償の可能性が発表されるまで、こうした活動を続ける人たちの集団的記憶には二枚の有名な写真が留まり続けるだろう。一枚はドイツ、もう一枚は日本の写真である。ひとつめの写真立てに入っているのは、ワルシャワ・ゲットーの記念碑前でひざまずくヴィリー・ブラント首相の写真。一九七一年のものである。

別の写真立てには、日本人戦犯の慰霊が奉られる靖国神社に立つ橋本龍太郎の写真が入っている。年は一九九六年。

未解決の問題を抱える、この打ちひしがれた国では、過去に対する苦闘は今後も続いてゆく。

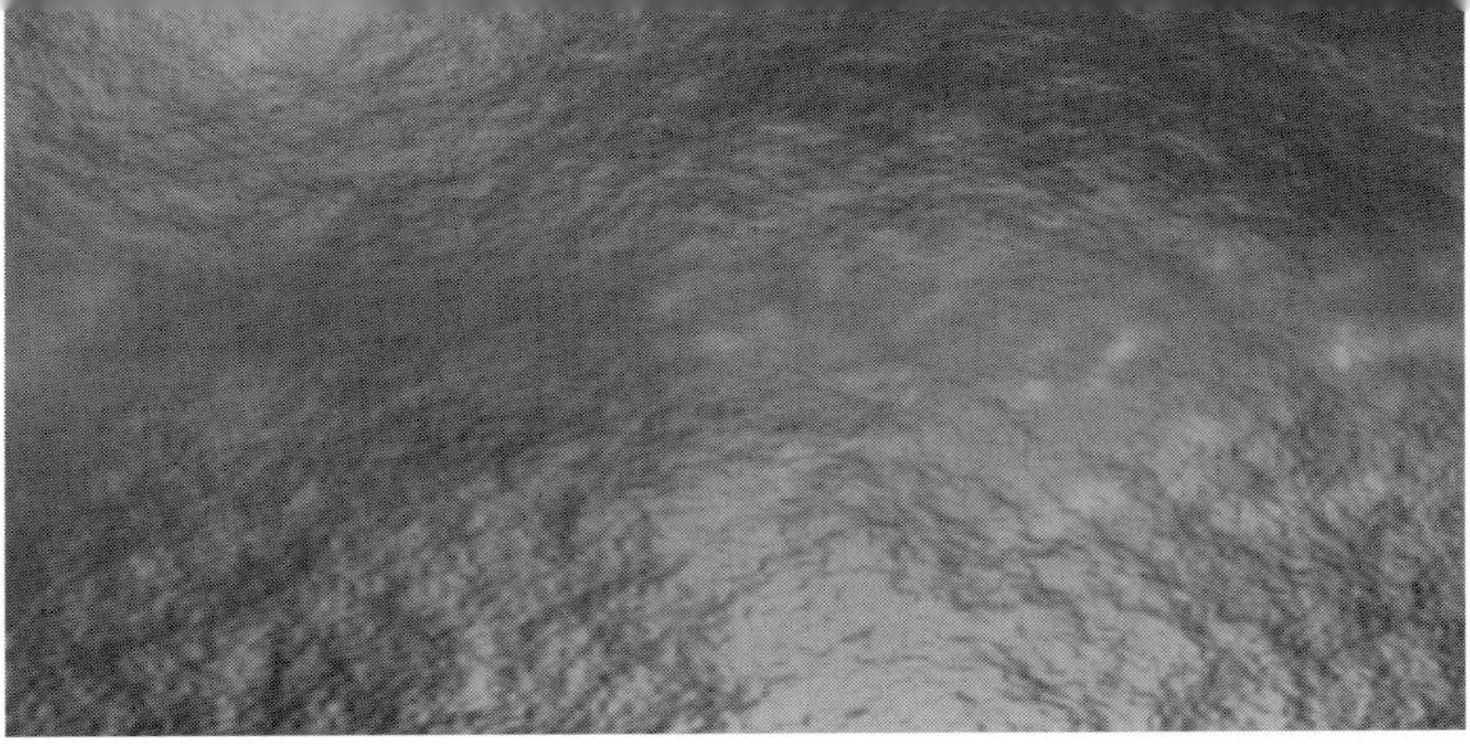

戦争、記憶、そして民族

War, Memory and Race

第4章

奴隷制の影

アメリカ

人種——それはアメリカの最も生々しい神経、最も永続的なジレンマである。生まれて死ぬまでの間、人種はわれわれを定義し、分離し、歪ませながら常にわれわれとともにある。

——シグ・ギズラー、コロンビア大学、一九九四年

一九五〇年、六〇年代のアメリカ公民権運動の偉大な指導者、マーティン・ルーサー・キング牧師の立派な記念碑は、アトランタでも治安の悪いとされるゲットーの中心部にある。私は駅のベンチに座っている年配の女性を見つけて道をたずねた。彼女は私をじろりと眺め、小柄な白人女性が一人旅をしているのを見ると、ここでバスを待つように、短い距離でも絶対に歩かないようにと忠告する。私はその忠告にしたがってバスを選ぶ。二、三分後に目的の停車場に来ると、運転手が警告する。「ここからは気をつけなきゃだめだよ、分かったね？　知らない人に話し掛けるんじゃないよ」。バスを降りている私に、彼女は保護者のような注意を投げて寄越す。

キング牧師の記念碑は巨大だが、驚くほどのことでもないだろう。アメリカでは重要なのはサイズなのだ。食事を頼めば、驚くべき量を載せたお皿がやってくる。ヨーロッパ人が見たら目を丸くするような量だ。ショッピングモールはというと、昔なら町の一区画が入ったほどの規模であるし、何千店ものチェーンを持つ巨大ストアが小売店の存在を脅かしている。それが偉大なアメリカ人なら、並外れた記念碑を作って敬意を表するのは当然だ。ノーベル平和賞受賞者、二〇世紀アメリカの最も英雄的な指導者として、マーティン・ルーサー・キング・ジュニアはその功績に見

合った敬意を表されている。

厳めしい階段を登ると、噴水に縁取られた青い反射プールがある。その真ん中には白い大理石の墓石が据えられている。記念館には三つの祭壇のような展示が設けられている。ひとつはキング牧師の師であったマハトマ・ガンジーに捧げられている。キング牧師は非暴力の実践をガンジーの書物を通して学んでいた。もうひとつの展示はモンゴメリーのお針子ローザ・パークスに捧げられている。アメリカを変えた公民権運動は、一九五五年、バスの座席を白人男性に譲ることを拒否した彼女の行為が発端となって始まった。キング牧師に捧げられた室内では、シャツやカフスリンク、靴、コロンの瓶（アラミスがお気に入りだった）などの遺品がガラスケースのなかに収められている。別の展示では、約四〇センチほどの高さのコレッタ・スコット・キング人形が訪問者に向かって優しく微笑みかけている。キング夫人の人形は、優雅に髪を整えられ、バーガンディー色のイブニングドレスに身を包んでいる。仲間を苦しめていた屈辱に対して勇敢にも異議を唱えて殺された黒人牧師の妻は、ここでは幻想のように上品な人物に変えられている。まるで、シャンデアリア輝くダンスホールをパートナーに腕を取られ、惨めな従属者たちのなかを悠然と歩いていくかのようだ。何もかも奪われた人たちの女王、コレッタ・スコット・キング……。

壁にはキング牧師とその時代の黒人公民権活動家の言葉が引用されている。そこで見た二つの似通ったメッセージは、その後、南部を旅する間中、私の耳の奥で鳴り響くことになった。「われわれ黒人にも魂がある！」。これは、マーティン・ルーサー・キング・ジュニアが有名な演説のなかで叫んだ言葉で、『ヴェニスの商人』のシャイロックの「ユダヤ人には目がないのか？」というよく知られた台詞を思い出させる。もうひとつは、キング牧師が暗殺される一週間前、メンフィスの抗議者の胸にブロック体で書かれた文字で、それ以来頻繁に繰り返されてきた言葉である。「私は人間だ」。彼のシャツはそう主張していた。

痛々しいそれらの言葉を読み返しながら、今や世界中で熱心に守られている平等という主義を生み出したこの国で、どれだけの人が未だにそんな基本的な人間性を訴える必要性を感じているのかと疑問に思わずにはいられない。マーティン・ルーサー・キングの名が社会の隅々にまで届いた一九五〇年代は、奴隷制が公式に廃止されてからほぼ一〇〇年が経っていたが、アメリカ南部では南アフリカのアパルトヘイト政策に匹敵する不平等な人種分離、いわゆるジム・クロウ法は未だに有効であった。キングが望んでいたのは第二の解放であった。すなわち、彼の仲間が二〇世紀アメリカで普通の民族的多様性のなかに溶け込むことであり、それはキング牧師がかつて「白人の不正義の炎にあぶられてきた何百万というニグロ奴隷にとっての希望の光明」[*1]と呼んだ解放であった。平等という果敢な夢を掲げ、あえて活動に取り組んでいたキング牧師は、一九六八年四月四日、その夢のためにメンフィスで暗殺された。

公民権運動が盛んだったころ、私はまだ若く、町が焼かれ、デモ隊が行進し、黒人学生が白人学校の固く閉じられたドアに向かって前進するのを、国境の北の国カナダから見ていた。当時の私は、どうして未だに和解が得られないのだろうと疑問に思っていたし、今だにその答えは見つからない。仮に解決策があるとしたら、一般のアメリカ人はどんな解決策を考え出すのか？　こうした問いは未だに厄介なものであり続けている。それというのも、その他の問題に関するアメリカ政府の取り組みを見ていると、過去の間違いの公式承認こそ和解への第一歩であるという姿勢が示されているように思われるからだ。たとえば、一九九〇年には、アメリカ連邦議会はネバダの核実験の被害者に対し謝罪しているし、一九九三年には一世紀以前に起こったハワイ王国転覆におけるアメリカ政府の役割についてハワイ生まれの人々に謝罪を表明している。さらに、一九八八年にはロナルド・レーガン大統領が第二次世界大戦中の日系アメリカ人抑留に対して謝罪し、「明らかな間違いを正す」ための努力を続けると宣言し、日系アメリカ人に対する補償として一二億五〇〇〇万ドルの信託基金設置を約束した。一九九七年にも、四半世紀以前に起こった政府主催の梅毒実験の生存者にも謝罪を行った。承認までの道のりは決して平坦とは言えなかったが、何年間にもわたるロビー活動や交渉の結果、公式謝罪は現実のものとなっていた。では、一体なぜ、奴隷制というさらに昔の悲劇は、奴隷解放から一〇〇年以上たったアメリカ社会に未だに暗い影を投げかけているのだろうか？

南北戦争末期に起こった最初の奴隷解放は、近代世界で最も有害な経済、すなわち、アメリカ南部の綿花と米のプランテーションを発展させてきた搾取的労働システムを終わらせることになった。奴隷であった人々には市民権が約束されたが、そのような来るべき保証も、南部の人種隔離を意図して新しい法律の形で現れた制度的な人種憎悪や差別を阻止することはできなかった。さらに、以前の奴隷制に関する詳細調査に対する暗黙のタブーを阻むこともできなかった。アメリカの奴隷制に関する最初の先駆的著作が出版されるまでには五〇年を待つ必要があった。[*2] また、奴隷制が社会に与えた影響が学問上の主要研究テーマになるまでにはさらに四〇年が経過した。一九五六年、ケネス・M・スタンプは画期的な研究成果である『アメリカ南部の奴隷制』のなかで、奴隷制を「アメリカ全土に破滅的影響を与えた、アメリカで最も根深く、最も厄介な社会問題」と呼んだ。[*3] スタンプはさらに次の点を付け加えている。南部は未だにその実際の悲劇、つまり奴隷制がもたらした悲劇の影響を被っており、人間を隷属化させたことに伴う道徳的不安感は、社会の基盤を未だに混乱させている。

『アメリカ南部の奴隷制』が発表されたのは、ちょうど公民権運動がマーティン・ルーサー・キング・ジュニアの指導のもとで弾みをつけていたころで、社会の風潮としても奴隷制が与えたアメリカ人への影響について深く掘り下げた調査を歓迎するムードがあった。スタンプの研究の行間に埋め込まれた社会的変革を求める声は、若い世代を覚醒させるのに一役買った。スタンプが克明に描いた乱用は、もちろん多くのアメリカ人が心の奥で知っていたことだが、大部分が承認されていないという意味では同時に「未知の」ことでもあった。奴隷制は、制度を支える価値がひとたび崩れ、否定されれば、加害者や恐らくは加害者の子孫にも恥辱を呼び起こす歴史的エピソードのひとつであったからだ。

現在、アメリカの奴隷制については、豊富な情報――書籍やフィルム、テレビ・ドキュメンタリー、トークショー、大学で提供されているアフリカ系アメリカ人史の科目をはじめとする莫大な情報――が入手可能であるにもかかわらず、ケネス・スタンプの客観的で理論的な研究を再読した私は、そんなに昔のことでもないその時代を実感して言い知れぬ衝撃を受けた。その時代、主人は奴隷の肉体的刑罰や売買、さらには生死の問題に関する完全なコントロール権を手にしていたのだ。奴隷に魂があるという理由だけで彼らが人間と見なされた時代の思考方法を理解し、それにもかかわらず人間であることから何の権利も生じないことを理解するためには、スタンプの研究は非常に有益である。所有権には常に性的な所有権が含まれ、ほとんどの南部州の人種法に従えば、その「主人の権利」が黒人、すなわち奴隷とみなされる人々の大部分を生み出したことが思い出されるであろう。この世界だけで通用する論理にしたがえば、所有者が自分の混血の子どもを牛や豚と同じように売ることを禁じるものなど何もなかった。奴隷制はしばしば、選ばれた特定の男性が、選ばれた特定の女性と交配させられ、その子どもをオークションで処分するという自給ビジネスであった。こうした畜産法は疑いようのない現実であったにもかかわらず、頻繁に否定されていた。しかし、一八五六年、建築家のフレデリック・ロウ・オルムステッドは、『南部諸州への旅』の中で次の点を主張していた。「立派な人格者のほとんどは、そのことに話題を振るのをとりわけ好まないようである……しかし、奴隷売買について耳にしたことから判断するに、奴隷を売ったときの金銭的価値は、子どものときから最高値をつける年齢までの養育費を上回り、同時にそれは通常、農園主の富を最も確実にする要素であるとされていることは明らかである……また、奴隷女性は通常、その労働力によってではなく、どれだけ多くの子どもを産めるかによって価値を決められることも明らかである」[*4]。

奴隷制の人間性剥奪に対する影響を否定する必要性は、ケネス・スタンプが引きつけられた道徳的不安感から生まれていた。平等主義に基くと考えられていた民主主義の国アメリカで奴隷を所有するという矛盾は、当初から多くのアメリカ人にとって明らかに不面目なことであったからだ。今日でも、アメリカ人が公民権運動の成果を議論したり、もともと不利な立場にいる人々が主流派に溶け込む手助けをするために設計されたアファマティブ・アクション（マイノリティに有利になるよう制度化された差別撤廃措置）について考えるとき、問題になっているのは奴隷制の遺産であるため、未だに奴隷制は不面目なものであり続けている。それを隔絶、イデオロギー的断層、建国の核心にあった偽善、あるいは公認の愛国的信条においてアメリカ人の大半が黙認する単なる過ちと呼ぼうが、理想と現実の間にある亀裂の原型は、国家を形作った初期の書類にまで遡ることができる。その書類とは、アメリカ人が頻繁に引用する宣言、トマス・ジェファソンが起草し、アメリカ一三州が署名した一七七六年のアメリカ独立宣言である。そこでは、平等は、生命、自由、および幸福の追求という「譲渡されえない権利」と同様に、自明の真理であると述べられている。

フランスでは、第二次世界大戦中に対独協力をしたヴィシー政権の行動に和解をもたらそうとする努力は、同じような国家的価値の相克に根ざしたものである。具体的に言うならば、革命後の啓蒙であるフランスのリベラル的信条とアンシャン・レジームに起源を遡る権威主義的なエートス（精神）との衝突である。アメリカ独立宣言の基盤となった理念は、無神経な貴族が何も考えずに遊び暮らし(革命以前、ある貴族は何不自由ない人生の恐るべき退屈さ以外、墓碑に記すべき事柄を考えられないほどだった。「ボタンをかけたり、外したり」、とは、宮廷への往復のため着替えに費やした時間を思い出し、ため息をつく貴族のコメントである)、嵐がやってくるのに気づきもしなかったフランスからすでに大西洋を越えていた。その後、すぐに公爵や公爵夫人を載せた死刑囚護送車が、パリの石畳の上をガタガタいわせながら、ギロチンが待つコンコルド広場へと向かうことになった。フランスの急進的な新思想はヨーロッパを風靡し、アメリカ大陸へも渡った。

自由、平等、兄弟愛という画期的な原則(後に「アメリカ的信条」と呼ばれることになる)が、初期入植者の信心深さを反映した道徳的熱情でもってアメリカに取り入れられたことは周知の事実である。厳格な新教徒であった彼らは、個人的自由の理想と個人的良心を切り離せないものとし、その二つを宗教的信条に結びつけていた。しかし、高邁な国家創設の核心には当初から虫が巣食っていた。一六一九年以降、市場で売買されていた人たちは自由でも、平等でも、幸福を追求する権利を授けられているわけでもないという事実は自明の理であったからだ。独立宣言を起草したとき、バージニアの農園主トマス・ジェファソンは二〇〇人の奴隷を所有していたが、彼だけが特別だったわけではなく、二五パーセントの白人が当時、奴隷労働に頼っていた。ジェファソンはまた、彼の奴隷サリー・ヘミングとの間に子どもをもうけていた。[*5]

アメリカ憲法が批准された一七八七年九月、経済的関心は道徳的な良心の呵責を明らかに凌駕していたにもかかわらず、当時の記録を見るとその選択にはある種の曖昧さが含まれていたことが分かる。その証拠に、ベンジャミン・フランクリンは次のように書いている。「共同の知恵という利益を得るため多くの人を集めれば、必ず偏見や感情的反応、間違った意見、地元の利益、自己中心的な見解まで集めてくることになる……」[*6]。バージニア州のピーター・フォンテーン牧師の言った、奴隷制度は「罪」ではあるが、奴隷制なしで南部人が生きることは「道徳的に不可能」であるとの主張は、不可避的に導き出される合理化と曖昧さを言い表していた。「確かに、彼らを買うか買わないかを決めるのはわれわれなのだから、愚行、あるいは何と呼ぼうが、奴隷を買うことはわれわれの犯罪である」。フォンテーンは一七五七年にはすでにそう書いている。「……今では奴隷や煙草には税金が課されている……これはわれわれの悲しみの一部であるが、バージニアで奴隷なしで生活することは道徳的に不可能である……このことは、もちろん、われわれすべてを……奴隷の売買という原罪と呪いに引き込むことになる」[*7]。

よくあることだが、利己主義といわゆる神の法との合体においては、フォンテーンの「道徳的責任」とは実際には「財政的」という意味であった。それに、アメリカはすでに、今日のアメリカを特徴づけている思想的愛着と個人主義的な資本主義を取り入れていたので、ピーター・フォンテーンの経済的議論は多くのアメリカ人にとって抗し難いものであったに違いない。それでもやはり、否定しようのない矛盾はあらわにされたままだった。

奴隷制が投げた長い影について調査したいと思う以前、最後に一九六七年に読んでいた、非常に古く、予言的な本を手に取ってみたことがあった。一九六七年という年は、人種的暴動や都市の火事がアメリカを明るく照らした年であった。一九世紀初頭、鋭い洞察力をもったあるフランス人は、海の向こうに新しく生まれた国家が将来の問題の種を孕んでいるのではないかと、すでに訝っていた。アメリカ的民主主義の実験に関して、アレクシス・ド・トクヴィルほど深い関心を寄せていた人物はいなかった。リベラル的価値を信じていた（さらに貴族階級出身の）トクヴィルは、ジェファソンの民主主義的考え方を反映した書物を愛読していた。一八三一年、ちょうど奴隷制賛成派、奴隷制反対派の議論が険悪になっていた時期、ド・トクヴィルは九ヶ月間に及ぶアメリカへの旅のために大西洋へ漕ぎ出した。一八三五年に出版されたトクヴィルの『アメリカの民主政治』は、彼の観察に対する懐疑的意見は多数出されたにしても（結局のところトクヴィルは外国人であった）、トクヴィルの第三者的見解は、奴隷制の研究における基盤を形作り、たちまち古典とみなされることになった。今でもそれは変わりない。トクヴィルの本が出版されてからすでに一五〇年以上が経つ今も、インターネットでは少なくとも一万件ものウェブサイトが『アメリカにおける民主主義』を論じている。これらのほとんどがアメリカのサイトである。

ド・トクヴィルは奴隷制に関しては極めて批判的であった。「永久的な病を作り出すには多大な、そして持続的な努力を要する。しかし、世界にひっそりと浸透する、ある邪悪が存在する……地上に投げられたのろわれた種子は、自ら栄養を吸収し、手をかけることなく成長し、それを受容する社会に蔓延していった。その邪悪こそ、奴隷制に他ならない」。彼は、アメリカの将来についてはもっぱら悲観的であった。南部では、奴隷解放は何百万もの奴隷が主人に対する復讐に立ち上がることで人種間の戦争を終焉させるという危惧があり、さらには奴隷を解放し、奴隷の輸入禁止法を可決した北部でも、実際には黒人に対する人種差別を増長させると主張していた。トクヴィルは奴隷商人のやり方を見て衝撃を受けた。「古代人は、足かせと死の脅し以外に奴隷制を維持する方法を知らなかったが、南部アメリカ人は、自分たちの権力の永久性を獲得するためのより知的なメカニズムを発見した。彼らは……独裁的支配と暴力に精神的意味を与えた。古代人は奴隷が鎖を解いて逃亡することを阻む方法を探ってきたが、今日では奴隷はそれさえ望めない状況に置かれている……南部アメリカ人は……彼らに読み書きを教えることを禁止し……自分たちのレベルにまで奴隷を引き上げることを望まず、できるだけ野獣に近い状態に置いておこうと考えている」。

ド・トクヴィルはサミュエル・カートライトというルイジアナ州の外科医の研究を目にしたことがあったかも知れない。カートライトは、トクヴィルがアメリカを訪れる前に「ドラペトメニア（ニグロを逃亡させる病）」と呼ばれる、未発見の病気に関する報告を行っている。カートライト医師の厳格な温情主義は次の文章に典型的に見て取れる。

仮にも白人が神の意志に反して、ニグロを「主人の前にひざまずく従属者」（全能の神がそうすべきであると宣言している）から放とうとしたり、あるいはニグロを自分のレベルまで引き上げようとしたり、あるいは自分をニグロのレベルに引き落として平等であるとしたり、神が与えた権力をニグロのうえに乱用したり、怒りにまかせて彼を罰し、他の従者やその他の人たちによる不当な虐待から守ろうとせず、彼に一般的な慰めや生活の必需品を与えることを否定するなら、ニグロは逃亡するだろう。しかし、ニグロが白人によって聖書の記述する立場、つまり、神がニグロに意図した従属という立場に置いておくなら、あるいは主人や監督がニグロに対する振舞いにおいて恩着せがましい態度を見せず、親切で、丁重であれば、同時にニグロの物理的要求の世話をし、虐待から守ってあげるなら、ニグロは魔法に酔いしれ、逃亡などできはしない。

私の個人的経験から言えば、ニグロには「恭シク跪ク」――畏敬と崇敬――ことこそを感じさせるべきである。そうでなければ、奴隷は白人を見くびり、無礼で手に負えなくなり、結局は逃亡してしまうのである……彼らの逃亡を阻止するためには、奴隷は畏敬と崇敬の感情のなかに置かれるべきであり、子どものように気遣いと親切心、注意と優しさをもって扱わねばならない。

この人情味あふれる医師はその後すぐに、黒人に特有の第二の病を発見する。この病は、「ディサエシジア・アエシオピカ、または心の愚鈍さと身体感覚の鈍感、プランテーション監督者の言うところの〈ごろつき〉」と呼ばれるものである。

不満や不平を抱える人は、多くの堕落的行動を取りやすい。これらの行動は故意に引き起こされているように見えるかも知れないが、実は大部分が思考の愚鈍さと病により引き起こされた神経的無感覚による……したがって、彼は扱っているものを破壊し、駄目にしてしまう。馬や牛を乱暴に扱い、自分の衣服を引き裂いて焼き、所有権にもまったく注意を払わず、自分の壊したものを元通りにしようと盗みを働く……作業を軽んじ、とうもろこしやサトウキビ、綿花や煙草の畑を耕すときは、作物をくわで傷つけ、まるで純粋ないたずらであるかのように振舞う。原因も動機もないというのに、監督や他の下僕との間に騒動を起す。罰せられるときには痛みには無感覚であるようだ……北部の医師や人々は……こうした症状を、奴隷制が心に与える劣化的な影響であるとしているが、実は、自由になると怠け、頽廃にふけり、不適切な飲食に溺れるニグロの性質から来る自然の成り行きであることに気付いていないのである。[*8]

南部の聖職者で、奴隷制の熱心な支持者は、福音こそが「ニグロの間に平和と善意を保つ」確実な方法であると述べていた。奴隷たちは、神によって主人に対する従順を要求されていると、さらに、不服従に対しては来世で悲惨な処罰が待っていると教えられた。特別にあつらえられた礼拝では、平等を示唆する部分は聖書から都合良く省略され、神の計画に服従すれば贖いとして幸せな永遠性が手に入ると釣った。数十年間にわたって高まった緊張の結果、一八六〇年代の南北戦争が起こると、南部の奴隷制擁護者たちは武装化し始め、騎馬暴力団である民間武装団体が現れるようになった。彼らは小さなグループを作って地方を夜間巡視してまわり、逃亡を考えている奴隷に暴力で脅迫し、逃げ出した奴隷を追跡して捕らえた。後に、彼らは白い帽子を被り、自分たちのことをクー・クラックス・クランと呼ぶようになる。

アレクシス・ド・トクヴィルは将来を巧妙に予言していた。「民主的自由と啓蒙の時代にあって、制度としての奴隷制が存続しうるわけがない」と彼は警告している。「奴隷か主人のどちらかが奴隷制に終止符を打つことになろう。当然、どちらにしても多大な厄災を後世に残すことになるであろう」。

奴隷制は廃止されたとはいえ、一世紀以上経っても奴隷の子孫にあたる人々の間では苦しみが増加していることを示す徴候が見られた。一九九七年一〇月、ハーバード大学ジョン・F・ケネディ・スクール・オブ・ガバメントの社会政策の専門家ウィリアム・ジュリアス・ウィルソン教授は、「社会学と公的生活」をテーマにした二日間にわたる会議で基調演説を行った。ウィルソン教授の演題は「無職者のゲットー：隔離区画における仕事喪失の影響」であった。[*9] 歴史的な「黒人地帯」であるシカゴの中核区画を例にとりながら、ウィルソン教授は次のように述べた。一九五〇年、大部分が貧しいとはいえ、都市に住む黒人成人男性の六九パーセントが仕事を持っていた。しかし、一九九〇年代までには、三つの区域で一六歳以上の男性の就職率は三七パーセントにまで減少している。さらに、状況の悪化を示す徴候はこれ以外にもあった。一九六八年、当時のイリノイ州知事オットー・カーナーを委員長とする大統領諮問委員会は、アメリカは「ひとつは黒人の、もうひとつは白人の、分離された不平等な二つの社会に向かっている」と結論づけていた。[*10] 一九九八年、カーナー委員会の報告を再検討するために設置されたミルトン・S・アイゼンハウアー基金は、カーナー委員会の報告が出されて以降、状況は悪化の一途をたどっているようだ、と報告した。経済的、人種的な隔絶はますます広がり、区域や学校は新しい方法で再び分離へと向かっているという。

アイゼンハウアー基金によれば、アフリカ系アメリカ人の中流階級は増加しており、さらに高校卒業率も増加しているにもかかわらず、さらにアメリカの経済動向は概して上向きであるにもかかわらず、都市内部の失業率は大恐慌時代と同レベルのままとどまっている。アメリカでは子どもの貧困率は西ヨーロッパに比べると四倍も高く、アフリカ系アメリカ人男性の投獄率はアパルトヘイト時代の南アフリカに比べて四倍も高い。ワシントンやハーレムで生まれた黒人の子どもはバングラデッシュ生まれの子どもより寿命が短い。一九六八年ほど人種的反目が激化していたわけではないものの、人種と貧困は未だに密接な関係にある。

一九九八年に生まれた黒人の子どもの七〇パーセントが私生児である、という事実は状況をますます悪化させていた。父親のいない家族は、奴隷同士の結婚禁止や「主人の権利」という過去の名残を示す徴候であり、片親のもとで成長することと貧困との間には直接的つながりがある。しかし、ミルトン・Ｓ・アイゼンハウアー基金の委員はウィリアム・ジュリアス・ウィルソンに合意し、この調査で最も重要な発見を大恐慌時代と同レベルの失業率であると結論づけた。家族の崩壊は両親が失業している場合に起こる、としたのである。

この報告が発表された後に巻き起こった議論には、性的モラリティについて、リベラル派対保守派について、多くの黒人が最早参加したいとも思わないような「白人経済」について、人種についての議論が多数出されたが、対処の仕方に関してはほとんど意見の一致は見られなかった。しかし、その前年、政府レベルではアメリカ的信条という根強い価値にかかわる前例のない二件の計画が進行中であった。ひとつめの計画は、一九九七年四月にビル・クリントン大統領が考え出したもので、もう一件はオハイオ州デイトン選出の民主党下院議員トニー・Ｐ・ホールが考案したものであった。クリントンは、注目を集めた人種問題に関する大統領主導企画（ＰＩＲ）を設置し、委員に対して国内の市公会堂で会議を開くこと、過去五〇年間の人種関係の調査を集計すること、そして、将来の見通しと将来への勧告をまとめることなどを命じた。ホールは、「一八六五年までに憲法およびアメリカ合衆国の法律のもとで奴隷として祖先が被った厄災」に対して連邦議会によるアフリカ系アメリカ人への謝罪を提供することを提案した。[*11]

私は双方のイニシアチブを、とりわけ、国を代表して奴隷制に対する謝罪を行うという提案を多大な関心をもって見守っていた。謝罪の気運は高まっていた。アメリカは他のグループに対して法案の修正を行なっていたし、国際政治の上でも過去の過ちに対する政府の公式謝罪が新たな歴史を作り出していた。たとえば、イギリスのトニー・ブレア首相は、一九世紀半ばに数千人の死者を出したアイルランドのじゃがいも飢饉の際に政府が適切な処置を取らなかったことに対し謝罪した。さらに、ドイツではヒトラー政権が計画したユダヤ人のジェノサイドに対する謝罪を提供した。ヴァチカンもまた、ホロコーストを前に押し黙った多数を代表して「人々に懺悔を求める」声明を発表していた。[*12] 南アフリカでは、ネルソン・マンデラの真実と和解委員会が、白人による黒人抑圧の遺産に今までになかった独創的な仕方で取り組んでいた。南アフリカの試みは、特定の条件さえそろえば、加害者を恩赦というアメで誘い出し、アパルトヘイト政策のもとで犯された犯罪を公的に認めさせるという方法であった。どの試みも、やがて和解に相当する何かが起こるかもしれない、という期待が根底にあった。

　クリントンが人種の問題に関する懸念を初めて切り出したのは、一九九七年一月の大統領就任演説の際であった。演説のなかで、クリントンは人種の隔離問題を中心課題に据え、人種的憎悪を「アメリカの継続的な呪い」であると表現した。それから二週間後に行われた一般教書演説では、大統領就任式の宣誓の際、手を触れる場所として選んだ聖書の一文を読み上げた。「人はあなたを城壁の破れを直す者と呼ぶだろう」。こうして、クリントン大統領は今後、アメリカにおける人種間の隔絶を癒すために尽力することを表明した。今後の政治的指導力を確固たるものにするため、こうした宗教的ジェスチャーを用いることは、西洋諸国のなかで最も宗教色の色濃いアメリカではごく当然のことである。アメリカはさまざまな方法を使ってラディカルな新教徒的起源に常に忠実であり続けてきたのだ。ホワイトハウスでのセックス・スキャンダル、国民に対する虚偽、下院議会における告発が彼の大統領としての記録を永久に塗りかえるまでは、ビル・クリントンは人種間の和解がクリントン政権の政治遺産として語り継がれることを願っていた。

　クリントン大統領は、個人的に人種間関係という課題に関心を寄せていた。彼が育った南部アーカンソー州リトル・ロックでは、一九五七年に連邦の軍隊がやってきて公立学校を無理矢理に融合していたが、彼はこれを目にしていた。事実、クリントンは一六歳のころから人種差別に対して声を上げてきた。そのとき、クリントン少年は、ワシントンDC郊外でアメリカン・レギオン・ボーイズ・ネイション（在郷軍人会がスポンサーになって作る青少年の会合）での党の綱領に市民権を含むよう取り組んでいた。一部の人たちは、人種問題に関する大統領主導企画（PIR）は、従来の政策を刷新する計画というよりは、自身の政治遺産を念頭に置いて考え出されたに過ぎないと考えた。結局のところ、一九九六年、クリントン大統領は、社会福祉予算を削り、何百万という貧しい黒人家庭の生活に、とりわけ女性と子どもの生活に深刻な影響を与えた。しかし、ポジティブな変化への期待が国家の目標から脱落したかに見えた長期的中断の後では、大規模で派手なこのような企画は何もないよりはましであった。

トニー・ホールに関して言うと、共和党議員が多数を占める下院において、彼より他に奴隷制への謝罪という驚くべき決議案を提出するような人はいなかった。若い頃からピース・コープス（発展途上国などに地域開発の目的で青年を送る団体）でボランティアとして活動してきたホールは、オハイオ州議会議員として選出された後は選挙法の改正、都市開発への租税優遇措置を提供する法案を起草してきた。一九七八年に連邦議会下院議員として当選を果たすと、人権擁護団体との連携を計るため組織「人権監視のための議員仲間」や下院飢餓対策センター設置に向けて活動すると同時に、発展途上国における飢餓関連の病気撲滅を目指そうと主導的役割を果たしてきた。さらに、アフリカのソマリア半島で国際人道サミットを開こうという案も提出し、こうした活動の成果を認めた国連は彼の業績をたたえて賛辞を送っていた。

ホールの活動を支援してくれた議員仲間はごくわずかであった。議員たちは地元有権者の票を失うことを恐れたためで、この反応は理解に難くはなかった。しかし、ホールの気分を最も害したのは、国民から噴出した反応の激しさであった。ホールの事務所には、約二〇〇〇件もの投書が届いた。ホールの提案を支持する投書も多かったが、それ以上に憤慨した意見が圧倒的だった。そのうちの一〇パーセントが、あからさまな人種憎悪にもとづく意見であった。「アメリカのニグロに奴隷制の謝罪をするですって？」。テキサスから届いた投書が憤慨する。「共産党員、エセ社会主義者のあんたの頭は思った以上にいかれてるよ！」。それを書いた人は、曽祖父は四三五人の奴隷を取り上げられたのだから、自分こそがアメリカ政府から謝罪と補償を与えられるべきだと主張していた。「あなたには助けが必要ですよ、トニー」と、ノースカロライナ州からの投書には書かれてあった。「アメリカに再び奴隷制を復活させて欲しいくらいですよ」。なかには、黒人はアフリカから救出されアメリカ人になる権利を与えられたのだからむしろ喜ぶべきだという意見もあった。さらに、南北戦争で落とされた命は十分「謝罪」に値するとの主張もあった。彼らはアブラハム・リンカーンが一八六五年三月、第二期目の大統領就任演説で国家としての懺悔を表明している点を指摘し、奴隷制を神に対する罪であり、戦争そのものが神の報いであったと述べた部分を引用した。移民の子孫である人々は、奴隷制は自分たちとは関係ないと電話口で言い放ち、祖先も虐げられた経験があるが、彼らは謝罪など求めてはいないと言った。こうした反応に圧倒されたホールは、

「謝罪に関する単なる私の発言が、これほどまでに憎悪に満ちた発言を引き起こすなら、この国は問題を抱えていると言わざるをえない」と述べた。彼は怒りと人種差別を前に「呆然とした」ことを認めた。決議案提出から一週間後、ホールは下院の演台に上り、こう反撃した。「謝罪は空っぽだ、意味のないジェスチャーだと多くの人が言っているが、謝罪がそんなに無意味なら、私の決議が全国で大論争を引き起こしたのはどうしたわけです？」。「アメリカは移民の国です。自由人としてやってきた人がある運命へと向かった一方で、奴隷船でやってきた人は違った運命へと向かったのです。われわれはアメリカの子どもたちに、初期アメリカ史の分岐点における間違いを明確に教える責任があります。今日のアメリカ人は全て、白人も黒人も、過去の影のもとに暮らしているのです。われわれは皆、奴隷制に対する代償を払わねばならないのです」[*13]。

回想録『黒人と白人の間で育って』の著者であり、『ニューヨーク・タイムズ』の論説委員であるブレント・スタンプルズは、雑誌上で、奴隷と隷属に関する話題は、「一八六〇年代と同じくらい今日では爆発的である」と述べた[*14]。

トニー・ホールが奴隷制に対する公式謝罪を提案したとき、クリントン大統領は自身のコミットメントを確約してはいなかったが、その可能性を完全に否定したわけでもなかった。翌年、彼はウガンダのムコノで次のように述べた。「われわれが国家でさえなかった昔、ヨーロッパ系アメリカ人は奴隷貿易によって多大な利益を享受した。そのことに関して言うと、われわれは間違っていた」。同じアフリカ訪問の間、クリントンはセネガルのゴレー島訪問を主張した。ゴレー島は、捕らえられたアフリカ人がアメリカ行きの奴隷船に積まれたところで、地下の小部屋に壁から鎖でつながれ、そこで男性は労働力としての評価のために筋肉が測定され、女性は授乳能力を測るために乳房の測定が行われ、子どもたちは歯科検査を受けた。彼らは積荷として理想的な体重になるように太らされ、その基準から漏れた場合はその場で海に投げ込まれた[*15]。

大統領の行為は最小限の反応といえたが、アフリカ訪問までには、クリントンは公式謝罪に伴う政治的リスクについてさまざまな人たちから警告を受けていた（マイク・マッカリー報道官は、大統領が何をしようと、彼自身は直接的な謝罪をするつもりはないと急いで発表した。そのようなジェスチャーは「筋違い」であり、この問題は「アメリカ人の念頭にある問題ではない」のである）。クリントンが次にその問題に触れたとき、ホールの提案は事実上死んだ。「アフリカ系アメリカ人の友人や顧問のほとんどは、アメリカの奴隷制に対する謝罪という、実のところメディアが大げさに取り上げた記事である問題に立ち入る必要はないと考えています」と、クリントンは言った。「修正憲法第一三条、第一四条、第一五条はそのために出されたのであって、とりわけ市民権に関する修正第一四条はそのためだったと彼らは考えています。われわれに必要なのは未来へ向かうことだと言っています」。

謝罪という単なる提案が、メディア関係者の多くを、さらにトニー・ホールを弱腰と批難する一般市民を大論争へと巻き込んだのも無理はない。さらに、ホールの提案に対して、黒人と白人の間ではっきりと見られた反応の違いも驚くべきことではなかった。一九九五年、前妻とその友人を殺したとして起訴されていたO・J・シンプソンの殺人訴訟の判決が出される以前、アメリカ全土をカバーするハリス世論調査があるアンケート調査を行っていた。この結果、白人アメリカ人の六一パーセントがシンプソンの有罪を、黒人アメリカ人の六八パーセントが無罪を信じていたことが明らかになった。似たような隔絶は、トニー・ホールの奴隷制に対する公式謝罪の提案が出された際にも見られた。二度のギャラップ世論調査で、アメリカ政府は「南北戦争以前に実施されていた奴隷制の事実に対し、アメリカ黒人へ公式な謝罪を行う」法律を可決すべきか、という質問に対し、六七パーセントの白人が反対を、六五パーセントの黒人が賛成を表明した（最も大きな隔絶が見られたのは、奴隷制の根付いた南部州で、白人の七三パーセントが謝罪に断固として反対していた）。この人種間の意見の隔絶は、アファマティブ・アクションや市民権を強化する法律をはじめ人種問題上の法的イニシアチブについての他のアンケート結果を実によく反映していた。白人は大部分が反対、黒人の大部分が賛成を表明していた。

アフリカ系アメリカ人の多くは、謝罪はこれまで延び延びにされてきた癒しのプロセスの力強い一歩を踏み出す助けになるだろうと主張した。その一方で、黒人著名人の一部は、白人保守派と同じ熱狂でもって反対した。多くの人がホールは世間知らずで、きちんと筋の入った謝罪なら、必然的に財政的な補償が伴うべきであると考えた。「人種問題のエンターテイメントに過ぎません」と、ジェシー・L・ジャクソン牧師ははねつけるように述べている。各紙に寄稿している黒人作家トーマス・ソーウェルは、謝罪というアイデアを「狂気じみた、愚かなたわごと」と一蹴し、大昔に死んだ人の行為に対して謝罪するなど不可能であると言い放った。ソーウェルのこの見解は、白人からも共鳴を呼び、なかには、どんな集団（下院）も個人の行動に対し公式に遺憾の意を表することはできないし、どんな個人（大統領）も国家の共有された過去を代弁することはできないと付け加える人もあった。これはアメリカならではの見解である。アメリカという国では、個人的責任は国民心理の一部であり、集団思考という考えは全く異質なものである。トーマス・ソーウェルはさらに、奴隷制はかつて世界中で見られた現象であり、アメリカだけの奴隷制について謝罪するのは不公平であると主張した。「カリブ海諸島では、アメリカ以上に多くのアフリカ人を輸入したし、ブラジルはアメリカの六倍の奴隷を輸送した。中東のイスラム教諸国と北アフリカは、西半球が輸入した以上の奴隷を輸入していた。では、なぜ奴隷制という問題をアメリカ特有の問題であるかのように語らねばならないのか」と、ソーウェルは疑問を呈する。「謝罪という提案の背後にある人種的罪悪の継承という考え――ナチの概念――は、今日のアメリカにおける人種間の隔絶を埋めるどころか、両極化を加速させるだけである。この謝罪が一体、黒人にとってどんな意味があるのか？　過去を振りかえることが、将来に備える方法だとでも言うのか？」[*16]。

黒人作家によって提言されたこうした見解、とりわけ、彼の主張する「人種的罪悪の継承」についての見解は興味深い。というのも、私はこれと同じ状況をドイツでも経験していたからである。私に言わせれば、集団的罪悪の問題は、ナチの概念以上のものである。事実、それこそ多くのドイツ人にとって自国の過去を記憶するうえで核心となっているのだ。私はこの後、デズモンド・ツツ大司教がアパルトヘイト制度の集団的責任に関してあきらかに曖昧にしていた南アフリカを訪問する予定であった。集団的罪という主題は、ソーウェルが単純化して見せたより、はるかに複雑な問題なのだ。

私には、ソーウェルの最も「アメリカ的」エレメントは、過去を扱うことの重要性を疑問視した最後の一行に現れていると思われた。移民は出身地に関係なく、アメリカという「新」大陸で、アメリカ国家のイデオロギー――未来を信じること――を吸収した。明日、変化が起こるかもしれないし、それは明後日かも知れない。そんな場所では、将来に向き合うことと、過去を振りかえることとの間には関係性などほとんどない。平等の約束というレトリックは、明日は今日よりましである、という仮定の上に成り立つ。

それがたとえありえないにしても、である。これについて考える上でマーティン・ルーサー・キング・ジュニア以上によい例は見つからない。キングは、奴隷制とその後遺症について問題提起をしなかったし、人種差別は根絶不可能なほど根深いという結論に達したわけでもなかった。一方で、今や有名になった文句を繰り返したワシントン演説のなかでは、「私には夢があります」と言って、他のアメリカ人と同じくらい熱心に将来の力を信じていることを高らかに宣言した。そう、要求されるのは意志の努力のみである。彼が意図していたのかどうかは不明だが、過去の奴隷制に対する謝罪というトニー・ホールの提案は、この夢の核心にあった曖昧さに触れたのだ。日系アメリカ人は公式謝罪を受け取ったが、彼らの受けた屈辱的扱いは、通常とは言えない戦時下で起こったことだった。さらに、梅毒患者の実験と同様に、日系アメリカ人もアメリカ史の核心に触れる問題に異議を申し立てたわけではなかった。しかし、奴隷制は違っていた。なぜなら、奴隷制は平等という社会の基盤になっていたレトリックと矛盾していたし、さらには、一世紀以上経っても、人種の束縛という破壊的な結果は、頑として幸せな将来のなかに消えてくれそうにはなかったからだ。

数ヶ月以内に、トニー・ホールの決議は瀕死の状態にあるようだった。しかし、それは誰一人興味を示さなかったからではなかった。下院議員ホールの提案が放ったそのハリケーンのような疾風は、アメリカでは奴隷制の過去の記憶は未だに生々しく、未解決であること、その疑いえない事実を示したのである。

今でも黒人アメリカの絶望的な心臓部にあるこの霊廟を歩きながら、私の気持ちは暗くなっていく。人種問題の傷や、壁に掲げられた写真のなかにある希望にあふれる表情、そして死者のことに思いをめぐらせる。そういえば、第二の解放へのマーティン・ルーサー・キング・ジュニアの嘆願は二〇世紀アメリカの記念碑的出来事であり、キングはアメリカの法律という制度を変えたという意味で、完全な自由に向かっての次段階を体現していた。そうはいっても、未だに生々しい人種の問題や最下層の黒人たち、未解決の和解について考えてみれば、彼の成功はせいぜい部分的であったと言わざるを得ない。アメリカ議会による公式謝罪というトニー・ホールの寛容な提案は、少しでも社会に変化をもたらしただろうか?

私は記念碑を後にして足早にバス停まで歩いた。周囲には、板塀され廃屋となった建物、風に飛ばされた幾多の新聞紙や紙類、ごみの山が見える。退屈さと結ばれた、警戒したような目つきの職にあぶれた若者たち。こうした現実のすべてが、かつてキング博士と彼の友人たちが思い描いた大規模な草の根的社会変化という理想との間にある埋めようのないギャップをまざまざと見せつけている。この状況を克服するために必要なもの、それは何だろう? ミシシッピ州に行こう、と私は決心した、ミシシッピこそ、私の旅を始める場所だ。キングがかつて描写し、有名になった「不正義の炎にあぶられてきた」[*17]ミシシッピ州。一九六三年の当時に比べると、大きな変化が見られる。しかし、奴隷制を維持していた南部州のうちで、最後まで頑なにその古いやり方を守ろうと戦ったのはミシシッピ州であった。記憶は未だにそこに留まっているはずだ。

ミシシッピ州ジャクソン市の暑さは、恐ろしく濃厚で、重々しく、道を歩いていても蒸気洗濯機の横を通っているのかと思うほどだった。蒸し暑いこの空気に私の肺が順応するまで、意識的に呼吸をする努力を要した。ジャクソンの町は奇妙なほど静かだ。平日だというのに、通りにはほとんど人が見えない。こんな気温のなかを歩きまわる方がどうかしているのだ。地元の人たちはエアコンのまわりに群がっているのだろう。ジャクソン市は小さく感じられ、州都というよりは町と呼んだ方がしっくりくる。庭の芝生は焼けたような茶色で、九月でもまだ花の咲いた並木が、文学と政治の歴史を刻み込んだ通りを囲んでいる。ユードラ・ウェルティは一九〇九年にここで生まれた。彼女の珠玉の短編を、南部の白人が送っていた生活の息苦しいほどの緊密性のなかで描かれた複雑な人間関係のことを思い出す。自伝的エッセーを集めた『一作家の生い立ちの記』のなかで、彼女はジャクソン初期の社会的日常性を描いてみせた。そこでは、有閑階級のマダムたちが毎日午後になるとお互いを訪問しあうのだ。「誰もが名刺を持っていた。両親はもちろん、子どもでさえ。赤ちゃんが生まれると、自分の名刺にピンクや青色のリボンで留めた赤ちゃん用の小さな名刺をつけて郵送し、誕生の報告とした」[*18]。南北戦争以前の南部。そこでは、あらゆる労働から解放された白人特権階級が、固く閉じられた小さな世界を形成していた。しかし、ウェルティの鋭い洞察力は、自分の属する恵まれた白人階級の向こうにまで届いている。その地方の人々の描写、とりわけ黒人の描写は、他のミシシッピ住民が耐え忍んでいた貧困を最もよく描いている。ウェルティがかつて住んでいた家は、椿やサルオガセモドキがぶら下がる樹齢一〇〇年ほどの樫の木に囲まれたアメリカ自由人権協会（ACLU）支部に隣接している。ウェルティとACLUジャクソン支部は、それぞれ違った方法でこの地域の心理状態を私たちに示してくれている。

ジャクソン北東部に位置するミシシッピ州オックスフォードは、ウィリアム・フォークナーの生誕地である。フォークナーは、この地域の遺産を愛しながらも反発した数多くの南部作家の一人である。フォークナーが全盛期のころ、ミシシッピの人たちは彼の作品を読むに値しないものと決めつけていたが、私が子どものころ、神秘的なミシシッピの表面下に巣食う不穏な予感、そしてフォークナーの描いた奴隷制廃止後のものうい、不可避的な衰退は、私のカナダ世界のスペクトラムを新しい色彩で彩ってくれた。南部がどう定義されようと、良き時代であれ、悪しき時代であれ、ミシシッピこそ南部の心臓部なのだ、私はそう確信していた。

公民権運動が盛んになった一九五〇、六〇年代は、明らかに悪しき時代であった。当時のこの大時代的ミシシッピでは、水飲み場や公衆トイレの使用制限から、白人の呼び方まで、黒人生活のあらゆる局面を縛り付けたジム・クロウ法撤廃を求める動きは、どん底を見た。このミシシッピこそ、時代の変化という予兆に抗して分離推進派の白人が最も熱心な戦いを繰り広げた場所であり、このミシシッピこそ、リンチや放火、銃撃が何らの反対にもあわず着実に実行された場所であった。たとえば、バイロン・ド・ラ・ベックウィズは、ミシシッピデルタのグリーンウッド出身で、ありえそうもないロマンティックな名前（フランス名と英語名が混合している）をもつ人種差別的殺人者であった。グリーンウッドはベックウィズが活動を始めるまでにはすでに悪名高い場所として知られており、一九五五年、エメット・ティルという一四歳の少年が、白人女性をじろじろ見たと因縁をつけられ、仲間の白人男性たちによって殺害された。アメリカ全州のうち、最も多くのリンチ記録が残っているのがこのミシシッピ州なのである。[*19]

私は、ユダヤ教のラビであった今は亡き従弟ペリー・ヌスバウムを通して、ジャクソンとは個人的なつながりを持っていた。一九六〇年代、ペリーは公民権運動の支持者として地元クー・クラックス・クランの「白い三角帽」の間で目を付けられるようになった。一九六七年のある夜遅く、ペリーと妻のアリーヌが眠っている間、家に爆弾が投げ込まれた。奇跡的に彼らは無傷だった。アメリカ連邦調査機関（ＣＩＡ）によれば、この攻撃を計画したクー・クラックス・クランの皇帝魔術師と呼ばれたサム・バワーズは、三〇〇件もの家屋爆破、焼き討ち、虐待に関与しているという。一九六四年には三人の公民権活動家の殺害を計画のうえ実行し、この結果、ジェームズ・チャニーという黒人青年、ニューヨーク州の大学生で自由の行進に参加するためにやって来ていたアンドリュー・グッドマンとマイケル・シュワーナーが殺害された。さらに、バワーズは、有権者登録運動を進めていた信望の厚い黒人ビジネスマン、ハティースバーグのバーノン・ダウマー宅に爆弾をしかけた。ダウマーは煙を多量に吸い込み亡くなった。バワーズは公民権運動活動家の暗殺訴訟で有罪判決を受けたが、白人至上主義という名の下で行われた殺人で白人を有罪にするような陪審員などいなかったため（その当時、黒人陪審員は一人もいなかった）、殺人ではなく、犠牲者に対する市民権侵害での有罪となった。彼の刑事裁判は、結局、無罪釈放という結果に終わった。一九九八年、バーノン・ダウマー殺人訴訟の再審が行われ、今回は有罪判決を受けた。

　公民権活動家の黒人指導者、メドガー・エバーズ殺害で一九六三年に逮捕される以前、バイロン・ド・ラ・ベックウィズは暴力的な憎悪をあからさまに広言していた。ミシシッピ州の下院議員フランク・スミスに「ニガー（黒人に対する差別用語）を殺して欲しいなら遠慮なく言ってくれるよう」言ったこともある。エバーズ殺害を実行する数ヶ月前、彼は全米ライフル協会に対して自分の意図を伝えていた。「紳士諸君、」と彼は始めた。「今後一五年間、われわれミシシッピ市民は、われわれの妻子を、そして自分自身を守るため、数多くの銃撃を行う必要がでてくるだろう」[*20]。警察はベックウィズの指紋のついた凶器を押収したにもかかわらず、二つの裁判が陪審員の吊るし首という結果に終わった後、ベックウィズは釈放された。どちらの裁判も、グリーンウッドを牛耳っていた支配者層が彼の弁護にやってきた。グリーンウッド市全市民の代理を務める弁護士、州知事の法律事務所のメンバーをはじめとする有力なコネのある弁護士と一般市民がやってきた。

　一九五四年一一月、メドガー・エバーズは黒人という理由でミシシッピ大学法学部への入学を拒否され、それから政治的組織の世話人として活動を始めた。彼は全米有色人種地位向上協会（ＮＡＡＣＰ）ミシシッピ支部の初代現場幹事となり、あまりに広い地域を公然と旅していたため、親しい友人でさえ彼の暗殺は避けられないだろうと考えたほどだった。彼は町や村で一軒一軒ドアを叩き、黒人有権者登録運動を組織した。この結果、黒人有権者は圧倒的な数にのぼることが予想され、ベックウィズとその一味はこれが現実のものとなることを恐れた。こうして、エバーズは彼ら白人の安定した生活を脅かす存在とみなされたのである。

ミシシッピ州白人市民協議会もまた、ベックウィズの支援にまわった。一九五四年七月、公立学校の人種隔離撤廃を命じる最高裁判所の判決に反対するために組織されたこの協議会は、直ちに期待以上の成果を上げた。一〇月までには、各コミュニティの多くの有力市民を含む二万五〇〇〇人が会費を払い、会員登録を行った。彼らは、人種隔離は法律の範囲内で維持されるべきだと考えていた。ある歴史家が記したように、「社会変化に対する揺るぎ無き憎悪が蔓延するような環境では、法律は白人至上主義のためにあり、白人至上主義者は非合法とされる必要すらなかった」[*21]。白人市民協議会は、違法行為を行うための合法的手段となったのだ。協議会の目的は、憎悪をかきたてるような情報を流し、暴力を是認することにあった。

一九五七年、白人至上主義者の戦いに、ミシシッピ州統治委員会という新しくできたばかりの組織が加わった。委員会は創設後すぐに、学校における人種隔離撤廃と公民権運動についての激しい反駁を行い、どのような形であれ「州の独立自治権」獲得を目標として掲げた。委員たちは公民権活動家たちの情報を収集し、差別撤廃運動家の活動を妨害し、広報活動を指図した。集会や座り込みに潜入したスパイが噂を流し、有権者登録運動の主催者となった人を調査して、ひとたび公民権運動に関与しているという疑惑が持ちあがると、その人の雇用者に解雇を迫った。活動家や支援者の名前はリストアップされ、警察に手渡された。さらには、有権者登録をしている黒人の行く手を阻み、彼らの大義名分を実現するために、とりわけ混血という恐怖を駆りたてるような「行動」を実行した。たとえば、娘が混血の若者と付き合っているのではないかと疑った白人夫婦がいた。委員会は彼の家系を調査し、個人訪問のあいだ、几帳面にも彼の爪を調べた（白人には爪に半月があるが、黒人にはそれがないと信じられていた）。少年はまだ徴兵される年齢には達していなかったが（ちょうどヴェトナム戦争の時期であった）、調査員は彼を違法に徴兵させるよう仕組み、両親の疑念が正しかったことが判明した（彼は混血で、イタリア系の血を引いていたのだ）。

統治委員会が公的資金援助を受けていたのは一九七三年まであったにもかかわらず、委員会の秘密ファイルは、一五年間にわたって議員や他の行政官たちに閲覧されていた。そして、一九八八年二月、ミシシッピ州ACLUが州政府の役人が合法的運動にかかわっている人たちに嫌がらせをしているとの訴訟を起したことで、ファイルの利用はとうとう禁じられた。一九八九年、裁判所は、統治委員会の運営法は違憲であるとの判決を下した。そのときになって初めて、一般の人たちは、メドガー・エバーズ殺害に関する二つの裁判の間、ミシシッピ州統治委員会がベックウィズのために陪審員の選抜を買収していたことを知らされた。そして、地区検事がこの訴訟の再審を要求し、一九九四年、ついにベックウィズに有罪判決が下った。こうして、新しい時代のミシシッピ州では、長年、不処罰のままになっていた不正義は徐々に溶解へと向かった。

一九九八年三月には、そのファイルの公開をめぐる全ての反対訴訟が終審し、「容疑者」八万五〇〇〇人の名前をまとめた記録がメディアに公開された。「これらのファイルを読み始めると、選挙をしていたにもかかわらず、われわれのしていたことは警察国家に相当することだったと気づきますよ」と、ミシシッピ州ACLUの会長デイビッド・インゲブレットセンは言う。「委員会が歯科学会や医学会に連絡を取って、免許を与えてはいけない人に関して忠告していたり、さらに、誰が弁護士協会に加入できて、誰ができないかについて連絡を取っていたことを知れば、もう言葉もありませんよ。ここ南部に住むわれわれみんなが人種差別主義者ではありませんでしたが、人種差別という社会構造はわれわれを窒息させ、口を開いた人たちはそれなりの代償を支払うことになりました。だから、異議を唱えたのはほんのわずかな人たちで、そのおかげで統治委員会と白人市民協議会が絶大な影響力を持つようになったのです。牧師たちは調査され、州から追い出されました。教師たちは職を失いました。白人が黒人に教育を与えたいという考えは想像を絶するものだったので、白人至上主義者でない人は誰もが共産主義者と見なされたほどです。まあ、とにかく、部外者はいつだって『共産主義者』と呼ばれるか『扇動者』と呼ばれていましたからね。南部で政治に係わろうと思うなら、隔離主義者でないと駄目なのですよ」。

インゲブレットセンの開襟シャツと机の後ろの壁にかかったエルビス・プレスリーの人形を見ていると、彼のこれまでの活動の深刻さが嘘のように思えるかも知れない。しかし、その年代の南部人の多くがそうであるように

（一九九八年の時点で彼は五四歳である）、インゲブレットセンは公民権運動という社会革命の一翼を担い、当時の社会的価値と真っ向から向き合うことになった。

「誰一人、生まれたときから人種隔離主義者である人はいません。人種隔離主義は学ばれるもの、そして後天的な嗜好です。六歳のときに経験したある出来事を忘れることができません。その日、私は他の子どもたちと一緒に外で遊んでいましたが、そこにアイスクリーム売りの車がやってきました。私は若い黒人の売り子にアイスクリーム代金を払ったところ、友達の一人が『ニガーに触っただろ』と言ったのです。それを絶対に忘れることができないのは、そのとき初めてその言葉の意味を理解したからでしょう。こうした物言いや言葉は、文化や新聞、学校やありとあらゆるものから植え付けられるのです」

「今では恥かしいことをしたと思いますが、一九六二年、私はオール・ミス（ミシシッピ大学の愛称）へ行く途中でキャンパスを通ったジェームス・メレディス［ミシシッピ大学に入学しようとした黒人学生］[*22]を嘲笑していました。しかし、一年もたたないうちに私は変わりました。私の大学はジャクソンでも比較的革新的な学校でしたし、よい友人や教授にも恵まれました。異なった見解を聞く耳を持つ人たちに出会ったのは、そのときが初めてでした。高校では、異なる意見は絶対に言えないように抑圧されていました。公民科の先生は、われわれに人種隔離や人種融合については一切話すべきではないと言ったものですよ」

こうして彼の見解が変化すると、家族との間に軋轢が生じ始めた。叔父は数年間、彼と口をきこうとせず、そんな新しいリベラルな考えに染まれば、経済的ダメージを被るだろうと言った。「私は若い頃、ＡＣＬＵの活動にのめり込み、白人と比べて黒人は死刑になる可能性が高いと言った言葉が引用されました。それは事実で、実は今でもまだ当てはまります。その時の私は不動産関係の仕事をしていましたが、そのことで経営は破綻しました。今では私はリベラルとして〈自認〉していますよ、もちろんね。リベラルは未だにこの辺では汚い言葉ですがね。私はいつも自分のことを穏健派と呼んでいます」と彼は笑う。

私たちはエアコンのきいた小さく快適なオフィスを出て、彼のピックアップトラックに乗り込む。インゲブレットセンはあの時代が終わって数十年後、ジャクソンの黒人たちの暮らしぶりを私に見て欲しいと思っていた。数ブロック並んだ木造の小屋が見えている。ほとんどの戸口は板張りになっていた。年配の人たちは軒先に座ってうちわをあおぎ、若者は平日の昼間だというのに街角をぶらついている。一ブロックもに延びる工場は汚れた煙をもくもくと吐き出している。民家の隣のディスコからは大音響が流れてくる。これまで、私はメキシコやインドでこれ以上にひどい都市部の貧困を目にしてきた。しかし、ここは世界で最も豊かな国だ。私たちはゲットーを後にし、通りの角に立つ白い家の前を通った。それは、かつて私の従弟ペリー・ヌスバウムが住んでいた家だ。あの爆撃事件後、彼とアリーヌは荷物をまとめてジャクソンを永久に後にした。

私が向かっているのは、昔のミシシッピデルタ（河口）である。公民権運動の中心舞台、アフリカ系アメリカ人の一世紀半にわたる歴史の中心地。綿花摘み奴隷の歴史の面影が残る舞台を起点に、アメリカの奴隷制という悲劇がなぜ依然、大きな影響力を持ち続けているのかを調査し始めようと思う。ミシシッピデルタはミシシッピ州北西四分の一を占め、ミシシッピ川の浅瀬から三〇〇キロに延びる平坦な無木地帯で、洪水によって堆積した土壌は、マラリアの危険を冒してまで綿花栽培をする価値があると考えられたほど肥沃だった。開拓者たちは一九世紀初頭にはこのデルタへ奴隷を運び、南北戦争が終わると、奴隷たちは家族ごと物納小作人としてもとのプランテーションに留まった。しかし、奴隷解放によって得た自由がすぐに出世や地位向上にはつながったわけではなかった。私はアフリカ系アメリカ人がプランテーションの監督レベルに達したのがやっと一九七〇年代になってからだと知り、非常に驚いた。この人はジョン・ワーナーというレイヴィル出身者で、一九三七年に水汲み係から身を立てた人だった。[*23]

デルタの歴史は多層的である。ここは、あの有名なリズム感あふれる黒人奴隷と綿花小作人の歌ブルースの発祥地だ。ブルースの起源は、綿花プランテーションで鎖につながれた人たちが歌っていたことに由来する。また、ここはアフリカ系アメリカ人のキリスト教徒にとっては心の故郷でもある。日曜日の礼拝で牧師と信者が身体を揺らしながら叫び、歌った聖歌は、南部からたちまちアメリカ全土へと広まった。一九六〇年代のデルタは、公民権を求める運動の中心地であると同時に、白人至上主義の拠点でもあった。かのバイロン・ド・ラ・ベックウィズもまた、ここデルタ出身であった。

一九九〇年代後半の現在、選挙法に関するアメリカ最高裁判所の判決が下った一九六五年から三〇年が経過している。私はある選挙集会をこの目で見ようと、車体の高いレンタカーを運転している。目的地点はミシシッピ川沿いの村メイヤーズヴィル。選挙権が与える力は、アフリカ系アメリカ人を主流派に合流させるものと考えられていた。アメリカ南部では何百という人たちが市民権を求める戦いで命を落とした。私の疑問は次の二点である。これらすべてが終わった今、デルタの人たちにとって選挙権は何を意味するのか？　また、選挙権を獲得したことによって彼らの生活は変化したのか？

ジャクソンからのハイウェイは、デルタの低地へと緩やかに下って行く。それは、別世界へと入ることを暗示するかのようだ。幅広で整備されたアメリカのハイウェイは、どんどん小さな道へと狭まってゆく。途中、開拓時代の名残が未だに残るヤズーという町を通りかかった。銀行前の看板には、ヤズーの町とこの銀行は、南北戦争後に戦災に遭い、突然奴隷を失った綿花プランテーションの経営者のため寄付を募った、と書かれている。

バックミラーから町のメインストリートが消えていくと、見渡す限りの平地が広がる。時折、立派な「大邸宅」――かつての奴隷所有者の邸宅――がぽつぽつと地平線に見える。そして、そう、「諸悪ノ根源」である綿花農園。南北戦争以前の南部が存在した時代、ここは世界で最も豊かな綿花栽培地域として知られていた。

ちょうど収穫の時期で、黒っぽい茎についたさやからは、成熟した白い玉が弾けている。列を行ったり来たりしながら腰をかがめて綿花摘みをする人の姿は見えない。その代わりに、コンバインが農園を徐行し、収穫したフワフワした白い綿花をかごに入れている。道路は今や二車線の田舎道となり、脇にはプラスティックと網で縛られ、それぞれ番号を付された長方形の綿花俵が並んでいる。さらに、それ以上に古い時代を垣間見せてくれるイトスギの湿地を過ぎる。じめじめした水のなかで水流に巻かれたイトスギは溺れているかのようだ。白鷺が佇んでいる。それを過ぎると、ぺちゃんこの顔にひげをはやしたナマズの養殖池がある。

私は曲がる場所を間違えて、小さな村落まで行ってしまった。道は乾いたレンガに変わり、赤っぽい土ぼこりが空気を曇らせている。わき道の草のなかには綿花農園から風で運ばれた白い綿が木立に引っかかっている。私は道を尋ね、幹線道路を見つけた後、とうとうメイヤーズヴィルに到着した。デルタ支流の限界、かつての綿花産業の巨大な心臓部、そして今では埃っぽい通りと土手に隣接する居住地が点在するメイヤーズヴィル。昔は、奴隷たちはここから北部へ、あるいはニューオーリンズへ、あるいはニューオーリンズまでの途中の町へと移送されたのだ。

　ここは、かつてホテルや洗濯屋、一〇軒のお店やメンフィスに次ぐドレス店が立ち並ぶ、豊富な物品をそろえた重要な町だった。さらに、アメリカで所有者一人あたりの奴隷数が最も多い場所で、地元の白人の一部は農園主貴族として暮らしていた。のちに聞いた話では、この階級のある息子などは一人で着替えをしたこともなく、黒人の召使を連れてミシシッピ大学へ入ったという。暴力、そして一方では目下の者に対する温情主義に特徴づけられた南部の風変わりなやり方と、いわゆる「奇妙な制度」（ケネス・スタンプの本のタイトル）においては、奴隷または召使は（これが解放以前に起こったのか、あるいは解放後に起こったのかについては調べることができなかったが、それが分かればそこのエリアにおける法の拘束力の程度を教えてくれるだろう）、同時に仲間であり「友人」でもあった。若き綿花貴族の大学在学中、二人は一緒に部屋に住んでいた。そのストーリーによると、この綿花貴族は一度も靴ひもを結んだことがなかったらしい。

　選挙集会は夏のカラカラに焼けた野球場で行われている。チャンセリー裁判所の裁判官への立候補者は、魅力的な黒人女性ビッキー・ローチ・バーンズという現職裁判官である。この考えられないような日中の灼熱のなか、三五人ほどが（少なくとも一ダースほどの選挙権を持たない子どもを入れて）、日よけの下のベンチに腰を下ろして、うちわを使いながら、お約束の無料ピクニックを待っている。エプロンと麦わら帽子を被った大柄な白人男性がバーベキューの向こうで汗をかいている。彼は元上院議員ロバート・モンティーで、その日、食べ物とシェフとしてのサービスを無償で提供していた。

　昔からよくある選挙キャンペーンである。有権者はホットドッグやチリ、それから「ビッキーに一票を」と書かれた無料のTシャツに釣られてやってくる、あのやり方だ。私は仮設キッチンとなっているテントの中で、熱狂的に列を待って並んだ子どもたちにグレープジュースを注いでいた。私の横にいるのはディスクジョッキーで、今日の選挙キャンペーンのために辛抱強くがんばっている。彼は、DJ独特のとめどない話をしゃべり続け、大音響のラップミュージックをかけながら、おびただしい汗をかいている。こうした状況を目にすると、わずか数十票のためにこのような遠隔地に候補者を連れてこなければならない政治キャンペーンの困難さについて考えてしまう。食べ物がさばけてしまうと、ロバート・モンティの姿が見えなくなった。彼は、半分気絶しそうになりながら、キッチンのテントにもたれてこの熱さから回復しようとしていた。

この人たちは一体誰なのだろう、そして、そのうちの多くがビッキーに投票するのだろうか？　それよりも何よりも、彼らは投票に出かけるのだろうか？　もし、投票に出かけないなら、マーティン・ルーサー・キング・ジュニアが命をかけた夢について、彼らは何と言うだろう？　自分の家族は太古の時代からデルタに根を下ろしてきた、と彼らは言う。連邦北軍のウィリアム・テクムサ・シャーマン将軍は、自由人として再出発できるようにと奴隷の子孫に「四〇エーカーの土地とロバ一頭」を与えることを約束した。後になってその約束は、アブラハム・リンカーンの次に大統領になった南部生まれのアンドリュー・ジョンソンにより白紙撤回された。そのため、ほとんどの自由を与えられた奴隷は、両親や彼ら自身が生まれたこの地に残り、同じ農園で物納小作人として二束三文で働いた。ほとんど誰一人読み書きはできなかった。教育を施せば反乱を引き起す可能性があったため、奴隷に読み書きを教えることは犯罪だったのだ。

ビッキー・バーンズのキャンペーン・マネージャーであるドルウィン・シールズは、私に野球場を歩きまわっている人たちのほとんどは読み書きができないと教えてくれる。とても教育とは言い難い教育を受けているか、あるいは学校にも行っていない、あるいは一年のうち限られた期間しか学校へ行かない。子どもたちはいつも綿花農園では必要な労働力だったからである。今では収穫作業はコンバインがしてくれるから、この辺りで唯一の仕事といえば、ナマズの養殖か、あるいは野球場に隣接してそびえ立つ、中堅セキュリティの刑務所かである。誰もが生活を社会福祉金か年金かその類のものに頼っている。これもまた、奴隷制の遺物といえる。確かに彼らは自由ではあるが、未だに無知と依存からは自由になってはいない。

なかには一生懸命に努力している人たちもいる。ドルウィン・シールズは五二歳だが、引き締まった体つきとエネルギッシュな立ち振る舞いからは、とても五〇代には見えない。彼はこれまでに八人の黒人候補者の選挙キャンペーンに携ってきた。一九九三年に連邦政府農務長官に就任したマイク・エスピーもその一人である。また、シールズは公民権運動を今でもはっきりと記憶する年代だ。一九六三年、ビックスバーグのハイウェイを降りたところにある彼の実家近くの十字架がクー・クラックス・クランによる焼き討ちにあった。ビックスバーグは白人至上主義者の拠点であると同時に南北戦争の激戦地でもあった。シールズの記憶では、ビックスバーグにやってきたマーティン・ルーサー・キングを歓迎したのは、わずかにひとつの教会だった。放火や爆破の脅迫が届き、クランは通りを行進してまわった。しかし、その教会は信者に決定を任せ、神に結果を委ねるという南部ならではの信心深いやり方で、キング牧師を迎えることにした。ドルウィンはキングの説話を聞きに出かけた。「キング牧師は私たちに有権者登録を勧め、われわれには神がついているのだから恐れる必要はないと言いました。私はキング牧師の活動とその時代に命を落とした人たちに、それは深い尊敬と信念を抱いていますよ」と彼は言う。

選挙登録をしてもらい、それから彼らに投票場まで足を運んでもらうための活動に、これまで熱心に取り組んできた。しかし、最近やる気がそがれてゆくようだと語る。バーンズ裁判官とメイヤーズヴィルまでやってきて、小さな選挙区の有権者にTシャツを配り、暖かく参加者を歓迎する一方で、ドルウィンはアフリカ系アメリカ人の政治参加という夢が、大きな意味でますます達成困難になってきていると感じている。彼の経験から言えば、予想投票率は二〇パーセントから二五パーセントに過ぎない。「世界で最も偉大な民主主義の国アメリカで、投票という権利と特権の価値が大事にされていないことには本当にがっかりさせられます。黒人の多くが選挙に足を運ぶべきです。この権利のために、今までどれほどの人たちが命を捧げてきたかを考えれば、当たり前でしょう。しかし、われわれは無関心になってしまいました。われわれ黒人がバリアを克服したとでも言うのでしょうか。いいえ、絶対に克服してはいません。そして、投票の持つ力をわれわれが理解しないなら、まだまだ目標には程遠いということになります」。

ドルウィンはまるで選挙演説をしているように、私のテープレコーダーに向かって感情的な弁論を始めた。しかし、雪崩のような感情は個人的な経験にも由来していた。「信じられないでしょうがね、」と彼は言う。「私はエンジニアです。テネシー州立大学で修士過程を修めています」。

信じられないですって？　私は首をかしげた。彼が高学歴を持つ専門家であることは疑う余地もないではないか。彼は私の疑問に答えてくれる。一九六四年、黒人はミシシッピの人種法によって州立大学への入学を禁止されていたため、州政府は他州での教育費用を肩代わりしてくれた。何と言う複雑なプロセスだろう。それは通常のことで、大学教育過程は黒人の能力では無理だと教師が説明するなど、黒人学生の進学を思いとどまらせようとありとあらゆる手が使われた。黒人は誰もがそうであるように一定の条件さえ満たせばどの大学でも学ぶことのできる権利を持っていたが、ミシシッピ州は彼らを学校で教育する必要はなかった。

しかし、シールズはとにかく大学へ行くことを選んだ。可能性の限られた父親の人生の苦々しさを肌で感じていたからだ。「父は三八年間ポーターとして働いていましたが、尊敬されることはありませんでした。肉屋で並んでいても、白人が来るとその人が注文できるよう一歩わきに引かなければなりませんでした。父は、教育を受けなさい、そうすればいつの日かこの状況を変えることができるかも知れない、と言ったものです」。

ドルウィンはビックスバーグにあるエンジニア関連の国際企業で過去一九年間働いてきた。しかし、現在、雇用主を相手取り、企業内に存在する黒人の昇進を拒む暗黙の「ガラス天井」によって、昇進を認められていないとして訴訟を起している。ずいぶん長いこと彼が訴訟について話すのを、私は注意深く聞いていた。こうした訴訟の細部を話しながら、彼が本当に伝えているのは心の内にある悲嘆の気持ちなのだ。「私は十分な給料をもらっていますよ。でもね、この地域の会社ではどこでも黒人が幹部に昇進することは許されていません。私は何百万ドルという価値のあるプロジェクトを監督しています。最近になって責任者にこう言いましたよ。『私は社内でも最も能力のある社員ですし、これまでの実績も優秀だと思います』。彼は私の目を見て言いました。『しかしね、そういうものだから仕方ないよ』。黒人のなかには現状に甘んじている人もいるでしょうが、私は正義を信じています。それをそのまま放っておくことは私にはできないのです」。今にも泣きそうな表情だった。

不正義の感覚は、政治の裏舞台で動く原動力となった。民主主義と選挙こそ不正義を斥ける方法であるとの信念は、彼をこの運動に突き動かした人種差別と同じように極めてアメリカ的であった。しかし、実際には失望感が彼を覆っている。「このあたりを見て御覧なさい」と言って、彼は無料のホットドッグを食べたり音楽に合わせてうれしそうに踊っている一握りの可能的有権者を指差す。「彼らは全く投票しないか、投票したとしても未だに奴隷根性が根強く残っています。雇用主が言うことなら、彼らは従います。たとえば、ある特定の候補者に投票するように言われれば、多くがそうするでしょうよ」。

「この段階で奴隷制に対する謝罪には、意味がありますか?」

彼は笑う。「個人的には謝罪など必要ありませんよ。私はただこの社会で平等な市民として扱って欲しいだけですよ。ただし、四〇エーカーとロバをくれるというなら、ぜひともいただきますけどね!」。

この冗談を飛ばすと、ドルウィンは選挙マネージャーの人格に再び戻った。私は彼が野球場の中央へ向かい、始終笑顔のヴィッキー・バーンズの手を取って勝利宣言のようにその腕を高く上げるのを見ている。

小さな興奮が巻き起こっている。市長ユニータ・ブラックウェルが母親を同伴して到着したようだ。赤と白のストライプのドレスを着た長身の彼女は人目を引き、メイヤーズヴィルの市民から間違いなく慕われているようだ。ブラックウェル市長は集合住宅を建て、浄水や下水設備を整備し、一部の道路に砂利を敷いた。それまで砂利で舗装された道路は白人だけのものだった。ブラックウェル市長もまた、かつては公民権運動に情熱を注いだ闘士である。一九六四年、活動家ストークリー・カーマイケルが貧困にあえぐイサクイナ郡の黒人コミュニティに有権者登録運動をもたらしたとき、一日三ドルで綿花摘みをしていたユニータは自主的に登録しようとした。しかし、役所の係員が彼女の申請を拒否したことから、ユニータの政治的人生が始まった(黒人による有権者登録運動への応酬として、ミシシッピ当局は教育を受けていない、あるいは読み書きのできない人たちにアメリカ憲法の複雑な条文を解釈するよう命じるといった、信じられないような妨害を行った)。ブラックウェルは黒人コミュニティの結束をはかり、一九七六年、ミシシッピ州で選出された初の黒人女性となった。

市長は野球場のすぐそばにある小さな自宅に私を招いてくれた。ソファと椅子、テーブルが置かれた大きな部屋がひとつ、そこから洗面所と寝室へ廊下が延びている。うれしいことにエアコンが入っている。ユニータと彼女の母親が、南部料理のベーコンの皮を載せたお皿を差し出してくれる。ここ数日、フライドチキン、魚のフライ、ピクルスのフライ、フライドポテト、オクラのフライ、ハンバーガーのフライ続きの私はそれを断る。

ユニータは長い脚をソファの下に曲げる。彼女はほっそりしていて美しく、率直な性格だ。「白人の場合とは違って、黒人は必要にかられて政治にかかわり始めたものです」と彼女は言う。「ここミシシッピデルタでは、われわれには何ひとつありませんでした。しかし、有権者登録をすれば、生活をよい方向に変えることができるかもしれないと言われました。憲法には平等についてあれこれと書かれており、学校でもそう教えられましたが、ここではそんな機会は私たちには与えられていませんでした」。

彼女が生まれたのはメイヤーズヴィルから少し北のルルという「小さなプランテーションの村」だった。ルルの子どもたちは一年に二、三ヶ月しか学校に通わなかった。もしユニータの人生に、隣に座った年老いた母親がいなかったなら、彼女もまた他の多くの子どもと同様に読み書きもできず、希望のない人生を送ったことだろう。ブラックウェル市長の母親は読み書きができるわけではなかったが、娘にだけは教育を受けさせようと強く心に決めていた。ユニータと妹は、ミシシッピ川の対岸アーカンソー州に住む祖母のもとに預けられた。アーカンソーの「大邸宅」では、ほとんどの女性使用人は綿花摘みのために農園に出るが、家事仕事を任されていた祖母は、孫たちをきちんと学校に行かせた。「雇い主のために料理をしていたので」、祖母は少しだけ読み書きができた。南北戦争以前、「家事ニグロ」は、奴隷ピラミッド層では頂点にあたり、読み書きのような特権を持っていたが、解放後も使用人のヒエラルキーのなかで、家事担当者だけはわずかな学習の機会が与えられるという伝統は続いていた。

私は、ユニータ・ブラックウェルは支持者の経済発展に重点を置いた活動をしていると推測していたが、彼女はそれを私の偏見であるとぴしゃりと指摘した。確かに一部の若者のために軍隊での仕事が見つかるよう働きかけてはいる、と彼女は言う。しかし、彼女の意見ではミシシッピデルタの黒人にとって公民権運動の最も重要な遺産は、心理的なもの、つまりアフリカ系アメリカ人史における誇りの回復である。「私たちがハリエット・タブマンやフレデリック・ダグラス、その他の人たちに起こったことを学ぶことができれば、さらに、彼らの行動が私たちの自由にとってどれほどの意味があるかを教え込むことができれば、それこそ重要なことですよ。黒人の歴史を教えることは不可欠だというのに、あまりにも軽視されています。昔、われわれはどんな人たちだったのか？　われわれは世界の一部だったのですよ！　たとえばね、一〇〇万年前の黒人女性の骸骨が見つかれば、それはわれわれとまったく同じDNAを持っているでしょうよ。人種に関係なく、地上のあらゆる人が、ですよ。こうしたことは多くの黒人に自分たちは劣等ではないうことを教えてくれるでしょうよ」。彼女の話を聞きながら、私は自分の記憶の中を漂っている。アトランタとマーティン・ルーサー・キング・ジュニア記念館にあった彼の言葉「われわれ黒人にも魂がある」、そして、行進するある人の胸に書かれた「私は人間だ」という言葉が思い起こされる。

「まず、私たちが望んだのは融合でした。なぜかと言うと、子どもたちのために本が欲しかったからです」と彼女は続ける。「白人の子どもと一緒に学校へ行くことなど、どうでもよかったのです。しかし、今、こちらが一歩引いて、私たちは自分たちの子どもを違ったやり方で教育したいと言うと、人種差別者、とこうですからね！　私たちが人種差別者だなんて不可能ですよ！　だって、われわれには社会構造という力が備わっていなかった、あるいは今でも備わっていないのですから。制度内にいる権力者が人種差別的発言をする場合、それこそ人種差別と見なされるのですよ」。

私はこれまでにこの手の利己主義的議論を何度となく聞いてきたが、その度に腹立たしさを感じざるを得ない。人種差別というのは、生まれながらの集団的特徴にもとづいた他者に対する憎悪であり、その憎悪を表現するのが誰であろうと一切関係ない。確かに、権力者はこの種の嫌悪を感じるかも知れないが、権力のない人にとってもそれは同様である。二〇世紀のヨーロッパ史を見ればそのことは明らかである。しかし、彼女は情熱的な熱弁に駆り立てられ、すでに会話をどんどん進めている。「私たちは刑務所に入れられ、行進し、こうしたことすべてを経験した後に、一握りの人たちがよい職業やよい仕事を手に入れることができました。少しずつ、学校を終える人たちが増えてきました。最高の学校ではなかったけれど、とにかく終えました。その後、数名がよい仕事を手に入れ、少しばかり物質的豊かさも手に入れました。テレビでは黒人もここまでできたのだ、と言わんばかりの映像を流していましたが、私をはじめとする数人がそれに対して立ちあがり、『それは真実ではありません！』と叫び声をあげました。私たちのほとんどは未だに何も持っていませんでした。そして、私たちは今では白人的概念である経済的発展について話すようになりました。というのも、車やまずまずの家を買える状況にいた人は限られていたからです。彼らは白人の住んでいる場所にさえ引越したり、あるいはそれを拒否できました。そう、彼らにはその選択肢があったのですよ。しかし、それはどれほどの人たちでしたか？　いいですか、私たちのコミュニティには昔は牧師や教師、郵便配達員などの社会的地位のある人たちがいて、彼らはコミュニティのなかに住んでいました。そうした人たちが最終的にコミュニティから出て行きました。そして、今、アメリカが〈ゲットー〉と呼ぶ場所に残っているのは誰だと思います？　引っ越した人たちは、『私はゲットーに住んでいないのだからましだ』と言います。あるいは『他の人たちがゲットーから抜け出せないのは向上心がないからだ』などと言う人もいます。そして、彼らは自分が白人女性と結婚することでコミュニティから抜け出す方法を説明しているんですからね」。

彼女の苦々しさは小さな部屋を満たしている。彼女の母親も私も口を開かない。「だからこそ、私が優先すべきことは、」と彼女は続ける。「われわれが自分は誰なのかを学ぶことで、第二に白人にわれわれが誰なのかを理解させることです。しかし、まず私は自分のことを知る必要があります。自分が誰なのかを知っている人をへこませることはできないからです。自分が人間であることを知っていなければ、世界に貢献することはできません。今では、科学者たちは人種間の差異は、単に肌の色と髪の毛の質であると言っています。なぜなら、進化の過程では、いる場所によって身体に変化が見られるからです。寒い北部にいれば肌は明るくなります。だから、私もシカゴで長期滞在でもすれば少し白い肌になるでしょうよ！」。彼女の表情は和らぎ、自分の冗談に大声で笑う。

市長の母親は誇らしげに微笑んでいる。「ブラックウェル夫人ですよね？」と、私は彼女に尋ねる。

「そんなわけないでしょう！」。ユニータが突然、怒ったように返答する。私は驚いて身を引き、ユニータの母親が娘と同姓であると考えたこと、つまり、既婚で子どものいるユニータが子ども時代の姓を維持しているという私のフェミニスト的推量は、もうひとつの文化的偏見と捉えられたことに思い至った。黒人の町、つねに人種を問題としながら歴史を重ねてきたミシシッピ州メイヤーズヴィルでは、私のそのコメントはユニータが未婚の母親であると解釈されるのだ。空気中には、私の人種差別的偏見という暗黙の仮定が漂っている。その瞬間、私たちはぽっかり口を開いた深淵の両側からお互いを眺めていた。自分が白人で、ここにいる人たちが黒人だということをすっかり忘れていた私は、その時、それを嫌というほど思い知らされた。

彼女の母親の名前はブラッドレー、バーディア・メイ・ブラッドレー夫人である。彼女は八四歳で、握手するときもしっかり私の手を握った。娘と同じ率直で知的な視線と、歯のない大きな笑顔。ここではどれだけの変化が見られるだろう？　三〇年前、チャンセリー裁判所選挙に出馬した黒人の現職裁判官は事実上いなかったし、メイヤーズヴィルには黒人の女性市長もいなかった。しかし、元奴隷の土地ミシシッピデルタでは、市長の母親でさえ未だに入れ歯を作るお金はないのである。

　マーティン・ルーサー・キングの社会の主流派への融合という夢は、三〇年後、黒人有権者登録を進めることで政治の舞台へ入ったこの黒人女性指導者によって斥けられてきたのだ。トニー・ホールの奴隷制への謝罪という提案——アメリカ的信条の理想から導き出されたアイデア——に対し、雇用主を差別のために告訴しているドルウィン・シールズはシニカルな笑いを浮かべる。しかし、平等という信条はあらゆる人たちの生得権と考えられ続けている。ピーター・フォンテーン牧師が、奴隷なしで生活することの「道徳的な不可能性」について両義的な手紙を書いてからほぼ二五〇年後、あるアフリカ系アメリカ人女性が、神話と権利の皮肉を十分に意識しながら、平等について自らの経験に基いてこう述べることになる。

今夜私は平等な存在としてあなたのところまでやって
きた
裸足の踵を痛め、私の歴史を引きずって
アメリカという幻想に手招きしながら[*24]

　私はサウス・カロライナ州チャールストンを訪れる予定だった。黒人が奴隷制の「エリス島」[*25]と呼んだチャールストンは、アフリカから運ばれてきた人々が最初に到着した港であり、すべてのストーリーの起点になった場所である。奴隷制の起源であるこの地のプランテーション奴隷の末裔は、私に黒人と白人の和解における行き詰まりについて話してくれるはずだ。

　南北戦争以前のチャールストンを特徴づけたのは——今でもその名残を感じることができる——貴族的威厳であった。農場主は奴隷労働のおかげで紳士淑女という有閑階級となり、その資産によって最高級品にお金を費やし、王侯貴族のような態度を身に付けるようになった。自分たちの地位を示すために、また、定期的な集まりをはじめとする社会的慣習のために市内に邸宅を建てた。初期のころから、チャールストンの人たちはその「寛大なる親切心と上品な態度」で知られていた。[*26]

市内観光ツアーバスのガイドはこの貴族の歴史にとりわけ強調を置いている。私たちのバスは並木道を走り、一九世紀の親切な建築家が建て、その費用の受け取りを拒否したというある貴族の邸宅（塔をそなえた赤レンガの城砦のような構造の）を過ぎた。ガイドの説明によれば、紳士はお金のために働きはしなかったということだ。それから、マーティン・ハウスという一八三〇年に建てられた邸宅がある。正面には荘厳なコリント様式の柱、屋外には彫刻の施された二つの階段が中央棟を取り囲んで側面に設置されている。階段を二つ作ったのは、男性がご婦人の足首を覗かなくてすむように、との策である。エアコンが発明される前なので、最大限風通しをよくしようという工夫がなされている。また、高いレンガ塀や手作りで鋳造された鉄の門は外部からの侵入者を防ぐためのものだという。

こうした大規模な豪邸に現れている自己顕示欲は、アメリカ南部のエリートが奴隷制によって享受した豊かさを示している。たとえば、ある邸宅の敷地面積は三七〇〇平方メートルで、舞踏室にはイタリアから取り寄せた大理石が使われている。父親は娘や息子が結婚すると邸宅を建て、新しい所有地でコック や執事、家政婦、洗濯女、お針子、召使、御者、小間使い、保育係などを贈り与えた。多くの家族がカロライナの高地に土地を持ち、湿地帯の沿岸部ならではの灼熱の夏とマラリアを避け、そこへ逃避した。プランテーションと市内の邸宅は、奴隷を含む他の資産と一緒に、家族の影響力を保つために何世代にもわたって完全なままで引き渡されていた。そして、所有財産としての奴隷の数は家族の影響力を測るバロメータであった。一八五〇年、サウスカロライナに住む二七万四五六三人のうち、一〇パーセントが奴隷を所有しており、五〇人以上の奴隷を所有していたのはそのうち一四七一人だったにもかかわらず、政治的、社会的に権力を独占したのはプランテーション貴族であり、この構図は南北戦争時代も含め一九世紀末までほとんど何の妨害もなく続いた。[*27]

ツアーガイドは奴隷制のことになると慎重である。この絢爛たる世界が可能になったのは明らかに奴隷制のおかげであったが、そのことに触れる必要のあるときには、ガイドは注意深く言葉を選び、奴隷のことは「使用人」、豪邸の裏にある小屋のことは「離れ」と呼ぶ。私たちはかつての奴隷市場を過ぎるが、そこの商店では安くものが買えるというだけで他のことは一切説明されない。私たちは全員白人で、外国人か南部以外から来ているアメリカ人である。

結局のところ、それは遠い昔の出来事なのだ。サロンには巨大な象がいたというのに、私たち観光客はそれに言及するにはあまりに行儀が良すぎたのだ。

彼女は実名を出したくないと言うので、仮にサンドラとしておこう。大柄で暖かみのある印象のサンドラは、無防備な、そして豊かな表情がチャーミングだ。彼女を訪れたのは、すぐにでも暗闇が垂れこめそうな夕方だった。冷たい風が肌を滑り、ありがたいことに安堵を感じさせてくれる。夕闇のなかで、サンドラ、そしてトロント出身の友人で今はここに住むマクシンヌと私は、一九世紀に建てられた優雅な建物のベランダに腰を下ろしている。その二階のベランダは、かつては大人数の家族が夕涼みをした場所で、眼下には通りからは見えない庭が広がっている。階下には、大きな大理石の暖炉を備えた居間があり、そこからベランダまで幅広い階段が伸びている。今日、この建物は、文化保存協会チャールストン支部として利用されている。サンドラはこの協会責任者のアシスタントである。彼女の業務は、チャールストンで開催される文化保存協会主催の会議にさまざまなバックグラウンドの人々を呼び込むことである。しかし、その建物は、かつては奴隷を所有した裕福な農園主家族の私邸であり、その歴史がサンドラには居心地悪く感じられると言う。

彼女はジム・クロウ法の時代、一九五二年にチャールストンで生まれた。両親は一〇歳のときに離婚したが、しっかりした価値観と自尊心を持ち、チャンスをつかみとるよう励ましてくれた母親に育てられて幸せだったと言う。サンドラの母親は託児ビジネスを営み経済的にもかなり余裕があったので、白人と黒人の学校が統合されたとき、サンドラはカソリックの私立学校に送られた。最初のころは唾を吐きかけられ、後になると髪の毛のことや、どうして彼女の家族はこの学校に入れるほどの余裕があるのか（学校の子どもたちのほとんどがそれまでに黒人といえば召使しか見たことはなかったから）、といった質問攻めにあった。しかし、暖かい人柄のサンドラは白人生徒とも友達になり（彼女は、最も好感の持てる生徒を選ぶミス・コンジェニアリティに選ばれたこともあると笑いながら言う）、チャールストン初のアフリカ系アメリカ人として文化交流プログラムに参加し、白人生徒に混じってヨーロッパへ行った。

そこで彼女を驚かせたのは音楽だった。当時のヨーロッパではリズム・アンド・ブルースが流行していて、ディスコではみんながサンドラの踊りを見たがった。そして、褐色の肌の人たち、とりわけ南イタリア人の肌は、彼女と同じくらい濃かったのだ！　黒い肌の人たちがアメリカ以外にいようとは思ってもみなかった。

その後、サンドラはロサンゼルスに行き、ホームボックス・オフィス（アメリカの大手メディア・プロダクション企業）で長年働いていたが、母親の看病のためにチャールストンに戻ってきた。次世紀を担う最先端企業で働いた活気あるロサンゼルスから戻ってみると、チャールストンは厄介なところだった。以前は奴隷制についてほとんど考えたことがなかったが、長年離れていた故郷に戻ると、チャールストンの空気のなかに彼女を恐ろしくさせる何かがあるように感じられた。

会話をしているうちに、通りには明かりが灯り始め、下の通りを照らし出す。車や通行人の曲がった影が向かいの建物の壁に映し出されている。私の目には、歴史の面影が残るこの町は、興味深くて素敵な場所としか映らない。しかし、サンドラにとっては一九九〇年代のチャールストンは、黒人たちが奴隷だった時代の匂いがあちこちに残っているらしい。

「ここの人たちはみんな幸せですよ」と、彼女は静かに言う。「黒人は自分の居場所をわきまえているから、白人は満足しています。それに、他の都市で見られるような暴力沙汰もありませんしね。ここでは黒人は自分の居場所に最も卑屈な方法で留まっています。私が見る限り、年配の人たちは未だにどこまでが白人との境界線なのかはっきりと分かっていないようです」。

「私はここでは幸せな子ども時代を送りました。アフリカ系アメリカ人はレストランや商店を経営していましたし、一部のことからは排除されてはいても、コミュニティがありました。六〇年代、七〇年代には、チャールストンの黒人が一緒に集まり、あらゆるレベルで行われている差別に対して戦うのを見てきましたが、今となってはそうした団結はまったくありません。誰一人、不正義に対して声を上げる人はいません。彼らはそれを受け入れたのです。人種差別はとても根深い問題です。学位を二つ持つ私も、最低賃金のこの仕事を探すのにも苦労しました。それに、この種のコミュニティ・ワークに携る黒人は私一人なのです」

まわりはすっかり暗闇に包まれ、隣り合って座っている彼女の輪郭がわずかに分かるくらいで、その表情はほとんど見えなかった。しかし、彼女の口調からは、恐ろしい時代が終わってもう何十年も経っているのに、いまだに奇妙な感覚が残る故郷に対する緊迫した疑心が感じられる。「ここには昔の恐ろしい感覚が残っています」と、彼女はほとんどささやくように言う。「チャールストンはプランテーションや、プランテーションの生活を思い出させる場所でしょうね。白人は満足に生活をしていて、贅沢や都市生活の明るい局面を楽しみ、一方では黒人は教会以外にはリクリエーションもほとんどない日々の生活を営んでいました。ここでは『文化』は白人のものですから。コンサートに行くと、黒人の姿はまったく見えません。黒人が行っても不快に感じるからです。黒人がコンサートに行けば――私が一度行ったようにね――白人からじろじろ見られ、同時に黒人からは『白人になろうとしている』と非難を浴びることになります。あなたには理解し難いかも知れませんが、この町には未だにある意味で奴隷根性が残っているのです。私はそれを肌で感じます」。

生まれ故郷に戻ってきたサンドラが感じたもうひとつの祖先の記憶があった。それは、幽霊だった。サンドラは、チャールストンの通りや彼女が働く邸宅の部屋にいる幽霊の存在を信じている。恐らく私の懐疑心の程度を確かめようと思ったのだろう、彼女はこちらを躊躇して見た後で、昔この家に住んでいた奴隷の魂が未だに浮遊していると打ち明けた。ロサンゼルスの住環境は明るく新しいが、この場所は奴隷の祖先の悲嘆に取りつかれている。最初に戻ってきたとき、昔奴隷船が着いた港に隣接するエクスチェンジ・ビルで臨時の仕事を見つけた。そこには観光客が絶対に見ることのない地下牢がある、とサンドラは言う。彼女はその場所にいることが堪えられず、数日後に仕事を辞めた。

あまりに近く、あまりに威嚇的な過去、そして程遠い和解。黒人祖先の記憶は、故郷の暗い場所を今も徘徊している。

一八六五年三月四日、一〇〇〇人の黒人生徒がチャールストンの学校に初めて足を踏み入れた。南北戦争は多くの血が流された後で南部連合の敗北により終結し、北軍のジェームズ・レッドパスがチャールストン公教育の監督に指名された。改正後の教育制度では、ほとんどの資金が解放された奴隷を社会生活に送り出す手助けをしていたアメリカン・ミッショナリー・アソシエーション（ＡＭＡ）という機関から出ていた。一八六八年、ＡＭＡは教職を学ぶ学生と上級レベルの教育機関としてブル・ストリートに設置されたエイヴァリー・インスティテュートを全面支援し、教員の配置も手がけた（ほとんどの教員と生徒は、すでに初等教育を受けた「有色人種の自由人」階級の出身であった）。

エイヴァリー・インスティテュートの教育レベルは高く、ひとたび黒人に教職が解放されると、卒業生は州内全土に散って行った（一九三〇年代以前、サウスカロライナでは教師は白人に限られていた。黒人学校でも同様だった）。最終的に、エイヴァリーはカレッジ・オブ・チャールストンという名のもとに法人化され、地元のアフリカ系アメリカ人史を保存する重要な文書保存館となった。[*28] ＰＢＳネットワークが奴隷制を扱うテレビシリーズのためにサウスカロライナ関連の情報を求めたとき、調査員がまっさきに向かったのはここエイヴァリーだった。

エイヴァリーは奴隷制に関する展示を一般公開している。私はそこの文書保存官でキュレーターのシャーマン・パイアットに会う約束を取りつけていた。チャールストンの美しい旧邸宅のひとつに数えられるブル・ストリート沿いの建物に入り、幅広くエレガントな階段を登って行く。私を待っていたパイアットは四〇代で、威厳ある風貌をした礼儀正しい人だ。エイヴァリーのギャラリーはチャールストンで初めて奴隷制についての展示を公開した場所だと教えてくれる。ギャラリーが強調したいのは、奴隷制は綿密に練られ、制度化された事業であったという点である、と説明が続く。「手錠や足枷といった道具は山のように保存してありますし、いくつかは展示品として出してあります。こうした道具を展示するだけなら簡単でしょうが、われわれはそこをさらに深く掘り下げ、できる限り客観的に呈示したいと思いました」。

ギャラリー二階では、奴隷制という事業がそれ以上不可能ほど明白に描かれてある。手錠や足枷はそこに展示されてある――大人や子ども用サイズの手錠、錠のついた足鎖、主人によって賃貸された奴隷がつけていた番号札は実際に使われていたものだ。積荷内容を記した目録には、「ハーブ、スパイス、奴隷」と書かれている。また、奴隷の所有権を示す書類に記された歳入と歳出の項目を見ると、奴隷女性一人が一四〇ポンドで売られ、二人の女性にかけられた保険料として一一〇〇ドルが引かれている。展示品のひとつ、小さな木の椅子は、主人と奴隷の関係をよりよく把握できるよう展示に加えられたという。大人用の椅子なのに子ども用の大きさに作られてある。当時、奴隷の椅子は白人の椅子より絶対に低くなければならなかったのだ。奴隷は常に主人を見上げる。そういえば、アレクシス・ド・トクヴィルは、念入りに形成された奴隷の社会的パーソナリティについて洞察していた。トクヴィルは奴隷所有者が奴隷の自尊心を蝕み、自分たちの権力を確実にするための「知的」

規則を練り上げてきたと記している。

展示されている『イラスト付きロンドン・ニュース』には、一八五六年当時のチャールストンの奴隷市場についての描写が見られる。このイラストでは、奴隷は関税館の裏で売られており、売買の様子は通りからは見えない。「一八五六年までには、」とパイアットが説明する。「奴隷制に関する議論はかなり加熱していたため、奴隷所有者のなかには表立った売買をためらう人たちもいました。奴隷制は正しくないという風潮はありましたが、それを撤廃しようというふうにはなりませんでした。経済の方がより重要な課題でしたからね。ただ、多くの人たちが奴隷制について後ろめたい気持ちを抱き始めていたのは事実です」。

私がそこで聞いていたのは「初級ツアー」であって、もう少しカジュアルな場でならパイアットからより深い話が聞き出せるのでは、と感じた私は、もう一度会ってもらえるよう彼に頼んだ。二日後、私は再びエイヴァリーへと足を運び、今度は静かな部屋に二人だけで座った。彼は奴隷制についての展示を手掛けたことは、彼の人生で画期的な出来事であったと語ってくれる。黒人の歴史を復元し、それを時代の文脈のなかで理解し、アメリカ史に不可欠な一部として眺める。これは、ユニータ・ブラックウェルが情熱的に語った願いに他ならない。

とはいえ、一九九〇年代において「歴史」とは一体何だろう? パイアットと私は、かつては価値観の伴わない純粋で明白な事実の貯蔵庫と理解されていた歴史学が、今では相反する主張の戦場となり、黒人側のストーリーを主流派の歴史に押し込むことが一部小グループの政治目的に従って行われていることは十分承知している。解放後、元奴隷の多くが長年抑圧されてきた知的エネルギーを芸術分野で開花させた事実をはじめとする重要資料が出されつつある、とパイアットは言う。しかし、現在現れ始めた黒人側のストーリーを支援することは、とりもなおさず黒人自身の誇りを救出しようとする願望なのである。

「暗黒大陸」は価値あるものをほとんど生み出していない、とか、アフリカ系アメリカ人はアメリカで「文明化」させられた(この論理が極論になると、奴隷制は善意の制度としてとらえられる)、といった固定観念、潜在的観念に対抗するため、「アフロセントリック(アフリカをアメリカ黒人の起源として考える主義)」という歴史的見解では、アメリカ黒人とアフリカを結びつける方法を模索している。

しかし、もしも伝統的西洋史がしばしばアフリカを軽視しているとすれば、アフロセントリックの歴史は救いがたいほどアフリカを理想化していると言える。エジプトは西洋文明の発祥地とされ、アフリカの哲学者たちは古代ギリシア以前にさかのぼるという説があるかと思うと、ヨーロッパ系白人はアフリカ文明を「盗んだ」と主張する人たちもいる。歴史学界はこれらの主張を証拠不充分、あるいは証拠そのものが存在しないとして斥けているが、アフロセントリック的な歴史修正主義のご用達は、客観性という従来の主張はすべて疑わしいとする環境で仕事をしており、白人歴史家の返答は偏見に根ざしていると主張している。

「私はアフリカ系アメリカ人史の事実に焦点を当てたいと思っています」とシャーマン・パイアットは言う。「私たちは自分を呼ぶ呼称を、〈有色人〉から〈ニグロ〉、そして〈黒人〉、〈アフリカ系アメリカ人〉と変えてきました。最終的に今では、アフリカ大陸との結びつきを獲得しました。アフリカ系アメリカ人の歴史と文化という根拠を手に入れることができれば、若者にまわりから無理だと言われたことも自分にはできるのだということを分からせる根拠となるでしょう。たとえば、数学者や物理学者になれないと他の人に言わせないようにね。この国の子どもはみんな、こうした人種の問題をより批判的に考え始めるべきだと思います」。しかし、彼は理想化や歪曲という考えは斥け、このギャラリーの展示は事実的証拠を基盤として奴隷制という制度を前後関係に基いて検証していると主張する。「われわれは修正主義者ではありません」と彼は言う。「エイヴァリー・インスティテュートは、政治的な公開討論場ではないし、講演者を招く前には注意深く経歴をチェックします。それを快く思わない人たちもいるでしょうが、このギャラリーでは事実だけを提示したいのです。われわれは第一級資料や文献を集め、それを研究や調査の一環として役立てて欲しいと考えています」。

アフロセントリックという理想化された歴史のもとになっているもの、パイアットにはその真意が分かると言う。「奴隷制が人々の心に及ぼした影響を調べた心理学的研究は、今のところないようですね」。彼は声を落として言う。「奴隷、つまり人間とはみなされなかった人が過去に、あるいは今でも常に他のグループに〈私は人間である〉ことを証明してみせなければならない心理状況についての研究ですよ」。彼は無意識のうちに、〈彼は人間である〉とするところを、文法的に間違った一人称単数の〈私〉という単語を使った。「最近、あるスポーツキャスターが黒人走者について『何と、彼は馬のように走っている』と言い、その後で白人走者について知的であるとコメントしましたが、こうしたことは影響を与えているに違いありません。私たちは人間性剥奪が与えた影響を取り上げるということをまだ始めていないでしょうね。船の積荷の入荷リストに人間がスパイスかハーブの袋と同じように書かれたリストを見たでしょう？　そこには顔もなければ、心もないのです。単なる積荷の一部に過ぎないのです。ワンネスとツーネスについて述べたのは、確か「W・E・B」デュ・ボイスだったと思います。デュ・ボイスは、黒人には常にワンネスを求める内部的葛藤があると言いました。つまり、ワンネスとは彼が人間だということ、ツーネスとは彼が完全には人間とはみなされないことを意味します。黒人はときどき自分が人間であることを証明しようと奮闘することがあります。それはいつ終わるとも知れない内部的葛藤なのです。未だにその葛藤は続いているのです」。

パイアットはこれまでの人生について語ってくれるだろうか？　彼は高等教育を受けている。ということは、南北戦争直後に他の黒人に先だって解放された「有色の自由人」であるムラート階級の出身なのだろうか？

「いいえ、違いますよ」。彼は何一つ特権を持って生まれたわけではなかった。彼は母親、叔母、それに祖母の三人の女性に育てられた。三人ともみんな家事労働を担当していた。川船のコックであった祖父は彼がまだ幼児のころ亡くなっていた。まだ子どものころ、彼は時々、庭掃除のために祖母と母に連れられて白人の邸宅へでかけた。白人たちの暮らしぶりを見るとワクワクしたものだ。彼らは本物のハードウッドの床と木の階段を備えた煉瓦づくりの家に住んでいた。その家の女主人はパイアットを気に入り、彼の母親に成長したら庭師か運転手として働かせようと考えていると言った。そう言った彼の声にはわずかの苦々しさが混じっていた。「その家には私とほぼ同年齢の二人の娘がいました。二人ともカレッジに行くことになっていました。私の進路もまわりに決められていました」。

しかし、パイアットの胸のうちには当時誰にも話していなかったある計画があった。一九六〇年代の当時、今までなかったような新しい可能性が見え始めていた。彼は、家族のなかで初めて高校を卒業した。「母は中学三年で、祖母は小学二年で退学しています。子どもたちは家に戻って、年に六ヶ月は綿花農園で働かなくてはなりませんでしたからね」。

「チャンスがあるという可能性を感じたのは公民権運動のせいでしたか？」

「ある意味ではそうでしたね。ただし、私のコミュニティでは貧困という言葉の真意は実際にはよく分かりませんでした。比較のしようがなかったのですから。時折は空腹だったり、電気代が払えないために電気が切られ、灯油ランプを使ったこともあります。しかし、コミュニティのなかには、黒人カレッジを卒業した人たちもいましたし、カレッジに行こうとしていた子どもたちもいましたよ。ある薬剤師は自分の薬局を持っていて、私たちはそこで薬を買っていました。会社を持っていた配管工もいました。それに郵便配達人もいて、小さいころの私は制服に憧れて郵便配達人になろうと思ったこともあります。教えてもらった先生もコミュニティに住んでいました。数人の子どもが理学療法士になりたいという話をしていたのを聞いたこともありましたね。その子どもたちが持っていた雑誌はほとんど白人関連の記事でしたが、私に何か違った世界を見せてくれましたね。そう、公民権運動は助けにはなりましたよ。ただ、隔離されたコミュニティのなかでさえモデルになる人を見つけることができた、ということも大きかったでしょうね」

彼は小さな黒人カレッジで歴史学を学んだ後、ブルーミントンのインディアナ・カレッジで図書館学の修士号を取得した。インディアナ・カレッジでは、初めて白人学生と机を並べることになった。白人と一緒にいることはまったく初めての経験だった。「まるで別世界に入ったようで、誰かが何かするんじゃないかと考えたり、それに対してどう対処しようと思いながら常に警戒心を待っていました。同時に、私が脱落するのを待っている人たちがいるかもしれないのだから、クラスでトップの成績を取らなければ、と自分に言い聞かせていました。私はどの学生が私の存在を快く思っていないかを知っておこうと思いました。そして、そうした学生たちに注意を払い、セッションやゼミで一緒のグループにならないよう気をつけていました。そこに慣れるまでには半年かかりましたが、本当にためになったのはサウスカロライナを出たことでした。インディアナには白人ではない、スペイン語を話す人たちがいましたし、マイノリティのメンバーであることで私と同じような問題を抱えていることが分かりました。それに、他の人たちと団結できれば、世界は広がり、前みたいに一人ぼっちだと感じる必要もないのだということが分かりました」。

「あなたは今中流階級に属して、博物館の文書保存官としてお勤めですよね。それによって、ご自身についてのお考えに何か変化はありましたか?」

「ここで働き、アフリカ系アメリカ人の経験に関するコレクションを集めるのは幸せなことです。ただ、そうした資料や素材を見て、この州やこの市の黒人たちがどう扱われてきたかを目の当たりにすると悲しくなります。一方では、その回復力には勇気付けられもします。あれほどの苦しみをくぐり抜けて、人々は生き残ることができたのです。そのことは私もまた生き延びることができるのだという望みを与えてくれます」

私は驚いた。「一体どういうことですか?」。

「私が言いたいのはこういうことです。私はチャールストンで有色の自由人が持っていた特権もなく育ちました。そして、分離された学校や映画館へ通い、バスの後部座席に座っていました。何の説明もなく、家族からは『そういう法律なのだから』とだけ言われてましてね。そうなると、その法律を受け入れて暮らすようになります。家族からはお店のなかでどう振舞うべきか教えられます。試着した場合は、それを買わなくてはならないことは誰もが知っています。というのも、その店では黒人の肌に触れた服や靴は他の人には売ろうとしないからです。お店に入った場合は、欲しいものがある場所に直行しなくてはならない。なぜなら、入った途端に店員が後ろからついてき、何を探しているのかとしつこく尋ねるのですから。私たちはそうしたことすべてをかいくぐってきましたが、ここに持ってこられた資料や素材を見ると私は自分に言うのです。私たちは自殺もしなかったし、殺人も犯さなかった、とね。実際、私たちの自殺率が決して高くないという事実は驚くべきことです」

学歴もあり比較的裕福なパイアットはゲットーを出たが、不安な気持ちは未だについて回っている。ユニータ・ブラックウェルはシャーマン・パイアットのような人たち、つまりゲットーから脱出し、他人の失敗の証拠として引き合いに出される人たちについて私に話してくれたが、パイアットによれば、責任ある黒人男性にとって罪の意識から逃れられる場所はないと言う。「私のような人たちは郊外に引越し、まあまあの車を買いますが、そうでない人たちがほとんどです。そして、その人たちはあなたの昔の隣人である可能性もあるのです。だからこそ黒人コミュニティのなかには、中流の生活を手に入れた人と、入れなかった人の間にギャップが存在します。専門職についた黒人には、ボランティアをすべきであるという多大なプレッシャーがありますし、五人に一人は幼稚園で子どもたちに読み聞かせをしてあげているでしょう。しかし、みんなそれぞれの生活があります。多くの人たちがこう言いますよ、『私は誰にも助けてもらわないで、ここまで成し遂げたのに』とね」。

彼は数年間、ボランティアとして一人の少年の精神的サポートになっていたことがあり、今でも連絡を取り合っている。しかし、助けの必要な人たちは後を断たないという。かつてコミュニティ内に住んでいた専門職の男性は今では郊外へ出て行ったため、ゲットーはかつてのような指導者を失っている。中流階級へ入ったからといって、必ずしも恐怖がなくなるとは限らない。「息子が私のいかにも中流らしい車を運転していて、偶然にもゲットーへ入り込み、ある黒人の少年に撃たれる、という可能性を考えることがありますよ」。あるいは、中流エリアでは別の危険性も考えられる。「私が医者か弁護士であったとしても、息子がある夜電話をかけてきて、私の車を運転していて逮捕されたと言う可能性もあります。警察の頭のなかには、アフリカ系アメリカ人はある一定の車を運転しているわけがないという観念があります。お金がないのですから。だから、警察官はそうした車を止める可能性があります。そうなった場合、対処の仕方を私は息子に教えておかなければなりません、ちょうど私の家族がデパートへ入る前にどう行動するかを教えてくれたのと同じことです」。

後になって、私はある晩パイアットとのこの会話を考えていたとき、ずいぶん昔にこれと同じようなことが起こっていることに思い当たった。一五世紀のスペイン、社会が宗教によって組織されていたころ、ユダヤ人はカソリックに改宗することで迫害を逃れることができると言われた。初期には強制的な改宗もあったが、結局のところ「脱出」の決定的要因になったのはチャンスの拡大だったため、コミュニティ内部でも最も才能ある人たちがユダヤ人コミュニティを後にした。しかし、改宗したユダヤ人は完全に社会に同化することもなく、彼らの受け入れに手を焼いたキリスト教徒からはいまだにユダヤ人と呼ばれ、一方「家」に戻るよう嘆願した、改宗を選ばなかった家族メンバーや友人たちからは悪しざまに罵られた。公民権運動やマーティン・ルーサー・キング・ジュニアのような指導者が払った犠牲によって利益を被ったアフリカ系アメリカ人もまた、これと同様のジレンマに直面したのだ。彼らは未だに大部分の白人からすれば「黒人」であり、それは変わっていないのだが、古いコミュニティ的な一体化——部分的には分離によって強化された——は粉々になり、置き去りにした人たちからの拒否に直面している。トニー・ホールの奴隷制に対する謝罪の提案は、この複雑さにまでは届いていない。

「和解」は、黒人の白人に対する、白人の黒人に対する、同時に黒人の黒人に対する和解でなくてはならない。

私はユニータ・ブラックウェルのことを考えた。ミシシッピ州メイヤーズヴィルの彼女の貧困にあえぐコミュニティにおける不安と、チャールストンの定評あるエイヴァリー・インスティトュートで働く修士号取得者、文書保存官でキュレーターのシャーマン・パイアットの不安は違ったものであるべきだ。しかし、彼らの不安の間に距離はない。奴隷制と人種の遺産は、階級差すら縦横無尽に超えるのだ。

中流階級に生まれたエレイナ・シャカールが私に会うことを了解してくれていた。私はタクシーを使って長い道のりを海岸沿いにある彼女の自宅へと向かった。このあたり一帯は、大西洋からハリケーンが吹き込むと家屋浸水や溺死という被害を定期的に受ける低地地帯である。彼女の家では、海に面した大きな窓が開けられている。風が塩の匂いを運んでくる。

エレイナは「黒人であること」への回帰を探っている。長身で、肌の色は普通の黒人よりも明るめだ。曾祖母の母が主人と奴隷の間にできた娘であったことに起因する遺伝的結果である。奴隷が解放されるとすぐに、この女性は幌馬車に一三人の子どもを乗せて、オハイオ州へと向かった。彼女には「家事奴隷の根性」があって、「白人家庭を再現しようとしていた」とエレイナは言う。彼女の子どもたちのほとんどが混血であった。エレイナは母親に、どうして曾祖母の母は子どもたちの父親の誰とも結婚しなかったのかと尋ねたことがある。母親は「そうはしなかったのよ」と答えた。「母はそのとき、それはできなかったのよ、とは言いませんでした」。

彼女の家族を特徴づけていたのは、白人になるための努力だった。家族は白人が暮らす地区に住み、エレイナの母が両親に会わせようと将来の夫を連れてきたときには、母親の父は彼女を脇にやって、「私たちはうちの家系を白くしようとしているのであって、黒くしようとしているのではない！」と叫んだという。みんなが黒い肌の黒人を軽蔑していた。ある日、家族を訪れていた叔母がエレイナに向かって、チャールストンでいやなのは、「あんまり黒人ニガーが多過ぎる」ことだと言った。エレイナはその言葉にぐさりと傷つけられたと言う。「叔母さんには多くの葛藤があるでしょうね」とエレイナが尋ねると、叔母は「その通りだよ」と告白した。

当然のことながら、家族は人種差別の対象にもなった。

エレイナの父は建築家になりたいと思っていたが、自分の父親から「有色人種の建築家など、これまでに見たことがあるか？　商業を勉強しろ」と言われ、結局、その言葉に従った。

結婚適齢期に達すると、エレイナは白人の相手を選んだ。そうしろとは言わなかったものの、家族はそうなるように導いた。相手は異なる文化に対する寛容性を持ち、それを明言していた牧師だったが、彼の信徒は牧師の決定を支持しなかったため、結局、彼は仕事を失うはめになった。二人はその後イリノイへ移住し、アパートを借りたが、一週間後、エレイナが黒人であることを発見した大家が賃貸契約を破棄した。その後、夫は大学で職を見つけ、二人は大学コミュニティへと移った。そこでエレイナは黒人、白人、カソリック教徒、ユダヤ教徒からなるパネル・オブ・アメリカン・ウイメン支部を発足させた。その後数年間、このグループは週に一度集まって、それぞれが偏見を受けた経験について話し合った。エレイナはそこで一度も話したことはない。彼女はスポットライトを逃れ、司会者として働く方が性にあっていると言う。彼女の出生を完全に知っている人はごく一部だったが、それこそ彼女が望んだことだった。

エレイナの家でこうして話していると、子ども時代の夏の別荘にいるような気がする。そして、不思議なことにエレイナが古くからの友人のように感じられる。私たちはソファに座って、足をコーヒーテーブルに載せ、一緒に紅茶を飲む。彼女が語ってくれるのは「白人」から「黒人」への冒険物語や、それが人種という彼女の記憶とアイデンティティの感覚にどんな意味があるのか、といったことである。彼女はよくジャマイカ人の家政婦に西インド諸島出身者のイベントへ連れて行ってもらったが、そこで今まで遭遇しなかったような新しい世界に引き入れられた。ある日、彼女は、これまで一度も白人をうらやましいと感じたことはないという黒人男性に出会った。そんな人は初めてだった。彼女は彼に恋をした、というより、むしろ彼女に言わせると、彼が代弁していることに恋をした。白人牧師との結婚生活は破局を迎えた。

エレイナはアメリカにある、彼女いわく「人種差別の空気」を後にしようと思い、その男性と一緒にカナダへ向かった。カナダのウィンザーで国境を越えるとき、大きな安堵感に身が軽くなるのを感じたと言う。オンタリオ州ロンドンの西インド諸島コミュニティは彼女に黒人であるとはどういうことなのかを、「覚えさせて」、あるいは教えてくれた。しかし、「黒人であること」を追及しようとしているエレイナには、カナダはあまりにも白人の多い国だった。個人的歴史が蓄積する故郷でこそ、自分が誰なのかを知る必要があると考えた。

　アメリカ帰国は不可避だった（「私はアメリカ人なのよ。ここで居場所を探す必要があったのよ」）が、彼女が戻ろうと選んだ場所はチャールストンだった。チャールストンにはこれまで白人の血をまったく入れていない家族出身の黒い肌の人たちがたくさんいたからだ。こうした低地やカリブ海諸国出身の、チャールストンの市場でカゴや工芸品を売る生粋の黒人は、黒人のなかでも反感や恨みをほとんど持っていないように感じられた。彼らは白人になりたいとは思っていないし、白人は彼らを認めていないとはいっても、白人に対する憎悪すら持っていない。彼らが笑うとき、心の底から彼らは笑っているのだとエレイナは思った。チャールストンでは白人の友達はあまりいないが、サンドラとは違って、エレイナはチャールストンでそれぞれの人種が交流するやり方を好ましいと思っている。「南部の人たちは何世紀もにわたって困難な状況のもとで共存してきました。そうです、しかし、彼らはお互いを分かり合っていますし、関係を特徴付ける礼儀正しさがあります。オハイオではもっとあからさまな敵意を感じたものです」。

　彼女が「黒人であること」の追求にのめり込んでいったのは、自分を否定することで築かれた家族の態度から自分を解き放つことができると思ったからだ。「私がアメリカで唯一安心できる場所は、私自身の内面なのだということに気付きました」と彼女は言う。一方で、彼女が住む大西洋沿いのこの地区は、中流階級の、全員が白人の地区である。私が思うに、エレイナのしっかりした意思表明にもかかわらず、この環境こそが彼女にとって最も快適な場所なのだろう。

　エレイナは、アメリカの人種差別をごくわずかな黒人が逃れることのできる集団的な負荷と受けとめている。しかし、彼女を育くんでくれなかった社会を「許す」すべを学ばねばならないと考えている。許すことができなければ、内面的葛藤に破滅されてしまうだろう。「私たちに必要なのは、人種の違いを忘れることなく人種の壁を乗り超えることです。つまり、カラー・ブラインド（人種的差違を全く気にとめないこと）のように違いを無視してはなりません。人種的な差異は、アメリカ国家の多様性の表現として受け止められるべきです。個人的には私は黒人女性として見て欲しいですよ、もっと言えば、美しい黒人女性として、黒人の身体を持つ一人の人間としてね。私は今では自分の違いを受け入れることができます。たとえば、もう白人の恋人が欲しいとは思いません。人種に限定されることなく、恋人として一緒にいたい人の好みを持つ、それは可能だと思いますよ」。

彼女はトニー・ホールの公式謝罪の提案が通って欲しいと切実に望んでいる。そうなればアメリカの黒人にとって象徴的な癒しになるだろうと肯定的にとらえている。「謝罪もされずに許しを与えることは非常に難しいことです。黒人のなかには、内面に激しい怒りを溜め込んでいる人たちがいます。私もその一人でしょうね。謝罪は私たちの砦を取り除くプロセスを始めるきっかけになるでしょう。以前、オプラ[・ウィンフレー]は、この国の大部分の人たち（白人）が、マイノリティ（黒人）がかいくぐってきた苦痛に直面できるほど癒されなければ、私たち黒人にとっての回復は不可能でしょう、と言ったことがあります」。

「黒人の回復は白人次第だということですか？」

「そうです。それにね、それが起こるのをただ呆然と待ってはいられません。謝罪してもらえば大きな助けになるでしょう。結局のところ、謝罪だけが過去になされた不正への認識なのですから。でも、それを何もせずに待ってはいられません。私は待てませんよ」

運転手は町の中心部にある一軒の店先に車を止めた。そこではエレイナの義理の息子がビジネスを経営している。このインタビューを手配してくれたエレイナに、私はとても感謝している。成功への野心を持つ三五歳のシャーマン・エヴァンズに、どうしても会いたいとエレイナに伝えていたからだ。シャーマンは南部史で最も影響力のあるシンボルを取り上げ、それを人種に関係なく着用できる服装ロゴに変えていた。そのシンボルとは、南部連合旗であり、南北戦争時、南軍はその旗のもとで奴隷制存続をかけて戦ったのだ。黒人からは、その旗は自分たちを抑圧した最も強力なシンボルとして軽蔑され、一方では、過去の栄光にしがみつく白人にとっては、その旗は未だに理想化され続けている。

店の奥にある彼のオフィスには、サンプル商品やフェデックス（大手の宅配会社）の箱――ビジネスが成功している証拠だ――が所狭しと置かれてある。シャーマン・エヴァンズは小柄で、年に似合わず灰色になりつつある髪以外、どこを取っても若々しい。目はきらきらと輝き、楽観的ではっきりした物言いをする。

一九九二年、彼と友人は集めてきた駆け出しのラップ・

グループをデビューさせようとしていた。その際、グループのメンバーが南部出身者であることを全面に押し出したいと考えた。「自分を南部と関連づけることはかなり不名誉なことでした。そこでその不名誉を克服しようと思ったのです」と、彼は説明してくれる。「アトランタで一年間学校に通ったとき、出身地をみんなに尋ねてみました。彼らが最初に言うのは、生まれはミシガンとか、デトロイトとか、それから家族がここアトランタへ引っ越したんだ、とね。へーえ、そう、いつ？　と会話を続けると、彼らは、うーん、生後二ヶ月だったかな、といった感じでしたからね」。

「つまりね、アフリカ系アメリカ人の多くがここ南部で起こったことを否定しているのです。それを変えたいと思ったのですよ。そこでいろいろ考えていると、『ここが私たち黒人のエリス島だ、と言ったっていいんだ。それに恥を感じることもないし、自分の人生から奴隷制やジム・クロウ法の時代をまるで存在しなかったかのように削ぎとってしまおうとするべきじゃないんだ』と気付いたのです」。そのとき、ふと、シャーマンたちは、あれから何十年も経った今、自分たちはアメリカの人種間を和解させるよう運命づけられているのかもしれないと思い至った。「そこで、『過去についての真実を、そして私たちが望む将来について語ろう』ということになりました。それで、赤、緑、黒のアフリカ系アメリカ人の色を南部連合の旗に重ね合わせたのです。そうするとね、ワオ、飛びあがってしまうくらい衝撃的でしたよ。それでね、『これをアルバムのカバーに使おう！』ということになってね。それはそれは衝撃的でしたよ。分かるでしょう。これは犠牲者や加害者という立場から私たちみんなを自由にしてくれました。黒人は心のなかに何か借りがあると感じ続けることはできないし、白人は白人でずいぶん昔起こったことで罪があると感じ続けることはできませんからね。ガンジーは、『なりたい変化になりなさい』と言っていますよね。私たちは会社の名前をニューサウスと名付け、私たちの望みを託しました。過去を今までと違ったやり方で過去に向きあい、同時に未来を見つめようと思ったのです」。

デモテープの録音当日、これからデビューするというラッパーたちは羞恥心で全く使い物にならなかった。そのため、会社はスタートを切ることはできなかったが、エヴァンズたちは失望しなかった。彼らは手を加えた南部連合旗をもう一度見直し、すぐにそれをTシャツやその他衣服のロゴにしようと決めた。「新しい」旗のもとには、「元奴隷の息子と娘たちへ、元奴隷所有者の息子と娘たちへ。私たちをつなぐ糸。私たちを自由にする言葉」という文章を加えた。

エヴァンズは自分のしていることは歴史的に重要なことだと認識しているが、他の人たちにもそれを信じさせた。テネシー州ナッシュビルのフィスク大学で人種関係部部長を務めるレイモンド・ウィンブッシュは、彼らのロゴをキリスト教の起源に比し、抑圧された人たちが憎まれたシンボルを取り入れることによって、それを超克する力を獲得しうると主張した。ウィンブッシュはこう書いている。「十字架は、もともとはキリスト教徒にとっての抑圧のシンボルだった。しかし、キリスト教徒はそのシンボルを栄光に変えようと自らのなかに取り込んだ。南部連合旗は、黒人にとっては嫌悪すべきものである。ニューサウスはそれを取り入れ、それを再発明したのである」。ニューサウスはそれを天にも昇るようなこの支持を広告に取り入れた。アメリカではキリスト自身の承認を取りつけたとされるもの以上に強力なサポートは存在しないのだから。それから、シャーマンはある人物に会うためにナッシュビルに出向いた。その人は、最近、テネシー州で降参した黒人兵士約三〇〇人を虐殺した、いわゆるフォート・ピローの大虐殺に加担した南軍のネイサン・ベッドフォード・フォレスト大佐の追悼碑を建てていた。[*29] それだけではなく、ベッドフォード・フォレストはクー・クラックス・クランの創設者でもあった。エヴァンズはこの人物（彼はまた、アメリカ連邦政府は南部を不法統治していると主張するリーグ・オブ・サウスという連盟の支部代表であった）と数時間にわたり話をし、そして感銘を受けた。というのも、シャーマンはその人物から、フォレストはもともと南北戦争後に命を落とした南軍の家族を助けるためにクランを創設したと聞いたからだ。「彼によれば、クランは善意あるグループだったが、後に間違った方向に向かってしまったということです。そして、彼が追悼しているのはクランのよい部分だけだということです。それを聞いてうれしく思いましたよ」。

私は早口でしゃべるシャーマンを遮った。「あなたはそれで十分なのですか？」。

「そうですね、彼と私は自分の信じるものをお互いに話し合いましたよ。彼の意見は彼にとっての現実で、私はそこにいなかったのだから議論などできません。私が関心あるのは将来のことです。彼は数百万ドルでニューサウスを買収したいと言いました。商業的にうまくいくと思ったのでしょうね。でも、私は断りました。お金もうけができればいいに越したことはありませんが、私はそのメッセージで何か革命的なことをしたいのです」

そこで、彼らは手を加えた旗をプリントしたプロモーション用Tシャツを少量マーケットに流した。十代の女の子が学校にそれを着て行くと、数名の生徒が文句を言ったということで校長は彼女を一時停学処分に処した。「あれはですね、その高校は子どもたちが本物の南部連合旗を服につけていることで知られていました。白人生徒のなかには、〈黒人の町に住む本物の少年たち――KKK〉、〈あんたが摘んだ一〇〇パーセントコットン〉と文字の入ったシャツを着ていました。あの学校には公然の人種差別がたくさん存在していましたが、誰一人その類のシャツを脱ぐようにとは言われていませんでした。私たちは注目の的になりましたよ。MTVはやってくるわ、CNNは取材に来るわで、彼女の人権が侵害されたかどうかという巨大な議論が巻き起こりましたからね。翌日、その子はもう一度そのTシャツを着て学校に行きました。同時に私たちがシャツをあげた二〇名の生徒もそれを着て行きました。その日の朝、その子たちは集められ、講堂に連れて行かれた後、退学処分にすると脅されました。最初にシャツを着た子以外はみんな恐れをなしてシャツを着替えました。でもね、他の生徒たちがどれほど彼女を間接的にサポートしたことか！　黒人生徒だけでなく、白人生徒もね。みんな、あのメッセージを理解したということですよ」。

シャーマンとパートナーたちは、銀行が明らかに彼らのベンチャーに懐疑的だったため、家族や友人に資金融資を頼まねばならなかった。ある融資担当の銀行員からは、「この資金であなたがBMWかメルセデスを買わないなどと誰が保証できますか？」と言われもした。後に、彼らがGQマガジンに広告を出すと、白人や黒人から支援の手紙が届いた。しかし、ニューサウスはユダヤ系の会社だと思い込んだ黒人から、数多くの反ユダヤ主義の手紙も受け取った。「私は、くそったれ、と言ってやりましたよ。まったく信じられませんね」と、シャーマンは言う。「一流の雑誌に広告が載れば、黒人がそんなに頭がいいはずはないのだから、黒人以外の誰か賢い人が背後にいるのだと考えるのですよ。その反ユダヤ主義の手紙が教えてくれたのは、黒人のなかにはそう考える人がいるのだという事実でした。自分たちアフリカ系アメリカ人を自ら食物連鎖の最下層に置いているから、私のような人たちがGQに広告を載せることが信じられないのです。ある人からは『あんたは都会だ、あんたはストリートだ』と言われたことがあります。私は、こう言いましたよ。生まれたときはアフリカ系アメリカ人だと教えられ、後になって黒人だと言われた、とね。そうすると、今度は〈都会〉というレッテルが貼られ、最近では〈ストリート〉と、こうですからね。こう言ってやりましたよ。『ストリートって、一体どういうこと？　決して気持ちのいい響きではないよ！　粗野に聞こえるじゃないか！』とね」。彼の早口はバンバンバン、とまるでコメディアンの口上のようだ。「つまりね、私が有色人だからといって、ストリートってことにはならないのですよ！　私たちの服は人種に関係なく、誰もが着られるものです！　馬を持っていないとポロのシャツは着られませんか？　私たちの競合は黒人コミュニティ内に限定されていると言われ続けています。とんでもない！　われわれの競合相手はポロであり、トミー［・ヒルフィガー］ですよ」。

GQマガジンへの広告掲載は、その雑誌が高級志向の男性雑誌だったために、アメリカの黒人が内在化させていたステレオタイプと衝突したのだ。つまり、まず、ファッションにおける高級品を持つ主流派は「白人」であり、第二に、それを打ち破ろうとする黒人は、通常、自分たちの文化に背を向けているものだからだ。お金持ちの一流スポーツ選手――何百万ドルという収入を得ることができる――は例外として、それ以外の業界は彼らの望めるような範囲内にはないのだ。しかし、そんな気落ちさせる経験もシャーマンを打ち負かすことはできなかった。幸運にも、シャーマンは非常に強いユーモアとしっかりした自意識を持っている（彼は話の途中に突然、「私がこれ以上幸せなら、その幸せは一人では抱えきれないから、私には双子が必要ですよ」と冗談を飛ばした）。

新しい商品を発売することが贖罪へのメタファーと見なされうる国は、世界のなかでもアメリカ以外にはないだろうと思う。「ニューサウスは流行のブランド、おしゃれなブランドです」。彼は伝染しそうなほどの情熱を込めてそう広言する。「ナイキが言うように、ぐずぐず言わずにやってみろ！　ですよ」。

ナイキが言うように？　遠い昔には、哲学は書物に記され、学術的シンポジウムを通して人々に広がっていったものだが、シャーマン・エヴァンズや彼の世代にとっては、人生を変えるような哲学は、人気商品を売るための賢い広告から生まれるのだ。この意味で、彼はマーサ・スチュワートやハリウッドと同じくらいアメリカ的であると言える。「トミー・ヒルフィガーが伝えようとしているメッセージは何だと思いますか？」。彼は立ち去ろうと荷物をまとめている私にそう尋ねる。「メッセージなんてありませんよ。それと違って、われわれのメッセージは南部で最も重要なものです！」。

Ｔシャツに書かれたメッセージによって人種間の和解をもたらしたい、という彼の望みは、私を驚かせたと同時に喜ばせもした。そして、彼の熱狂は、黒人と白人を隔てている深い森に切り込んで行くほどだ。一方で、彼の楽観的態度に不安を感じずにはいられない。彼はクー・クラックス・クランの創設者を敬う人物に会い、その人と意気投合したのだ。ましてや、その人物は自分が追悼しようとしているのは、あの人種差別運動の初期の、暴力のない時代なのだと、シャーマンを言いくるめてしまったのだ。

シャーマンは一八六六年に創設されたクランが、わずか二年で陰険で危険な組織になった事実を知っているのだろうか？　あるいは、クランのメンバーがこんな歌を歌っていたことを知っているのだろうか？

　食糧配給のないわれわれには、人間の肉しかない
　なかでもニガーの肉が一番好きだ、クー・クラックス・クラン

　生きたまま奴らを捕まえ、丸焼きにしてくれよう
　そして、串刺しにして仲間とともに分けよう

シャーマンは歴史家でもなければ、懐疑的な性格でもない。シャーマンは人種とアメリカ史との間に和解を試みている。今なお彼を憎むクランとの間にさえ和解を試みているのだ。

アメリカ南部には、神聖なる南部連合旗に黒人が手を加えていると考えただけで身震いする人がたくさんいる。私はそうした人たちの一人に会いに行こうとしている。その人は、かつてのプランテーション（九代にもわたって家族に受け継がれてきた）の敷地に狩猟客用のロッジを経営しており、宿泊客相手に南北戦争の真実について挑発的な会話をしてくれると評判だ。

チャールストンから一三〇キロにあるブロクストン・ブリッジ・プランテーションまで、綿花畑を一望する単線ハイウェイを運転する。何度か曲がる場所を間違っては道を尋ね、とうとうプランテーションへと続く一本道を見つける。その道沿いには苔にびっしり覆われたバージニアカシが並び、道に並行して流れる小川は綿花畑へと流れ込んでいる。大きく繁った木立の薄暗い影のなかにプランテーシ

ヨンの邸宅がぼんやりとそびえたっている。

戸口ではジェリー・ヴァーンが迎えてくれる。身長二メートル八センチのヴァーンは、今まで私が隣に並んだ人たちのなかで最も長身の一人だ。妻リブの肩に腕を回すと、彼女の頭はちょうどヴァーンのわきの下に収まる。人里離れた場所に住む奇妙な風貌のカップルだ。

長年しみついた亜熱帯の湿気と使い古されたエアコンのためか、家の中はかび臭い。大きなリビングルームの天井には、いくつものしみがあって、壁は安物の羽目板で覆われ、一九五〇年代によくあった懐古調の遊戯室を思わせる。木の床には手編みラグがあちこちに置かれ、壁やマントルピースは狩猟で集めた鹿の角やキジの剥製で飾られている。花瓶にたくさん飾られているのは昔風の造花である。ここは、四〇年前と何ひとつ変わっていないようだ。大きな暖炉は今でも使われているし、天井で空気を循環させている扇風機は過去の時代のものである。

私はコロニアル式のほつれたソファに腰を下ろし、アイスティーを差し出される。カーキ色のスラックスに長い脚を包んだヴァーンは、自分の椅子にゆったりと腰かける。私を見て、ゆっくりとした口調でこう話し始める。「過去のやり方で生活しているから、われわれのことを時代遅れなどと言う人もいます。しかしね、あなたと同様、水道水のお世話になっていますよ」。私は微笑み返す。私が部屋の中を見まわしていたのに気付いたのかしら？

彼はまず南北戦争と州の権利から話を始め、本当に話したい主題へと導いていく。「アメリカが統合されたとき、われわれの祖先はアクトン卿の言葉を心の底から理解しましたよ。権力が崩壊するとき、絶対権力は完全に崩壊する、という言葉をね。まったく、これは素晴らしい言葉ですよ。それがあったから、アメリカ合衆国建国の父たちはあまりに巨大な権力をいかなる個人の手からも引き離しておくため憲法作成に取りかかりました。ほらね、彼らは時代の先を読んでいたのですよ。そして、権力を行政、司法、立法という部門に分立させることを思い描き、地方の自治政府を作ろうとしました」。これまで数え切れないほど繰り返してきたであろう言葉は、彼の口から激流のようにほとばしる。「その後どうなったかと言うと、イギリス国王ジョージ三世が和平協定を結んだのはアメリカとの間にではなく、一三のそれぞれの植民地との間だったのです。つまり、そうなると州が主人で連邦政府が従者であるということになるわけですよ。サウスカロライナは自由で独立した主権国家だったのです。主権とは、自らが自らの足で立つことに他なりません。ご存知のようにね。その後、それぞれの州はより強力な安全保障を求めて統合することになりました。ほら、第一条の第八項、憲法前文です。ほらね、分かりますか？　第八項には、連邦政府の十八の権限について記されてあります。保証しますよ、憲法を見れば驚くべきことに気付きますよ。そこには、連邦政府の権限として、郵便局や道路をつくること、共通の防衛を敷くこと、信用貸しでお金を借りること、すべての州に同一の測量基準を敷くこと、などが記されています。お分かりでしょう？一インチはすべての州で同じ長さである、そういうことです。他のことは覚えていませんがね。ただしね、残りの権力すべては各州に帰されるわけです。その全てですよ。私の考えでは、政府は限られた役割だけを持つ限定政府であるべきなのです」。

この演説は奇妙に聞こえるかも知れないが、実はどこにでもある（彼の場合は誇張されてはいるが）政治思想である。なぜならば、アメリカ的信条は平等、道徳的正義という啓蒙的価値に強く影響された一方で、その後のアメリカ政治を形作ることになる、政府に対する当初からの不信という他国には見られない態度のうえに築かれていたからである。政治学者サミュエル・ハンチントンがかつて述べたように、「アメリカ的信条の価値というのは……基本的には反政府、反権力的である。他のイデオロギーが既成の権威や制度を合法化する一方で、アメリカ的信条は、あらゆる階層的、高圧的、権威主義的な構造を、たとえそれがアメリカのものであっても違法化する。[30] 権力への抵抗、権力が取りうる最も危険な形としての政府に対する不信は、アメリカ政治思想の中心的テーマなのである」[31]。

アメリカ政治思想のこの見解を、ヴァーンは地元に、また、南北戦争に適用したというわけである。彼にとって、南北戦争はつい先週、あるいは先月起こってもおかしくないような未だに生々しい出来事であり続けている。というのも、彼の家の敷地は、一八六五年、アメリカ連邦北軍の兵士と二七〇〇人の南部連合軍が戦った戦場となったからだ。ヴァーンが狩猟ロッジの宿泊客全員に手渡すパンフレットには、北軍兵士たちが田舎を通って進軍する途中、どんなにひどい略奪や破壊をしたか、さらに黒人から食料や毛布を奪ったといった戦争の恐怖が描かれている。パンフレットには、連邦軍の犠牲者のなかには奴隷も含まれていたことも書かれてあるが、これは皆が通常考えることとは裏腹に、南北戦争が奴隷制に関する戦いではなかったと読み手を納得させるためである。「南部連合の掲げていた

［本当の］大義は、憲法に則った政府のため、そしてすべての州が持つ権利のため巨大な政府に対抗することであった」とこのパンフレットは説明する。起源の古い考えを自己流に言い換えながら、「そして、……ロバート・リー将軍率いる南部連合軍とユリシーズ・グラント将軍の北軍がアポマトックスで降伏調停のために会したとき、一方の将軍は奴隷を所有し、もう一方は奴隷を所有していなかったのである……三人の奴隷を所有していたのはグラント将軍の方であった……したがって、南北戦争の一番の争点は奴隷制であったという神話を永続させることには……非常な困難が伴うと言わざるを得ない」。

この長身のひょろっとした人物が一生懸命に私のテープレコーダーに向かって話をしている情熱は否定できない。彼は時々、レコーダーの電源が入っているか、ちゃんと動いているかチェックするよう私に頼む。ジェリー・ヴァーンには世界中に届けなければならないメッセージがあり、彼の話を聞くうちに、そのメッセージにいくつかの分流があることが判ってくる。ひとつは、アメリカ民主党は「社会主義者」であるという観念である。彼は親切にも、「社会主義とは、すべてを政府が所有すること」だと私に教えてくれる。もうひとつの分流はキリスト教原理主義であり、彼はそれを民主党の（彼の言うところの）社会主義に対抗させる。「聖書は自分の土地を所有することを禁じてはいません。そして、私がものを考えるときには、聖書に書かれたことを基準に判断します」。三つめは、関連する複数の共謀理論を一まとめにしたもので、そのうちのひとつは陳腐な反ユダヤ主義で色づけされている。表面上は何の関連性もないのに、彼は突然こう尋ねる。「南北戦争でロスチャイルド家が果たした役割について考えたことはないですか？」。私は、ないですね、と認める。説明が始まる。「いいですか、ロスチャイルド家は金細工商に始まり、のちには政府にお金を貸すほど莫大な富を築きました。それから、彼らは隣接する二つの国を見つけ、諜報員を使って戦争を起こしたのですよ。両サイドから暗黙の了解を取りつけて、大もうけできる密売ビジネスを始めました。彼らはヨーロッパとイギリスの政府にお金を貸して高い利子をつけてすっかりかんにしました。その後、ロスチャイルドはここアメリカに目をやって、なんと大きな国だろう、何と豊かな自然資源があることだろう、と考えたのです。ここから何を手に入れることができるかを考えました。南にはメキシコ、北にはカナダがありましたが、カナダは人口が少なく、メキシコは強力ではありませんでした。だから、ロスチャイルドと彼の諜報員は――Ｊ・Ｐ・モーガンでしたがね――アメリカを半分に分けて戦争を始めよう、ということにしたのです。それこそ本当の陰謀だったのです」。

私はこのめまいがするような新しい情報の出所を尋ねる。「Ｇ・Ｗ・グリフィンの『ジキル島のモンスター』を読んで御覧なさい」、と彼は興奮して言う。「カリフォルニアにある彼の家に行ったことがありますがね、実に立派な人ですよ、知識の豊富なね。これはね、連邦準備銀行制度が正真正銘のカルテルだということを示す暴露本ですよ。内部情報に通じた人がそれによって富を築いている事実がお分かりになりますよ」。

私は彼を一人の変人として無視しようと思っていたが、彼がアメリカの極右イデオロギーの不穏なまでに有名な説を説明し始めると、予期しなかった分野へと足を踏み入れたことを感じる。部分的真実として一部の理論派が弁明しうると思われる、南北戦争は州の権利を主張するための戦争だったとの主張に出会うかもしれないという可能性はあらかじめ考えていた。しかしながら、「神の言葉」である聖書や社会主義者としての民主党、[*32]ユダヤ人資本家の陰謀説、あるいは国民のお金をごまかそうとする政府の陰謀といった横道へそれた理論を聞くことになろうとは予想していなかった。ただし、その頃、ここを訪れるためのリサーチの一環として、アラバマ州モンゴメリの南部貧困法律センター（ＳＰＬＣ）の活動に関する文書には目を通していた。ＳＰＬＣは非営利の市民権組織で、クー・クラックス・クランを相手取り、人々や所有物への攻撃に対する数百万ドルの損害賠償を求める訴訟を起していた。さらに、このセンターは極右グループの活動に関する情報を集め、それをＦＢＩ（連邦捜査局）と共有している。近年になって、とりわけ一六八人もの死者を出した一九九五年のオクラホマシティ爆破事件以降は反政府、反ユダヤ主義、反黒人ミリシャに関してもリサーチ内容を拡大していた。

私はこうしたほとんどのグループが自称する包括的な「愛国主義運動」というキーフレーズをちらつかせて彼の反応を試してみることにする。「ニュー・ワールド・オーダー（新世界秩序）という言葉をご存知ですか？」と私が尋ねる。ヴァーンはふと動きを止め、興味を示して私を見た。「あなたがそのことを持ち出してくれるとはありがたい」。彼はゆっくりと言う。それから、妻に向かってある雑誌を探してくるよう命じる。それを待っている間、解説が始まる。「そうですよ、ニュー・ワールド・オーダーとワン・ワールド・ガバメントを進めようとする悪魔崇拝的動きは存在しますよ。何年もにわたってね、恐らくそれは悪魔崇拝とともに始まったのでしょうが、よく存じません。私は神が望むだけのことしか知りませんからね。一九世紀にイルミナティという隠れフリーメーソンのグループがあり、当時、世界征服を目論んでいました。イルミナティのメッセンジャーの一人が殺され、彼の手首に付けられた小袋を調べてみたところ、なかからグループのおぞましい目標が書かれたリストが見つかりました」。ヴァーンはこの話を続け、秘密の核心部分までやってくる。そして、テープレコーダーを切るように言う。「いいですか?」と彼は仲間うちに打ち明けるようにささやく。「それからね、そのメッセンジャーはね、イルミナティの本来の目的が漏れるのを防ぐため、ある女性を殺させていたのですよ。ちょうどエドワード・ケネディとチャパキディック事件のようなものですよ」。ヴァーンは後ろにのけぞり、満足げに目を細める。

その「袋を持ったメッセンジャー」のストーリーを聞くと、私の脳裡にはある記憶が呼び起こされた。というのも、以前書いた本の調査をしているとき、私は同じような話に出会ったからである。一四世紀のヨーロッパでペストが大流行したとき、フランスのフィリップ王は、ユダヤ人がトレドの「偉大な師匠」からペスト菌を受け取り、井戸を汚染していると批難した。ペスト菌は毒性のあるサソリや蜘蛛、ヒキガエルなどから抽出され、粉末化されて、皮袋に入れてヨーロッパ全土へ運ばれたとされていた。その噂が広まり、ユダヤ人の虐殺につながった。あれから六〇〇年が経っているというのに、誰かが前近代的な性質の「事実」を近代世界に適用するのを聞くとは何と奇妙なことだろう。敵を発明し、悪魔化する必要性は未だに根絶されてはいないのだ。

リブが雑誌を持ってやってくる。それは、一九九六年九月一六日号の『ザ・ニュー・アメリカン』という雑誌で、特集は「グローバル・コントロールの陰謀説」となっている。その日の夜、それを読んでみた。特集の内容は、ニュー・ワールド・オーダー、あるいは「世界政府にわれわれを束縛しようとする無神的な陰謀」にどう対処すべきかについてのアドバイスや、陰謀の歴史、今なお続く共産主義者による世界支配について、など。この共謀に関与しているのは、国連のエリートたち、外交関係評議会(CFR)、三極委員会、連邦準備銀行、そして言わずと知れた国際投資家たちである。彼らのすべてが目指す陰謀である「ワン・ワールド」の結果は、「国際主義」と呼ばれるものとなる。

そして、主権国家としてのアメリカは終末を迎える。

ヴァーンは「知識層」に読んでもらうため、この雑誌を一〇〇部購入したと言う。他人の転向に手を貸すことは明らかに彼の使命であり、彼の信じる完璧な世界観と宗教的信条は結び合わされている。「ヨハネの黙示録では、悪魔は猛獣で偽の予言者とされています。今ではワン・ワールド・ガバメントがこの猛獣ですよ。そして、ワン・ワールド・チャーチこそが、その偽の予言者です」。

「クリスチャン・アイデンティティ・チャーチとは個人的なつながりがおありですか?」。私はアメリカ愛国主義的動きの別のエレメントを混入させながらそう尋ねる。クリスチャン・アイデンティティ・チャーチの教えは、西暦二〇〇〇年をハルマゲドンの最終戦の時期と位置付ける「至福千年後」神学を柱としている。しかし、信者たちは、最後の審判の日、よきキリスト教徒だけが神によって天国へと運ばれるという考えだけでは満足しないで、キリスト再臨に備え、悪魔の力の及ぶ世界を浄化する戦争義務があると考える。南部貧困法律センターは、このクリスチャン・アイデンティティ・チャーチを危険グループに分類しており、このような思想はクー・クラックス・クランやミリシャをはじめとする愛国主義的動き全体に浸透していると警告している。

しばらく沈黙が続く。「聞いたことはありませんね」。ヴァーンはついにそう答える。「私はメソジスト教徒として生まれましたが、公民権運動のさなかにそこを離れました。メソジスト教会は救済ではなく社会的福音を説いていましたからね。われわれが政治的グループになって、法案を通そうとするのをイエスは好みませんよ。自由主義は福音の力を弱めています。そして、悪魔はこの動きのなかで活発化し、聖書を破壊しようとしています。だから私たちは独自の教会を結成し、南部バプティスト宗派と合併したのです。われわれは自分たちで敷地を所有し、牧師を雇っています。だから、私たちは彼をかなりコントロールできるのです」。

私はかつてこの家族プランテーションに住んでいた奴隷に話題を振る。そして、ここでもまた、彼の考えは過ぎ去った過去のものだ。プランテーションには奴隷がいた、と彼は認める。しかし、南北戦争までには、奴隷制は利益の上がらないものになっていた、と言う。「多くの人が、奴隷には何の権利も与えられていなかったと言いますが、彼らはそのことについてまったく分かっていないのです。時折、奴隷一人は一〇〇〇ドルで買われていました。それを現在の貨幣価値に換算すると、当時の一ドルは現在の二・五セントにあたるので、奴隷一人は四万ドルの価値があったということになります。では、四万ドル払ったものに対して虐待を加えるなどと考えられるでしょうか？　非論理的だとは思いませんか？　車を買うのにそれだけのお金を払ったなら、その車に自らダメージを与えるわけがないでしょう？　もうひとつ言わせてもらえば、奴隷は無料の健康保険を与えられていましたよ。三〇日に一度、医師の定期検診を受けていました。今日のロシアの奴隷は――ほら、グラーグとか何とかいう強制労働収容所の奴隷ですよ――、これはまた別の話ですよ。五、六人が小さな小部屋に入れられて、暖房もなければ、眠るのは床の上でしょう。でも、こちらの黒人たちは主人にとても可愛がられて、彼らの親戚みたいなものでしたよ。プランテーション所有者と家族が豚を屠殺するときには、家族のみんなが一緒に屠殺するのですよ。庭などに作物を植えるときには、みんな一緒に植えたものです。そうして最新の技術を教えていたのです。言わせてもらいますとね、奴隷制について会話が意地悪で悪意に満ちている場合は、たいていが自分の知らないことを話しているからですよ。公民権運動の時代と同じように、われわれ南部のやり方に口を挟もうとする人がたくさんいます。われわれはここ南部で平和にうまくやっているのに、そういった扇動者がここにやってきて何か始めようとしたのです。初期には、これらの北部リベラルたちは奴隷制度廃止論者でした。まったく、あれと同じような人たちですよ」。

「録音を始めなさい」と彼はテープレコーダーを指差して命令する。「南部は奴隷船を所有していませんでした。奴隷船はすべて、北のロードアイランドやコネチカットの人たちのものでした。ほら、彼らがどんなに偽善者かがお分かりになるでしょう？」。

「しかし、黒人も同じように奴隷制は善意の制度だったと考えるでしょうか？」

「黒人たちはNAACPに言われたこと以外には何一つ分かってはいませんよ。黒人はわれわれの敵ではないのです。彼らは市民であり、われわれと同じように魂を持っています。NAACPは彼らに黒人としてのヘリテージをせっせと教えていますよ。でもね、彼らのほとんどが自分の父親さえ知らないのですからね！」。そう言って大声をあげて笑う。「彼らの肌の色については私は興味ありませんよ。でもね、NAACPに関与して言えば、あれはわれわれの敵です。NAACPの起源を調べてみれば、ほとんどが共産主義者だということが分かるでしょうよ」。

「別に奴隷制を正当化しているわけではありません。この国は素晴らしい国です。自由やその他のことを手にできることは素晴らしいことです。そして、彼らがちょうど私のように、今や自由を手に入れたことは喜ばしいことですよ。私の主張は、奴隷制は北部のリベラルが言うほど悪いものではなかった、という一点です」

彼にとって最も腹立たしいことは、奴隷制に対して謝罪が提供されるかもしれないという恐るべき考えである。「自分のしたことには謝罪をしますがね、私は何ひとつ間違ったことなどしていないのですからね！　彼らがここへ連れて来られなければ、アメリカ人にはなれなかったのですよ。彼らは北部の工場労働者と同じくらい手厚く扱われていましたよ」。

「奴隷制はね、彼らを野蛮人であることから救い出してくれたわけでしょう。軽蔑するわけではありませんがね、彼らには人間を生贄にする慣習がありました。ぞっとしますね。それから、ここにやってきてキリスト教徒である当地の人々と交わり、やがて文明化されていきました。あなたがキリスト教徒なら、私の言っている意味はお分かりですよね」

彼は私を険しく凝視している。おそらく私の信仰の強さを訝っているのだろう、あるいはひょっとして言い過ぎたかと思っているのかもしれない。彼はニュー・ワールド・オーダーの陰謀に話を引き戻すことにした。「こうした情報を初めて聞くようなら、あまりたくさんのことを話しすぎたかも知れませんね」。

心配要りませんよ、と私は言って彼を安心させる。

それから、私たちはピックアップトラックに乗り、敷地内にある南北戦争の戦場跡の見学に行く。休耕している畑を横切り、わだちの残る未舗装の道へとやってくる。道の両側は、南部マツやアーチ状になった古いバージニアカシに囲まれている。彼は木製の門の鍵を開けるために車を降り、戻って来ると木々や原初シダ、サルゴケが繁るジャングルのような森へと車を運転していく。遅い午後の空気は蒸し暑く、じっと停滞している。私たちは車を降りる。ヴァーンは車のなかから長いハンドルのついた鎌を取り出して、森のなかの細い道に近づくと、鎌を振って、毒性をもつ蛇――ウォーターモカシンとガラガラ蛇――やクロゴケグモを追い払う。

私たちは南部連合の兵士たちが作った畝に沿って歩いて行く。右手には暗いイトスギの湿地があり、動かない水のなかに鶏の足のような木の幹が見えている。彼は「何百という人たちの洗礼が施された場所」である昔の水浴場を指差した。そこで、白人と黒人の赤ちゃんが、そして主人の信仰するキリスト教に改宗した成人奴隷が洗礼を受けたのだ。

一八六五年、体力を消耗させる蒸暑さのなか、つる草のからむ薄暗いこの湿地で、決定的戦闘が行われた。戦闘が終わると、ヴァーンの祖先の南部連合軍は敗北を喫した。こんなに長い時間がたったというのに、ところどころに要塞が見える。そして、彼の祖父と曽祖父の墓がある。風化した白い墓標は、茶色の葉っぱを敷き詰めた絨毯のなかに佇んでいる。

私たちは丸太を登り、かさかさに乾いた葉っぱに足をうずめながら引き返す。以前、もう少しで蛇を踏むところだったと言う。

邸宅へ戻る途中、ヴァーンは運転席の横ポケットから手垢のついた小さな聖書を取り出し、ヨハネの黙示録から獣の刻印の部分を声をあげて読む。そして、「彼ら」は「居場所が分かるように」人々の体内にコンピュータチップを埋めこんだのだと私に言う。正しいアメリカ人を破壊するための国際的陰謀の一部である。

「武器を貯め込んでいる人たちもいると聞きますよ」。私は秘密めいてそうつぶやく。

彼は私をじっと見つめる。「そうなれば、その日はわれわれ全員にとっての最後の日ですよ」。

狩猟用のロッジ経営、それに少量の綿花栽培に加えて、彼は科学肥料を製造している。「爆弾が作られるような肥料ではないですよ!」。彼は自分の冗談に笑いながら言う。

この遠隔地で南部連合の大義を祭る森の神社では、すべてが可能に思われる。

ジェリー・ヴァーンは、母国の歴史について何ひとつ「記憶する」必要はない。なぜなら、過去と現在は今もって分離していないからだ。何ひとつ理解する必要もなければ、当然「和解」の必要もない。ブロクストン・ブリッジ・プランテーションでは、一世紀前に時計の針は止まってしまっているのだから。

空港までのタクシーを頼んだら、やってきたタクシーの運転手に見覚えがあるように思った。そして、すぐにそれがトニーであることを思い出した。先週、エレイナ・シャカールの家まで送ってくれた運転手だ。私を観光客だと思った彼は、陽気な口調でたくさんのアドバイスをくれる。

チャールストンは南東部でも最高の町ですよ。生まれてこの方、この町を離れようと思ったことは一度もないですね。ダンスはお好きです？　私のおすすめの場所では、女性は無料で入れますよ。おいしい料理を出すレストランを教えてあげましょうか？

ここで私はチャールストンへやってきたのは奴隷制の記憶と謝罪について調査するためだと言った。彼は運転席から私の方を振りかえる。今までの楽しそうな表情はすっかり消え、怒りの表情に変わっていた。

「叔父のマルコムに言わせれば、この国は裁判にかけられるべきですよ。そう、国全体がね」。トニーはゆっくり引き伸ばした口調で、ブラック・パワーのもともとのスポークスマンであるマルコムXのこの言葉の余韻をできるだけ空気のなかに残そうとする。「ただし、アメリカ人はもう充分に謝ってくれたと思うよ。黒人のためになるプログラムなんかでね。それに、［J・F・］ケネディは黒人を助けようとして殺害され、その犠牲を払ってくれたしね。彼の家族全員がその犠牲を払ってくれたのさ」。

「反対にあの奴隷商人たちときたら！　彼らはすでに旧約聖書を持っていたのだから、神がモーセに彼の民を奴隷制から解放し、エジプトから連れ出すよう言ったことも知っていたはずですよ。ということは、奴隷商人たちは自分たちを神だと思ったに違いないね！　そうでなければ、神の命令を無視して、もう一度始めから奴隷制を始め、ある場所から人々を引っつかんで行くようなことはできませんよ。これこそ、世界史で最大規模の誘拐ですよ」。

彼が見出した慰めはすべて宗教に関係している、と彼は言う。「私はイエスのようになろうと思っていますよ。誰かに責任を押し付けるのでなく、まず自分の責任を問うようにしていますよ」。

この冷静な言葉とは裏腹に、彼の次の発言はまったく感情的なものだった。「若者たちに関して言うと、問題は麻薬の蔓延でしょうね。私が若いときは麻薬は中流白人家庭の子どもたちのものだった。でも、今では黒人が麻薬を使い、リーダーのほとんどが自ら麻薬を売って生活していますからね。コカインなんかを売ってね。どんどんひどくなる一方ですよ。何の能力もないし、きちんと教育も受けていない。その上、仕事なんてない。まったくね。南部には北部のような組合もないしね。観光だけが唯一の仕事ですよ。みんなテレビで欲しいものを見てはいるけれど、お財布はスッカラカンですよ！　そして、学校にはお尻がほとんど見えるくらいのパンツをはいて行くんだからね」。

私は笑う。「あれは子どもたちの流行りでしょう」。

「違いますよ。若者がテレビで見ているのはセックスか暴力で、ずり落ちたパンツをはいた男の子を見れば、女の子たちは興味津々になりますよ」

「投票には行きますか？」私がトニーに尋ねる。ミシシッピデルタへの訪問、ドルウィン・シールズが言った、「一般の人たちは民主主義的が与えてくれる権利を放棄しているように思われる」という落胆のことを考えながら。

「投票なんて何の役にたちますか？」。トニーが言う。「私たちが黒人議員を選出したって、議会では数で圧倒されるだけで、黒人のための法律なんて絶対に通りっこありませんよ。政府で彼らの主張が通ったとしても、今度は援助金の配分をする官僚制度に頼らなければならないんだから。そんなこと、絶対に起こりませんね」。

「投票には行きますか？」

「それは個人的なことだから答えられませんよ！　だめです、あまりに個人的な質問ですよ！」

私はこの会話についてしばらく考えてみた。個人的といっても、私は誰に投票したのかを尋ねたわけではない。彼が投票するとしたらの話だが。そういえば、トニーは会話が始まって間もなく、一九六〇年代にはデモをしたおかげで八日間刑務所に拘留されたと言っていた。ということは、昔の彼は未来のために進んで犠牲を払おうとしていたのだ。棄権することで彼は罪悪感を感じているのかもしれない。あるいは棄権が死んでしまった人たちに対する侮辱だと感じているのかもしれない。とはいえ、これはすべて私の憶測に過ぎない。このことについてトニーは話したくないと言うのだから。その代わりに、彼は政府についてはたくさん話したいことがあるようだ。合衆国の邪悪な政府については。

「彼らは衛星を使って私たちの情報をすべて手に入れていますよ。私をどうにかする必要のあるときまで、彼らはその情報を蓄積しておくのですよ」。そして、今ちょうど通りかかった普通の建物を指差して、「彼らはあの建物の内側でまわりのことをすべて盗聴しているんですよ。あなたも、自分が話していることが彼らに分からないなんて考えてはいけませんよ」。

「でも、どうしてそんなことをする必要があるのです？」。私が尋ねる。「国民を敵にまわしてどうなるというのです？」。

「つまりね、」と彼は説明する。「嘘にまみれて生まれた政府は、何をするにも不正直であり続けるわけですよ」。

ジェリー・ヴァーンと同じくらいのパラノイアだ。すべての政治家が嘘吐きだという通常観念を彼は信じている。しかし、奴隷であった祖先を持つ黒人にとっては、国家が深いレベルでごまかしをしているという感覚は身についている。トニーはアメリカという国が人道の法則に対する「嘘」の上に築かれていることをちゃんと見抜いているのだ。彼が排除されているのは、その嘘のためだ。そして、信用性に関するギャップが和解を見るまで、トニーが安心できる場所はこのアメリカにはない。

アラバマ州モンゴメリーまでの飛行機――騒音がうるさい一六人乗りのプロペラ機で、どんな小さな下降気流でも機体が揺れる――で、ラリーという看護士と隣に座った。ラリーは東海岸で行われた会議に参加してこれから家に戻るところである。見知らぬ人同士の会話が始まり、彼は一〇歳のときから黒人、白人の融合学校へ通ったと話す。そして、そのためか、両親の世代と比べると黒人に対してよりオープンな態度で育ってきたと言う。見たところ、彼は四〇歳前後だ。しかし、寛容性の一般法則にも唯一の例外があることを認める。「異人種間の結婚に関しては、旧南部の態度は未だに持続していると言えるでしょうね」と彼は言う。「異人種間の結婚は実際起こっています。どんどん増えていますが、それだけはみんなが自然に慣れていくものではないのです」。異人種間のセックスは、昔の不安なのだ、と私は考える。それは、奴隷制の時代には所有権としていつも起こっていたことだ。しかし、後になって、異人種間で恋愛関係が生じたり、私たちの時代になると結婚が見られるようになると、ある人たちにとってはこれほど心を掻き乱されるものはないわけだ。

ラリーはまた、公立学校についてもひどく心配している。手の施しようがないくらい状況はひどい。学校のドアには金属探知機が設置されている。「子どもが他の子どもを撃つなんて、信じられますか?」と彼は頭を振る。「ある子どもなんて、学校のトイレを使うのが恐いと言っていますよ。彼は学校を抜け出し、その先にあるガソリン・スタンドでトイレを借りているんですからね。こんな状況ではまともな教育などできるわけがないですよ」。

多くの中流白人家庭と同じように、ラリーと妻は公立学校制度に見切りをつけたが、それはつまり、自分の子ども時代の融合学校が今では黒人のための分離学校になっていることを意味する。以前は、子どもたちを私立学校に入れていたが、最近では友人の多くと同じように、私立の教育機関にさえ子どもを任せられないと考えている。ラリーと妻は家庭で子どもを教えている。「公立学校に入れるしかないようなら、モンゴメリーを離れて他の教育管轄区へ引越し、私は毎日そこから仕事に通いますよ。絶対に子どもたちをモンゴメリーの公立学校へは入れませんよ」。

「そんな状況を改善するのは誰の責任なのですか?」。私が尋ねる。

「分かりませんね。誰も何もしませんよ」

ラリーはもっと楽観的なアラバマのイメージを私に伝えたいと思っているが、アラバマ出身だということに対して後ろめたい気持ちを抱いているようだ。アラバマ州は三〇年前、産声を上げたばかりの公民権運動が初めてジム・クロウ法をはねつけた場所で、無抵抗の黒人と彼らを支援していた白人が襲撃された場所でもあった。その襲撃の映像は世界中に流された。「会社では私と同様によい仕事をしている黒人の同僚に囲まれていますよ」と彼は言う。「今では状況はまったく変わっているのですよ。それなのに、北部へ行ってモンゴメリー出身だと言うと、みんな態度を変えるのです。特に黒人は冷たくなります。ある人から『あのあたりではわれわれを相当嫌っているんだろう?』と言われたこともありますよ。気持ちのいいもんじゃありませんよ。だって、それはもう本当のことではないのですから。でも、アラバマ出身ということである種の恥かしさはありますね」。彼はそう言って遠くに目をやった。

私がモンゴメリーに来たのは、南部貧困法律センターを訪れるためである。このセンターは、奴隷制時代の最も醜悪な遺産のひとつ、クー・クラックス・クランに激しい攻撃をしかけている。私には、クランやその後継者である愛国主義的動き——ホワイト・パワーやネオナチ、その他のパラノイア的憎悪グループを含む——に基く組織がきちんと制裁を受けない限り、和解しえない過去が平和のうちに「過去」になることはないと思われる。

私は町を見ようと約束より一日早くここにやってきた。タクシーの窓からのぞくダウンタウンには、板張りされた店ばかりが目に付く。町の中心部を引き払った商店は、お金持ち相手に商売ができる郊外へと移転したようである。都市再生プロジェクトの痕跡も見受けられるが、復元されたヴィクトリア様式の建物は、せいぜい古びたダンスホールで初デビューのためにおめかしをした女性のようにしか見えない。印象的なのは、まるで記念碑のような建物、白い柱をもつネオ・ギリシア風の権力の座、昔の南部連合国の州議会議事堂ただひとつ。タクシーは南部貧困法律センターの前を通り過ぎる。その前には、公民権運動時代に命を落とした四〇人の地元活動家の名前を刻んだ丸い黒みかげ石の記念碑がある。さらに行くと、ダウンタウンの路上には、ローザ・パークスが白人男性に席を譲るのを拒んだ場所を示した看板が見える。パークスのこの行動は、モンゴメリー市のバス・ボイコット運動へとつながった。グレイハウンド（アメリカの大手バス会社）のバス停にはもうひとつの小さな額が掲げられ、一九六一年五月に「自由の乗車人」と名乗る若者グループが、一〇〇〇人もの白人暴漢に遭遇し、警官たちが黙って眺めている傍らで暴行を受けた場所であることを記している。私はのちに、モンゴメリー市政はこれらの記念碑や看板の設置にひとつとしてかかわっていないという事実を知らされた。バス停の額はグレイハウンド社と個人が、南部貧困法律センター前の記念碑は同センターが、そしてローザ・パークスの看板は地元歴史保存会が設置したということだ。

デクスター・アベニューは他の亡霊たちの住処でもある。かつてのコート広場は奴隷オークションが行われていた場所で、その隣は（今ではオフィスビルになっている）奴隷貿易商の監禁所であった。一八六一年、ウィンター・ビルディングは電信本部として利用されており、ここからサウスカロライナのフォート・サンプターの反乱軍へ攻撃命令が出され、南北戦争が始まったのである。

ドライバーはジミーという名で、今日がちょうど五三回目の誕生日だと言う。会話の途中で高校を終えたと言ったが、領収書を書いてもらう段になって彼が数字を書けないことに気がついた。一〇代のころ、ジミーはアラバマ州セルマからモンゴメリーのちょうどこの州議会議事堂の階段までを歩く、有名な自由の行進に参加した。両親は息子が警察犬の猛襲や暴行に巻き込まれるのではないかとひどく心配したらしい。しかし、その日のデクスター・アベニューのことは忘れられないよ、と彼は言う。一九六五年三月二五日、この路上はあらゆる人種の人々であふれた。マーティン・ルーサー・キング・ジュニアもそこにいた。ジミーはできるだけキング牧師に近づこうと試みた。キング牧師が州議会議事堂の階段に立ち、人種差別法撤廃を呼びかけていたのをジミーは今でもはっきり覚えている。今日、黒人の暮らしぶりは断然改善された、とジミーは考えている。「今では行きたいところに行ける、北部と同じようにね」。そう言って満足そうな表情を浮かべる。

「投票には行きますか？」。私は尋ねる。

「もちろんですよ！」。彼は即答する。「現在、私たちが投票できるのは、たくさんの人が命を犠牲にしたおかげですよ。投票には欠かさず行きますよ。しかし、若者はそれさえ面倒なのですからね。働きたくもないし、学校へも行きたくない。麻薬はそこらじゅうに蔓延していますよ。ここの犯罪ときたら本当にひどいもんですよ」。

「状況を変える必要があるとするなら、何が最優先されますか？」

「雇用と教育でしょうね。ここには充分な雇用がなく、学校の質もそれはひどいものですよ。私は子どもたちを勤勉で善良な市民に育てました。そして、それを誇りに思っています。二人は工場、もう一人は病院で働き、そしてもう一人は学校の教頭をしています。しかし、今では状況はますます悪化しています」

私は彼にお誕生日のお祝いを述べ、ホテルで降ろしてもらう。しかし、ジミーのことが頭を離れない。約三〇年前、あの集会で叫ばれたスローガンもまた、「雇用と教育」だったことをジミーは覚えているだろうか？

デクスター・アベニューを見下ろす州議事堂に立つと、かつて南部を特徴づけていた権力と特権が感じられるようだ。一八六一年二月、ジェファソン・デイビスは新しく結成された南部連合国の大統領に就任するため、高い柱に囲まれたポルチコの下に立った。南部連合国の婦人会は、デイビスが演説した場所を記そうとそこにブロンズの星を置いたが、ここでは変化はゆっくりとしか訪れない。アポマトックスでの降伏三日後、北軍の騎兵隊がアメリカ合衆国の旗をこの州議事堂の上に掲げ、新時代が始まったことを記す額がアラバマ歴史協会によって加えられたのは、ごく最近の一九九六年のことであった。

丸天井の建物内部には、アラバマ州知事のジョージ・ウォレスの記念碑がある。ウォレスは、彼に票を投じたロイヤリストに向かって「分離よ、永遠なれ！」と叫んだことで知られる。後に、ウォレスは暗殺未遂に遭い、半身不随になって残りの人生を車椅子の上で過ごした。彼はまた、人種差別への支持を後になって撤回したが、ここ州議事堂のアトリウムにはトラウマの痕跡はまったく見えない。ここではウォレスの記念碑は永遠に完全に無傷のまま留まっている。

ジョージ・ウォレスは、二期連続就任を禁じる法に抜け道を探すため、妻のロリーンを自分の後継に据えた。ロリーンにもまた記念碑が捧げられている。そこには、エリザベス・バレット・ブラウニングの感傷的な「あなたをいかに愛そう?」という、明らかに彼女の妻としての貢献をたたえるソネットが刻まれている。そこにいる警備員が、ロリーンはアラバマ史上最も愛された州知事であると教えてくれる。理由は彼女が「自分のオフィスで死んだから」らしい。

ドーム型の天井に書かれた壁画には、歴史における偏った教訓が描かれてある。ひとつは「一八四〇年～一八六〇年、富と余暇は戦前のアラバマに黄金時代を作り出した」とのタイトルが付けられ、白い柱が印象的な豪邸前で乗馬をする優雅な身なりのカップルを描いている。もうひとつは、「分離と南部連合国」で、ジェファソン・デイビス大統領の就任式を描いている。この議事堂の天井には、南北戦争は存在すらしていない。次の壁画は、一八七四～一九三〇年のもので、バーミンガムの黒人労働者が綿花の俵を工場に下ろしている。溶鉱炉が背景に描かれているところをみると、工業化を遂げた戦後の南部らしい。

デクスター・アベニューを国会議事堂から左手に歩いて行くと、最初に見える大きな建物はデクスター・アベニュー・キング記念バプテスト教会である。つまり、最初の南部連合国の国会議事堂は、皮肉にも黒人解放第二期の出発点となったまさにその教会に近接しているわけだ。一九五四年九月、わずか二四歳のマーティン・ルーサー・キング・ジュニアは、この教会に牧師として赴任した。アトランタでも名の知られた家族（父は伝道師だった）に生まれたキングは、ボストン大学神学部の博士過程を終了したばかりだった。

キングはすでに他の人たちによって始まっていた仕事を続行することになる。ジム・クロウ法の分離政策を撤廃しようという動きは、一〇年も前、ちょうど第二次世界大戦後から始まっていた。アメリカ軍に徴兵され、民主主義とアメリカ的信条という平等的価値の下で日本、ドイツと戦ったアフリカ系アメリカ人は、新しく身につけた不正義の認識とともに故郷に帰還した。海外では、彼らは同年齢の白人兵士とともに戦った。彼らはみんなアメリカ人で、「正義」という同じ感情的大義に従事したというのに、南部に戻ってみると、黒人は公的生活のあらゆる側面を拘束する侮辱的法律に従わされていた。

最初の変化のきざしは数名が起した選挙権運動に見られた。その結果、たとえばモンゴメリーでは初の黒人警察官が誕生した。しかし、バスの座席分離は続いていた。遠くから見ていた私たちにとって、バス・ボイコットは公民権運動のシンボルと映った。おそらくそれは、果敢な勇気を備えた小柄な女性が主役になったダビデとゴリアテ事件だったからだろう。一九五〇年代初期には、モンゴメリー市には七万五〇〇〇人の白人と四万五九九九人の黒人がいたが、黒人のほとんどが通勤手段としてバスを使っていた。黒人は後部座席に座り、車内が混雑すると白人客に席を譲らなければならなかった。運転手のなかには意地悪な人もいて、不満をあらわす黒人には、時折、公衆の面前で平手打ちが加えられた。

一九五五年一二月一日のローザ・パークスの勇気ある行動の噂は、モンゴメリー中を野火のように駆け巡った。そして、デクスター・アベニュー・バプテスト教会は直ちに会合を開き、モンゴメリー改善協会という新しいグループを発足させた。協会は満場一致でバス利用の一日ボイコットを可決した。翌日、五〇〇〇人が協会の外に集まり、ボイコット続行を求めた。それは、モンゴメリーの黒人が初めてひとつの声を持った日でもあった。キング師にはボディーガードが充てられたが、それにはちゃんとした理由があった。キングの自宅は爆破されていたのだ。モンゴメリー改善協会はバスの座席分離法の不正義を連邦司法に訴えた。数週間後、合法的事業に対するボイコット共謀という理由でキング牧師他八八名が告発された。二つの訴訟は、公共の空間を隔離するか、しないかの全面戦争であった。結局、アメリカ連邦裁判所はモンゴメリー改善協会の訴えを支持する判決を下し、一九五六年一二月二一日、ボイコットから三八一日後にモンゴメリーの市バスの座席分離は撤廃された。

騒然としたあの時代、マーティン・ルーサー・キング・ジュニアが説教した教会には、赤いカーペットを敷いた通路の両サイドに一七のベンチ席、中央には説教壇がある。静かな平日の朝、私は後部席に一人座り、当時の信者の姿を思い描こうとする。あのころよくあった花飾りのついた広いつばの帽子を被った女性、濃い色の礼拝用スーツを着た男性……。説教壇の横にはオルガンがある。かつてはジャズのような霊歌を響かせたかも知れないそのオルガンは静かに佇んでいる。この教会の信者と若い指導者がバス・ボイコットを支持して四三年の年月が経つ。それは、モンゴメリーのみならず、後には南部全体を大きく変えた出来事でもあった。

ジョニー・カー夫人は、このベンチに座った一人だった。[*33] カー夫人は当時ローザ・パークスの親友で、八七歳になる現在もモンゴメリー改善協会の会長として活動している。

ジョニー・カーは公民権運動の中心舞台で活躍し、名誉博士号を授与され、成人健康保険センターに彼女の名前が付けられた今でも、過去五〇年間住みなれた家に今も暮らしている。黒人地区にある小さな南部風の切り妻屋根の家には、子どもや孫の写真が所狭しと飾られている。そのすべての写真を私に見せ、私の子どものことを尋ねた後で、モンゴメリーの公立学校で学校融合が始まって以来初の黒人生徒となった息子の話をしてくれた。学校でいろいろと大変な目にあう息子に、彼女はどう立ち向かうべきかを教えた。白人生徒がじいっと見ていてランチが食べられない、と言うと、彼女はにらみ返すよう助言した。息子と一緒にそれを練習し、実際に学校ではうまくいった。白人生徒が落とした本を拾うよう命令されたときは、「君ら、ジョージ・ウォレスの教科書を拾って家に帰るがいい（教科書はアラバマ州政府により支給されたことから。また、州知事ジョージ・ウォレスをはじめとするあからさまな人種差別的に対する皮肉を込めた言葉にも聞こえる）」と言えるほどになった。ある日、学校から帰って来た息子がこう言った。黒人生徒が廊下を歩くと、生徒の群れは紅海が分かれるかのように脇へ寄り、その生徒の方を凝視していた。しかし、子どもたちも新しい状況に慣れるにしたがってそうした嫌がらせもなくなり、息子は大学へ入学した。

小柄でエネルギッシュな風貌と知的なまなざしを持つジョニー・カーは、大きな眼鏡をかけ、髪の毛はすでに白くなっている。自分が手を貸した結果もたらされた変化の恩恵を受け、保険業界から退職したときは管理職となっていた。彼女の才能は報いられたのだ。彼女は、これまでの人生で息子にアドバイスをしたときと同じように、ただしより大きなコミュニティで人種差別に対して戦ってきた。

ジョニーと、今ちょうど前に座る彼女の母親が経験してきた時代はさらに厳しいものだった。父親が亡くなると、母親は四人の子どもを連れてモンゴメリー郊外の田舎へと移り住んだ。そこで、母親は家族のために野菜を育て、残りがあれば荷車に乗せて売りに行った。母親はデザート作りでは右にでる人はいないと言われるほどの腕前で、白人女性の持ってきた材料でケーキを焼いてあげていた。

「小さいころは、その人たちの子どもと一緒に遊んだものです。だから、人種隔離について学んだのは遅くなってからだったと思います」と彼女は回想する。

「成長してからのことですが、学校へ行く途中に白人学校がありました。家からこんなに近いところに学校があるのにどうしてここへ行けないんだろう、と考えていたのを覚えていますが、そのころが初めて人種隔離について理解し始めた時期だったと思います。私たち黒人が靴屋に行くと、お店の人は中敷のようなものを持ってきて、それを履くよう言いましたが、白人の場合にはそんな必要はありませんでした。それに、黒人女性が帽子を買いに行っても試着はできませんでした。お店の人は髪の毛が油っぽいとか何とか言いましてね。あるとき、白人女性は『ミセス』で呼ばれるのに、黒人女性はアンティ・メリーのように『アンティ』と呼ばれていることに気付きました。黒人女性が『ミセス』と呼ばれることは絶対になかったのです」

コミュニティワークに力を注ぐ一方、ＮＡＡＣＰへ入会することで、ジョニーは少しずつ恐れを克服し、ためらいながらも新しい方向へと向かいつつあった。結婚後、彼女は黒人の友人とモンゴメリーのデパートへ出かけてクレジットカードを作ろうとした。担当してくれたスタッフとは二人とも以前からの知り合いだった。ジョニーの友人は申請用紙に敬称なしで自分の名前を書き入れたが、ジョニーは名前の前に「ミセス」をつけて提出した。数日後、クレジットカードを受け取ったのは友人だけだった。「自分をあえてミセスと呼ぶことで、私は暗黙の領域を越えたのです」とジョニーは言う。「黒人女性にはそれは許されていなかったのです」。

「ローザが不正な法の遵守をあんなに単純に拒否する前、私たちは法に反するようなことはすまいと試みましたが、嫌がらせを受けていました。一九五〇年ごろ、礼拝の集まりだったと思いますが、そこにリベラル派の白人女性数名が参加しました。すると、警察は建物周辺を歩きまわり、白人女性の車のライセンス番号を控えて行きました。後で、彼女たちの夫はみんな嫌がらせを受け、商店の経営者に対しては不買運動が起こりました。白人のなかにも人間を人間として扱いたいと思っていた人たちがたくさんいましたよ、当時でさえね。しかし、そうした人たちは周りから困難な状況に追い込まれましたね」

ローザ・パークスが法律に対して公然と反旗を翻した当人となり、連邦政府への訴訟の名義人となったことは驚きであった。ジョニーが言うには、ローザは物静かで内気な四二歳の女性であったからだ。しかし、その事件に続いて起こった暴動は予期していたので驚かなかった。暴動が起こる前、キング牧師は信徒に向かって「ある人の行動を攻撃すれば、報復の可能性は否めない」と警告していた。

ジョニー・カー夫人との会話の間中、彼女の言葉の背後にキング牧師の存在が見え隠れするように感じられた。キング牧師は彼女に大きな影響を与えたのだろう。キング牧師がデクスター・アベニュー・バプテスト教会の新任牧師として紹介された日、ジョニー・カーはその場にいた。「私はいっしょにいたローザにこう言いましたよ。『彼は特別だわ!』とね。彼が普通の人とは違うことに私たちは気付いていました。神に与えられた特別の性質でしょうね。彼のような人には会ったことがありませんよ」、とカー夫人は言う。

彼女は今でも週に一度、ワン・モンゴメリー・ブレックファーストに、さらに、月の一日目にはフレンドリー・サパー・クラブという会合に参加している。どちらのグループも黒人、白人のメンバーに開かれていて、医師、教師、牧師、ウォルマート（アメリカの大手ドラッグストア）の店員をはじめ、白人の保守派サークルでも影響力のある退役軍人も参加している。一九八三年に発足したワン・モンゴメリー・ブレックファーストは、コミュニティ内の出来事について話し合うフォーラムで、フレンドリー・サパー・クラブの方は郊外のカフェテリアで集まり、安価な食事を楽しみながら天候のことからとうもろこしの値段までおよそあらゆる話題について語り合う。

この二つの会合は、一九八三年にこの付近で起こったある事件が発端となって発足した。自然死したある黒人女性の葬儀に列席するため、彼女の家族がデトロイトから車でやってきた。州外のライセンスを付けた車を見た警察は、それを麻薬パーティーだと決めつけ、ドアを破って突入し、参列者の一人が命を落とすという事件に発展した。他の参列者は逮捕され、九日間容疑もないまま刑務所に拘留された。「大きな動揺が起こりましたよ。その後、私たちはコミュニティの問題を討議しようとワン・モンゴメリー・ブレックファーストを組織したのです」とジョニーが言う。

「やるべきことは山積みです。クー・クラックス・クランは今でも問題です。白い三角帽子こそ被っていませんが、今では彼らはビジネススーツを着て、オフィスに座っています。私たちはこうした人たちがコミュニティの主導権を握らないよう常に目を光らせています。まあ、一般的に言うと現在では暴動はおさまり、市内の黒人は以前と同じような恐怖感を感じる必要はなくなりました。公民権運動が始まった一九五五年には、商店には黒人のレジ係りはいませんでしたし、黒人の銀行員を見ることもありませんでした。最大の仕事は教師、牧師、あるいは郵便配達人でしたが、それ以外には雇用の機会はまったく与えられていませんでした。お金を使うことはできても、そこで働くことは許されていなかったというわけです。今では状況は変わりました。ワン・モンゴメリー・ブレックファーストは話題になっていますし、ここ以外の場所でもグループが組織されつつあります。たとえば、そのひとつはノースカロライナ州にあるジラフ（キリン）と呼ばれるグループですが、キリンは首をぐっと伸ばして、わざと出る杭になっているでしょう。だからその名前がついたのです。異なる人種の人たちがこのように一緒に何かをするということは、とりわけ社交的な場で交流を試みることは、未だに勇気がなければできないことだと思います。しかし、私たちは昔のようににらまれたりはしません」。

「アメリカで奴隷制の遺産を克服することはできると思われますか？」

「人種差別を克服することはできないでしょうね」と、少し時間を置いた後に答えが返ってくる。「人種差別はここでは空気のようなものです。そして、自分が人種差別主義者ではないと言うためには心の奥深くを探る必要があります。私たちはこれまで心のうちをさらけ出すような率直な討議を数多く行ってきました。そのなかで、ある人が、『私は誰に対しても憎悪を感じることはありませんね』と言ったのを覚えています。その後で、白人男性がこう言いました。『車を運転していて、隣に並んだ高級車の運転手が黒人だったとするとね、私はそちらを見てしまいますよ。もちろん、彼が高価な車に乗っているからといってそんなふうに見てはいけないと分かっていてもね』。それを聞いて、私は言いました。『路上で衝突事故を見ると、まっさきに頭に浮かぶのは、その運転手が黒人でありませんように、ということです。黒人は公平に裁きを受けることはありませんからね』。私たちが人間として生きていくためには、いつも自分自身の偏見と戦う努力が必要です。親密に寄り添って暮らすのではなく、調和のうちに暮らしていくためにはね」。

「一方で、黒人の心の中には自己評価に関する問題があります。それは奴隷制の遺産で、黒人同士でさえこの問題が存在します。たとえば、黒人が豪邸で働く機会を与えられると、彼は自分が他人より優れていると感じさせるほどこの制度は心の奥深くに植え付けられています。つまり、私たちは黒人コミュニティの中でさえ人種差別という問題を抱えているのです」

「それでは、アメリカ議会による奴隷制に対する公式謝罪は何らかの助けになるでしょうか？」

「その提案が最初に持ち出されたとき、トニー・ホール議員が何を考えているのか見当もつきませんでした。単に言葉だけのものに感じられましたし、言葉ではなく行動の方が影響力としては強いのですから。個人的には、ある種の記念碑を設置する方がよいと思います。先週、私たちの日曜学校では、ヨルダンを横切ったイスラエルの子どもたちを取り上げて学びました。その子どもたちはひとつずつ石を拾って、それを積み上げるように言われました。それらの石は彼らの子ども、その子どもの子どもに語りかけるのです。ここで言われていることは、何か実際にみんなに見せるべきもの、そして、心に刻む方法があるということです。南部貧困法律センターがこれまでやってきたことを考えてみてください。センターが建てた記念碑には、命を失った人たちの名前が刻まれています。それを見ようと、たくさんの人が各地からやってきます。そう考えると、これまでやってきたことを記すならどんな方法でも名案だと思いますね。私はよくこう言います。自分がやってきた場所を知らなければ、将来の道筋を描くことはできない、とね」

夜が近づいてきた。私はタクシーを呼ぼうと思ったが、ジョニーはホテルまで送ると言ってきかない。その途中、私は人権と公民権を求める彼女自身の活動のなかで、一番印象に残っている出来事を尋ねる。彼女の返答は、シンプルで美しいものだった。「三人の子どもを持ったこと。彼らを立派な二人の女性と一人の男性として育てあげたこと。彼らが人生をよく生き、コミュニティに貢献していることで神の祝福を感じることです」。彼女は躊躇なく言う。「神はいつも私によくしてくれます」。私は目をうるませる。私もまた、一人の母親なのだ。

ワシントン・アベニューにある南部貧困法律センター（SPLC）は、電子操作で開閉するドア、床から天井まで届くほどのモニターがちかちかする警備所を備え、まるで近代的な要塞のようだ。しかし、それには正当な理由がある。愛国主義的動きは、過去この建物を、とりわけ著名弁護士のモリス・ディーズを攻撃の標的にしたことがある。ディーズ弁護士はこれまでに民事裁判で白人至上主義者を有罪にしてきた。一九八七年にはアラバマ州モービルでクー・クラックス・クランにリンチを受けた黒人青年の母親の弁護士として七〇〇万ドルの損害賠償金を勝ち取った。この事件では、白人殺害で起訴された黒人を地元判事が釈放するようなことがあれば、アフリカ系アメリカ人を殺害すると脅迫していたクランが、実際に被告が釈放されると路上で最初に見かけた黒人マイケル・ドナルドを捕まえ、彼の喉を掻き切って、死体を木から吊るした（ユナイテッド・クランズ・オブ・アメリカは、この判決により破産に追い込まれ、本部ビルはドナルドの母親に譲渡された)。

一九八八年から八九年にかけて、同センターはオレゴン州ポートランドで起こったスキンヘッドによるエチオピア人大学院生殺害事件を告訴した。その攻撃を指示したのは、ネオナチ・ホワイト・アーリア人レジスタンス組織(WAR)の会長であるカリフォルニア州のトム・メッツガーだった。SPLC弁護士は、メッツガーとその組織は殺害を実行した若者ギャング同様の責任があると主張し、裁判長はその主張を認めた。メッツガーは最高裁判所へ上告したが、棄却された。一九九八年七月、裁判所は、チャールストン郊外の黒人教会放火事件に関し、クラン組織に三七八〇万ドルの支払を命じ、さらに一九九〇年にはディーズ弁護士はポートランド殺害に関してメッツガーから一二五〇万ドルの損害賠償金を勝ち取った。

モリス・ディーズ弁護士とともにSPLCを設立したジョー・レヴィンは、痩せ型で典型的アメリカ人のように少年っぽい。私にしましまのキャンディーを差し出して、椅子の背もたれにゆったりと身体を預け、ソファの端にスニーカーの足を載せる。ジャクソンのデイビッド・インゲブレットセンのように、彼もまたガチガチの人種隔離派の家庭に育ち、カレッジに行くまで家族と同じように考えていた。カレッジで生まれて初めて違ったものの見方をする人々に出会い、法学部に入学したときにはこれまで一緒に育った人たちの偏見はとても正当化されるようなものではないと確信するに至った。なかでも最も影響を与えた人物は、カレッジ新聞の編集者で人種の融合を断固支持していた僚友だった。レヴィンは友人がコミュニティから中傷されるのを傍で見ていた。「彼が経験しなければならないものを目の当たりにし、それが私の世界に対するものの見方を変えました」。

レヴィンの同僚ジム・カーンズは、SPLCの「寛容性を養うための教育プロジェクト」の責任者である。感受性の鋭い、真面目な人という印象を受けた。私は、カーンズが非常に信心深く、自分の信条を現実に反映させようとしていると聞いても少しも驚かなかった。一九世紀中頃の建物を改造した、アラバマ川を見下ろすレストランで、カーンズは自分の考えを率直に語ってくれた。「私にとって、宗教とはそれぞれの方法で表現される普遍的法則のことであり、この法則は人種や宗教などの相違を常に超越するもの、つまり、あらゆる人のための自由と正義に他なりません」。そのとき私は、今聞いているのは別の形で表現されたアメリカ的信条だということに気付いた。アメリカ的信条、すなわち、アメリカ憲法に謳われた平等という理想は、多くのアメリカ人頭のなかに宗教的条項として叩き込まれているのである。そして、ふと、以前あるラビが語ってくれたことを思い出した。そのラビの家族は、ユダヤ人がエジプトでの束縛を逃れたことを祝うユダヤ教のパスオーバーの祝日には、毎年、コロラド州デンバーの家のポーチに集まり、アメリカ憲法を朗読すると言っていた。

寛容性を養うための教育プロジェクトは、一九九一年、アメリカ全土で発生していた憎悪による犯罪の増加に対する積極的対応として始まった。これらの犯罪の約半数が二一歳以下の若者によって引き起こされていた。そうなると、人種差別への取り組みが行われるべき場所は学校以外にはない。小さな子どもたちはお互いにオープンになれる。しかし、教師が使用できるような教材は驚くほど少なかった。寛容性を養うための教育プロジェクトは、当初は多元的なものへの受容性を促進する教授法を取り上げた雑誌などの教材を無償提供することで、教材の少なさ補おうと意図された。プロジェクト関係者は、アメリカの公民権運動や不寛容の歴史についての教育ビデオを制作している。全米で五〇万人もの教育者がこの活動を歓迎し、メーリングリストに名前を書き込んだ。

南部で会った多くのリベラル派の白人がそうであったように、ジム・カーンズもまた、公民権運動時代に形作られたアイデアにしがみついている。「私にとって重大事件といえば、学校の融合でした。私が学校に行き始めた一九六一年には、最高裁判所が融合の判決を下してからすでに七年が経っていました。しかし、その学校には一九六八年に勇気ある家族がそこに息子を送り込むまで、黒人生徒は一人もいませんでした。私が高校一年だった一九七〇年、裁判所は学校に対して即時融合を命じました。そのときは爆弾の脅迫や、ウォークアウト、市庁舎への行進などが起こりました。私は恐ろしくなって、ただちに白人、黒人双方が所属する学生委員会で活動を始め、以降、公平性という問題に関わるようになりました。私たちは、あからさまな不正義と格闘していました」。

カーンズの故郷はミシシッピ州コロンバスである。コロンバスといえば「強固な地元アイデンティティ」を持つとされる場所で、農業地帯の小さなマーケットタウン、アメリカ有数の裕福な郡のひとつとされていた昔の綿花産業の中心地であった。多くの奴隷、数多くの美しい南部風邸宅で知られた場所である。ジム・カーンズは、故郷の歴史の強烈な感覚と、この土地の富が黒人奴隷の搾取の上に築かれたとは誰も言わないという偽善を、今でもはっきりと覚えている。カーンズ家が通っていたメソジスト教会の二階バルコニーは、当時でも「奴隷ギャラリー」と呼ばれていたが、誰一人、その由来に触れようとする人はいなかった。

彼は、彼が言うところの保守派で人種差別者の祖父母四人と近い関係にあったが、両親に関して言うと、どういうわけかその呪縛を逃れていた。二人は断固として非人種差別主義者であり、息子をそのように育てた。ある日、カーンズは両親に向かって、あれほどの保守的環境に育ってきたことを考慮すると、そのリベラル的態度はどう説明が付くのかと尋ねたところ、二人は宗教を指差した。「私の両親は、人種差別と自分の信じる宗教との間の矛盾に気付いたと言いました」。

カーンズは、黒人奴隷に対する謝罪は、人々が負ってきた犠牲を承認するという意味で有益かもしれないが、恒久的な記念碑を設置する方がよいと考えている。実際、彼は、『ニューヨーク・タイムズ』誌にそのことを書いて送ったが、その原稿は使われなかった。「奴隷制という制度のためにおよそ一〇万人が命を落としています。可視的で恒久的な記念碑を捧げられるグループがいるとすれば、それはアフリカ系アメリカ人に他なりません。ワシントンのモールを見てください。アメリカ史のいろんな局面を伝える記念碑であふれていますよ！　ヴェトナム戦争記念碑は、ヴェトナム戦争世代に多大な影響を与えましたし、南北戦争で命を落とした兵士を追悼する記念碑は何千とあります。その反対に、どうですか、ほとんどの奴隷が墓石すら与えられていないのですよ。私はシンボルや慣習は、国の分断を超越する何らかの助けになると思っています」。

カーンズの話は、繰り返し繰り返し彼が信じるアメリカ的信条へと戻ってくる。たとえば、こんなふうに。「一部の人たちは、マルチカルチュラリズムと寛容性教育は『あなたが私たちにしてきたことを見るがいい』と言わんばかりで、無駄であると考えていることは承知しています。しかし、ディーズ弁護士が指摘したように、何の神秘的理由かはわかりませんが、アメリカ建国の父は、時代や場所を越えた普遍的価値を視野に入れていました。彼らはその価値を自分たちの時代にかなえることはできませんでしたが、この価値をアメリカが向かうべき将来の目標として据えてくれました。そして、何世紀もの時間が流れ、私たちはその目標に近づきつつあります。今の有権者を考えてみてください。この国のマイノリティの権利に関する歴史を紐解いてみれば、今に至るまでに不断の進歩があったことに気付くでしょう。私たちは間違いなく前進しているのです」。

建て前からすると、その主張に間違いはない。一〇〇年前と比べれば重要な法的変化が達成されていることは事実である。しかし、二一世紀を迎えようとしている今、彼が将来に抱く信条は、実践的結果を出しうるであろうか？あるいは、多くの礼拝所のように信徒たちが口先だけでお祈りを唱え、ランチのために家に帰る、そうしたアメリカ的信条の教会に過ぎないのだろうか？

一九九七年一一月一〇日、ビル・クリントン大統領は初めてのヘイト・クライム（人種差別を含む特定のグループに対する差別的犯罪）に関するホワイトハウス会議を召集した。ワシントンで開催されたこの一日会議に先立って、クリントン大統領は国民に向けてラジオ演説を行い、そのなかで、「ヘイト・クライムは不寛容を体現したものである。……こうした犯罪が起こるたびに、緊張と恐怖が産み出され、コミュニティの構造を傷つける。……これらの犯罪は、アメリカそのものに対する暴力行為に他ならない」と述べた。

会議は、その年の初旬に発足した「二一世紀におけるひとつのアメリカ：大統領主導の人種問題プロジェクト」の一環として開催された。会議には、大統領、副大統領、司法長官、教育大臣、議会議員、州や地元の高官、法曹会の要人や警察官をはじめ、公民権や反暴力、青年教育、宗教界といったコミュニティから三五〇名の指導者を含む錚々たるメンバーが参加した。ヘイト・クライムの犠牲になった人々も招待されていた。何千という人々が全米を五〇以上の衛星でつなぐイベントに参加すると見込まれており、誰一人、そのファンファーレにケチをつける人はいなかった。

人種問題に関する大統領主導企画（ＰＩＲ）のために、さまざまな人種のメンバーによって構成される七名の委員会――代表には、八〇代の黒人歴史家ジョン・ホープ・フランクリンが就任した――が、一年かけて全米の国民が抱く懸念についてのヒアリング調査を命じられた。同時に、委員会は審議内容の一部としてトニー・ホール下院議員の提案を検討することになっていた。

ＰＩＲ委員会の委員は各自任務へと散って行き、一九九八年九月には報告書をまとめたが、それは石のように沈み、直ちに視界から消えてしまった。別段、驚くほどの結果でもないだろう。というのも、委員会の勧告は、その凡庸さにおいて目を見張るようなものであり、とりわけ、「人種間の調和を促進するために」政府は常任評議会を創設すべし、という中心的提案は、中華料理店のフォーチュンクッキーからそのまま引っ張ってきたかのような陳腐さであった。確かに、マイノリティーに関する健康や教育、アファマティブ・アクションや犯罪に関する法制度の実行に関して言及されていたものの、これらを法律の制定に反映すべし、という要求はひとつとして見られなかった。そのかわりに、委員会は主導的立場にいる指導者たちに「人種間の和解が実現するよう」求めるという腰抜けの要求を発表した。

『ニューヨーク・タイムズ』の報告によれば、七人の委員は当初から、「［ＰＩＲ］報告がもたらす政治的結果を危惧するホワイトハウス高官たちによる継続的干渉」[34]をはじめとする行政上の困難に直面していたという。ホワイトハウスの関係者が匿名という条件で語ったところによると、「彼［クリントン大統領］は、それ自身で提案を示すような独立した諮問委員会を作りたいとは願っていなかった」と発言している。

明らかに委員会の結論に影響を与えたこの手の反応は、チャールストンの『ポスト・アンド・クリエー』に掲載されたコラムニストのジョージ・Ｆ・ウィルによる記事にも見られた。[35]その記事は次のような皮肉に満ちた一撃で始まる。「よいニュースには言及されないものもある：南北戦争は終わったのだ。そして、かつて価値のあった反響、過去にどっぷり浸かったアナクロニズムである〈公民権運動〉も終わったのだ」。ウィルはＰＩＲの報告書を「腰抜け」と呼んだが、それは報告書が不充分であるからではなく、あまりにも行き過ぎだからだ。彼の批判は、マイノリティから出される要求にうんざりしている「人種問題疲れ」の保守右派の典型的主張であった。彼は、何よりもまず、委員会など不必要だと主張する。アメリカで最も尊敬される市民を三人あげるとすれば、オプラ・ウィンフレー、マイケル・ジョーダン、コーリン・パウエルであり、彼らはみんな黒人なのだ。それに、「ほとんどの黒人が自分のことを中流であると考えている」（これは人種に関係なく読者を驚かせただろう）のだ。ウィルはまた、委員会は「人種に関する会話が異常に活発な」夢の国カリフォルニア南部であまりに多くの時間を使いすぎていると主張している。

ウィルにとってはカリフォルニアは夢の国かも知れないが、最近になって同州では投票によりアファマティブ・アクション・プロジェクトは否決され、同じような後退的出来事が起こっている場所ではアフリカ系アメリカ人の大学登録数は減少している。アファマティブ・アクション――

アメリカ的信条という価値を示すプログラム――こそウィルの本当の標的であった。その背景には、一九八〇年代ロナルド・レーガン大統領の登場とともに始まった政治的常識の右傾化にともない、「特別優遇措置」は本来受けるに値しない人の「被害者化」、「社会保護への要求」といった病理を奨励したという理由で、革新的社会プログラムを求めるリベラル派イデオロギーは徐々に不評になりはじめていたという現実があった。ウィルは、彼が呼ぶところの「ひいきという人種的甘やかしシステム」は全く取り合わない。彼の見解では、黒人が遅れを取っているなら、それは彼らの行い、とりわけ高い文盲率に問題がある。

彼の記事を読みながら、近年、マイノリティのアファマティブ・アクション的プログラムの期限延長に反対するために集まった議論のほとんどをわずか数段落で捉えることのできる能力には感心させられた。ジョージ・ウィルは同時に、何百万というアメリカ人の考えに影響を与え、同時に、この種の考えに追随したからこそ全米各地の新聞に寄稿するほどになったのだ。[*36]

ＰＩＲ委員会のあるメンバーは、公の場で政策勧告を提案する自由を否定されたことに関する不満を述べたが、ミシシッピ州の元州知事ウィリアム・ウィンターには不満はなかった。弁護士で政治家、長年外交官として働いてきたウィンターは、一九八〇年から一九八四年まで州知事を務めた。第二次世界大戦、朝鮮戦争のあいだは歩兵隊の指揮官として従軍し、一方、ミシシッピ大学法律学部で教壇に立ち、弁護士としても働く傍ら、三冊の本を共同執筆した。本のタイトルを見れば彼の関心分野は一目瞭然である。『ミシシッピ史』、『今日における過去の憲法』、『ミシシッピ州の英雄』。言いかえれば、ウィンターはジョージ・Ｆ・ウィルの読者層とがっちり結びついているのである。ウィンターは、ミシシッピはもとより、アメリカのエリート層から尊敬されるメンバーであり、ＰＩＲ委員として任命されたことは、長期にわたるきらびやかなキャリアの総仕上げなのである。

私がウィリアム・ウィンターに会いたいと思ったのは、彼が大統領主導企画（ＰＩＲ）の委員のだったからではなく、七〇代半ばのウィンターこそ旧南部から新しい南部への変遷そのものを体現しているかのように思われるからだ。私は、ウィンターについて次のようなことを読んでいた。ウィリアム・ウィンターは、曽祖父が一八三四年に入植し、奴隷を使っていたプランテーションで生まれた。奴隷解放後、奴隷たちは小作農夫としてそこに留まり、ウィンターは学校に行くまで、彼らの孫やひ孫たちの数人と一緒に遊んでいた（もちろん友人は学校へは行かなかった）。南北戦争時代、彼の家族は南部連合の誇り高き兵士であり、彼も祖先から受け継いだ人種隔離的な世界を受け入れる傍ら、南部の愛国的文学を読み、昔の伝統に対する憧れを抱きながら育ってきた（以前、彼は絶対にフォークナーは読まない、と宣言したことがある）。家族が所有するプランテーションの邸宅は、一世紀、あるいはそれ以前からほとんど不変の世界を反映していたが、一方でウィンターはミシシッピ州の州知事として教育改革の分野で重大な法律を通してきた。プランテーションの保守的息子から二〇世紀近代人への変転は、私の興味を引いた。

　私たちはジャクソンにある彼のオフィスで会った。オフィスが入っているのはワトキンス・ルドラム・アンド・ステニスという保守派のエリートが働く法律事務所で、長い廊下、ドアの向こうには豪華に飾られた部屋が見えている。彼が身につけている、のりのきいた白いシャツ、控えめな柄のシルクのネクタイは、保守派であること、かつて言われていたように良家の出身であることを物語っている。彼はしっかりと私の手を握り、熟練政治家の微笑みを浮かべている。彼が非常に優れた聞き手であることは、彼の成功の秘密といえるかも知れない。その才能を活かして、彼は南部がそろそろ変遷の時であると察知し、それに沿って自分の立場を変えたのかも知れない。彼は私の質問に答えて、三つの経験が永久に自分を変えたと言う。ひとつは、国会議員であり、ノブレーズ・オブリージュ（上流階級に属する人たちは、恵まれない人たちに施しをするべきであるという考え方）と公平さで知られるミシシッピの地主階級である彼の父親の影響。第二は、第二次世界大戦に従軍したとき、そこで初めて奴隷ではない黒人と接したこと。最後に、ミシシッピ大学で『閉じられた社会』の著者ジェームズ・シルバーから歴史を学んだこと。シルバーはウィンターが思い描いていた南部「システム」[*37]という構想に枠組みを与えてくれた。さらに、ミシシッピ州のエリート大学の融合を求めるジェームズ・メレディスの呼びかけを公然と支持したことでシルバーが免職になったとき、ウィンターは感銘を受けたと言う。

　一九六七年にウィンターが初出馬したとき、ミシシッピの白人市民は学校の融合、黒人の有権者登録を許可するよう求める裁判所の勧告に猛烈に抵抗していた。クー・クラックス・クランは爆弾をしかけ、家を焼き、リンチを繰り返していた。ＮＡＡＣＰは、南部の黒人をまとめようと試み、マーティン・ルーサー・キング・ジュニアの影響力は最高潮に達していた。ウィンターは候補者のなかで最も革新派に近いと見られていたが、それは白人票を獲得するうえでは不利であった。そこで、彼は陰で黒人有権者のサポートを獲得しようと道を探った。しかし、選挙演説では、自分のことを古風な人種隔離主義の支持者であると提示してみせ、白人市民協議会の会合に演説の場を選ぶほどであった。「私は生まれながらの人種隔離主義者であり、人種隔離主義者として育てられました。私はこの立場をいつも守ってきましたし、今後もこれを守り抜きます」[*38]。

それから約三〇年後、私は彼の静かなオフィスでこの引用を読んでいる。彼は咳ばらいをし、困ったような表情をしている。「それは逃げ口上だったかもしれませんが、私が言っているのは、これまで自分が育ってきた制度を守る、ということに他なりません。私がその制度（人種隔離）を守ろうとしたのは、経済的理由のためでした。人種隔離には、ある時期、正当化されうる経済的要因があったと思ったからです。ただし、正当化されうる差別的要因はありませんよ」。私はこの説明の意味を把握し兼ねたので、もう少し言葉を足してくれるよう頼む。「当時の経済システムは、小作農民システムをもとに成立しており、当時、それに取って代わることのできるようなシステムは考えられなかったということですよ」。

「南北戦争以前にも奴隷制に取って代わる労働力は何かと問う同様の議論が起こりませんでしたか？」

「その通りです」と彼は答える。「そして、小作農民システムがそれだったのです」。私たちの間にスクリーンのような沈黙が落ちる。私の頭のなかには、一七五七年に書かれた自己正当化を意図したようなピーター・フォンテーンの手紙、そして、経済的理由によって残念ながら奴隷制を維持しなくてはならない、という彼の主張が思い出される。経済的理由は、その後のアメリカ企業文化の核心へとじわじわと潜入することになる。ウィンターが口を開く。「私がこの選挙で戦っていたものが何だったかお見せしましょう」。彼はファイリング・キャビネットを探り、一九六七年八月一七日の日付のついた選挙用ポスターを取り出す。そこに映っているのはウィンターで、集まった有権者に向かって演説をしている。最前列にいるのは四人の黒人女性で、キャプションにはこう書かれてある。「最前列のこの姉妹がミシシッピの運命を決定するのでしょうか？　歴史上初めて、われわれは強力なニグロ・マイノリティの阻止票に直面しています。ウィリアム・ウィンターが勝利すれば、ミシシッピ選挙における将来のニグロ支配は確実になるだろう。ミシシッピの白人市民よ、今こそ目を覚まそう」。

「これで破れたわけですか？」

「この選挙戦の唯一の焦点は人種隔離問題でした」

ウィンターは人種別の学校を維持するという人種隔離闘争が完全に敗北したあとで当選を果たした。そして、その後彼が成し遂げたことは革命的と言えた。アメリカで最も時代遅れの州で教育システムを変革したのである。学校を融合するかしないかの戦いのなかで、ミシシッピ州は事実上義務教育を廃止していた。一九八二年、ウィンターの新しい法律は、一六歳までに義務教育を保証し、州各地に初めての幼稚園設立を約束した。

一〇〇年間ほとんど不変の綿花プランテーションに生まれた人物が、子ども時代に旧南部でよくあったように奴隷の子孫と一緒に遊んだ人物が、南部連合の英雄談を聞きながら育った人物が、新しい南部として思い描いたものの象徴へと変身を遂げたのである。今では、南部は「他州と同じようになりつつ」あり、「恐らく、ここの人たちの態度は他州に比べるとずっとよいでしょう」と彼は言う。「というのも、隔離という枠ぐみの中でさえ、われわれはこれまで非常に密接に結びついて暮らしてきましたし、お互いを個人として知っていますからね」。彼はジェリー・ヴァーンの極右主義を断固として拒否するだろう。しかし、彼が南部の黒人と白人はいつもお互いを個人として知っていた、というコメントに含まれているその自己満足、あるいはノブレーズ・オブリージュは、旧体依然の考え方ではないか。結局のところ、白人と黒人はお互いを知っていたとは、公爵夫人が食器室のメイドを「知っていた」のと同じほどの意味なのだ。

エレイナ・シャカールは結局チャールストンに戻ってきたが、その理由として、彼女もまた、南部で白人と黒人の間にある距離の取り方が好きだからと説明した。平等ではないだろうが、オハイオ州で経験したような敵対心はない。

PIRに関して言えば、熟練政治家のウィリアム・ウィンターが、委員会の政策勧告能力を縮小させるという大統領の決定に反対するはずもなかった。「私たちは望んでいたこと、つまり人種問題に関する対話を開始するという目標を達成したと思います。それに、恒久的イニシアチブになるものと期待される土台作りができたと思います。その主導企画の目標はアメリカにおける人種差別撤廃につながるでしょう。私たちは政策の変更を勧告しました。報告書には多くの政策改善についてまとめてあります」。

「それでは、なぜ批判を受けたのですか？」

「奴隷制に対する補償を求める人がいるとすれば、政治的にみてまったく非現実的と言わざるを得ません。委員全員がそれについては議論の価値もないと考えました。［ジョン・ホープ・］フランクリン博士が言ったように、『何のために補償が必要だというのだろう？　私は自分で満足にやってきたというのに。誰かにお金を払ってもらう必要などありません』というわけです。補償が必要なら、次世代の子どもたちが人種に関係なく充分な教育を受け、充分な健康保険制度と満足いく住環境を与えられるべきです。奴隷制に対する謝罪？　そんなものは単なる言葉に過ぎず、完全に表面的な代物である、というのが私たち委員会の態度でした」

「それに関する議論についてもう少し詳しく教えてくださいますか？」

　彼は黙って少し考え込んだ後、こう始める。「そうですね、謝罪に関して広く議論したという記憶はないですね。そんなことは何の役にも立たないと私たちみんなが考えていましたからね。もちろん、関係のあると思われる事柄については議論しましたが、一〇〇年前に起こったことに関してはね、議論などしませんでしたよ。私たちが見つめていたのは一九世紀ではなく、二一世紀だったのですから。私の考えでは、自分たちをいつまでも犠牲者と考えることほど、黒人にとって非生産的なことはないと思います。なぜなら、そんなことをしていれば、現在のチャンスをつかむ力を弱める結果になるからです。これまでに、たくさんの黒人がこう言うのを聞きました。『さあ、何かを始めよう』、『過去というぬかるみの中で転げまわるのはやめよう』とね。私はそれを白人にも言いたいと思います。『過去の賛美をやめよう、南北戦争を再び起こさないようにしよう。くよくよ考えず、新しく始めよう』とね」。

　象徴的謝罪というトニー・ホールの提案は、人種間の和解に関する構想を大統領に進言するはずの、まさにその委員会によって検討のチャンスさえ与えられなかったのである。その提案はいともあっさりと軽んじられ、打ち棄てられていたのだ。

　なぜ、謝罪という最低限のジェスチャーを提案しただけで、こんなに爆発的な反応が返ってきたのか？　それも、他の過去の遺産に関しては国家レベルでの悔恨が――国民は騒然となり、賛否両論もあったにしろ――ついに世論という門を突き破って可決されたにもかかわらず？　なぜ、奴隷制の悲劇は解決に至らないのだろう？　それは国家アイデンティティの核心にまで浸透しているのか？　奴隷解放後、奴隷は市民として認められるべきだとされた。それを導き出したのは他ならぬアメリカ的信条という価値だった。しかし、黒人が他のアメリカ人同様に熱狂的にしがみつくリベラルな夢に黒人が含まれるかどうかをめぐる曖昧性は、信条そのものと同じくらい古い。国家創設の段階では、黒人は明らかに含まれていなかったからである。奴隷制は本当の意味では最近終わったばかりなのかもしれない。奴隷制が引き起こした膨大な弊害を考えると、その傷を癒す時間は短過ぎるかもしれない。一世紀半という時間は歴史の浅いアメリカでは長く感じられるかも知れないが、当事者が死んでしまった今でさえ、奴隷の経験は未だに手が届くような生々しいものなのだ。ウィリアム・ウィンターのような現在年配の白人たちは、若い頃には奴隷を所有していた親戚がいたのを知っているものだし、年配の黒人は曽祖父が奴隷として生まれた事実を知っているのだから、その時代は今でも生々しいに違いない。たとえ、それが遠い過去のことだと考えられているにしても。

アメリカにおける記憶の問題で最も厄介なのは、結び付きからの明瞭な分裂症、つまり、自分の家の玄関先にあるものに対するあからさまな盲目性、そしてそこに付随する皮肉であると思われる。一例を挙げるなら、一九九九年一二月一七日、マデレーヌ・オルブライト国務長官は、ドイツ政府の高官、第二次世界大戦中に奴隷労働力を使ったドイツの経済界代表者、そして犠牲者の代表者が参加したベルリンの会議で演説を行っている。アメリカ政府を代表して、オルブライト国務長官は一〇〇億マルクの補償金を支払うというドイツ政府の決定を歓迎し、演説のなかで次のように述べている。

アメリカ合衆国は、奴隷や強制労働を強いられた人たちに正義の手段を与えるドイツ政府の努力を強く支持します……とりわけ、半世紀以上前に犯された悲惨な犯罪の責任に関する難問の答えを求め続けてきた人たちに感謝の意を表します。彼らのおかげでわれわれは今ここにいるのですから。これは、怒りと恥ずべき時代に労働力を搾取され、労働を強要された人々に対する負債を公式に認める初めての正式なイニシアチブです。そして、間違いなくこの負債は膨大です。誰であれ人間は財産として扱われてはなりませんし、他人の威厳を否定する人には恥辱が与えられる必要があります。……私は、ドイツ国民がこのコミットメントを支持し、この価値ゆえにドイツがよりいっそうの尊敬を世界各国で受け取ることを望むと同時に、それを信じています。

　今朝、私がお伝えするメッセージがあるとすれば、それはこのことです。道徳的責任という感覚を反映するこの合意……は、われわれの子どもたちが育ってほしいと願う世界を築く上で絶対に不可欠なものです。そして、新しい時代に入ろうとする前には、過去における未完の道徳的事業を成し遂げることがとりわけ重要なのです。[*39]

なんという力強い言葉だろう。海の向こうの国を支持するために語られたこの言葉の力強さ。しかし、国内では、わずか一年前にトニー・ホール下院議員が提案した奴隷の子孫に対する象徴的謝罪という決議案が、人種間の和解を目指す大統領主導企画の委員会でいともあっさりと無視されていたのだ。[*40]
　アメリカ的信条と「アメリカの最も長引くジレンマ」の悲劇に関する皮肉は、この二つの出来事を分断する亀裂のなかで今なお共に生き続けている。

第5章

愛する国
南アフリカにおける真実と和解

夜明けがやってきた。何世紀にもわたって、
一度も欠かさずそうであったように。
しかし、束縛という恐怖から、恐怖という束縛から、
私たちの解放の夜明けがやって来るのはいつだろう、
さあ、それは秘密だ。

——アラン・ペイトン『叫べ、愛する国よ』

私がやったこと、私がやらなかったことすべてのために。

——ブレンダン・ガードラー＝ブラウン
「和解」に向けた国民からのコメント　一九九七年一二月

一九九七年四月二七日、南アフリカの黒人がアパルトヘイトとして知られる束縛から平和のうちに解放されて三周年目にあたる記念日、私はプレトリアのホテルの部屋でテレビを見ている。遠隔地のノーザン・ケープ地域では、何千人もの人々が期待を込めた表情で待っている。歌っている人、プラカードを振る人もいれば、興奮した表情で話をしたり、笑っている人たちもいる。バンドの演奏が始まり、群集が彼を迎える。最も謙虚な生き物であるロバ二頭に引かれたカートに乗って、ネルソン・マンデラがゆっくりと群集の方へやってくる。「まるでエルサレムに入るキリストのようです!」。テレビの解説者が息を切らせながら言う。その声は感情のほとばしりに割れ、皮肉っぽい響きなど微塵もない。

マンデラ大統領が二一発の一斉射撃で迎えられると、群集は幸せの歓声を上げる。パレード飛行に続き、南アフリカ国防軍によるパレードが始まる。黒、白、茶色の肌をした人々は、新たに公認されたこの国のイデオロギーの反映である。何世紀にもわたり「白人であること」と「市民

であること」が同義であったこの地で、「新南アフリカ」は――心に刻まれた苦痛にあふれ、現在は困難に直面する――多民族によって成り立つ「虹の国」という希望あふれる新たなアイデンティティを創り上げたのである。

喜びに沸く南アフリカ黒人の恍惚とした現存、そしてこの場所の選定。幸先の良いこの日を見ていると、変遷期の南アフリカの縮図がはっきりと見えてくるようだ。遠隔地にあるアピントンの町は、地方に住むアフリカーナー人（南アフリカのオランダ系白人、後述）植民地の中心地である。そして、このアフリカーナー人こそアパルトヘイトを発明し、維持してきた人たちなのだ。[*1] さらに、この町は「アピントン一四」の裁判でも知られている。アピントン一四というグループは、一九八〇年代後半に反逆罪のために死刑判決を受けたが、後になって刑を取り消された。一九九〇年二月、ケープタウン沖のロベン島に二七年間拘留されていたマンデラを釈放する段になって、政府はこの機会をとらえて自分たちの善意を誇示するためにアピントン一四の刑を取り消したのである。アピントン一四の記憶をもつこの白人世界の中心地は、民主主義の誕生を祝ううえで理想の地となった。ネルソン・マンデラは公衆の前に姿を見せるたびに、深く傷ついた国民の感情的和解を促そうと試みる。

祝賀イベントの開始を宣言する司会者はアフリカーンス語を使うが、通訳はつかない。新南アフリカ（「new South Africa」という三つの単語は、いつも一緒に使われている）には一一の公用語があり、アフリカーンス語の保存は、指導者F・W・デ・クラークの勧告により平和のうちに権力を放棄した後、自分たちが政治的中心部から外れた下位グループとなったことに気付いたマイノリティ、アフリカーナー人の深く懸念するところであった。ほとんどが黒人の観客は、彼らを長年抑圧してきた人たちの言語を静かな礼儀正しさでもって聞いている。学校で強制的に使用されていたアフリカーナー語に対する反発は、一九七六年、ソウェトの子どもたちによる暴動事件を誘発し、その後、世界中の人たちが血なまぐさい大暴動に発展するだろうと予想した抗争の引きがねとなった。南アフリカの縮図を示すこの日、黒人のこの礼儀正しさは、アピントンの町で起こっている別の断片を垣間見せてくれる。アフリカ人はそれを「ウブントゥ（ubuntu）」と呼ぶ。「深い同情」、あるいは人間性の魂という意味である。私はこれまでに公の場で白人に対する復讐の呼びかけを一度も聞いたことはない。アパルトヘイトが公認していた非道に関するヒアリングを行う真実と和解委員会（通称ＴＲＣ）が南アフリカ全土で公開セッションを開いているあいだでさえ、扇動的な言葉はまったく聞かれなかった。お祝いの第一部が行われているあいだ、ネルソン・マンデラは離れて立っている。喜びの歓声のなかにいて、マンデラの脳裡には別の思いが過っている。彼の目は遠くの場所を眺めている。注意深く選ばれた「虹の国」の代表者が次々にマイクを握るのをマンデラが見守っている。白人のカソリック司教が祝福の言葉を捧げ、インド人コミュニティの代表者は南アフリカ統一のためにシヴァ神への祈禱を行い、イスラム教代表者はコーランを引用する。国家というのは共に暮らすために作られたものです、とその人は言う。だから、われわれは違いを受け入れ、正義のために協働し、社会から犯罪をなくさねばなりません。われわれの新しい国家を破壊し、社会的不安をもたらす人たちを国のなかに抱き入れましょう。

その言葉は、新しい国家が直面している難問についての初めての言及である。

その後、ユダヤ教のラビが壇上に上がり、殺害された黒人意識運動の指導者スティーブ・ビコの言葉を引用する。「われわれは物理的抑圧から、心理的劣等感から人々を解放する必要がある」。州知事からもマンデラ大統領宛ての電報が届いている。そのうちのひとつが読み上げられる。「われわれは涙を流し、国外追放されながら、あなたとともに苦しんできた。今日、われわれは勝ち取った自由を心に刻み、それを心から大切にしよう」。

いよいよ、ネルソン・マンデラがスピーチを行う番がやってきた。観客はマイクまで歩くマンデラを沈黙のうちに見守る。ここ数ヶ月、彼の歩き方はぎこちなく不自然になった。そのぎこちなさが、マンデラが監禁されていた長い期間を、そして八〇歳が近づきつつある彼の年齢を思い出させる。マンデラは新国家の共通語である英語でスピーチを行う。「われわれは今ここに集い、三年間の自由を、そのために戦ってきたあなたがたとともに祝います」。そして、彼の政府の誇りである、新しく制定された憲法へと話題を移す。「われわれの憲法は、新しい愛国心の礎、分断されたわれわれの国の遺産を修復するための枠ぐみとなるでしょう。愛国心とは新しい民主主義社会のなかで市民としてコミットメントをするという証だからです」。マンデラの言葉は全て、新しい多元的ナショナリズムを強化するためのものとなるだろう。南アフリカ黒人にとっては、司法制度のもとでの法的保護と共通の尊厳が保障される新しい時代は始まったばかりなのだ。「われわれの最大の願いは、今、この国の基本法にしっかりと刻まれています」、と平和をもたらした人物が言う。各州を代表する子供たちが前に進み出て、マンデラと握手を交わす。そして、統一、平和、何百万人もの犠牲者についての言葉を交えながらの熱狂的スピーチが続く。「ありがとう、ネルソン・マンデラ大統領、私たちを解放へと導いてくれて本当にありがとう」。ある女性が感謝を込めてそう言う。

テレビ解説者の声は興奮と感動の間を行き来する。「何とマディバ（南アフリカ人がマンデラを愛情込めてこう呼ぶ）らしい振るまいでしょう」。彼は車椅子の少年と握手するマンデラを見て叫び声を上げる。「マディバは国家の範を示しただけでなく、父親としての範をも示しています」。

しかし、このお祝い、そして希望についての勇敢な言葉が高揚していくなかで、この統一を記念する式典にはあるものが欠けている。群集のなかには一握りの白人の姿しか見えない。興奮したあのテレビ解説者でさえ、最後には一応職業上の義務としてこの不自然さについて触れる必要を感じる。アピントンの白人市民のほとんどが参加を控えたようです。それから、彼は大きな声で、南アフリカ中の視聴者に向かってこう言う。「彼らは和解の精神を未だに完全には受け入れていないのです」。

私が南アフリカへやって来たのは、白人による黒人の抑圧という最近の記憶、そして新国家の過去への取り組み方を探るためである。偉大な啓蒙を根底に据えたアメリカ合衆国の民主主義が、奴隷制の記憶とその深刻な弊害である人種問題への効果的な解決法を探ることができない一方で、南アフリカは統治形態の変換が始まった初期段階から、力強い努力をしていると言えよう。とはいえ、私には疑問が、それ以上に懐疑があった。とりわけ一九九五年にアフリカ民族会議（ＡＮＣ）政府によって法制化された機関で、アパルトヘイトの犠牲者に公の場で自らのストーリーを語る機会を、加害者には告白と陳述の機会を与えることで過去の真実を収めようとする真実と和解委員会（ＴＲＣ）への懐疑があった。ＴＲＣは、国家の公文書記録の組織的抹消——何十年にもわたる検閲と資料押収を通して行われた破壊行為、何千人もの活動家の暗殺と投獄、与党国民党による証拠隠滅を意図した政府記録の抹消——が行われた後に記憶を復元する目的で設置された。[*2] この根底にあるのは、過去が真実を通して再構築されるなら償いと和解がもたらされるだろう、という期待に他ならない。

素晴らしく、そして高尚な計画ではある。しかし、私の頭のなかには解答の出せない問題が渦巻いている。アパルトヘイト政策の下で起こった犯罪のほとんどが、その性質上、国際法に照らせば犯罪行為にあたる。しかし、TRCは因果応報の原則にもとづく通常の裁判所として設置されたわけではない。実際、TRCは問題の行為が「政治的」理由により実行されていた場合、刑事告発からの永久的な恩赦を提供している。刑事裁判として起訴されるのは、恩赦を申請しようとしない場合、あるいは恩赦の申請が拒否された場合である。それでもやはり、私には疑問が残る。永久的な恩赦の約束は、アパルトヘイトの元殺し屋には、残虐行為を「告白する」ことで皮肉にも過去を隠蔽するチャンスであるとは映らないだろうか？　加害者を戦争犯罪人として起訴しなければ――ニュルンベルクで、そして現在ハーグで行われているのと反対に――実際のところ、一部の犠牲者に正義がなされなかったという不満を残し、復讐の機会を探る余地を残すという意味で、新国家にとって危険ではないだろうか？　そんな状況にあって「和解」に類似する何かが果たして可能なのか？　ネルソン・マンデラの「虹の国」は暴力と過去の極悪非道の記憶であふれている。各地で行われているTRCヒアリングで再現されている不快な記憶は、実際に起こったことをより堪え難いものにはしないだろうか？

TRCがヒアリングを始めたちょうど同じ時期、海の向こうのアメリカでは、連邦議会下院議員トニー・ホールの提案した奴隷制への公式謝罪の可能性が議論されていた。奴隷制とアパルトヘイトには明らかな共通点が多数ある。アメリカ南部とは違い、南アフリカでは主人である白人が従属者の心と身体を完全に支配していたわけではないが、アメリカ南部と同様、彼らの残虐性は何世代にもわたって不当な扱いを受けた非市民に悪影響を残している。和解と謝罪というアイデアは、アメリカでは最近になってやっと出てきた。そして、今のところ、彼らはそこから一歩も前進してはいないように見える。しかし、黒人が完全なる市民権とともに解放されるまさにその瞬間、昨日の侮辱に対処しようとする努力の見られる南アフリカは、よりよいチャンスに恵まれているかもしれない。もちろん、TRCが有用な道具になれば、の話ではあるが……。

「和解の精神」。それは、アピントンでの祝賀イベントを報じるアナウンサーが口にした好意的な言葉である。しかし、数週間前、飛行機がヨハネスブルグ東部に着陸したとき、私は大きな郊外住宅を目の当たりにし、白人の南アフリカ人にとっては今後複雑な適応が待ちうけているだろうことはすぐに知れた。それは牧歌的な風景と言えたが、ただひとつ奇妙なのは、これらの邸宅すべてがひとつひとつ壁のような砦に囲まれていたことだ。私の隣に座っていたのは、アメリカ出張帰りの中年アフリカーナー人ビジネスマンで、見た目にもとてもリラックスしていた。彼の故郷が世界で最も危険な都市とされているからといってどうしたというのだろう？　故郷は故郷なのだろうか。あるいは、気分を害するような質問をする私とはすぐに分かれるのだから安心しているのかも知れない。その人が人種差別主義者でないことはもう分かっていた。彼の親友のなかには、黒人、インド人、そして「カラード」がいるという。それでも、彼はある基準を超えて人々を混合させる必要などない、と付け加える。「異なる文化は、それぞれのやりかたで発展していくものです。南アフリカの白人のなかでさえそれぞれ違っていますよ！　たとえば、アフリカーナー人、イギリス人、ユダヤ人、ギリシア人、イタリア人、われわれはみんな別々で、それぞれの方法で発展しているのです」。「その『別々の発展』というのは、アパルトヘイトの婉曲的な言い方ではありませんか?」。私は彼に尋ねる。「そして、それは明らかに失敗しましたよね?」。「そうですね、あるグループが抑圧されることは間違っていますよ」と彼は認める。

それでもやはり、彼は真実と和解委員会を嫌っていた。TRCは「否定的」で、もう忘れてしまったほうがよい記憶をわざわざ持ち出すことで、社会に弊害を与えている。「TRCヒアリングなんて見る気もしませんよ！　すぐにテレビを消します。彼らがやっているのは、人々を人前に立たせて、恐ろしいことを言わせているに過ぎません！　私たちに必要なのは前進です。それこそ南アフリカにとって必要なのです。優先されるべき課題は経済の立て直しですよ」。

彼は二つのテーマに関しては話をすることを頭から拒否した。ひとつは、元秘密警察と南アフリカ国防軍がANCとの戦いのなかで行った殺人的行為に関する恐怖のストーリーであった。TRCヒアリングにより露見したこうしたストーリーは、聞くに耐えられないほど痛々しいもので、確かに見知らぬ人同士の話題としてはふさわしくはないだろう。もうひとつのテーマは、彼自身がアンゴラとの国境で南アフリカ国防軍に従軍していたときの話であった。この経験もまた、痛みを伴う再評価を必要としたのだ。「こうしたことにすべてに関して、気持ちが動揺するほど罪の意識を感じています」。彼は静かに言って、わざとらしくヘッドフォンを装着した。

これまでにどれほど多くの国で、どれだけの人が同じ言葉を繰り返してきたことだろう。「前進すべきだ。経済再建から始めよう」と。これは、奴隷制というアメリカの過去に対する公式謝罪の提案が無視されたとき、人種に関する大統領主導企画の委員が言った言葉である。ミシシッピ州の元州知事ウィリアム・ウィンターは、「過去というぬかるみの中で転げまわるのはもうやめよう」と言っている。たとえこの意見に反対だとしても、こうした見方は、つい先日抑圧が終わったばかりで、その記憶が未だに生々しい南アフリカと比べればアメリカではずっと理解しやすい。三〇〇年もの間続いてきた人種差別的関係と半世紀にわたる白人至上主義の後では、南アフリカの旧時代から新時代への移行は簡単であるわけがない。それまで書かれてきた歴史の本を閉じ、新しい本を開くことは――フランス革命の熱狂的支持者たちが、「歴史」は急ブレーキをかけて止まり、新しくスタートしたと見せかけたように――、これまで何世紀もの間うまくいった試しがない。遅かれ早かれ、取り繕った裂け目が露呈し始めることになるものだ。

過去は何らかの方法で公的に論議されるべきだという意見が賛同を得たとしても、歴史とは所詮、事実であると同時に解釈でもあり、南アフリカほど分裂した国では公式記録をめぐる争いは避けられない。「歴史」やナショナリズム、神の与えた権利という感覚により完全に正当化された不名誉な時代は終わった（とはいえ、家庭のなかではこうした見解はいまだ残っているが）。そして、南アフリカは自国を再び創設するという圧倒的な任務に直面した。白人は精神を蝕むような集団的罪を受けることなしに、アパルトヘイトの犯罪を認めるという方法で新国家のなかに組み入れられる必要があった。私は、マンデラがアピントン市民から熱狂的に迎え入れられるのを見ながら、この課題に伴う困難をはっきりと目にしている。白人市民の不在はあまりにも顕著である。

ヨハネスブルグ市は、今でも人種によるあからさまな区分けにより分断されている。たとえば、南西部には何百万人という黒人が暮らす黒人居住区ソウェトがある。アパルトヘイト時代、ソウェトは他の黒人居住区とは違って南アフリカ地図に書き込まれたが、それは一九七六年にここで起こった悪名高い暴動のためであった。ソウェトを除けば、地図以前の南アフリカでは何千キロを車で走らない限り、地図だけ見ていても耳慣れたメトロポリス周辺に延びる水道も電気も通ってないボロ小屋集合区があることには気付かなかったはずだ。当時、こうした地域は表面上存在すらしていなかったのである。

アパルトヘイト後の現在、ヨハネスブルグの中心地では犯罪が横行し、不運な観光客は白日のもと襲われるか、それよりひどい状況に巻き込まれる可能性もある。犯罪的暴動は南アフリカが直面している最も危険な社会問題であり、それは何ら新しい現象ではない。以前、何百万もの黒人を黒人居住区、あるいは聞こえはロマンティックな「ホームランド」と呼ばれる遠隔地の居住区に閉じ込めたことにより、考えられうるあらゆる残虐な犯罪と絶望が起った。アパルトヘイトが公式に撤廃された今でも、暴力という文化はいまだに健在で、三〇パーセントという高い失業率がさらにこの状況を悪化させている。それに、今ではこの傾向は白人の住む郊外へも流れ込み、裕福な層を恐怖に陥れ、彼らの国外移住を促進させている。問題の一部になっているのは警察そのものであるといえる。アパルトヘイト時代には、警察は人口のわずか一二パーセントのために仕え、それ以外の人々をすべて敵に回していた。今でも、彼らは公平さという意味では正当な訓練を受けてはいるとは言いがたい。あらゆる人々を含む社会全体の保護という必要性は、南アフリカではまったく新しい概念なのだ。

ヨハネスブルグ市北端には、国内で最も裕福なコミュニティであるサンドトンをはじめとする快適な「白人」郊外が広がっている。機内からその風景を眺めていたとき、私の隣に座ったビジネスマンは、政治的権力を失ったこと以外、ほとんどの南アフリカ白人の恵まれた生活には何の変化も見られないと打ち明けてくれた。到着後まもなく、私はこの言葉の正しさを自分の目で確かめることになった。

安全性を考えると市内中心部での滞在は避けたかったので、私はルーデプルトというアフリカーナー人郊外地区にある家族経営のゲストハウスに部屋を予約していた。ゲストハウスは、門と花を咲かせた熱帯植物のツルのかげになって見えない。鍵のかかった二番目の門がドアを守っている。かつては白人だけの楽園だったこの場所では、今では犯罪があまりにも頻繁に起こるため、オーナーはすぐに取り出せるよう手許に武器を置いていると言う。また、車のなかにも拳銃を常備している。

この界隈の美しい邸宅は、上部に帯電フェンスと有刺鉄線をそなえた高い石塀で囲まれている。窓には横木がわたされている。近所を歩くと、凶暴な風貌の番犬が涎をたらし、ひっきりなしに吠えながら門の内側に体当たりしている。大きな警告の看板（ぴかぴかする黒いリボルバーの絵が描かれている）には、「許可なく立ち入るような思慮なき人には、直ちに残虐な報復が待っている」と書かれている。「ここを通行する人は犬の餌食になるだろう」と書かれた笑えないポスターも見られる。

ルーデプルトの白人たちは、間違いなくお互いしっかりと固まって暮らしている。社会的地位を表すＢＭＷやメルセデスに乗った白人が、通り過ぎる度に部外者である私に手を振る。豊かな色合いのハイビスカス、くちなし、マグノリアのうっそうと繁った庭園で作業する庭師、昼下がりのゴシップのために外に集まった、のりのきいた白いエプロンをしたメイドなど、黒人労働者だけが私と目を合わせることを避けている。散歩のあいだ、一度だけちらっと見られたことがあったが、その視線は決して友好的な視線ではなかった。一瞬、混乱した後、私はこの意味をぼんやりと理解した。集団的なこの国では、誰もが「白人」、「黒人」、「カラード」、あるいは「インド人」に振り分けられるのであって、白人だけが法的に「南アフリカ人」と見なされていたのは、つい最近までのことなのだ。そのため、ここでの私は個人的意見を持つ能力のある個人とはみなされず、抑圧者側にいる人種グループの一員に過ぎないのである。

黒人と白人が交わる唯一の場所といえば、それぞれの行動が事前に決められているテレビ番組である。にこやかなアナウンサー二人が、今夜のプログラムを伝えている。それぞれが自分の言語を使い、一人が英語とアフリカーンス語を、もう一人がズールー語とコサ語を使う。ある晩、オーナーの居間でトークショーを見ていると、黒人四人と白人二人というミュージシャンがお互いの共有する不満について退屈な話し合いをしていた。しかし、白人の音楽教師がたまたま、自分は黒人居住区の子供たち向けの学校を経営し、企業から資金援助を受け取っていると言うと、突然、雰囲気がガラリと変わった。カメラがまわっているあいだ、「ほらごらん！」と黒人の一人が叫び、どなりあいのライブが放映される。「この国では何だって肌の色が問題なのですよ！　彼女は資金援助をもらえるのに、私たちにはないんですからね！」。そうすると、今度は白人音楽教師がこわばって、「私は教育者ですし、それに私たちの学校の子供はみんな黒人ですよ」と言う。司会者が懸命にトピックを変えようと試みるあいだ、スタジオにははっきりと看取れるほどの白々しさがあふれている。

このゲストハウスを経営するカップル——仮にウィリーとレベッカと呼んでおこう——は、きれいな肌をした、骨太のオランダ系アフリカーナー人で、彼らといるとまるで遠い昔に過ぎ去った日々に戻ったように思われる。レベッカは朝食のトースト用にバターボールを作って出すし、差し出されるお皿にはいつもきれいな花が添えられてある。男性と女性がどんな作業に向いているかについてのユーモアあふれる話が延々と続く（「女性は温かい大皿料理を作るのが上手だよ」とウィリーが言う）。そして、私の結婚生活について数え切れないくらいの質問が出てくる。レベッカは私が自分の家の写真を持ってこなかったと知ってがっかりしている。

彼らは二人とも人種の融合を歓迎しているが、自分の子供たちが他の人種グループと結婚することには反対である。「それは当然ですよ」とウィリーが説明する。「彼らは文化的にあまりにも異なっているのですよ。それに、ここら辺りの治安といったら目も当てられませんよ」。彼は眉をひそめて言う。「彼らは一〇ランド（ランドは南アフリカの通貨。一ランド約一七円）ごときで人殺しをしますからね」。

ウィリーは何を聞いてもたちまち政治的意見が返って来るにもかかわらず、政治にはまったく興味がないと言う。テレビ中継されているTRCヒアリングは断固として見ない。彼とレベッカはそうしたもの全てから手を引いて、関心を神にだけ向けている。とはいえ、彼らは多くのアフリカーナー人の隣人や同胞と同様、あまりにも宗教から遠ざかっているとして主流であるオランダ改革派教会を去り、キリスト教原理主義の一派に積極的にかかわっている。

「政府が悪いなら、神がすべてを導いてくれるでしょう」、と言ってウィリーが安心させるような笑みを浮かべる。「とにかく、政府というものは国民にプロパガンダを流すものですよ。昔は、共産主義者は人間でさえないとか、共産主義者はわれわれの国や幸福、安寧の最大の脅威であると言われていたものですよ」。彼は、ちょっとだけ活気を失ったように見える。ウィリーは誰一人信じないし、そうしたことは考えないようにしている。キリスト教原理主義は、過去数年間にわたって続いた絶え間ない衝撃に安心を与えてくれた。「心配しないで、楽しくやろう」は、あれほど強力であったアフリカーナー人の世界が突然変わったことを反省的に考える代わりの合言葉なのだ。

私たちは日曜日の礼拝へと出かける。巨大なホールには何千人もの人々が集まり、エレキギターやドラム、トランペットにあわせて熱狂的に歌い、身体を揺すっている。気持ちが悪いほど人当たりの良さそうな牧師が天を見つめ、部屋のなかを芝居がかった様子で見まわす。それから、列を作って待っていた致命的な病人を「癒し」てゆく。ウィリーが歓喜の表情で「ハレルヤ！」を叫ぶ。

ＴＲＣヒアリングを見ないウィリーの耳にも、日々あきらかにされる残虐なストーリーはどうしたって入ってくる。たとえば、暗殺団や殺戮農場、そしてアパルトヘイト政府の政治家がＡＮＣを攻撃し、恐怖を与えるためにズールー族の戦士に資金援助と訓練を施していた第三部隊についての事実などがすでに公のものとなっていた。[*3] また、最近では、アパルトヘイト時代に高位にいた将軍が恩赦を求める申請用紙に告白を全て書き込んでいた。

「どう思いますか？」ある晩、彼は期待を込めて身体を前に乗り出すようにして尋ねる。「私たちが他国と違っていると言えますか？　結局のところ、ナチを見てご覧なさい！　アメリカはどうです？　アメリカではケネディ大統領が暗殺されたじゃないですか！」

私はウィリーのことがとても好きだ。優しく、よい夫であり、よい父親であるウィリー。彼を傷つけないために、私は個人的な暴力行為と国家公認の暴力はまったく別のものだとほのめかす。それは、人種差別が存在する社会と、人種差別的法律を制定する社会が違うようなものだ、と。ナチに関して言えば、まったくその通り。彼らは二〇世紀のアパルトヘイトに限りなく近い例といえるかもしれない。

ウィリーは長い間黙っていた。それから口を開く。「人々はこの国のために死んだのですよ」。静かにそう言って、目を逸らす。

全員が白人、圧政的で植民地的基盤のうえに成り立つウィリーの「国」は、一九九四年四月二六日、永久に消滅した。その日、新南アフリカに黒人の大統領が選出された。旧南アフリカは、他国と同様、可能的象徴や長年築かれた神話、刻まれた記憶を持つ想像の上に築かれた国であったが、ひとつだけ違う点があるとすれば、それはアフリカーナー国家の隠れた観念が、ほとんどの国と比べてより原理的、より厳格で、間違いなくより残酷である点であった。固定化された神話に異議を唱えたことで厳しい批難にさらされたアフリカーナー人歴史家のＷ・Ａ・デ・クラークは、一九七五年に次のように書いていた。「［権力を正当化することは、］統治はもとより、社会を根底からよい方向に再建するよう求められたと信じ込んだ過激ピューリタンの主張であった」[*4]。

「アフリカーナー王国」は当初から領土に住む他者を排除した国家のビジョンを意味した。結局、ナチ党と同じことで、アフリカーナー・ナショナリズムは、劣等な「他者」という基盤の上にはじめて成り立っていたのである。

アフリカ大陸の先っぽで生まれ育った白人アフリカーナーは、ヨーロッパ諸国による植民地時代が始まって以来約三〇〇年間、この地に住み続けてきた。最初にやってきたのは、オランダ東インド会社として知られる強力な「帝国」のオランダ人であった。続いて、オランダのカルヴァン派の農夫、低地ドイツ人、そして、反プロテスタント的抑圧を逃れてやってきたフランス人ユグノー、一握りほどのイギリス人とスカンジナビア人などの個人入植者がやって来た。故郷から遠く離れた、この未開の大陸にやってきた彼ら初期入植者は、船のデッキに立ち、ケープタウン南港から延びる手付かずの、息を呑むほどに美しい海岸に迎えられた。彼らはオランダ東インド会社がしぶしぶ数名の個人に私営農場をつくることを認めた一八世紀、自ら「アフリカーナー人」と名乗るようになった。この名前を使うことで、この土地に居住する黒人部族と同様自分たちもアフリカ人であることを示そうとしたのである。アフリカーナー人は、もともとのヨーロッパ人入植者の子孫で、今では集団としてカルヴァン派に改宗しており、アフリカーンス語を統一言語とする。アフリカーンス語は、オランダ語、ドイツ語、フランス語とマライ語（オランダ東インド会社によって輸入された奴隷により使われていた言語）によるハイブリッドの地方言語である。彼らは地主階級の人生を送ったが──農場労働は、彼らが呼んだ「劣性の血統」によって行われた──、ヨーロッパの祖先が発展させ、享受した文化のすべてを持ち合わせていたわけではなかった。

ヨーロッパと北米からこれほど遠く離れたこの国の歴史的記憶を理解しようとするうちに、私はあることに思い当たった。啓蒙主義は平等という革命的観念をあちこちに広め、一八世紀ヨーロッパの様相を変えたが、アフリカ大陸南部では、そのような概念はほとんど知られていなかったし、明らかに喜んで迎えられるようなものではなかった。世界から切り離されたケープ植民地の邸宅では、聖書以外の本などほとんど見当たらなかったし、アフリカーナー人の子どもたちは頭脳を鍛えられるような、また、自分たちが生まれながらに人種的、宗教的に優位な立場にあるという保証を疑わせる一般教育を施されることもなかった。さらに、忘れてならないのは、白人至上主義はカルヴァン主義との抱き合わせではじめて可能になったという点である。というのも、運命論の教義によると、神の救い（あるいは地獄へ落ちること）は、われわれ一人ひとりにあらかじめ運命づけられているからである。白人キリスト教徒のアフリカーナー人にとっては、誰が救われる運命にあって（彼ら）、誰が救われないか（現地人たち）は疑う余地もないことで、どの人種が優位であるかに関してもまったく疑いを持っていなかった。洗礼を受けていない現地人は人間以下であると考えられた（「カフィール」という言葉――黒人に対する「ニガー」に相当する南アフリカ黒人に対する差別的用語――のもともとの意味は「無信心者」、「異教徒」である）。社会は、肌の色とカーストによって最初から分断されており、主人と奴隷のあいだにできた混血の子もほとんどの場合、奴隷とされた。アフリカーナー人の信条は、他のグループと同じように一枚岩的であったが、一八世紀のケープはかつて信じられていたように慈悲深い社会というには程遠く、歴史家のリチャード・エルフィックとロバート・シェルが結論付けたように、「これまで研究されたなかで最も閉じた、最も強固な奴隷社会のひとつであった」。[*5]

アフリカーナー人のアイデンティティはさらなる変遷を経て、白人国家の記憶神話の核心になっていった。その変遷とは、一八世紀終わりの大英帝国拡張運動の一環としてイギリスがケープを占領した後、アフリカーナー権力喪失によってもたらされた変化を意味する。この際、イギリスは歴史に残る偉業を行った。一八三三年、イギリス政府は奴隷制を廃止したのである。イギリス政府は奴隷制に代わるものとして、白人支配を維持するための主人と従者の規約を導入したが、アフリカーナー人がこれで満足するわけはなかった。白人は自分の手を汚して労働しないというのが常識であった彼らにとって、奴隷制廃止は許し難いことだった。

旧約聖書のなかでも奴隷制を正当化するために解釈された箇所だけを読んで育った人々にとっては、人種は生得的に平等であるかもしれないと言うことは神への冒瀆にも等しかった。アフリカーナー人は、劣等な人々の束縛を合法化しなければ、自分たちの優位が、自分たちの文化が脅威にさらされると信じた。一八三五年、自律と他人種からの物理的孤立（「アパルトヘイト」として知られる隔離）を求めて、不満をかかえた農民、あるいは「ボーア人」約一万二〇〇〇名が小動物と奥地の処女地を求めて荷馬車で出発した。彼らは、南大陸の奥地へと分け入った自分たちの歴史的な旅を「グレートトレック」と名付け、これがのちにアフリカーナー人国家の基盤として神話化されていくことになった。

アフリカーナー人の歴史に多大な影響を与えた記憶―神話について知りたいと思うなら、数多くの記念碑があるプレトリアへ直行するといい。私はルーデプルトから日帰りの旅に出かける。最初に向かったのは、南アフリカ共和国元大統領ポール・クルーガーの復旧された邸宅である。クルーガーは二〇世紀初頭、イギリスに対するアングロ＝ボーア戦争でアフリカーナー人を率いた大統領である。アフリカーナー人農場の焼き討ち、女性や子どもに対する策略的な飢餓作戦など、この戦争の残虐さは今でも痛みを伴って語られている。クルーガー元大統領の邸宅は、この戦争の永久的な記憶装置としてそこに佇んでいる。その後、私は元アパルトヘイト政府の大統領府ユニオン・ビルディングへとタクシーで向かう。市街を見下ろす丘に悠然と立つ虚栄と尊大の表れ、かつてのアフリカーナー人権力の中核地はローマ帝国と古代ギリシア建築の模造である。まるで母親の彫像が保護を与えようと手を差し伸べるかのように、あるいは、アパルトヘイト国家のキリスト教的文脈で言うなら、キリストが信者を包み込むかのように、前方へ身を乗り出す形で設計されている。白人に対する黒人の反応を特徴づける「ウブントゥ」の精神にのっとり、ANC政府のなかではこの象徴的な場所を破壊しようという意見はまったく出されなかった。これと対照的なのがソビエト崩壊後のロシアで、仰々しいレーニン像の頭部は台座からぶっきらぼうに転げ落とされたものだった。さて、最後に向かう場所は、観光客なら誰もが訪れるアフリカーナー人ナショナリズムの核心ともいえる神聖な聖堂フォルトレッカー・モニュメントである。この建物もまた、永久的存続を念頭に置いて丘の上に建造されている。グレートトレックの開拓者を記念するこのフォルトレッカー・モニュメントのなかに入ると、壁のレリーフに刻まれた彫刻がグレートトレックのストーリーを物語ってくれる。グレートトレックは変形され、神聖視され、結果的に「国民」を創り出すことにつながったわけだ。

アピントンの記念祝典が「新」南アフリカの縮図であるとすれば、それに対置するかのように、ここに見られるのは「旧」南アフリカの縮図である。そして、この新・旧二つの南アフリカこそ、真実と和解委員会によって和解を必要とされる「二つの国」なのである。

フォルトレッカー・モニュメントの壁には、ケープ植民地を後にし、アフリカ内地へ分け入った移動が英雄的に理想化されている。勇気あふれる毅然たる風貌の男性たちが誇らしげに立ち、恐れを知らない女性たちは慣れた手つきでライフルを使っている。その横では、敵から野営場所を守るように馬車が取り囲んでいる。ここで言う敵とは、恐るべきズールー族のことで、レリーフに描かれたナタール州での白人と黒人の交戦は、崇高な宗教的国家神話へと変容させられるに至った。この神話ストーリーの核心は二部に分かれる。仮に、第一部を「大いなる欺き」と呼んでおこう。一八三八年二月六日、ボーア人指導者のピエット・レティーフが、ズールー王ディンガーンの策略にはまるという筋書きだ。ボーア側は完全な土地所有権を要求し、相手を黙諾させるだけの武力を備えていると確信していた。ディンガーンは、その権利証書への署名を約束した後、直ちにレティーフと部下の殺害、そして他の入植地への突然の攻撃を命じた。この結果、何百人という人々が命を落とし、同年一一月に援軍がやって来るまで、戦闘体制にあったフォルトレッカーにとっては安心できない状況が続いた。

神話の第二部は「神の介入」である。一八三八年一二月一六日、アンドリエス・プレトリウス率いる二、三百人の白人キリスト教徒が、数千人のズールー人を総崩れにさせ、決定的勝利をおさめた。奇跡の噂がささやかれ始め、聖戦が行われた場所はブラッドリバー（血の川）と名付けられた。この奇跡が可能になったのは、ボーア人が守備体制で拳銃を使った一方で、ズールー人のほとんどが伝統的な槍で戦ったためであった。にもかかわらず、この事実でさえ奇跡宣言の信憑性を揺るがすことはなかった。この主張は、意図的に古代イスラエル人を約束の地に導いた旧約聖書のエピソードに類似させられている。古代イスラエル人の地と同様、南アフリカの土地は神からの贈り物であり、否定しようのない権利なのである。

歴史に神を結びつけることは、なによりも強力なナショナリズムとなる。一九七八年、グレートトレックからほぼ一五〇年後、ブラッドリバーの勝利は神の助けがなくても達成されえたであろうと述べた勇敢なプレトリアの教授は、アフリカーナー人右翼グループであるアフリカーナー抵抗運動（AWB）によって、文字通り身体にタールを塗られて羽毛をつけられた（昔からある公的中傷のやりかた）。

美しく装飾されたグレートトレックのストーリーを見ていると、中世教会の聖書に描かれた絵画的物語を思い出さずにはいられない（それはまったく偶然ではない）。なぜなら、それらの挿絵もまた、精神を高揚させ、共通の信仰を強化するために作られていたからである。さらに、物語を彫刻することが、古代ギリシア寺院の顕著な特徴であったことも思い出される。ロンドンの大英博物館にある見事なレリーフに驚嘆した誰もが、そのことに思い当たるだろう。ギリシア帝国は、神々と巨人の戦い、ラピトスと半人半馬ケンタウルスとの戦い、（男性）ギリシア英雄と（女性）戦士アマゾネスの戦いをはじめ、自国の神話的過去を石に彫り付けた。敵は強力で戦い甲斐はあるが、常に勝利するのは光の力（ギリシア人とその神の投影である）である。ここフォルトレッカー・モニュメントでも、神が乗り移った帝国の征服者たちは、最終的には当然のごとく強力な敵を倒すのである。

壁彫刻のある部屋では、床の一部が部分的に開いていて階下が見える。それをのぞくと銅製の碑文がある。照明に照らされたその文字は、「Ons vir jou, Suid Africa（私たちのすべてを南アフリカのために）」となっている。そして、ブラッドリバーの戦いの記念日である一二月一六日には、天井にある傾いた穴を通って神の光がその碑文を照らし出す。神、自然、人間——それらが協働して作る歴史……。グレートトレックとブラッドリバーの奇跡の後、アフリカーナー国家の道筋は神によって定められ、いつでも神が後ろ盾となった。

フォルトレッカー・モニュメントの落成は一九四九年、第二次世界大戦が終わり、D・F・マランの国民党の勝利からちょうど一年が経ったときだった。祝典には、南アフリカ全土から二五万人を越える人々が参加し、自分たちの信じる神話的起源に敬意を示し、巨大な石造りの要塞とそれを囲む壁に驚嘆の声を上げげた。その壁には、伝統的なラーガー（ボーア人野営場所で使われた周りを取り囲む荷馬車）六四台が彫刻されている。訪れた人たちは、アフリカン・バッファローの頭部彫刻が見守る印象的な入口を誇らしげに眺めた。アフリカン・バッファローは、アフリカ大陸では最も知的で最も危険、それに扱いの難しい動物、とりわけ窮地に追い込まれたときはそうであるとされている。ここに示されたメッセージは明らかだ。「アフリカーナー国民は一致団結して自国を守り抜く」。

これこそ、私のゲストハウスのオーナー、ウィリーの「国」であり、より正確に言えば、かつての彼の「国」だった。

人種隔離的法律は、長年、南アフリカの政治を決定してきた。その始まりは一九一三年に遡る。当時、南アフリカ黒人は原住民土地法によって居住地へと押しやられた（その主な理由は、主従関係の土台を崩す物納契約ベースの耕作をなくし、金鉱での契約労働力を供給するため、というものだった）。黒人に対する特定の態度はすでに決定的になっていた。具体的には、白人は異人種間のセックスという考えに怯えて人種の隔離を求め、さらに選挙権を独占特許として守りたいと考えていた。しかし、アパルトヘイトが正式に公認されたのは、一九四八年、国民党が選挙で勝利した後のことだった。二〇年にわたり、政治家たちは非白人は優性人種の必要に応じて移動させられるものだという理解のうえに新しい法律を次々と制定していった。一九五〇年代の終わりには、アパルトヘイト的な社会構造は決定的になった。非白人は市内から強制的に連行され、トラックに載せられて、新しく指定された「家」の前に放られた。家とは名ばかりで、通常、そこは広々とした草原のなかにある無草地帯であった。人民登録法では、一人ひとりが人種によって分けられ、さらに異人種間結婚禁止法と、異人種間のセックスを禁じる背徳法、そして、バンツー教育法によって隔離教育のシステムが確立し、七対一の割合で白人生徒に有利な教育予算が割当てられることになった[*6]（これについて、当時の教育大臣で後に首相になったヘンドリク・フルヴールトは次のように述べた。「ヨーロッパ人コミュニティのなかでは、労働レベル以外に［黒人アフリカ人の］場所などない」）。そして、すべての黒人に写真の添付、職業、納税記録、居住地、警察記録などを記載した「身元書（パス）」の携帯を義務付ける法律が可決された。

「アパルトヘイトの恩恵者は、人間の動物園のなかに気に入らない人種的カーストを詰め込み、［自分たちを］動物園監視係りに仕立て上げた」とANC政治家カデール・アスマルは一九九六年に書いている。しかし、これは初期アパルトヘイト設計者の意図ではなかった。一九四八年、ダニエル・F・マラン首相は根本的に異なる見解を表明していた。「過去一〇〇年間、私たちが目の当たりにしてきた奇跡を考えれば、その背後には神の計画があるとしか思われない。アフリカーナー国家の歴史は、神の意志と決断をはっきりと示しており、アフリカーナー国の創設が人間ではなく、神の所存であることを感じさせる」[*7]。

　半世紀にもわたるこうした差別的政策がもたらした社会的、人的コストを測定する方法はない。とはいえ、白人と非白人の間にみられる生活水準の差、黒人と白人の分離居住区、犯罪、暴力、犯罪者の不処罰といった文化、そして、語られはしないものの特権階級の白人を悩ませる黒人による復讐の恐怖など、誰の目にもその証拠は明らかである。しかし、最も直接的な社会的無秩序をもたらしたのは前政府による人種的分類の公式通達であったと言えよう。投票権、土地の所有、よい学校に入れるかどうか、よりよい区域に住めるか、そういったすべての人生のチャンスは各人が割り当てられた人種的分類次第であったため、人々はできる限り上層へと入るための申請を試みた（こうした試みは「白人への試み」と呼ばれていた）が、一方では政府によって下層にふり落とされることもあった。一九八五年の例を挙げてみよう。

七〇二名の「カラード」が「白人」に分類し直された
一〇名の「白人」が「カラード」に分類し直された
二四九名の「黒人」が「カラード」に分類し直された
二〇名の「カラード」が「黒人」に分類し直された[8]

ここから分かるのは、薄い肌の色に生まれたアフリカ人の子どもは、時に両親によって「カラード」と分別され、より高度な教育、より自由な人生へのアクセスの機会が与えられた、ということである。さらに、「カラード」は同じ理由で「白人」に分類されることもあった。その一方で、子どもを失うケースもあった。よく知られた悲劇では、白人家庭に生まれ、再分類された肌の浅黒い女の子は、あまりにも疎外感を感じたために両親を拒絶し――同時に両親から拒絶され――、最終的に黒人居住区へと移り住み、新しいアイデンティティを確立したという。

ちょうどナチがユダヤ人を区別するために、鼻の長さを測ったり、目の中を除き込んだり、さまざまな身体的特徴を調べたように、アパルトヘイト政府の公務員は、外見では分からなくても、「黒人」の髪はくせ毛で何かを差し込んでも落ちないが、「白人」の髪なら物が落ちるという理論に基き、人々の髪に鉛筆を差していた。テープレコーダーや双眼鏡をこれ見よがしに使いながら、警官たちはベッドシーツを調べたり、疑わしいベッドの下には警察官を配置し、異人種間のセックスという犯罪行為を嗅ぎまわった。しかし、黒人たちが最も苦しめたのはパス法（黒人の自由な移動を禁ずる法律）だったようだ。南アフリカ経済は安い黒人労働力に依存していたため、また、黒人は雇用先の白人地区での居住を禁じられていたため、白人は彼らが雇用期間内は合法的にそこにいられることを証明するために署名しなければならなかった。契約鉱山労働者は、強制的に何ヶ月、ときには何年も家族と離れて暮らすことを強いられた（政策アナリストのステファン・フリードマンは、ヨハネスブルグのオフィスでこう言った。「アメリカのゲットーでは、シングル・ペアレントの問題が起っていますが、ここでは政府の政策が四〇年間家族を隔離していたのです！」）。パスを忘れたり、抗議としてパス携帯を拒否すれば投獄される可能性があり、実際に何百万人もの人々が刑務所に拘留された。一九四八年から一九八五年の間に、パス不携帯のため一二〇〇万人以上もの逮捕者が投獄された。

数え切れないほどの細かな法規であふれた法律書を考えれば、「隔離的な発展」という名のもとで、白人部族が最終的には黒人部族を「国」から追い出す法律を作ったと聞いても驚くこともないだろう。黒人は、白人国家と定義されるこの神話的国家においては居場所など与えられてはいなかったのだ。一九七四年、合法的「隔離」はさらに進んでゆく。南アフリカのまさに国境線が、黒人グループエリアを排除するために書きかえられた。「ホームランド」は、政府に協力的な世襲の責任者によって支配され、非白人たちは産業もなく、農地としてもほとんど役に立たないような場所に移されたが、これらの貧困にあえぐ居住地が他の「南アフリカ」（当時、公式に白人しか住んでいなかった）と平等であるというフィクションだけは維持された。「私たちの政策が論理的に導く先を考えれば、将来、南アフリカの市民権を持つ黒人は一人もいないことになる。黒人はすべて、最終的には公正で威厳あるこの方法でどこかの独立新国家に居場所を見つけるだろうし、そうなればこの国会には彼らを政治的に迎え入れる道徳的義務はなくなる」と、担当の政府大臣は説明した。

構造的な主従関係以外には「白人以外の他者」から切り離され、自分たちの名のもとに抑圧された人々の復讐に怯える一部の南アフリカ白人は、現在の社会的地位を被支配者である下等な人々に関する神経質な想像で正当化した。黒人労働者たちの出身地である黒人居住区やホームランドでの知られざる生活は、魔法やアニミズム、原始主義、そして荒々しい性的特質といったおぞましい空想をかき立てた。こうした恐怖心は、ナディン・ゴーディマの一九八一年の小説『ジュライの人々』に顕著に見て取れる。恐れていた啓示がついにやって来た。黒人の共産主義者たちは、白人の資本主義文明を、さらには白人全員を破滅させるために町へとやってきたのだ。あるリベラルな白人家族が忠実な黒人召使のジュライに導かれて彼の故郷の村へと逃避する。その場所は、家族にとってはまったく未知の、今まで想像のなかでしか考えたことのない場所であった。何週間かが経過し、次第に彼らは柵で囲まれたクラール（村）の農家で、生活のリズムや規則などまったくない自堕落な生活のなかへ溶け込んでゆく。まずは、子供たちが、それから両親が、坂道を転がるように取り返しのつかない一歩を歩んでいく。ゴーディマは、コンラッド風の筆致をもって暗闇の核心へと迫りながら南アフリカ白人の誰一人として——最も「リベラル」な人でさえ、と作者は言っているようだ——「白人以外の他者」に対する根源的恐怖から免れていない現状を浮き彫りにしている。

ルーデプルトに話を戻すと、レベッカの語ってくれた話はこうである。一九五〇年代、彼女はオレンジ自由州の田舎でアフリカーナー人家庭に生まれた。家族農場では「現地人」男性が働いており、女性「現地人」は家事を担当していた。母親が聖書と裁縫を教えてくれた。父親は——善人であった——、黒人使用人のために泥とかやぶき屋根の小屋を建ててあげたという。「彼らはね、私たちとは何もかも違っていますからね」。彼女はそう打ち明ける。「何しろ身体を洗わないから、近くにいると臭ってきますよ。身体を洗うのが嫌いなのだと思っていたけれど、十分に水がなかったみたいですね。今では彼らは西洋化され、私たちのようになりたいと憧れています。私たちは彼らを変えてあげたわけですよ！」。彼女の温情主義は無意識で、毎日吸い込む空気のように当たり前だ。しかし、過去には、彼女はいつも恐怖を——性的な恐怖を——感じていたという。というのも、法律では黒人の妻は都市部で働く夫に同伴することを禁じられていたため、男性労働者たちはホステルに何ヶ月、時には何年も男性だけで暮らしていた。

レベッカは女性が襲撃されるのを目撃したと言う。最初にヨハネスブルグに越してきたとき、彼らは黒人労働者が滞在するホステルの向かいに住んでいた。「時々、彼らは通りがかりの黒人メイドを捕まえていましたよ。そしてね、悲鳴が聞こえてくるのです。ウィリーが外出したときは、恐ろしくて恐ろしくて、ずっと銃口をドアに向けていましたよ！」。

今でもレベッカにとって、この話はここで終わりだ。彼女もまた、他の白人のように、黒人たちの絶望と屈辱感については知っていても、そのことには触れたくないのかも知れない。彼女の「他者」経験は、人種的な恐怖と優越感——彼女が言う「文明」により研鑽された排除——によって形づくられている。

何十年間にもわたって、アフリカーナー人、ギリシア人、イギリス人、ユダヤ人、イタリア人は国民党を支持し続け、支持者数は軒並み上昇していた。啓蒙主義がヨーロッパ人に熱狂的に受け入れられてから二世紀後、アメリカ南北戦争から一〇〇年後、彼らは時代錯誤の幻想の最終段階に暮らし続けた。マルキ・ド・ヴィリエーズが自分のアフリカーナー人家族について書いた本のタイトルがいみじくも描いているように、これこそ『白人部族の夢』であったのだ。

私の次なる探求は、この地に根を下ろすもうひとつの「国」の記憶を探ることである。そのために、私は殺害された黒人意識運動の活動家スティーブ・ビコの息子コシナティ・ビコに事前に連絡を取っていた。私たちの約束は今晩である。私はビコの息子のその後にとても関心があった。というのも、父親の一生や彼が警察の抑留中に悲惨な死を遂げたことは、スティーブの親友で新聞編集者のドナルド・ウッズのおかげで世界中のメディアに流されていたからである。ドナルド・ウッズは、著書『ビコ』のなかで、秘密警察に監視されながらも二人が育んだ友情について（最終的に二人は自宅軟禁を命じられた）、ビコの死（拷問の末、血だらけになり、脳損傷のため昏睡状態に陥っていたビコは、一六〇〇キロのでこぼこ道を警察護送車の床に置かれて移送された）、そして、「怒り狂った」ビコが自ら壁に頭を打ちつけたとした検死陪審での警察全体による隠蔽の詳細を明らかにしていた。最終的に、裁判官マーティヌス・プリンスは、警察にはビコの死に対する責任はないと判決を下した。ビコは一九七七年、三一歳で殺害されたときにはすでに英雄であった。知的で人好きのする彼は、自由を求める戦いと人種間の平和は、黒人による自己評価のうえに築かれるべきだと主張した初めての人だった。長年、黒人が動物同然と呼ばれていた南アフリカで、あるいは世界中で、とりわけ自己に価値を見出せないアフリカ系アメリカ人が似たような劣等感に苦しんでいたアメリカで、この考えは心の琴線に触れる画期的なものであった。南アフリカで私が会った多くの黒人が、ビコの死を知った瞬間を、ちょうどアメリカ人がケネディ大統領の死を覚えているのと同じくらいはっきりと覚えていた。そのうちの何人かは、この出来事を「覚醒」の時期と記憶していた。

私はハイアット・ホテルのけばけばしく装飾されたロビーの「ギリシア風」柱の横に立ち、コシナティを待っている。ここを待ち合わせ場所に選んだのは彼だった。派手なハイアットは私の趣味ではない。着飾ったカップルが衣擦れの音をさせながら通り過ぎて行く。女性たちの宝石がときどきライトの下で光を放つ。コシナティを見つけるのは簡単だろう。ここには黒人はほとんど一人もいないのだから。そう思っていたとき、小柄でしっかりした骨格の青年が私の傍に立っていた。私たちは挨拶をすませて、ロビーのソファで話し始めるが、彼の物腰はあまりにも遠慮がちで声も小さいので、その言葉を聞き取るために全力を傾ける必要があった。彼は経営学を修めた二六歳で、南アフリカの黒人読者に最もよく読まれている『ザ・ソウェタン』新聞の営業部で働いている、と言った。多分、私の表情に驚きの色が浮かんだのだろう、彼は声を立てて笑う。「私だって自分なりに政治的だと思いますよ。父とは違った方法でね。黒人が本当に影響力を持つためには、経済力をつける必要があります。この国が貧困を減らし、ある程度富を再分配できるようになるまで、不平等は続きますよ。だからこそ、私はビジネスを仕事として選んだのです」。

父親が殺害されたとき六歳だったコシナティにとって、父の記憶は今でも鮮明だと言う。家族はイースト・ロンドンの港町からあまり遠くないイースタン・ケープのキング・ウィリアムズ・タウン黒人居住区に住んでいた。コシナティが三歳のとき、「言論や政治活動を禁圧」され、自宅軟禁を命じられていたため、家にはいつも父がいた。「わがままな言い方かも知れませんが、そのおかげで私は父を知るようになり、そのことにとても感謝しています。禁圧される前の父は活動家としていつも旅をしていましたから、一緒にいる時間などほとんどありませんでした」と静かに語る。父の膝に座り、彼はいつ終わるとも知れない会話を聞いた。法律では、禁圧された場合には一度に二人以上で集まることは許されていなかったが、警察が家を監視していた際にも多くの人がどうにかして抜け道を探し出し、家に集まっていた。コシナティは何度となく警察から家のなかの様子や話の内容を尋問されたが、彼は何ひとつ知らなかった。というのも、子どもが漏らすと困るような深刻な会話が始まると、父はいつも煙草を買いに行かせたからだ。

彼は、南アフリカのもうひとつの「国」、暴力あふれる黒人居住区で父親を持たずに育った。それは、寿命が縮まるような大変な経験だったと言う。「私の居住区は、白人の住むエリアから川を挟んで一キロ離れたところにありました。向こうの川岸に住む人は、反対側で起っていることなど知る由もなかったでしょう。暴行は日常茶飯事で、週末になるといつも若者が埋葬されていました。金曜日は危険だから特に注意が必要でした。金曜日は給料日で、みんなお酒を飲んでいましたからね。週末に出かけると、死体をまたいで歩かなくてはならないほどでした。今では、こうした暴力沙汰が報告されるようになり、白人たちは南アフリカが突然暴力的になったと考えていますが、それは違います。こうした状況はずいぶん前からあったのです」。

「秘密警察殺人部隊とその収容所については聞かされていました。そこを命からがら逃げ出した人たちが教えてくれたからです。それに、子供たちが警察に目隠しをされ、ある場所まで連れて行かれて袋を土に埋めるよう命令されたと聞きました。子どもたちが言うには、そこで切断された手足や腕などが入っている袋を見せられたと言います。対岸に住む人たちには絶対にこんなことは想像できなかったことでしょうし、そんな恐ろしい風景は悪夢のなかでさえ見たことはなかったでしょう。私たちの居住区の一人が、政府のスパイであると批難されましたが、後になって実は秘密警察が彼を拷問にかけ、何かしらの情報を聞き出したことが判明しました。しかし、警察は狡猾ですよ。彼らは、この人を警察のものと分かる車に乗せて、黒人居住区の繁華街に放りました。そこにいた人々の感情が高まって、この人はネックレス刑［頭部をゴムタイヤのなかに入れ、タイヤにガソリンをかけ火あぶりにして殺すこと］にされましたよ。警察は、ある事柄を実行したあとで責任を他人になすりつける『クリーン』な方法をよく心得ていたのです」

彼の声には苦々しさはまったくない。それどころか、不思議なことに感情というものがまったく感じられない。私たちがいるこの場所と彼がかいくぐってきた苦痛の間にあるギャップを感じ、私は困惑せずにはいられない。すぐそばのカクテルラウンジからは、耳障りな笑い声と騒々しい音楽が聞こえてくる。「想像を絶するような恐ろしい環境に育ってきたことを考えると、あなたのその穏やかさは不思議に思われますが」、私はそう口走った。「暴力的で非情な人間にならなかったのは一体どうしてですか？」。

返ってきた答えに私は一撃を食らったように感じる。もちろん、彼にはそのつもりはなかったが。「多くの友人が精神を蝕んだり、犯罪者になったり、キリスト教原理主義に走ったりしました。一方では、私のように麻痺してしまった人たちもいます。私はこの感覚を『麻痺状態』と呼んでいます。これ以外にぴったり当てはまる言葉は考えられません」。

「あなたの苦しみを和らげてくれるものはありますか？」

彼はしばし押し黙っていたが、その時間はとても長く感じられた。「ありますよ。友達とは違って私にはいつも戻って来る母がいます。母は私の強さです。それに、多くの人が無駄に命を落としましたが、父は何かのために死んだのです。葬儀のとき、父の友人がやって来て、父は南アフリカ全土で多くの人たちが感じていた生きた大義のために死んだのだと言いました。このこともまた、私の支えになっています」。

スティーブ・ビコの息子が望むのは、無理のない最も普通の生活を送ることだ。幼少時代に経験したことを考えると、その望みはほとんど驚きのように思われる。彼が求めるのは「よい家族」と、自分が手に入れられなかったものを子供たちに与えるチャンスである。以前、黒人にとっては不可能だったもの、たとえば仕事での成功、中流家庭の生活と「子どもとサッカーをして遊べる時間」がコシナティの望みだ。しかし、熱望してやまない心の平安を手に入れるためには、父の呪縛から「抜け出し」――彼自身の言葉である――、父とは独立した一人の人間になる必要があると考えている。しかし、スティーブ・ビコ事件がTRCによって再調査され、家族によってスポークスマンにされた今、それは簡単なことではない。さらに、ビコの死の二〇周年目が間近に迫っている今、彼は父に関する映画を作り、解放を求めた戦いが年々忘れられていくように、ビコの記憶が忘却のなかに失われないために慈善基金を募ることで記念日を追悼したいと考えている。それができれば、初めて務めを果たしたことになる、と彼は言う。[*9]

コシナティはルーデプルトまで車で送ってくれる。ウィリーとレベッカが彼に会いたいと言うので、彼を家まで連れて行く。二人とも、マンデラ同様、自分たちの歴史に対置されるビジョンを象徴化する伝説的名前をもつ人物の息子を前に、畏敬の念を抱いているようだ。コシナティは彼独特の真面目で率直なやり方で、ウィリーは明るい活発な様子で握手を交わす。レベッカが紅茶を勧め、コシナティは丁重にそれを断る。

彼が立ち去る前に、私はT・R・Hダベンポートの定評ある南アフリカ史の本を持ち出し、彼の父親についての記述を見せる。「南アフリカ史においてスティーブ・ビコほど黒人、白人を含む国民解放のために悲劇的に命を投げ打った殉死者はいない」と、高名な歴史家は書いている。[*10] その文字を追うコシナティの目が涙でうるんでいた。

黒人による自由を求める運動は、第三の「国」を創出したが、それは事実上、白人圧政者によって創り出されたと言ってよいだろう。さまざまな解放グループとわずかばかりの白人賛同者を統合させたのは、まさにこのアパルトヘイトに対する戦いであり、新しい国家としてのアイデンティティはこの抗争を通して鍛錬されてきた。新南アフリカでは、自由、市民権、そして尊厳を求める戦いは、かつての南アフリカの背後にあったイデオロギーと同じくらい神聖なものとしてあがめられた。宗教的語り口に似た、自身に都合のよい歴史記述を掲げた「苦闘」が、愛国的「グレートトレック」の対極をなすものとして生まれ始めていた。

この新しい歴史の普及者であり守護者であるアフリカ民族会議（ＡＮＣ）は、未だにプレトリアのフォルトレッカー・モニュメントに匹敵するような記念碑を建ててはいないが、政治的主張を持った作家たちはすでに自分の意見を公の場で発表していた。たとえば、ＡＮＣと直接関連をもつ作家には、政府の大臣であるカデール・アスマル、ルイーズ・アスマル、そしてロナルド・シュレッシュ・ロバーツの三人も含まれている。彼らの一九九六年の本『真実を通しての和解』は、過去四〇年に及ぶ彼らの苦闘、国外追放、破壊された人生や死を激しい怒りとともに非難し、一方では賛否のつかない問題を読者に提示し、それを「解決」することで、特定のものの見方を読者に植え付けようとしていた。この本の主張のひとつは、アパルトヘイトに抵抗するための暴力使用はすべて正当化され、ＡＮＣが一九六〇年代に暴力を含む戦略を打ち出したのは、すべての試みが失敗した後であったという点である。著者たちによれば、ＡＮＣの「世界に知られる自由憲章」は、「包括的政治のグローバル・モデル」である。確かに、ネックレス刑のような人権侵害は起こったが、それらは「文明的規範を拒否」し、「基本的に共存しえない異なる道徳的世界」で支配されているアパルトヘイト為政者たちの行為とは違って「司令上のミス」の結果であった。『真実を通しての和解』は、その時点で歴史的事実を創ろうとして書かれたように見えるため、「苦闘」についての説明や新しい解釈、そして正当化――これこそ新国家の基盤となる神話になるのだ――に関しては曖昧な部分をひとつとして残してはいない。

皮肉なことに、アパルトヘイト加害者の側でも暴力の使用を正当化している。一九九七年六月、ＴＲＣの証言のなかで元法政大臣のエイドリアン・ブロックは、反アパルトヘイト映画を上映した二つの映画館の外に「小さな爆弾装置」を置くことを部下に命じたこと、ドナルド・ウッズが書いたスティーブ・ビコの伝記をもとにした映画『遠い夜明け』の上映を予定していた映画館に爆撃の脅迫をしたことを認めた。ブロックは、共産主義への総攻撃は、敬虔なキリスト教徒にとっては主要任務であり、暴力には暴力をもって対抗すべきであった、と自らの行為を擁護した。一部には、双方がお互いに「異なる宇宙」において暴力の使用を正当化したのであるから、両陣営とも等しく有罪であるか、あるいはお互いの罪を払拭して然るべきだという意見もある。アパルトヘイト政権擁護派が好むのは次の説明のようだ。アパルトヘイトのための戦いは戦争であり、戦争中には兵士は悔悛されるべき行いをするものである。言いかえれば、過去に起った出来事は、道徳的に言って自決権を求める二つの動きの間に起った戦争と同等である、ということである。

苦闘とアパルトヘイトのこの道徳的相対化は、新南アフリカを支持する多くの人たちにとっては侮辱的なものと映る。たとえば、アスマルは著書のなかで次のように個人と集団との間に重要な区別分けをしている。「命を失った人、その家族それぞれの個人的苦しみは、［双方］同等であるかもしれない。しかし、だからといって個人が命を落とした理由である根本的に異なる道徳観は曖昧にされるべきではない。一連の紛争の根本的原因はアパルトヘイトの存在そのものだったのである。そして、これこそアパルトヘイトに対抗して起こった結果に対する責任とされねばならない」。

『真実を通しての和解』には、ナチのアナロジーが使われている。ニュルンベルク裁判で規定された定義によればアパルトヘイトは人道に対する罪であり、そのことは国連によっても承認されている。したがって、戦争犯罪人であるナチ・ドイツの代理人と直接的な対比を設定することは可能である。しかし、問題は「和解」を促進させるとするこの本が、昔の敵を打ち負かすための武器としてナチとの比較を使っている点である。新南アフリカでは「ボーア人国家」の神話は消滅しかけているにもかかわらず、かつての「国」の市民は未だにこの地に住み続けている。新しく歴史を作ろうとする人たちは、彼らを肯定的な形で巻き込む必要がある。人種差別的な敵であり、未だに友好的とは言えない人たちを包括することは、新しい政府が直面している最もデリケートな課題であると思われる。ネルソン・マンデラ、そしてデズモンド・ツツ大司教はどちらも次の点で合意している。虹の国を成功させるためには、新しい「権力グループ」以外の人々が、文化的にも心理的にも国家の一員として受け入れられる必要がある。

検閲という束縛を逃れたメディアは、犠牲者がTRCに語った身も凍るようなストーリーや、警察や軍幹部が恩赦を願って公にした残酷な証言を書き立てた。過去半世紀に起った事実を掘り起こすことは、警察や軍隊の実情を明るみに出すことでもある。警察や軍隊のメンバーは、アパルトヘイト制度を維持するために残虐行為をはじめとする数多くの犯罪行為を行ってきた。なかでも最も衝撃的な証言は、国家公認の秘密警察が管理したプレトリア近くの死刑収容所ヴラクプラス関連の情報であった。ヴラクプラスでは、一九七九年から一九九三年まで、捕えたANCやパン・アフリカニスト会議（PAS）の活動家たちを拷問にかけて情報を引き出し、その結果、駆り集められた彼らの仲間は殺害された。

このストーリーの出所は、一九八九年のヴラクプラス元司令官ダーク・コーツィの証言であった。「私はこの陰惨な事業の核心にいました」と彼は告白した。「部下と私の任務は、政治、国家保全の面で警察と政府に抵抗する人たちを殺害することでした。私はこの部隊の重大な秘密を承知していますが、それらは法の圏外にありました。私自身、数件の殺人を犯したこと、あるいは少なくともその共犯による罪を認めます」[*11]。コーツィはロンドンへ逃れ、そこであやうく暗殺を逃れた。一九九七年、彼は南アフリカへ戻り恩赦を求めた。

もう一人の主要な証人は、ヴラクプラスでのコーツィの後継者の一人ユージン・デ・コックであった。一九九六年、南アフリカ放送協会は、彼を敬愛する同僚たちから「悪の第一人者」と呼ばれ、自ら「アパルトヘイトの最も有能な刺客」と自称するコックに関する驚くべきドキュメンタリーを放映した。ドキュメンタリーは、収容所の警察が撮影したビデオをはじめ、ほとんどが元上官の告発証言により起訴を逃れた部下によるインタビューで構成されていた。

私は南アフリカに来る以前、このドキュメンタリーをカナダ放送協会（CBC）の放送で見たが、この人たちのあまりに日常的な残忍性には唖然とさせられた。デ・コックと彼の部下がとてつもなく適当に処理した敵は、人間ではなく、夕方のエンターテイメントの一部としてやっつけられる特徴のない物体に過ぎない。これを見る人は、今しがたデ・コックが鋤で割った頭蓋骨をはじめとする身も凍るような光景を目の当たりにさせられる。

一体このような人物はどのようにして作られたのだろうか？　ユージン・デ・コックの残忍性は、過去二〇年間の間に徐々に形成されたようである。始まりは、元ローデシア（現ザンビア、ジンバブエ）で、ここで彼は「テロリスト」を木から逆さまに吊るし、燃えた木の棒を肛門に差し込むやり方を学んだ。それから、ナミビアでは記念品として敵の耳を切り落とし、死にかけた人たちをジープの車輪にくくりつけた。それから、ついに「闘士」、または「殺人機械」となったご褒美として、ヴラクプラス司令官としての地位を与えられ、ほんの一瞬、拷問や殺害といった「仕事」が入る以外は、パーティーや飲酒を楽しみ、ストリッパーたちと浮かれ騒いでいた。このドキュメンタリーが明らかにしているのは、デ・コックだけが特別なわけではなく、彼は氷山の一角に過ぎないという点である。

彼ら警察官を動機付けていたのは、他ならぬ自分たちが自国の最高位で仕えているという確信であった。P・W・ボータ首相が、「テロリストには向かい合う必要がある！われわれは話し合いではなく、戦いを決行する！」と述べたとき、ヴラクプラスのメンバーたちは自分が仕える戦いは正義の戦いだと理解したはずだ。デ・コックの部下であったポール・エラスムスは、「われわれは憎悪をたたきこまれました」とカメラの前で述べた。「黒人というのは悪魔崇拝をする罪深い者であり、文明化されておらず、衝動を抑えることもできない。そして、われわれを破壊しようとしているのだ、そう教えられました」[*12]。

アパルトヘイト、新南アフリカへの移行、あるいは真実と和解委員会が推進する記憶に関する仕事、それに新しい民主主義への力強いスタートを理解するためには、アパルトヘイト政権の残忍な一部門であったこれらの秘密警察について知る必要があるだろう。ユージン・デ・コックは刑務所で無期懲役の刑に服しているため会えるはずはない。しかし、ダーク・コーツィはプレトリアの自宅にいて、一九八一年に起った人権擁護の弁護士グリフィス・ムクセンジ殺害に関する恩赦申請の結果を神経質に待っている。発見されたムクセンジ弁護士の死体には四〇箇所もの刺し傷があった。私は彼に電話してみる。「いいですよ、お会いしましょう」と彼は言う。私はルーデプルトまでタクシーを呼び、一時間以内には郊外にあるコーツィの家に到着していた。彼の邸宅は、厚手の門によって外からはほとんど見えない。私が近づくと三匹の犬が吠え始める。コーツィには敵がいるのだ。仲間であるアフリカーナー人コミュニティで暮らしてはいるが、なかには彼の「裏切り」のため彼を憎んでいる人がいるに違いない。

ダーク・コーツィは鍛えられた風貌の五三歳で、てっぺんが薄くなったブロンドの髪は短く刈られている。よく調度されたバンガローに招き入れてもらい、右へ曲がって通りの見える書斎へ入る。今日は家に一人でいるらしく、彼の淡い青色の目は神経質そうに部屋の角に目をやりながら室内を見渡す。この人はいつもこんな風なのかしら、と私は疑問に思う。彼は作家との会話が好きだと言う。「作家は私のストーリーをこの家の向こうへと伝えてくれますからね」。

彼は国民党とその（当時の）指導者であったF・W・デ・クラークに憤慨している。デ・クラークは、各地で彼の名前のもとに実行されたヴラクプラスに言及することをわざと避け、虚言を使い、何も知らない振りをしていると非難する。さらに、ANCに対しても腹を立てている。内部告発をし、死刑部隊について暴露したことでアパルトヘイト崩壊をもたらしたのは他ならぬ彼であったのに、ANCは彼に援助を提供しなかった。「強大なアパルトヘイト時代と強力な秘密警察について証言した最初の人物は私なんですよ」と誇らしげに言う。「その制度と戦った私が、今ではみんなから忘れ去られているのですからね。私とは違って、アパルトヘイトに関与した人や政府の大臣は、今では統合政府で新南アフリカの一部になっているのですよ！　おかしいじゃないですか！　私よりずっとひどいことを行った人が今では南アフリカ警察の一員ですからね！　私がかかわったのは恐らく八件か九件の殺人ですが、彼らは九〇も一〇〇もの事件に関与していますよ。その彼らが警察の一員として働いているなんて！　デ・コックなんて退職金一五〇万ランドをもらって警察を退職したというのに、私などはここで貧しい生活をしているのですよ！」。

「デ・コックは服役中ですよ」。私は訂正する。

「彼は自分を守ろうとしましたが、あんまり馬鹿げていますよ。今では、誰もが自分の身を守ることしか考えていませんが、私はそんなことは拒否しますよ。私が真実を述べたのは、自分たちが埋めようとしているものが何かを知らなければ、過去を埋めることはできないからです」

会話は始まったばかりだというのに、彼はもう緊張で身体を震わせている。「秘密警察は家族であり、エリート集団でした。そして私は家族の敵と戦っていたのです。というのも、彼ら敵は選挙権や表現の自由などを支持していましたからね。つまりね、彼らは共産主義者でテロリストであり、われわれはアフリカ南端で前哨としてがんばる最後のキリスト教徒だったのです。つまり、総力戦を戦う必要があったわけですよ。それこそわれわれが最初に教えられたことでした。アパルトヘイト時代に生まれていたら、そんなことは当然でしたよ。政府や教会、家族でも、そうした考えは正当化され正しいものとして説教されていました。非政府メディアが存在せず、すべてが慎重に監視されるような場所では、見解はひとつしか存在せず、一人でも違った意見を持つ人がいればその人は気が狂っているのですよ」。

「ただ、あなたのやり方はあまりに残酷でした」

「そうですとも。あれは戦争だったのですからね。私にとっては敵を殲滅させること以外に重要なことはなかったのです。われわれは彼らを誘拐しては違ったやり方で尋問しました。電気ショックを与えたり、窒息させたり、頭を打ち付けたりしましたよ。彼らを銃殺したあとで、タイヤや木を燃やした炎の中に投げ込んで灰にしましたよ」

彼はそこで一休みし、私の目を覗きこむ。「いいですか、七つの死体を燃やすには七二時間かかるんですよ。しかし、手と足と頭はずっと早く燃えます」。

「そうですか」と私は言う。

「それからね、川へ灰を捨てるわけです。死体が燃えている間にバーベキューをするんですよ」

「え？　何をするですって？」

「アフリカーナー人なら誰でもボートや車にバーベキュー用の道具をちゃんとそろえていますからね。バーベキューは私たちの文化の一部ですよ」

私は息を吸い込む。「内部告発をしたのはどういう理由からですか？」。

「元同僚たちは、私的不正［正当化されない殺人のこと］の罪を私に着せようとしていましたからね。しかし、私はそれを自分の過去に決着をつけるチャンスだと考えたのです。あまりにも嘘がたくさんあり過ぎますよ」

彼は沈黙のなかに陥った。部屋はあまりに静かで、コーツィと私が息を吸い込む音が聞こえるほどだ。「今になってみると、説明しにくいですね」。彼はそう言って、遠くに目を逸らした。

コーツィが一緒に来ることを拒んだため、私はプレトリアから四〇キロ西にあるヴラクプラスへとタクシーで向かう。なだらかな丘の真ん中をいくつも越え、茶色の草原を抜け、道はそのうちに泥土の道へと変わる。黒人の運転手はこれから向かう目的地のことで動揺し、同時に恐れをなしている。私の筋肉も恐怖で固くなっている。私は目を閉じる。

ヴラクプラスの管理人は、カナダで二五年過ごした後に南アフリカへ戻って一年目だと言う。これしか仕事が見つからなかったと言う。「ああ、あれは戦争でしたからね！もっともっとひどいことがルワンダやザイールで起こっていますよ」、と彼ははねつけるように言う。私たちはジープに乗って敷地へと向かう。車輪がわだちにはまって空まわりする。このわだちは、ついこの間までここにいたコーツィやデ・コックの秘密警察の車がつけたものかも知れない。カーペットのように草で覆われた丘が、いくつもいくつも見渡す限り広がっている。アフリカの草原は静かで美しい。「以前、彼らはここにアンテロープを貯蔵していました」と、管理人が言う。「バーベキュー用にね」。

私たちは小さな丘へ降りて、静かな川の前で立ち止まる。川岸には、水面に届くように揺れる柳の木が見える。柳の枝は、バーベキューの横に置かれた大きな石造りの炉を覆い隠している。この場所は例のドキュメンタリーで見ていた。そこは、「射殺と焼却」パーティの現場であった。敵を拷問にかけ、首を撃ち、それから死体を火の中に投げ込む。その一方で、ウィスキーをがぶ飲みし、半裸で浮かれ騒ぎ、あるいはここに未だにぶらさがっているロープを使って向こうの川岸までブランコのようにスウィングするのだ。まるで、子どもたちの遊び場のように。それから、アンテロープのバーベキューを食べようと集まってくる。その香ばしい匂いは、隣接する窪地から漂ってくる人間の肉の焼ける匂いと混じり合うのだ。

ジープは丘を登って、埋葬地へと向かう。ひとつの墓石だけが死者の家族によって手入れをされている。そこは、自分の残虐きわまる任務の遂行を拒んだ秘密警察の一人の安息地である。ユージン・デ・コックは彼の顔面向けて銃を発射した。

私たちは、今度は草原の向こうにあるいくつかの建物へとやって来る。刑務所である。フックから鎖がぶら下がる狭い小屋が集まっている。管理棟は、査察に訪れた長官や政府要人のためのゲストハウスに隣接している。ここには、この建物群のなかで最大のスペースを備えたバーがあり、常時、蓄えは豊富にあった。バーの隣にはパティオがあり、巨大な暖炉とその横にはバーベキュー設備が備わっている。殺人、焼却、そして料理というこれらすべてが「西洋文明」の名の下で行われていたのだ。

この身の毛のよだつような秘密警察を理解するには、初期の政府公認の非道を思い出さなければ、どうしたって無理である。ナチ支配下のドイツでは、南アフリカのように国民の片方はもう一方を遺伝的に邪悪で人間以下であると見なすよう飼い慣らされていた。つまり、一般市民が政府公認の極悪非道な任務を実行するようにとの命令を受け取った場合には、通常あらわれる良心の葛藤は起こらないのだ。彼らが何の情熱もなく人殺しができたのは、自分たちが政府に認可された重要な事業の担い手だと自認していたからであり、一方の犠牲者は何の価値もない存在だったからである。ドイツ、南アフリカ、悲しいかな、ボスニアやルワンダのこうした殺人者を考えることは私たちにとって重要なことだと思う。なぜなら、彼らは異常行為を合理化する能力を持った私たち人間に関する、ある真実を訴えかけているからだ。

　管理人は私に、プレトリアにある警察博物館に行けばもっと興味深いことが学べるかもしれないと教えてくれる。私は躊躇なくそこに行くことに決める。

　プレトリアス・ストリートにある警察博物館では、アパルトヘイト国家の全歴史が合法化された抑圧部隊（警察）に焦点を当てて紹介されている。北アメリカやヨーロッパでは、乾いた血液や複製である血痕などのこれらの身の毛もよだつような展示は、前世紀のもので、フリークショー・マニアを魅了するような代物に過ぎない。でも、ここでは違う。この博物館の展示品は、つい先日終わったばかりの悪夢を物語っているのだ。

　今は新南アフリカの時代なので、一九九五年に従来の展示に追加された「総選挙後」展示からみていくことになる。そこには、パスブックやダーバンで起った警察に攻撃されて囲まれるインド人プロテストの強制撤去の写真、それから一九六〇年にパス法に抗議した一万人のうち六九人をパニックになった警察が虐殺したシャープビル虐殺事件の写真（キャプションの文字は新しい。死者と負傷者の数についての真実が明らかになるにつれ、キャプションは更新されているようだ）などがある。さらに、ネルソン・マンデラが終身刑を受け、ロベン島に送られることになったリボニア裁判についての写真や声明文などがある。さらに、スティーブ・ビコについての率直なコメント（「彼は禁止された命令を破った以外は何ひとつ犯罪を犯していなかった」）、それから警察抑留中に殺された八〇名の名前もある。警察が黒人のみならず、極右派のアフリカーナーとも戦う必要があったことを示すために、アングロ＝ボーア戦争が終結した八八年前に条約締結された場所でアフリカーナー人が仕掛けた爆弾が爆発した一九九〇年の写真、一九九一年にナイフと独自のハーケンクロイツを描いた旗を持った白人極右主義者二〇〇〇人がけしかけた暴動の写真もある。

これらの展示は新南アフリカについて示そうと意図されているが、それでも解説には人種の恐怖についてのお馴染みの言葉が使われている。「[これらの敵の]目的は、政府を暴力によって転覆させ、白人には政治的権利がまったく与えられない社会主義的アフリカ国家に移行させることであった」。壁の説明文はそう述べている。

隣の展示室では、中世的な拷問道具がずらりと並んでいる。さらし台、くつわ、足枷、猫むち、頭部に被せる黄麻布の袋、それに実際の殺人者の恐ろしい模型人形。黒人、白人、「政治的」意図によるもの、そうでないのも含まれている。ボトル詰にされた腸、髪の毛、それに骨などもある。別の展示品は、実物大より大きな黒人が、車のなかで怯えて身をすくめる白人カップルに斧を振るおうとしているところで、その隣にはアフリカ人の魔術師が人体の部分を使ってスープを作っているシーンが展示されている。私のまわりには子ども連れの家族がいる。白人も黒人も誰もがここに展示された「原始的」野蛮性をただただ呆然と眺めている。

もうひとつの展示室は、血みどろになった犠牲者の模型を示しながら、殺害された警察官に関する展示を行っている。「警察官が冷血のうちに殺された理由は殺人者にしか分からない」と不穏な調子でキャプションが説明している。ネックレス刑にされた犠牲者の残酷な人形、「政治的軍事行為」や「テロリズムへの抗戦」により勲章を与えられる誇らしげな将軍の写真もある。

完璧なディズニー的最後を飾るのは、人間に最も近しい友人、警察犬の展示である。ふわふわのピンク色の雲と霞がかった山脈を背景に、ケースには警察犬の剥製が入っている。

そして、私たちが最後に見せられるものは、アパルトヘイト文化についてのこの安っぽい展示にぴったりの結論を含んでいる。彫刻された手が持っているのは聖書であり、開かれているページはマタイによる福音書六―一三である。「われわれを誘惑から遠ざけ、悪から救ってください」。「悪から救ってください」……。私は外へ出る途中で、展示を見終わったばかりの黒人カップルに話しかける。「この博物館を見て、これらの展示が侮辱的だとか、この博物館を作った人たちの意図を疑ったりすることはできますが、劣等感を再び感じるつもりはありません」と法律を学ぶ学生という若い男性が答える。「私たちはそれを越えたころにあるものを見る必要があります。この博物館から何かポジティブなメッセージを受け取り、それを私の国の将来を考えるうえで役立てることができればと思います」。

新南アフリカが古い過去を見ている。私を驚かせる寛容さとともに。彼のコメントとは違って私の感想はそれほど好意的ではない。私はバーバラ・タックマンの『愚行の世界史』[*13]を思い出していた。そのなかでタックマンは、何世紀にもわたって起ったさまざまな悪政について皮肉たっぷりに描写している。悪政には、「有権者や国家の利益に反する政策の遂行」と彼女が定義する「愚劣、あるいは邪悪」による統治も含まれる。タックマンは、「愚かな、あるいは邪悪な」政府の基準として次の三つの条件を挙げている。ひとつは、問題の政策がその時代、反生産的であると見なされること。第二に、それ以外にも代替の行為が可能であること。そして最後に、その政策が個人的独裁者のものではなく、グループのものであり、一人の政治人生を超えて続くものであること。アパルトヘイト時代の南アフリカは、この三つの条件にぴったり当てはまる。そして、今まで私が歩いてきたなかで、この制度を支えてきた愚劣さを馬鹿馬鹿しいこの警察博物館以上に露骨に示しているものはない。しかし、当然のことながら、万人がそのことを承認しているわけではない。『ボーアニュース』の最新号は、ANC政府の実際の、そして推定の共産主義者の名前を列記したあとで、こう述べている。「確実なことがあるとすれば、われわれは今、無能な人々に支配されているということである。かつては誇り高き国であったものが、またたくまに第三世界の汚物だめになってしまった」[*14]。

私は真実と和解委員会のヒアリングを傍聴しようと手配していた。そして、その準備として、新しい国会の所在地であり、TRCがオフィスを構えるケープタウンへと飛ぶ。TRCの代表は、一人は黒人、一人は白人という虹の国を代表する二人の傑出した人物が務めている。デズモンド・ツツ大司教はこれまでに人生の大半を自由を求める同胞の苦闘に捧げてきた。南アフリカ・メソジスト教会の元監督であり、全員白人の国会で対抗勢力であった自由派の元党員アレックス・ボレーヌもまた、彼の人生をアパルトヘイトとの戦いに捧げてきた。この二人と、そして法政大臣のドゥラー・オマーが私のインタビューに応じてくれることになっていた。私はトロントを立つ前にインタビューの依頼をしていたが、特にオマーとのミーティングの日程調整が簡単なのには驚いた。政府の大臣は通常、ミーティングの予定が立たないものなのに。しかし、ほとんどの高位政治家が最近まで解放運動で武器をもって闘っていた国では、閣僚といえどもあまり形式的ではないようだ。オマー自身も以前は解放運動にかかわっており、一九八〇年代中頃にはあやういところで毒殺をまぬがれていた。エドワード・ジェイムズ・ゴードン（友人たちからは「ピーチズ」と呼ばれていた）は、一九九〇年に暗殺団の行動に関する政府の共謀性を調査するために設立された司法機関である損害委員会で、説明書と一緒に上官から心臓発作を誘発させる粉を受け取り、それをオマーの食事に混入するよう指示されたことを証言していた。

ＴＲＣのオフィスは、市内の大通りアダリー・ストリートにある、何の変哲もない低い建物で、椰子の木が並ぶ美しい公園と国会議事堂に隣接している。私は小さな待合室に案内され、手に持ったカメラを何度も神経質に確かめている人の隣に座る。その人はインドのバンガロールから来たというバル氏で、平和使節として一人で世界中を旅行しており、今日は有名なデズモンド・ツツに信任状を見せるためにここにやってきたと教えてくれる。微笑をたたえたツツ大司教が彼に会いに来ると、バル氏はさっと立ちあがり、大司教と一緒のところを写真に撮ってほしいと私に頼み、直ちに大司教にサインを求めていた。

アレックス・ボレーヌは、長身でフレンドリー、南アフリカ人らしい打ち解けた人だ。年齢は五〇歳ぐらいだろうか。彼は私を自分のオフィスに招いてくれる。紅茶とクッキーが運ばれ、ボレーヌは快適そうにソファに身をうずめる。

南アフリカは世界中でも教会に行く人口が最も多い国である。というのも、宗教は加害者、犠牲者を問わず、双方に慰めをもたらしてくれたからだ。会ったばかりの人たちからキリスト教を信じているか聞かれることが続いているので、ボレーヌからアパルトヘイトへの戦いに力を注いだ原因が宗教だったと聞いても、特に驚かなかった。彼は、教会、あるいは政治のどちらか可能な場所で戦った白人の小さなコミュニティに属している。「一八、一九歳のころ、私はユダヤ―キリスト教の教えとその意味を理解しようとしていました。すると、突然この国について嫌悪を覚え、一方ではどうしてこれほど宗教的であるとされる国が、このような矛盾のなかに暮らすことができるのか、と自問するようになりました。その後、アメリカへ留学し、公民権運動に係わるようになりました。そのチャンスに恵まれたことは本当に幸運だったと思います。私はアメリカの状況をこの目で見てきました。マーティン・ルーサー・キング牧師にお目にかかり、どうぞ南アフリカに来てください、と言いました。彼は、あなたこそ戻らなくてはならない人でしょう、あなたのような人こそ何かをする必要があるのですよ、と言いました。それで、私は南アフリカに戻ってきました。所属していたメソジスト教会のなかですら、あらゆる偽善を感じた私は、自分の意見をはっきりと述べるようになりました。そのためにいろいろな厄介が持ちあがりましたが、自分たちの意見を述べることのできなかった多くの黒人信者は、自分たちの見解を白人が白人に向かって代弁してくれることを非常に喜んでいました。彼らのサポートがあったから、一九七〇年、なんと信じられないことに南アフリカ・メソジスト教会の監督に選出されてしまったのです」。そう言って、彼はのけぞって笑う。

メソジスト教会の監督として、ボレーヌはボツワナ、スワジランド、その中間地など国内を飛びまわった。さらに、黒人が家族から離れて働く金鉱へも、白人が所有する農場や、ほとんどの南アフリカ人が見たこともないような遠隔地のホームランドへも足を運んだ。そうして彼が目の当たりにした現実は、彼に政治家になることを、本人の言葉で言えば「手ごわい相手に捨て身で戦う」決意をさせた。一九七四年、彼は野党革新党（のちに革新連邦党と改名）のケープタウン選挙区で初当選を果たした。「選挙キャンペーン中にはいろんな質問をされましたよ。たとえば、当選したらこの国のすべての『カフィール』にこの国を開放し、私たちの水準を引き落とすつもり？　とか、彼らを学校に入れるつもり？　とね。私はこう言いましたよ。そうです、私はこの国を開かれた国にしたいと思っています。しかしね、それこそ保守派の白人が受け入れたくないことでしたよ。私は言いました。では、他にどうしろと言うのです？　このまま戦いを続けますか？　そのなかで命を落としたいとでも言うのですか？　これ以上多くの子どもたちが国境で殺されても構わないのですか？　とね。そうして、彼らに同じように質問を投げかけ、こう言いました。私には戦火を交えることなく前進する方法があると思いますよ、とね」。

ボレーヌは一九八六年まで南ア総会議員として働いたが、当時「実際に国の行方を牛耳っていたのは軍部で、議会には何の権限もなかった。だからそこを離れることにしました」。それまでには「古臭さ、偽善とダブルスタンダード」に耐えかねて、メソジスト教会からも脱退していた。

彼の次なるステップは、非政府組織を設立することであった。それは、南アフリカのための民主的代替機関（IDASA）であり、のちにTRCの前身となった。彼はすべての黒人指導者や多数の国外亡命者と話し合いを重ねた。「パン・アフリカニスト会議だけが話し合いを拒否してきましたけれどね。私が白人だからという理由でね」。人種の壁の反対側では、「売国奴」として白人から中傷された。

一九八九年、東ヨーロッパ共産主義の崩壊後、ブルガリア、ポーランド、旧東ドイツの人たちと、過去の傷を癒す試みについて議論を始めた。そのうちに、アルゼンチン、チリ、エルサルバドールの状況を学び始め、これら全ての国が同じ問題と格闘していることを知った。一九九二年、一九九三年、IDASAは、真実委員会に関する二つの国際会議を主催し、ポーランド人作家で哲学者のアダム・ミフニクをはじめ、南アメリカやヨーロッパの人権活動家、弁護士、作家など各界から権威者を招いた。「私たちが繰り返し自問していたのは、次のような問いでした。アパルトヘイトから民主主義への移行期、変更すべきことは何か？　過去の人権侵害をどう扱うべきか？　告発と因果応報というニュルンベルク・モデルを私たちの国で適用することは正しいことだろうか？　粛清［過去に侵害の責任のある人を公務員としての地位につけることを禁じること］はどうだろう？　公務員の役目を果たせるだけの教育を受けた黒人は限られていましたからね。前政権のもとで自分が実行した命令を今では反省している人たちをどう扱うべきか？　彼らの人生はどのように修復されるべきか？　アパルトヘイトのすべての加害者に対する一般恩赦という考えはどうだろう？　一般恩赦は私たち国家の再出発の助けになるだろうか？」。

アパルトヘイトが廃止されれば、犠牲者と侵害者はともに暮らすことになる。そこで、何百年という不平等な関係が続いたあとで、この二つのグループの間にどう調和を作り出すか、という問いは何にも増して大きくそびえていた。恩赦という中心的な問題は、ニュルンベルク式の戦犯裁判が起こることを心配していた軍部と秘密警察の存在により、さらに大きくなった。「彼らはネルソン・マンデラとデ・クラークの間で行われた交渉に圧力をかけました」とボレーヌが言う。「彼らが恩赦についての保証を与えられない限り、総選挙の合意を取り付けられないことは明白でした。国民党は、広範な恩赦が妥当であると述べました。よくあるでしょう、書類へ署名するだけで過去のすべてが消され、『忘れ去られる』のです。もちろん、それこそ彼らが望んでいたことでした。だいたい、政治家と軍人、警察を区別することはできませんでしたからね。警察などは、国民党の一部でしたから。しかし、私たちは犠牲者のことも考慮に入れていました。犠牲者にしてみれば、『そう、それは残念』と言ってさっさと忘れるわけにはいかないでしょう?」。

「私はこのことをある夜遅く、マンデラに話していました。ニュルンベルク式の戦犯裁判の可能性はすでに除外されていました。私たちは、犯罪者の割出しと因果応報に基く刑事裁判は、人種間の亀裂をさらに深める恐れがあると考えました。それに、経済的な問題もありました。南アフリカは何百という長期訴訟を支援するだけの資金を持ち合わせていませんでしたからね。マンデラは最終的に、特定の基準に合致する場合のみ恩赦を認めるという妥協案に合意しました。そのとき、マンデラは諜報員から軍部と警察内部の一部はある種の保証が与えられなければ選挙をつぶす可能性があるという強い警告を受けていると言いました。ツツ大司教は、国民に向かって『正義、さもなければ戦い』以外に選択肢はないと言っていましたしね。しかし、恩赦が過度に広範にならずに済んだのは、犠牲者への私たちの気遣いがあったからだと思います。というのも、私たちは恩赦を審査する委員会だけではなく、人々に公の場でストーリーを語ってもらう人権侵害委員会と、賠償と癒しの目的で何かささやかなものを提供する補償委員会を同時に設置しようと考えていました。私たちはちょうどよい時期に動いたと思います。私はアトランタのエモリー大学で開催された『人種差別を超えて』という会議から戻ってきたばかりでしたが、私の目にはアメリカ人が奴隷制の過去に対して否定的態度を取っていることは明らかでした。アメリカには奴隷制の公式記念碑がひとつも存在しないことをご存知ですか? 私たちはちょうどよい時期に動き出しました。そして、うまくいきました。私たちは刑事裁判制度のように加害者だけに焦点を当てていたわけではありませんでした。刑法裁判ではあまりに多くの場合、犠牲者は忘れられてしまいますからね」

のちに法務大臣となる人物もまた、TRC創設に向けた協議に参加していた。ボレーヌは、ドゥラー・オマーがある種の全国規模の委員会で尽力していたのを、そのとき、彼が来るべき委員会を「真実委員会」と名付けたいと思っていたことを覚えている。「そこで、私が真実と和解という名前を提案したのです」とボレーヌが笑いながら言う。「オーウェルやハクスレーを考えてください! と言いましたよ(二人の小説に出てくる「真実」という名を冠した政府機関は、実のところ安っぽいプロパガンダに過ぎない)。誰が恩赦を受ける権利があるかという基準に関してはかなり危うい点があることは確かです。たとえば、私たちは人権侵害についてANCの高位メンバーたちと長時間議論をしました。彼らは、国連によって「人道に対する罪」と呼ばれたアパルトヘイト制度と戦っていたのだから、恩赦を受ける権利があり、責任はないと主張していました。それに、暴力や人種差別的政府に対して戦うという大義は合法的であるという国際人権規約を引用していましたね。しかし、彼らがまずもって見落としていたのは、これらの規約はまた、どんなに大義が正当であっても、当事者たちは自分の行動に対して責任を持たなければならないと述べている点です。だから、私は言いました。『そうですとも。あなたがたの大義は正当であると主張できるでしょうし、それに関しては私は何も言うことはありません。しかし、それでは人権侵害に関する問題は未解決のままです』。そこで、私は例をあげました。『たとえば、あなたを攻撃しようとしている軍用車隊があったとします。そして、あなたはその軍用車を破壊するために地雷を埋め込んでいたとしましょう。そこへ、ロバに引かれた荷車に乗った二人の子ども連れの人がやってきて地雷を踏んでしまったらどうですか？　一体、誰の責任です？　そうですとも、誰かに責任が帰されるべきなのですよ』。最終的には彼らは納得してくれました。そして、幾人かの大臣は最終的に恩赦を申請しました。彼らは自分たちがそのプロセスに含まれない限り、透明性のある民主主義を創ることは不可能であると理解したのでしょう」。

最終的に、ボレーヌはネルソン・マンデラのために南アフリカにとって可能な選択肢を書き出してほしいと頼まれた。そして、その選択肢からTRCの法の一部として部分的恩赦が採用された。しかし、ダーク・コーツィのような人物がしゃあしゃあと通りを歩くのを見て絶望的な気持ちになった人たちからANCに至るまで、恩赦はあらゆるサイドの人々にとって問題であり続けた。従来の司法、つまり、有罪の個人には刑罰が与えられ、証拠や証言の規則に則って執行される裁判だけが、個人責任という原則を完全に確実にする。そして、これこそが国際法に盛り込まれることになったニュルンベルク裁判の遺産であった。個人責任に関する判決を言い渡す従来の法廷を拒否すれば、集団的罪、あるいは集団的無罪への告発の可能性へとつながりかねない。それは心配の種であった。

ボレーヌとマンデラがTRCの今後の方向づけを試みるうえで、その夜直面していた問題は膨大であった。長期間にわたるアパルトヘイトは、ほとんどの白人の思考や行動をあまりにもゆがめていたため、常軌を逸していることですら普通のことになってしまっていたからだ。たとえば、南アフリカの判事は、国会が承認し、国際的には慣習法に反するとされていた法律を、それも公民権を剥奪された人たちに対して適用していた。死刑を求刑した判事はすべて白人で、死刑宣告を受けた九五パーセントが黒人であった。一九七五年から一〇年の間、一〇〇〇人以上が死刑執行され、白人はそのうちのわずか二二人だった。一九八〇年代半ばまで、南アフリカは西欧諸国のなかで最多の死刑執行率を記録していた。それでは、新しい国が職業的なインフラを破壊することなく過去に取り組むにはどうすべきだろう？　それに、恩赦はどのような役割を果たすのだろう？

議会議事堂のなかにある優雅なオフィスに入ると、ドゥラー・オマーが腕を延ばして私を迎えてくれる。かつては公民権を剥奪された二流市民であった彼は（東インド諸島出身のオマーは「カラード」に分類されていた）、与党政府の法務大臣というこのあまりに大きな変化をどう感じているのだろう？　私が恩赦という問題について尋ねると、オマーはただちに返答する。「そうです。暫定憲法二五五項は、政治目標に関する過去の紛争に起因する違反行為、行為、あるいは不作為に対して恩赦を与えるとしています。私は恩赦に関しては懸念していましたが、結局合意しました。私たちは恩赦を政治的決着の一部として交渉しました。恩赦はわれわれが合意しなければならないものでした。国民党は民主主義を保証、あるいは選挙実施の目的から交渉には入ったわけではありませんでしたし、私たちは彼らのその立場を変える必要がありました。彼らに向かって『政治的自殺をしてください、権力の座から降りてください。そして、その暁には民主的に選出された政権が政治を引継ぎ、あなたたちの犯罪を告発するつもりです』とは言えませんでしたからね。彼らが総選挙に合意するとは考えられませんでしたから、われわれは最初から恩赦を検討する必要があったわけです。ただし、私は何が何でもアパルトヘイトと解放運動とを分けて考えるべきだと思っていました。アパルトヘイトは人道に対する罪であり、解放運動は正義を求める戦いでした。これは重要な道徳的区分です。そして、現在のプロセスから道徳性を取り去ってしまえば、国際社会が認める価値の上に南アフリカを作り上げることは困難になるでしょう。つまり、アパルトヘイトを差別解放運動と同等に扱うことはできないというわけです。それこそデ・クラークと国民党がわれわれに望んだことでしたがね。しかしね、正義のために戦っていたからといって、われわれには人権侵害を犯す権利があった、ということにはなりません。TRCがアパルトヘイト政府側の侵害を扱うのと同じようにわれわれの侵害を取扱うのは当然であることを認める必要があります。われわれは、いわゆるダーティー・ウォー後のアルゼンチンとは違って、無条件の恩赦には反対しました。なぜなら、過去に向き合おうとした唯一の理由は、南アフリカ全国民にとって初の試みである人権と法に基いた民主主義への道すじを定めることに他ならなかったからです。不処罰の文化を奨励することは何としても避けたかった。われわれが求めたのは個人責任でした。恩赦の条件は加害者の動機に関することでした。たとえば、敵意、復讐、あるいは自己利益の獲得といった動機は認められず、政治的目的を達成するために実行された行為のみが適用の対象となります。そして、個人はストーリーの内容を完全なまま証言する必要があります。というのも、このヒアリングの目的は事実に基く国家の過去の記録を収集することだからです」。

「TRCの委員はどういう方法で選出されましたか?」私が尋ねる。「国民党の人たちはあまりいないようですが」。

「委員選出の過程では、人権に関するこれまでの取り組みについて調べました。ドイツ人なら誰一人、元ナチ党員にホロコースト記念碑の責任者になってほしいとは思わないでしょう。それと同じことですよ」と、彼は答える。

「新南アフリカで初の法務大臣であるあなたが、現在直面している最大のハードルは何ですか?」

「目下、私の任務は新しい憲法を施行することです。憲法が施行されれば南アフリカにとって画期的変化になりますよ。過去の南アフリカは市民と非市民とに分離されていて、議会は市民のためだけに法の制定を行い、司法の唯一の機能はその法律を適用することでした。それが正義、不正義であっても、道徳的、非道徳的であってもね。つまり、法律と警察は人権弾圧の手先になっていたのです。今では、大部分の国民が政治参加できます。さらに、議会の権利に優先される人権憲章をはじめとする法の優位を確立しました。とはいっても、すべては書類上のことです。一九九四年、総選挙後に暫定憲法が施行されたとき、この憲法をバックアップする機関は何ひとつありませんでした。法務省にとっては、こうした機関の設立が急務です」

「この国の過去はあなたの任務にどのような悪影響を及ぼしていますか?」。私が尋ねる。

彼は一瞬沈黙する。私はこの豪華な部屋を一瞥する。この大臣執務室では、最近まで南アフリカの法律についてまったく違った種類の議論が行われていたのだ。

それから、彼は私をまっすぐに見てゆっくりと話し始める。「われわれには過去の遺産が残されました。そして、選挙をしたという事実も白人支配の終わりを直ちに意味するわけではありませんでした。もちろん、政治的レベルではなされましたよ。しかし、社会機関、経済、教育、保険、職業やビジネス、仕事場など、あらゆる場所で未だにその過去が残っています。アパルトヘイト的秩序の価値観は今でも有効性を失っていないのです」。

「どういう意味ですか?」

「未だに人種差別的な態度は残っています。そうした態度を変える必要があります。それはもちろん、痛みを伴うプロセスです。われわれは、裁判所や警察、軍隊における構造的変化を含めた社会的、経済的正義が着実に根を下ろすことを確認し、われわれの達成目標に向かってあらゆるグループに参加を呼びかけています。しかし、この重要な時期に、国民党は白人に卑しむべき例を示したと言わざるを得ません。未だに両足を過去につっこんだまま、アパルトヘイト擁護を試みています。やらねばならない仕事は山ほどあります。アパルトヘイト時代に非人間的な態度が育てられたというのは事実です。それに、この国には過去に国民が暮らしていた残忍な状況の影響で暴力という文化が残っていて、警察の一部などは未だに犯罪に加担しています。犯罪者が法の裁きを受けないままになっている、そんな文化はそこらじゅうで見られます」

この後、アダリー・ストリートのオフィスに戻った私は、次にツツ大司教と会うことになっていた。これから世界中で最も敬愛される一人に会うことになっているというのに、ドゥラー・オマーとの会話が頭を離れない。暗殺未遂の対象となり、半世紀間アパルトヘイトを敷いた政治機構にかわる新憲法制定の責任者であるオマー。彼の開けっぴろげな態度と怒りは、今と比べて慎重になる必要のなかった時代の無力さの、また、怒りが戦争に火を付けた時代の遺産のように思われてならない。

「神のご加護を受けた虹の国の人々」。これは、デズモンド・ツツの言葉である。ツツ大司教は、黒人、白人から愛され、マンデラとともに平和的変化の「奇跡」に最も影響を与えた人である。この有名な大司教のこととなると、奇跡について語るのは適当であるように思われる。というのも、みんなから愛情を込めて呼ばれる「アーチ」は、不正義に立ち向かい、自分の生命を危険にさらしてまでも自らのキリスト教的信念を常に広めているからである。一〇年以上の間、彼はネルソン・マンデラがかつて述べたように「公衆の敵ナンバーワン」であった。ツツ大司教と家族は、幾度も脅迫を受け、玄関先に血みどろの猿の胎児が吊るされていたこともあった。「私たちは動物ではなく、感情を持った人間です」と彼はやり返し、非暴力というスタンスを決して崩しはしなかった。

数十年前、ツツはアパルトヘイトの政治家に対して、すぐそこまで来ていた恐ろしい復讐の可能性について警鐘を鳴らしていた。一九七六年五月六日、ツツはジョン・ヴォースター首相宛てに書簡を送った。その手紙は次のような書き出しで始まっていた。「石の心を血の通った心臓に変えようとする、神に似せて創造された一人の人間からもう一人の人間に宛て、この書簡をしたためます」[*15]。それは、静かな抵抗の終焉を告げたソウェト蜂起一ヶ月前のことであった。

手紙のなかで、ツツは次のように述べた。「あなたにお伝えせねばなりません。閣下よ、なぜならば、一刻も早く思いきった手段を取らなければ、南アフリカが血なまぐさい事件と暴力に包まれるだろうという悪夢のような懸念がますます強く感じられるからです。……どんな国民にも限度があります……」。首相は手紙の返答として、この警告を退けた上でツツ大司教が白人野党にそそのかされているとほのめかした。

ツツ大司教は、理性と平和、人種的平等性と和解というメッセージを伝えるために、あらゆる抗議運動や葬儀に足を運んだ。白人警官に銃口を向けられ、一度ならず逮捕された。可能な場合には、パンガ（マチューテ、なた）や斧をものともせず、黒人の暴動をなだめ、暴力を止められない場合は、力強い言葉を使って意見を述べた。容疑をかけられた共犯者に対するネックレス刑を止めなければ、国を去ると脅かした。「暴力の文化は、われわれの社会に根を下ろしています。われわれの社会が生命への畏敬を失ったように見えるのは、一体どうしたわけです？」。情の深い大司教は、国民の前で同胞の苦悩に涙した。彼は国連でも意見を述べ、母国に対する国際的制裁キャンペーンを要請した。

一九八四年、ノーベル平和賞を授与されたデズモンド・ツツ大司教は、自分を支えている強さの源について、さらに神によってのみ贈られた平等性へのコミットメントについて受賞スピーチを行った。「われわれが住むのは、道徳的世界です」と彼は述べている。「神の世界では、善と正義と平等性こそが問題なのです」。

和解への生涯の関心は、宗教的信条、あるいはかつて彼が述べたように「調和、統一性、友愛、信仰、人々が信仰のもとに集まった原初のコミュニティをもたらすという神の使命」に端を発している。真実と和解委員会は、現世的正義を求める以上に、ツツが行った仕事同様彼の神学の非宗教的分派であった。一九九〇年一一月、三〇年前から中断されていた白人オランダ改革派教会と反アパルトヘイトを掲げた南アフリカ教会の指導者を集めた会議が開催され、その席上ツツ大司教は形になりかけていた次のような考えを発表した。不正義と弾圧の犠牲者は赦しを与える準備をしなければならない。しかし、同時に彼らを不当に扱った人たちは、心から「私たちは、あなたがたを家から立ち退かせ、貧困が蔓延するホームランド居住地に捨て去り、あなたがたの子どもたちに劣等な教育を与え、基本的人権を否定することで、あなたがたを傷つけました。こうしたことに対し、心から謝罪いたします。私たちをに赦しを与えてください」[*16]と言う必要がある。「そのときは、」と彼は加えた。「不当に扱われた人々は、赦しを与えなくてはなりません」。この会議で、ツツは奪われたものは象徴的に修復されねばならないと述べ、補償の可能性を初めて示唆した。

その翌日、ステレンボッシュのアフリカーナー大学教授で神学者のウィリー・ヨンカーが立ち上がり、次のように述べた。「あなたと神の前で私は罪の告白をします。あなたがたの多くに対して行われた、私自身の罪と過ち、政治的、社会的、経済的、そして構造的間違いと、その結果あなたがたと私たちの国が未だ直面している苦悩に対する私の個人的責任のみならず、私が所属するNGK［白人オランダ改革派教会］、さらにアフリカーンス人全体を代表し、罪の告白をいたします」[*17]。

和解に関する極めて重要な何かが間違っているように思われた。たとえば、ツツ大司教は、ひとたび謝罪がなされれば、「不正に扱われた人たちは、赦しを与えねばならない」と宣言した。彼はウィリー・ヨンカーの勇気ある発言の返答として、これを繰り返し、「懺悔がなされれば、われわれ不正を行われた人たちは謝罪を受け入れ、『あなたがたを許します。［懺悔は］簡単なことでもなければ、その返答も簡単ではありません』と言わねばならない」と述べている。しかし、ツツ大司教は他の人たちに代わって集団的赦しを命じることができるのだろうか？　赦しを与えることは極めて個人的な選択であり、さらには感情と出来事の複雑性に影響され、謝罪行為が為されたからといって赦しが必然的であるとは考えられないのではないのか。

この一方で、白人オランダ改革派教会の指導者は、最近の教会会議での決議を引用し、ヨンカーの謝罪宣言を支持した。しかし、黒人オランダ改革派教会はツツの包括的受容を拒否した。再度、大司教は返答のなかでこう述べた。「近頃、私が自分以外の誰かを代表して懺悔を受け入れることはできないという言葉を耳にします。まったく正しいことだと思います。私はある人の代わりに話をしたつもりはありません。［しかし、］私はこれまでずっと、自分たちも人間であると勇敢にも述べたことで、二五年間、あるいは二七年間刑務所に拘留されていたウォルター・シスルやその他の人たちと共にいました。……そうした経験から解放された今も、彼らは驚くほど深い愛情の受容能力を持っています。彼らには反感の気持ちも、復讐を求める気持ちもなく、南アフリカを新しく創設するためだけに全身全霊を捧げています。私はそうした人々の前に立ち、謙虚な気持ちにならざるを得ません……神がこの瞬間をもたらしてくれたのです。そして、一言、あなたがたに言っておきたいと思います……、私に関して言えば、誰かが私に向かって『許してください』と言うとき、『それはできません』とは言えません。なぜなら、そうすれば私はこれまで捧げてきた神への祈り、つまり『罪深い私たちを赦してください、私たちも負い目のある人を皆赦しますから』を唱えることができなくなるからです」。

ルステンブルク宣言は、その週の後半に告白と賠償に関する追加事項を加えて（集団的赦しについては書かれなかった）可決された。ラジオインタビューでは、ツツ大司教は自分が立ち向かっているのはアパルトヘイトであって、白人ではないことを繰り返し述べた。「アフリカーナー人のなかには、正義のために尽力してきたよい人がたくさんいます」、と彼は同胞たちに向かって述べた。ツツ大司教の言葉は、抵抗している人々の心を溶かした。こうして、のちにそう呼ばれるようになる真実と和解委員会は、産声は上げてはいなかったにしても、そこで命が宿されたのである。

一九九五年一一月、ツツ大司教がＴＲＣ委員長の一人に指名されたとき、大司教は次のように言った「この委員会が消毒のために傷口を開き、それによって化膿を止めるために機能することを願ってやみません。われわれはナイーブにも、過去は過去として水に流して忘れよう、と言うことはできません。なぜなら、それでは過去は過去とならず、われわれを苦しめるために再び戻ってくるからです。本当の和解は決して容易ではありません。赦しに基く和解を得るためには、多大な犠牲が必要とされます。ただし、赦しは悔悛次第です。悔悛は、過去の過ちの承認、したがって真実の解明に基いていなければなりません。よく分かってもいないことに赦しを与えることはできないのですから」。

小柄で打ち解けた、態度も無頓着でさえあるデズモンド・ツツは、トレードマークであるローマンカラーの紫色の法衣をまとって現れた。彼は私をオフィスに招き入れると、部屋の片隅にある円テーブルを示す。彼は祈りを捧げる。私は「アーメン」と唱える。彼が前立腺癌の手術を受けたことを思い出し、それにしては元気そうに見えるわ、と思う。ツツは快適そうに身を屈め、私の質問を待っている。

これまでに五〇〇〇人以上もの加害者が恩赦を申請していた。そして、当然のことながら、TRCの恩赦という問題は、最も物議をかもしている。多くの黒人が、アパルトヘイトの殺人者は死刑判決を逃れようと空涙を流し、悔悛した振りをしているだけだと考えている。一方、アフリカーンス語メディアは、始終、TRCは自分たちの歴史と人々を中傷するために考案された「魔女狩り」であると不平を述べている。最近、プレトリアで行われたある会議では、ある将軍が委員会を攻撃し、あらゆる仕打ちを受けるに値する共産主義者とテロリストに対して秘密警察と南アフリカ防衛部隊が実行した仕事を恥かしく思っているどころか、むしろ誇らしく思っていると述べ、観客から拍手喝采を浴びた。

「大司教、あなたはアパルトヘイトに関する真実を明らかにしようとなさっていますが、和解は生み出されつつあると思われますか？」。私が尋ねる。

「誰一人、和解を法制化することはできません。和解は強制ではありません」とツツ大司教が答える。「すべての南アフリカ人が、これが国家的プロジェクトであることを理解する必要があります。誰もがこのプロジェクトに参加しなければならず、ある特定グループに任せておくことはできません。正直言って、ヒアリングに足を運ぶ白人がほとんどいないことには失望したと言わねばならないでしょう。彼らにとっては苦痛でしょう。謝罪は、最も困難なことです。しかし、状況を知らなかったという一般的弁解を受け入れるにしろ、受け入れないにしろ、彼らはアパルトヘイトという制度が邪悪な方法で維持されていたことを認める必要があります。全ての人が細部にわたって情報を知っていたわけではなかったでしょうが、警察の拘留中にビコが不可思議な死に方をしたとき、たとえそれが危険なことであったとしても、疑問を表し始めるべきだったのです」。「ただ、一般の人々はほとんどが勇敢とは言えません……」

「その通り。ほとんどの人が、面倒なことには巻き込まれたくない、と考えているのは事実です。どうしてわざわざ絶対権力を持つ人たち相手に問題を引き起こす必要があるでしょう？　そして、その当時、絶対権力を持っていたのは秘密警察に他ならなかったのですからね」。大司教はしばらく沈黙を守り、その後でこう続ける。「これまでに起ったこと、あるいはヒアリングで明らかになったことを知ると、私たちの幾人かは、今になって一体あの時代をどうやって生き延びることができたのだろう、と自問していいます」。

明らかに、これはツツ大司教が自らに向けた問いに他ならなかった。彼はこう自分に答えた。生き延びたのは、信仰に支えられたからだ。「神は苦しみを耐えている人たち全ての味方で、究極的に正義が打ち克つことを、そして、われわれの宇宙は道徳的であり、アパルトヘイトに対して戦うという大義が正義であると知っていたから」に他ならない。

「正義の大義」をめぐる問題は、間違いようもなく委員会の核心となっており、何が大目に見られるかという問い、あるいは何が「正義のための苦闘」として許容されるかについての問いは、誰に対しても公正であるというTRCの評判をますます危なっかしいものにしている。アレックス・ボレーヌとドゥラー・オマーがどちらも主張したように、アパルトヘイトに対する戦いのなかで侵された人権侵害は、その大義が正義であったからといって帳消しにされることはない。しかし、現在はスーツとネクタイを着用する政治家となったANC元自由の闘士は自らの犯した悪事を告白しようと直ちに委員会へ殺到しているわけではない。マンデラの次期大統領と目されるターボ・ムベキ、現在の法務大臣オマーをはじめ、ANC政府の閣僚すべてに語るべきストーリーがあるというのは公然の秘密である。実際、ツツはANCがメンバーに対してアパルトヘイトの加害者同様、人権侵害を告白し、恩赦を求めるよう指示しなければ職を辞すると警告済みである。政治の中心にいるプレーヤーたちが公正さと透明性を求める自身のプロパガンダを妨害するようであれば、虹の国に成功のチャンスがないことを、ツツ大司教ほどよく心得ている人はいない。「殺人は殺人であって、ＡＮＣ陣営で行われた拷問もやはり拷問です。自分たちの大義の正当性を主張することが、それらの行為の免責に結びつくわけではありません」。彼はそう述べる。「法的に言えば、誰によって行われようと、それらが同じ犯罪行為であれば罪は同等です。しかしながら、だからといってその二つの行為が道徳的に同じであることにはなりません。アパルトヘイトに対する抵抗は、アパルトヘイトを正当化、維持した人たちに比べると道徳的にはより高い行為であると言えるかも知れません。しかし、正当な理由で行われたすべての行為が道徳的に許容されるわけではありません。法的平等性と道徳的平等性は同一ではないのです」。

ツツはこれと同じ強硬な論理を賛否の分かれるもうひとつの問題、ＡＮＣの告発者に関する問題にも適用した。ＡＮＣの多くの有力な「苦闘同志」が実際には政府側スパイで、ＡＮＣメンバーたちの死の原因となったとされていた。名前の公表についての議論や、公表された場合には政権を不安定化させるのではとの懸念があった。ツツの考えでは、調査の結果、告発の正当な理由が見つかれば、名前は公表されるべきであり、たとえそれが政府高官であっても例外は認められない。今日隠されているものは、明日になれば国家にとってより深刻な問題となって現れるのだから、というのがツツの主張であった。

ツツ大司教が世界中でこれほどまでに名を知られ、ノーベル賞を授与されたのは、この確固とした高潔さゆえである。過去についての記憶喪失を誘発することで将来を築くことができると考えたド・ゴール将軍をはじめ、戦後日本のすべての政治家とは違って、ツツ大司教には忘却でなく真実によって歴史に「平和をもたらす」道を見出そうとする揺るぎ無い決意がある。

「黒人と白人の間の和解として、現実的に何を期待しますか？」。私が尋ねる。

一瞬、沈黙が流れる。「そうですね、和解は期待したようにはうまく行っていないかも知れませんが、時々見えるほど状況が悪いわけでもありません。たくさんとは言いませんが、アフリカーナー人からも手紙を数通もらっています。ある女性は、徴兵された息子が国境付近で経験したことにより、アパルトヘイト政策への参加に関してどれほど苦しんだかを知ってほしいと書いて寄越しました。息子さんは後に神経衰弱に陥ったそうです。それからね、以前は私の病気があの世へ送り出してくれることを願った人たちから、回復祈願のカードが届いているんですよ！　ですから、私はこう言うのです。『TRCの委員長を認めてくれるなら、TRCとも仲直りしなくてはなりませんよ』。私はそのメッセージを送り続けています。たとえば、『これまで苦しみを受けてきた人たちの魂には、驚くべき寛容性があります。どうぞ、その反対側にいるあなたがたもこの寛大な行為を当たり前と考えないで、同じ寛容性で応えてください』とね。しかし、われわれの多くは、あれこれと理由を見つけて、他人からの批判を受け入れることができないものです。私だってそうです。人には好かれたいですからね。人から間違っていると指摘されたとき、その痛みを受けとめようとすれば、極めて大きな徳を要するというのは本当ですよ」。

私はこの時点で南アフリカ人の態度について疑問を持ち始めている。この国では、あらゆる人があるグループに振り分けられ、寛容性を遺伝的に受け継いでいると信じられているように思われる。「集団的罪の存在を信じますか、大司教？」。私が尋ねる。

彼の返答は私にとっては興味深いものだった。「人間というのはコミュニティのなかで生きるものです。ひとりぼっちの人間というのは矛盾です。あるグループは自分たちのスポークスマンを通して、過去の自分たちの行為を承認すべきだと私は信じています。それによって個人的責任が取り除かれるわけではありません。ただし、各人が自分の胸に手を当てて、『これが私のしたことだ』あるいは、『私がしなければならなかったことだ』と言う必要があります。そして、われわれは一人ひとりから話を聞くことはできないわけですから、ある意味で集団的に起ったことに対して、各個人がグループとの間に築かれた連帯を反映させ、象徴的な告白や赦しのようなものが提供されるべきです」。

罪を集団化させるという提案に私は疑問を感じている。というのも、罪の集団化が一人の例外もなく、あらゆる人に汚名を着せることになるからに他ならない。しかし、ツツの立場は、この国の分類された人種的「エンティティ」を反映している。アパルトヘイトは政治的、経済的システムとしては失敗に終わったかもしれないが、三〇〇年間に形成された思考は、そんなに急には消滅しないようである。

私とのインタビューの間、ツツ大司教が言及しないのは未だに国民党の党首であり、ネルソン・マンデラと和平交渉をし、その努力が認められてノーベル賞を授与された人物である。その人物、デ・クラークはあらゆる種類の個人的責任も拒み続けてきた。アパルトヘイトの「行き過ぎ」は「幾つかの腐った卵」のせいであって、政府の政策のせいではない、というのが彼の主張である。P・W・ボータ元大統領などはこれ以上に強硬な姿勢を保っている。ボータはTRC委員会への召喚を拒否したため、通常の司法裁判所で裁判にかけられたが、元大統領は政府の公文書から集められた共謀に関する否定しえない証拠に対しても高慢な態度を取り続けた。[*18] 最終的に明らかにされた、ボータが係わったとされる証拠は以下の通りである。

- 爆撃と「南アフリカへの革命的猛襲に対する国家的戦略」を個人的に指示。この戦略によれば、「脅迫者は、公式、あるいは非形式な警察により制圧（この語は「殺される」の意味であると解釈されていた）されるべきである」。
- 政府閣僚が作成した「政治的要注意人物」名簿を指導する。こうした人々に対しては、「移送以外の方法が考慮されるべき」と述べる。
- ヴラクプラスで活動していたのと同様の暗殺団を認可。
- アンゴラやモザンビークなどの近隣諸国に対し、活発に、意図的に政情不安定化を計った。
- 数千人もの活動家を裁判もないまま拘留し、市民の自由を限定した。
- 意図的にクワズールー・ナタールを交戦地帯に変えて、その結果数千人が死亡。

みんなが呼ぶように、この「オールド・クロコダイル」（老ワニ）は証拠を否定するどころか、「私とわが国民を侮辱する試み」について語った。ボータは、自分のしてきたことを恥とも思っていないし、その行動のひとつとして謝罪するつもりはないと語った。さらに、混沌、共産主義、社会主義に反対する全ての人は、今こそ団結しなければならない、とつけ加えた。しかし、法廷の前に集まり、昔の南アフリカ国旗を振った支持者はわずか二十数名に過ぎなかった、という事実はそれ自体で何か重大な変化を物語っている。とはいえ、二人の元大統領による妨害はデズモンド・ツツにとっては深刻な問題であった。というのも、国民党のリーダーシップなしでは、アフリカーナー・コミュニティとの和解はますます困難を極め、さらに、和解なくしてはTRCは失敗とみなされる可能性があったからである。

しかし、たとえ恩赦の可能性が目の前にぶら下げられていたとしても、真実を語ることを誰もが喜んで望んだわけではなかった。TRC設置をもたらした法律制定に主導的役割を果たしたデ・クラークにとっては、個人責任を認めることはグループを分離することで創られ、神に承認された人種的不平等のうえに築かれたボーア人国家の歴史的枠ぐみを崩すことに他ならなかった。デ・クラークはこれを認める気はなかったし、新南アフリカのために昔の歴史の基盤を非難する気も毛頭なかった。

デズモンド・ツツが国の頂点にいる人たちから謝罪を引き出せると考えたことは非現実的だっただろうか？　ボータはウィルダネスという場所で退職後の生活を営んでおり、デ・クラークは現在、政治生命をかけて選挙キャンペーンを行なっている（結局、うまくいかず、後に辞職する）。ANCの政治家たちは、最終的には正義という大義のために侵された行き過ぎに対して謝罪することになるかも知れないが、一方で国民党を代表する政治家の個人的謝罪は、「不正義」の名の下で行われなければならない。デ・クラークは「幾つかの腐った卵」の存在は認めるつもりだが、大統領として、白人有権者の名の下でヴラクプラスのテロルと堕落を奨励したこの国の国家構造に備わっていた悪を認めるつもりはない。彼にはそれはできないし、大体そんなことをするつもりもない。結局、最後までアパルトヘイト時代の二人の大統領デ・クラークとボータは恩赦を求めようとはしなかった。黒人はTRCを支持してはいるが、アンケートによれば不支持を表明している白人は八〇パーセントにものぼる。デ・クラークとボータによるTRC否定は、多くの白人に新南アフリカを拒否する暗黙の許可を与えたと言える。

ツツは疲れた様子だったが、もうひとつ、最後の質問が残っている。昔からあるつまらない問いだ。「大司教のどんな姿を記憶していてもらいたいですか？」。

時が止まったかと思われるほどのあいだ、ツツ大司教はじっと黙っていた。そして、ついに、「私が愛したことを覚えておいてほしいと思います」と言う。

私はこの感情的な返答に驚かされる。この会話のはじめにツツ大司教が語った、自分がどうやって生き延びたのかを自問したというエピソードが思い出される。そして、彼が癌の治療を受けていることを思い出す。

喉が詰まったように感じる。私が何も言えないでいると、ツツ大司教はもう一度言う。「私が愛したこと、そして私が泣いたこと、それを覚えておいてほしいと思います」。

建物を出たところで、アダリー・ストリートを行進するパレードに出くわす。今週は南アフリカ海軍の七五周年記念日にあたる。新南アフリカの横断幕の後ろには、黒人、白人、「カラード」の人々、デズモンド・ツツの「虹の国」の新しい旗手たちが続き、道端の友人から拍手で迎えられている。南アフリカ人に続くのは、この記念日を祝うためにケープタウン港に停泊する船舶の水兵たちである。アルゼンチン、ブラジル、フランス、インド、パキスタン、イギリス、中国、アメリカ、ケニア、ロシア、シンガポールなど多国籍の水兵である。南アフリカは再び国際舞台に復帰したのだ。彼らがラッパの音にあわせて旧ケープタウンを行進している場所から数ヤード先には、信用失墜し、突然色あせたこの国の歴史の始発点、かつてのオランダ東インド会社の庭園がある。将来はやはり雲りがちだし、ひょっとすると危険ですらあるかも知れない。しかし、今日、ケープタウンの路上では、ツツとマンデラの多民族国家は現実のものになっている。

私はケープ州西部トランスケイの元「ホームランド」にあるルシキシキという田舎町まで行き、そこで開かれるTRCヒアリングを公聴する予定であった。白人の知人たちはこれを聞くと自分のことのように恐れた。トランスケイは悪夢の場所であった。ある人などは、そこはナディン・ゴーディマの小説『ジュライの人々』の舞台であると私に告げる。トランスケイは、鉱山で働く渡り労働者——同性ばかりが住む宿に滞在する恐ろしい人たち——の出身地なのだ。白人はトランスケイには足を踏み入れない。危険な場所だからだ。一九九二年には、車で旅行中のイギリス人女性二人がずたずたに殺害され、その翌年には非政府組織で働いていたアメリカ人女性が殺されている。高速道路ではハイジャックも頻繁に起こっている。

私はそこに行くことに決めている。とは言っても、実のところ、同じ警告を繰り返し聞くうちに、私の決心に恐怖が沁み込み始めている事実を認めざるを得ない。まず、イースト・ロンドンまで飛行機で飛んで、そこでヒアリングへ向かう予定のTRC地元役員に便乗の調整を図る。最初に電話を入れたのは、TRC委員のジューンという白人女性だった。ジューンは六時間の行程を一人で運転するつもりだと言い、同伴は大歓迎だと言ってくれる。

「安全でしょうね？」と、私は尋ねる。

「神を信じていますか？」彼女は答える。「私には神がついていますから、恐れはありません」。

彼女に比べれば私の信仰は私の身を守ってくれそうにないので、他を当たることにする。

ＴＲＣ委員会の調査員ジャブに電話すると、彼は明るい調子でこう言う。「心配ありませんよ。大丈夫でしょう」。「でも、私の身の安全を保障できますか?」と、私は一度も会ったことのないその人に尋ねる。自分の声が恥かしさで甲高くなっているのが分かる。

「大丈夫」と彼は笑いながら言う。「心配ありませんよ」。ジャブは紺碧のインド洋に面している私のホテルまで迎えに来てくれることになっている。私は岸からわずか数メートルのところをイルカの群れがひょいとリープして泳いでゆくのを眺めている。アフリカ大陸南端に位置するこの信じがたいほど美しい場所は、南半球に典型的な風景だ。その美しさは、過去にここで起ったことを忘れさせてしまうほどだ。

ジャブは町の東へと車を走らせる。話しやすい黒人のジャブは――とてもハンサムな若者だ――警察官で（どうしてそれを先に言ってくれなかったの?）、ポート・エリザベスからケープタウンの西方にあるタウンシップで働いている。そういえば、スティーブ・ビコが拷問死したのは、ポート・エリザベスの警察署ではなかったか。「アパルトヘイト時代、タウンシップには警察による取り締まりなどまったくありませんでしたよ」、と彼が言う。「白人警官が黒人に暴力をしかけていたのです。法と秩序を維持するはずの警察が拷問や殺害をすれば、市民は自ら簡単に暴力を振るうようになるものですよ。生命は無価値でした。暴力は怒りのはけ口でしたが、この習慣は今でも続いていて私たちの最大の問題になっています」。

警察はあまりにも嫌われていたし、今でも胡散臭いものと考えられているため、ポート・エリザベス付近のタウンシップのような場所では、コミュニティによる取締りが導入されている。ジャブの説明によれば、コミュニティによる取締りでは、誰かが犯罪を犯した場合、住民と警察官が処置を決定するという。さらに、ＡＮＣの政治家が居住区にやってきて、「われわれが犯罪問題を抑止できなければ、たとえ民主主義社会に住み、マディバが私たちの大統領であっても、海外投資はなくなり、海外投資がなくなれば子どもたちの仕事はなくなってしまう」と説明するので、人々はおおむね協力的だそうだ。ジャブの居住区では、今では住民による私人逮捕が行われているという。

私たちは以前トランスケイ・ホームランドと白人の南アフリカを人種的に分断する境界線であったケイ川を渡る。

今では公式に廃止されたとはいえ、分断は今なお残っている。トランスケイはつねに黒人の場所であった。その理由としては、一九世紀に植民地を提供された白人が断ったこと、さらにその後、アパルトヘイト法によりケープ植民地から追放された黒人が連れてこられたことなどが挙げられる。

息を呑むほど美しい地形を二車線の高速道路がくねくねと縫っていく。草に覆われた丘の頂上には村がちょこんと佇み、その丘は低草地帯へとなだらかにつながっている。見渡す限り、緑の大地が広がる。アロエの木の下に見える土壌は赤土だ。大地をえぐるように深い峡谷が見えている。あちこちに伝統的な村の家屋群が点在する。焼いた泥の壁と草葺屋根、そして牛糞の床をもつ丸い小屋。それらの家には電気も通っていないし、水道設備も整っていない、とジャブが説明する。女性たちが川から汲んだ水を甕に入れて運んでいる。コレラの大流行は珍しいことではない。トイレ用の窪地。自給農業。各家族は、この辺では「ミーリーズ」と呼ばれている小さなトウモロコシ畑を持っている。ネルソン・マンデラは自伝のなかで、子ども時代のこと、太古の昔からこの場所で常に貧しい人たちの主食であったトウモロコシについて書いている。ジャブによると、大抵、トウモロコシ畑は長くは利用できなかったという。読み書きができず、孤立して暮らしていた農民たちは、輪作に関する基礎知識をほとんど持ち合わせていなかった。そのため、彼らはほとんどいつもお腹を空かせていた。

野原では、長い棒を手にした裸足の少年が、トランスケイのコサ人たちの伝統的財産である牛の世話をしている。マンデラ少年もまた、七十数年前に彼の生まれたこの地でこうして牛を放牧させていたのだ。道の端で草を食んでいる羊やヤギ、牛が、ときおり道を渡ろうとする。ほとんどの車が（私たちの車を含めて）時速一五〇キロで飛ばしている。南アフリカは世界でも路上での事故死が多い国のひとつであり、牛と衝突する可能性はかなり高い。

頭上に薪を載せた女性たちが道のわきをとぼとぼと歩いている。背中には赤ん坊を入れたブランケットを巻きつけている。しかし、労働年齢の男性の姿はほとんど見られない。彼らは村からどこかへ行ってしまったのだ、とジャブが言う。男性たちは渡り労働者としてヨハネスブルグの鉱山に行ったか、失業中か、あるいは、いわゆる非公式経済の一端となって、かつては白人だけが住んでいた町で人口を増し、都会の路上で物売りをしたり日雇い仕事を探している。さらに、警察としてこの分野に明るいジャブによれば、彼らは変換期の社会的欠如につけ込もうとのさばり始めた犯罪組織の「使いっぱしり」になっているという。

バターワースのにぎやかな市場町では、木陰で座った人々が忙しく売買を行っている。私たちはそこを過ぎ、町の離れた片隅に延びた路上生活者のキャンプを通過する。トランスケイの経済は一九九四年の選挙後、悪化の一途をたどっている。投資への期待は実現することもなく、仕事を求めて町へ移住した家族は、町の裾野にブリキや段ボールなどを継ぎ合わせて小屋を作った。これらのあばら家のいくつかは、ゴミ捨て場のうえに建てられている。ゴミをくまなく探すことは、この人たちの生活の方法なのである。

トランスケイ・テリトリーでは、文明から離れるにつれて道は悪くなり、ウムティザの木から採れる白い樹液を顔に塗りつけてお化粧したコサの若い女性を目にする。何時間も白人の姿を見なかったので、私は自分がここでは警戒する必要のあることをほとんど忘れていた。もちろん、後ろから私たちの車を追い抜いた人たちが、私の姿を見つけてくるりと振り返ってはいたけれど、それがどうだと言うのだろう？　と思っていた矢先、荷台に半ダースほどの少女たちを乗せたトラックが横を通り過ぎた。一人の少女が手を振っていたが、それが軽蔑的ジェスチャーだと気付いたときにはその姿は視界から消えていた。

ルシキシキの入口付近のでこぼこ道にやってきたときには、もう暗闇が迫っていた。ジャブは大きくて裕福そうな家の前で私を降ろした。ここが私の滞在場所である。女性オーナーのダルシーが私の到着を待っていた。四十代くらいの小柄で筋肉質のダルシーは、柔らかい声と笑うと皺のできる整った顔つきの人である。家の中に入ると、恐らく私を待っていたのだろう、みんなテーブルの周りをうろうろしている。かわいそうに、お腹を空かせているに違いない。大柄でフレンドリーなアモスという男性が上手な英語を話す（南アフリカ人の多くは数ヶ国語に通じていて、二、三の母国語と英語、それにアフリカーンス語を話す人もいる）。ダルシーの二七歳になる甥のゾラ、非常に無口な男性――食事中もずっと恥ずかしそうにお皿を見つめていたので、名前を聞くことすらできなかった――、家族のメイドであるプーシーという顔ぶれだ。

家のなかはイギリスの田舎娘と器量良しのボーイフレンドの絵が描かれたビクトリア調の椅子や、毎時きっかりに賛美歌を鳴らすマホガニーの壁時計という不似合いな家具で調度されている。こうした調度品は、一八世紀イギリスの遺物か模造品で、ほぼ間違いなく、昔、旧ケープ植民地で使われていたものだ。昔のテレビアンテナのようにテレビの上に堂々と置かれたインパラの角だけが、この地域にはふさわしく感じられる。家族の財産は、ダルシーの亡き父親から受け継いだものだ。ダルシーの父は昔はルシキシキで何軒かの店を経営し、ビジネスはうまくいっていた。彼女の話によれば、父親の財産は一九八〇年代の「政治」によってほとんどすべて失われてしまった。家族はアパルトヘイト政府のホームランド政策を支持していたため、父親はANCが送った若い暴漢に攻撃され、殺害の脅迫を受けて閉店を要求された。町の中心部でダルシーが経営していた一軒を残して、家族はそれに従ったという。

テーブルの準備ができたようだ。私にはダルシーの反対側のテーブル上座が充てられた。使用人というより家族の一員といった感じのプーシーが料理を出してくれる。食事には、チキン、かぼちゃ、豆、お米とじゃがいも、デザートには煮詰めたピーチが出され、どれもとてもおいしい。デザートは明らかに来客の私のために特別に用意されたものだ。後で知ったのだが、私が「トウモロコシ粉のおかゆ」を伝統的に手で食べたことは、ダルシーにとってはとても重要なことだった。もうひとつダルシーから集めた情報によると、私は彼女の家に足を踏み入れた最初の白人だそうだ。

南アフリカでのほとんどの会話がそうであるように、食卓を囲んでの会話は、犯罪に対する悲嘆で始まった。これはゾラのお気に入りのトピックらしい。「犯罪は割にあう仕事ですよ。犯罪者たちの暮らしぶりを見てくださいよ！この辺りでお腹を空かせているのは正直者だけですからね！」。彼は、次期選挙には死刑制度を復活させるという公約を掲げた政党ならどこへでも投票するつもりだと宣言する。

「それが国民党だとしても？」。私は驚いてそう尋ねる。「国民党はアパルトヘイト政党でしょう！」。

「でも、国民党には法と秩序がありましたよ」とゾラが言う。「それこそ今私たちに最も必要なものですよ」。

アモスの仕事は生命保険と損害保険の販売だが、ビジネスはかなりうまくいっていると言う。というのも、犯罪が蔓延する社会で必要なことがあるとすれば、それは保険だからだ。もうひとつは先払いの葬式。「この辺りの治安は最悪ですよ」。アモスが頭を振りながら嘆く。「車は路上でハイジャックされるし、車に乗っている人たちは殺害されますからね」。私は再び二人のイギリス人女性についての話を聞かされる。

「この辺りの治安が悪い理由は何ですか?」。私は彼に尋ねる。

食料不足、失業、ほとんど習慣化された暴力……と彼が羅列する。

「真実と和解委員会は何らかの助けになりますか?」

アモスは半信半疑だ。アパルトヘイトの犠牲者の多くが望んでいるのは復讐なのだと彼は言う。

毎週日曜日、公営テレビチャンネルではTRCの今週の活動についての番組が放映されるというので、ゾラと私はクッションのよくきいた椅子に座ってその番組を見ることにする。その日は、秘密警察に殺されたANC活動家殺害事件を取り上げている。最近、ダーバン付近の野原で男性の遺体が発見された。TRC調査団は、その場所にヴラクプラスのような殺人農場があったことを確認していた。昔の映像が挟まれ、そこではデ・クラークと警視総監がこの男性の失踪については何も知らない、その男性は逃亡したのだと言っている。デ・クラークはこの事件のみならず、一九八七年の他の事件に関しても否認する。「しかし、デ・クラーク氏が秘密警察の内部事情を知らなかったなんて、そんなことがあるでしょうか?」と司会者が尋ねる。「彼こそ秘密警察の最高責任者だったのに」。

嘘、嘘、そして嘘。毎日のように新聞で報じられる否認、でっちあげはあまりにも見え透いていて、私は彼らの作り出すシニシズムと冗談が新国家の崩壊を招くのではないかと心配になった。警察は嘘つき、政治家も嘘つき、人々もお互い嘘をつきあい、もっと困ったことには自分自身に対しても嘘をつく。この国は嘘のぬかるみに深くはまり込んでいる。彼らは、アパルトヘイトは異なる人種による「分離的発展」に他ならず、その思慮深い意図に少しばかり足りないところがあったかも知れないが、もともとは合理的で良きシステムであった、と主張する。南アフリカは政府の指導者を含めて誰一人、状況を把握できない国なのである。

この暗黒のなかを切り進む任務を帯びたTRCは、いくつかのケースで成功を収めていた。今週、黒人の若者四人が、政府寄りのトランスケイ・ホームランドの監督を支持したことで、そのうち一人の母親に子どもの見ている前で投石した後、殺害していたことを認めた。彼らは現在服役中であるが、自分たちのやったことは「政治的」であるとの理由で恩赦を申請している。同じヒアリングでは、二人の黒人警察官が、ある女性の衣服を剥ぎ取ったうえ後ろ手に縛り、膣と太腿にある種の酸をかけて拷問したことを認めた。

こうした事実はまだまだ出てくる。虹の国は、現在の暴力と過去の非道の記憶に溢れている。さらに、政府の閣僚クラスをも巻き込んだ欺瞞の歴史と隠蔽によって深い傷を負った。一体、過去を安らかに眠らせることはできるのだろうか?

一九九七年三月一〇日、この日はルシキンシキの人々、そして周辺の村人にとって重要な一日となった。この日、彼らは、今から三〇年以上前、反政府運動であった農民の反乱で起こった出来事を公の場で初めて話すことになっている。トランスケイでもいちじるしく開発の遅れた遠隔地で起ったこの紛争は、黒人対白人という単純な構図ではなく、黒人対黒人を巻き込んだ複雑な闘争であった。具体的に言うと、この闘争は、アパルトヘイトに対抗するANCやパン・アフリカニスト会議(PAC)に属する、力を蓄えつつあった都市ベースの運動家と、プレトリア政府の命令に従っていた昔ながらの部族の指導者を支援したダルシーの父親のような田舎の保守派との間に起った対立であった。はっきりとは宣言されていたわけではないが、この反目は部分的には「近代性」との相克であったと言えないでもなかった。住民が学校にも行かず、時間がゆっくり流れる発展途上地区では、まったく新しい「外国の」考えは、部族の政府を構成していた世襲の「君主」家系という従来の忠誠に対する挑戦であったと言えよう。都市部に根付いたANCの苦闘は、保守的な農村社会に自らの目的を強制させたことで、結果的に暴力を生むことになった。

一九六〇年代初期に起ったトランスケイ西部のポンド族(ポンドは南アフリカで最も人口の多い、傑出した部族コサ族の分家である)内の部族間抗争は、村の焼き打ち、生活の糧の破壊、死の脅迫と残虐な殺害によって最悪の事態にまで発展した。そのため、結果的には政府が介入し、軍隊による殺害や任意逮捕、裁判なしの抑留、領土内における自由通行の禁止、その他の制限的処置を含む国家緊急措置を敷くことになった。息子たちは警察トラックで連行され、母親は彼らの運命について知ろうと無為に嘆願し、夫は不法とされた会合に参加したとして銃殺された。隣人たちはお互いに反目しあい、汚染された政治的サイクルと復讐的攻撃は続いていた。

TRCヒアリングが行われているのは、最近新設されたばかりの町内最大の建物である教育大学（新政府の誠意ある取り組みを示す具体的目印）である。残念ながら電気は通っていない。ホールの向こう側に置かれた発電機はボゴボゴと不穏な音を立て、今にも壊れてしまいそうだ。並べられた椅子の一列は、部屋の奥に立っている青い制服の警察用として割り当てられている。

ヒアリング開始時刻になったが、参加者はまだ到着していない。何百キロも離れたところに住む辺境の村人にとっては、ルシキシキまでの道のりは長く、トラックやトラックの荷台に乗ってここまで来るのは相当の大仕事なのだ。

数時間後、中年から老年の一〇〇人ほどの人々がホールに入ってきた。この特別の瞬間のため、緊張で肩は張り、表情は固い。女性たちの柄ものの綿スカートは、一九世紀終わりに白人女性が好んで着ていたようなものだ。冬の寒さを防ぐためのセーター、柄物のヘッドスカーフはコサ族女性特有のスタイルである。着なれないジャケット、短過ぎるズボン、ネクタイを着用した男性たちは居心地悪そうにしている。靴とソックスをはいているのは数人に過ぎない。今日、彼らがやってきたのは、他の黒人であるＴＲＣの委員から「尋問」を受けるためである。ある女性は、後で私に「弁護士の質問に答えるのは、白人だけかと思っていたわ」と言った。

六人の委員――男性四名、女性二名――が壇上にあがる間、私たちは起立して待つ。委員のうち三人が人権を専門とする弁護士で、そのうち一人は一九九五年に施行された国家統合と和解促進法を企画、草稿していた。さらに二人の聖職者、その一人はここトランスケイのＡＮＣに対抗した牧師であり、最後の一人は有名なブラック・サシュ運動という白人女性グループのメンバーである。ブラック・サシュのメンバーは中傷の言葉が飛び交う中でアパルトヘイトに反対して、プレトリアの国会議事堂の前で何ヶ月、何年にもわたりデモを組織した決然たるグループである。そのメンバーで、委員の一人としてここに来ているのが、神任せの旅を誘ってくれた女性ジューンである。イースト・ロンドンからルシキシキまでの長いドライブの間、彼女と話ができたらどんなによかっただろう。とはいえ、彼女は私たち二人の身の安全を神に委ねていたのだから、私は自分の決断を後悔しているとは言えない。

委員たちの背後の壁には、大きなポスターと床まで届く垂れ幕が貼られている。ポスターには、「真実、和解への道」と書かれている。看板の方には、「過去に起こった犯罪：殺人、誘拐、拷問。現在の犯罪：沈黙。過去の出来事をお互いに語り合おう。それによって和解への道をともに歩もう」と書かれている。ステージの前にゆらゆらと揺れるのは、「真実のキャンドル」の炎である。

全員がメソジストの賛美歌を歌い、祈りの言葉を捧げる。「われわれの国が癒され、将来の世代が調和と平和、発展のなかで暮らせるよう祈りを捧げます。……われわれはお互いを正当に扱わず、誤用しあいました。……憎悪と闘争の混沌からわれわれをお救いください」。

最前列の男性がもう目のあたりをぬぐっている。

私たちは着席する。議長が開会の演説を始める。「今日は委員会にとって特別な日です。一九六〇年代にこの地で起った闘争をこうして眺めるのはこれが初めてです。当時の出来事を知ることは、一九七〇年代、一九八〇年代の出来事を解明することにもつながります。当ヒアリングでは、自らの権利のために武器も持たず立ちあがった人たちのストーリーを聞くことになるでしょう。私たちTRC委員は、今日までにその不幸、ポンド族による自由への闘争について二〇〇件もの陳述を取りました」。それから、議長は神に癒しを求めた聖職者の委員にお礼を述べる。

TRCはこれまでに国家の癒しをもたらし、人々が切望する虹の国を実現させるために、すばらしい仕事をしてきている。今のところ、この大学のホールで語られた言葉はすべて注意深く、その目的に沿うように記されている。アピントンでのように、新国家の種はすでに蒔かれているが、戦闘ラインが人種ではっきりと分けられる場所以上に、ここルシキシキでは委員たちはよりデリケートな政治的綱渡りが求められるだろう。ホールに集まった数名は、同席している人たちの犠牲者なのである。たとえば、ホールの一方には、元白人政府とその同盟者である田舎の部族首長に挑んだANC支持者が陣取り、反対側にはANCと戦った首長数名や彼らの支持者が座っている。TRCがその使命である和解に深刻に取り組もうとするなら、敵である白人アフリカーナー以上にANCが見下し続けている黒人との間に平和をもたらす手助けをすることが不可欠である。アパルトヘイト政府側で戦った黒人は「裏切り者」と見なされているが、それは白人に対して戦った白人——多くが作家や学者、人権擁護家、良心の呵責を感じた信者、左派の人たちであった——が「裏切り者」とみなされていたのと同じことである。自分の属する種族の集団的意見に逆らうことは、しばしば究極的罪と考えられているのだ。

同時に、大切にされるべきものは、形になりつつある反アパルトヘイトという「苦闘」の集団的ストーリーであり、政府の命令に従った共謀的首長を合法化するかに見える行動はタブーとされねばならない。ここに、「苦闘」と虹の国のあいだの潜在的抗争が露呈している。つまり、「苦闘」は本質的にANC側のストーリーである一方で、「虹の国」は、あらゆる人が——黒人、「カラード」、インド人、白人を含めた全ての人——違和感なく受け入れられる歴史的語り口を意味している。果たしてそんなことが可能だろうか。それが明らかになるには何年もかかるだろうが、ルキンシキほど遠隔地のこのホールでも、できかけの国家ストーリーの一端を垣間見ることができる。「ポンド族によるの自由を求める戦い」、武器を持たず「権利を求めて戦った」人たち、という議長の開会の言葉を取ってみても、TRCが支持するのは政府の言いなりになった首長側でないことは明白である。

しかし、TRCヒアリングの優先課題は傷を癒すことだとされている。議長は次のように述べる。「私たちは、今日、真実と和解委員会の前に姿を現すこともかなわず、拷問を受け、殺害され、跡形無く消えた人たちに敬意を払います」。コミュニティの死者が読み上げられるなか、家族を失った遺族は、壇上にあがった肌の色も言葉も同じ、これらの教育を受けた委員の前でじっと立っている。自分たちのストーリーを聞いてくれるために重要な人たちがついに遠隔地の村までやって来てくれたのだ。ある女性はガタガタと震え、顔を手で覆っている。

三人の男性の名前が呼ばれる。彼らは壇上に上がり、委員の向かいに設置された証言者席に座る。そのうちの一人は松葉杖をついていて補助が必要だった。それから、各人が宣誓のために立ちあがる。「あなたがたは今、重要な責任を引き受けています」と議長が言う。「この国の人々に、あの日の出来事を語っていただきたいと思います」。

問題となっている「あの日」とは一九六〇年六月六日のことである。その日、グクザ丘付近で二機の航空機とヘリコプターが非武装の群集に向けて発煙弾と催涙ガスを発射した。続いて、警告もなく発砲が始まり、この結果一一名が命を落とし、負傷者の数は三〇名にのぼった。犠牲者はANCの支持者で、加害者は警察であった。

証言者のアドルフスは、背筋の伸びた強靭そうな男性で、政権に対する村の人々の悲しみを訴える。「私たちはパスの携帯を義務付けられ、それを首のまわりに下げておかなくてはなりませんでした。私たちはバンツー教育［非白人に対して劣等な教育を与える教育システム］にも反対でしたので、［地元地区の］ケープ・タウン議会にそれを伝えに行きました。しかし、行政官は私たちの言うことを聞きもせず、私たちはバブーン（知能の低いばか者の意味）で、バブーンはケープタウンの議会には来るべきではないと言われました」。

そのとき、押し殺したようなすすり泣きが部屋の沈黙を破った。たった今、人間性剥奪というアパルトヘイトの核心部分が読み上げられたためだ。「他者」が完全な人間ではないという痛烈な告発。羞恥と屈辱――魂への傷――が言葉の激流となって暴露される。

昔、ここで起こった六月のストーリーが露にされていく。

「私たちのまわりには発砲してくる警官たちがいて、隠れる場所もない私たちは追い詰められていました。後に、友人の敷地内に五八人の負傷者を運び込みました。彼は今日、ここに来ています」。参加者のなかにいる友人は小人で、目を固く閉じて耳を澄ませている。「病院へ行けば警察に捕まるため、それは不可能でした」。

「その後、逮捕された幾人かは、負傷のために死にました。生き残った私たちは呼吸もできず、失禁するほどのひどい暴行を受け、天井から吊るされた友人もいました。一緒に刑務所に入れられていた数人は、そこに一一年間も入れられました」

「後になって、ボーア人の集団が私の村へやってきました。彼らは私の小屋四つを焼き払い、羊を殺しました。ボーア人の手助けをしたのは、首長の味方をしていた密告者たちでした。私は足に銃弾を受け、今でも松葉杖を使っています」

アドルフスは射抜くようなまなざしで委員たちを眺め、それから力強い声で訴えかける。その声は徐々に大きくなっていき、最後には誰かがマイクを少し引き離さねばならないほどだった。彼は自分の言葉を強調するために合間を取り、怒りとともに叫び、それから聞き耳を立てなければ聞こえないほど声を落とす。アドルフスの話法は、過去を新しい世代に伝える古代アフリカの語り部の力を持っている。

委員たちは注意深く耳を傾け、そのストーリーに釘付けにされている。目撃者の陳述が終わると、委員がそれぞれ質問をする。コサ語から英語への通訳が必要なのは、白人の委員ジューンだけだ（ヘッドフォンを使っていたのは彼女と私だけだった）。ジューンの質問を聞くために目撃者がヘッドフォンをつけようと探る時間が少しだけあった。ジューンが通訳を必要とする事実は、彼女の部外者としての存在を強調しているかのようだ。彼女は非の打ちどころのない資質を備えたリベラル派の尊敬すべき活動家だが、それでも犠牲者側の部族ではない。このヒアリングは彼女についてでも、彼女のためでもない——たとえ、彼女はここにいる誰もと同じ虹の国の一員であるとはいっても。

発電機は予想通り故障してしまったし、配達されるべきランチも到着してはいない。ヒアリングは休会とし、委員と目撃者は虐殺現場グクザ丘を訪れることにする。

未舗装の道はどんどん悪くなり、雨水の溜まった二本のわだちに変わる。私たちは村のある草原の中心にいて、車の両側にはトウモロコシ畑が見えている。馬に乗る若者、ブランケットをまとい、大きなステッキを持った老人たちが、背筋をピンと伸ばして私たちが通り過ぎるのを見ている。だだっ広い野原では人々が用を足している（この地域には水道設備は整っていない）。少年たちが長い棒を持って牛の世話をしている。彼らは七、八歳といったところだろうか、明らかに学校には通っていないようだ。子どもたちが、いわゆる道の脇から、ぎょっとした表情で私の方を凝視している。ここでは白人の顔はほとんど見られないのだ。とりわけ白人女性の顔は。子どもたちの顔には深い困惑の表情が浮かんでいる。

一行は丘の裾野で止まり、眼下に広がる緑の絨毯に覆われた谷を見下ろす。谷の途中は棚のようになっていて、そこから川へは急角度の崖がそびえている。ヘリコプターから銃撃された一一人がいたのはこの川だった。彼らは頭上で旋回するヘリコプターから隠れる場所もなく、ここに囲まれてしまったのだ。

あの日を生きぬいた生存者が、小さな塚の周りに集まる。牧師が祈りを唱える。真実：私たちは宣誓のうえ語られた彼らのストーリーに耳を傾けた。和解：辺境へのこの旅はそのためのものだ。不正義のヒリヒリするような思い出を乗り越え、歴史と記憶にとうとう変更が加えられる。牧師の委員が花輪を捧げる。人々は目を閉じ、胸に手を当てる。

犠牲者のグループを代表する人が述べる。「殺された村人は、その谷に埋められています。私たちは彼らをこの頂上の、今花輪を捧げた場所に埋葬し直したいと考えています。また、彼らのためだけでなく、同胞の解放を求めた苦闘の一部であるこの出来事のために追悼碑設置資金を集めたいと思っています」。

委員会の議長は注意深い返答を返す。彼はどんな約束をすることもできないが、その要求をＴＲＣに伝えることにする。生き残った人たちは感謝の意を込めてうなずいている。議長は、まったくの別世界から来た威厳ある人なのだ。彼はネルソン・マンデラその人を代表し、彼ら自身のマディバであり、マディバは辺境の忘れられた自分たちに注意を払ってくれているのである。

「政府はここに来ることを禁じていました。彼らはこの出来事を歴史から抹消しようとしていたのです」。議長が彼らに言う。「さらに、ここで起こったことについては話をすることも許されませんでした。しかし、真実と記憶は決して弾圧されることはありません。真実と和解委員会は、記憶を再現する助けとなり、あなたがたがこの国の開放に果たした貢献を認めるでしょう。そのとき初めて私たちは共に前進し、この国を再建することができるのです」。

年配の生存者たちは公の場でこのストーリーを語り継いでいくことを許可された。彼らは感謝の念に目頭をぬぐう。ぼろで身なりを整えた文盲の農民たち、国の主流派からは程遠いこの村人たちは、民主主義の到来にもかかわらず、未だに苦渋の極限生活を強いられている。この日、彼らは心に刻む。そして、それはTRCのおかげなのだ。

「やっと安心しました。もう逮捕されることもありません」と、生き生きとした表情の歯のない男性が私に言う。「私たちに起こった出来事について初めて話ができるのです。私たちはとても、とても幸せです」。

車の行列がルシキシキに戻るころには、あたりは夕闇に包まれていた。ランチはディナー時に届き、発電機は未だに動いていない。暗闇がこの部屋を包み込み、部屋の片隅ではコオロギが夜の歌を謳っている。しかし、「真実のキャンドル」は絶えることなくきらめき続け、揺れるライトのそばではヒアリングが続けられる。

次は首長の番である。彼は弁護士とともに壇上へ上がる。弁護士を伴って現れたのは彼だけである。弁護士は、首長が悪口を言われていること、彼に対する告発はでっちあげであると主張する。首長は弁護士の話の事実性を確認するよう指示される。そのストーリーは実際、あまりにもできすぎているように思われる。

「真実を話していませんね」と議長が怒ったように言う。「あなたが真実を認め、許しを求めなければ、平和はやってきません。あなたがここに来たのは許しを求めるためでしょう」。首長と弁護士は一瞬たじろいだように見えた。その瞬間、ホール内には「和解」の可能性などほとんどないように思われたし、トランスケイで起った未解決の紛争に関するTRCの立場は疑いようもないくらい明らかになった。TRCは「裏切り者」の歴史を記念するつもりはまったくないのだ。

引き続き、数十人を超える人々が壇上に上って、自分たちの痛々しいストーリーを語った。日々の苦しみや忍耐がそのまま表情に表れたような女性たちは、はっきりした声で昼間の銃撃戦や夜間逮捕について、それっきり行方のわからない息子や娘、夫について語った。なかには、愛する人たちが簡略裁判の後に刑務所のなかで死んだことを知っている人もいたが、まったく何の情報もない人たちもいた。ある女性は、子どもの葬式が行われる地区の通行許可書類を持っていないという理由でパス法侵害に当たるとして、葬式への列席を拒否された。他の多くの人たちと同様、彼女は委員会に対して、子どもの「遺骨」を探し、家族が埋葬できるよう遺骨を家に持ちかえりたいと嘆願した。加害者が名乗り出て悔悛を表明すれば、罪を許してもよいと言った人は、彼女以外にも多くいた。その際、彼らは、加害者に息子の遺骨が埋められた場所を教えてほしいと嘆願した。

ある人たちは、この一度きりの機会をとらえて、子どもたち——両親と同じように読み書きを学ぶことのない、牛の世話をしている子どもたち——に対する教育を要請した。彼らは委員の方に身を乗り出して嘆願したが、その表情は真剣そのものだった。今後、マディバの代表者に助けを求める機会は二度とないかもしれないのだ。さらに、詳細な買い物リストを作成し、ホール内を笑いのざわめきに巻き込んだ人たちもいた。「私は村のＡＮＣ議長です」とある男性が説明する。「ＡＮＣが権力を手に入れた今、私には助けが必要です。私は浄水設備が整い、洗面所のある、電気の通った家が欲しいのです」。これらの嘆願は、白人の南アフリカを含め、南アフリカ全土で月並みの願望ではあったが、トランスケイでは月を求めるのに等しかった。ある女性は自分のストーリーを語り終えた後に、哀れを誘う嘆願を付け加えた。「政府は私に何ひとつしてくれていません。ぜひ、マンデラ大統領にここに来てもらい、苦闘のために犠牲を払った女性たちを記念していただきたい」。

ヒアリングが終わると、議長は個人的悲嘆と新しく形成されたばかりの国の歴史を結び付けようとする愛国的スピーチで締めくくった。「あなたがたの子どもは、英雄として自らの命を捧げました」と議長は母親たちに語りかける。「しかし、あなたがたがこの国民を解放しようとしなければ、子どもの死は無駄になってしまいます。子供たちはこの組織にとって貴重な人たちです。彼らの犠牲をたたえ、すべての南アフリカ人が敬礼を捧げています。どうぞ、心を安らかにしてください。彼らの流した血は、解放を育てる肥しとなったのですから」。

殺害された子どもたちの母親に対する、このありふれた賞賛の凡庸さに、私は驚かされた。ちょうど今証言を追えた母親は、今も壇上に残っていて、先ほど個人的悲劇を追体験したため呆然としている。ソーシャルワーカー（ヒアリングにはいつも出席している）は前かがみになって、彼女の肩にそっと手を置いている。

この女性は本当に息子を「国民を解放するために」育てたのだろうか？　それとも、息子に政治から身を引き、命を守ることを願っただろうか？　彼女はそれを教えてはくれない。息子は一八歳で死んでしまったのだ。それだけが彼女にとって問題なのだ。公的「敬礼」が今日与えられたことは彼女の慰めになるかも知れない。あるいはならないかも知れない。少なくとも、彼女の子どもの悲惨はこのイベントで追悼されたのである。少なくとも、彼は記憶に刻まれたのである。

ルシキンシキで繰り広げられているドラマとは裏腹に、黒人、白人を問わず多くの人たちが、不処罰を危惧し、「和解」という当たりのよい言葉は不充分であり、犯罪者に対する恩赦は正義を否定することに他ならないと考えていることも事実である。スティーブ・ビコとグリフィス・ムクセンジの遺族は、恩赦は犯罪裁判と民事裁判における補償の可能性を失わせているという理由でTRCに反対しているが、南アフリカ憲法裁判所は「和解」プロセスを支持する判決を下した（ビコの遺族にとっては、少しだけ慰めがもたらされた。スティーブ・ビコ殺害の犯人に対する恩赦は否定されたからである）。

犠牲者のサポートグループであるクラマニ（ズールー語で、「はっきり述べる」の意味）は、その反対の立場を頑なに維持している。私はそのグループの女性二人にヨハネスブルグのオフィスで会う。静かな口調で話す彼らの顔には、苦痛のためのしみが刻印されている。一人の女性が、一九八八年に一七歳の息子が警察に殺害されたと語り、学校の記念写真を見せてくれる。その息子は学生活動家で、ソウェト警察は数ヶ月間、彼に目を付けていた。そしてある日、彼らは息子を路地に引っ張り込み、そこで頭に銃弾を打ち込んで殺害した。

「私が求めているのは正義です」。彼女はささやくように言う。「あのことが始終頭から離れないのです。今、私はたくさんの病気を抱えています。どうすれば、彼らを許せると言うのでしょう？　仮に彼らが名乗り出て、自分たちのしたことを後悔していると言ったとしても、彼らを許せるでしょうか？」。

クラマニは一九九四年、女性たちを助けるために設立された。その年、ソウェトでは一週間に三、四回の葬式が行われていた。メンバーたちは、殺された子どもの母親を支援しようと葬式に列席した。姿を消すのはほとんどが男性だったため、女性と子どもはお金や仕事もないまま後に残された。そんな女性たちをクラマニはこれまで支え続けてきた。

TRCがヒアリングを開いたとき、クラマニはストーリーを語ろうとする女性に手を貸してきたが、彼らが言うには、ほとんどの女性が未だに恐れを抱いていると言う。恐れ、つまり名指ししたことによって警察に殺されるのではないかという恐れ、そう、新南アフリカ警察に殺されるのではないかという恐怖である。TRCが保護を提供してくれるのは、証言者が実際のヒアリングに関与している場合のみである。

「では、真実と和解委員会は不必要でしたか？」。私は二人に尋ねてみる。

「最初はその計画に大賛成でしたよ。しかし、今では、すべての事件が調査されるとは絶対に思っていませんよ」と息子を失った女性が答える。「結局、政府は『分かりました。記念碑を建てましょう。お金をあげましょう。あるいは、子供たちを学校に行かせましょう』と言うだけですよ」。

「しかし、私たちが求めているのは、子どもに何が起ったかについての真実を探し出すことです。真実さえ見つかれば、私たちの心も安らかになるでしょう」

恥という感覚。多くの白人がそれを感じている。原始的「他者」の遺伝的劣等性を合理化することで、さらに、居住区や「ホームランド」に押しやって、ほとんど視界から消え去った彼らから目をそらすことで、薄い色の肌が持つ特権を享受することは何とたやすいことだっただろう。反対に、イデオロギーという圧力に抗して自らの良心に忠実でいることは、多大な勇気が必要だっただろう。あえてその危険を冒した人たちは、共産主義者というレッテルを貼られて攻撃され、グループからは締め出され、場合によっては職業を禁じられ、抑留や亡命を強制されたり、殺害されることもあった。

一部の人たちは、その恥を自分の使用人を助けることで軽減させた。ちょうど、私がダーバン近くで会った大学教授が自分の庭師を大学へやったように。それ以外の人たちは、それまで抜け出しようのなかった蜘蛛の糸の崩壊により、大きな安堵感を感じた。「以前より呼吸が楽になりました」と哲学教授のエルドン・ウェイトは言う。ウェイトは一九七〇年代にフランスでヒッチハイクをしたとき、拾ってくれた人たちから南アフリカ出身だと分かっていれば車に乗せなかったと言われたことがある。また、ドイツではエルドンの出生を知った運転手が、突然、自分はもとSS（ナチ親衛隊）のメンバーだったと告白した。「私たちは二人とも心の奥にある罪の意識を打ち明けましたよ」。エルドンが回想する。

ある大学院生は、自分や友人たちは両親に対して「憤怒している」と教えてくれた。また、オランダ改革派の牧師〈その牧師はちょうど自分の恥を取り除くために小説を書いている〉は、子どもに激しい怒りを向けられていることを認めている。彼はまた、次のように打ち明けている。「夜半、数杯のアルコールを飲んだ後に、人々はネルソン・マンデラが本当に黒人であるはずがない、と言う。彼らは、マンデラの肌の色は心持ち黄色っぽいから、きっと〈カラード〉、つまり白人の血が入っているに違いないと考えているのだ」。

しかし、南アフリカの相克する歴史を個人のうちに秘めている唯一のアフリカーナー人がいる。かの有名な、あるいは悪名高い苗字を持つウィリー・フルヴールトの額には、三二歳という年齢にもかかわらず、もう不安の皺が刻まれている。彼はアパルトヘイトの設計者ヘンドリク・フルヴールトの孫にあたる。ウィリーはANCの活発なメンバーであると同時に、TRC委員としても名を連ねている。

彼は私に、彼の言葉で言う「自分の故郷に戻る」という長いプロセスに取り組んでいると言った。彼の家族、人種、そして宗教的バックグラウンドに由来する、圧倒的な恥の感覚を克服しようとしているのだ。「故郷に戻る」とは、自分が自分である、つまり「白人アフリカーナーであり、キリスト教信者であり、そしてフルヴールト家の一員であるという事実を受け入れるすべを学ぶこと」を意味する。

多くの白人反体制主義者のように、ウィリーが違った世界観に触れたのは、南アフリカを離れたときだった。一九八六年から一九九〇年までの間、彼はオランダに留学し、そこで自分の祖父が首相であった時期を取り上げた博士論文を完成させた。それからは、祖父の行ったすべてに対して拒否感を抱くようになり、ANC側に加わることにした。つまり、彼は旧南アフリカを捨て、新南アフリカに帰依したわけである。

　フルヴールト家はこれに激怒で応えた。ヘンドリクの息子であるウィリーの父はあらゆる関係を断った。「私が白人の政治的スタンスとして左寄りに動いていたのを彼らは知っていました。しかし、それと、ブラック・パワーのテロリスト組織と共産主義に参加するのとは大きな違いでした。私の家族はそうした組織は南アフリカ白人を破壊しようとしている、と考えていましたからね。それに、強力な宗教的意味合いもありました。共産主義者は無神論者ですからね。父はよく私のことを放蕩息子のイメージになぞらえていますよ」（自ら恵まれた階級を出ていく聖書のエピソードになぞらえている）。

　ウィリー・フルヴールトは、他の誰よりも個人的「和解」の痛みを理解している。「私は責任は認めますが、抑圧グループに属していたことから来る個人的な罪の意識は拒否します。私は深い恥を感じてきましたし、ある意味ではそれを承認する機会を求めています。ひとたび自身の〝故郷に戻り〟、否認と怒り、他者の非難を克服できれば、がちがちになったアイデンティティを変えられるでしょうからね。自分のなかに未だに怒りという重荷を抱えながら、平和の礎を築くために働くことができるとは思いません」。

　その日、私たちがいたのはケープタウン中心部の小さなカフェだった。ランチタイムの騒音に負けないように、ウィリーは声を張り上げていた。私は、か細く見えるこの人が背負わねばならない危険な重荷について思いをめぐらす。彼を見ていると、南アフリカをよい方向に変えた父の人生を記念する必要性を感じ、殉死した父親の死の重みを背負っているコシナティ・ビコが思い出される。フルヴールトの場合は、ビコの場合に比べるとさらに大変だ。ビコとは違って、彼が抱えている重荷、彼の名前につきまとう重荷は、南アフリカを根本的に悪い方向に変えてしまったものだからだ。一九九七年五月、私がケープタウンと南アフリカを去る前に最後に会ったのがこのウィリー・フルヴールトだった。彼は南アフリカの痛々しい変化を自身のなかに具現化していた。


　トロントの自宅へ戻ってから、かつてはアパルトヘイト社会をつなぎとめていた法律家や弁護士、裁判官などの人たちが、ＴＲＣのスポットライトの光にさらされた。「旧」裁判官が今になって格闘を強いられているのは、彼らが果たした役割の道徳的成分、つまり、彼らが人口の大部分に市民権を与えないような人種差別的国家で法を適用したという事実であった。裁判官たちはおおむねＴＲＣヒアリングに出席するかわりに、短い手紙を送ることを好んだ。一九九八年一〇月に委員会が発表した最終報告書では、裁判官は次のような厳しい批判を浴びた。「委員会は、ほとんどの行政官がわれわれの招きに応じなかった事実を痛烈に批判し、遺憾の意を表明する。しかし、以前の司法権独立の欠如、アパルトヘイト国家の公務員としての過去の惨たんたる記録を考慮すると、余計にその気持ちは増す。国と行政官は、抑圧から民主主義への変換期において自らの役割を査定する機会を失ったと言えよう」[*19]。

和解という問題はまた、医師の上にものしかかった。医師たちもまた、共謀の責任が課されていた。南アフリカの医師たちはナチのメンゲレ博士ほどではなかったが、拘留されていた七〇人の政治犯は医師による医療的怠慢、あるいは、スティーブ・ビコのように一部の医師の共謀によって命を失っていた（南アフリカ医学協会［MASA］は一九七七年に起こったビコの死の調査を拒み、ビコの医師の一人であったベンジャミン・タッカーの除名を拒み、それに抗議した会員数名が脱会した。このため、同協会は世界医学協会から強制的に除名された。しかし、一九八五年、憤慨した医師たちが南ア医学協会に対する訴訟を裁判所に持ち込んだ。そのときになって初めてビコの件に関する公式調査が行われ、そのなかでタッカー医師は「不面目な行為」により、さらに同僚のイヴォール・ラング医師は「不適切な行為」によって有罪が下された）。

犠牲者はTRCに医療の誤用を報告した。たとえば、ある医師は警察に拘留者が窒息死したように見せかけるために、オートミールを強制的に食べさせるようアドバイスをしていた。さらに、拷問を受け、吐血している犠牲者に対する処方を「どうせ死んでしまうのだから」という理由で拒否していた（その犠牲者は生き延びて、後にそれを語った）。多くの医師が医療カルテの改竄を行った。白人と黒人で医療処置を区別することを義務付ける法律はなかったにもかかわらず、医師たちは自身の規則を独自に制度化していた（一九九五年には、医学協会は共謀に対する謝罪を行ったが、何に対する謝罪なのかを明白にせず、詳細調査の約束すらしなかった）。

医療倫理上の過失に関するいくつかの理由ははっきりしている。つまり、医師（弁護士や裁判官と同様に）は、人種と恐怖のうえに築かれた社会の構成員であり、その孤立のなかで南アフリカ白人はあらゆる種類の人権侵害が正当化される共有的世界観を確立させていたのである。TRCの最終報告書は、MASAが数多くのケースで過失行為を犯していたことを明らかにした。具体的には、隔離された不平等な設備設置を許可したことから、黒人医師に対して不平等な医学訓練を与えたことなどが挙げられる。区域の外科医は、拷問の苦情や証拠を記録するのを怠り、虐待の報告、虐待中止を求める措置を取らなかった。さらに、医務総監の監督の下、医師は個人に対して使用される生物、化学兵器の開発に直接的に関与していた。違法行為の黙認に関するリストを挙げればきりがない。

委員会は、この報告のあとに補遺としてヒポクラテスの誓詞、医師に人間性への奉仕を嘆願したジュネーブ条約の宣言、「医師は拷問やその他の残忍で人間性の欠如した、あるいは不面目な処置を是認、許容したり、これに参加してはならない」[*20]と述べた東京宣言を添付した。

さらに、ビジネスとアパルトヘイトとの密接な関係を調査する別のヒアリングや、メディアが世論を反映、形成した方法を探るヒアリングも持たれた。「旧」国家の隠れた割れ目から漏れ出る恐怖は、理解を絶するものであった。とはいっても、科学・工業リサーチセンターの狂気の科学者が行ったことを受け入れる下準備のできていた人はほとんどいなかっただろう。この科学者たちは、白人が敵の部隊に潜入できるように「白人を黒人に変える」薬の開発を進めていた。さらに、プレトリア周辺にある軍事生物・科学兵器部門の一部であったルーデプラッ・リサーチ・ラボの科学者は、人を殺し、癌を引き起こし、不妊を促進する毒素の研究に取り組んでいた。そして、血流に毒素が染み込むことで着用者が障害を持ったり、死んだりするように作られたTシャツを製造していた（秘密警察はこの有毒Tシャツを「ビコ」の著者ドナルド・ウッズの五歳の娘に渡した。彼女は生き延びた）。

これらすべては、長年にわたる社会状況の結果として考えなければ到底理解できるものではない。スティーブ・ビコを扱った医師に関するドナルド・ウッズのコメントは、加害者となったほとんどの専門家に当てはまる。ウッズは次のように述べている。「彼らは、意識的に残虐であったわけではなかった。しかし、極限の非人道的行為を許した社会によって、また、怠慢を通して、彼らの良心は根底から歪められていた。ラング医師は、ビコの拘留中に足枷が使われたことは知っていたが、その拷問具の存在によって衝撃を受けたようには見えなかった。……黒人の囚人に対するまったくお粗末で最低限の処置は、驚くに値しないほど普通であったのだ」[*21]。

一九九七年五月、恩赦申請の締切日が迫ってくると次期大統領のターボ・ムベキ、ドゥラー・オマー、そしてほとんどのＡＮＣ政府閣僚、それに数百人もの苦闘の元メンバーが申請を急いだ（一方で、ボータ、デ・クラークは双方とも申請しなかった。恩赦のための告白はほとんどがアパルトヘイト警察のものだった）。ムベキと彼の部下による申請は、デズモンド・ツツにとっては重要な勝利であった。ツツは前もって政府与党ＡＮＣが、それ自体が法制化したまさにその母体から自らのメンバーを控除すると主張したり、アパルトヘイト政府だけが人権侵害を犯したというふりをし続けるようなら、即刻職を辞すると警告していたからである。それは正しかった。そうでなければ、ＴＲＣは国内のみならず国外でも笑いの種になっていたであろう。

委員会の証言のなかで、ＡＮＣは一一年間にわたって行われた五〇〇件もの爆破の責任、地雷を埋めたことに対する責任を認めた。また、密告者にいわゆる「ネックレス刑」を止めさせるよう強い立場を取ることもできた事実を認め、反逆者やスパイに対する拷問と殺害、ゲリラ訓練所での女性兵へのレイプの事実も認めた。しかし、アパルトヘイトに対する「正義の戦争」という道徳的正当性を変える気はまったくなかった。

現在、権力の座にいる人たちによる恩赦請求は、ＴＲＣの信頼性にかかわる極めて重要なカギであった。しかし、私が出席したルシキシキのヒアリングで苦闘の支援派と政府の共謀者側との抗争に直面したときに、委員が（間接的ではあっても）完全に彼らの立場をはっきりさせたように、今度はＴＲＣ委員会の別の支部が独自のバイアスを示した。一九九七年一一月、恩赦審議会は公的ヒアリングも行わず、犯した犯罪を明らかにすることもなく、ターボ・ムベキや五人の閣僚をはじめとするＡＮＣトップ指導者三七人に対する一括恩赦を申し渡した。これに対して、野党はＴＲＣのえこひいきがついに露になったといって歓声を上げた。

デズモンド・ツツは大きな問題を抱えることになった。そして、一九九八年一月、委員会は最高裁判所に指示を仰ぐことにした。独立組織である恩赦審議会は委員会の法的ガイドラインに沿って行動したのか？

同年五月、裁判所は「恩赦審議会の措置は違法であった」との判決を下した。一括恩赦はくつがえされた。

一九九八年一〇月、長い間待たれた報告書の発表直前になって、ＡＮＣは悪い知らせを通達されることになりそうな指導者数名に関する会合をツツとボレーヌに要求した。

立派にも、ＴＲＣはそれを拒否した。新南アフリカの誕生は間近に迫っていた。ANCが憤慨していたのは、単に有罪者が名指しされることではなく、歴史の描き方、つまり、南アフリカの将来のナラティブにおける苦闘と苦闘が果たした役割の描き方に対してであった。つまり、ANC側の人権侵害とアパルトヘイト側の虐待に公式な同等性を導くことが可能なのか、あるいは、真実と和解委員会は「自由の闘士とアパルトヘイトの主人」を同等に扱うことができるのか。つまり、両者に道徳的同義性があるのか、という点がANC側の懸念であった。

報告書は一九九八年一〇月二九日木曜日に発表されることになっていた。前日の水曜日、ANCは委員会にANCの懸念を前もって対処させるために裁判所へ行った。デ・クラークも同様の行動を取った。彼は裁判所に自分の名前が委員会の報告書リストから削除されるべき理由を示す二〇〇〇ページを超える膨大な資料を提出した。

一〇月二九日、午前九時五五分、裁判所はANCの首長の訴えを支持しない判決を下した。しかし、デ・クラークは自分の要求を通すことができた。彼が裁判所に預けた資料はあまりにも膨大だったため、裁判所が予定されていた報告書発表までにそのすべてを調査することは不可能だった。

ツツは意気消沈した。「この段階で、デ・クラークの関連に関する調査を最終決定としえないことに、私は実にしぶしぶながら合意しました」と彼は声明を発表した。「そのことをとても残念に思っています。私たちはデ・クラーク氏に対して良心的に公平であり、彼に対する復讐に組するつもりはまったくありません」。

一九九八年一〇月二九日、ツツ大司教が真実と和解委員会の報告書をネルソン・マンデラ大統領に公式に提出する準備をしていたとき、誰一人として満足感を感じている人はいなかった。ANCとデ・クラークは双方ともに、腹黒いとまでは言えないにしても自己利益だけを考えていた。国民党、インカタ自由党、自由戦線はすでに彼らの遺憾の気持ちを表明する手紙を送っていた。これらのグループは、この歴史的機会に会するつもりもなく、それぞれが自分たちに対する委員会のバイアスを非難していた。人権侵害をした人のリストから、一五名が名前を削除することに成功していた。彼らのなかには、何らかの手違いで事前の通達が届いていなかったり、TRCから「手違いでした」という声明を手に入れていた。

ツツはアパルトヘイトの犠牲者たちのために黙禱を捧げ

ることを呼びかけた後、批判の矢面に立たされているTRC委員会を守るため、また、将来の歴史のために、まずもって委員会の成果を全面に押し出すスピーチを行なった。「この報告書には、加害者に関する調査結果以上のものが含まれています」とツツは述べた。「報告書は、過去の抗争の結果として起った大規模な人権侵害の図式を可能な限り完璧に示し、さらに、われわれの過去を理解するための背景を示しています。アパルトヘイトを支持した人たち、そしてそれに反対した「人たち」双方の見解を取り上げています」。

ツツ大司教は政府高官たちを前に、この報告書は「われわれが人権の文化を、そして、過去の残虐行為を二度と繰り返さないことを確実にするための社会構造を育む方法について、さらに癒しとトラウマを受けて傷ついたわれわれの国家の和解プロセスを進めるため」の示唆を与えてくれるだろう、と言った。真実と和解委員会はパズルの一片に過ぎない。すべての南アフリカ人の福祉は、ひとつのグループではなく、南アフリカ人すべての肩にかかっている。この報告書を受け入れるなら、「われわれは野獣と向き合うことができるでしょう。ひとたび恐ろしい過去を受け入れるなら、最早過去に束縛されることはないでしょう」。

ネルソン・マンデラは、威厳ある調子を持たせ、彼の所属するANCの威厳を高めようと試みる。「不完全といえども、国家を和解、および再建させるTRCの助力として、私はこの報告書をそのまま完全なる形で受け止めたいと思う」。

元自由の闘士、元アパルトヘイト強要者双方にとって——実際、国全体にとって——、これは家族が関連する事件に他ならなかった。とりわけ、ネルソン・マンデラ自身にとってはそうであった。広範にわたる人権侵害の加害者名簿には、彼の元妻ウィニーの名前があった。

TRCは最終報告書のなかで、南アフリカにおけるアパルトヘイトは、ニュルンベルク国際軍事裁判で定義され、のちに国連によって認められた「人道に対する罪」であると明記した。「一九七〇年代後半以降、政府中枢の政治家をはじめ、警察、諜報部、防衛軍の指導者層は、反政府グループに対処するための戦略を考案した。この戦略は、なかでも南アフリカ内外において国家権力に対抗していると目された人たちの違法な殺害をもたらした。……広範にわたる人権侵害の大部分は、警察や秘密警察の後ろ盾となっていた元国家によって犯された」。ボータ元大統領に対してはとりわけ手厳しい批難が向けられた。「国家元首、さらに国家保全委員会委員長という地位を悪用し、人権侵害が蔓延する社会風土を作りだし、こうした文化を促進した。ボータ元大統領はこれらの侵害に対する責任を問われるべきである」。ANCを含む黒人解放グループ、とりわけインカタ自由党指導者（同時に現政府の内務大臣）マンゴストゥ・ブテレジに対しても同様の違法性が指摘された。一九六〇年に起ったシャープビル虐殺事件から一九九四年の移行選挙のあいだ、南アフリカ人は人権侵害の風土のなかに暮らしてきた。「人権侵害を犯した人たちのリストは、程度の差こそあれ南アフリカを包み込んだ紛争グループ全ての指導者に及ぶ」と報告書は述べている。「恩赦を求めようとしなかった、あるいは恩赦が拒否された件についてては法的告発が考慮されるべきである。いかなる状況においても、政府は過去を葬り去るような無差別的一括恩赦を許可すべきではない」。

一括恩赦なし――これはツツ大司教がとりわけ情熱をもって主張してきた勧告、あるいは嘆願であった。TRCが任務を終えた今、政府に対して許しと忘却への圧力がかかると、一方では、数十年間のアパルトヘイト支配の犠牲者とその子孫が最も激しい抵抗もせずに一般恩赦を黙認するとは考えられない。ましてや、彼らが過去を「忘れる」ことなどありえない。そのことはツツ大司教も心得ていた。警察国家から民主主義国家への移行期、TRCが強力な影響力を及ぼしたこの国では「忘却」の心配は不要であろう。

TRC委員会が公式にその任務を達成した今、[*22] 新南アフリカはその過去をどう記憶するつもりだろう？　敵同士の間に「道徳的同等性」は存在するのか？　この「同等性」という考えは、アパルトヘイト擁護派の白人の多くがたびたび主張してきたことであった。彼らは、先の戦いは国際的共産主義に対する「正義の戦争」であったと主張していた。ANCが危惧していたのは、この「同等性」という考えを委員会が認め、その判断が歴史として記憶されることだった。

道徳的同等性という結論が取り入れられる可能性はこれまでもなかったし、実際に起らなかった。ヨハネスブルグの『メイル・アンド・ガーディアン』紙の社説は、多く読者の共感を呼んだ。「アパルトヘイト政権の暴力性と不道徳性、そして解放運動の活動との間には、道徳的同等性は一度たりとも適用されなかった。ANCが、反アパルトヘイト抗争の結果として、独自の監禁施設で人権侵害を犯し、非武装の民間人を殺したことは、ANCがすでに謙虚に受け止め、悔悛をもって認めたものと思われる。ANCをデ・クラーク元大統領と同等の道徳レベルに並べるたったひとつの方法がある。それは、報告書の抑圧を試みることに他ならない」。論説委員たちは、TRCは新南アフリカ創設という仕事の一端を担ったに過ぎないというツツ大司教の宣言に賛同し、「国家的な癒し、真実解明のプロセス、さらに犯罪者の刑事告発を続けるべきである」と述べている。さらに、真実と和解委員会は国家にとって「極めて高く評価される仕事」を成し遂げたと書いた。[*23]

TRCのプロセスと結論に反対する白人の多くは、委員会がこの報告書を発表する前にはすでに国を後にしていた。生涯にわたって、さらに両親や祖父母の時代に遡って植え付けられた信条を捨てることは、すべての人にできることではない。暴力に巻き込まれる可能性のある国に残ることを選んだ人にとっても、それは同様である。

法務大臣ドゥラー・オマーは、私たちがケープタウンで会ったとき、人権という価値に根ざした文化、信頼性、人種間の和解と犠牲者の権利に対して働きかけることを呼びかけ、大きな期待を話してくれたが、私がこれを書いている現時点では、最小のステップしか踏み出してはいない。彼らの努力にもかかわらず、南アフリカの殺人事件件数は世界最多であり、警察の調査では未だに拷問が使われているという。さらに、黒人は教育程度の低さと貧困に未だ苦しみ（とはいえ、中流階級もわずかながら生まれつつある）、白人は相変わらず裕福な生活を続け、犠牲者はTRCが自分たちに必要な補償やサポートを十分に提供せず、傷口を広げただけだと不満をもらしている。南アフリカは、他国と比べようもないほど人種差別が——黒人による、黒人に対する差別を含む——蔓延している（二〇〇〇年一月、新任の警察長官が女性部下に対して、過去の白人による黒人への侮蔑を反映する「チンパンジー」という呼び方をした）。

これらの問題点を強調するのは、より深い懸念であり、なかでも最も重要なのは信頼性である。TRC報告書は、ボータ元大統領に広範囲にわたる人権侵害の「責任」を帰し、委員会への召喚拒否により司法制度における起訴を求めた。しかし、ボータとデ・クラークが恩赦を申請していたら、アパルトヘイトの頂点にいた彼らには、高い確率で正式な免罪が与えられていたはずである。つまり、この二人はいずれにせよ責任を負わされることはないのである。デ・クラークとボータが南アフリカの司法制度のもとで起訴されることはありえないし、このことは残念である。二人への恩赦は、彼らの果たした役割を考えると驚くほど不適切に思われる。恩赦を申請した人たちのごく一部しか恩赦を受け取っていないというのは事実だが（一九九九年の終わりの時点で、七一四二件の申請書のうち五六八件のみが恩赦を受け取った。八一五件が係属中、その他はさまざまな理由から取り下げられている）、恩赦に対する責任のジレンマは未解決のままである。さらに悪いのは、恩赦の申請をするためには加害者側の虐待行為が政治的動機に基いていなければならないため、よくある「私はただ『政治的』命令に従っただけです」という言い訳が国際政治の舞台に再び現れたことになる。このありきたりの言い訳は、ニュルンベルク裁判で否定された後、新たな半合法的プロセスの後ドアからひっそりと紛れ込んだわけである。

法的責任に関しても不安を感じざるを得ないほど偏りが見られる。恩赦に関する規則は、特に、特定の行動に対する個人責任の告白を呼びかけていたが、ＡＮＣの指導者たちは最初からグループとして申請し、グループとして恩赦を与えられていた。ツツ大司教はこの決定を公然と非難し、調停を求めて最高裁判所に訴えていた。一九九八年五月、ＡＮＣが裁判で負けると、彼らは再度グループとして恩赦委員会に申請し直したが、一九九九年四月、今回のグループ申請はあっけなく却下された。委員会はその理由を次のように述べた。「行為、不作為、違法行為に関するものだけが申請の内容となりうる。申請者の一人として個人的に恩赦を求めることのできるこれらの行動にかかわっていないのだから、『彼らの申請は』その行為の必要事項を満たさない」。同じ指導者がもともとは一括恩赦を提供されていたというのに、ＡＮＣの申請が二度目に「行為を満た」さなかった理由は今もって不明である。

私はこのことを、ツツ大司教が二〇〇〇年二月にトロント大学で名誉博士号を授与されたあと、トロント市内のホテルで尋ねてみた。最後に会ってからほぼ三年になるが、ツツ大司教の具合があまりにも悪そうに見えたので、私は驚いてしまった。最近も癌治療のため二度目の手術を受けたばかりだった。ツツ大司教らしい打ち解けた話し方で、彼はＡＮＣのグループ申請と、その結果には大いに心を乱されたと言った。「動機は正しかったのです」と大司教は主張する。「彼らは委員会へのサポートを表明し、乱用を招いた政策に対する集団的責任を受け入れたことを示そうとしたのです。しかし、私が期待していたのは、もっと多くの指導者が、たとえば地雷を埋める指示を出したり、爆撃命令を出したりといった特定の行為に関して恩赦を申請することでした。ＡＮＣ指導者たちが申請した事実は賞賛されるべき立派な道徳的行為です。しかし、最終的にはそれが私たちＴＲＣの面目をつぶしてしまったのです」。私はツツ大司教のあまりのナイーブさに驚いて身を引いた。誰に対しても平等という公正さはツツのヴィジョンの基盤であり、今でもそうありつづけていることを思い出す。これに関してはツツは一歩も譲らず、ＡＮＣに対しては「正義の戦争」という言い逃れから、委員会に対しては最終報告書の名指しを控えようとする試みに至るまで戦ってきた。

赦し——ツツ大司教にとっては非常に重要なもの——は、別の複雑性をも示している。実際に起こった事件がこれをうまく説明している。ギデオン・ニュウワウトという元秘密警察のメンバーが、殺害を告白するためにポート・エリザベスの犠牲者の家に行き、遺族に赦しを求めた。抱擁や告白に対する感謝の言葉を提供されるかわりに、犠牲者の息子は花瓶で彼の頭を強く殴りつけたという。このエピソードは陰に隠れていた何かを見せてくれているように思われる。というのも、これらすべての道徳的深刻さの後で、このエピソードは核心に据わった真実に私たちを引き戻してくれるからだ。つまり、謝罪がどんなに心の底からなされても、赦しは絶対に自動的にやってくるわけでも、あるいは集団的にやってくるわけでもない、という真実である。赦しは、犠牲者、あるいは犠牲者の子孫によってのみ与えられうる。それを選ぶのも彼ら自身に他ならない。その後、和解につながることもあれば、つながらないことだってある。

問題のリストをあげてみればきりがない。しかし、どうしたわけか、全面的な批判を受けたにもかかわらず、南アフリカの真実と和解委員会はその失敗と不充分さを超えた何か重大な意味をもたらしてくれた。ツツ大司教は、アパルトヘイトに対抗する「正義の戦争」の道徳性と、その戦いのために使用された違法手段とを区別することで、決定的テストにしっかりと耐えた。人権侵害は正義に背く行為である。それが誰によって行われたとしても、どんな目的のために行われたとしてもその基準は変わらない。そのメッセージをツツは南アフリカ人全員に伝えたのである。そして、それ以外にも何か非常に新しいことがある。ＴＲＣはこの決定的移行期にあって、旧南アフリカと新南アフリカとを分かつ、はっきりした線引きをしてくれた。失われた過去の回復と多くの個人の不明な運命は、事件のほぼ直後に加害者自身の口から明らかにされた。がちがちのアパルトヘイト賛成派でさえ、そうした出来事が起こった事実には異議を唱えなかった。

こうした功績は、これだけでも新しく生まれようとその道を探っている国にとっては大勝利であったと言えよう。

一九九七年一二月、TRCヒアリングが終わりになるずっと前、ブラック・サシュの元メンバーのメリー・バートンは、国民レベルで和解の「記録を残そう」と呼びかけ、反アパルトヘイト運動に積極的に関わった人だけでなく、沈黙を守った傍観者を含めた一般の南アフリカ人に自分の思いを公表する場を提供した。「この試みは、心のなかで深く和解を願い、これにより新しい未来への象徴的コミットメントを示したいと考えている多くの南アフリカ人のためのものです」。バートンはそう語り、TRCに出向いてメッセージを残したり、インターネット上にそれぞれの思いを書き込んでください、と呼びかけた。

故郷を後にした多数を含む数百もの人々がインターネット上にコメントを書き込んだ。そのいくつかは深く胸を打つ内容だった。

私は同胞によって恐ろしく間違った方向へ導かれたアフリカーナー人です。キリスト教の教えと現世感覚において、すべてが正しい方向に動いていると信じさせられました。今ではその間違いに気付きました。今後は持てる力のすべてを使って過去の過ちを修復するよう力を注ぎ、子どもたちの世代が私たちとは違ったように教育されるよう努めるつもりです。

——ウルリッヒ・スワート

過去を思い出すたびに、深い悔悛を感じます。白人の南アフリカ人としての共謀を認めるたびに、深い悲しみを感じざるを得ません。計りようのない罪の重みを感じつつ、祖国の恥ずべき過去において私個人が果した役割に対する責任を引き受けたいと思います。「知らなかった」とは言えません。知らないでおくことを選んだのだ、としか言えないでしょう。同胞への道徳的義務を怠り、自分の家族の安全を優先させたのです。まわりに権利を剥奪された人々がいたというのに、自分の子どもたちを恵まれた環境のなかで育ててきました。心の底から謝罪します！　悔悛を表現し、謝罪することが罪を軽減するわけではありません……［が、］今私が感じている自責の念を表現することで、私の魂のより深いところまで届くように感じます。過去の悲劇のなかで「加害者」だけではなく、私たち傍観者が国民と国に対して与えた損害を修復するため、私にできるささやかな方法を今後も探し続けていくつもりです。

——マール・フリードマン医師

ソウェトで成長し、催涙弾を吸い込み、SADF（南アフリカ防衛軍）やデ・コックの一味（野獣だったのだろうか？）によって数え切れないほどの恐怖を与えられ、頻繁に皮ひもで鞭打ちされた黒人の一人として、今でも怒りと激しい反感を消し去ることはできません。しかし、学生として短期滞在したアメリカで白人に対する黒人の敵意（憎悪でないとすれば）を見てしまうと、南アフリカを救おうと嘆願せざるを得ません。白人の同胞を赦したいとは思いますが、赦しと国を再建するための努力は別レベルの「苦闘」であるといえます。ただし、それは私が故郷アフリカに留まることを選んだ十分な理由だったと思います。

——ベレングB・ティムクル

わが娘たちへ。両親から受け継いだ以上によりよい国を残すことができないことに対して謝罪したい。一九七三年に私がSADFへ何の疑問も持たずに参加したことで苦しみを与えることになった南アフリカ人、南部アフリカ人へ。心からの懺悔を表明します。……これからの人生のどんな場所でも、いつでも、公然と、あるいはプライベートに、人種差別に対して戦うことを誓いたいと思います。そして、私たちの孫が二度と再びアパルトヘイト時代の恐怖と憎悪を経験する必要がないよう、過去の傷を癒し、この国を築くため、あらゆる努力をすることを誓います。

——アンドリュー・ショルツ

私は自分の血筋をよく知っています。私は、一六五二年にファン・リーベックの船がテーブル湾に上陸したのを見ていたクロトア族の血を、さらに、ヨーロッパに比べて限りないチャンスを与えてくれたケープにやって来たスイス人、オランダ人、ドイツ人商人、オランダ東インド会社の兵士の血を引いています。さらに、一七世紀フランスの宗教迫害と社会的頽廃を逃れてケープにたどり着いた清教徒ユグノー難民の血を引いています。アンフェラ・ファン・ベンガーレのようにファン・リーベックの砦で働くためケープに連れてこられた奴隷女性、あるいは一八世紀の終わり近くになってケープで生まれた両親の分からないエヴァ・ファン・デ・カアプの血を引いています。最初のイギリス支配に続いて、一七九七年にケープタウンに移住してきたイギリス人の血を引いています。

何にも増して私の血筋が教えてくれるのは、私たちの外見には何の意味もないということです。私たちはすべて、善人で親切で愛情にあふれた人でありえる一方、残酷で野蛮で、憎悪に満ちた人でもありえるのです。アパルトヘイト政策の差別で苦しんだ人たちすべてが善人であったわけではありません。同時に、アパルトヘイトの果実を享受しながらひっそりと生きた人たちのすべてが悪人であったとも思いません。すべての人が生まれながらの英雄ではありません。そのため、私たちはすべて祖先の真実を書き直す神話創作者なのです。私たちは何の創造性もない政治家を裁判所に座るのを許してしまう。精神障害者を「法と秩序」の名のもとに殺すことを許してしまう。私たちは自分自身と祖国さえ裏切ってしまう……。

沈黙という簡単な選択肢を選んでしまったことをここに認めます……南アフリカ人同胞が被ったダメージに対し深く謝罪すると同時に深い懺悔を表します。私は――私にその権利があるとは思いませんが――新南アフリカが過去に学ぶことを願ってやみません。

――アンドリエス・ウィリアム・デ・ヴィリエール

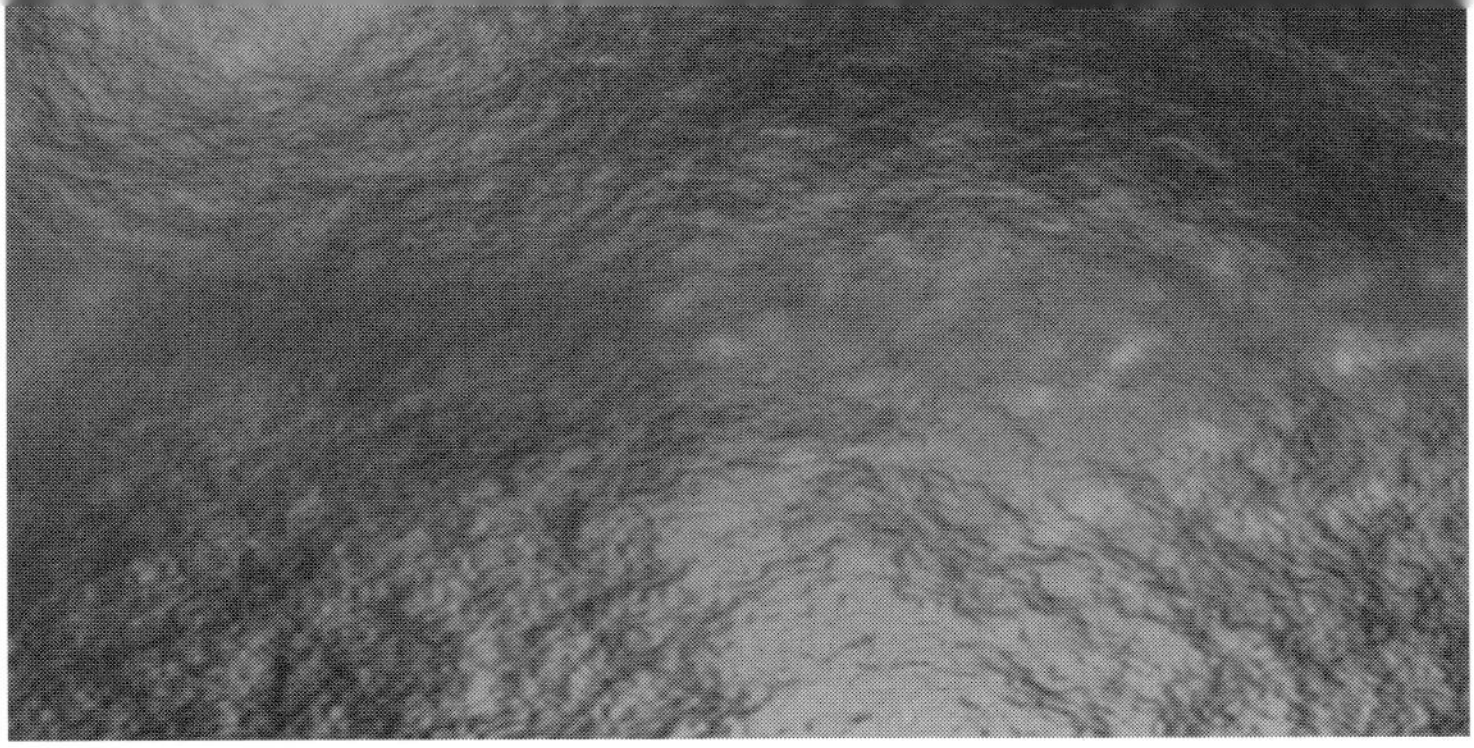

戦争、記憶、
そしてアイデンティティ

War, Memory and Identity

旧ユーゴスラビア略図

オーストリア
ハンガリー
スロベニア
クロアチア
ルーマニア
ボイボディナ
ベオグラード
トゥーズラ
ボスニア＝
ヘルツェゴビナ
セルビア
サラエボ
モスタル
ブルガリア
モンテネグロ
プリシュティナ
アドリア海
コソボ
アルバニア
マケドニア
イタリア
ギリシア

第6章

ホロコーストは誰のものか？

現在とあの出来事の間に十分な距離がないため、未だにわれわれが生き、苦しんだすべての意味を理解することはできない。結論を導き出すことは単に不可能なのだ……。とはいえ、ホロコーストのイメージはすべてを凌駕するだろう。

――ゲルショム・ショーレム、一九八九年

「恥を知りなさい！」。二列目にいる女性がそう叫んだ。たった今、私は大論争を引き起こしたダニエル・ゴールドハーゲンの『ヒトラーの意に喜んで従った死刑執行人たち』についての講演を終えたところだった。それは私の住むトロントでのことで、講演のテーマは「歴史、記憶、罪の重荷」であった。

　突然、ホールが静まり返り、観客の頭がくるりとその女性に向けられたかと思うと、今度は私の反応を見ようとこちらに向き直った。大柄で老齢にさしかかったその女性は、怒りで顔を真っ赤にしている。私のほうも突然、驚きのため赤面するのを感じた。この講演依頼を受ける前、私はこの本についての書評を大手新聞紙上で発表していたし、ゴールドハーゲンの本に関して言えば、さまざまな感情的反応が起こっていたのは承知していたが、その本に関する批判が私の道徳的卑劣さの証として理解されようとは思ってもみなかった。

　私は不本意にも苦痛を与えたことに対して謝罪し、私には到底想像しえないような恐怖を生き延びた人たちに対する深い敬意を表する。それでも、やはり腑に落ちない。私は自分の考えを述べるためにここに招かれたのであり、観客はそれを聞くためにやって来たのではないのか。

ある男性が立ちあがって私を擁護しようとすると、すぐにホール内が自由討論の場になった。なかにはこぶしを振りまわし、向こうの端にいる人と叫びあいをする人もいれば、私の見解と私の表現の自由を攻撃したり擁護したりする人もいる。ここで起こっていることに比べると私の存在など明らかに取るに足りないようなので、私は座ってこの出来事を呆然と眺めている。

こんな騒動を起こすなんて、一体私は何を言ったのだろう？　私はゴールドハーゲンのテーゼを概説したのだ。具体的には、ホロコーストが起こっていたあいだ、一般のドイツ人は「意欲的な殺人者」であり、熱に浮かれたように殺人に加担したのは、彼らがユダヤ人殺害を願うよう訓練されていたからに他ならない、というゴールドハーゲンの説を説明したのである。ゴールドハーゲンはこの破壊への集団的衝動を「反ユダヤ的根絶主義」と呼んだ。これに対する私の反論は、何世紀にもわたってドイツ人は同じ空間（主に宗教的空間）に住むユダヤ人マイノリティを排斥するよう飼い慣らされており、これがホロコーストへとつながる数十年間を作り出した主要因であるという点には賛成するが、ゴールドハーゲンはこのテーマに関して書いた著者すべてを悪しざまに言う一方で信じがたいほど自分の見解を誇張しているように思われる、というものだった。そして最後に、私はゴールドハーゲンの使った扇動的な言葉を挙げ、彼がプリモ・レヴィの言った人間行動の「グレーゾーン」、さらに、歴史家のクリストファー・ブラウニングが言うところの「動機や感情的葛藤、個人的な優先順位、不本意な選択、便宜主義や適応が混じり合い、これらすべてが都合のよい場合には自己欺瞞と否定に結び付く霞がかった宇宙」と表現したものの本質を見落としている点を指摘したのだった。微妙なニュアンスを排し、白黒はっきり描かれた自らの調査を余りに偏狭な語り口に並べることで、著者は人間性の複雑さと人種差別の凡庸さを見落としているように私には思われた。結局のところ、私の講演内容はまったく分かりやすい話であり、私はいつものようにオープンな討議が起こるものと無邪気にも期待していた。

その晩の騒動から、二つの言葉が私のなかに残った。ひとつは、ホール後部席にいた男性が感情の乱れの届くような声で言った言葉である。「三〇年後なら、こうした講演をしたって構いません。そのときは私たちみんなが死んでいますからね。しかし、私たちが生きている限り、あなたにこんなことを話す権利はまったくありません」。もうひとつの言葉は、ある女性が言った言葉だった。「私たちには歴史なんて必要ないのです！　私たちはそこにいたのですからね！　あなたが述べたことは、学者の無味乾燥な言葉に過ぎません！」。

こうした激しい反応をどう解釈したらよいのだろう？　最終的に私が受け入れねばならない事実は、一部のホロコースト生還者にとって、自分たちが耐え忍んだ悲劇に対する唯一可能な反応は「追悼」であり、それを補完するような追悼的歴史しか受け入れられないということだ。この観点からすると、『ヒトラーの意に喜んで従った死刑執行人たち』は正しい歴史のお手本であり、この本で使われた多くの学術的脚注は計り知れない犯罪を犯した国に対する心の底からの憎悪を正当化するように思えるからであろう。私の分析は、その承認されたお手本にはそぐわず、会場にいた多くの人たちの反感を買ってしまったのだ。侮辱――つまり、彼らのアイデンティティに対する攻撃として映ったのである。

ダニエル・ゴールドハーゲンの本は、ナチとは誰で、何であるかを説明しようと試みる、当然のごとく物議をかもす一連の研究書の最新刊である。こうした研究はまずハンナ・アーレントから始まった。一九六一年のアドルフ・アイヒマン裁判に関する報告として最初に『ニューヨーカー』にあらわれ、後に本にまとめられた『イェルサレムのアイヒマン：悪の陳腐さについての報告書』がそれである。アーレントの観察では、アイヒマンという人物は、想像力の乏しい、凡庸な、思考能力の欠けた人物であった。つまり、馬鹿ではないが完全に判断力の欠落した人であった。アーレントは、彼が住んでいた道徳的価値の逆転した世界を考えると、彼の良心は通常見られる機能を停止したと結論づける。アーレントは自らを驚かせもしたある考えを提示する。つまり、裁判を傍聴する以前の彼女は、アイヒマン（とその連中）に関して、通常の理解を超えた怪物のような一般的人間性から逸脱した例外であるという、当時支配的な意見を持っていた。ところがどうだろう。彼は「腹黒い人間でさえない！」のだ。一九六一年四月一五日、ハンナ・アーレントは夫ハインリッヒ・ブリュッヒャーにそう書き送っている。

ダニエル・ゴールドハーゲンが甦らせたのは、他ならぬこの「人間性における例外」理論という大衆的悪魔研究の魅力的な一端であり、彼はこの理論をナチ指導層から規模を拡大してドイツ人全般に適用したのであった。この理論に対する私の批判、そして私が主張した、ドイツ国民は常時浴びせられたプロパガンダにより道徳的判断力を失う可能性を秘めた、私を含むどんな国の人たちと何ら変わりないという指摘は、侮辱と解釈されたのかもしれない。とはいえ、確信はなかった。確実に言えることは、ホロコースト生還者に向かって話をするときには暗黙のルールがあり、それを私は理解していなかったということである。そこでは、宗教に限りなく近い見解を含んだ力強い正統性が生まれていたのだ。私は彼らのお気に入りの理論をもつ新刊本に異議を唱えることで、「異端」というある種の冒瀆を犯してしまったのだ。あらゆる宗教がそうであるように、「ホロコースト生還者の宗教」にも超えてはいけない一線があったのだ。

後になって考えてみると、こうした反応はさして驚くことでもなかったように思われる。一九八〇年代後半、ラウル・ヒルバーグの講演に出席したことがあった。ヒルバーグの画期的な著書『ヨーロッパのユダヤ人の絶滅（一九六一年）』は、現代におけるホロコースト調査の始まりを印し付けた本である。最近になって再版され、やっと本来あるべきように、より広範な読者の手許に届くようになった。講演のなかでヒルバーグはたまたま、最新の調査ではヒトラー時代に殺害されたユダヤ人の数は従来考えられていた六〇〇万人ではなく、五〇〇万人に近いことが示唆されていると言った。そのホールにも怒りが噴出した。六〇〇万人という数字は重大なのである。なかでも、いわゆる歴史修正主義者によって書かれた最も悪名高い本のタイトルが『六〇〇万人の謎』、『六〇〇万人が死んだのか？』であったことから、観客のなかには飛びあがって、ヒルバーグは記念の重要なシンボルを変化させることでホロコースト否定論に加担していると言う人もいた。

ヒルバーグは苛々しているようだった。彼はそうした主張をすべて知っていたし、折れるつもりなど毛頭なかった。彼は後になって、それらの異論は政治的に動機づけられており、自分は政治的意見を述べるために論文を書いたり講義をすることはないと言った。[*1]

ヒルバーグはユダヤ人評議会の果たした役割に疑問を投げかけた前著により、すでに賛否両論を巻き起こしていた。ユダヤ人評議会は、ナチ支配下の領土でユダヤ人所有物の目録を作ったり、移送を計画的に準備するためにアドルフ・アイヒマンにより設置されたユダヤ人組織であった。自分たちがコントロールすることで状況が少しでもましになるかもしれない、という痛ましい希望のなかで、ゲットーの指導者たちは移送者リストを作成するなどしてナチ抑圧者に手を貸した。移送列車が行きつく場所で実際に何が起こっているのかについての噂は流れたが、はっきりしたことは誰も知らなかった。たとえば、大量殺人についての噂は不可能だとして公然と非難され、さらに、真実を語った人は「狂人」と呼ばれるようなこともあった。ユダヤ人評議会の指導者とその家族のほとんどは、彼らの有用性に終わりが来ると最終列車で移送されたが、彼らが知っていた情報について、あるいは彼らがナチを手助けしたことに関する議論は彼らの死後もずっと続いていた。

ゲットー指導者たちに関する議論と同様に燃え上がるような激論をもたらしたのは、戦時中のユダヤ人によるレジスタンス運動というトピックであった。羊のように大人しく死へ向かった受動的犠牲者については誰もが耳にしていた。そして、実際、この描写の原型は、イスラエル国家が樹立される以前のもともとのコミュニティ、パレスチナ・イェシュヴにたどることができる。そこでは、反ユダヤ主義の歴史をはらむヨーロッパから離れ、異なるライフスタイルを持った現地生まれの「新ユダヤ人」の原型サブラ(イスラエル生まれのユダヤ人)が、いわゆる「ゲットーのユダヤ人」に対抗するユダヤ人アイデンティティを作り上げていた。活動的かつ肉体的なサブラは、受動的知識人として戦前ヨーロッパ大陸でステレオタイプ化されたユダヤ人とは正反対であった(「若い世代のサブラがホロコーストから心理的に距離を置いている事実は、破壊された昔のユダヤ人世界に関する彼らの関心の欠如に明らかに示していた」と歴史家のアニタ・シャピラは書いていた)[*2]。

ヨーロッパでは当然、ユダヤ人レジスタンスといった類の動きはあった。移送を逃れた人たちのなかで、多くの人がパルチザンとして、時にはパルチザンのなかでもユダヤ人組として、あるいはポーランド人やその他の人たちとともに勇敢に戦った。一九四三年四月一九日、ワルシャワ・ゲットー蜂起で勝ち目のない不利な戦いを挑んだ人々は、不可能な賭けもものとしない勇気ある人たちであった。著名な歴史家ラウル・ヒルバーグは、ユダヤ人レジスタンスは全体として見れば「取るに足りない」数でしかなく、これらレジスタンスによるドイツ側死者は「ほとんどゼロ」であったと結論づけた。さらに危なっかしいことには、ヒルバーグはこうした状況が起こった理由を、一〇〇〇年にも及ぶユダヤ人の歴史を引きながら説明してみせた。ヒルバーグはゲットーのユダヤ人評議会をはじめとするユダヤ人社会における権威の垂直構造は、ディアスポラの経験に深く根ざしており、小規模で力のないユダヤ人コミュニティはつねにピラミッド型社会の頂点にいる指導者に依存していたと説明した。こうした指導者たちの仕事は、王やカリフ（イスラム教世界における指導者）といったその時々の支配者から庇護を得ることであった。ナチはこのようなユダヤ人社会の伝統的構造を理解、悪用し、ユダヤ人を馴染みのある機構的集団にするりと送り込むことで、ユダヤ人による広範な抵抗の可能性を手際良く回避したというわけである。さらに、ヒルバーグは、実際にレジスタンスが起こったとき、蜂起を主導した人たちがまず挑んだのはゲットー指導者たちに他ならなかったと主張する。事実、ワルシャワ蜂起ではレジスタンスはまず何よりもユダヤ人評議会に対して行動を企てていた。

レジスタンス、あるいはその欠如に関するヒルバーグの結論は、明らかに評判が悪く、一九六二年一一月には『コメンタリー』誌に、記憶を形作ることを意図した最初の一斉攻撃が現れた。ハーバード大学の移民専門家であり、一九五二年のピューリッツァー賞歴史部門を受賞したオスカー・ハンドリンが書いた記事は、「対ナチ・ユダヤ人レジスタンス」と題されていた。ハンドリンはユダヤ人による共謀があった事実を認めるが、それはヨーロッパ各地で見られたことだとし、ユダヤ人の態度は「ホロコーストという大惨事の度合いに何らの影響も与えてはいない」と議論した。これは歴史学者同士による反論としてはまったく通常であると言えた（ホロコーストはハンドリンの専門分野ではなかったにしても）。ただ、注目すべきは彼の使った宗教的用語であった。オスカー・ハンドリンは、ヒルバーグの解釈を「不敬虔」と呼んだうえで、ヒルバーグは「死者を冒瀆している」と述べたのである。

一九九九年四月、私はラウル・ヒルバーグに会うためにバーモント州バーリントンにある彼の自宅を訪れる。ヒルバーグは四〇年間歴史を教えた州立大学を退職し、現在は七〇代前半である。研究に関する生涯にわたって止むことのない議論のせいで、口元には深い皺が刻まれ、口調には苦々しい皮肉な響きがこもっている。彼の自宅の裏庭からは、森林が見渡せる。私の質問に答えて、その森林には鹿もいると言う。彼は自然には興味がなく、「それは孫たちのため」とそっけない返事を返す。彼が最も懸念するのは名声と遺産であり、ほとんど四〇年が経つ今でさえ、未だにオスカー・ハンドリンが学者同士の議論であるべきものに、宗教的呪いのようなものを持ち込んだことに対する怒りを溜め込んでいる。ユダヤ人の評判を守ろうとするハンドリンの衝動、あるいは慰めを求めようとしていたことをヒルバーグが理解していなかったわけではない。「私だって初めての記録を開くときは、いつでもレジスタンスの記述を探していましたよ」と彼は言う。「それに慰めも欲しかった。しかし、その証拠は単になかったのです。反対に、レジスタンスに関する神話は山のようにありました。戦争中でさえね。ユダヤ人指導者は、さまざまな理由からユダヤ人が抵抗していると示したがっていましたからね。ひとつ挙げるとすると、連合軍は活発に反ナチ抵抗運動のサインを探そうとしていました。それを見れば、ドイツ軍の強度を計る目安になるという軍事的含みもありました。しかし、ドイツはあらゆるレジスタンスを共謀者と一緒に迎え撃ち、わずかなレジスタンスを無効にしてしまったのです」。

ヒルバーグ自身、ホロコーストを逃れた生存者である。とはいっても、彼は強制収容所に入ったことはない。一九二六年にウィーンで生まれ、幸運にも一九四〇年には両親とともにアメリカへ亡命した（ヨーロッパに残った親戚には痛々しい運命が待っていた）。そうした個人的バックグランドのために、彼の生涯の研究に対する反応はより痛みを伴って感じられた。そして、つい最近も追悼を願う人たちから不評を買うような情報を発見したばかりであった。ユダヤ人が誇る「自慢の出来事」であるワルシャワ・ゲットー蜂起は、事実を誇張したものである、とヒルバーグは主張する。「私は随時書いたものに修正を加えていますので、あるときゲットー蜂起について再検討してみようと思いました。そのことに関して納得いくまで理解していないように思えたからです。以前の調査では、ユダヤ人側の資料に完全に頼りましたが、現時点ではヨーロッパにおける調査はかなり進歩していまして、彼らは公文書を直接当たります。ドイツの歴史家はワルシャワ・ゲットー蜂起で戦ったSSや警察の膨大な裁判記録を調査し、これらの資料から蜂起初日にレジスタンスが損害を与えて使い物にならなくなったとされる有名な戦車には、実のところ大砲は備わっていなかったことが判明しました。つまり、それは訓練用の戦車だったのです。ということは、レジスタンスに関して言うと、私はほとんど四〇年間、過大評価し過ぎていたものに関して周りから論駁されていた、そういうことになります」。

ヒルバーグが研究の土台としてほとんどドイツ側の資料を使った――生存者の証言以上に――ことは一部からやり

玉に挙げられていた。反論の意図は、一部のドイツ人の説明にはバイアスが入っていて、生存者の証言は公正であるというまさにそのことである。ここでもまた、ヒルバーグはある出来事を完全に理解しようと思えば、加害国側の説明を通して研究する必要があるという主張を一インチとして譲ろうとはしない。「私にとっては、ホロコーストのストーリーをドイツ人の視点から書くことは疑いようのないことでした。というのも、それだけが唯一の方法だからです」と彼は言う。「それに、ニュルンベルク裁判の記録文書から始めることは必須でした。もちろん、生存者の証言も使いましたよ。しかし、実際に起こったことに関するユダヤ人の見解は極めて限定的であったことも認めざるを得ませんでした。ゲットーや収容所のなかに閉じ込められているとき、どれほどのことが目に入りますか？ 数百メートル先ですか？ それに、ほとんどのユダヤ人が、歴史的プロセスとしてのホロコーストの詳細に関心のない事実も頭に入れておくべきです。ホロコーストは、ユダヤ人の記憶のなかに主要部分として組み入れられていますが、そうした記憶は私のような〈脚注家〉が理解する歴史ではありません。そのことが一部の人たちの頭にくることがあるのは事実ですがね」。

アドルフ・アイヒマンの「凡庸さ」に関するハンナ・アーレントの結論は、恒久論争として結晶化されることになった。被告席にいる残虐な「殺人鬼」を見ようと願った人たちもいただろう、と彼女は書いている。しかし、アーレントにとっての恐怖は、「彼のような人が多数存在しており、そうした人たちの多くが変態でもなければ残虐者でもなく……あまりに恐ろしく正常である」という事実にあった。アーレントは、人間以下のナチ（ただし、もしも凡庸さが「一般的」という意味であれば反論の余地は残されたであろう。というのも、ニュルンベルク裁判の被告人のなかには、高度な教育を受けた法学者八名と大学教授一名がいたのだから）という「怪物理論」に初めて反駁を加えた一人であった。ヒルバーグの研究を参考文献として引きながら、アーレントはナチ司法のもとで活動したユダヤ人評議会について、「管理面、政治面におけるユダヤ人による補佐がなければ、……完全なカオス、あるいは操業不可能なほど深刻なドイツ人人材の消耗が起こったであろう」と書いた。さらに、アーレントは容赦なく次のように書く。「ユダヤ人指導者が同胞の根絶において果たした役割は、ユダヤ人にとって間違いなくこの全ての暗黒ストーリーのなかでも最も暗い一章である……」。

ヒルバーグと同じように、アーレントはユダヤ人の誠実さに論駁したとして激しい批難を浴びた。版を重ねた『イェルサレムのアイヒマン』のあとがきのなかで、アーレントは論争について苦々しい調子で綴り、そのなかで「ユダヤ人体制派」の一部は、戦時中ユダヤ人指導者層が行った賞賛すべき仕事すべてを描いてみせることで彼らを正当化しようと試みていたと記した。一方では、アーレントに反論する人たちは反ユダヤ主義者がアーレントの論文を引き合いに出し、ホロコーストに関してはユダヤ人も同罪であると主張する危険性があると危惧した。

エリー・ヴィーゼルがかつて表現した「魂の夜」を生き延びた人たちの経験、そして死者を記念する必要性は、どんなに不快な史実が明るみに出されようと歴史的事実を探し、解釈するというアーレントとヒルバーグに端を発する同じくらい深刻な必要性と対立した。一九六〇年代までには、この二つの立場は、当時現れつつあったホロコースト後のユダヤ人アイデンティティを求める格闘のなかでも争点となっていた。

ヒルバーグもアーレントもあまりにも早期にこんなことを話してしまったような気がする。恐らく、このテーマは学術的論争としてはあまりに大き過ぎたのだろう。ヒルバーグは悲しくも苦々しい回顧録（いみじくも『記憶／ホロコーストの真実を求めて』と題されている）の巻頭言で、H・G・アドラーを引用している。「悲劇のない歴史は存在しない。そして、知識は無知に比べるとましであり、より有益である」。しかし、同時に彼は「神話の重要性を軽視し、冷静な考察にあまりにも頼り過ぎた」ことを認めている。続けて、「私はフランツ・ノイマンの『これは引き受けるにはあまりに大き過ぎる』という言葉を十分自分に言い聞かせなかった」とも述べている。[*3]

ユダヤ人はトーラーによって自分たちの歴史を心に刻むよう教えられている。超正統派ユダヤ人は、メシア（救世主）の出現を待望し、歓喜あふれるその日に備えるよう命じられていると心に刻んでいる。ユダヤ人人道主義者は、聖書の預言を、責任ある人は世界を全国民にとってよりよい場所にすべきであるという預言の内容を心に刻んでいる。また、バリケードに囲まれたイスラエル入植地に住む宗教的ナショナリストたちもまた、自分たちが家を建てたその土地が、太古、神が約束した「約束の地」であると心に刻んでいる。世俗化したシオニストは、肉体的労働、生産性、社会における分配、祖国の防衛に価値を置く信仰を心に刻んでいる。キブツは、両親や祖父母が理想化した熱烈さを新世代が捨て去るにつれて変わってきたが、避難所としてのイスラエルと祖国の集団的記憶は今もイスラエル社会全体に浸透し続けている。

しかし、イスラエルやその他の場所で、ホロコースト以上に強力な記憶はなく、その記憶の核心にあるのは、ユダヤ人は世界から見捨てられたという確信である。この確信は、人々がはじめて過去を振り返ったアイヒマン裁判の時期に根を下ろし始め、その後一九六七年、エジプトとの戦争につながる武力増強期、イスラエル人がラジオで自分たちの死を求めるカイロの群集の叫び声を耳にしたときにますます膨らみ、とてつもない恐怖に変わった。その瞬間、若い世代はついにホロコーストを理解したのだ。その瞬間、ホロコースト生還者である、ヨーロッパからやってきて今では同じ地に住む「ゲットー・ユダヤ人」に対する軽蔑の気持ちは尊敬に変わったのである。

一九七〇年代後半にイスラエルで行われた調査は、イスラエルの生存権を正当化する理由としてホロコーストで被ったユダヤ人の苦難を挙げる人が主流になっていることを示した。この見解は、ユダヤ人には入植と自衛的行動を通してシオニスト開拓者が主張した土地に対する歴史的所有権を有するという以前の見解を凌駕するほどであった。[*4] イスラエル世論調査の専門家ハノック・スミスが最もよくこれを説明している。「ホロコースト生存者世代とその次世代は、戦争中、西洋諸国はユダヤ人を守るために何ひとつ手を打たなかったと信じている。これは強力な告発であり、イスラエル人の行動や思考に多大な影響を与えた。要するに、イスラエルの人々はその確信とともに始まり、彼らはそのレンズを通してすべてを見るようになったのである」。[*5]

ホロコーストを記憶する場所は、エルサレムの有名なヤド・バシェム記念であったし、今でもそうである。一九五三年にイスラエル議会決議により建造されたその博物館は、「ユダヤ人の集団的記憶」を保管する「記念的な場所と説明されている。「ヤド・バシェムは国家の悲痛」の記念碑であると言ったのは、イスラエルの元国連大使、元駐米イスラエル大使、元国連副事務局長、イスラエル外相アバ・エバンであった。「ヤド・バシェムは、膨大な死者とその後の苦痛を残すことになった、ユダヤ人に対するナチ・ドイツによる前代未聞の暴力に対する感動的な証言を与えるものである。よって、ヤド・バシェムは人類の道徳史上最も重大な記念碑のひとつであり、世界中の自由人から畏敬の念と支援を得るに値する」[*6]。

道徳的な記念碑、記念的な場所としてのヤド・バシェム。その主張には疑いを差し挟む余地もない。ここには、各国の政治指導者を含め、年に五〇万人もの訪問者が巡礼と呼ぶべき旅にやってくる。ヤド・バシェムはホロコーストに関する世界最大の公文書や記録を収めた場所として、五〇〇〇万ページを超える文書や何十万点もの写真やフィルムを保管すると同時に、ホロコースト調査に関しては最も重要な図書館を併設している。記憶に関するそのメッセージは明快である。つまり、訪問者は「ホロコーストの特異性とその普遍的教訓」[*7]について教えられるのだ。

ユダヤ人の歴史的記憶の継続性は、リトアニアのコヴノ（カウナス）のユダヤ人協会会長であったエルクハナン・エルケスの遺言に表れている。この言葉は、ヤド・バシェムのウェブサイト上に大きく使われているもので、次のように読める。「心に刻みなさい……アマレクが私たちにしたことを。ドイツ人がわれわれを殺害し、惨殺し、虐殺したことすべてを心に刻みなさい。それを生きているうちは絶対に忘れないように、そして神聖なる遺言として次世代に語り継ぐように……」[*8]。

この見解を取れば、ホロコーストという出来事は、「厄災が起こり、その後に贖いがやってくる」という伝統的なユダヤ的意識を形作った長年の伝説における一エピソードであることになる。その証拠に、歴史的記憶こそユダヤ教における中心概念であると主張する人たちもいる[*9]。ユダヤ教の律法トーラーは、ユダヤ人の過去を覚えておくようにと読者に呼びかける。たとえば、『出エジプト記』では、ユダヤ人は次のように教えられる。「あなたがたが束縛の家、エジプトから自由になったこの日を覚えておきなさい。神がどのように力強い手をもってあなたがたを解放したかを覚えておきなさい」[*10]。超正統派ユダヤ信者のなかには、紀元前七〇年に起こったエルサレムの第二神殿の破壊記念日をカレンダーに記している人たちもいる。この長年にわたる伝統のなかから、エルクハナンは古代イスラエル人に敵対する部族の創設者アマレクによる攻撃を、ヒトラーによる攻撃になぞらえたのである。つまり、聖書の逸話と二〇世紀の現実がここで統合されたわけである。「今や、アマレクはレフィディムに来てイスラエル人と戦った……そして、モーセはヨシュアにこう言った。『数名の男を選び、外に出し、アマレクと戦わせよ……』

モーセが手をあげるとイスラエルが優勢となり、彼が手を下ろすと今度はアマレクが優勢になった」。[*11]

ヤド・バシェムは実際の歴史的出来事と聖書の逸話をカタストロフと回復という伝説のなかに溶け込ませる古代の見解を用いている。アマレクはハメンをもうけ、ハメンは……スペインのフェルディナンド王（ユダヤ人を国内から追放した）を、フェルディナンド王はヒトラーをもうけ……。あまりの敵の多さにユダヤ人は恐れで震え始める。この見慣れた統合のなかで、歴史的事実は宗教のなかに溶けこんでいったのだ。

この引用とともに、博物館はユダヤ人が新しいイスラエルのために手を挙げるときはユダヤ人を守り抜き、いずれは永遠なる敵を敗北させるというコミットメントをはっきりと示しているのだ。「神はモーセに次のように言った。この記憶を書き記しておくように……そして、私の方では天の下からアマレクの記憶を払拭しよう」。[*12]

一九八〇年代半ば、私は初めてヤド・バシェムを訪れ[*13]、深く胸を打たれた。壁に掲げられた写真は、憎悪の心理学についての困難な問いを私に投げかけた。その後、ベルリンにある「テロルの地形測量」で、賞杯である犠牲者を見下ろして微笑みながら佇む加害者たちの写真——あまりにもグロテスクで気を動転させる——を見たときにも同じような経験をした。ユダヤ人救出を試みた非ユダヤ人を強調していることはせめてものなぐさめであった。この人たちは、プロパガンダの野蛮な猛襲に抵抗する強さと自分の身の安全を顧みない勇気をもった立派な人であった。世界最大のホロコースト犠牲者の登録所にいるというのに、どちらも二世カナダ人である私の両親は親戚の姓は分かっても名をはっきりと覚えていないために、私自身の失われた家族メンバーの行方を知ることができないことに、深く心が痛んだ。娘のミシェールと私は、苛々した様子で机を叩く公文書専門家の前に無力に立っているが、その間にも殺害された行方知れずの親戚たちは、私たちが救い出したいと願う忘却の深い霧の中へともぐり込んでしまうのだ。彼らは私から、私の両親、私のいとこ、私の子ども、そして私たちの親族に生まれるであろうすべての人たちから失われてしまったのだ。犠牲者の名がすべて刻まれたこの場所で、すべての死が匿名性という深淵から救い出される場所で、彼らは記憶そのものから切り離され、手の届かないところへと浮遊しているのだ。

今では歴史解釈はすべて歪曲を免れないというのは自明

の理とされている（過去にはそうではなかった）。歴史解釈というのは、研究者の個人的選択、強調、見解の産物であるからだ。ただし、この見解は、歴史には「真実」などひとつも存在しえない、というポストモダン思想――探求を単なる主観性と無意味さに貶めうる態度――を取っているわけではなくて、歴史家が現実に近い推測を求めて過去の遺物を念入りに調べるとき、発見されたものは究極的に言ってその当時の生活から「轟々たる混乱」（ウィリアム・ジェイムズを引くなら）が取り除かれた形になっているという点を明らかにするためである。博物館という場所は、強調したい点を取捨選択し、複雑性という多層性を平坦化する筋の通った一本の語り口が必要であることから、歴史を簡略化する可能性は拭い去れない。

他の博物館と同様にヤド・バシェムでも重要な選択がなされた。この選択こそ、犠牲者全員がこの世を去った後でも、彼らについてのストーリーが理解されうる基盤となるものだ。

ホロコーストの語り口を築く段階で、ヤド・バシェムはよく知られたテーマに強調を置いたが、館内の展示には現在でも論争が継続中であることを示すものはひとつもない。博物館で私が最初に出会った展示は、戦時中「見捨てられたユダヤ人」という未だに生々しいテーマ、つまり、連合軍はヨーロッパのユダヤ人たちが虐殺されているのを知りながら傍観したという非難であった。この見解を裏付ける証拠は、アメリカ議会における演説をはじめ、一九三九年五月一三日にハンブルク港を出航したセント・ルイス号のユダヤ系ドイツ人がキューバからカナダまでの大西洋沿岸で入国を拒まれたため、ヨーロッパに強制的に連れ戻され、結果的に多くがナチに捕らえられ殺された悪名高いセント・ルイス号事件などにはっきりと表れている。とはいえ、憤慨の核心にあるのは、アウシュビッツ収容所で起こったことというよりはむしろ起こらなかったことである。ヤド・バシェムを訪れた人が最初に対面するのは、アメリカ空軍が一九四四年八月二五日に撮影したアウシュビッツ―ビルケナウの空中偵察写真の拡大パネルである。画質の粗い背景をバックに到着した輸送列車がはっきりと見えている。同じように放出された人間の「積荷」も見えている。選別にかけられるため人々が並ぶ黒っぽいラインである。そのラインは二つに枝分かれしている。ひとつは右側に曲がり、その行く手に見えるのは間違いなくガス室である。

私がそこにいた日、その写真パネルを前に博物館のガイドがアメリカ人観光客グループに説明をしていた。ガイドは、連合軍はアウシュビッツについての情報を持っていたにもかかわらずユダヤ人を救う選択をしなかったと言った。グループの一人が怒って言い返す。「私たちアメリカ人は連合軍とともに、ナチに対して戦っていたんですよ！」。「アメリカが参戦した理由はユダヤ人を助けるためではありませんでした」とガイドが冷静に答える。「アメリカはアウシュビッツの存在を知っていましたが、ユダヤ人を助けようとはしなかったのです」。

これで議論は終わりだった。しかし、なぜアメリカがアウシュビッツ爆撃をしなかったのかという問いは、ヤド・バシェムと同館のガイドが示唆するほどはっきりと片がついているわけではない。博物館の見解は一九七八年五月号『コメンタリー』誌に最初に掲載された歴史家デイビッド・ワイマンの論文で、のちに『ユダヤ人の放棄：アメリカ人とホロコースト一九四一～一九四五』[14]という一大センセーションを巻き起こした本が根拠になっているのかも知れない。ワイマンは、線路とガス室を破壊するに十分な能力があったにもかかわらずアメリカ空軍は無関心であった、と主張した。

この主張、とりわけ反ユダヤ主義が垣間見える「無関心であった」という説をめぐっては激しい議論が起こった。しかし、これとは違った説もあった。ラウル・ヒルバーグの説では、ユダヤ人による線路と火葬炉とガス室の爆撃案は最後の最後に出されたが、それも組織だった要求として提案されたわけではなかった。基本的には「爆撃は時期尚早の案であり、ユダヤ人指導者は軍事力による救助を考えることに不慣れであり、連合軍の戦略家は勝利することばかりを考えていて軍事力を救助目的のために想定することができなかった」[15]。さらに、アメリカが戦争に参戦したのはヨーロッパのユダヤ人のためではなく、日本による真珠湾攻撃とアメリカ人戦争捕虜に対する日本の非人道的扱いに対する復讐のためであったという主張も出された。『救助の神話』[16]という本のなかで、ウィリアム・ルビンスタインは、連合軍側の民主主義諸国にとっては膨大な数のユダヤ人を救うことは不可能であり、そのように考えられない歴史家はナチ支配下のヨーロッパの状況をよく理解していないのだと主張した。しかし、この説は最近になって疑問視され始めた。一九九九年、二〇二一年までは極秘とされるはずであったイギリスの公式記録が政府公文書公開計画のもとで公表された結果、次のことが明らかになった。戦時中イギリスの外務大臣を務めたアンソニー・エデンは、ナチ支配下諸国にいて南アメリカのパスポートを保持する数千人ものユダヤ人捕虜の解放と引き換えに、南アメリカにいたドイツ人の本国送還を提案した一九九四年のアメリカ案を退けていた。エデンは解放されたユダヤ人がパレスチナへと移住を始めれば、イギリスにとって問題の種になると危惧していたのだ。

爆撃に関して助言した当の責任者は、戦後も自分の取った選択を擁護し続けた。一九八〇年代半ば、九〇歳の誕生日が近づくころ、アメリカ陸軍次官であったジョン・マックロイがニュルンベルク裁判でアインザッツグルッペン殺人部隊を起訴したアメリカ人弁護士ベンジャミン・フェレンツに、破壊されたとしても翌日には新しい線路が作られるという理由から、人間移送に使われていた列車を止める方法としては線路爆撃は不充分であると考えていた、と語った。さらに、火葬炉とガス室の爆撃は、収容された人たちを犠牲者にする恐れがあり、そうなると人的災禍のみならず政治的災禍ともなるため、どちらの選択肢も早期の戦争終結にはならなかったと述べた。

「マックロイはこの決定における自らの関与を否定しはしませんでしたが、後で考えてもその決定の正しさを疑ってはいませんでした」とフェレンツは一九九九年二月にモントリオールで会ったとき、そう回想した。「戦争を早期に終えることのできるターゲットに狙いを定めることが賢明であったと彼は今でも信じています」。フェレンツはマックロイに対して、彼の行動を弁明するためのテレビ番組を調整しましょうかと述べたが、マックロイはその申し出を断った。「テレビ・インタビューで自己擁護する準備はまだできていないというのが理由でした。明らかに、マックロイはそれが自分にとって有益であるとは考えなかったようです」とフェレンツは語った。

自分が昔関与した決断をめぐって感情的な議論が高まっていたことを考えれば、マックロイは公の場で説明を試みるべきであったろう。ただし、現在火のついた議論である戦略的な軍事決断を再検討することの難しさは、九〇歳という年齢を考えれば理解に難くない。

デイビッド・ワイマンの記事と著作があれほどの成功をもたらした理由のひとつとして、単純にタイミングがよかったことが挙げられる。『コメンタリー』誌の記事は、ヴェトナム戦争が終わりかけていた頃に掲載されたが、その当時といえばちょうどアメリカ人の良心にホロコーストが入り込み始めたときであった。ものの見方に変化が現れ、第二次世界大戦のイメージとしてヨーロッパ・ユダヤ人の壊滅が支配的になってくると、歴史もまた新たな配慮の視点から再検討されるようになり、アウシュビッツ爆撃が行われなかった事実は、戦争中のアメリカの無関心さを示す重要なシンボルとなった。一部のホロコースト生還者と歴史家の主張では、ユダヤ人殺害に対する連合軍の関心は、ナチにとっては、とりわけ一九四四年五月に西側との単独講和の交渉を願っていたヒムラーにとっては気がかりだった。さらに、別の見解としてはマックロイ同様に、爆撃は状況を悪化させただけであるという議論もあった一方で、より多くの人たちがワイマンとともに、連合軍は単にユダヤ人のことなど気にかけていなかったと主張した。

アメリカ、ワシントンにあるホロコースト記念博物館の元歴史家デイビッド・ループキは、アウシュビッツが爆撃されなかった事実をめぐる扇動的議論は、身動きの取れなくなったヨーロッパ・ユダヤ人がアメリカやカナダへ難民として逃れる手立てを失わせた一九三〇年代、一九四〇年代初頭の制限的な移民政策をはじめとする他の重要な問題を脇に追いやることになると述べていた。なぜなら、「状況ではなくて、誰かの不正直がそうさせてしまったと納得できれば、事が起こった後の無力感を受け入れる」[*17]ことはずっと簡単だからである。どうしようもなかったという無力感ほど心を痛めるものはない、彼はそう説明した。

この議論に対する結論は出されなかったし、今も出されてはいない。しかし、ホロコーストの記憶にとってこの「ユダヤ人放棄理論」が最も重要な問題となりつつあること、さらに明確なストーリーラインを求める必要性から、ヤド・バシェムはこの主題をめぐる未解決の議論にはまったく触れないで、アウシュビッツの空中写真を呼び物広告にするという決定を下したのである。

一九四八年、ホロコーストの惨事に対する部分的返答として、国際社会の承認を得たうえでイスラエル国家が誕生した。シオニズム——ある種の世俗的宗教であり、永遠に救世主を待つよりは地上に国を作ろうとする動き——はユダヤ教の枠ぐみにおける政治的、同時に復活的ビジョンであったことから、イスラエルのホロコースト記念博物館がユダヤ人の災禍と新国家の歴史的結びつきを主張するであろうことは誰の目にも明らかであった。

もちろん、実際にそうなったのであるが、博物館はそれを驚くべき結論によって主張した。展示を見終えた人たちは広大な屋外テラスへとやって来る。そのテラスを大きく占めているのは、ユーゴスラビア人アーティストのナンドール・グリッドによる巨大なブロンズ彫刻である。有刺鉄線に引っかかった様式化された人間の形が、さまざまな苦悶の態勢でぶら下がっているものの、この美しく施された芸術的抽象物との出会いは、博物館の展示を見た後のショックをこの場に置き去る手助けをしてくれる。実は、この作品の背後にはより深い意味がある。彫刻の傾いた穴からは、エルサレムの盛り上がった丘が見える。丘に並ぶ屋根は太陽光を受けて輝いている。つまり、博物館に展示された暗黒のストーリーを超えて、生命と再生を主張する声が響きわたっているのである。

後になってから、私は一方的なこの語り口に疑問を持つようになった。確かに、すべての歴史博物館は展示品の選択や展示品に付けられた解説、時には博物館の建築そのものによって、あるメッセージを語りかけようと試みているものである。しかし、ホロコーストの恐怖とその影響力の大きさを考えると、博物館が「未解決」という可能性を含む「出口」を選んでいてくれていれば、こんな判然としない気持ちにはならなかっただろう。ユダヤ人国家誕生という贖いはホロコースト後のせめてもの慰めであったが、死者の灰の上にユダヤ人国家を築くことでユダヤ人の被犠牲者化と政治的国家との絆はしっかりと固定された。一方では、「ユダヤ人の最終的解決」の何十年も前から厳格に政治的理由によってユダヤ人国家の国際的認知を求めて動いていた初期シオニスト運動の歴史的重要性を覆い隠し、さらには、聖書にあるアマレクの逸話をはじめとする準宗教的出来事として、ホロコーストを神聖化する原因ともなった。もっと言えば、ヤド・バシェムがメタファーとして宣言しているように、イスラエル国家が文字通りホロコーストから生まれたのであれば、そして、ユダヤ人が国家の誕生によって贖いを受けたというのであれば、五〇〇万人を越えるユダヤ人の死は予兆であり、贖いのためには必要であった、そういうことになる。

この結論は私の心を乱した。そして、それは私一人ではなかった。ヘブライ文学者ロバート・アルターがほぼ二〇年前に述べたように、「暴力でゆがめられたものだけがヨーロッパ・ユダヤ人の根絶をイスラエル国家の誕生を導く第一歩として〈正当化〉できるのである。収容所からの唯一の出エジプトは煙になって消えること（収容所の火葬炉で死ぬことを意味する）に他ならなかった」[*18]。

この懸念を表明したのはアルターが最初でも最後でもない。何年にもわたり、数多くの反応やそれに関する反論が出されてきた。この複雑な背景を知るうちに、私はユダヤ人であろうと非ユダヤ人であろうと誰しもが、心の奥深くで政治的、あるいは宗教的バイアスを取り除いたところで、ホロコーストそのものの意味を見出す必要があると考えるようになった。

イスラエル人なら誰しもホロコーストの生きた歴史を知っている。すべての学校で教えられ、それを思い出す機会は至るところに散在している。普通に町を歩いていても、ほとんどの通りで犠牲者に捧げられた公園ベンチや庭園などに出会うし、あるいは町の外に旅行に出かけると、全域が彼らを追悼するために植林された森林に出会うといった具合である。キブツ入植地や他のコミュニティは死者を英雄か殉死者、あるいはその両方として記憶している。実際には、イスラエルという国全体が過去への記念であり、現在への賛辞なのである。

しかし、現在、ユダヤ人の大部分が暮らすアメリカでは、ホロコーストの関する知識は比べ物にならないほどお粗末である。アメリカ・ユダヤ人委員会（ＡＪＣ）が一九九四年に行った調査によると、アメリカ人の全世代が、第二次世界大戦一般の出来事について驚くほど無知である。その程度は、イギリス人、フランス人、ドイツ人と比較してもはるかに低い[*19]（最も深い知識を持っていたのは当然のことながら、ドイツ人であった）。アメリカ人の九五パーセントが「ホロコースト」という言葉を聞いたことはあると答え、うち八五パーセントがその意味を知っていると言うが、その知識もほんの初歩的事項に過ぎない。「ドイツ人（あるいはナチ）によるユダヤ人迫害」という基本的事実を述べることができるのは四人のうちわずか一人である（歴史的知識はアメリカ人の得意とする分野ではない。たとえば、回答者の四一パーセントが自国で展開された公民権運動について「ほんの少しだけしか」、あるいは「何一つ」知らないと答えている）。

驚くほどのことでもないだろう。というのも、歴史というものは教育を受ければ受けるだけ、学校をはじめ、書物、雑誌、新聞などを読むことで頭に入るものだからだ。社会経済的な地位によって状況は変わり、その結果として教育や各個人が日常生活で求める情報量にも響いてくる。たとえば、カレッジの学位を持った八五パーセントが、研究者が呼ぶホロコーストに関する「知識」の基礎的情報を有していた。

多くの人が無知であるにもかかわらず、アメリカ人の七六パーセントがホロコーストには現代的「教訓」があると考えていることが判明した。この結果は矛盾しているようにも見えるが、このなかには調査員が「感情的知識」と呼ぶ情報を持つ数千（恐らく数百万）もの無知な市民が含まれていた。つまり、この人たちは詳細については知らないにもかかわらず、ホロコーストは間違っており、二度と繰り返してはならないという考えを受け入れていることになる。アメリカ人はいつものように、よりよい未来、道徳的にもよりよい未来を信じている。それは、いわばアメリカ的宗教なのだ。そして、ホロコーストと呼ばれる何らかのことが、お馴染みの権利や自由を否定するというなら義務的にそれに反対するわけである。

　アメリカ国家の中心部にホロコーストに関する重要な博物館を建設できたのは、この国民レベルの楽観主義ゆえであった。その博物館は、企画段階では種々の問題に遭遇したが、そこに盛り込まれたメッセージは将来の民主主義と自由というアメリカ的信条を支える教訓を含むものであった。しかし、アメリカ人設計者には優先させるべき特定の事項があった。一九四五年、強制収容所を解放し、捕らわれていた生存者や膨大な死者の山を初めて目のあたりにしたのはアメリカ軍兵士であり、ニュルンベルク裁判で主要な役割を果たしたのもアメリカ人弁護士、アメリカ人検察官であった。こうした重要な関連性があったからこそ、博物館企画者たちはアメリカ史とアメリカの核心的価値という意味合いを特別に付加したうえで、遠い国の人々を巻き込んだ、曖昧にしか知られていない大惨事をアメリカの多元的国民にとって今日的意味を備えた出来事に変えることができたのである。それゆえ、いわゆる「ホロコーストの教訓」――アメリカが専売特許とする民主主義、平等、公民権やその他の自由主義的価値を警戒しながら守っていくということになろう――には、特別な意味があると考えられるようになったのである。

　戦後間もなく、この「大惨事」〈ホロコースト〉という言葉はまだ使われていなかった）についての言及は、少なくともそれを生き抜いた人たちの間では、ほとんどなされなかった。「くよくよしないで前に進もう」というのが一般的信条であった。一九四〇年代後半、一九五〇年代に北米にやってきたホロコースト生還者たちは、おかしなアクセントで話す「グリーニーズ」（新しいものをgreen＝緑と呼んだことから、移民に対する蔑称となった）、あるいは「流民」として嘲られた。生還者は自分の経験を話したいとも思わなかったし、北米人の方でもそんな話を聞きたいとは思っていなかった。実際、新移民たちは、おぞましい話をしてアメリカ人やカナダ人を恐れさせないようにとしょっちゅう警告された。当時は、といっても今でもそうだが、問題なのは未来であって過去ではなかった。同じような思考傾向は、アフリカ系アメリカ人が、半世紀前の奴隷制についての歴史認識を高めようとする試みに対するそっけない対応にも現れている。

私はこのメンタリティに自らぶつかったことがある。一九七〇年代初期、私はカナダ・ユダヤ人問題に関する雑誌に、ヴォージュ山脈にあるナッツヴァイラー―シュトゥットホーフ強制収容所の廃墟との一〇年前の偶然の出会いに関する記事を書き送った。返送された記事には、「この記事は読者の関心をひかないでしょう」というメモが添えられてあった。

この状況をついに変えたのはテレビであった。一九七八年四月、NBCテレビ局が「ホロコースト」というミニシリーズを一億二〇〇〇万人の驚愕した視聴者に向けて放映し、作家ルーシー・ダヴィドウィッツの言った「ユダヤ人に対する戦争」についてのまとまった情報が幅広い観客に初めて届けられた。このような方法で大衆化されることで、ジェノサイドのストーリーが矮小化されるという意見もあった。たとえば、英文学教授アルヴィン・ローゼンフェルトは、ナチズムを娯楽として描くことは道徳的スキャンダルであると言い、一方ではホロコースト学者ローレンス・ランガーは、フィルムが描いた出来事の現実は、フィルムの軽やかさとはまったく正反対であったと批判した。[20] さらに、「ホロコースト」は自分たちが生きた時代の出来事に関して一般市民の目を開かせたという主張も出された。この人たちは、知識は「無関心、沈黙、そして……生存者を黙らせること」に比べればはるかに好ましいと主張した。[21]

そうした主張はさて置き、アメリカ・ユダヤ人委員会（AJC）による一九九四年の調査結果は、アメリカ人が持っているわずかな知識が主にフィルムやテレビを情報源としていた事実をはっきりと示した。[22]

一九五〇年代、『アンネ・フランクの日記』が本として、またブロードウェイの劇としてロングセラーを記録した。アンネのストーリーにはおぞましい恐怖も、流血もなく、舞台外で起こるアンネの死は、有名な子どもっぽい声明「確かにひどいことばかり起こるけれど、私はまだ心のなかではみんな良い人だと信じているわ」によって贖われ、見る人たちを救われたような気にさせる（私は一五歳のときアマチュア劇でアンネ役を演じたことがあったが、私も観客もアンネの性格と脚本に心が洗われるような涙を流したことをよく覚えている）。今から考えると、たとえばウィリアム・スタイロンの『ソフィーの選択』から、社会現象となったほど有名なスティーブン・スピルバーグの『シンドラーのリスト』[*23]に至るまで、アメリカ人が一般大衆のために描いたホロコースト描写のうち、最終的に観客を鼓舞する調子を持たない作品を思い出すことができない。『シンドラーのリスト』は、ユダヤ人を助けるよいドイツ人と彼らを殺そうと考える邪悪なドイツ人との戦いの壮大な物語（当然のことながら、よい方が勝つ）であるが、八時間におよぶドキュメンタリー『ショアー』の作者でフランス人映画監督のクロード・ランズマンは、『シンドラーのリスト』について、「ほとんどのユダヤ人にはそんなことは起こらなかったのだから、ユダヤ人を救ったドイツ人を通してホロコーストのストーリーを語れば、真実の歪曲につながるだけである」と批判した。[*24]

ランズマンは正しい。真実は大切なことである。『ショアー』がハリウッドで作られるなどとはほとんど考えられない。アメリカ的方法というのは深淵を凝視する傾向にはないからである。そうすると、厄介な問題が残る。感情的な逃げ場がなければ、さまざまな階級の北米人はホロコーストの映画やテレビ、劇場などの「ショー」に、あるいは博物館に足を運ぶだろうか？

一九七八年一一月、アメリカ大統領ジミー・カーターは、ホロコーストに関する大統領委員会を設置した（この委員会設置そのものがホロコーストは広くアメリカ人の懸念を代弁するものだというカーターの信念を裏付けている）。委員会は、ホロコーストに関する情報を提供し、教育する機関を創設する目的で設置された。しかし、どんな博物館がユダヤ人の悲劇の特殊性と、普遍的とされるその「教訓」を統合することができるというのだろう？　考えられる筋としては、正義と人間の威厳を強調するという肯定的終結が予測されたが、生命、自由、そして幸福の追求という権利はアウシュビッツとはまったく調和しないものである。安易な感傷とハッピーエンディング主義を並列することは危険であった。

エドワード・リネンタールは著書『歴史の保存：アメリカのホロコースト博物館設立までの道のり』のなかで、最終的にワシントン・モールという国家の象徴的中心地に設立された前例のない記念博物館が完成するまでの争いを綴っている。普遍性を信じる信心深いキリスト教徒のカーター大統領は、提案されたホロコースト博物館がモールに設立されることになれば、ユダヤ人の悲劇に限らず、さまざまな人々に対するナチ犯罪の広範なスペクトラムを提示する必要があると考えていた。しかし、一九七八年に委員会が発足したとき議長を務めていたのはエリー・ヴィーゼルであり、彼には彼の考えがあった。

二〇年間、作家で講師、ホロコースト生還者として暗い魂を探求してきたエリー・ヴィーゼルは、忘却に抗する取り組みにおける中心的人物であった。才能に恵まれたイタリア人作家で、アウシュビッツ経験により苦しみ、最終的に一九八七年に自ら命を絶ったプリモ・レヴィ、あるいは戦後ずいぶんたって自殺したオーストリア系ユダヤ人哲学者ジャン・アメリとは違って、ヴィーゼルは収容所からの生還を生き延びた。彼は、深淵のなかから絶望で苦しむ人たちに、あるいは世界のその他の人たちに語りかけ、その功績により一九八六年にはノーベル平和賞を受賞した。

エリー・ヴィーゼルは一九二八年、ルーマニアのウクライナ国境に近いシゲット村で生まれた。そこはハシディズム、すなわちユダヤ敬虔主義の深く根付いた小さなユダヤ人コミュニティであった。ユダヤ敬虔主義とは、一八世紀ポーランドで生まれた大衆的運動であり、ユダヤ学のあまりに合理的、律法主義的な慣習という空虚な形式主義と一部の人たちがみなしたものに対する抵抗として生まれた。ハシディズムは知的というよりは感情的であった。たとえば、神秘主義や祈禱、個人的献身、道徳的逸話を重視し、ラビたちは単なる師以上の存在とみなされた。彼らは通常のユダヤ教にはない神聖さを賦与され、さらにカリスマでもあった。また、「神の啓示」を受け取り、信者を代表して神との会話を取り持つことができるものと信じられていた。

ハシディズムは信仰、伝統を斥けることなしに世界において直接的かつ親密な方法で神の存在を求めるよう促す。底辺の底辺の人たちですら、心を開いて求めれば神を経験することができるとされる。

ヴィーゼルのバックグラウンドを知っておくことは非常に重要である。というのも、彼のホロコーストに対する対応は、彼の宗教観から直接生み出されたものだからだ。それに、彼は現代のホロコースト記念を形作る上であまりにも影響力を持った存在であり続けているからである。「私はほとんどの時間を人と話すよりも神に話しかけることで過ごしました。神は私のパートナーであり、私の友であり、師であり、私の王様、君主でした。他のことなどまったく気にならないくらいに宗教に熱狂していました」と、ヴィーゼルは一九九六年六月のインタビューでルーマニアでの幼少時代をそう回想した。[*25] このインタビューから一〇年以上も前には、ドイツにおける宗教的規律の崩壊はホロコーストの直接的結果であると主張していた。[*26]

　また、ユダヤ人殺害に「ホロコースト」という言葉を最初に使ったのもヴィーゼルだった。古代ギリシア語に翻訳された聖書セプトゥアギンタのなかに、形容詞である〈holokaustos〉という語が、全ての動物が神への生贄として焼かれたことを描写するために使われている。ヴィーゼルは聖書の解説のなかで、父アブラハムにより意図的に犠牲とされたイサクについて書いており、聖書が書かれたヘブライ語〈olah〉が「燔祭《はんさい》（生贄を焼くこと）」を意味することを知っていた。「〈ホロコースト〉という言葉がぴったりだと思った」と、彼はインタビューのなかで言っている。「火やその他のイメージなど、その言葉にはたくさんの意味が含まれているのです。……聖書では、死にかけたのは息子ですが、私たち［の家族］の場合、……死んだのは息子ではなくて父だったのです[*27]」。

　感情を喚起する強い響きを持ち、大文字で始まる「ホロコースト」は、ただちにゲットー、移送、死刑収容所、ガス室や火葬炉といったヒリヒリするような記憶を新しく作り直すプリズムとなった。実際のところ、これらの出来事を包含することになる正統的観念は、歴史的出来事を宗教的に評価することから生まれた。——たとえば、殺害されたユダヤ人は生贄にされた殉教者であるという観念、彼らの死を表現するとき、不適当な表現を使うことは冒瀆であるという観念、それにヒルバーグやアーレントのようにゲットーのユダヤ人評議会をはじめ、ユダヤ教の歴史的な政治指導者を批判することは、不敬虔にも死者の名を汚すことであるという観念がこれに当たる。ヘブライ語の「ショアー」（ランズマン映画のタイトルでもある）は、「惨事（カタストロフ）」を意味し、二〇世紀半ばに起こったジェノサイドを表現する直截で飾りっけのない描写であるが、ギリシア語から取り出された語「ホロコースト」は、聖書、ポグロム、記憶がひとつに融合されたユダヤ的メタヒストリカル（歴史が可能になる枠ぐみ）な神話という聖域化のなかに記憶を位置づけるのである。「ホロコーストは神聖なテーマです」と、ヴィーゼル自身、一九七三年に語っている。「この領域に入るときは誰しも靴を脱ぎ、この言葉を発するときは毎回、畏敬の念に打たれるべきです[*28]」。

　ホロコーストに関する大統領委員会の多元的メンバーにとっては、ユダヤ人のみならずあらゆる人のための博物館を作ろうと試みている最中に、神聖とされるものの前で畏敬に打たれることは難しいことであったかもしれない。委員会のメンバーは、ユダヤ人、非ユダヤ人から構成されており、ほとんどが実践的思考回路を持った人たちだったが、委員長エリー・ヴィーゼルはホロコーストの記憶に関しては世界の代弁者であった。ホロコーストから宗教を切り離して考える歴史家と、そこに宗教的解釈を混入するヴィーゼル派の間で新しい諍いが生じた。具体的に言うと、それは社会科学者やキュレーター、一方ではもともと神聖で説明のつかないことなど提示不可能と考える人たちの間で起こった意見の食い違いであった。博物館が示そうとする考えに同意することはおろか、会話の共通言語を見つけること自体がまず問題であった。

提案された建築デザインをめぐる議論が延々と続いた。さらに、収集、展示されるべき展示物についての議論、博物館が強調すべき点、あるいは反対に深く取扱う必要のない点についての議論もあった。しかし、こうした不協和音のなかでも、ホロコーストが人類史上極めて特異な出来事であるのか、あるいはユダヤ人と他のナチ犠牲者はどのように提示されるかをめぐる議論ほど激しい論争の的になった議論はなかった。この論争では数字が問題だった。ユダヤ人とは別に、ナチの犠牲になった約五〇〇万人の非ユダヤ人がいた。ということは、ホロコーストの犠牲者は一一〇〇万人ということになるのか？

多くのユダヤ人がホロコーストにおけるユダヤ人の特別性を喪失するのではと懸念したが、それにはちゃんとした理由があった。一九七九年七月、委員会のメンバーはホロコースト現場を視察するためにヨーロッパを訪れ、そこで犠牲者がユダヤ人であった記憶が消滅しつつあることを知り、ひどくショックを受けた。殺害されたユダヤ人は、死後になって「ポーランド人」（生前、そして数世紀前に遡って、ポーランドのユダヤ人は排除と反ユダヤ主義の対象にされてきたにもかかわらず）に変えられていた。メンバーのなかには、アウシュビッツをお土産やジュース・バー、ツアーバスが集まる安っぽい観光名所になったと考えた人たちもいた。一九四一年九月、三万三〇〇〇人のユダヤ人がナチ殺人部隊アインザッツグルッペンに虐殺されたキエフ付近のバビ・ヤールは、ファシズムの犠牲者という漠然とした記録でのみ記憶されていた。フランスに行けば、ユダヤ人が戦場の兵士と同様、母国フランスのために死んだと、あるいはアラン・レネの移送をテーマにした有名な映画『夜と霧』[*29]のように、ユダヤ人に関してはまったく言及されないことを知らされた。

一九七九年九月二七日、ヴィーゼルが大統領に提出した委員会『報告書』の結論は、ヴィーゼルのコミットメントを如実に示していると同時にヴィーゼルと副委員長マイケル・ベレンバウムの美しい文体も表している。「博物館が中心に据えるのはわれわれの、そして歴史に前例を見ない邪悪と苦痛の時代を生きた犠牲者たちの記憶に他なりません」と『報告書』は述べている。「私たちが記憶すべき時代、それはホロコーストです。記憶は死者のためだけではありません。それにはもう遅過ぎます。あるいは生存者のためだけでもありません。それすら遅過ぎるのです。私たちが記憶するのは寛容性ゆえの行為であり、邪悪なものから救うことはできないにしても、邪悪なものへの無関心から人々を救うことを目的としています。……今、死者を記憶しなければ、殺人者の共犯となることを意味します」[*30]。

委員会が直面していた最も激しい論議でもヴィーゼルは自分の主張を譲ろうとはしなかった。「記憶すべきは誰か?」と、ヴィーゼルは疑問を投げかける。「大統領閣下、……何百万という罪のない市民がナチの犠牲となったのは事実であり、彼らは当然記憶されるべきです。しかしながら、われわれには六〇〇万人のユダヤ人を特別に強調する道徳的責務があります。すべての犠牲者がユダヤ人でない一方で、すべてのユダヤ人が犠牲者だったのです。ユダヤ人として生まれたというだけの理由で根絶されるべきものと決められたのです。……「ホロコーストは一本質的にユダヤ人のものであり、それでもなお普遍的に解釈されうるものなのです」。

特異性を強調するこの力強い主張の基盤となっているのは、スターリンによる虐殺をはじめ、歴史上には言語を絶するような虐殺が起こったにもかかわらず、その人の行為によってではなく、生得的特徴を理由にある特定グループが殺害されたという前例はユダヤ人を除いてこれまでにはなかった、という考え方である。たとえば、いわゆる「国家の敵」として、あるいはさまざまにでっちあげられた理由によって殺害された非ユダヤ人はいたかもしれないが、ユダヤ人だけがあらかじめ定義された方法でジェノサイドの対象となったのである。この見解を最もよく言い表したのは、ドイツ人歴史家のエーベルハルト・イェケルであろう。一九八七年、ドイツが歴史家論争で大きく揺れていたとき、イェケルは次のように述べた。「国民社会主義党(ナチ党)によるユダヤ人殺害は比類なきものである。というのもそれ以前、国家が責任ある立場の指導者の権威でもって老人から女性、子どもや赤子に至るまでである特定のグループの完全なる抹殺を決定し、これを宣言したうえで、国家が持てるだけの機関を総動員してこの決定を実行に移したということは前例のないことだからである」[*31]。ドイツ人哲学者ユルゲン・ハーバーマスによると、「［アウシュビッツでは］人間の皮を被ったすべての人々が持つ最も深い部分における連帯が踏み越えられてしまった。歴史上、獣のような行為は通常的に起こってきたが、誰もがこの深層部分を共有していると当然のごとく考えられてきた。……アウシュビッツは歴史の枠ぐみのなかで人間の営みが継続する基盤をすっかり変えてしまった」[*32]。

つまり、簡単に言い直せば、人間性に対するあまりにも大きなタブーが侵されてしまった、ということである。

記憶のためのこの博物館が実際に創設されるまで（ホロコースト博物館が公式にオープンしたのは一九九三年である）、「特異性」の意味をめぐる問題や疑問が出された。それでは、ジプシー、より適切な表現で言えばシンティ・ロマはどうなるのだろう？　彼らもまた、ジプシーというだけの理由で殺された特定グループではなかっただろうか？

それに、一九一五年、トルコ政府によって一〇〇万人以上のアルメニア人が虐殺された事件はどうだろう？　このアルメニア人虐殺はナチ時代以前に起こっており、したがって必ずしもホロコースト時代には当たらない。しかし、ヒトラーのユダヤ人虐殺の決定は、明らかにアルメニア人虐殺への世界各国の無関心に影響されていた。国際社会からの反発を恐れて意見を発した閣僚に向かい、ヒトラーは公然と言い放った。「今日、誰がアルメニア人のことなど覚えていようか？」。

トルコ政府はこれまで一度も謝罪していないだけでなく、今だにジェノサイドの存在すら否定している。一九九〇年代ですら、トルコ政府はアルメニア人ジェノサイドのストーリーがホロコースト博物館の展示に加えられないようロビー活動を行い、アメリカ大統領がホロコースト博物館に関する演説のなかでアルメニア人との関連に言及するようなことがあれば、良くない結果を招くと脅しさえした（結局、カーターは妥協案で行くことにしたが、それがきっかけで彼の政治生命は危うい方向に流れ始めた）。皮肉なことに、イスラエルはアルメニア人殺害のジェノサイド的性質を承認することを拒んでいた。イスラエルとトルコとの間には戦略的関係が保たれていたためであった。

ほとんどの歴史家がアルメニア・コミュニティに起こった事件は、一九四三年に法律家ラファエル・レムキンが設定した二つの定義のひとつに従えばジェノサイドであったと主張していた。レムキンは、「ジェノサイド」を計画的根絶とし、同時にそれは段階的プロセスであり、「集団そのものの根絶、国家のグループの本質的な生活基盤を破壊することを目的とした数々の行為の組織的計画」であると定義していた。アルメニア系アメリカ人コミュニティはその歴史の承認を求めていたが、委員会のメンバーのなかには、アルメニアのストーリーを加えることは、たとえばカンボジアにおけるポル・ポト派の復讐や、北米インディアン虐殺をはじめとする他の悲劇の承認に道を開くことになると懸念した。突き詰めて言えば、誰が「含まれる」べきで、誰が「含まれない」べきなのか、どこに境界線を引けばいいのか、が問題となった。

エドワード・リネンタールによると、一九八〇年代半ばにシンティ・ロマのコミュニティが自分たちもジェノサイドの犠牲者であると不満の声を挙げ、博物館展示の将来の方向性を決定する委員会に席を与えられて当然だと主張し始めるまで、シンティ・ロマのことは委員の脳裡をかすめたこともなかったという。ヴィーゼルと他のメンバーは、ロマ・シンティの代表者に、彼らがこの時点まで加えられていなかったのは不注意な誤りであり、展示のなかに含まれるべきであると宣言した（一九八七年、シンティ・ロマのストーリーは博物館に加えられたが、代表者は未だに先の不注意に対する「あからさまな人種差別」に対して早速まくし立てるほど憤慨していた）。こうした関係は徐々に改善され、委員会と博物館関係者はほとんど知られていないシンティ・ロマのストーリーを慎重に博物館の語り口の中に取り込んだ。

ポーランド系、ウクライナ系アメリカ人も自分たちも含まれるべきだと主張したが、これにはユダヤ人ホロコースト生還者はひどく心を傷つけられた。ユダヤ人生還者たちは、ホロコーストの記念スペースをある国籍の人たち、それもなかにはナチと協力して彼らを絶滅させようとした国籍の人たちと共有するという展望に心を乱された。ポーランド人とスラブ人もヒトラーに「ウンターメンシェン（劣等民族）」とされ、何百万人もが殺害されたにもかかわらず、さらに、彼らも最終的に全滅につながる虐殺的殺害の対象となるよう計画されていた可能性はあるが、恐らく、そうなる前に戦争が終わってしまったため、計画実行の決断が出されるには至らなかった。[*33] とはいえ、アウシュビッツは地理的にはポーランドに位置しており、ポーランド人地下組織で動いた人々や知識人を含む占領下ポーランド人を対象とした主要強制収容所であった。ユダヤ人がアウシュビッツ犠牲者をユダヤ人として記憶しているように、戦後ポーランド人はアウシュビッツ犠牲者をカソリック教徒として記憶していた。双方のグループにとって、強制収容所は過去を記憶すると同時に現在を理解しようとする記憶の共有スペースとなった。大部分が痛々しい、この共有された歴史を考えあわせると、善意と丁重さで実行されていたにもかかわらず、ホロコースト博物館の計画委員会で苦々しい諍いがあったというのも驚きではない。

ホロコースト学者の一部には、「特異性」の超歴史的な意味合いに不愉快さを覚える人たちもいた。『歴史のなかのホロコースト』のなかで、マイケル・マルスはホロコーストには「前例のない出来事」との表現がより正確であると指摘した。「この言葉を使えば、比較級で話をすることになる［が］、より馴染みのある歴史的ディスコースとして話ができる」と彼は書いた。「先行する出来事なしに起った出来事はないし、ほとんど誰一人ヨーロッパ系ユダヤ人の虐殺と関係のある先行的出来事、あるいは反ユダヤ的迫害がなかったとは考えない。問題なのは、この特定の出来事は過去の出来事からどのくらい切り離されているか、ということである」[*34]。

バーリントンの自宅を訪ねたときのラウル・ヒルバーグはこれ以上に直截な言い方をした。「私にとってホロコーストはひとつの巨大な出来事ですが、〈特異性〉という言葉を使うつもりはまったくありません。というのも、ホロコーストを細分化していけば——それこそ私の仕事ですが——、そこにはルワンダやカンボジアのような他のケースと共通する認知可能な、普遍的素材が見つかるでしょう。私が調査していない多くのケースでもこれは当てはまります。最終的には、他の出来事との共通点を強調するか、あるいは特定の出来事に限った全体論に強調を置くかに拠ります。後者の場合だとホロコーストは他を凌駕する出来事になります。しかし、このアプローチは危険性を孕んでいると思われます。私たちは再びルワンダの虐殺が起ってほしいと思わないでしょう？　近隣の村が焼かれるのを見たツチ族が、『どうせ彼らのことで、私たちにはそんなことが起るわけない』と高をくくったとき、彼らはポーランドで起っていたホロコーストについて耳にし、『ここはオランダだから、ここではそんなことは起こるわけない』と言ったオランダ系ユダヤ人の歴史を繰り返しているのです。彼らはまた、一〇九六年にフランスで十字軍が行ったことを聞いたドイツ人の言葉を繰り返しているのです。何世紀にもわたって歴史を眺めたとき、同じような言葉使いがあちこちで見られるのは衝撃的です。それが分かれば、私たちが言うべきことは、『ちょっと待って。一体どうなっているんだい？　どうして同じような言葉があちこちで聞かれているのか、それを考えるべきでは？　当然、そうすべきです』という言葉でしょう。もうひとつの方法は、ホロコーストを歴史の圏外で起ったものとして、それだけが孤立したものとして見ることです。しかし、それほど孤立した出来事からはどんな教訓も得られません」。

ホロコースト博物館がついにオープンした一九九三年四月二二日、皮肉なことがたくさんあった。ヨーロッパでは再び大惨事が、今回はボスニアで起こっており、西側政府は、「ジェノサイド」という言葉を使わないよう配慮していた。その言葉を使えば、ホロコーストの結果として生まれた国連憲章、ジュネーブ条約、一九四八年のジェノサイド条約（正式には「ジェノサイドの防止と処罰に関する条約」）に従って西側政府は干渉せざるを得なくなる可能性があったからである。

開館式で司会を務めたのは、当時のアメリカ大統領ビル・クリントンであった。一九九二年の選挙キャンペーン中、クリントンはボスニア紛争を終結させるためにアメリカ空軍は武力干渉すべきであると厳然とした調子で宣言していた。しかし、何ひとつ起らなかった。クリントン大統領は、海の向こうで自らを守る術を持たない民間人が再び殺害されているときに、瞬間的にその道徳的意味が剥奪するような「二度と起こしてはならない」という言葉を重々しく唱えていたのである。今は亡き当時のクロアチア大統領フラジョ・ツジマンも出席していた。ボスニアで起っていた残酷な民族虐殺にその時点で係わった人物が、ホロコーストの歴史的真実性を公然と疑問視した人物が、ホロコースト記念館開館式に出席していたのである。少し前の一九八八年には、ツジマンは次のように書いていた。「六〇〇万人という「ユダヤ人」犠牲者が殺害されたという推定は、戦後の戦争犯罪の算定における誇張されたデータであり、敗北したドイツ側に負い目を負わせるためのものである」[*35]（ツジマンの算定では第二次世界大戦中に姿を消したユダヤ人はおよそ九〇万人であった）。

「ホロコースト生還者とツジマンが同席したことは、侮辱的なことです」と言って憤慨したのは、ボスニアで起っている現在の悲劇に注意を促した唯一の人物エリー・ヴィーゼルだった。「ユダヤ人として、私はあの国で起っている殺し合いを止めるために手を打つべきだと言っているのです」とヴィーゼルは束ねられたマイクに向かってクリントン大統領に対する言葉を述べた。「人々はお互いに戦い、子どもたちは命を落とす。いったい、何故なのです？　何であれ、何らかの行動を起こすべきです」。これを聞いたクリントンはよい気持ちはしなかったが、さほど驚きもしなかった。というのも、エリー・ヴィーゼルは三〇年前に『コメンタリー』誌のアイヒマン裁判についての記事のなかで、ホロコーストについてほとんど同一の言葉を書いていたからである（「誰かがあれを止めるべきであった。彼らには何らかの処置が取れたはずだ！」）[*36]。そして、一九八五年にコール首相とともにナチ武装親衛隊を含む兵士が埋葬されているビットブルク軍事墓地への旅を準備していたロナルド・レーガン大統領に異議を唱えたのもホロコースト生還者エリー・ヴィーゼルであった。戦後のアメリカ大統領として、レーガンほどアメリカにおけるホロコースト博物館の必要性をあからさまに感じさせた大統領はいなかった。レーガン元大統領は、誰が犠牲者で彼らが何のために記憶されねばならないかを理解することもなく、和解に関しては自ら述べたように「背後に過去を隠す」という非歴史的理解しか持ち合わせていなかった。博物館に向かってホロコーストの「教訓」の必要性を教えたのは、この手の道徳的混乱であった。

あれから八年が過ぎ、二人の大統領が交代した。ホロコースト記念博物館の開館式で、ヴィーゼルはあらかじめ準備していた文章を読み上げた。「ホロコーストは第一にユダヤ人の悲劇であるにしても、そこに含まれる意味は普遍的であることを学びました。……われわれは、あるコミュニティに起こったことが究極的には他のあらゆる人たちに影響を与えるものであることを学びました」。

しかし、「われわれ」は本当に学んだのだろうか、と私は彼の言葉を読みながら考えていた。ホロコーストの記憶をとどめる博物館ができたことは素晴らしいことであったし、今でもそうである。しかし、その開館式の瞬間に外交政策に影響を与えることができないとすれば、再びジェノサイドが起こったときに私たちが絶望する理由は十分にあると言えよう。

「一九九二年四月にサラエボが包囲されて一週間は仕事が手につきませんでした。私は、向こうで同じことが起きているときに博物館を建てるなどということができるのか、と自問しました。ホロコーストが起っていたときに何もしなかったと人々を責めておきながら、私たちはここでただ座っていたのです！」。現在、ホロコースト記念博物館の教育部長ジョーン・リンゲルハイムは、一九八九年に調査委員長に任命されて以来博物館で働いてきた。彼女が計画委員会にやってきたとき、展示のストーリーラインはすでに決定していた。したがって、彼女の仕事は、それぞれの展示区分の設計者が利用できる二次的情報源としての展示品を見つけ出すことであった。のちに、彼女は「アウシュビッツからの声」というセクションを作り、生還者一三〇名のインタビューを編集し、豊かなストーリーテリングとして一枚のキルトに編み込んでいった。

リンゲルハイムの父親はホロコーストで家族全員を失っており、ホロコーストには個人的に影響を受けていたが、一九九二年四月に経験した緊張はあまりにも大き過ぎた。「辞表を出そうかとも思いましたが、そうしたところで何がどうなるわけでもありません」と彼女はワシントンのオフィスで語ってくれた。「私にできることは何だろう？　私は結局こう自問しました」。

一九九六年、リンゲルハイムはアメリカのホロコースト記念博物館に関する講演のためサラエボに招待された。その時はかなり狼狽したと言う。彼女や他のアメリカ人が以前起った人災の博物館を建てようとしていたとき、実際に同様の苦しみに直面していたボスニア人に向かって一体何が言えるだろう？　とはいえ、彼女はとにかくボスニアへ飛んだ。そして、記憶と生存について、歴史から教訓を学ばないように見える私たちに記憶する意味はあるのか、などを話した。

「その問いを今でも考えることがありますか？」。私はワシントンの彼女のオフィスで静かにそう尋ねた。

「ええ、いつも自問していますよ」と彼女は答える。「私には答えはたったひとつですし、それが慰めになるかといえば、到底そうは言えません。その答えとは、記憶なしで生きることは不可能であるということ、記憶とともに生きることが私たちの生きる唯一の方法だということです。ハンナ・アーレントはかつてストーリーについてこう言ったことがあります。あるストーリーを語り、それを繰り返す。なぜなら、その効果が確実ではないからです。なぜなら、私たちはそこから学ぶことができるか分からないからです。でも、ひょっとすると学ぶことのできる人がいるかもしれない、その場合のためにストーリーを語らねばならないのです」。

リンゲルハイムは以前哲学を教えていたが、父親の生還と父親の家族の死という背景を持つ彼女にとって、唯一教えたいことは人種差別と反ユダヤ主義だった。「もうひとつの理由は、私は一九五〇年代、一九六〇年代にこの国で育ち、命がけで市民権を勝ち取ろうとしていたあの公民権運動を目の当たりにしたことにあります。そうした経験が重なりあって私の人生を変えました。一九六八年、私は『偏見と抑圧』というコースを大学で教え始めました。このコースでは学生とともに倫理や言語哲学、歴史哲学や偏見を受けた人の人格心理学についての本を読みました。この国にはひとつとして奴隷制の記念碑がないのに、ホロコースト博物館で働いているのは奇妙なことだと何度も感じたことがあります。あるとき、私はホロコースト博物館の存在が奴隷制の記念碑という考えを後押しするであろうと望んだものです。実際にはそれは起こりませんでした」。

彼女のオフィスはハンナ・アーレントの著作であふれている。「アーレントがそれほど重要な理由を教えてくれませんか？」。私が尋ねる。

「エルサレムのアイヒマンについてのアーレントの記事を『ニューヨーカー』誌で最初に読んだとき、他の人たちと同じように彼女に対して憤慨しました。しかし、確か一九七四年か一九七五年だったと思いますが、ある友人から、『あなたがアーレントを読まない理由が分からないわ、彼女はホロコーストを研究している唯一の二〇世紀哲学者なのに』と言われました。それまでそのことを考えたことがありませんでした。そして、アーレントを読み始め、その後、彼女の哲学を教えるようになりました。私はアーレントの作品に完全に魅了されました。彼女が書くすべてが空白を埋めてくれるのです。まるで推理小説を読むみたいに、彼女がどこへ論を進めて行こうとしているのか見当も付きません。アーレントは巨大な芳醇です」

私は今会ったばかりのこの女性を古い友人のように眺める。私もまたハンナ・アーレントの歴史と偏見に関する探求に魅了された一人なのだ。

一九九三年から一九九九年までのあいだに一一〇〇万人がホロコースト記念博物館を訪れた。このうちの三万一〇〇〇件が学習ツアーであった。ほとんどの訪問者が五〇歳以下、つまり戦後生まれの人たちだった。開館してしばらくは博物館を訪れようとわざわざワシントンにやってきた人が大半であったが、後になるとたまたまワシントンを訪れていた一般観光客が来館する名所となった。こうした人たちのほとんどは非ユダヤ人だった。

強力なメッセージを放つこの場所に十分な知識を持たず入るなどということは想像に難い。ホロコースト博物館は、間違いなく世界で最も気を動転させるギャラリーのひとつなのだ。同時に、人々を不安に陥れる建築から情報の直接性やそれが伝える感情に至るまで、驚くほど企画者の期待が実現したギャラリーのひとつでもある。建築家の仕事を取り巻いていた状況を考えると、とりわけ注目に値するのは建築である。たとえば、一体誰がエリー・ヴィーゼルが「表現不可能」と呼んだものを表現する建物を設計できただろう？

アウシュビッツ収容所を訪れた後、建築家ジェームズ・インゴ・フリードは、博物館の建築は「事件を表現する」[37]べきものと確信したが、彼にはわずかなためらいがあった。『アセンブレージ』誌のインタビューのなかで、フリードはこの問題を認めて次のように述べた。「恐怖、悲嘆を表現するような建物を設計しなければなりませんが、そんな建物が可能なのか、感性的な建物を作ることはできるのか、実際のところ私には見当がつきません」。にもかかわらず、彼はその仕事を見事やり遂げた。結果として、彼はこのコンセプトをレンガ、鋼鉄、ガラス、コンクリートなどの未加工素材を組み合わせた環境と、ちょうどナチの犠牲者たちが一歩一歩段階を経るたびに整合性のなさと分裂に困惑させられたように、行き止まりへ導かれた訪問者を「いったいどこへ続くのか」と不安にさせるデザインで表現してみせた。建築批評家のジム・マーフィーは、フリードの作品を「私たちの大半が経験するであろう感情的に最も強烈な建築的事件」と呼んだ。

ほとんどの博物館が試み、期待する以上に、ホロコースト博物館は記憶という名のもとで私をその経験の恐ろしい性質へとたぐり寄せる（「以前、路上である人が『これからホロコーストへ行くわ』と言うのを耳にしたことがあります」とジョーン・リンゲルハイムは言った。「彼らが行こうとしていたのはホロコーストではなく、博物館なのに！」）。博物館の案内人に手渡されたカードには、私と同じように女性であった、実在した人物の名前と、彼女が送った人生についての情報が書かれてある。これにより、私は彼女個人に自分を同化させるよう求められているのである。一九四〇年ごろのドイツでよくあったむき出しの鉄製エレベーターに乗り込むと、メインフロアのロビーの日常世界がどんどん遠ざかる。エレベーターの扉が開き、ビデオの前に明かりがぼんやり灯された場所に置き去りにされる。そのビデオは一九四五年四月にアメリカ人兵士が初めてダッハウと対面した状況を描いている。天井は低く、重苦しい。それにあまりにも静かだ。この場所には数百人の訪問者がいるというのに、不規則に曲がった館内を歩く足音以外にはほとんど物音が聞こえない。

展示品と建築とは互いに呼応していて、感情に直接訴えてくるその即時性は目を見張るばかりだ。まず、ホロコーストという出来事との「距離の近さ」が挙げられる。一九八五年一〇月一六日の鍬入れ式で、儀式的にワシントン・モールの土が強制収容所から運ばれた土と混ぜられ、この場所が死者を記憶するための正統な場として「神聖化」された。館内の一部の床に敷き詰められているのはワルシャワ・ゲットーの石畳である。さらに、若きエマニュエル・リンゲルブルムがゲットーの生活を伝える記録品を入れて埋めたミルク缶がライトに照らされて展示されている（その缶は一九五〇年に最初に通りで発掘されたときを思い起こさせるよう、ありのまま保存されていた）。さまざまなサイズの色あせた縦じまの収容所ユニフォームは、収容所から生きて帰った人たちが寄贈したもので、門を備えた刑務所のようなフェンスの向こうに吊るされている。

そこから別の展示セクションに行くには橋を渡るようになっている。天井からは一縷の光が照らされているが、それは監視塔を不気味に暗示している。この才能ある建築家は、ナチ強制収容所の複製をアメリカ中心部で作り上げることに成功している。別の展示室では、ポーランドのウッジ・ゲットー病院のドアの実物を配置することで、添えられた解説の生々しさをまざまざと浮かび上がらせている。解説には、一九四二年九月一日、患者全員がまさにこのドアを通って連行され、移送されたとある。クラクフのシナゴーグから持ってこられたステンドグラスの窓が壁に展示され、その付近にはポーランド南部タルノフの古いユダヤ人墓地の装飾を施された鉄製門がある。さらに、テレジエンシュタットで一晩のうちに病気や飢餓により死んだ人を運ぶ手押し車が見える。

床上に並ぶのは、かつてワルシャワ近郊のトレブリンカ絶滅収容所へと導いた線路の名残である。トレブリンカでは、一九四二年七月から一九四三年一〇月までのあいだに七五万人が殺害されたと推定されている。線路上に置かれているのは、人間の移送に使われていたのと同じタイプのドイツ製貨車である。通路を進むと、訪問者は車両の内部へ、あるいは車両を通り抜けることができる（もちろん、ここを省くこともできる）。私は記憶を喚起させるこの象徴的スペースに入ることにする。貨車のなかは静かで何もなく、空気は動いていない。両側が解放されたその空間は、想像的理解のために静かに立ち止まる場所である。私は他のものからしばし切り離され、ジェノサイド的プロセスの核心ともいうべきこの場所で立ち止まってみる。この移送によって何百万という人たちが、彼らの馴染みある世界から忘却へと運ばれたのである。

ここにある展示品はすべてヨーロッパから届いたものである。遠隔地で注意深く目を光らせていた博物館職員が収集したり、アウシュビッツのような有名な史跡によって発掘、あるいは寄贈されたものである。なかにはホロコーストは時間性を超越した神聖なものであると考えるホロコースト生還者を困惑させたものもあった。アウシュビッツ州立博物館から送られた山のような遺物のなかには、歯ブラシや所有者の名前を記したスーツケース、靴（無造作に積み上げられた靴のなかには、一九四〇年代に流行した女性用ストラップ靴があり、これを見るとその所有者たちがどれほど洗練された生活を送っていたかは明らかである）、捨てられたザイクロンB（ナチが使ったとされる毒ガス）の缶（これもまた目に耐えない光景である）、傘などがあった。しかし、ジョーン・リンゲルハイムによれば、九キロの毛髪ほど職員や委員たちに最も激しい混乱を引き起こしたものはなかったと言う（犠牲者から剃られた髪の毛は、一キロ五〇ペニヒでドイツの工場へと売られ、Uボート乗組員のソックス、あるいは工業用フェルト素材として使われた。アウシュビッツを解放したロシア軍は、その後の利用のために保管されていた七〇〇〇キロもの髪の毛をそこで発見した）。なかには、毛髪とその利用法は犠牲者の人間性剥奪を露呈していると考える人もいた。しかし、どこまでが許容範囲内であるかについて、とりわけ、かつて生きた人間の身体部分であった残存物を残酷行為が行われたアウシュビッツの外で展示することに関しては深い懸念があった。「冒瀆」、「死者に対する侮辱」、「本質的な神聖さ」といった表現が再び引っ張り出された。これに対して生存者の多くを含む人たちが反対した。ユダヤ教の指導者は、毛髪のようなものは決して「生きた」ものではないし、生きた人間細胞を持っているわけではないと助け舟を出した。リンゲルハイムは、毛髪を展示すれば女性の苦しみに必要な注意を向けることになるだろうと主張した。[*38]

「もともと、私はアウシュビッツから集められたものを展示したいとは思っていませんでしたが、後にそれらを扱うのであれば適正に扱うべきだと考えるようになりました」とリンゲルハイムは彼女のオフィスでそう語ってくれた。一九九〇年二月一三日に開かれた委員会のミーティングは「爆発寸前で」、「ぞっとさせる」ようなものだったと言う。「ホロコースト生還者のある女性はこう言いました。『私は絶対にそこへ行って母の髪の毛を見たいとは思いませんよ！』。そうすると、誰かが彼女に向かって叫びました。『あなたがどう思おうと関係ありませんよ！　この展示はあなたや私のためではなく、公衆のためにあるんですからね！』」。二五人、あるいは三〇人近くの人が出席していて、部屋の空気は参加者の感情で大きく揺れ動いていました。ある男性が『博物館ではレイプに関しては展示しないことになっていますが、これはレイプと同じようなものですよ』と言いました。そこにきて私は初めて声を上げ、『ここにいるすべての女性が、剃髪とレイプの違いぐらい知っていますよ！』といったようなことを叫びました。あまりに不愉快でしたよ。確か、こう言ったように思います。『アウシュビッツやその他の史跡から毛髪のようなものが運ばれたのは間違いだったでしょう。ただし、ひとたびそれが届けられた以上、どんな写真も本物に取って代わることは不可能です。毛髪自体、侮辱ではなくて胸の悪くなるようなものですが、ホロコーストというのは全くもって胸の悪くなるような出来事だったわけでしょう。ホロコーストを正直にありのまま描くなら、人々はこの毛髪をホロコーストの重要な一部として記憶に刻んでくれるでしょう』とね」。

毛髪の展示に関して投票と議論がなされたが、リンゲルハイムによればそのとき奇妙なことが起こったと言う。ホロコースト生還者の女性二人が幹部を個人的に訪問し、毛髪展示の決定はひっそりとくつがえされた（現在、博物館では毛髪の写真が展示されている）。あれからほぼ一〇年になる今でさえ、彼女は毛髪の問題があれほどの激論になった理由を未だに理解できないと言う。しかし、リンゲルハイムは、それこそが歴史家であれキュレーターであれ、ラビのような指導者であれ、あの苦痛を経験していない人の主張すべてを超越する生還者の道徳的権威の例であると考えている。

毛髪事件の後、細かい配慮が必要になった。というのも、判断的なミスは単なる誤りではなく、記憶の冒瀆となりえることが判明したからである。そのことを最も的確に言い表したのは、「ユダヤ人ホロコースト犠牲者の子孫のための国際ネットワーク」という機関の創始者で会長のメナヘム・ローゼンサフトである。「彼ら［犠牲者］の記憶に中傷の言葉を投げる人は誰でも、時代を遡って彼らの殺害に加担しているのだ」[*39]。そうした言葉は不本意から出てくるとも限らないので、死者をうっかり二度殺害しないよう企画や実行にかかわる誰もが暗黙のうちに自らの行動を注意深く抑制した。

私はそうした検閲的脅迫を正しいことだとは思わないが、敵意についてては理解できる。ジョーン・リンゲルハイムの話を聞きながら、博物館を歩きまわりながら、私もまたアウシュビッツから届いた遺品の展示に関しては複雑な心境であった。遺物がもともとあった環境から動かされていなければ、世界中の博物館は存在しないことになると頭では分かってはいたが、何百万という人たちの殺害の遺物だけは特別な意味を投げかけている。ドイツで訪れた二つの博物館で、私は自分がどんなに憤慨したかを覚えている。ひとつはローテンブルク・オプ・デア・タウバーの博物館の一部で、ユダヤ人の古い墓石を展示した「ユダヤ人展示室」では「ホロコースト」が中世のポグロムであると解説されていた。もうひとつは、イェーベンハウゼンのプロテスタント教会で見た奇妙なコレクションだった。そこでは、ナチが地元ユダヤ人を連行した後、隣人たちが路上に散らばった宗教的、あるいは個人的な物品を集め、彼らの「博物館」を作り解説を付けていた。事が終わった後にはこれ以外には記憶を取り戻す方法はないのかも知れないが、遺物のなかには他のもの以上に大きな疑問を呈するものがあるように思われる。

ヤド・バシェムと同様、アウシュビッツ施設の空中写真と爆撃をしないという連合軍の決定は、ホロコースト博物館でもまた重大な注目を与えられている。展示解説（このなかでは陸軍次官ジョン・J・マックロイが非難されている）の最後の文章は、次のように記憶をしっかりと教え込んでいる。「少なくとも、［爆撃の決定は］ユダヤ人の運命に関する連合軍の懸念をはっきりと示すことができただろう」。

留められるべき記憶は、アメリカはヨーロッパのユダヤ人を見殺しにした、そのことなのである。

博物館の企画段階で、戦争中のユダヤ人レジスタンスがここでも再び問題となった。メナヘム・ローゼンサフトは、ユダヤ人が「羊のように大人しく殺されに行った」という考えは、膨張し続ける「死者の侮辱」カテゴリーに入る冒瀆であると考えた。激しい論争が巻き起こることは目に見えていた。「レジスタンス」をどう定義すべきか？　一般通念では、レジスタンスはワルシャワ・ゲットーや他のパルチザンのような物理的抵抗である。しかし、「精神的」レジスタンスを加えることはつねに可能であった。祈りを唱えることはレジスタンスだったのか？　アウシュビッツに収容されている間にもサバース（ユダヤ教の安息日）を覚えておくことはどうか？　わずかなパンを分け合うといった危険を伴うような勇敢な、自己を省みない行動はどうか？　イスラエル人歴史家のイェフダ・バウアーを含む多くの人たちが、最後の例はレジスタンス行為であったと考えた。バウアーは、レジスタンスとは「既存の法や暗黙の法に抵抗するため、ドイツ人とその協力者によるユダヤ人に対する行為や意図に抵抗するため意識的になされた集団的行為」[*40]であると書いた。

　この論争は未だ解決を見ていないが、私はホロコースト博物館が確実とは言えないこうした主題に関して展示を控えめにしていることに気付いた。「博物館がオープンしたとき議論が起こらなかったのは、私たちが論争を巻き起こさないようなやり方でほとんどのトピックに取り組んだからでしょうね」とリンゲルハイムは説明した。「ある特定のコミュニティの利益に即した方法を取ることもできましたが、私たちは距離を置く方法を選びました。それは間違ってはいなかったと思っています」。

　ワルシャワ蜂起のストーリーはちゃんと展示されている（壁一面を充てられている）し、他のレジスタンスの事実も展示に加えられている。しかし、オーディオシアターにあるリンゲルハイムの「ホロコースト生還者の声」は目立って控えめである。次々に重なり合う生還者のストーリーは、残酷さ、恐怖、飢餓、疲労、不潔さ、隔離の恐怖を語っている。彼らの反応は触れることができるほど人間的であって、手が届かないほど英雄的ではない。つまり、彼らが強調しているのは、実際の経験を物語ることの永遠的必要性なのである。

　ナチとの共謀というデリケートな問題も深く掘り下げられてはいない。この比較的小さなセクションでは、ナチが任命したゲットー指導者の板ばさみを描写し、彼らユダヤ人の果たした役割に説明を加えている。また、自ら進んでSSの大規模な殺人過程に加わったエストニア人、ウクライナ人、リトアニア人をはじめ、他の占領下にあった東ヨーロッパの一部の人との殺人的パートナーシップを持つ年配者を特定するような言葉使いはあまりにも不適切であるため、博物館の展示物には危険なCの言葉（collaboration＝コラボレーション、共謀）は絶対に使われていない。東ヨーロッパ人は「犯罪仲間（accomplices）」と表現され、彼らがドイツの事業に貢献しているナチ撮影フィルムは柵の背後でひっそりと流されており、訪問者はこの部分を通り過ぎることもできる。

　壁の一部はポーランド人の苦しみを描いている。また、最近になるまでホロコースト研究のなかでも十分な調査がなされてこなかったホモセクシュアルに関しても解説されている。アルメニア人ジェノサイドも言及されている。苦労して勝ち取った壁のサイズに関しては不満が残るにしろ、完全に言及を省かれたグループはない。

ここはワシントン・モールに立つアメリカの博物館であるから、展示の最後は始まりと同様、アメリカ軍による解放で終わる。ビデオや証言が展示されている。さらに、いくつもの壁に大きな危険を冒した正義感ある非ユダヤ人の名前が並べられている（ヤド・バシェムでは、二〇〇〇年までに一万六〇〇〇人ものこうした人々がたたえられている）。高潔な人物を評価することとは適切なことではあるが、これによりアメリカのホロコースト記念博物館は、ヤド・バシェムと同様、平坦で装飾されていない「大惨事（ショアー）」の集団的記憶を、英雄的行為を志向するものに変えている。ここでもまた、「ハッピーエンド的」結末の勝利が示されているのだろうか？　一万六〇〇〇人の救助者？　その数は、ナチ支配下のヨーロッパにいた何千万もの人のうちのどれほどだというのだろう？

博物館の会員を求めるパンフレットを見ると、その背後にある思考は明らかである。アメリカ人向けのアップビートなハリウッド調の言葉はこう呼びかけている。「これ以上耐えられないほど心痛が深くなったとき、訪問者は明かりに照らされた場所へと導かれてきます。そこでは、レジスタンス、再生、そしてヨーロッパに留まったか、あるいは人生の再出発を願った多くの人のようにイスラエルやアメリカに行った生還者の再出発が祝福されます。邪悪という悪夢を目撃し、立ち去ろうとする訪問者にとって、ここから一歩外にある民主主義を記念する偉大なアメリカ的記念碑は今までになかった意味を持ち始めるでしょう。同時に、それらの記念碑が示す理想も新たな意味を持つはずです」[*41]。

ヤド・バシェムと同じように、アメリカのホロコースト記念博物館はアメリカ人が政治的に許容できる方法でホロコーストという出来事を理解するよう導いている。そして、これこそがアメリカ人が世界で最も消耗させられる博物館のひとつを後にするとき、未来への希望を失わないでおくことのできる「ハッピー・エンディング」なのである。企画者たちの目論みは成功している。博物館が配布するアンケートに回答した九〇パーセントが、一〇段階評価のうち八以上の評価をしている。さらに、五〇パーセントが一〇をつけている。

では、ホロコーストの暗い夜に捧げられた展示が、アメリカの文化的必要性に符合していなかったなら、それほどの賞賛を招いていたかどうか、私には疑問である。それは熟考に値する問いであろう。歴史的記憶とは実にそうした選択によって形作られるものなのだから……。

出口付近には、訪問者がコメントを書き込むノートが置かれてある。私がそこへ行ったとき、ちょうど十代の少女が書き込んでいるところだった。私は彼女の後ろに並び、その文章を見てみる。大きく子どもっぽい丸文字で、彼女はこう書いていた。「この地球には希望があるのだろうか？　みんな意地悪なのだろうか？　何が起るんだろう？　みんな邪悪なのだろうか？　少なくとも、お互いに戦争を止めることはできるのだろうか？　私のこうした質問に誰が答えることができるだろう？　誰に分かるというのだろう……」。最後の「……」は絶望のなかに沈み込んでいた。

建物を後にしたとき、その子が階段に座り込んでいた。背中を丸めて、頭を膝のあいだに挟んで。彼女を守ってあげたいと思ったが、近付こうとする私を何かが引きとめた。彼女より数十歳年上で知識も豊富な私にも、彼女が歴史と出会ったこの瞬間を慰めるような言葉はない。彼女の悲嘆は非論理的な反応ではないのだ。

この二月の陽射し、さわやかな空気、そしてワシントンの暖かい喧騒に一歩ずつ戻っていくうちに、あれから五〇年以上が過ぎていることを、私がたった今「訪れた」恐怖を目撃したこの世紀はほとんど終わりに近付いていることを思い出す。しかし、階段にいたあの少女の悲しみが私から離れない。私には、ホロコーストの「神聖さ」という属性、過去を「表現不可能」であるとする主張、それにホロコーストから生還した人たちの個人化された領域は、私たちの理解を遠ざけるものであると思われる。そして、この理解こそがあの子と彼女たちの世代が手探りで探す必要のある道なのだと思う。私にとって、ホロコーストが教えてくれる「教訓」は、まず何よりも歴史的なものであり――ユダヤ人に関する――、次なる教訓は普遍的なものでジェノサイドの衝動に関連している。人間がつねに「敵」から人間性を奪うようなプロパガンダを見せられたとき、人はどう反応するのか？　国のエリートや指導者がマイノリティ迫害を呼びかけた場合、何が起こるのか？　ニュルンベルク裁判が宣言したように、法律が道徳的な意味で「違法」な場合どうなるのか？　よき市民が口をつぐみ、行動を起こさない場合、一体何が起るのか？

ためらいがちに、同時に手探りではあるが、こうした疑問を理解することはこれからも続く私自身の探求の一部だと信じている。

第7章

ヨーロッパに再来した戦争

ユーゴスラビアとボスニア

嘘をつくことはわれわれの愛国心の表現であり、生まれながらに備わった知性の証である。われわれは創造的、想像的、工夫を凝らした方法で嘘をつく。

――ドブリツァ・チョーシッチ
ユーゴスラビア連邦共和国大統領
（一九九二～九三年）

ベオグラード

ホロコーストの根底にある問い、あるいは国家のアイデンティティが道徳心のない人たちによっていかに変えられるかという問いについて考えたいなら、二一世紀を直前に控えたベオグラードほど適当な場所はない。スロボダン・ミロシェビッチ大統領の領土、ベオグラード。今回の旅はパリのユーゴスラビア大使館から始まったが、何とも幸先の悪いスタートだった。私はＰＥＮ（国際ペンクラブ）のベオグラード支部から届いた入国に必須の招待状を持っていたというのに、ビザは簡単には下りなかった。一九九七年後半、外国人作家は好マシカラヌ人とされていたし、コソボで戦争が勃発したときのように国外追放、監禁、殺人の脅迫は受けてはいなかったにしても、明らかに歓迎されてもいなかったのだ。

セルビアとモンテネグロから成るユーゴスラビア連邦共和国の大使館は、まったくの別世界である。目立たないドアを一歩入れば、愉しい心配事（クロワッサンは新鮮？　バターはたっぷり入ってる？　上等のボルドー産ワインは何年ものだったかしら？）に満ちたパリはぐっと遠のく。

大きくて殺風景な部屋には煙が充満し、二つか三つほど安定の悪い椅子が置かれてある。使える代物ではない。それに、だいたいこんなものは不必要である。みんな忍耐強く長い列を作って立ち、部屋の片隅にじいっと視線を注いでいる。そこでは、忙しそうな係員が書類にスタンプを押し、次のタイプライタが空くのを待っている。外では自意識の強い優雅なパリジャン、パリジェンヌが闊歩する一方で、大使館のなかには背中は曲がり、山岳気候にさらされた皺くちゃの顔をした男性や、ヘッドスカーフを被り額に皺の刻まれた女性がいる。彼らはみんな「故郷」に帰ろうとしているか、とにかく行けるところまで行こうと考えているのだろう。ボスニア系セルビア人や難民。書類の上では帰還が可能になった一九九五年のデイトン和平合意後、故郷に戻ることができなかった、あるいはあえて戻ろうとしなかった人たち。セルビアに安らぎの場を求める人たち……。

私はただちにリシャルド・カプシチンスキの著書『帝国：ロシア・辺境への旅』とその中に描かれた、そこらじゅうに長い行列をつくって不平も言わず待つ人々の鮮明な描写を思い出した。誰一人不満を口にしたり、抗議したりしない。一体誰に、何に対して抗議できるというのだろう？国とその代表者は手の届かない場所にいるというのに。「それが人生さ」、彼らはため息とともにそう言う。

古の都べオグラード。表面下に浸透する骨の髄まで冷たくするような陰気さと一月の光のなかで、べオグラードは悲惨な荒廃の重みに耐えかねて身を捩じらせている。放置されたために割れ目が入り、長年の垢や汚れで黒ずんでいる建物の壁。中央通りの真ん中をガタガタ揺れながら走る古びた路面電車は、不健康な青白い顔の乗客をぎゅうぎゅう詰めにして運んでいる。そこらじゅうで起こる交通渋滞。苛々したドライバーは殺気立った様子でクラクションを鳴らし、反対車線を暴走している。

路上ではダンボールの上で物乞いをしている若者が見える。不精ひげを伸ばしたその若者には片足がない。そして、彼の目はまるでサランラップをかけたように虚ろである。お金をあげる人もいなければ、彼の苦境を一瞥しようとする人もいない。この若者はユーゴスラビア軍に動員されて負傷したのかしら？　それともセルビア史の屈辱とされた戦争に志願したのかしら？　一瞥もくれずに歩き去るこの人たちを守るために？

「両替をしませんか？　両替は必要ないですか？」歩いていると、街角に潜む影のような人たちが小声でささやく。

ここで実際に使えるのはドイツマルクだけで、マルクの標準為替レートは銀行ではなく、ブラックマーケットでしか見つからない。金融機関でさえ、閉店後、外貨準備金の一部をブラックマーケットで手に入れていると噂されているほどだ。

しかし、崩れ行くこの衰退にも例外がある。高級な毛皮のコート、あるいはクラクションを鳴らしながら走って行くピカピカのメルセデス・ベンツやBMWを誇示する女性たちも時折見られる。しかし、ニューリッチ層のなかで最も裕福なのは大統領一家、スロボダン・ミロシェビッチと妻ミリャーナ、息子のマルコである。マルコは喧嘩っ早い、ピストルを携帯した青年実業家で、セルビア最大のディスコ、サッカーチーム、ベーカリーとお菓子チェーン、複数のレースカーを所有しているほか、ありとあらゆる物品を扱い、煙草密売を牛耳る国内ブラックマーケットの大部分を支配している。煙草の密売は、何よりも儲かる最高のビジネスであるとされる。父親の強力な権力を後ろ盾に、事実上、誰も彼には反駁できない。一九九六年、マルコは『スルプスカ・レク』新聞を相手取り、疑惑めいた彼の活動を描いた一連の記事に対する訴訟を起した（ベオグラード裁判所は新聞に過失があったとして、およそ一万五〇〇〇アメリカドルの罰金を支払うよう新聞社に命じた。ちなみに国内の平均月収は一〇〇ドルである）[*1]。

大量殺戮後に残された死体を別にすると、ボスニア戦争がもたらした最大の結果は、密売、窃盗、不正盗用の増加であった。殺害されたり、「浄化」された人の家は略奪にあい、麻薬の密売は繁盛している。マルコの専門である煙草密売は、旧ユーゴスラビア最大のビジネスとされているが、驚くこともない。ほとんどすべての人がチェインスモーカーである。ベオグラードの路上で最も目に付く商売は、煙草とチューインガムを売る無数の小さなキオスクである。煙草は中毒性があるためほとんどのユーゴスラビア人の必需品ともいえるが、ガムを噛むことは西洋スタイルの贅沢でもある。何の栄養価もないのに値の張るガムは、突然やってくる砂糖の衝撃とともに束の間の喜びを与えてくれる。完全な無駄であるがために、ガムはステイタスを示す印として人気を得るのだ。戦後の日本では、銀紙に包まれたガムは子どもたちに贅沢さの世界と「民主主義」を呼び起こしたという逸話が思い出される。チューインガムは将来のセルビア文学に描かれることになるのか？　惨めさが蔓延するポスト共産主義社会の信じがたいほどの過剰と苦々しい不平等のシンボルとして思い出されることになるかもしれない。

私が滞在しているホテル・エクセルシオールは、かつては外国人用料金一〇〇マルク（国内料金は五〇マルク）の価値があったかも知れないが、それも遠い昔のことである。私の部屋の壁からは羽目板がはがれ、トイレは四六時中流れている。初冬の寒さにもかかわらず、夜になると支配人が暖房を切ってしまう。修復不可能なくらいへこんだマットレスは、あまりに長い間、体重の重い人たちに使用されたようだ。ダイニングルームを見れば町の食糧不足は一目瞭然である。一九三七年のユーゴスラビアを旅行したレベッカ・ウェストは、著書『黒い子羊と灰色の鷹』のなかで、ベオグラード料理を世界で最も優れた料理のひとつとして賞賛している。「何でも手に入る都市の豊かさ、それに微妙さとはっきりした味が混在するトルコ料理の伝統により豪華に供された」リゾット、スープやシチュー。しかし、それも過ぎ去った昔の話だ。レストランのメニューはほとんどが品切れ状態である。ウェイターが悲しそうな、すまなそうな笑みを浮かべて肩をすぼめる。「いいのよ、気にしないで」と私も肩をすぼめながら言って、ウェイターと同時に向こうのテーブルを振りかえる。そこには、酔っ払ったモンテネグロ出身の若者たちが愛国的奔放さで国歌をどなり始めていた。

来て早々、気づいたことがもうひとつある。監視と秘密主義という昔からの習慣が根強く残っていることだ。ベオグラードで私の連絡役をしてくれた人は、インタビューに関するメッセージをホテルのフロント係に残したくないと言う。念の為にね、と彼は言った。それに、お客が来たので支配人にインタビュー用の部屋を求めたが、彼はまず彼女に会わせるようにと言い張る。「私はかれこれです」と支配人は名乗り、彼女が名前を言ってくれるものと期待して、握手の手を延ばす。しかし、彼女は微笑んではいるものの、口を開こうとはしなかった。

最近起こった旧ユーゴスラビアの民族ナショナリズムの高揚は、数名の人物によって画策されていた。なかには政治的指導者も含まれ、セルビアのスロボダン・ミロシェビッチ、クロアチアのフラジョ・ツジマン、ボスニア＝ヘルツェゴビナのアリジャ・イゼトベゴビッチ、それにボスニア系セルビア人勢力の指導者であるラドヴァン・カラジッチなどが挙げられる。しかし、私には政治舞台の外で他の誰より際立った影響力を与えた人がいるように思われる。その人物は、国民的アイコンとして知られる有名作家で、何百万という生徒が彼の作品を勉強している。パワー・ブローカーであり、かつての政治的表看板であると同時に、自分の意見を公然と議論するヨーロッパ的知識人の代表格、チトー政権の批判者であったにもかかわらず、身の安全が比較的保障されていた人である。

ドブリツァ・チョーシッチ。

チョーシッチはめったにインタビューを受けないが、私の本のテーマに興味があると言って、会うことを了承してくれた。インタビューの準備として私は彼の本を読み、まわりの人たちの意見を聞いてみる。

「彼の手は血で汚れています」とベオグラードの通訳ドリンカ・ゴイコビッチが教えてくれる。

「彼はハーグで裁判にかけられるべきですよ」。スラボ・シャンティッチはそうつぶやく。シャンティッチはサラエボ包囲の間も営業を続けていたサラエボの著名な新聞『オスロボジェニェ』のコラムニストで、ボスニア系セルビア人である。シャンティッチによれば、チョーシッチは大セルビアという昔の思想を復活させ、同胞を民族的憎悪へと駆り立てたことで「人道に対する罪」で起訴されるに値すると言う。

「ペテン作家ですよ」と、ベオグラードの非国営週刊誌『ヴレーメ』の創設者ミロス・バシッチが言う。国際的に定評のある週刊誌『ヴレーメ』は、アメリカやヨーロッパのメディアがボスニア戦争について信頼できる筋と頼った媒体である。

私とのインタビューを調整してくれた崇拝者を除けば、誰一人チョーシッチの役割を好意的に評価する人はいない。彼は私に、チョーシッチはみんなから「国家の父」と慕われていると言う。

表面上、ドブリツァ・チョーシッチはヨシプ・ブロツ・チトーと彼のパルチザン（共産党員）の熱狂的支持者であり、チトーとは二〇年来の友人だった。しかし、チトーに反論するほどチョーシッチを苛々させていたのは、チトーが一生懸命に抑え込もうとしていた昔の「国籍問題」、特にコソボのアルバニア人問題であった。コソボ州は、アルバニアとの国境付近、ユーゴスラビアの南の端に二〇〇万人がひっそりと暮らす時代遅れの遠隔地であった。ここは、国内で最も貧しいだけでなく、近隣アルバニアを除けばヨーロッパ全域での最貧地域であった。セルビア人や他のユーゴスラビア人にとっては、到底バカンスの目的地になるような場所ではなかった。セルビア宗教とセルビアの国家的アイデンティティの観点から言えばコソボは特別の場所であったが、聖地巡礼者でない限り、誰ひとり実際に行きたいとは思わない場所だった。

チトーはユーゴスラビアにおける民族紛争の可能性を、特にコソボにおけるその可能性を深く理解していた実践的政治家であった。コソボで多数派を占めていたのは、スラブ族とは民族的に異なるコソボ系アルバニア人だった。さらに、彼らは毅然としたイスラム教徒であり、セルビア人は彼らの姿を見るたびに、かつてオスマン＝トルコ帝国が自分たちのキリスト教の地を征服した記憶と憎しみへと呼び戻されるのだった。

チトーは「友愛と団結」を政権のモットーとして掲げ、これに反するような発言をした人のために、十分な数の留置所をつねに準備していた。同時に、アルバニア人の人口を考え、最初から抜け目なくコソボ系アルバニア人にある程度の自治権を与えていた。一九四五年、チトーはコソボを「自治州」に定め、アルバニア人に名ばかりの権限を与えたが、重要な役職はセルビア人に割り当てられた。コソボ住人による独立統治は一九六〇年代後半にはわずかに上昇し、一九六九年には全盛期をきわめ、プリシュティナには新しい大学が創立された。一九七四年にはチトーは新憲法を制定し、そのなかでコソボにセルビア共和国内における独立地区という特別ステイタスを与え、コソボ住民にユーゴスラビア大統領選挙への投票権まで約束した。

そのころにはすでに国民的人気のあったドブリツァ・チョーシッチは、コソボにおけるセルビア人主導権の削減というチトーの決定に立腹した。そして、それを口にした。二人の友情はこうして終わりを迎え、一九六八年、チョーシッチは罰せられ、「ナショナリスト」という理由でユーゴスラビア共産党連合から除名された。

コソボのアルバニア人は、経済問題以上に民族的アイデンティティの確立に成功を収めた。田舎で時代遅れの生活を続けることは、高い出生率につながり（セルビア人とアルバニア人どちらもそうであったが、この傾向はアルバニア人により顕著であった）、一九六〇年代後半までには、限られた資源や職業をめぐる奪い合いが社会的動揺へと発展したため、セルビア軍がこれを迅速に鎮圧した。コソボ外に移住するセルビア人は増え続け、彼らのほとんどがベオグラードへと向かった。[*2] 一九六一年から一九八一年を見ると、セルビア人の人口はコソボ全人口のうち一八・四パーセントから一三・二パーセントにまで落ち込んだ。一方では、アルバニア人の人口は絶対数で言うと二倍に増えた。しかし、こうした人口統計学上の変化はチトーの死後初めて「ニュース」となり、セルビア系メディアはコソボ系アルバニア人がセルビア人を強制的に追い出していると報道し始めた。こうした攻撃的言動の始まりが何よりもよく示しているのは、ユーゴスラビアの解体を防ぐことができたのはチトーのみであったということである。

言論統制の敷かれた他の共産主義諸国と同じように、チトーの治世が始まるとセルビアで文筆活動をすることは政治的行動となった。のちに私がサラエボで会った文芸史家のユライ・マーティノヴィッチによれば、チョーシッチの小説は読者の心の忘れられた琴線に響くという。彼はセルビア的アイデンティティの糸――「ユーゴスラビア主義」という統一体からはみ出た糸――を拾い集めて、それらを昔の国家に再び結びつけるのだ。チョーシッチのロマン主義的作品は、かつてのヨーロッパで広く見られたもので、一九世紀の全国解放運動に起源を持つ。しかし、西洋ではこのスタイルはずいぶん前に廃れ、第一次世界大戦後の近代主義者たちですらこの感傷や英雄を古ぼけたものとして斥けていた。

こうした文学的変遷はセルビアでも起こった。チョーシッチの処女作『コミッサール（政治委員）』は、第二次世界大戦直後に書かれたもので、ナショナリストのチェトニック（王党派）であるセルビア人農民が悲劇的英雄として描かれている。彼はチトーのパルチザンに見つかれば直ちに殺されることを知っていながら、自分の故郷を後にすることができない。祖先が深く根を下ろした土地にこだわる、この「セルビア人魂」を象徴する主人公は、セルビア的国家の魂が敗北した世界で生き延びるよりは死を選ぼうとする。別の作品『太陽は遠く』では、悲劇的英雄（彼も農民で、こちらもまたセルビアの土地に縛られている）がパルチザン司令官に村を捨てて対ナチ戦線へ出向くよう命令される。最後に、この若者は家族や自分の村に対する愛着の強さゆえに共産主義的思想を侵害したとして処刑されるに至る。

チョーシッチの文学的キャリアには、長い間、文筆活動と政治の混合が見られるが、一九八〇年にチトーが世を去るまでは政界でその名が知られていたわけではない。チトー死後のユーゴスラビアについては、最近出版された多くの本が説明を試みているが、こうした研究書が述べている点は、チトーは事前に後継者の選定をしておかなかった、という点である。ユーゴスラビアは一世一期の大統領の死により「頭なし」にされた。この頃の共産主義圏は内部崩壊を来たしており、経済は破綻しつつあった。チトー主義もたちまちその基盤を失いつつあった。

チトーの死後、誰もが民主主義について語ったが、言論や思想の自由を知らない国民に一体何が語れただろう？　何世代にもわたって全国民が指導者の言葉に従い、口答えしないよう飼いならされたこの国で？　四〇年間、共産主義が子どもたち、その子どもたちに叩き込んできた歴史はもとより、全てが嘘であった、と突然教えられたらどうだろう？　歴史的な事実に関係なく、指導者の言葉はすべて必然的に実現するような場所で「真実」とは何を意味しただろう？

全員が参加したとされたフランスのレジスタンス神話がフランスのイデオロギー的基盤になったのと同様、チトーの神話は戦後ユーゴスラビアのイデオロギー的基盤となったが、一点だけ異なる点があるとすれば、それは共産主義ユーゴスラビアでは英雄伝をあからさまに批判することは不可能であったことだ。フランス人と同じく、チトーもまたユーゴスラビア同胞と国家統合のためには、内戦に相当する出来事が国を二分した事実を否定することは理に適っていると考えた。こうして、何千人ものセルビア人がナチ親衛隊と協力し、同胞であるパルチザンに対して戦った事実は否定されたわけである。しかし、一九九〇年代の新しい調査（セルビアの外で発見された公文書）が示したのは、「ファシストとの協力」から「革命のために戦う共産主義者」というこの突拍子もないイデオロギー的飛躍は、実際にはチトーの眼前で起こったという事実だった。[*3] 一九四四年、チトーはナショナリスト、つまりチェトニックに対して、彼の支援とひきかえに恩赦を提供していたのだ。これはナショナリストにとっては魅力的な提案であった。ナチの敗北は今にも現実のものになろうとしていた。戦争が終わってパルチザンと協力すれば、保証つきの名誉回復が一括してやってくるのだ。チトーのこの恩赦戦略は非常にうまくいったため、セルビアのパルチザン運動は一九四四年後半までの一年にほぼ一〇倍にまで増えた。

セルビアが第二次世界大戦の終わる六ヶ月前になって連合軍側に加わるチャンスを得たことも、反ナチ抵抗運動が国全体で行われたという神話をより強化し、後に「歴史」へと形を変えた。万人が参加した反ナチ運動という部分はとりわけ好都合だった。この古ぼけたきまり文句は、一九九九年、コソボでの民族的非道に対するＮＡＴＯの対セルビア空爆のあいだもセルビア人によって得々と持ち出されていた。

嘘。大きな嘘とささやかな嘘。たとえば、一般に正確と考えられている地図はどうだろう。地図は私たちがいる場所を教えてくれる。「ここ」は「あそこ」と比較して位置付けられる。これまでに、私は完全な嘘でないにしろ見る人が世界の中心にいるかのような印象を与える地図を世界各地で見てきた。私が昔学校で使った地図は、湖と森林だけのカナダの広大な地帯が世界の中心であるかのように示されていたが、実際はそれ以外には特に見るべきものもない地形であった（ロシアはどこか「向こうのあたり」に小さく描かれていた）。私のお気に入りは、ニュージーランドで偶然見つけた地図で、そこにはこの小さな島が世界の中心として位置付けられていた。つまり、地図を見るときは、地図製作から政治的見解を取り除いた視点をもつ必要がある。

しかし、誇張は旧東ベルリンで見られたように重要性がないと考えられる部分を削除することと同義ではない。旧東ベルリンでは、生徒用地図からベルリン西部がごっそり削り取られていた。白く塗られたその部分は単に存在しなかった。

嘘。大きな嘘とささやかな嘘。クロアチアの作家ドゥブラヴカ・ウグレシッチは『嘘の文化』のなかで次のように書いている。「この嘘の文化は、ユーゴスラビア内の小さな国家が大昔に発明し、生存のために身につけ、今日まで強化してきた文化のようなものだ。嘘をつくことは――死ぬことに似て――人間にとっての自然状態、振舞いの規範となり、嘘吐きが普通の市民となる」。さらに彼女はこう続ける。「ドブリツァ・チョーシッチの功績を認めたいなら……それは彼の言葉「嘘をつくことはわれわれの愛国心の表現であり、生まれながらに備わった知性の証である」に対して為されるべきだ。このような場所では、最終的にはあらゆる嘘が真実となる」[*4]。

実のところ、ドブリツァ・チョーシッチはさらに独創的である。彼はこう続ける。「嘘をつくことはわれわれの愛国心の表現であり、生まれながらに備わった知性の証である。われわれは創造的、想像的、工夫を凝らした方法で嘘をつく」。

冷戦期、鉄のカーテンの背後にいた反体制作家たちは、反共産主義戦線のパートナーとして、民主主義的多元主義に憧れる捕らわれの良心として、西側諸国によって都合よく利用されていた。実際に多くの作家が西洋的価値観に憧れを抱いていた。すぐに名前が思い浮かぶ知識人といえば、バツラヴ・ハベルやポーランド人作家のアダム・ミフニクだろう。しかし、ドブリツァ・チョーシッチは違っていた。

一九八三年までには、チョーシッチはユーゴスラビア共産主義に対する反体制攻撃の作品第一弾を出版していた。[*5] しかし、多元主義を求めていたわけではなかった。チョーシッチの理論は、民族的マルチカルチュラリズムを促進し、それを権力で従わせるというチトーのそれとは正反対であった。セルビアはチトーが導入した連邦制の下でユーゴスラビアの他の民族グループによる迫害を受けたというのがチョーシッチの主張だった。セルビア人は、譲って、譲って、そして裏切られたのだ。セルビアは聖なる地コソボの支配権すら失ってしまった。

チトーが死んだ年、ドブリツァ・チョーシッチは六〇歳だった。彼は作家として文学界で長年尊敬されてきたし、安定した評価も得ていた。有名な反体制作家であると同時に、セルビア人作家連盟、さらにユーゴスラビア作家連盟の有力メンバーでもあった。

セルビア人反体制作家の活動が始まったあらましはこうである。一九八一年、チトーの死の翌年、セルビア人作家連盟は反チトー的詩集の弾圧に抗議することで、言論の自由を求める最前線の闘士となった。メンバーの作家たちは「フランクスカ七」という協会を組織し（その名前は会合が開かれたベオグラードの通りにちなんでつけられた）、その名前は批判的視点に立つ言論の自由と同義になった。その後、協会は方向転換を行う。[*6]「コソボについて――コソボのために」と名付けられた一連の討論会では、語られるテーマはもはや言論の自由ではなく「セルボフォビア」（セルビア人への嫌悪）や「セルビアの外に暮らすセルビア人の防衛」「セルビア文化の場所」、さらに「白いペスト」（マイナス成長のセルビア人人口）と銘打った事柄についての白熱した議論が交わされた。

チョーシッチは言論の自由を強く支持していた。というのも、他の民族グループへの攻撃を禁じるチトー時代の法律がある限り、チョーシッチの目指す大セルビアの権利という政治目標が大衆的支持を得ることは不可能だったためである。大セルビア構想とは、コソボのアルバニア人に対する不満、そして、ごく最近では第二次世界大戦に見られたようなクロアチア人に対する憎悪に根ざした昔の主張に基くコソボ領土支配の考え方である。著名な文学誌『クニジヴネ・ノヴィネ』[*7]に掲載されたチョーシッチの「コソボについて――コソボのために」フォーラムにおける演説は、チトーの死後ユーゴスラビアが直面している問題を単にセルビア人だけの問題に縮小して語っている。コソボはセルビアの「運命」にとって重要である、と彼は説明する。コソボは連邦内のセルビア人が直面している問題の縮図だからだ。コソボにおける「危機」は、ユーゴスラビアがすでに崩壊している証明である。なぜなら、「マイノリティ人口がマジョリティの民族グループを脅迫的に支配し、彼らの領土を奪うために迫害を［許容している］」からで、「民族的に純粋なアルバニア領土」を作る「自決権の誤用」は何としても阻まなければならない。

フォーラムに参加した他の人たちも人種差別的な演説を行った。そのなかには、高名な言語学教授パブレ・イヴィッチもおり、アルバニア人の間に見られる「アフリカ―アジア人」的高出生率を必要以上に強調してみせた。続いて行われた会合では、セルビア、コソボ双方の作家が招かれ、当時のセルビア作家連盟のミラン・コムネニッチなどはさらに露骨だった。事実に関するより理性的なディベートの必要性を嘆願したアルバニア人作家に対し、コムネニッチはこう答えた。「永久に話したいというのなら、話してくれてかまいませんが、あなたの言葉など一言だって信じませんよ。……近代世界では人口比で見るとコソボ以上に多くの非道が行われた場所は他にはないという事実を指摘しておきましょう。あなたたちアルバニア人は暴力を通して文化的国民になれるとお考えのようですが、われわれは違いました。セルビア人が国を追われたとき残したのはセルビア魂という文化的痕跡であって、野生動物の［魂］ではなかったのに、あなたがたはそれを暴力によって破壊しました。あなたはわれわれの本質が神話や虚妄だと考えるでしょう。あなたがたは歴史を破壊するような凶暴性の病に冒されているのです。そしてわれわれの方は歴史的メランコリーという病に苦しんでいるのです」。

「本質」、「魂」、「歴史的メランコリー」……。こうした一九世紀的ロマン主義用語が、「弁証法」、「決定論」、「史的唯物論」という共産主義的言辞が支配してから四〇年後、再び生まれようとしていた。

一九八六年一月、ドブリツァ・チョーシッチを筆頭に二〇〇名のセルビア系知識人が「セルビア芸術科学アカデミーのメモランダム」に署名を連ねた。メモランダムの内容は、セルビア人をユーゴスラビアで最も抑圧された民族グループと定義し、セルビア人女性への暴行、修道女への暴力、そして高出生率を意図的に維持しようとする政策を通しての「ジェノサイド」により、コソボのアルバニア人を批難するものだった。また、アルバニア人の自決権（実権という意味では何ひとつ起こらなかったが）は「国家的大逆罪」、反セルビア的陰謀と呼ばれた。これらの恐ろしい批難を立証する証拠は何ひとつとして存在しなかったし、実際、事実はまったく異なっていた。簡単に手に入る警察記録を調べれば、コソボにおけるレイプ事件はセルビア領土に比べるとかなり少なく、アルバニア人によるセルビア人へのレイプの記録はわずか一件しか報告されていなかった。

メモランダムはさらに、セルビア人が国を持てなかった理由は、チトーが「国家問題」を抑圧したからに他ならないと主張した。唯一の解決策は「セルビア人による統一領土」であり、これこそ絶対に不可欠である。というのも「どの共和国、州で統一されようと、セルビア人国家樹立こそが歴史的、民主主義的な権利だからである」[*8]。

「セルビア人の統一領土」を求めるこの「権利」が、ユーゴスラビア共和国におけるクロアチア人やイスラム教徒の意志に反するなら、「民族浄化」という方法以外にどのような方法でそれが可能だというのだろう？　メモランダムに署名し、作家連盟の会合で演説した知識人はこの点を公然とは指摘しなかった。彼らにとっては、目標を「民主主義」と描くことで十分だったのだ。

こうした動きは完全に新しいものではない。一九三〇年代にはほとんどこれと類似した「大セルビア」構想の動きがあり、それはコソボからイスラム教徒やアルバニア人を追放しかねないものだった。この計画の初期の設計者、ヴァサ・チェブリロビッチという名の薄気味悪い男は、一九一四年サラエボでフランツ＝フェルディナント皇太子の暗殺を実行したナショナリスト・レジスタンスグループのメンバーでもあった。彼は「アルバニア人の追放」という有名な論文のなかで、ユーゴスラビアが政治的安定性を手に入れるためには、他の土地を植民地化し、特定の国籍者を追放する必要があると述べている。この論文には「浄化」という言葉が至るところで大々的に使われていた。

一九三〇年代のヨーロッパではファシズムが流行していたが、チトーと共産主義者の登場によりチェブリロビッチの計画は突然死に絶えた。

五〇年後、その計画はメモランダムのなかで復活したわけである。

問題のメモランダムはメディアに漏れ、センセーションを巻き起こした。一九八七年までには、野心的な共産党政治局員のスロボダン・ミロシェビッチが将来を見据えながら、チョーシッチのナショナリスト的思想を自らの政治的プラットフォームとして取り入れた。ユーゴスラビアは解体に向かい、チトー主義は失われつつあった。無気力を誘うような貧困があちこちに蔓延している状況で、「セルビア人国家」という考え方は権力保持にとっては魅力的な――同時に気を紛わせる――サポートであった。セルビア史の昔の解釈が今や新たな役割を与えられ甦ったわけである。

一九九二年、スロボダン・ミロシェビッチはドブリツァ・チョーシッチを連邦共和国の大統領に据えた。それは、ミロシェビッチからチョーシッチへのお礼の印、また、国家の新ナショナリスト的政治目標に尊敬されるべきイデオロギー的基盤の必要性を表す印でもあった。しかし、一年しか続かなかった。ミロシェビッチは一九九三年にはチョーシッチを礼を欠くやり方で弾劾した。

しかし、チョーシッチの影響力は政界にとどまらないほど強大であった。国連難民高等弁務官事務所(UNHCR)の職員によると、ボスニア戦争(チョーシッチが大統領に就任した一九九二年に始まった)のあいだ、国営セルビア系メディアがセルビア人に対する「ジェノサイド」、「民族浄化」、「集団レイプ」、「文化絶滅」――チョーシッチと彼の仲間がメモランダムで最初に公にした用語――の報道を始めるたびに、その地域のセルビア系軍部はこれから非セルビア人の「浄化」が始まる計画があることを知ったと報告している。そのため、ほとんどの場合、報道を監視することで次の襲撃場所を予測できたとUNHCRは述べた。

その有名な作家は椅子から立ちあがり、目を細めて好戦的に私を眺める。七六歳にしては未だにしっかりとした容貌で、むしろがっちりとしてさえいる。驚くほどふさふさの白髪。さあ、今日は何について話せばいいのですか?政治についての話は一切なし、という点をきちんと了承していますか?

「もちろんですとも、」と私は言う。「私が関心を持っているのはナショナル・アイデンティティの問題です。それから、国が自国の歴史をどう記憶しようとしているか、という点です」。

「ああ、」と彼は答える。リラックスのため表情には笑みが浮かぶ。「それこそまさに私の主題ですよ」。

ドブリツァ・チョーシッチのオフィスは、荘重な雰囲気をたたえたセルビア芸術科学アカデミーの建物内にある。通訳と私は険しい表情をした元アカデミー代表の大理石胸像のわきを通り、カーブした幅広い階段を登ってチョーシッチのオフィスへやって来た。私の通訳は非政府組織である民主センターに属する青年だった。民主センターは小さな反政府党派のような位置にあり、報道の自由、寛容な民族間関係をはじめ、西洋文明社会の基盤となるその他の価値を促進しようと試みていたが、実際には他の反対勢力との抗争で身動きが取れなくなり、すべての反対勢力の活動を麻痺させていた。その通訳の青年は、徴兵制を逃れ、ボスニア戦争を学生としてプラハで過ごしていた。その後、変化をもたらそうと故郷へ戻ってきたと言う。

　彼はチョーシッチの返答を通訳する前にノートを取っていたが、私はその手が震えていることに気付いていた。

　私は向かいに座るチョーシッチに質問する。「あなたはこの国について語ることのできる重要な知識人の一人ですよね。自国の歴史をご覧になって、どうお感じになられますか？」

　チョーシッチは真面目な、同時に悲しそうな表情を浮かべた。「人間の運命を決定するものには二つの要因があります。ひとつは家族環境、もうひとつはその国の長期的歴史です。二〇世紀には、歴史的運命こそが今後をを決める決定要因でした。なぜなら、われわれは歴史が流動的に動き、この瞬間にさえ生起している環境に暮らしているからです」。

「これは国家観について十分な理解が得られていない他の場所にも当てはまります。われわれの歴史が未だに流動的で、決定的でないとしたら、それはわれわれが国民国家を発展させていないからです。われわれの国家の運命を満たす国家観を十分に発展させていないからです」。

　彼は一文を語り終えるたびに通訳に合図する。

「あなたが心に描くような国民国家がどうして必要なのですか？」

　彼は笑う。「私は国民国家という言葉を民族的な意味ではなく、ヨーロッパで国家が成立したように市民社会という意味あいで使っています。われわれはトルコ帝国、オーストリア＝ハンガリー帝国、その後はドイツ人、そして共産主義のせいで遅れを取り、ヨーロッパより一世紀遅れて国民国家の創設を始めたのです」。

「しかし、われわれは多民族コミュニティを排除しようとしているわけではありません。さきの戦争では、われわれはひとつの国家のために――南スラブ国家というひとつの統一国家のために戦ったのです。クロアチア人の主張するように国民国家が民族国家、あるいは浄化国家である必要はないのですよ！　セルビア人社会は、多民族国家のために努力すべきですし、実際にそうしています。いつも他文化に対して場所をあけています。第一次、第二次世界大戦では、セルビア人はすべての南スラブ諸国を多民族国家としてひとつに統一するために戦いました。そして、最近われわれが戦った戦争においてさえ、われわれは南スラブ国家という統一国家のために戦ったのです」。

　記録として入手可能なチョーシッチの書いたもの、行ったスピーチ、そしてほぼ五〇年間絶え間なく宣伝してきた「大セルビア」とはまったく異なるこの説明を前に、私はこれをどう判断していいのか混乱した。ひとつだけ私の頭に浮かんできたのは、彼自身の「愛国的、創造的な嘘」という言葉だけだった。一方で、チョーシッチはこの会話のなかで、メディアが熱心に繰り返していた信じがたい言い逃れを否定した。つまり、ボスニア戦争におけるセルビア人の関与を否定したミロシェビッチ大統領とは違って、チョーシッチはセルビアが実際にボスニアで戦った事実をはっきり認めた。

「歴史家たちは証拠をそろえたうえで、セルビアがユーゴスラビア連邦では非常に強力な立場にいたと主張していますが、あなたはこれを否定していますね」

「ハ！」。彼は一笑する。「セルビアが地理的に最も重要な位置にあることは確かです。そして人口にしても連邦のなかでは最大です。しかし、われわれは最も重要な役割を与えられていたわけではありませんでした」。

「チトーの死後、この国で何が起こったのか教えてくださいませんか。セルビア人の歴史と運命が脅かされていると主張した理由を教えてください」

　彼はしっかりした口調で話し始めた。しかし、少し経ってから通訳が私に彼は質問に答えてはいないと教えてくれた。

　私はもう一度言葉をかえて質問してみた。「一九八七年、あなたはセルビア人が連邦内の隣人に脅かされているとする演説を行いましたが、その根拠はいったい何だったのですか？」。

「そうですとも。セルビアは脅かされていましたよ」と彼が答える。「しかし、間接的に、ですよ。一九七〇年代以降、コソボが「法的に」自治州となったとき、セルビア内部のセルビア人は同じ権利を与えられていませんでした。私が主張した点は、セルビアのセルビア人はユーゴスラビアにおける他民族と同様の権利を持つべきだ、という一点でした」。

「あなたは歴史とアイデンティティにご興味がおありになりますから、過去が政治的目的のために操られることに懸念を抱かれるでしょう。ここではそうしたことは起こりませんでしたか？」

彼は再び目を細めた。「概して言えばセルビア人の歴史は自由主義、民主主義を支持するものですが、政治家や他の指導者のなかには過去を誤用した人たちもいました」。

「あなたご自身の著作やスピーチのなかで、そのようなことはありませんでしたか？」

「とんでもない！　私の書いた二〇冊の本のなかには非民主主義的な言葉や文章などひとつもありませんよ」

「とはいえ、多くの人が一九八〇年代後半のあなたの公的発言がボスニア戦争の原因になったと考えていることはもちろんご存知ですよね。あなたの作品とこの国における決して無害とは言えないナショナリズムの高揚との関連について考えたことはおありですか？」

彼は黙り込んだ。しばらくして、微笑みを浮かべてこう言った。「キリスト教でさえ、あの愛の宗教であるキリスト教でさえ、憎悪を喚起させる部分が存在します。しかし、だからと言ってイエス・キリストに異端審問の責任を負わせるべきではないでしょう」。

私は今聞いたことに自信が持てず、通訳を振りかえった。彼は私に向かって言葉なくうなずいた。

チョーシッチはこのやり取りを観察していた。「自分をキリストにたとえているわけではありませんよ」。彼は急いでそう付け加えた。

「ボスニアでの戦争が終わった今、その結果をどうご覧になりますか？」

「あまりにも悲劇的です。統一国家のためにあれほどたくさんの血が流されたにもかかわらず、われわれは祖国もなく残されてしまいました。国家として、われわれは荒廃してしまったのです」

「祖国の将来についてどうお考えですか、チョーシッチ氏？」

「真っ暗闇ですよ」[*9]

一九八七年四月二四日、スロボダン・ミロシェビッチはセルビア人の核心部に対する権利を主張するためコソボを訪れた。彼を一躍有名にした言葉が出たのは、不平の感情を表わそうと集まったセルビア人群集に対してアルバニア人警察官が警棒を使ったときだった。「今後、誰一人あなたたちに手をあげる権利はありません……あなたがたは不正義と屈辱に苦しんできました。困難に直面したときに引き返すこと、さらに戦うべきときに逃げ出すことはセルビア人、モンテネグロ人の精神ではありません」。

挑発を意図したような言葉である。しかし、二年後、ミロシェビッチはこれ以上に劇的な行動に出た。彼は再びコソボに戻ってきたが、この度の目的地は単なる地理的場所ではなく、神話と記憶に満ちた象徴的な場所であり、ずいぶん昔、聖なる国家の誕生地として、また、「セルビア人のエルサレム」として理想化されたセルビア人の心の故郷コソボであった。

強靭なセルビア人指導者のラザル王子がオスマン・トルコによって打ち首に処されたと伝えられる一三八九年の有名な決戦（この戦いの間、何が実際に起こったかに関してははっきりとは分かっていない）記念日を追悼するため、一九八九年六月二八日、ミロシェビッチは飾りつけされた大きな演壇に立った。その伝説的な決戦は、打ち首を含む（ラザルが本当に打ち首にされたとすれば）その時代ではとりわけ珍しくもない交戦であったが、その結果は驚くほど後味の悪いものとなった。歴史の神話創作者たちはオスマン・トルコの勝利を、中世セルビア人の独立の終焉を招いた中心的出来事として描いたからだ。さらに、中世コソボの崩壊はまた、セルビア正教会とイスラム教のあいだのプロパガンダ戦争という不吉な出発点にもなった。オスマン・トルコ支配下での人々の生活は、実際にはマルチカルチュラルであり、一般的には異なる民族間の緊張は見られなかったが（たとえば、セルビア系修道院はそのまま存続が許された）、セルビア正教会の説教のなかでは、敵意に満ちた大半がでっちあげの年代記が育まれ、一九世紀のナショナリスト的覚醒の一部として語り継がれるようになった。

一九八九年六月のその記念日、コソボでは、コソボに住むほぼ全てのセルビア人一〇〇万人がスロボダン・ミロシェビッチのスピーチを聞こうと待っていた。ミロシェビッチが立つ演台背後の垂れ幕には赤いぼたんの花（一三八九年の「殉教者」の崇高な血を象徴する）が大々的に飾られ、さらにミロシェビッチとラザル王子というセルビア国家の「救世主」二枚の肖像画が掲げられていた。過去と現在が混ざり合い、歴史と文学の融合も起こった。多くの人々はミロシェビッチのポスターとともに一七世紀モンテネグロ主教であり国家的叙事詩の詩人ニェゴシュの写真を手にしていた。

　ペータル・ペトロビッチ・ニェゴシュの代表作である韻文戯曲『山の冠』[*10]を読めば、確実とされる史実と一九八〇年代、一九九〇年代のセルビアに計り知れない影響を与えたナショナリスト的幻想との危険な混合に気付かされることだろう。この作品のなかで、ニェゴシュは一八世紀初期にモンテネグロで起こったセルビア人によるスラブ系イスラム教徒への攻撃を描いているが、この話はいくつかの出来事の混合、あるいは彼の想像力から生み出されたまったくの作り話かのどちらかである。現代史の資料にはそのような出来事を裏付ける記載は見られないからだ。

『山の冠』では、（セルビア系を含むスラブ系住民の）イスラム教への改宗後、アイデンティティのシフトが起こったとされる点を強調するために、イスラム教徒は全体を通して「トルコ人」と呼ばれている。浄化という言葉も繰り返し見られるが、同時に「他者」とされる人が普通の人たちとは違った匂いを発しているという時代を超えた人種差別的デマも繰り返されている。『山の冠』ではコーラスが次のように合唱する。「山の上では非キリスト教徒の悪臭が充満している」。主人公はラザル王子の殺害について、また、イスラムの恐怖について陰鬱に語る。さらに、クリスマスの日のイスラム教徒大虐殺が語られる。それは、セルビア人国家創設に必要な宗教的生贄の儀式なのである。少なくとも、ニェゴシュの時代以降、セルビア人はオスマン・トルコ人を「キリストの殺害者」として、自分たちの国家を象徴する王子の殺害者、したがってセルビア人の本質を抹殺した者として頭に叩き込まれてきた。このレッテルを、いわゆるトルコ人の末裔、つまり占領国の宗教に改宗したセルビア人同胞に拡大することは簡単なことだった。

　スロボダン・ミロシェビッチは、神話化された過去と神話化された現在を結び付けようとでっちあげられた中世劇の主役を演じた。興奮したセルビア人は文字通りラザル王子の遺骨を掘り返し、その骨を掲げてパレードして回った。自分の臣民を守らんがために戦って死んだ王子は、同じ救世主であるイエス・キリストになぞらえられ、やがて一二使徒の側近まであてがわれた。さらには、最後の晩餐、そして彼をあざむくユダの役などが勝手に作り出された。

　六月のその日、ラザル王子は「復活」させられた。それは、六〇〇年前に彼とともに「死を遂げた」セルビア人国家の象徴的再生の日でもあった。

　ドブリツァ・チョーシッチは最近のセルビア人「運命」

回帰の首謀者かもしれないが、歴史を書き直そうとしているのは彼だけではない。私はある人から、クララ・マンディッチに会うべきだと言われた。「大セルビア」がベオグラードで徐々に白熱し、切り札として歴史を利用することが名声への近道となった一九八〇年代後半の高揚期、マンディッチは一躍有名人となった。

会話のなかでチョーシッチがクロアチアについて――多民族、多元主義を支持するセルビアとは違う民族浄化国家であるとして――言及したことはまったくの偶然ではない。コソボ、それに大量虐殺の傾向があるとされるアルバニア人に関する懸念を別にすると、戦争への心理的準備はクロアチアに集中していた。チトーと彼の「友愛と団結」への批判が自由になった今、決して癒されることのない第二次世界大戦の傷口を開くことが可能になった。なかでも悪名高いヤセノヴァツ収容所に消えた数千人（その数には議論の余地がある）ものセルビア人とユダヤ人の死はとりわけ大きな傷口であった。半世紀前になされた戦後の和解（または和解に見えたもの）が崩壊すると、ナショナリストは現代クロアチア人を第二次大戦中の極右組織ウスタシェ「ナチ」になぞらえてみせた。

クロアチア人ファシストの非道を覚えているのはセルビア人に限ったことではなく、収容所殺害を覚えている他国籍者の脳裡にも焼き付いていた。しかし、ここで新しく出されてきたイメージは、あらゆるクロアチア人がナチであったこと、そして今でもナチであり、セルビア人殺害の機会を狙っているという現代的な図であった。*11

それに、ユダヤ人。クララ・マンディッチが登場してくるのはここである。大セルビアという考えが復活する以前、彼女はベオグラードのごく普通の歯科医だった。大セルビアの復活とともに、彼女はその血筋によって脚光を浴びるようになる。両親が強制移送された後、セルビア正教を信仰する家族に育てられたホロコースト生存者マンディッチは過去と未来について深く懸念していた。家族の死を悼む一方で、クロアチア人が未だに虐殺的意図を隠し持ち、セルビア人絶滅計画を打ち立てていると確信していた。マンディッチが到達した結論は、現代のクロアチア人は「ナチ」であり、現代セルビア人は「ユダヤ人」である――新たに根絶される寸前の――というものだった。「ただし、『ユダヤ人』のジェノサイドは二度と起こりませんよ」、と彼女は勝ち誇ったように報道陣の前で宣言した。「今度こそ、犠牲者は手遅れになる前に敵を攻撃すべきなのです」。

「戦争中、すべてのセルビア人が反ファシストのパルチザンであった」というお馴染みのチトー論を議論することで、マンディッチは自分の主張を強化した。チトーが世を去り、民族間の中傷誹謗に対するタブーが取り払われると、彼女は言論の自由を後ろ盾に裏返しの主張、すなわち「すべてのクロアチア人がファシストである」と主張し始めた。こうして議論の土台作りをしてから、今度は一九九〇年代初期にクロアチア人ナチ党員によるセルビア人犠牲者――セルビア人を現代のユダヤ人になぞらえて――への仕打ちを描写するために、ホロコーストを喚起させようと試みた。「セルビア人＝ユダヤ人」という公式を有効にするため、マンディッチはセルビア人のなかで戦時中セルビアに住んでいたユダヤ人の絶滅に加担した人は一人もいなかったと主張した。遅かれ早かれ事実が明らかにされる開かれた社会では、この手の議論を主張するのは困難である。しかし、セルビアという土地には、セルビア人がユダヤ人を愛し、ユダヤ人を守ったと主張する戦後神話があったため、さらに、このような虚言を否定するユダヤ人生存者がほとんど一人もいなかったため、マンディッチは自分の目標を驚くほど簡単に達成した。

第二次大戦中、セルビア系ユダヤ人の九四パーセントがほぼナチの手により殺害された。死をまぬがれた六パーセントのうちの多くがクララ・マンディッチをかくまった家族のような良心的セルビア人によって救われている。[*12] しかし、この地の反ユダヤ主義は実際には二〇〇年の歴史を持ち、その始まりをトルコ支配の終焉にまで遡る。そう、それは間違いなくトルコによる支配が終焉したときに始まったのだ。オスマン・トルコ軍の残虐性は疑いようのないものだったが、宗教的抑圧は彼らの主要関心事ではなかった。オスマン・トルコ帝国は、人々が納税を怠らず支配者に従順である限り、領土内での宗教的多様性を容認していた。この状況を変えたのは新しく生まれたセルビア国家に他ならなかった。セルビアは奥地に暮らすユダヤ人を迫害し、ベオグラードへ移住するかさもなくば国外退去を強要した。一八七一年にベオグラードのユダヤ人コミュニティを訪れたあるイギリス人外交官は、数百人のユダヤ人が「日々の糧を稼ぐことを禁じる法律によって、文字通り飢餓状態にある」と報告している。[*13]

一九三〇年代、ファシズムの台頭はセルビア人の民族的純血を鼓舞する報道に明らかに見て取れる。一九三五年までには、親ナチ政党ズボールが躍進しており、セルビア正教会などはナチの書いた文章を直接引っ張ってきて、過激な反ユダヤ的記事を配布していた。[*14] 一九四〇年までには、セルビアのユダヤ人は大学や高校への進学を禁じられ、食料の生産、販売は全面的に禁止された。

一九四一年、ドイツによる占領後、親ナチ派メディアはユダヤ人根絶をセルビア人自らの手で行うべきであると宣言し、[*15]ズボールの軍事組織はユダヤ人逃亡者を捕らえ、容赦なくゲシュタポに引き渡した。これにはちょっとしたトリックがあった。ドイツはドイツ人が一人殺されれば、引き換えに一〇〇人のセルビア人が処刑されねばならないと命令し、この頭数をそろえるためにユダヤ人やジプシーが充てられたわけである。ウルトラ・ナショナリストのチェトニック（王党派）は、ユダヤ人とパルチザン（ファシストのイデオロギーでは、ユダヤ人と共産主義者は同一とみなされる）を引渡したり、さらに拷問、身体切除、喉を掻き切るなどの独自の方法で殺害した。ボスニアとコソボでの戦争を特徴づけた凶暴性や獣性には、それ以前に行われた民族浄化というこの前例があったのだ。

戦後のセルビア共和国では、こうしたことは万が一知られていたとしても情報はごく限られていた。チトー政権下の「歴史」はチトーによって書かれていたのだ。「嘘をつくことはわれわれの愛国主義の一面である」とはドブリツァ・チョーシッチの説明であった。

ボスニアにおける国際的軍事介入を回避させせようと試みなければ、クララ・マンディッチは単なる歴史の補足に過ぎなかったかも知れない（しかし、マンディッチの「努力」のおかげで、結局、数年後に西側諸国はコソボにおける調停に乗り出した）。たとえば、民族浄化について最初に口を開いたのが、ジェノサイドを実際に経験したユダヤ人であったなら、その人の意見は強力な道徳的影響力を持つに違いない。この理由から、「世界中に広がるユダヤ人の莫大な影響力」（一九九二年、クライナ・セルビア人共和国議会における発言のように[*16]）を信じるセルビア人ナショナリストの最優先課題は、まずユダヤ人の意見に焦点を当て、それからその意見が自分たちの大義名分を傷つけないようにすることであった。つまり、セルビア人にとってユダヤ人のクララ・マンディッチはこのうえもなく貴重なプロパガンダ宣伝搭であったのだ。

「セルビアには反ユダヤ主義など微塵もありませんし、これまでにも決してありませんでしたよ。セルビア人は単純に他者を憎むということを知らないのです。私は現にここに住んでいるのだから、外国人にこの地のことを講義してもらう必要はまったくありませんよ！」。彼女はベオグラードのみすぼらしいホテルのダイニングルームで紅茶をすすりながらそう宣言する。クララは昔風のグラマー美人である。話すたびにブロンドの巻き毛が揺れ、私の方へ劇的な真面目そうな青い瞳を向ける。頭上のライトの下で、ラインストーンのイヤリングがキラキラ光り、胸の谷間には金のチェーンからひとつならず二つの大きなダヴィデの星（ユダヤ教のシンボルで、キリスト教の十字架に当たる）がぶら下がっている。

クララ・マンディッチは有名人で、ここのウェイターもそれは承知している。彼女が冗談を飛ばしたりおおっぴらに笑ったりすると、ウェイターたちはまるでグルーピーのように周りをうろつきまわる。事実、大セルビア構想のための戦争が計り知れない失敗をもたらしてからというもの、彼女の星は少なからずかすんでしまったが、名声というものはしぼんでしまった後でさえ強壮剤でありえるのだ。

　チトーが死ぬとそのチャンスを見逃さなかったわよ、と彼女は説明する。「私はセルビア人、ユダヤ人知識人に向かって、セルビア人は歴史上一度として反ユダヤ主義に組したことはないという点を公の場で宣伝すべきだと言いました」。そして、一九八七年、ドブリツァ・チョーシッチをはじめとするセルビア芸術科学アカデミーの名だたるメンバーとともに、彼女はセルビア人・ユダヤ人友好協会を設立した。スロボダン・ミロシェビッチも個人的に祝辞を送り、三〇〇〇人もの一般参加者が会合に足を運んだ。

「セルビア芸術科学アカデミーが協会設立に興味を示した理由は何だったのですか？」私は尋ねた。

「彼らは常々イスラエルやユダヤ人に好意的でした。だから、その見解を公的に示す初めての機会だと考えたわけです」。彼女は青い瞳でこちらを見つめながらそう答えた。

　クロアチア人ナチの昔の、そして現代の犠牲者として、セルビア人に対する同情を支えるためにはイスラエルとの絆を築くことは重要だったのだろう。戦争中のウスタシェの残虐性を証明できたクロアチア系ホロコースト生存者はイスラエルにはいたが、セルビアのユダヤ人はほぼ根絶されたためセルビア系ユダヤ人はほとんど一人も残っていなかった。セルビアが新たな戦争に向けて準備を整えている時期、セルビア人はユダヤ人の救世主であるというストーリーが広く宣伝された。この戦略にとってイスラエルほど理想的な場所はなかった。

　半分だけの真実のほとんどがそうであるように、マンディッチの描く「現代版ナチによるクロアチアのセルビア系ユダヤ人殺害」という図は、現実的基盤の上に構築された幻想であった。一九九一年、クロアチアがユーゴスラビア連邦からの独立を宣言したことに対し、ミロシェビッチはセルビア人の憤激を後ろ盾にクロアチア圏内にあるセルビア人優勢地域クライナにユーゴスラビア軍隊を送り、大セルビアの名の下に地元の非セルビア人の「浄化」を命じた。しかし、一九九五年、オペレーション・ストーム（嵐作戦）により報復したクロアチアはクライナを奪回し、数百人を殺害した。同年八月、わずか四日のあいだに、少なくとも一〇万人（この数字は未だに論争中である）のクロアチア系セルビア人が荷物をまとめて、数世紀の間暮らしてきたクライナの家を捨て、車やトラクターで、あるいは徒歩でベオグラードへ流れ込んだ。

　この撤退の際、大きな混乱は見られなかった。それがあまりに円滑になされたため、これを書いている現時点でもこの背後にあったものに関する議論が続いている。スロボダン・ミロシェビッチがこの引き揚げをプロパガンダ宣伝のために計画していたとする主張もあれば、一方には今は亡きフラジョ・ツジマンを大規模な民族浄化のかどで告発する主張もある。どちらのシナリオも事実である可能性はある。[*17] いずれにしても、この時クライナを去ることを拒否したおよそ六〇〇人ものクロアチア系セルビア人市民が、クロアチア人兵士の手で残虐に殺害された。

　クララはこれらの出来事に独自のひねりを加えている。「私にはユダヤ人とクロアチアに住むセルビア人の運命がちゃんと分かっていました」と、彼女は声を落としてそう語る。「クロアチアのセルビア人は、ある日クロアチア人が手のひらを返したように態度を変えることは分かっていましたよ。だからこそ、彼らは自衛のために戦い始めたのです。誰だって自分の都合のいいように物事を語ることはできますよ。しかし、これはユダヤ人である私から見たセルビア問題の見解なのです。私が生きている限り、私や私の子どもたちがユダヤ人であるというだけで、あるいはセルビア人であるというだけで連行されるようなことはもう絶対に許しませんからね。いつでも戦う用意はできていますよ！」。

　彼女はテーブルをバンと叩いた。ウェイターたちの表情に驚きの色がのぼった。

　クララは彼女の確信以外についても語ってくれた。ラドヴァン・カラジッチは「親愛なる、尊敬すべき友人」（恋人であったという噂もある）であり、セルビア人ユダヤ人友好協会の尊敬すべきメンバーであった。「戦争中の彼の活動を理解していた」クララは、それに対するサポートのためラドヴァンの「兵士たち」を励まそうとボスニア戦線を訪れている。以前、ある和平会議に出席したとき、彼女とラドヴァンはロンドンでCNNニュースを見ていた。その後ラドヴァンは二時間沈黙のまま座り、絶え間なく煙草を吸っていたのを覚えている、と彼女は言う。その後、彼はマンディッチの方へ向き直り、「もし私がボスニアのセルビア人指導者でなければ、あるいはもし事実を知っていなければ、セルビア人の運命を見て涙を流すだろう。これ[このニュース報道]こそ、メディアによる情報操作を示す好例だよ」。

「その素晴らしい言葉を決して忘れないわ」と彼女はため息をつく。

「でも、彼はハーグの国際司法裁判所からジェノサイドの罪で起訴されていますよね」私は彼女に言う。「ホロコースト生存者として、友人のことをどうお考えですか?」。

「私はそこにいたわけではありません。何が起こったかなんて、どうして分かります? 彼が戦犯で、ウスタシェのツジマンが戦犯でないですって? 私にとってラドヴァンが犯罪者であったことは一度もありません。いろんなことが起こりましたし、私もそのことは承知しています。でも、そうしたことはラドヴァンの監督の行き届かない所で起こったのです。抑制のきかない軍隊によって引き起こされたのです」

「それに、他の民族浄化について誰が語れるというのですか? 第二次世界大戦後のクロアチアはセルビア人の浄化を夢想していました。それを実現するのに五〇年間がかかりましたが、彼らはそれをやり遂げました。それに、アメリカはどうですか? 彼らはベトナムで血なまぐさい戦争を戦ったのに、アメリカ大統領が戦犯として告発されたことなどないでしょう! いったい、誰が、誰を告発する権利があるというのです? 教えて欲しいものだわ!」

ユダヤ人の意見を利用しようとするキャンペーンは数ヶ所で始まった。まず、セルビア芸術科学アカデミーのメモランダムは、ジェノサイド的な苦渋を経験したという理由から、セルビア人は聖なる「約束の地」(コソボ内の)に対してユダヤ人がイスラエルを求めるのと同等の権利があることを宣言した。それから、セルビア人作家で政治家のヴーク・ドラシュコビッチが、イスラエル人作家宛てに公開書簡を送り、コソボの「すべての土地」は「エルサレム」であると述べ、セルビア人は「ユダヤの失われた一三番目の部族であり、最も不運なイスラエルの民である」と述べた。*18

もはやセルビア人はユダヤ人的ではなく、ユダヤ人そのものとなった。

スロボダン・ミロシェビッチの支持を後ろ盾に、クララ・マンディッチはイスラエルでビジネスや文化、観光を推進するためのセルビア週間を組織した。一九九〇年には、セルビア人四四〇名とユダヤ人一〇名がベオグラードからテルアビブに飛んだ。同行したユダヤ人の少なさは、セルビア人ユダヤ人友好協会に対するユダヤ人コミュニティからの反発を反映していた。さらに、参加した一〇名のユダヤ人グループは、クロアチアでユダヤ人が迫害されている事実を否定していた。

テルアビブへの派遣団は、ホロコーストの全犠牲者の記録を収集したヤド・バシェム訪問を予定しており、訪問後はセルビア人ジェノサイド（クロアチア人、そして今はアルバニア人による）犠牲者のために同様の記録を作ろうという案もあった。クララにもまた、ベオグラードにセルビア人ジェノサイド記念碑を建設したいとの願いがあった。

一九九二年二月、クララ・マンディッチはアメリカとカナダで数ヶ所のユダヤ人コミュニティに招かれた。彼女が紹介したストーリーのなかには、クロアチア人により殺害され、手足を切断されたというクロアチアに住むユダヤ人老女に関する逸話があった。しかし、観客が知らされていなかったことは、この殺害の目撃者は、問題のその女性はユダヤ人でもなければ、クロアチア人によって殺されたのでもないと明言していたことだ。その女性はカソリック教徒のクロアチア人で、一九九一年にクライナの「浄化」の際にセルビア人によって殺されていた。一九九二年初旬、クララがこのストーリーを北米ユダヤ系メディアに流す直前になってユーゴスラビアのユダヤ人コミュニティ連合が彼女に近付き、そのクロアチア人老婦人をユダヤ人と言わないようにとの要望を伝えた。クララはそれを無視した。

私は紅茶を飲みながら、質問を投げた。「北アメリカへ講演に行ったとき、クロアチアで最初のユダヤ人犠牲者であると主張する女性について話されましたね。その話が嘘であることをご存知でしたよね」。

彼女はため息をつく。「私が知っているのは、セルビア人ユダヤ人友好協会に殺害が起こった村から数名がやってきてこの話をしてくれたことです。この話を信じてはいけない理由などありませんでした」。

「今でもそれが本当だったと信じていますか?」

「当然ですとも。私はそこにいませんでしたが、私を批判する人たちだってそこにいなかったのですよ！ さあ、これでこの話は終わりにしますよ！」

クララ・マンディッチの呼びかけがイスラエルと北米で強力に響いた理由は、現在と故意に混同させられた第二次大戦中の残忍なウスタシェの記憶が焼きついていたからでも、セルビア人によるユダヤ人救済ストーリーの記憶のためでもない。実は、反セルビア／反ユダヤ人的ジハードを目指す「狂信的」ボスニア系イスラム教徒という、形なきものすら現出させる強力なイメージがあったからに他ならない。アラブとイスラエルの長期紛争、イスラム過激主義の恐怖を考えれば、ほとんどが世俗的生活を営むボスニア人をこの恐怖に照らして描写すればよかったわけだ。実際、この策略はうまくいった。政治哲学者のダニエル・コフマンは、イスラエルとボスニア戦争に関する論文のなかで、ユダヤ人の偏見を確証し、彼らが抱く恐怖心を強調するテーゼを裏づけるイスラエルのさまざまなオピニオンリーダーの意見を引用している。なかでも、エルサレム市の元市長テディー・コレック以上に直截にこれを表現した人はいない。なぜイスラエルはエルサレムの支配権を掌握する必要があるのか、という『ボストン・グローブ』紙のレポーターに答えて、コレックは次のように説明している。「アラブ哲学の根底には、和平ではなく、戦争による征服という考えがあります。……私はそれを確信しています。彼らは東エルサレムが欲しいわけではありません。その証拠に、考えてみてください、彼らは未だにグラナダやコルドバ、スペインの半分を手に入れたがっているじゃないですか。……『Dawlet el Islam』、すなわち、イスラム教徒が過去に支配した土地は、いずれわれわれが支配する』というやつですよ。ボスニアでもそれが行われたわけでしょう。それこそイスラムの基本哲学なのですよ」[*19]。

恐るべき全体主義の習慣。そこでは、半分だけの真実はそれが嘘になるまで拡張され続ける。政治目的に当てはまるよう歪曲され、想像により捏造される歴史。「ここでは、すべての嘘がいずれ真実になる」とドゥブラヴカ・ウグレシッチは『嘘の文化』のなかで書いている。あるいは、ユーゴスラビアの有名な反体制作家ミロヴァン・ジラスがかつて述べたように、「共産主義者であることの最も大変な点は、過去を予測することである」。

ホテル・エクセルシオールでのある夜、私はふとテレビをつけた。トップニュースはスロボダン・ミロシェビッチである。通商使節団とともに中国を訪れたミロシェビッチが、非常に若く見える中国人高官と会話を交わしている。大統領の顔が一五分間――私は時計を確認していた――、画面に映っていた。場面転換やロングショットもまったくなく、音声はアナウンサーが吹き替えるミロシェビッチの言葉だけ。それから八分間、私たちは静止画像の中国語新聞のモンタージュを見せられる。ミロシェビッチ大統領訪中に関するものだろう。

次のニュースは、ミロシェビッチが演説をしているところで、これまたそっくりそのままの報道である。演説が終わると、観客は暖かい雰囲気で拍手を送る。大統領は微笑み、周りの人たちと握手をする。それから女性レポーターとの「インタビュー」の間、もう一度演説が始まる。レポーターは大統領の言葉を聞く間、敬意のあまり緊張で前屈みになっている。彼女の言葉はまったくない。

これが国営メディアなのだ。九五パーセントの視聴者に伝えたい内容をこうしてコントロールするわけだ。クロアチアとボスニアでの戦争に向けた準備期間、セルビア人指導者たちは殺人者であるクロアチア人ウスタシェとジェノサイド的傾向性のあるコソボのアルバニア人に関するメッセージが視聴者に伝わっているか常に気を配っていた。逃れられる人などいなかった。遠隔地の山間部に住む農民でさえ、電気代請求書といっしょになったテレビ視聴料金の支払を強要されていた。『ヴレーメ』誌のミロス・バシッチが後で教えてくれたところによると、ある養豚農家の農民はこの件で政府を訴えようとしたらしい。「うちの豚はテレビなんて見ませんよ!」。農民は困り果てた表情でそう嘆願したという。

バシッチが言うには、実際にミロシェビッチは私営メディアを禁止しているわけではなかった(NATOの空爆キャンペーンの間とそれ以降は法律の保証する報道の自由を無視し、禁止した)。そのかわり、彼は私営の雑誌やテレビ局に対しては財政的援助をせず、国営テレビ局の広告料金をべらぼうに高くした(現政権に友好的な新聞は無料で広告を掲載できた)。私営メディアのなかには、プロフェッショナルな報道が経済的にできなくなった会社もでてきた。そんなことをしていたら誰も払えないほど料金が跳ね上がるためである。そのため、代替メディアを利用することは可能ではあっても、ほとんど手の届くものではなくなってしまったのである。

私はミロス・バシッチにホテル・エクセルシオールの、今までになく好奇心を示すマネージャーが用意してくれた部屋で会った。彼の疲れ切った、重々しい顔つきが、五〇年の人生の瞬間すべてを物語っているようだ。彼はダブル・エスプレッソとスリボビッツ（東ヨーロッパ圏で飲まれるプラムブランデー）を注文して、どちらも一気に飲み干した。

彼はこれまで数年間、自分の住む世界の下劣さに対して道徳的反抗を試みてきたが、そのコミットメントのおかげで犠牲を強いられた。「妻はいわゆるサラエボ最後通牒なるものをつきつけてきましたよ」と彼は小声で言う。煙草の煙が彼の頭を包んでいる。「何が起こったかと言うとね、妻と子どもたちはアムステルダムかオスロに逃げていて、そこから妻はこう迫ったのです。『あなたがここに来て私たちと一緒に暮らすか、さもなければ離婚です。私はまだ若いのですからね』。サラエボ包囲のあいだに国を去ることは恥とされていたので、そう迫られたほとんどの夫が行きませんでした。そういうわけですよ、私の場合はサラエボではなく、ベオグラードでしたがね」。

そうなったのも、バシッチの妻（最後の妻、彼は何回も結婚していた）がイスラム姓を持っていたからだ。彼女がベオグラードで生まれ、育ったという事実も助けにはならなかった。彼女は身の安全のために国を去る必要があった。「私がこれまでに受けた脅迫電話が一本一ドルだとすれば、今では私は大金持ちですよ」と、彼はつぶやく。結局、彼は『ヴレーメ』をやめなかった。

バシッチがこの週刊誌（『タイム』と『ニューズウィーク』をベースにしている）を始めたのは一九九〇年で、人権問題に関心を寄せるある個人サポーターから財政援助を受けていた。当時、名義上ユーゴスラビアはまだ存在しており、ミロシェビッチ新政権には注意を集中すべき他の課題が山積していた。一九九一年に政府が『ヴレーメ』に目を付けたときには、すでに遅すぎた。海外では『ヴレーメ』はユーゴスラビアについて最も信頼できる情報源として最も頻繁に引用される媒体となっていた。

『ヴレーメ』は、当初からクロアチアとボスニアに特派員を派遣していた。「われわれは全てこの目で見てきましたよ。当初から強制収容所のことも知っていましたし、春になって地表が溶けると死体が現れるので、それを二度も三度も埋めていた事実を知っていました。国営メディアに対抗する義務感を感じましたよ。たとえば、国営メディアではカメラに映ったバラバラの死体を前に、『ほら、これがクロアチア人のしたことだ！』と言っている。信頼できる軍医と話してみると、外見からすると映像に映ったその人は地雷か、あるいは迫撃砲のような爆発に巻き込まれたようだと言う。それから、小さな黄色の頭蓋骨を持った司祭がテレビカメラの前に現れて、『これはクロアチア人に殺されたセルビア人少年のものです』と言う。その色から判断するに、その頭蓋骨は少なくとも五〇年以上前のもので、解剖博覧会からでも持ってこられたのだろうと言うのです。馬鹿馬鹿しいことですよ。ベオグラードのテレビは、めちゃくちゃに傷ついた死体の山を映してはそれがセルビア人だと主張する。クロアチア人は同じ死体の同じ映像を指差して、それらがクロアチア人の死体だと主張する。結局、その映像はドイツのテレビ局のものであることが判明するが、犠牲者がどの『タイプ』なのかドイツ人には全く判断できないのです。彼らは単なる犠牲者ですよ。それこそが本来繰り返し語られるべきことなのです。絶滅の危機に瀕した『民族グループ』は、いわゆる民族バックグラウンドに関係なく、ほとんどが非武装の民間人なのです。彼らこそ本当の犠牲者ですよ。そして、侵略者とは誰であれ彼らを攻撃する人たちのことです」。

戦争への準備が着々と進められるなか、セルビア人インテリゲンチャが果たした役割は、「人生で最も失望させられた出来事のひとつ」だったと彼は言う。そして、バシッチが苦々しい憎悪とともに指差したのは、「まったく見下げ果てた奴」と呼ぶドブリツァ・チョーシッチであった。「自分の生半可な知性と芸術的な夢を実現させるために、すべてを始めたのは他ならぬ彼だったのです。共産主義国家の遺物が知識人たちの盲従であったことを理解しなくてはなりませんよ。知識人の盲従だなんて、ああ、なんてこった、何といういまいましい言葉だろう！　ラッパが鳴り響いたときには、彼らは奉仕のためにもうそこにいたのです。お得意の演説や主戦論を披露して、戦争の商人とグルになって人々を戦争に駆り立てたのです。なかでも、科学に対する冒瀆、とくに人文科学に対する冒瀆は重要な推進力だった。同様の怠惰な、生半可な科学者やジャーナリスト、同じような才能のない詩人、表面的なペテン作家が、以前共産党に加わったときと同じ不誠実さでもってセルビア人国家運動に参加したのです。一方のイデオロギーから他方のイデオロギーへと乗り換える寄生的な社会階級ですよ。それでは一体、彼らにはナショナリズムを長年信奉してきた『歴史』があったのか、とあなたは疑問に思うかも知れませんがね、そんなものは全くなかったのです。彼らのナショナリズムなんて、昔のプロパガンダに過ぎなかったのですよ」。

私たちの会話は途切れた。スリボビッツをおごること以外、私は何ひとつ考えられなかった。

「私は恥かしくて仕方ないんですよ」彼は最後に言った。
「セルビア人であることが?」
「そうではなくて、こんな人たちと何十年間も一緒に暮らしてきた人間として恥かしいのです。あえて言うなら、私の答えは、人間として恥かしい、というものです。一九七〇年代、私はドイツで働いたことがあります。そこで夜な夜な、罪について、恥について話し合ったものです。今でも私は集団的罪という考えは正当ではないと信じています。しかしね、歴史というのは時折私たちの上に恐ろしいやり方でのしかかることがあります」

苦悩しているのは彼だけではない。たとえば、ボルカ・パヴィチェビッチもその一人である。かつては高名な戯曲家、今は皮肉な名前を冠する文化浄化センターの監督である。彼女の夫ニコラ・バロビッチ、旧ユーゴスラビアで最も優秀な人権擁護の弁護士の一人も苦悩を抱えている。

ボルカの勤める文化浄化センターは、ドイツ大使館に隣接する古い中庭に位置している。ドイツ大使館からは、セルビアからの脱出を試みる、うつ病的な人々の列が数ブロックにわたって延びている。スロボダン・ミロシェビッチは好きなように現実を解釈できるかも知れないが、実際にはラザル王子の、そして栄光あるセルビア国家の末裔は、自分たちの生活にうんざりしていそいそと亡命を試みているのだ。

センターの中庭はベオグラードのみすぼらしさ、ベオグラードの灰色そのものである。傾いて、ひび割れたコンクリート壁と瓦礫の山。私は建物のひとつに取りつけられた屋外用階段を登って、ボルカが待つ小さなオフィスへたどり着く。彼女は握手するために私の方へ歩み寄ってくるが、私には彼女の固まった身体が膨大な悲嘆や苦悩を引きずっているように思われるのだ。

私たちは数名のスタッフが働く部屋でテーブルを前に座っていた(一人はインターネット接続を設立しようとむなしく試みていたが、私にはそれがこの国の深い深い孤立を示すメタファーのように思われ、はっとした)。ベオグラードは三〇年間、ヨーロッパ演劇の中心地だったとボルカは語る。そして、何人かが私に教えてくれたように、彼女こそそのベオグラード演劇界の中心人物だったのだ。彼女はユーゴスラビア国内を常に旅行してまわっている。演劇はユーゴスラビア国籍者をいっしょにまとめる接着剤の一部であったし、プロダクションのスタッフがあらゆる民族バックグラウンドを持っていることからも分かるように、チトーのやり方はここでも事実上実現していた。

ボルカの両親はクロアチアのアドリア海沿岸に別荘を持っていたが、今ではその美しい沿岸は彼女から永久に失われてしまった。クロアチアは今では別の国なのだ。しかし、この喪失――海岸線を持たないセルビアとボスニアのことを、多くの人が悲嘆に暮れた様子で語った――は、多くの喪失のひとつに過ぎない。「ベオグラードは文化と共通の価値観の中心地でした。だからこそ、聞きたいのです、あの人たちはどんな権利をもって生活の一部であった私たちの歴史や価値体系を壊してしまったのでしょう?」。

ボルカが語っているのは、彼女の世代の「歴史」、つまり、彼女が育ってきたエートス（時代の精神）についてに他ならない。第二次世界大戦後からチトー主義へのシフト、そして現在の苦渋の時代がやってくるが、彼女にとってこれは中世への大きな後退に他ならない。怒りを含んだその声は、苛々したトーンと煙草で乾いていた。それは徐々に大きくなっていき、最終的には叫びに変わった。彼女の情熱の大きさを持ち耐えるには、その部屋は小さすぎるように思われる。「この戦争で一貫して使われた策略は、歴史を破壊するために、つまり記憶を破壊するために歴史を利用することでした！　数年後、学校で子どもたちがここで起こったことを、どんな内容を学ぶか想像できますか？　以前はヨーロッパの一部だったユーゴスラビアも今ではヨーロッパの圏外です。私たちが戦ったのは中世的戦争でした。近代世界において、領土のための戦争にどんな意味があるというのでしょう？　ここにいる大部分の人たちがクロアチアで平和に暮らす数名のセルビア人のことなど気にもかけていませんでしたよ」。

「異なる文化バックグラウンドを持った人が共存する場所では、好きなだけ論争の種を作り出すことができますよ。私だってやろうと思えば、五分のうちに職場で論争を始められますよ。たとえば、ボスニアのある村でセルビア人が牛のことで怒っていて、この人に三倍もの武器があるとすれば、当然、彼はイスラム教徒の隣人を殺害できますよ！　プロパガンダを始めると、偏見がじわじわと蔓延しはじめ、人々は汚染されます。どうして隣人と共生できないのか、と誰かに尋ねれば、その人が隣人と共生することは無理だという話をこれまで繰り返し耳にしてきたことに気づくでしょうよ。その人はこれまで愛国的な歌に耳を傾け、セルビア人『知識人』が一三八九年について、あるいは何か狂気じみたことを話していたのを繰り返し聞いてきたのです。そして、今では四〇万人の人たちが国外へと亡命し、どれくらい多くの人たちが命を落としたか私には見当もつきませんよ。何のために？　この馬鹿げた大セルビアのために、これらの権力の商人は私たちの国を崩壊させてしまったのです！　私たちの過去を絶滅させてしまったのです！」

彼女は指の間に挟んだ吸いさしの煙草に火をつけ、軽蔑、憤慨、怒り、無気力を表わすように手を振る。痛みを伴う沈黙が続く。彼女は空気を呑み込み、こう続ける。「この国の人たちが学んだことといえば、犯罪行為だけですよ。人間というのは、素晴らしい部分とひどい部分を同時に持ち合わせているものです。ひどい部分だけを強調すれば果ては戦争に行きついてしまいます。それで一体、ここでは何が起こっていますか？　人々はバスのなかでお互いを押し合い、みんな『まあ、彼はブコバで負傷したんだから仕方ないわね』と言い、何かが盗まれても『まあ、以前見た死体の山に比べれば何ということはないさ』と言う。そして最終的に自分に向かってこう言うようになるのですよ、『車を盗むことが悪いなんて誰が言える？』。そして、実際に盗んでしまうのです。分かります？　この堕落のプロセスはすべて目に見えるわけではありません。このプロセスは感情的で、徐々に起こるのですから。ベオグラードの通りを歩いてごらんなさい。人々がどんなに攻撃的に振舞っているかお分かりになるでしょう。それは、真実を隠蔽してきたことから引き出された帰結です。自国で起こったことに直面するか、直面しないか。どうしますか？　もし直面すれば、その人は売国奴と呼ばれるか、セルビア人嫌いと呼ばれるか、頭がおかしいと言われるだけです。ほとんどの人たちはそんな厄介なことには係わりたいとは思っていません。生活を続けて行くためには何とかして安全を手に入れる必要があります。あなたの指導者がテレビでこの国には戦争などなかった、セルビアの関与は当然なかった、と言えば、あなたは有罪ではなくなるのです。あまり深く考えず、責任を取らない方が簡単ですし、私のようにテレビで売国奴、あるいは狂人などと呼ばれるのはうれしいことではありませんからね。しかし、これもまた事実なのです。ここには本当の狂気が存在するのです」。

私はその言葉にじっくりと耳を傾けながら、同情とともに彼女を見つめていた。そうしていると、リシャルド・カプシチンスキの『帝国』のなかに出てくるもうひとつの文章が思い出されてくるのだ。著者は、かつて数百万人がスターリンに殺された強制収容所のあるシベリアのマガダンという荒涼とした辺境の居留地にいる。彼もまた二冊の本のことを考えている。どちらもこの恐ろしい収容所で囚人として過ごした人の書いた本である。ひとつは自分が非合理で狂気の支配する場所に連れてこられたと信じている誇り高きドイツ人共産主義者が書いた本。彼は未だに共産主義の正しさを信じ、マガダン収容所だけが常軌を逸していると考えている。もう一方は反共産主義者のロシア人が書いた本。ドイツ人とは反対に、このロシア人はすべては風や雨のように自然の一部として順次起こるものだから、反抗を試みるのは無意味だと考えている。ここでカプシチンスキが描いているのは、西洋人の「デカルト的合理主義」とロシアの運命論との対比である。

ボルカは合理主義者の伝統を汲んでいる。セルビアの外を何度となく旅行してまわった彼女は、自分のために考えている。そして、「ヨーロッパ」を求めて嘆いている。

怒りで爆発しそうなごく一部の反ミロシェビッチ派と同じく、彼女は少数の『ヴレーメ』読者である。しかし、結局最終的にみんなが耳を傾けるのはドブリツァ・チョーシッチとクララ・マンディッチの主張なのである。

ボルカのシアター・グループ、文化浄化センターは、演劇のなかのアナロジーを通してメッセージを伝えようとしている。政治を記号で語るというのは昔ながらのやり方だ。たとえば、ある作品はバス車内でのエピソードを描いているが、このバスというのが俳優たちが時々掃除しなければならないほど汚れている。この演劇には、市営バスの不潔さ、古さ、悪臭を感じて、日ごろの生活の質について考えてもらいたい、というメッセージが盛り込まれている。さらに、権力への傲慢な意志がテーマの演劇『マクベス』も上演している。このセンターはボルカの復讐とも言えるだろう。彼女はユーゴスラビア国立劇場の劇場監督だったが、イスラム教徒職員全員の解雇を拒んだため辞任に追い込まれた。それに対して彼女が選んだ反応は、人々に社会の姿をありのまま見せることだった。

ボルカの夫はチトー時代に比べるとたくさんの変化が見られるものの、保持されたものもそれ以上に多いと考えている。ニコラ・バロビッチの目はユーモアにあふれ、何一つ見逃さないほどまわりをよく見ている。起訴されると直ちに有罪になる人たちの弁護は、ほぼ完全に弁護士の機知次第なので、ベオグラードの弁護士なら言葉やジェスチャーを無視することはできないし、ましてや失言など絶対に許されない。いくら訴訟で有力な証拠品をそろえても判決に影響を与えるわけではない、と彼は言う。

ニコラはチトー時代には、たとえば「反政府プロパガンダの流布」といったかどで起訴された政治批判者の弁護に当たっていた。国家反逆罪は大部分が作家に向けられていたが、普通の人たちもそのワナにはまる可能性があった。パーティーで「友人」にささやく政治的ニュアンスを含んだ冗談も、七年から一二年の禁固刑に結びつくことがあった。ソ連憲法第五八条から取り入れられた言動適切法のことを、ニコラは「反対勢力を取り除き、シベリアを満員にさせた法律」と言って笑う。明らかに、彼にとって笑いはお気に入りの必需品のようだ。

ひとたび起訴されれば有罪は確定したようなものなので（「でなければ、どうして起訴される必要がありますか？」）、バロビッチと彼の同僚が利用する戦術は、巨大な公的スキャンダルを引き起こし、政府が不面目に屈して判決を軽減するか、あるいは訴訟自体を断念するような状況に持っていくことである。弁護士は自分の依頼人が世界中のあちこちに知人がいることを示さなくてはならないが、そのためには国際メディアにこの訴訟ストーリーを取り上げてもらう必要がある。外国の大使館はすべてベオグラードに集中しているため、バロビッチのような弁護士は自分たちの抱える訴訟をそこに持ち込もうとしている。

バロビッチは旧ユーゴスラビア各地で仕事をしてきたため、解体後、新しくできた国家で少なくとも活動の一部を続けることができた。ボスニア戦争のあいだ、彼は各地を飛び回り、頻繁に危険な状況下で旅をしてきた。戦争の終わった今、彼の依頼人は逃亡兵、戦争捕虜、クロアチアのセルビア人やセルビアのクロアチア人といったマイノリティである。

「ここでは法律に頼ることはできません。形式的には訴訟は公明正大に見えても、裁判所は国の一部に過ぎません。『反政府プロパガンダの流布』法などもう存在しませんが[*20]、たとえば誰かが『武装的反抗』、『犯罪者グループを指揮』、あるいは『戦争犯罪』などで地元裁判所に起訴されていれば、その人はほぼ無実であると考えていいでしょう。起訴された人たちはいつもマイノリティのコミュニティ出身者であって、戦争犯罪のかどで起訴されたセルビアのセルビア人や、クロアチアのクロアチア人など、見せしめ裁判以外では探すことはできません」

「旧ユーゴスラビア全体で、私は一度だって起訴された人が実際に罪人であったという訴訟を見たことはありません。彼らは犠牲者であり、ほとんどがデイトン和平条約のもとで自分の育った土地に戻ろうとしている難民です。通常、問題となっている犯罪の加害者は、いわゆる目撃者です。これは、難民が戻ってこないように、永久に自分の国が民族的に浄化されるために彼らが編み出した方法なのです」

コード化されたこの世界で、ニコラはブラックユーモアによって政府の言葉遣いを見極めている。たなびく煙草の煙が幾層にも重なっているように、言葉にも意味の多層性があるというわけだ。彼のお気に入りのコードのひとつ「抑制のきかない軍隊」とは、軍部や政治的指導層の監督不行き届きのところで、いわゆる虐殺や他の言語を絶する行為を行ったとされる匿名の小グループのことである。

「ある人が活動している時間帯の問題ですよ。つまりね、こういうことです。ある朝、誰かが警察署に行き『昨夜、うちの村で半数の家屋が何者かによって吹き飛ばされました』と言うとしましょう。署長は忠実に一字一句きちんと調書を取ります。しかし、この署長は絶対に加害者――『抑制のきかない軍隊』のメンバー――をつきとめることはできないのです。なぜなら、この人たちは、彼が警察官である日中には存在しないからです。彼らが存在するのは夜だけです。というのも、彼らは警察官、恐らくは署長自身、あるいは政府の他の幹部たちに他ならないからですよ。三つの人格を持つ精神分裂症女性についての『イブの三つの顔』というアメリカ小説を思い出されるでしょう。それで、私たちはこの『抑制のきかない軍隊』を『イブ・グループ』と呼んでいます。当然、彼らの一人だって旧ユーゴスラビアでは発見されていないのですよ」。

真の加害者がNATO平和維持軍に逮捕されれば、彼らは旧ユーゴ国際戦犯法廷で公正に裁かれるために連行されるだろう。一方で、地元で戦犯として起訴されたマイノリティ民族の人たちも同じように――バロビッチの主張するようにたとえ間違って起訴されたとしても――弁護してくれる弁護士が必要で、この場合、唯一の法的な頼みの綱は、今なお同様の駆け引きなのだと彼は言う。

「法に拘束力があるという振りをしなくてはならない。だから、最大限できることは根気強く続けることです。大々的に騒ぎ立て、政府に請願する。あるいは、こちらは真実を知っているのだとちらつかせます。ただし、恐るべき反対勢力が存在します。その地域の『抑制のきかない軍隊』が検察官である可能性だってあるのです。ほとんどすべての判事が有罪判決を下しますが、それは政府がそう命令しているからなのです。旧ユーゴスラビア全体で、個人的判断のできる勇気と誠意のある判事は私が知っている限りでは三人だけですが、そのうち一人はもちろん『抑制のきかない軍隊』によって攻撃され、重傷を負いました。さらに、ある訴訟で一七名の農夫に無罪判決を下した勇気ある女性判事が一人いました。この農夫たちは戦犯、ジェノサイド、武装反乱、その他もろもろで起訴されていましたが、全員その地域の民族マイノリティでした。非友好的な政府が権力を握ったとき、今まで住んでいたところに留まろうと思えば、政府が付け入るスキのあるどんな小さな罪もミスも犯してない、完璧に無実な人でなければならないのです。たとえば、それがスルプスカ共和国で、あなたがクロアチアかイスラム教徒だとしたら、そこに留まるのがどれほど大変なことか想像できますか？」

バロビッチはこれまでに散々危険な目に遭ってきた。少し前には、極右ナショナリスト政党のセルビア急進党党首であるボジスラブ・シェシェリのボディーガードにテレビ撮影の舞台で暴行を受けた。この党は、スロボダン・ミロシェビッチ大統領のセルビア社会党や、ボスニア戦争でイスラム教徒の民間人に対してさまざまな蛮行を行った準軍事組織「白い鷹」の指導者を核とする連立政権の一部である。個人的な、実践的な犯罪経験にもかかわらず、シェシェリはサラエボ大学で法律博士の称号を獲得しており、ドブリツァ・チョーシッチと同様にナショナリズムに転向する前の一九八〇年代には人権に関する政府批判者の立場を取っていた。（のちに、チョーシッチが短期間ユーゴスラビア連邦共和国の大統領に任命されたのと同じように、シェシェリはセルビア共和国の副大統領に任命された）。[*21]

「私とシェシェリはパネリストとして出席していました。そこで、私はアパートを追い出されたベオグラードのクロアチア人について話しました。この人たちはベオグラードに四世代にもわたって暮らしてきたのに、今では路上に放り出されているのですよ。プログラムが終わると、シェシェリのボディーガードがスタジオに戻ってきて、私の鼻を殴りつけ、鼻を折ってしまったのです。大きなスキャンダルになりました――シェシェリはメディアに私がバナナの皮の上で滑ったと言ったのですよ！――でも、そんなことは問題ではなかったし、何ひとつ変わりませんでした。政府はベオグラードからクロアチア人を追い出したいと考えていましたし、たとえ裁判所が彼らに滞在の許可を与えても、警察が裁判所の判決に従うようなことはありませんよ。ここでは政府の意志以外に、何ひとつあてにできないのです」。

そこまで言うと、バロビッチは不意に話を止めた。

「そんな環境のなかで個人的にどうやって働いていますか？」

ゆがんだ笑いが浮かんだかと思うと、彼は大声をあげて笑った。「続けて行くのみですよ。できるだけ多くの人たちを守ってあげることです。特に彼らが無実だと分かっているときにはね。運のいい場合だってあります。依頼人が兵士であれば囚人交換の可能性もあります。あらゆる政権がこの戦争で実際のターゲットにしたのは、罪もない民間人でしたし、今でもそうです。ボスニアのある村でマイノリティの誰かが起訴されるたびに、同じ民族グループの人たちが帰ってくるのをあきらめるでしょう」。

「民族浄化は決定的なものになりますか、そうすると？」

「おそらくそうでしょう」

ドリンカ・ゴイコビッチはセルビア人作家協会が民族ナショナリスムの高揚に果たした役割を念入りに調べ報告をまとめている。彼女はこれをたった一人で書いたが、それは道徳的憤慨に突き動かされてのことだった。この研究結果は、セルビア各機関におけるナショナリズム高揚を調査するプロジェクトの一部として発表され、書店で簡単に手に入る。いや、ドリンカの本が入手可能だというのは妥当ではない。誰一人本を買う経済的余裕などないうえに、誰一人そんなことに興味はないからだ。作家協会の執行部はドリンカの攻撃に対する反論すらほとんどしない。彼女の本が世論一般に読まれることもなければ、注意深くこの動きを見守っている人など一人もいないのだから、反論の必要すらないのだ。結局、彼女が願った国民的議論は起こらなかったわけである。

私はドリンカ・ゴイコビッチとホテル・エクセルシオールで会った。彼女の美しい顔だちには多くの皺が刻まれていて、ミロス・バシッチやボルカ・パヴィチェビッチ、ニコラ・バロビッチと同じように、その声には直接的な響きがある。たぶん、この響きは真実を隠蔽しようとする嘘に対する抵抗として自然に作られたものだろう。彼女もまた、チトーが作り上げた世界を嘆き悲しんでいる。それは「現実で自然」であった、と彼女は言う。

チトーはほぼ半世紀の間、『国籍の問題』を寄せつけなかったため、五〇歳、あるいは六〇歳以下の人たちのほとんどは、自分のアイデンティティをある特定の民族グループの一員としてではなく、ユーゴスラビア人として認識している。「ユーゴスラビアはこのような場所では唯一の解決法でした」と彼女は悲しそうに言う。「今では私たちは再びダイナマイトの上に座っています。すべての人たちが上から支配されるのに慣らされた社会では、お互いを憎みあわせることとは権力の商人にとっては難しいことではないでしょう。今日でさえ、私たちは、たとえばどれだけの軍隊が送られたのか、あるいはそこで何をしたのか、といったボスニアの戦争の事実について全体像を把握できていません。私たちが知っていることは、セルビア人が何かひどいことをしたという程度ですが、他の民族も同じようなことをやってきたのです。つまり、すべては相対化され、そうなると何ひとつ問題にされないということが起こります。必要なのは、家族に日々の糧をもたらすことだけ。誰一人信用できないのです。しかし、本当に最悪なのはスロボダン・ミロシェビッチのような戦犯として起訴された当の人物が西側諸国との交渉役に立っているという事実です。人権にコミットしているとされる国々によるこの裏切り以上にひどいものはありません。全世界がこの血にまみれた殺人者をパートナーとして迎えるなら、ボスニア戦争に対するセルビアの責任などどうして語る必要がありますか？」。「不処罰はやがて不正義につながります」。私は同情に打たれてそう言った。

「あら！」。彼女は心の底から笑い、表情は明るくなった。「ここには絶対に正義なんてありませんよ！」

彼女のシニカルな陽気さ、この恐ろしいほどの絶望――私はそのとき突然、自分自身の恵まれた生活、第三者として好きなときにここを去ることのできる状況で彼女の前にいる事実を感じ、全身に恥かしさを感じた。そして、現在私が執筆中の本、観察に基いて書かれるべき私の本に対して疑問を感じた。私ははっと身を後ろに引いた。私は作家であることの核心にたじろいだのだ。眺め、質問し、返答を引きだし、共感し、熟考し、そして判断するという作家としての核心に。今だけでも追い払わねばならない疑心に、そのとき一瞬圧倒された。本物の苦しみを目の前にしたとき、作家としてのこの役割の両義性を経験したのは私だけではないはずだ。

スロボダン・ミロシェビッチや西側諸国についての彼女の意見はまったく正しい。身の毛のよだつようなボスニアの民間人に対する犯罪を止めようと深刻なイニシアチブが取られるまでには何年もかかった。それまでに二五万人が命を落とし、二〇〇万人以上が強制退去させられていた。あらゆる年齢の女性に対する残虐なレイプが、ある「人種」の将来を破壊するために他人種の「血」の混ざった子どもを作り出すというオーウェル的ジェノサイドの試みとして実行された。イスラム教徒がセルビア人警備によって殺害されたプリジェドル付近のオマルスカのような残忍な強制収容所――そのような収容所は第二次世界大戦直後、アウシュビッツやダッハウの映像が全大陸に衝撃を与えて以来初めて公の目にさらされた――に入れられた男性たち。一九九五年七月の一二日間に、国連が指定した「安全地帯」スレブレニッツァで起こったボスニアのセルビア軍による八〇〇〇人ものイスラム教徒の男性、子どもの大量虐殺。――こうした出来事をはじめとする事件は、『ニューヨーク・ニュースデイ』で一九九二年八月二日のオマルスカの恐怖を詳述したロイ・ガットマンのレポートに始まる西側諸国の報道に現れたときでさえ、辺境の地に暮らす人たちによる「昔ながらの敵対心」として理解されていた。ボスニア戦争が終わってからというもの、ボスニアにおける西側諸国の失敗についての、同時に一九九四年春の九〇日間に八〇万人ものツチ族が過激派のフツ族によって無差別的に殺害されたルワンダにおける西側諸国の失敗を振りかえる幾多の本や記事があらわれた。それでも、スロボダン・ミロシェビッチは、ボスニア問題に関して西側との主要交渉役であり続けた。ドリンカをはじめとする人たちがこれを裏切り行為だと感じたのも当然である。

ドリンカの言うこの「血にまみれた殺人者」が、コソボに軍隊を動員し、今度は憎しみの対象になってきたコソボのアルバニア人に対する新たな民族浄化の一幕を始めようとするまでには西側諸国の忍耐は尽き、一九九九年三月、ＮＡＴＯ加盟国は「人権という価値を促進し、相互尊重を支援するよう努める」[*22]ことを定めた国連憲章に基き、人権侵害を阻止する目的で空爆を開始した。さまざまな出来事が目まぐるしく起こった一一週間、セルビアに対する空爆は正当化されうるのか、紛れもない人権侵害に直面したとき国家主権の原則は制限されるのかについて、義務や責任、国際的利益についての考え方の変転といった、激しい議論が起こったが、以前こうしたことのすべてを目撃した人が書いた言葉に私は深く心を打たれた。マレク・エデルマンは、運命的なワルシャワ・ゲットー蜂起を経験した最後の生き証人だった。

一九九九年四月五日、今なおポーランドのウッジに住んでいた高齢のホロコースト生還者は、ビル・クリントン大統領、ジャック・シラク大統領、トニー・ブレア首相、ゲルハルト・シュレーダー首相、ハビエル・ソラナＮＡＴＯ事務総長、ＮＡＴＯの一九加盟国あての声明を発表した。それは次のような内容であった。

「コソボの人たちを守ろうとするＮＡＴＯ加盟国による空

爆作戦開始の決定は、世界のあり方を根本から変えることになるでしょう。権力や領土の征服、あるいは経済的利益を守るためではなく、人道的理由により戦争が行われるのは歴史上初めてのことです。

第二次世界大戦中、私はワルシャワ・ゲットーでジェノサイドの目撃者となりました。自由世界の指導者たち、ルーズベルト大統領とチャーチル首相はどうやってジェノサイドを止めるべきか結論を出せないままでした。彼らは、ひとたび戦争が終われば、人種や宗教、国籍や民族に関係なくあらゆる人が動物のように狩られることなく、平等を手に入れ、平和のうちに暮らすことになるだろうと述べました。「しかし、」戦争が終わり、民主主義が勝利をおさめると、苦しい戦いを強いられながらも助け出そうとした彼らは、もはや平和を享受するために生きてはいなかったのです……[*23]」

彼は何百万人もの沈黙した死者のかわりに語っていた。その彼の言葉に共鳴するエコーは私の耳に響いてきた。これまで記念のため個人的に訪れたエルサレム、ワシントン、アムステルダム、ベルリン、パリ、そしてトロントをはじめ、それ以外の都市で追悼されている死者のかわりに彼は語っていたのだ。五〇年後のドイツ人が未だ抱き続けている不安、最近になって同胞の一人を有罪にしたフランス人……。こうしたことが示しているのは、五〇年前に抵抗することなく非道を許した結果、後世にまで残されている精神的影響に他ならない。

ミロと私は何時間も一緒に過ごした。彼は案内や両替をしてくれたり、インタビューに同伴して一度などは通訳をしてくれた。彼のガールフレンド、ゴーダナも一緒に来たことがあって、そのとき二人はドナウ川を見下ろす丘の頂上へ私を連れて行ってくれた。ベオグラードを流れる神話と祝祭の川ドナウは、東ヨーロッパの地から黒海へと流れている。二人とも二一歳のミロとゴーダナ。彼らの根無し草のような単色で打ちひしがれた絶望は、破滅の証拠だ。十年間にもわたる人種差別的スピーチ、戦争商人や自国の大人たちが手を染めた底知れない極悪非道についての噂が蔓延した社会では、若者の社会的、精神的荒廃は顕著に見られる。長身で美しくて知的なゴーダナは、アルバニア語を専攻する学生である（将来翻訳を仕事にしたいなら、アルバニア語を知っていれば有利だろうと叔父から言われたらしい）。ゴーダナは、最新のもの、近代的、「西洋的」なものに憧れている。彼女にとって、これらすべてが「消費主義」を意味する。品物もあまりない小さな商店の並ぶ通りを歩きながら、「あなたはものが好き?」と私に尋ねる。

「もの?」

「そう、ほら、お店で買うものよ」

ゴーダナは何軒ものお店に入っては姿をくらましていたが、最後にミロと私に追いつくために走ってきた。意気揚々と買ったばかりの小物を抱きしめている。ひとつは私への贈り物で、彼女の守護聖人をお祝いするキャンドルだった。

しかし、歪んだシニシズムは彼女にも届いていた。彼女は歴史的記録と同じくらい大切な何か（それが何かは彼女にも分からない）が、戦争のために歪められ、操作されたことを「知っている」し、そのために真実について語ることの可能性そのものも懐疑的になっている。「世界のどんな国で書かれた歴史も信じないわ」。彼女は頭をそらしてそう言う。「すべて嘘ばかりよ」。

歴史への信用を失うということは、漂白し、どこからも切り離された現実へと船を漕ぎ出すことである。ゴーダナが住まう場所はわびしくて、どこにも固定されていない浮島なのだ。

ミロはこれ以上に難しい現実に直面していた。ジャーナリストの父はボスニア戦線をその目で目撃し、ミロに戦争を始めたのは同胞のセルビア人であると教えてくれた。ミロはこの信頼できる実地の情報をテレビやラジオを埋めつづける嘘と比較してみた。彼はスロボダン・ミロシェビッチがコソボでラザル王子の骨とともに演説をしたときには一四歳、戦争が始まったときは一五歳だった。彼の少年時代は、困惑と感情的苦悩を刻み付けた。

ミロもまた現実から逃避しようと試みているが、ゴーダナのような消費主義を通してではない。彼は外国文学を読み、多いときは一日に三度映画館に行く。「世界なんて嫌いですよ」と、私に打ち解けて言う。非国営ラジオ局B九二で働くことも可能だが、それが「ニュース」と自分を結びつけると考えると恐ろしく感じられる。

私はミロが食べるところをほとんど見たことがなかった。私が何か買ってあげても食べようとはしない。ドラッグをやっているのではないかしら。まるで煙草だけで生きているようだ。ある晩、彼は私にためらいながら、真摯な調子で話し始めた。責任という言葉の意味を知りたい。「個人」とはどういう意味なのか。彼は哲学を勉強したいと言う。

「ここでは、かつて起こったことに対して誰一人責任を取ろうとはしません」。彼の声はささやきに近くなった。「彼らは他人を責めるか、政治指導者がやったことだと言うだけです。みんな自分たちが何ひとつできず、その力もなかったと考えています。しかし、誰しも自身の力を持っています。それを信じてその力を受け入れるか、受け入れないかは別としても。そうでしょう？それこそが彼らに責任を与えるのではないですか？」。

何という深遠な考えだろう。世論をコントロールするため無尽蔵のキャンペーンが行われてきたこの国で、こんなに深い考えに出会うとは何という驚きだろう。

ニコラ・バロビッチは若者の苦境について私に話してくれた。「一年かそこら前に、若者たちが反政府デモに出かけた時には、彼らはベルリンやパリなどで見られる若者と同じように希望に満ちた明るい顔をしていましたよ。しかし、それが失敗したとき、彼らはここには何もないことに気が付いたのです。といっても、国を去ることもままならなかった。何しろそんなお金はないのですからね」。そして、さらにこう付け加えた。「私たちはみんなボスニア戦争を始めたことという理由でセルビア人が現代ヨーロッパのナチだということを知っています。そして、いずれ、私たちはここで起こったことを子どもたちに説明しなければならない日がやってくるでしょう。それを考えると、たくさんのよい市民が気力をくじかれてしまうのです」。

ニコラの正直さに打たれると同時に、彼やその他の「よい市民」に対する悲しみに心が痛んだ。クララ・マンディッチがクロアチア人にナチの汚名を着せて安心している一方で、ニコラはそれを自分のものとして受けとめ、それを自分の痛みとしている。彼の話を聞きながら、私は以前会った苦悩に満ちたドイツ人のことを考え、将来を担うことになる若者の運命についていろいろな思いが浮かぶのだった。

ボスニア

近頃では、日が暮れてイスラム教徒かその友達の印とされるサラエボ・プレートをつけた車を運転しようなどとは誰も思わない。しかし、いろいろな問題が次から次へと起こったため、ボスニアの山脈を車で越えるときには結局夜になってしまっていた。ベオグラードーサラエボ間のバスは、運行されることもあれば、運行されないこともある。とても信用できる代物ではないと聞いていたので、私のためにこの移動の旅をアレンジしてくれたドリンカにはとても感謝していた。私の旅の道連れは、弁護士、文学教授、そして大企業の元マネージャーである（全員、ベオグラードで開催された旧ユーゴスラビアの戦争難民についての民族間会議に出席した後、サラエボの家に戻ろうとしていた）。私たちは危険とされる地域をできる限り迂回し、かなり回り道することに決めた。具体的には、ゴーストタウンのクライナを抜けてクロアチアを経由し、車ごと運んでくれるあやしい仮設の荷船でサバ川を越え、スルプスカ共和国全土を避けるためボスニア西部を通る、というルートである。この回り道は不親切な人たちとの出会いを避けるための結論であったが、私たちの車は故障ばかりして、荒涼とした真っ暗な道でいつ終わるとも知れない遅れに戦々恐々としていた。デイトン和平合意にもかかわらず、武装したボスニア人たちは未だに殺しや他の民族間争いを頻繁に起こしていた。ここ最近、各地で車への投石が起こっているとも聞いた。地雷もあった。

途中、車内には始終張り詰めた雰囲気が漂っていた。私はみんなのために食料を用意してきたが、九時間の移動中、あまりの緊張に一人を除いては食事をするような気分にはなれなかったようだ。

まわりは完全な暗闇に包まれている。私は地図を持っていなかったため、しばらくはどこを走っているのか見当が付かなかったが、そのうち車のヘッドライトがトゥーズラと書かれた木の看板を照らし出したのが見えた。トゥーズラは、かつてはサラエボのようにイスラム教徒、クロアチア人、セルビア人が平和に暮らす「特別な」町であった。それからしばらくすると、別の看板にモスタルという名前が見えた。この町の一六世紀に造られた美しいスタリ・モスト（古い橋）は、一九九三年、クリスタルナハト（水晶の夜）記念日である一一月九日をねらって爆撃され瓦礫となってしまった。私はそのとき初めて、ボスニア＝ヘルツェゴビナ南西部に来たこと、また、ここはサラエボまでの折り返し地点であることに気が付いた。かつては有名な観光名所であったモスタルでは、かつてイスラム教徒、クロアチア人、セルビア人が共存していたが、多数派のクロアチア人が元隣人を「浄化」した今では人口の半分がこの土地から消えた——死んだか、どこかで難民として暮らしていた。私が最近読んだ本には、ここに留まった人たち、あるいは各地から難民としてやってきて暮らし始めた人たちは、クロアチア人区、またはイスラム教徒区に住み、爆破された町の中心を仕切る、いわゆる「境界線」を絶対に越えようとしない、という記述があった。

　とうとうサラエボへの道を示す道標が見えた。私たちの車は今や急な坂道を登っている。道路の両脇や丘に積もった雪の上にぼんやりと影が見えている。私たちは、屋根が吹き飛ばされ、窓が粉砕した廃屋をわき目に見ながら、暗闇に包まれた山奥の村をいくつも過ぎた。「どうしてこんなにたくさんの戦いが起こってしまったのだろう……」。元ビジネスマネージャーのボロが幾分寂しそうに言う。「隣人が隣人を殺すなんて……」。

　前方で誰かが停止の合図を出している。数メートル先の路肩には、黄色と赤色の大きなかがり火が燃えているのが見える。私たちを止めようとしている人たちもまた、凍てつく夜を防ごうとしているのだ。

　私の心臓は大きく鼓動している。車内には沈黙が満ちる。でも、何という安心だろう、それはＮＡＴＯの平和安定化部隊（ＳＦＯＲ）で、この先にある爆破で損傷した橋は流されて使えないと教えてくれた。

　私たちは沈黙のうちに再び車を走らせ、とうとうサラエボの暗い谷を見下ろす山の尾根までやってきた。

　二つの映像が私の脳裡を過る。どちらも戦争関連のテレビ映画で見た場面だった。

　ひとつめのシーン：サラエボ上の丘で、セルビア人兵士が串刺しにした豚を焼きながら、楽しそうに歌っている。「おお、トルコ人娘よ、すぐに私たちの司祭が洗礼を授けてあげるよ。おお、谷間のまちサラエボよ、セルビア人が包囲しているよ……」。彼らの一人はグスレという伝統的弦楽器を弾いている。耳を離れないそのメロディは、紛れもなく東ヨーロッパ的で、聞きようによっては「トルコ的」とさえ言える。

「この国は私たちのものです」とラドヴァン・カラジッチが、自らここにやってきたロシアの有名詩人エドワルド・リモノフに向かって言っている。二人はサラエボの破壊された屋根に視線を注ぐ。「一三八九年、トルコ人はここでわれわれを打ち負かし、一部のセルビア人はイスラム教に改宗しました。彼らはトルコ人の末裔ですが、この土地は私たちのものです。われわれはサラエボを包囲しているのではなく、もともとここがセルビア人の土地だと主張しているのだということを世界の人々は理解すべきです」。

ラドヴァン・カラジッチは、BBCカメラの赤いライトが顔に近寄ると、あまりに開放的な気分に浸っているため、打ち明け話をすることに決める。実はね、すでに二〇年前にはサラエボのこの戦争について予言的な詩を書いていたのです、と彼はリモノフに語る。文字が勝手に溢れ出して、書かずにはいられなかった、と。「時折そうした予言におののくことがあるんですよ」。彼は肩をすぼめて、困ったような表情で微笑む。

カメラは下の通りへズームする。中年の女性がせかせかと通りを歩いている。手には、ビニールの袋がしっかりと握られている。

ラドヴァンたちが立っている場所にはマシンガンが立てかけられてあり、その銃口はサラエボの町に向けられている。丘の上はリラックスした気分が漂い、日常的そのものだ。エドワルド・リモノフがマシンガンに近づき、好奇心をあらわにしながらその表面に手を滑らせている。誰一人それに注意を払わない。彼は腰を屈めて、照準を定める。それから、掛け金を引く。ダダダダダダという素早い連続音。リモノフはゾクゾクした興奮を味わっている。少年らしい喜びをあらわに、にやりと笑う。

ふたつめのシーン：二三歳の男性。囚人の黒い髪の毛は、短く刈り込まれている。丸椅子の上で背中を丸めて頭をもたげ、質問を待っている。答えるときも頭を上げず、目だけを上目遣いにして、はれぼったいまぶたから胡散臭そうにカメラを眺める。表情からは生気が感じられず、声には抑揚がまったくない。

「彼らがそのやり方を教えてくれたんだ。豚の背中に膝を入れて抑えつける方法を、それから豚の喉を深く切り裂く方法を見せてくれた。その練習が終わればもう本番だった」。

ある日、彼は知人であった六人を殺害した。別の日には、彼と二人――父と叔父――は地下貯蔵庫に隠れていた四人の子どもと二人の女性を見つけた。「老女はあんまり恐怖を感じたものだから、金とドイツマルクをくれたよ。われわれは心配しないように言ったが、結局みんな殺した。その後、家の中に五リットルのブランデーを見つけ、それを全部飲み干したよ。それから死体をトラックに投げ込んだんだ」。

彼は視線を落とした。煙草の灰を落とす以外、まったく動かない。

「恐かったから、それとも好きでそうした行動を取ったのですか？」

「もし嫌だと言ったら殺すと言われましたか？」

「拒否した人はいましたか？」

「いませんでしたね」

「将来のことを考えていますか？」

「死にたいだけですよ」

フェリダ・デュラコビッチに電話するには遅すぎたので、使っていない部屋に滞在しては、というボロの申し出を受けることにした。私たちは最も激しい交戦が行われた空港付近の破壊されたアパート前で車を降りた。損傷し、黒ずんだあちこちのアパートには、人々が戻って来たり、あるいは他人が棄てた場所に住みついた人たちの明かりがポツポツと灯っている。突然、私たちの前に銃を手にした警備員が立ちはだかった。ボロが急いで居住証明書を手探りし、それを見せる。

建物内部は真っ暗で、エレベーターは動いていない。ボロは私の荷物も一緒に一〇階まで運ぶと主張し、ドアに着いたときにはぐったり疲れ果てていた。彼のアパートは包囲の破壊を免れてはいたが、廊下の向かい側にある隣人のリビングルームに爆弾が投げ込まれた日、窓ガラスは吹き飛んでしまった。デイトン和平合意のはかない平和から二年、彼の家の水道は未だに制限されていた。洗面所には鍋が所狭しと置かれてあり、洗面台には水が張ってあった。

ボロの妻は娘とその夫がいるアメリカに滞在中だった。娘夫婦はまだ逃避が可能だった時期に両親のサポートを受けてアメリカへ逃れた。ボロは娘と離れ離れになっていることが、一度も会っていない孫ができた今は余計に寂しいと言う。しかし、娘は戻ってくるつもりはないし、ボロもその方がいいと思っている。

翌日、朝の光のなかで彼は自分の本名を教えてくれた。ボロ・パンドゥレビッチ。二五年間、一流の商社で働き、専務取締役まで昇進した。戦争が勃発する六年前からパキスタンのラホール支部代表を務めていたが、一九九一年九月にサラエボに戻ってきた。それが間違いだった。パキスタンのユーゴスラビア大使館で入手した情報は、あまりにも不正確だった。

ボロはセルビア人であるが、親類と同じようにセルビア人、クロアチア人、イスラム教徒の混血であり、自分ではユーゴスラビア人だと思っている。かつては市内でもイスラム教徒の多い地区に平和に暮らしてきたが、一九九一年に戻ったときには路上にはすでに暴動が見られた。驚くような暴動だった、と彼は言う。一九九二年春までには、交差点にバリケードが張られ、セルビア人はサラエボから避難するようにとの指示が出されていた。ボロと彼の妻は居留を決めた。「それまでにいろいろな場所を旅行をして、難民がどんなに人間性に欠ける生活をしているのか見てきましたからね。私たちはここに留まろうと決めました。どうしても行かねばならないようなら、生まれたこの場所で死のうと思いました」。

六〇歳前後の背筋はピンと伸び、体つきも強健そのものだ。その態度からは、長年人の上に立ち、責任ある地位にいたことがうかがえる。しかし、そうした表面上の強さが徐々に薄れてきているのが分かる瞬間がある。彼は私に窓際まで来て外を見るよう言う。私たちは通りの向こうにある建物を眺める。窓ガラスの吹き飛んだ窓枠の向こうには、砲弾の痕跡が残り、針金のぶら下がった壁が見えている。「希望がなくなったときには、ここから飛び降りようと決めました」。彼は平坦な調子でそう語る。「そのことを今までに何度となく考えました。今でもそうですよ」。

三ヶ月間、ボロと彼の妻はこの建物の住人といっしょに地下室シェルターに隠れ住んでいた。一人が代表で弾丸の合間を縫って付近の小川まで水を汲みに行き、別の人は食料の配給があれば空港までそれを取りに行った。階上のアパートは集団ギャングによって略奪され放題になっていた。

それからの毎日は生き延びるための挑戦だった。しかし、今の方がさらに悪い。将来に希望がまったく見えないから だ。ボロは月収一〇〇〇マルク以上という比較的裕福な生活を送ってきたが、銀行にあった預金が底をついたとき、一ヶ月三〇マルクで九人の生活を助けねばならなかった。高齢の母親と叔母、そして二人の子どもとともにベオグラードから逃れて来た妹の一人。サラエボ市政は、ボスニア各地からやってきたイスラム教徒難民が住むこのアパートにセルビア人が戻って来るのを拒否しているため、その妹はここには戻れない。それから、今もサラエボにいて、自分の収入だけでは生活していけない義理の弟。そして、四年間も難民キャンプにいるもう一人の妹。それから彼の妻と彼自身の合計九名。今はある国際人権機関で臨時の職に就いているが、契約期間も終わりに近づいてきている。空き時間を使って立ち上げようとしている在宅の相談役の仕事以外、将来への見通しはまったく立たない。「現在のサラエボは正常化しているように見えますが、それも幻想に過ぎません。人々が仕事をもらっているのは国際機関からで、そうした仕事も私のと同様にいつか契約終了の時期が来ます。そうなると、何ひとつ残らないのです」。

「まったく正常な人間が残酷な犯罪に手を染めるようになる。どうしてそんなことができるようになると思いますか?」。私が尋ねる。

彼は長いこと黙っていたが、ゆっくりと話し始めた。「道徳心のない、権力に飢えた人たちが制圧権を手に入れる。通りにいる子どもたちは銃やナイフを与えられ、人殺しを教えられる。しばらくして、イスラム教徒がセルビア人を、あるいはセルビア人がイスラム教徒を殺したいと思ったときには、誰一人反対する人はいません。かつての友人であったとしても他の民族グループに属する人ならもはや人間とはみなされないのです」。

セルビア人には戦争を正当化するほどの神話化された強力な歴史があったが、サラエボ市民も彼ら独自の神話を持っていた。それは、この戦争によって信憑性が疑われるようになった統一神話であり、セルビア人の「歴史」とは正反対のものだった。セルビア人が領土への帰還と邪悪なトルコ人への復讐を願う(チトー時代のように中断した期間はあったが)一方で、サラエボ市民の神話は「友愛と団結」というユーゴスラビア的イデオロギーを反映していた。サラエボ市民はチトーの宣言を深く自分のものにしており、市内に住む家族のなかで、ひとつのいわゆる民族性しか持たない家族などほとんどなかった。

ハーバード大学でボスニア芸術・文化を教え、破壊された地域の文化遺産復元に取り組むボスニア行動連合(BAC)の共同設立者であるアンドラス・リードルマイヤーは、チトー時代に作られたサラエボ人のお気に入りの映画『ヴァルター』について語ってくれた。この映画の主人公はサラエボを拠点に活躍する対ナチ・レジスタンスの英雄である。ナチ・ドイツは彼の正体をつかもうと躍起になるが、その謎は絶対に解けない。というのも、ヴァルターとはサラエボ市民全員であることが判明するからである。一九九二年から九五年にサラエボが包囲されると、「ヴァルター」神話は再び脚光を浴び、昔のレジスタンス映画は現代版に形を変えて人々の間で語られた。

しかし、サラエボのマルチカルチュラリズム的伝統は、二〇世紀以前にも遡ることができる。オスマン・トルコ帝国は、忠誠心と納税の代わりに宗教的多元主義を許容し、数百年にもわたって、セルビア正教会とクロアチアのローマカソリック教会はモスクやシナゴーグの隣に共存してきたのだ。一四九二年にユダヤ人がスペインから追放されたときも、サラエボ市民は彼らを喜んで迎えた。オスマン・トルコ支配下のサラエボは、イスラム教の宗教指導者カリフが支配した中世コルドバと驚くべき類似点を持っているように思われる。カソリック教会が宗教的単一性や「純血」を強要し始めると、中世コルドバからは非カソリック教徒が国外に流出し、改宗調査の異端審問が始まった。コルドバ人同様、昔のサラエボ人は自分たちのマルチカルチュラル社会を限りなく誇りに思っていた。

しかし、サラエボという地は地理的にあらゆる複雑性に囲まれたバルカン半島に位置していた。それに、平和なよい時代があったことは事実としても、民族間の緊張がこれまでに存在したことは、情熱的な「ユーゴスラビア」市民によって体良く忘れられたのかもしれない。オスマン・トルコによる占領後、中世サラエボ人は共通言語とスラブ人としてのアイデンティティを保持したが、上部階級にいたボスニア系イスラム教徒は、封建的軍事政権のもとで強力な力を蓄えつつあった。一方では、周囲の丘に住む貧しい農民――キリスト教徒の農民だけでなく、イスラム教徒もいた――は、小作として生計を立てた。セルビア人のキリスト教徒は、セルビアのプロパガンダが主張するように、オスマン・トルコの下で「奴隷」であったことは決してなかった。しかし、彼らが好まれたわけでもなかった。オスマン・トルコはイスラム教に改宗しなかった人たちを迫害することはなかったが、改宗した人たちには好意を与えた。そういうわけだから、「トルコ人」に対するセルビア人の憎悪（どの程度の憎悪が一九世紀のナショナリスト的神話製作者が出てくる以前に存在していたかは不明だが）は、宗教やラザル王子の伝説と同じくらいに何世紀にもわたって蓄積された経済的恨みに基いていると考えることもできるだろう。

一八七八年、オーストリアによる占領とともにオスマン・トルコ支配に終止符が打たれ、新しいナショナリズムが強力に育まれていった。それから三六年後には、サラエボで二〇世紀を大きな混乱に陥れることになった事件が起こる。一九一四年六月二九日、オーストリアのフランツ・ヨーゼフ皇帝の王位継承者フランツ・フェルディナント皇太子が暗殺された。暗殺者は、ボスニア系セルビア人ナショナリスト運動のメンバーのガヴリロ・プリンチプであった。この結果、第一次世界大戦が勃発する。プリンチプのイデオロギー的後継者は、チトーが抑圧する以前、そして第二次世界大戦が終わる以前、高名なセルビア人サークルのなかにも見られたが、パンドラの箱に押し込められていたように単に表面には現れなかっただけであった。

こうして見てくると、一九九〇年代の包囲を生き延びたサラエボ人は、自分の町を特徴付けていたと主張する簡単な共生をなつかしがりながら、部分的には事実を隠し、気休めになるような歴史の混合を選んでいたということである。愛すべきこの都市がバルカン半島の火薬庫に位置しているという事実は、侵略、占領、分離、ナショナリスト的緊張が常にそこにあったことを意味する。ユーゴスラビア人の友愛と団結は、本物らしい響きがあったとしても実際には最近の発明品に過ぎない。このような場所では、全体の絡み合った混乱を封じることのできる解決法などひとつたりとも存在しないのだ。

サラエボ市の中心部までのドライブは、目を奪われるような経験である。通りの両側は半壊した建物が並び、アパートの破れた窓はプラスティックのシートが覆われている。私のタクシーの運転手は、顔に恐ろしく火傷を負って、移植手術の跡が見える。

日曜日なのでダウンタウンの通りは静かである。しかし、ありとあらゆる建物が数え切れないほどの弾痕を受け、蜂の巣のようになっている。私は本屋の窓を覗こうとタクシーを止めてもらった。そこに並ぶ本のタイトルは新しい現実を物語っていた。『コーラン』、アリジャ・イゼトベゴビッチの『イスラムの宣言』のほか、『イスラム教徒へのジェノサイド』、『ボスニアにおけるクロアチア人のジェノサイド』、そして、美しいサラエボを語るノスタルジックな写真集。

建物の壁に書かれた落書きからも新しい真実が読み取れる。素っ気無い黒字で書かれた英語「未来はない」、そして、「なぜ?」という一言の問いかけ。同じ文字はベルリンの壁にも書かれていた。それでもなお、ユーモアは完全に死に絶えてはいない。「ここはセルビアだ」。郵便局の壁には、怒りにまかせてセルビア人ナショナリストがそう殴り書きをしている。機知のある地元住民がこう答えている。「馬鹿だね、ここは郵便局さ」。

ダウンタウンにあるパーク・カフェは、正常化の幻想を事実のように見せている。ショーケースの中にはクリームケーキが並び、店内は二つのエスプレッソマシンの放つボスニア・コーヒーの芳醇な香りに満ちている。天井に埋め込まれたライト、鏡、そして店内を流れる音楽。その雰囲気は間違いなく明るく、喜びに満ちている。

十代の少女たちの集団が、お互いに写真を見せながら笑いあっている様子は、世界中のどこにでもある風景だ。しかし、二十代以上の客は、世界中のカフェにいる常連客とは明らかに違っている。ほとんどの客が男性の一人客で、疲労困憊したような表情で煙草を吸っている。私の向かいに座る人の孤独は一目瞭然である。恐らく三十代か四十代だろう、でもはっきりとは分からない。手を膝の上にだらんと置いて、窓ガラスから国連のロゴをつけた白いトラックの行列が通り過ぎるのをぼんやりと見ているが、両肩が疲れたように前屈みになっている。この人は、「民族浄化」された自分のコミュニティに戻れず、サラエボにやってきた何千というイスラム教徒難民の一人なのだろうか。それとも、包囲を生き延びて、今は恐ろしい不安のなかで生活しているサラエボ住人なのだろうか。家族を失ったのだろうか。パーク・カフェの音楽とライトは彼の無感覚の悲嘆をからかっているようだ。

詩人のフェリダ・デュラコビッチがサラエボでの私のインタビューを手配してくれていた。彼女と初めて会った日、一緒にサラエボを歩いてまわった。通称「スナイパー通り」と呼ばれる交差点を歩いた。ここは、彼女や他の人たちが国連の装甲車に保護されながら身を屈めて横断した交差点だ。その角の建物の裏では、海外メディア陣の群れがカメラを持ってスタンバイしていた。「私が殺される瞬間を撮ろうと待ってたのよ」と彼女は平気な顔で言うが、その口調には苦々しさはまったくない。私たちが次に向かった中央市場は、一九九四年二月に巨大な砲弾が爆発し、六八人が虐殺された場所である。この事件の映像が全世界に衝撃を与えると、憤りの声が各地で噴出し、それまで怠慢だった各国政府もやっと重い腰を上げ、その結果、十分に監視されるなか第三者の立会いのもとで初めて停戦交渉が成立した。私たちは、殺害現場となったセルビア人地区グルバビッツァまで丘を登っていった。この辺りには、曲線美が見事なオーストリア＝ハンガリー様式のバルコニーを備えた古い大邸宅が並んでいる。今では、そのバルコニーも歪み、焼失し、さびれている。ぺちゃんこになった車や建物の礎の痕跡が見えるほか、以前は一階の窓だった場所にいくつもの砂袋が高く積み重ねられている。歴史あるユダヤ人墓地には足を踏み入れることすらできない。地雷が埋められているからだ。

サラエボの住人たちは、毎日、死者が埋葬された上を歩いている。オリンピック競技場（かつての平和な時代を物理的に思い出させてくれる）の横には、何百という、いや恐らく何千というイスラム教徒の墓石がある。私たちは三人の子どもを連れた女性が、一つでなく、隣あった二つの墓石の上に花を供えるのを見ていた。死者が埋まっていない空白スペースなどほとんど見当たらない。

その午後、有名なトルコ市場へと出かけた。優雅な光塔を頂くモスクや、赤い屋根を乗せた木造平屋のお店が歩道に突き出し、歩道をますます狭めている。太古の昔からある噴水は今も使われており、コーヒーハウスの主人が道行く人に手招きする。カン、カン、カンという音は、銅細工師がハンマーを叩いて、昔ながらの長い柄のついたコーヒーポットと小さなカップを作る音だ。その音は、遠くから聞こえてくる小さなシンバルの騒々しい音に重なり合う。夕闇がたれこめてくると、何百というライトが小さな星のように光塔を照らし出す。あるムアッジン（礼拝呼びかけ人）が、暗くなった通りを見下ろす高い塔の上で、耳に焼きつくような召集の合図を叫んでいる。その人が呼びかけを終えると、今度は別の光塔にいるムアッジンがそれを引き継ぐ。彼の細身がぼんやりした夕暮れの明かりのなかに浮かび上がる。昔ながらのこの場所では時間は止まり、戦争の記憶など溶けてしまうかのようだ。

そこから数ブロック行くと、かつての頑丈な高層ビルが負傷と銃撃の跡を見せている。とはいえ、ここでさえ名高いサラエボ市の洗練を認めることができる。破壊されたユダヤ人カルチャーセンターのすぐそばには、クロアチア系ローマ・カソリック大聖堂があり、そこからセルビア正教会は目と鼻の先だ。さらに、その先にはモスクが見えている。東洋と西洋はここで出会って結婚し、喧嘩しながらも昔の家庭のようにお互いに協調しあって共に暮らしてきたのだ。美しい曲線のバルコニー、今では昔のエレガントな邸宅の残骸のなかに佇む壁の彫刻、通りへと導く石の階段……。こうした光景すべてのなかに、私はかつてのサラエボの洗練された美しさを垣間見た。今では皺の刻まれた顔も、時折、以前の美しさを露呈する瞬間があるものだ。

しなやかな茶色の髪のフェリダは三九歳、とても上手な早口の英語を話す。一応はイスラム教徒（とはいっても、モスクには一度も足を踏み入れたことはなく、自分のことを世俗的ユーゴスラビア人だと考えている）の彼女は、今までに会った人たちのなかで灰色のうつ病的表情をしていない唯一のサラエボ市民である。

一九九二年春に戦争が勃発したとき、フェリダは両親と祖母と暮らしていた。それまでは、自分たちの家がイスラム教徒とセルビア人のある種の「境界線」にまたがっているとは誰一人思ってもみなかった。隣人たちはそれまでずっと……そう、単なる隣人だった。四月に砲撃が始まると――準軍事組織が通りの反対側からもう一方を目掛けて射撃する――、痴呆症のフェリダの祖母は、とたんに感覚を取り戻し、憑かれたように昔生き延びた二つの世界大戦についてて話し始めた。祖母はフェリダにしがみついて、始終「また始まるのかい?」と尋ねていた。フェリダは家族の支柱となった。ある夜、砲撃の途絶えたところを見計らって、四人はサラエボ市の中心部に住む彼女の兄と姉のアパートに逃げた。

家族全員が高層アパートの九階に、飲み水もほとんど食べ物もない状態で暮らした。フェリダは再び家族を支える決心をした。「そうしたことすべてがまるで映画のように甦ってきます。だからこそ、今ではその記憶を遠くのことのように客観視できるのです」と彼女は言う。「あの体験は奇妙で恐ろしいものでしたが、時折などはおかしいとさえ思えるのよ。私たちはほとんどお金を持っていませんでしたから、友達に貸したお金を返してもらおうとして、大成功したことだってありますよ! さらに、海外のジャーナリストから仕事を取って来るということもしました。彼らの取材の手配をし、ガイドや通訳として働き、お金を払ってもらい、また別のジャーナリストを紹介してもらいました。ブラックマーケットの食料は手が届かないほど高くて、たくさんのこそ泥がお金持ちになりましたよ。今だってそうです。彼らはその辺をBMWで走りまわっていますよ。砂糖一キロが七〇ドイツマルクで、同量の塩は二〇マルク、それにコーヒーだと一二〇マルクもしました。私たちはもっぱらマカロニと豆ばかり食べていました。二時間の道のりを歩いて五リットルの水を運んできました。もちろん、そこへはずいぶんと遠回りをしなくてはなりませんでした。馬鹿げた幻想だとは分かっていますが、一度通って幸運にも無傷で戻ることのできたルートがあって、そこをいつも通っていました」。

「私はよく自分がポストモダンの文学的大変革の中心にいると思ってきました。たとえば、国際機関がネズミ殺しの薬を送ってきて、突然路上にネズミの死体がゴロゴロと転がるようになったことがあります。これらの気持ち悪い死体の山と、瓦礫のなかの町、ありとあらゆる場所で飛び交う砲弾、そしてこの瞬間にも死んでしまうかもしれないという可能性。こうしたことすべてが未来的でシュールレアルでしょう。あんまり狂っているから、実際に大声で笑ってしまったこともありますよ」。

フェリダの母親は第二次世界大戦を経験しているが、そのときは自分の家にいて、庭で野菜を育てることができた。それ以来、彼女はずっと庭を耕してきた。サラエボ包囲のあいだ、彼女は数日に一度誰にも何も言わずにアパートから姿を消し、危険な通りを抜けて自分の庭からわずかな野菜を手に戻ってくるのだった。父親は違った意味の苦しみを味わっていた。彼はかつてパルチザンとともに戦い、戦後はユーゴスラビア人民軍に加わった。そこで以前パルチザンに対抗していたナショナリストを多数、逮捕、起訴してきた。以前はそのことについてほとんど語ろうとはしなかったが、今はそればかりを語るようになった。「裏切りの恐怖を感じていたのです」とフェリダが言う。「父はユーゴスラビア人民軍がセルビア側についてイスラム教徒を殺していることが信じられなかった。父は銃殺や砲撃にかかわっている人は絶対に準軍隊であって、民間人ではないと信じていました。それに、自分が裁判に送った人たちの息子が復讐しようと狙っているかも知れないと恐れていました。父のような老人なんて誰も捕まえようとしていませんでしたがね。父のその恐怖といったら、それはひどいものでしたよ」。

裏切りという遣る瀬無い感覚は、チトーのマルチカルチュラル的価値を信じていた人たちの心を蝕んでいる。そうした人々のなかに、作家やジャーナリスト、学者などから成るサークル九九のメンバーがいる。悲しみに打ちひしがれたサークル九九のメンバーたちは、会議を開催し、そこで真摯な声明文を草案しようとしていた。そして、今日、彼らは同じビジョンを持ったベオグラードの作家たちを迎えようとしている。民族間の憎悪は友情まで汚染していない証なのだから、ベオグラードの友人に会うだけで勇気が甦ってくることだろう。フェリダは私をオフィスに連れていってくれる。そこは、ＰＥＮ（サークル九九の作家たちは両組織のメンバーである）と共有しているスペースで、銃撃戦の跡が残るビルの階上ある大きな部屋には、机とソファ、いくつかの椅子が置かれてある。ちょうど今、ベオグラードの作家たちが到着したようだ。あちこちで抱き合って挨拶したり、笑い声が上がっている。見覚えのある顔もあった。私がサラエボまで一緒に旅をした作家を見送りにベオグラードのホテルに来ていた人たちだった。そう、彼らは皆、あの戦争難民に関する民族間会議に出席していたのだ。今や、私も抱き合って挨拶できる間柄の「旧友」であり、もちろん私はそうした。ある人が私に『九九：自由思想評論』という英語の季刊誌を見せてくれた。一九九七年春号でタイトルは「サラエボ？」となっている。戦争の政治的側面を分析した客観的考察をはじめ、「自由な統一サラエボのために」という声明が含まれている。別の論文は、「サラエボの特別な象徴――四つの宗教とそれらの［近隣の］礼拝場所――の存在」を描いている。さらにサラエボの「都市環境破壊」と「サラエボの魂の殺害」について述べた論文もある。また、いくつかの「追悼」ページもあり、死者の名前のほか、たくさんの詩も掲載されている。上手な英訳とは言えないが心に残る詩である。ヨシプ・オスティの書いた詩も、そんな詩のひとつである。
あの町のなかで、私の初恋が生きて死ぬ
昔の面影すら消えてしまったその町で
銃撃は止まず
名前も残っていない路上の
ドアも窓も破壊されたアパートで
冷たいオーブンの横に腰を下ろし
母はもう気にはしない
夜なのか昼間なのかなんて
私の初恋が生きて死んだあの町で
母の悲劇的運命は
故郷の運命のように
私の心に消すことのできない焼印を残している

デイトン和平条約の条件に基いてボスニア全土では民族ごとの「エンティティ」が作られ、何百万という難民が帰還できないか、恐怖のため帰還できないような現状を見ていると、かつての共存は永久に失われたかのように見える。それでも、実践的方法で市民社会の再構築を試みている人たちがいる。その動きのなかで最も期待されるのがソロス・メディアセンターである。アメリカ人投資家で慈善家のジョージ・ソロスのオープン・ソサエティ・インスティチュートが支援するこのセンターは、一九九五年以降、ジャーナリストの育成を行っている。権力にこびる従来のジャーナリズムを変革するのは簡単なことではない。長い間、ユーゴスラビアのジャーナリズムは政府の一部機関であり、ジャーナリストは自己検閲するか、政権が不適切と判断したものはすべて「反政府的プロパガンダ」とされる法律によって罰せられたかのどちらかであった。そのような慣習はチトーの死とともに終焉したわけではなかった。というのも、今になって明らかになったことは、戦争の準備段階で旧ユーゴスラビアのメディアが果たしたプロパガンダの有害な影響であったからである。

フェリダと私はオスロボジェニェ（解放）スクエア内のセルビア正教会に隣接するメディアセンターを訪れた。センターのなかには、いくつものテレビモニタが光をチカチカ点滅させ、コントロール機器を備えた模擬スタジオもある。細身のせかせかした風貌のディレクター、ボロ・コンティッチによると、センターのプログラムは「民主主義の礎」となるジャーナリズムの基盤作りを目指しているという。「これを始めたとき、熟練ジャーナリストの不足という最も深刻な問題に直面しました。ほぼ六〇パーセントの学生が一五から二五歳でした。多くの人たちが難民として国を去っていますからね。ボスニア＝ヘルツェゴビナのある町では、ほぼ九〇パーセントのジャーナリストが新人で、戦争が勃発したときに仕事を始めたばかりでした」。

一九九六年にはBBCジャーナリズム学校が加わり、ラジオやテレビのジャーナリスト養成コースを提供し、ソロス・メディアセンターはセルビア共和国、ボスニア＝ヘルツェゴビナ全土の学生にプログラム参加を呼びかけた。他にもエージェンス・フランス・プレスとアムステルダムのプレス・ナウによるワークショップも開かれた。ゲストスピーカーには、スーザン・ソンタグや『ボスニア史略』の著者ノエル・マルコムなどが招かれた。異なる民族バックグラウンドを持つ若手ジャーナリストたちが、ここで共に倫理や批判的客観性について学び、複数のニュース情報源を使うことが義務づけられている点は非常に頼もしいことだ。もっとも、これもプログラムへの財政が続けばの話だが。以前は、プロの報道陣も、過去と現在が世論操作を目的としたデマゴーグに悪用されることを防げはしなかったが、きちんと訓練を受けたジャーナリストなら、そうしたやり方を暴露し、プロパガンダ防衛の盾を打ち立てることができるはずだ。

ソロス・メディアセンターが吉報だとすれば、凶報はサラエボ住民を蝕んでいる深刻な精神障害である。フェリダは私をサラエボ病院の精神医学棟部長イズメット・セリッチ医師に会わせてくれた。サラエボ病院は、オリンピック競技場隣にある集団墓地からちょうど道路をはさんだ小高い丘の上にある。セリッチ医師に会ってみると、思いやりのある人という印象を受けた。それに、自然体のユーモアを使い、よく笑う。そのユーモアは自身への慰め、あるいは他人への慰めなのではないだろうか。内戦が終わって二年になるが、自殺率は増加していると言う。「通りを歩けば病理学的障害のある人を多数見つけられるでしょう。そのほとんどが完全な精神異常者やうつ病者です。専門職の人を含むほぼ全員がストレスによる異常を患っています。私もその一人ですよ」。「まさにそのことが状況を極めて特別なものにしているのです。アイデンティティは粉々になっています。彼らは、すべては戦争前と同じようでなくてはならないと考えますが、何ひとつ同じものはありません。こんなに長く恐ろしい事件の間、誰一人、物理的、精神的にまったく保護がなかったのです。その間、人々の心に起こったことを説明するのは困難なことです」。セリッチ医師は、以前はかなり太っていたが、今ではストレスのため二五キロも痩せてしまったと言った。

セリッチ医師は同僚とともに、海外の専門家からも助言を受けながら、将来のセルビア人のなかに心理学的トラウマが見られるだろうという結論に達した。「ホロコーストの生還者の子どもや孫たちと同じようにね」。

人々の念頭にいつもちらつく自殺。私は以前、ボロ・パンドゥレビッチにどうして内戦が友人や隣人たちの間で起こってしまったのか、その理由を尋ねた。セリッチ医師は精神家医であり詩人でもあったラドヴァン・カラジッチの一七年来の同僚だったと知っていた私は、彼にも同じことを尋ねてみたかった。

「ラドヴァン・カラジッチは精神的におかしかったのでしょうか？」

「残念ながら違います。彼はごく普通の家庭人で、一般的な精神家医でしたよ。優秀な医師とは言えませんでしたね。それに詩人としてもまったくひどかったと言っていいでしょうね」

「人々を操作する傾向性のある人たちがいますよね」

「彼にはそれはありませんでした。問題を抱えた人の精神的発展には、かつて子ども時代に問題が見られることがよくあります。しかし、いわゆる正常な人だって突然周囲をびっくりさせるような行動を取ることはありますよ」

「ということは、彼は精神異常者の特定の型には当てはまらなかったということですね」

「まったく当てはまりませんでした。正常そのものでしたよ。いいですか、ヒトラーが数人の仲間とくっつきはじめたときには、そのことを深刻に気にかけた人はいなかったのですよ。ラドヴァンの場合も同じです。あんなことが起こる前には、彼には政治的野心などまったくありませんでした。共産主義が崩壊した後、カラジッチは環境運動に加わりましたが、それも彼が政党を毛嫌いしていたからに他なりません。私にそう説明してくれました。しかし、数ヶ月後に考えを変え、ボスニア系セルビア人の指導者になりました。セルビア人を嫌っていたのに、ですよ」

「え？　セルビア人を嫌っていた、ですって？」

「そうですよ。彼はいつも私にセルビア人は信用ならない、時代遅れの農民だと言っていましたよ。彼の友人のほとんどがイスラム教徒でしたよ」

「ということは、彼はその時から集団的にものごとを考えていたのですね」

「そこです。それこそ大きな問題ですよ」

包囲のなかで、切羽詰まったフェリダは自分の人生と真剣に向かい合ってみた。一九九五年、彼女は三六歳で独身だった。生き延びることができたとしても、将来のことなど想像できなかった。彼女もまた、ちらちらと自殺のことを考えていた。それから、フェリダは全ての考えを脇に置いて、自分にとって唯一大切な問いに直面した。「この人生で私は何をしたいのか？　なぜ生き延びる必要があるのか？」。その答えが見つかったときは自分でも驚いた。子どもを産みたいと思ったのだ。

「子どもを産むことは、人生を選ぶこと、生き延びようと決心することでした」。ある日、小さなカフェで彼女は小声でそう言った。

友人であり、ある意味では恋人だった人が父親になることを承諾してくれた。そして、一九九六年、二人の娘ファラーが生まれた。「彼女は私のすべてです」とフェリダが言う。「彼女が生まれてから、生きていることが幸せだということに気付きました」。

そのとき、私の喉に感情がこみあげてきた。彼女の勇気に賞賛の気持ちを表し、コーヒーカップを持ち上げた。「L'chaim（乾杯）」と私は言う。「人生のために！」

サラエボ滞在の最終日、私は車を持っている若いライターを雇って、小さな村まで連れて行ってもらった。彼によれば、そこは民族的な再統一の可能性がある場所らしい。サラエボから北西に三〇分、「浄化され」、今はクロアチアの町となったヴィテツは、安全だから心配は無用、と保証された。

ハイウェイは空っぽで、車も人も見えない。道端には焼けた家屋が見えるだけだ。ダミールは、以前、級友で隣人だったセルビア人と戦うため、サラエボ前線で二年間過ごしたと教えてくれる。彼は自分を現実から切り離すことで、そして作家としての客観的視点を自覚し、演劇を見ていると考えることで狂気を避けることができた。しかし、彼の戦争はまだ終わったわけではない。「頭のなかで終わりにならなければ、本当に終わったことにはならないでしょう。お互いに再び顔を合わせ、人間として話ができる時が来ない限り、終わりとは言えません。そして、その日はまだ来てはいません」。

ヴィテッツ郊外にある、以前イスラム教徒が住んでいたアーミチ村の入口で車を止めた。一九九三年四月一六日、ヴィテッツからやって来たクロアチア人が一二〇人の男女子どもを銃殺し、焼き、そうでなければ惨殺した事件は、このたびの戦争で最も陰惨な虐殺のひとつに数えられる。二つのモスクをはじめ、すべての建物が跡形もなく破壊された。私たちはアーミチへ向かう道へ入り車を走らせた。「だめ、出てはいけません！」と、ダミールが警告する。「地雷がありますよ」。

未舗装の道の両脇には倒壊した家屋の枠組みがいくつか見える。しかし、何よりも気の滅入る風景は、めちゃくちゃに粉砕されたモスクの残骸である。多色の美しい光塔は無残にも切り落とされ、その残骸は路上に散らばっている。私は車の中から写真を何枚か撮り、立ち去ろうとした。ダミールが車を路肩に動かそうとする。えっ、何をしているの？　地雷があるんじゃなかったの？　恐怖のため私は息をひそめて泥だけを見つめていたため、私たちの方にやってくる車にも、その運転手がダミールに手を振って止まるよう合図したのもほとんど気がつかなかった。男は窓ガラスを下ろした。暴漢のような風貌の男だった。

「サラエボ・トルコ人め！　殺してやる！」言葉は分からなくても言っていることは理解できた。混乱のうちに、私はサラエボから来たことがどうしてばれたのだろうと考えていた。そうだ、車のライセンス・プレートだ。

「そ、こ、に、い、る、の、は、誰だ！」彼は人差し指で私の方を指さす。

「カナダから来た作家です。この場所を見たかったのです」。

男は憎悪をあらわにして私の方をにらんでいる。私はパスポートを取りだし、それを示して見せた。男はパスポートを取ろうと近寄る。私はすばやくそれを引っ込めた。

「名刺をあげると言っていますよ」と、ダミールが急いで私の言ったことを通訳してくれる。

「誰に送られて来たんだ？　アリジャ［・イゼトベゴビッチ、当時のボスニア＝ヘルツェゴビナのボスニア大統領］か？」と男が尋ねる。彼は再び私の方に指を突き出す。「写真を撮ったのか？」

「撮ってませんよ」。ダミールが嘘をつく。

　私たちの後に別の車が止まった。ヴィテツのライセンス・プレートだった。暴漢は考えていた。

「さっさと消えてしまえ！　今度会ったら殺してやる！」

「和平」から二年後、サラエボ以外の場所で状況がどうなっているかを感じたいと思っていたが、その目的は達成された。それも望んでいたよりもっと生々しいやり方で。なんという皮肉だろう。崩壊後のユーゴスラビアでの旅の終わりに、再び「トルコ人」という言葉を聞くなんて。それも今回は話に聞くだけではなく、自分も「彼ら」の一人になっているのだ。トルコ人という言葉は、民族の血をたぎらせるために計算された記号なのだ。「トルコ人」とは、はっきりしない空想上の敵であり、歴史的「他者」に他ならない。それは、何世紀にもわたって新鮮な情熱を保ち続けるために育まれてきた、偽物の神話化された悪の想像物である。膨張され、寓話化され、形すらなくなった過去は、戦争の武器として磨き上げられたのである。

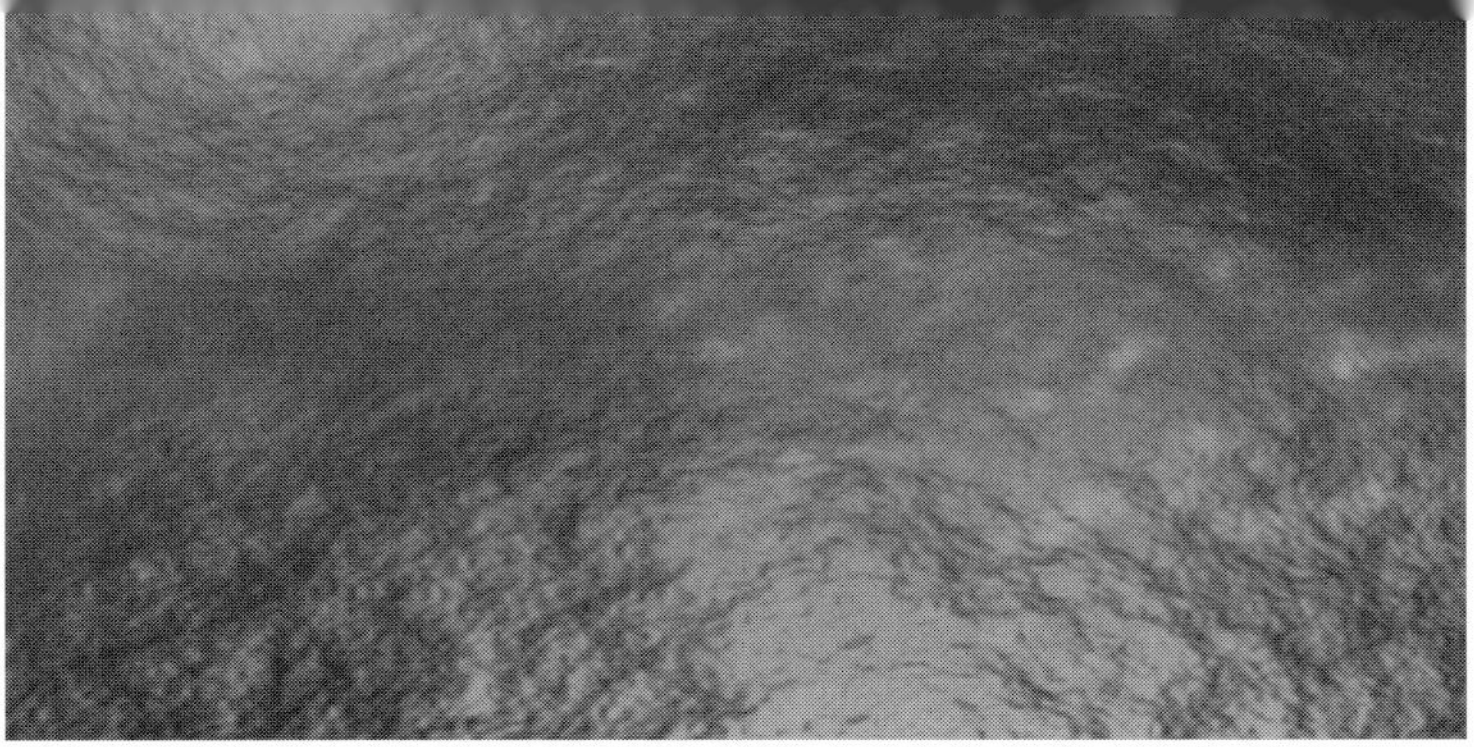

正義はどこに?

Is There Justice?

第8章

新しいジェノサイド、新しい裁判
ニュルンベルクの遺産

生きているものが死者の苦痛を知るなら、
正義はなされるだろう。
――『ルシー・キャブロルの三つの人生』

一九九三年四月二二日、惨事の噂を確かめるためアーミチに入った国連保護軍（UNPROFOR）イギリス部隊のおかげで、三五六人のボスニア人と八七人のクロアチア人がかつてともに暮らしていたこの小さな村で起った虐殺は驚くほどはっきりと確証付けられていた。BBC放送の特派員マーティン・ベルが提示したテープには、焼けた家の階段にある大人と子どもの黒焦げた死体や、地下室に隠れようとした女性四人と子どもたちの炭のようになった体の一部が映っていた。ボスニア人の家はすべて倒壊しているのに、クロアチア人の家は一軒も損傷を受けていなければ、クロアチア人死者も皆無だった。

無残にも破壊されたその村で脅迫を受けてから一三ヶ月後、私はその事件の事実を知ろうとオランダまでやって来た。というより、正確にはハーグにやって来たと言う方がいいだろう。深刻さと厳格さの漂うこの町は、外交の中心地となり、フランス人プロテスタントやポルトガル系ユダヤ人といった迫害されたマイノリティ難民の避難場所となった一七世紀以降、豊かな国際主義の歴史に彩られてきた。現在のハーグには、国際司法裁判所（ICJ）のほか、外交に司法を加えようと意図された厳粛なプロセスで判事たちがボスニア戦争の非道を調査している旧ユーゴ国際戦犯法廷（ICTY）が設置されている。

裁判所の物理的環境は、理想主義と楽観主義を具現しているとはとても言えない。建物の概観はそっけなく機能的、警備員は退屈している様子がありありと見える。薄黄色のロビーの壁は埃で汚れていて、隅のほうではプラスチックの椰子の木がわびしく佇み、この北部の寒冷気候で場違いな不快感を感じているように見える。

しかし、階上にある第三法廷では、劇的なストーリーが明らかにされようとしていた。

傍聴人と関係者を隔てる防弾ガラスの後ろで私は席につく。少なくとも一〇〇人を収容できる傍聴席にいるのはわずか四人だけ。二人の女性が被告に向かって笑いながら手を振っている（後になって、二人が被告の妻であることがわかった）。もう一人は法律を学ぶイギリス人学生だった。イギリスとヨーロッパ大陸の伝統にしたがって行われる裁判は、途中で証拠の詳細に拘泥して、遅々として進まないような長ったらしく退屈な過程である。近い将来センセーショナルな証拠が上がると思われない限り、報道陣は裁判の始めと終わりにしか姿を現さない。

第三法廷では「クプレシュキッチとその他」訴訟が行われている。人道に対する罪と戦争法侵害で起訴されている六人は、人種・宗教的理由でアーミチ住人を迫害し、その地域の人たちを「浄化」した罪を問われている。厳しい警備員の立会いのもと、彼らはテーブルについている。うち二人は兄弟で、ゾランとミリャン・クプレシュキッチ。二人の従弟のヴラトコ・クプレシュキッチ、友人のドラゴ・ヨシポヴィッチ、ドラガン・パピッチとヴラディミール・シャンティッチ。年齢は三一から四四までで、ほとんどがアーミチに住んでいたかそこで働いていた。殺したとされる人たちとは親しい関係にあり、ヴラトコ・クプレシュキッチは襲撃の前夜、隣人のイスラム教徒の家でコーヒーをごちそうになっていた。六人とも計三八件の容疑を否認している。

私は不安を感じながら彼らの顔を観察し、倒壊したモスクの光塔が横たわる先の、半分舗装された道で私を殺すと脅した男がいるかどうか調べてみる。五人は違うようだ。残りの一人の顔に見覚えがあるように思われる。しかし、もしも証言台に立って犯人特定を促されたなら、確信をもってその人を指差すことはできないだろう。六人の顔はげっそり痩せ、刑務所に長くいたような青白さが見える。スーツを着て、今日のためにきちんと髪を整えている。平静にしていると、憎悪をあからさまにしていた人は違って見えるようだ。

裁判が始まってすぐに数人の生存者が証言台に立った。最初の証人はサキブ・アハミッチで、ゼニツァ付近の病院で火傷の手当てを受けていたところを国連人権委員会の職員に発見された。彼の証言によれば、ゾランとミリャン・クプレシュキッチは、四月一六日の朝、家に侵入して息子と息子の妻、彼らの子ども二人を殺した。下の子は生後わずか三ヶ月だった。

次の証人はアブドゥル・アハミッチだった。家族は全員が——父親、母親、妹三人——殺害された。アブドゥル自身も頭部に銃弾を受け「死刑執行」されたが、かろうじて助かった。左頬に入った銃弾は骨や生命にかかわる器官を奇跡的にそれて右の頬へと抜けたと言う。

三番目の証人はエサッド・リズヴァノヴィッチで、プリジェドールで始まったセルビア人による「浄化」が終わった一九九二年夏、アーミチに逃れて来ていた。彼の証言によると、四月一六日、最初の発砲はクプレシュキッチの住む村の方から飛んできたらしい。

最後に、犠牲者の遺族である妻や妹や娘たちが法廷に現れた。彼らは、四月一六日の早朝、巨大な爆発で目を覚ました。クロアチア人の隣人が家に侵入し、彼らを無理矢理外に連れ出した。それから、家に火をつけて夫や息子たちを焼殺した。ある女性は、隣人であった二人のクロアチア人に一四歳の息子の命乞いをしたと証言した。「アミールだけは助けて！　アミールだけは！」。そう言って隣人に泣きついた。しかし、彼らは息子アミールと夫、父親を彼女の見ている前で殺害した。それから、彼らは準備していた液体の入ったバケツを家具にまいて爆弾をしかけた。ある娘は母親が自分を助けようとして死んだ様子を描写した。村から走って逃げていた彼らは、クプレシュキッチの家を通り過ぎた。娘は転び、傷を負った。先を走っていた母親は彼女を助けるために引き戻そうとしたところを、狙撃兵の銃弾に倒れたのだった。

「私たちはよい隣人だったのに。……幸せに暮らしていたのに」とある女性が証言台から降りる前に言う。「彼らは私たちを裏切ったのです」。

サキブ・アハミッチを保護した国連人権委員会の職員パイヤム・アクハヴァンは、ラシュワ渓谷地域のボスニア系クロアチア人政治・軍事指導者であるドリオ・コルディッチ、ティホミール・ブラシュキッチ、マリオ・シェルケッツに説明を求めた内容を証言するため証言台に戻ってきた。彼ら全員が、のちに逮捕され、裁きを受けるためハーグへ送還された。アクハヴァンの報告では、コルディッチはアーミチの虐殺のことを、イスラム教徒が「国際社会から同情を得ようと」同胞を殺したものだと説明したという。

つまり、注目を引くための演技だった、ということだ。私の記憶では、死者六八名、負傷者二〇〇名を出したサラエボ中央市場爆破後の一九九四年二月にも、セルビア人は同じ説明をしていた。

ドリオ・コルディッチはクロアチア大統領フラジョ・ツジマンによって次のような勲章を与えられている。

・ネックバンド(リボン)付きブラニミール王子勲章。「国際的地位向上に対する功績、クロアチア共和国と諸外国との関係に関する威信を高めた功績をたたえて」

・ニコラ・シュビッチ・ズリンスキー勲章。「戦争中の英雄的行為をたたえて」

・シルバー・チェーン付きペター・ズリンスキーとフラ・クルスト・フランコパン勲章。「クロアチア国家というアイデアの維持と発展に寄与し、クロアチア主権国家の樹立と改善への貢献をたたえて」

ブラスキッチも同じようにその功績をたたえられた。一九九五年、ブラスキッチは将軍に昇進したが、それは国際戦犯法廷により起訴された後の出来事だった。

防弾ガラスの向こうでは、検察側の証人たちが尋問されている。検察は、三人のクプレスキッチが一九九三年四月一六日、虐殺が起った日に、クロアチア人勢力（ＨＶＯ）の活発なメンバーであったことを証拠づけようとしている。ヴィテツ周辺の元ＨＶＯ指揮官であった証人は、目の前に広げられた書類から、彼らがメンバーであったことを認めている。今度は弁護側の番である。彼女は、ラシュワ渓谷付近のヴィテツ全域では、同じような軍事紛争が起っており、クロアチア人がボスニア人にしたと同じようにボスニア人によるクロアチア人攻撃もあったことを証明しようとする。それが証拠づけられれば、当時起っていたのは武力紛争であって、アーミチ事件では武器を持たない民間人が殺害されたわけではないことになる。彼女はヴィテツの子ども用遊び場でクロアチア人の子どもたちがターゲットとされた爆発について、目撃者に尋問する。あんなに残酷な風景は今まで見たことがありません、と証言者が言う。体の部分的残骸が木からぶら下がっていました。それは、テレビ局も放映しないほど残酷で、目を覆いたくなるような風景でした。検察側の弁護士は、戦争が起る以前のこの地域の「民族」間関係について聞き出そうとする。一体、あの事件が起る以前、証人は生活のなかでイスラム教徒の隣人とかかわっていたのか？ そう、そうですよ、そして事件の後もそうでしたよ、と希望に満ちた笑顔とともに証人が答える。問題の事件が起こっていたあいだ、彼と妻はヴィテツから逃れてきたボスニア人家族の子どもを「ベッドの下の棚」にかくまった。「自慢するわけではありませんがね、私は町の映画館に捕らえられていたイスラム教徒たちに、小麦粉や油、砂糖や医薬品、煙草などを運んであげましたよ」と彼は付け加える。「同じことをしていたクロアチア人は何百といましたよ。私たちはひどく困難な状況で他の人間を助けようとしていたのです」。

被告の幾人かはテーブルにだらけて座り、不満なのか、本物の、あるいは見せかけの退屈を示している。別の人は莫大なメモを書き綴っている。私は彼らを深い関心をもってじっと見ていた。私の脳裡には、奪い尽くされた村が、切り倒されて無残に路上に横たわる光塔が、未だに路肩に埋められた地雷が、破壊され幽霊屋敷のような家屋の映像が浮かんでくる。隣人が隣人に手をあげる。チトーの多民族国家ユーゴスラビアの「幸せな生活」は永遠に過ぎ去ってしまった。

なぜこうしたことが起ったのだろう？ それは私がひっきりなしに問い続けていた問いである。この質問をしたときのボロ・パンドゥレヴィッチの答えを、イズメット・セリッチ医師の答えを思う。二人とも似たような答えを返した。あるグループが支配的になると、彼らの個人的人間性は意図的に消滅され、どんな恐ろしいことでも起り得るようになる。もはや、良心や良心の呵責も感じることなく。

私は、ここで語られている矢継ぎ早の言葉に、不安そうな言葉、強い声で、おどおどした声で語られる言葉、この壁を超えて届けようと願う言葉に押しつぶされるように感じ始めている。この法廷が代表しているのは、ボスニアで武力干渉をせず虐殺を許してしまった結果に対峙しようとする国際社会である。思い違いを含む混沌とした記憶から、グループ間の和解を助ける判決を引き出そうと試みる国際社会である。黒い法衣を着た弁護士や裁判官は自分たちの職務に取り組んでいる。彼らはできる限りのことをしているのだ。

しかし、すべてはことが終わってからの努力に過ぎず、最善から二番目の選択肢に過ぎない。わずか一四歳のアミールは死んでしまったし、生後三ヶ月の赤子も、娘を助けようと後戻りした母親も、ヴィテツの遊戯場で遊んでいた子どもたちも、もうこの世にはいない。虐殺的「民族浄化」

の戦争は、犠牲者が殺される前に止められたかもしれない。この裁判の手続きは気が滅入るが、こうした訴訟は少なくとも不処罰という悪に対する戦いなのだ。[*1]

一九九三年五月二五日、アーミチでの非道からちょうど一ヶ月後にＩＣＴＹは設立された。設立の基盤となったのは、国連安全保障理事会決議八二七、国連に対して軍事力の指揮権を行使し、国際平和と安全保障の維持を目的とする機関を設立する権限と、必要ならば国家主権の原則を超越する権限を与えた国連憲章第七章であった。ＩＣＴＹは国連が創設した最初の司法裁判所であり（ニュルンベルク裁判、東京裁判は勝利した連合軍によって設置された）、臨時機構として、一九九一年以降旧ユーゴスラビアで起こった四つのタイプの犯罪を起訴する任務を委譲された。これら四つの犯罪は、半世紀以上にわたり国際人道法に記載されていたとはいえ、大部分が無視されたもので、法的規定によって定義されたなかで最も深刻に文明を逸脱した罪であるジェノサイド、人道に対する罪、戦争法、あるいは戦争慣習法の違反ならびに一九四九年のジュネーブ条約の違反である。

法律家ラファエル・レムキンの考えに従い、一九四八年、ジェノサイドは、「ある国家、民族、種族、あるいは宗教グループ全体、あるいは一部を絶滅させる意図をもって犯された行為」と定義づけがなされた一方で、人道に対する罪には、武力紛争の間に一般市民に対してなされた殺害、隷属、移送、レイプ、拷問といった罪が含まれた。次の犯罪カテゴリー——戦争法とジュネーブ条約の違反——には、都市や町、村の不当な破壊、あるいは軍事的必要性によって正当化されえない蹂躙、そして宗教や教育、芸術や科学を目的とする機構や、歴史的遺跡、芸術作品に対する意図的損壊が含まれる。これらの法のほとんどは、第二次世界大戦と武器を持たない民間人に対して及ぼされた歴史上始めての非道、ホロコースト後に作られた。しかし、数十年にわたる冷戦期、鉄のカーテンごしに両陣営ともブロックによる決定を放棄するつもりもなく、その能力もない状況のなかで、これらの法は事実上凍結状態にあった。

旧ユーゴスラビア、さらにルワンダの国際戦犯法廷創設に至るまでの議論のなかで、「ニュルンベルクの教訓」という言葉は「ホロコーストの教訓」と同じくらい頻繁に聞かれた。アフリカのルワンダでは、一九九四年、民族間の憎悪が、九〇日間に思考がついていけないほど多数の殺人を引き起こしたが、ジェノサイドが起っていると主張したのはほんの数人に過ぎなかった。そのような「教訓」は、ほんのわずかな国、おもにドイツ、アメリカ、カナダが提供しているホロコースト研究プログラムの基盤となったが、実際の世界政治では十分には注意されていなかった。一九七〇年代にはポル・ポトが人口の二〇パーセントにあたる一七〇万人ものカンボジア人虐殺を行ったし、一九一八年から一九五八年のあいだに旧ソビエト連邦は五〇〇〇万人以上もの「人民の敵」を殺害していた。クルド人は虐殺され、国際社会はルワンダのラジオが放送した虐殺の呼びかけを知りながら無視した。さらに、ボスニアでマイノリティのイスラム教徒数千人がおもにセルビア人の手によって殺害される前に援助の手を差し伸べた国はひとつもなかった。一九九九年になってやっと、コソボでセルビア人による同じパターンの非道が、今度はイスラム教徒のアルバニア人に対して行われると、NATO加盟国は武力干渉を決めた。その当時、第二次世界大戦中のヨーロッパ系ユダヤ人が見殺しにされたことに関する議論が徐々に大きくなっていったためか、主権国家とみなされる領土で迫害を受けるマイノリティを救う試みが歴史上始めてなされることになった。

しかし、その主張は二〇世紀末とう時期に主権の限界をめぐる轟々たる議論へ向けた大きな飛躍となった。一九九三年にICTY設立によって不処罰に向き合おうとする決定を導いたプロセスのきっかけとなったのは、ニュルンベルクにおける連合軍国際軍事裁判と、ナチ指導者層の画期的裁判だった。ニュルンベルクは確かに世界を変えたのである。

ハーグに来る前、私は何週間もニュルンベルク国際軍事裁判についての文献を読んで過ごした。このテーマは私には身近で、個人的なものに感じられた。人種差別はどのように、なぜ起ってしまったのか、歴史的記憶が作られる方法、さらには過去を和解させる手助けとなる法廷と裁判の役割について私が探求を始めて以来、「ニュルンベルク」はずっと私の頭のなかにあったからだ。まだとても若いとき、ナッツヴァイラー＝シュトゥットホーフを訪れたトラウマを克服しようともがいていたとき、「ニュルンベルク」は私の思考のなかでも圧倒的スペースを占めていた。パリの映画館では『ニュルンベルク裁判』が上映されていた。私は何度もそれを見に行ったが、いつも映画の途中で圧倒されたようになって早々と席を立ったものだ。最近になって、ホロコーストに関する会議とアドルフ・フランクル展のオープニングのためにニュルンベルクを訪れたとき、生まれて初めてニュルンベルク裁判が行われた法廷を訪れた。法廷に入るのは奇妙な体験だった。裁判の写真――悪名高い被告たちが弁護人、勝利した連合軍を代表する検察側と判事の後ろ二列に座っている写真――は、今では私にとってはあまりにも見慣れたものなので、ドイツ人とかつての敵に多大な意味をもたらしたこの法廷に足を踏み入れると、思いがけず旧知の場所に入り込んだと錯覚するほどである。警備員が鍵をあけてくれる。法廷は静かで、マーティン・ルーサー・キング・ジュニアがかつて説教したアラバマ州モンゴメリーの教会のように、未だに亡霊にとりつかれている。そのとき私と一緒にいたのはディルク・クールだった。元SS収容所指揮官であった彼の父は戦犯として絞首刑を執行された。ナチの息子や娘の世代にあたる彼の人生は、両親の犯した罪によって痛ましい傷を負っていた。ニクラス・フランクやマルティン・ボルマン・ジュニアと同様に、ディルクもまた償いの人生を送っていた。彼もホロコーストに関する会議に出席するためにニュルンベルクに来ていたが、私と同じようにその有名な法廷、今まで見たことのなかった法廷の「親密さ」に困惑していた。ここで起ったことは「アクト・ワン」、つまり終戦直後の混乱のなかでナチズムの核心を理解しようとした試みの第一歩であったと思う、と彼は私に語った。

しかし、ニュルンベルク裁判が開かれなかった可能性も多分にあった。一九四二年、ナチの非道についての噂が漏れ始めると、イギリスとアメリカが最初に望んだのは粗野な報復――ナチ指導者の即時死刑執行――であったが、フランスとソ連は公式裁判を求めた（スターリンはすでに政治的見せしめ裁判を始めていたので、これをナチにも適用させようとしたのかもしれない）。最終的には、アメリカとイギリスは復讐による殺害は歴史書に書かれたときに見栄えがよくないと考え、よりよい選択肢として司法裁判という西洋スタイルの手続きに向け動き出すことになった。のちにニュルンベルク裁判で主席検事を務めることになるロバート・H・ジャクソンは、「［罪人を］裁判にかけることなく自由にすることは、死者に対するあざけりであり、生きた者を皮肉にさせるだけである」と主張した。[*2] 連合軍側は、換言すれば、敵への法的保護を否定したヒトラーの例にはならわなかったわけである。

一九四五年一一月二〇日、ニュルンベルク開廷の辞のなかで、ジャクソン主席検事はこの考えを力強く表現した。「勝利に沸き、同胞の損失にあえぐ四つの大国が、復讐を控え、捕らえた敵を自主的に法の判断に委ねようと差し出すことは、これまでに大国が理性に払った敬意のなかでも最も偉大なものであります」[*3]。

一九四五年八月八日、フランス、イギリス、ソ連、アメリカの代表者が集まり、主要ナチ戦犯の裁判を決定することになる原則を定めたロンドン条約に調印した。それは、冷静な理性と歓喜の瞬間であったが、(遡って考えれば)大きな皮肉も込められていた。アメリカはわずか二日前、世界最初の原子爆弾を広島に落とし、八月九日にはもうひとつを長崎に投下していた。ソビエトに関して言えば、ジョセフ・スターリンは何百万人もの実際の敵、あるいは仮想敵をグラーグ収容所で処理し、一九三〇年から一九三七年の間にウクライナ農民階級を破壊し、この結果一〇〇〇万人もの男女子どもが餓死した。ということは、後で言われるように、ニュルンベルクはやはり勝者の正義だったのである。ただし、だからといってニュルンベルクの業績が不正義であるわけでは決してなかった[*4]。

一九四五年一一月二〇日にニュルンベルク裁判が開廷したとき、連合国側には、解き放たれたような楽観主義の雰囲気に包まれていた[*5]。ヒトラーは死んでいたが、彼の追従者のなかでもヘルマン・ゲーリング、ハンス・フランクといった上級幹部たちは被告席についていた。ジャクソン主席検事による開廷の辞は、戦争犯罪に対する適切な返答としての理性と正義を求めるポスト啓蒙主義に彩られており、リベラルな希望的雰囲気が如実にあらわれていた。「われわれが批難することになる不正行為は、文明が見逃すことのできないほどあまりに計画的に、あまりに悪質、あまりに破壊的でありました」と彼は言った。「この法廷における真の訴訟当事者は文明であります。あらゆる国で、文明は未だに発展し続け、決して完全なものであるとは言えません……文明は法律に向かい、世界を揺るがしたこの多大な犯罪を扱うには力もないほど古びたものかと問うでしょう。文明があなた[裁判]に期待しているのは戦争の阻止ではなく、あなたの司法的行為が、規則、禁止行為、とりわけ制裁を盛り込んだ国際法を形づくり、平和の基盤となることであります」[*6]。

本来の被告二二名のうち[*7]、最終的に一二人が絞首刑を言い渡され、七人が期間はまちまちだが禁固を言い渡され、三人が釈放された(マルティン・ボルマンは欠席判決で有罪が下された)。判決のなかには反論を引き起こしたものもあった――たとえば、ジェノサイドを起こしたとして絞首刑の判決を受けたユリウス・シュトライヒャーは、非軍事的役割しか担っていなかったし、ルドルフ・ヘスはスパンダウ刑務所での終身刑を言い渡された[*8]――とはいえ、こうした画期的裁判は前例を作り出すことになった。「ニュルンベルク原則」は、誕生したばかりの国連憲章の考えを反映していたし、ニュルンベルクの司法実験の「教訓」は、冷戦期には国連により無視されていたにしても、ニュルンベルクから生み出された法は法典のなかにしっかりと編込まれ、ハーグ国際司法裁判所における旧ユーゴ国際戦犯法廷の設置の段になって再び甦ることになった。

ニュルンベルクは二〇世紀に生きる私たちが世界の出来事を理解する方法を変えた。新しく作り出された原則のなかでも、とりわけ重要なのは国際刑法のもとにおける個人責任の原則であった。個人はその国の国内法により各自が犯した犯罪に対して責任を負うが、ニュルンベルク裁判以前には、国家のみが戦争に関する国際的法律への違反に対する責任を負うことができた。そして、国家はあらゆる権利を超越した主権であり、――何よりも重要なのは――免責を与えることで自国のエリートを国際的告発から保護する力を有していた。ニュルンベルク裁判は、歩兵であれ、戦線にいた指揮官であれ、国家元首であれ、戦争犯罪行為に加担、計画した個人を誰でも告発することでこれを大きく変えた。ニュルンベルク判決は東京裁判の基盤となっただけではなく、ドイツ兵や政治家はもとより、自らの専門知識を犯罪計画に役立てた医師や企業家などの民間人に対する何千件もの裁判、および後に行われた一九六一年のアドルフ・アイヒマン裁判、一九八七年のクラウス・バルビー裁判、一九九四年のポール・トゥヴィエ裁判、一九九七年のモーリス・パポン裁判、それに一九九九年にアウグスト・ピノチェトに対する免責を否定するイギリス法官貴族議員の決定の基盤となった（そのため、ピノチェト将軍はチリへの即時帰国の許可を拒否された）。「国際法に対する犯罪は、不明瞭なエンティティではなく特定されうる個人により犯されたのであり、そのような犯罪を犯した個人を罰することによってのみ、国際法の規定、条項が適用されうるのである」。これは、一九四六年のニュルンベルク裁判終審の言葉である。

ニュルンベルクの第二の「原則」は、「上官の命令」という厄介な難問に取り組んだ。この主張はドイツ人法律チームの頼みの綱であったし、両サイドとも命令への服従は軍事生活の基本であることを主張する必要もないほど十分承知していた。兵士が上官の命令に従わなければ規律はなく、規律がなければ兵士はみんな荷物をまとめてさっさと家に戻っただろう。しかし、ニュルンベルク判決は、伍長が叫ぶ命令やナチ公務員の文脈で言えば顔のない官僚階層を通って伝えられた殺害命令に取って代わる、誰もが普遍的に理解できる道徳の法典を標榜していた。その結果、ニュルンベルク裁判では、深刻な注意を払われるべき戦争犯罪に関する場合、とりわけ判決の際には「上官の命令」という言い訳を容認しないことが明確に打ち出された。しかし、「真の基準は……命令されたかどうかではなく、道徳的選択が実際に可能であったかどうか」であるとした。換言すれば、兵士といえども戦争法を侵害し、普遍的な人間行動の基準を蹂躙するような行動を取らせる命令に従った場合は責任を逃れられない、ということである。「各個人は、個々の国家により課された服従という国内的義務を超え、国際的責務を有する」。これこそニュルンベルク裁判の結論であった。兵士が究極的に忠義を尽くすべきは人間性でなければならないのだ。

ニュルンベルクの判決には賛否両論がつきものであり、裁判への反駁はホロコースト否定、ナチズム擁護をする極右派にとってお気に入りの武器となった。[*9] さらに、より理性的な人たちが主張する「勝者の正義」についての白熱した議論は尾を引いたし、ニュルンベルクが勝者による敗者の裁きであることは否定しえない事実だろう。とはいえ、もしもニュルンベルク原則が今でも有効であるとすれば――現にその有効性は失われなかった――、それはこの裁判の司法プロセスが誰もが認める基準にしたがって行われたからであり、そう見なされたからであろう。検察側の粘り強い求刑にもかかわらず、被告三人が釈放されたのを見た敗者のドイツ国民ですらそれは認めていた。

もうひとつの有力な批判はこうである。「ニュルンベルク裁判では、それまで存在していなかった法律に基いて起訴がなされた」。太古の昔から存在する格言「法ナキトコロニ罪ハナク、法ナキトコロニハ罰モナイ」は、誰しも行動がなされた時点で犯罪とは見なされていないことで裁かれることはないという説であり、これは裁判でドイツ側弁護人によって延々と主張された。確かに「人間性に対する罪」は、そのようなものとして以前は成文化されてはいなかったことを考えると、この見解は理に適っている。しかしながら、公式に法として成文化されていなかったとしても、国家の慣習法や刑法は人間性に対する犯罪と定義された種類の行動を長きにわたって禁止していたし、これまで国際的な法律にも判例があった。ニュルンベルク裁判の反応はこうであった。「戦争法は条約においてのみ見出だされるのみならず、徐々に国際社会の承認を得始めている国の慣習や実践のなかにも、さらには正義の一般原則のなかにも見られる。……この法は静的なものではなく、世界が変化するにしたがって常時それに照らして変更が加えられるものである」。

さらに、ニュルンベルクには見え透いた偽善や見過ごせないような過ちも存在した。ニュルンベルク裁判と東京裁判の判決で出された戦争犯罪のなかには、連合国側が行った行為も含まれていた。たとえば、広島と長崎への原爆投下、ドレスデンと世界で最も過密な都市東京への無差別爆撃などがそうであった。勝者の正義には深刻な欠点が伴っていたのである。リアルポリティークはここでも不在ではなかったわけだ。しかし、議論の余地もないこれらの欠点をのぞけば、ニュルンベルク裁判で確立された法、その法が宣言した原則は、人権と責任を求める動きのなかでは標石と考えられてきた。矛盾を孕むとされる人間性だが、以前は想像を絶すると考えられていた非道が実行され、それを目撃した世紀は、同じように抑制と処罰の新しい道具を考案する能力があったことを示したのである。

より適切な宗教用語を使うなら、「境界線を逸脱した人たち」を罰することにより、ニュルンベルク裁判はリベラル主義的価値観の均衡を取り戻すという役目を果たした。換言すれば、個々の国家の司法を超越する普遍的道徳法を強調することにより、ニュルンベルクは戦争によって破壊された社会的コミットメントを復活させたのである。これはとりわけドイツ社会にとっては重要であった。というのも、ドイツ社会では殺害、あるいはその他の侵害に対する倫理的禁止がナチの再教育により転覆させられたように私には思われてならないからだ。ちょうどハンナ・アーレントはそのドイツ社会の設計者の一人であったアドルフ・アイヒマンを「凡庸な」人物であったと結論していた。なぜなら、彼の良心は彼が住んでいた転覆された道徳的世界において機能を停止したからである。勝者と敗者双方に「罪」を思い出させることで、ニュルンベルク裁判は人間が共有の道徳的世界のなかで、もう一度お互いに結び合う役目を果たした。法廷での証言や押収したナチ文書を通して、誰が何を誰に対して行ったかという詳細を引き出すことにより、司法プロセスは戦争の混沌を生き抜いた人たちが、ナチという、つい過ぎ去った過去の構造を理解したうえで結論を導き出す手助けになった。

見せしめ裁判というのは当然のことながら汚名であるが、ニュルンベルクは最も懲戒的な意味では政治裁判であった。アメリカ人政治学者ジュディス・シュクラーはこれを上手く指摘している。彼女の意見によれば、ニュルンベルクはドイツ人の間で「眠っていた法的意識を強化」し、将来目指すべき社会の方向を決定する役に立った。[*10] このシナリオでは、裁判は過去と未来とのあいだの物理的境界線を表し、さらに関与したすべての人を再び結びつける橋を表すと考えられる。検察側が利用できた山のような事実的証拠も役に立った。アメリカの主席検事ロバート・ジャクソンは、非道の証拠はあまりにも明白で、詳細を極めていたので、「今後、知識ある人たちの間では、これらの犯罪に対する信頼のおける否認論が出されることはあり得ないし、ナチ指導者層の殉教という伝説も絶対に持ちあがらない」と述べていた。ジャクソンの使った「信頼のおける」と「知識ある」という主張は今日でも当てはまる。その後数十年のうちに起こった否認の動きも決して主流には入れないし、全世界で不評を買う主張であり続けている。

しかし、同時にニュルンベルク裁判は、一般のドイツ人がナチのエートス（考え方）が社会全体に浸透した現実から自らを引き離すことを許しもした。ダニエル・ゴールドハーゲンが誇張的に主張したように、すべてのドイツ人が「意欲的な死刑執行人」ではなかったし、大規模な虐殺を承認するように導いた「絶滅主義者」の反ユダヤ主義によって毒されていたわけでもなかった。しかし、あらゆる成人は多かれ少なかれ傍観者であり、目と耳をそなえた理性的人間なら、まず、差別的法律が出されたとき、その後はユダヤ系隣人が姿を消し始めたとき、その事実を見逃すようなことは有り得なかった。ニュルンベルクが承知のうえで、あるいは知らぬうちに奨励した心理的乖離は、ヒトラーと一握りの追従者を、どこからともなく現れて抵抗するドイツ国民にその見解を押しつけた例外的怪物であると描いた戦後の歴史文献の増大を許した。その見解は、あり難いことに現在消滅しつつある。しかし、同時にこの心理的乖離があったからこそ、ドイツ人は自分たちのリベラルな過去を決して捨て去られなかったという信条を失わず、比較的容易にそこへ戻ってくることができたのも事実である。

見せしめ的な裁判はさまざまな目的のために利用された。スターリンの裁判ショーは、国民に恐怖を植え付け、絶対的服従の必要性がある点を印象付けることを目的としていた。何百年も昔には、スペインの異端審問がまったく同じ意図で裁判を行っていた。つまり、彼らは公の場でのはでな見せしめを考案し、そこで権力を持った審問官が神の正義を割り当てる一方で、怯えた罪人たちは町中をパレードさせられた。死刑執行はしばしば公衆の面前で行われ、意図的に恐怖を付け加えた。見せしめ裁判と政府のプロパガンダは今でも紙一重である。アドルフ・アイヒマン裁判の間、ギデオン・ハウスナー検察官はアイヒマンがしたことより、ユダヤ人が苦しんだことに基いてこの訴訟を立証していった。ハウスナー検察官は、ある人物の有罪、無実以上に重大な問いを投げかけようと試みていた。その問いとはこうである。どうしてそんなことが起こったのか？　ユダヤ人の悲劇に連合軍側が果たした役割は何か？　なぜユダヤ人がターゲットにされたのか？　なぜドイツ人がそれを行なったのか？　将来の世代にとっての教訓に関する議論が数多く出された。結局、当然のことながら裁判所が指摘することを合意した点はアイヒマン個人の罪という一点であったが、すべてのナチ犯罪の代表者として被告を利用すべしという莫大な（そして、理解しうる）プレッシャーがあったのは事実である。

クラウス・バルビーの裁判もまた、見せしめ裁判とプロパガンダがどれほど近しいものであるかを示す好例と言えよう。一九八三年のバルビーのフランス帰還は、法や有罪、無実とほとんど関係のない事柄、つまりフランスの過去、来るべき彼の裁判の目的に関する白熱した議論の噴火口となった。数日以内にバルビーとその裁判は、フランスの、そして時には全世界の過去、現在、将来のメタファーとされた。バルビー裁判は広範にわたる問題を象徴しているとされ、とりわけナチズムの基盤となったイデオロギーを公的に批難しようとする社会の空気を象徴していた。こうしたナチズムのイデオロギーの遺物は、アイルランド紛争の犠牲者、ヴェトナムやグアテマラの農民の苦しみ、国家の精神病棟に幽閉されたロシア人知識階級に対するテロルなどにも見て取れる。左派、右派双方のイデオロギーをすべて裁判にかけるべしとの意見もあれば、裁判は民主主義が独裁主義システムに屈した場合に対する教訓でなければならないとの主張もあった。さらに、裁判の目的はフランス人を含むホロコースト否定者を暴露することだという主張も出された。

モーリス・パポンが人道に対する罪の共犯で裁判にかけられたときも同様のことが起った。ボルドー地域の元行政官の背後で被告席についていたのは、とりわけユダヤ人の運命、フランス人レジスタンスの活動、それに戦争と対独協力に関する間違って信じられていたフランスの歴史に他ならなかった。

これらすべての裁判が法の領域を超えたところにある教育「ショー」の目的を持っていたにもかかわらず、結局のところある人物の有罪、無罪という主題に落ちつき、すべての裁判が普遍的権利と道徳性の教えに反する国内法には服従すべきではなく、服従した場合には弁解の余地はない、とするニュルンベルクが数十年前に設定した規則を踏襲した。確かに、これらの裁判は「見せしめ」ではあったが、然るべき法的手順を踏んで行われた。ニュルンベルクでのように引き出された教訓はすべて証拠に直接基いていた。

それぞれの裁判における「見せしめ」は、二〇〇〇年の歴史を持つリベラルな啓蒙的価値の列車を脱線させた人たちを攻撃し、司法の手に委ねたわけである。

市民に対する攻撃は、歴史記録が残されて以来存在してきたし、これをめぐる議論も同じくらい長く続いてきた。トゥキディデスの『戦史』は紀元前五世紀に書かれた。そこで著者が描く情熱的議論を、アテナイ人がメロス島住民に提供した今でも馴染みのあるリアルポリティーク代替案を、アテネとスパルタの戦いにおける中立の権利を求めるメロス島住民の主張を読みながら、身震いを禁じえない。

・アテナイ人：われわれと同じく、あなたがたも知っているはずです。……正義は他の者たちに強制力を持つ権力者次第であることを、そして、強者はその力で可能なことを為し、弱者は強要されたことを受け入れるしかないことを。

・メロス島住民：あなたがたはこの問題からわれわれが正義と考えるものを無視し、生存か否かという自己利益の選択しか与えないのだから、すべての人にとっての一般善の原則を破らないでいることこそ、あなたがたの利益に適うでしょう。……公正な戦いや正義の取引といったものは残しておくべきです。

・アテナイ人：これは勝者が名誉を、敗者が恥を受け取るような公平な戦いではなく、あなたの生死がかかわる問題なのです。あるいははるかに力の勝る者に抵抗しないかどうかの問題なのです……われわれの神に関する意見と人間に関する知識によれば、人が可能な限りのものを支配するのは一般原則であり、必要な自然法です。この法はわれわれが作り出したわけではなく、これまでにあらゆる人がこれに基いて行動して来たものです。われわれは以前から存在してきたこの法を今後も永遠なものとして残すつもりです。

メロス島住民が戦争に加わるのを拒否したとき、アテナイ人は「デミアスの息子フィロクラテスの支配下に入り」、「武器を取って戦える年齢の男性は見付け次第殺害し、女性と子どもを奴隷として売った」。

あらゆる時代に似たような例はたくさん起こってきたが、第一次十字軍のストーリー、その後のストーリーは私たちの時代にはかすかな希望が見られることを物語っている。一〇九九年、疲れきった騎士が聖なるエルサレムに到着し、そこで彼らは町を包囲し、すべてのイスラム教徒とユダヤ教徒を男性、女性、子どもにかかわらず見つけ次第殺し始めた。その九〇〇年後の一九九九年七月、ヨーロッパと北アメリカからやってきた二〇〇〇人のキリスト教徒がエルサレムに入り、道で出くわしたすべてのイスラム教徒、ユダヤ教徒に謝罪をした。

二つの世界大戦、世界規模のコミュニケーション、ならびに二〇世紀の技術をもって実行されたジェノサイドを経て、遠く離れた場所で起った非道が国際舞台の中心へ運ばれるまでに数千年がかかった。ニュルンベルク裁判は、当事者以外の国々が戦争に引き裂かれた過去を和解させる従来のやり方に司法正義を加えようとした最初の重大な試みであった。

続く第二の試みは旧ユーゴ国際戦犯法廷（そのすぐ後にはルワンダ国際戦犯法廷［ＩＣＴＲ］）の設置であった。しかし、法廷での公判が始まる以前にニュルンベルクがすでに確保していたもの、つまり、ナチ幹部を詰め込んでいた刑務所、それに押収した山のような書類はＩＣＴＹには欠けていた。ニュルンベルクのように事後法という理由でＩＣＴＹの合法性を疑うことはなかったにしても、あるいはボスニア戦争では誰が事実上「勝った」わけでもなかったので勝者の正義を疑うこともなかったにしても、新しい裁判は難しいハードルに直面した。まず、この裁判所を作ったまさに国際社会の政治的曖昧性があった。国連憲章と世界人権宣言（ニュルンベルク原則にもとづいた）は、ニュルンベルクと同様に戦争犯罪人の裁判の正当性を認めているが、必要な犯人の逮捕に関してはボスニア戦争の脆弱な停戦合意を危険にさらすのではという危惧から各国は乗り気ではなかった。第二に、旧ユーゴスラビアの「大セルビア」を求める戦争、のちにはコソボ系アルバニア人の民族浄化を扇動したスロボダン・ミロシェビッチは、デイトン和平条約、さらにはコソボ民間人に対する攻撃中止交渉という国際平和交渉における中心人物であった。ミロシェビッチに与えられたこの主導的役割は、ドリンカ・ゴイコビッチやベオグラードの他の民主主義擁護者を驚かせた。西洋諸国、とりわけアメリカは、ミロシェビッチの犯罪行為に関する多くの機密文書を押収していたが、セルビア人指導者を起訴するためには、ICTYの主任検察官は完璧な証拠を必要とした。スロボダン・ミロシェビッチが和平交渉の中心人物である限り、証拠となる情報は早々には出てはこないだろう。

　コソボで起った民族浄化に対するNATO空爆により、アメリカがミロシェビッチを公式に「ならず者」指導者に指名すると、主任検察官による起訴はもはや和平の妨害とは見なされなくなった。一九九九年五月二七日、当時のICTY主任検察官ルイーズ・アーバーは、人道に対する罪でミロシェビッチを召喚して前例を作った。それまで、主権国家の現指導者が起訴されるということはなかった。しかし、ICTYが起訴した他の人たち、ラドヴァン・カラジッチ、スレブレニッツァ虐殺の設計者ラトコ・ムラディッチ、アーカンとして知られ、民間人を標的にした最悪の非道のいくつかに責任をもつ準軍事部隊の指揮者ジェリコ・ラチャトヴィッチは、西側メディアで自由に発言し、自画自賛を描くようなインタビューをしたり（アーカンのように）、姿をくらませていた（麻薬の密売や密輸入のドンであったアーカンは、二〇〇〇年一月、ベオグラードのインターコンチネンタル・ホテルのロビーで射殺された）。ICTYはクプレシュキッチやその友人といったボスニアの惨事の下級加害者数名を捕らえた。その一味をたどって行けばボスニア系クロアチア人ティホミール・ブラシュキッチ将軍、アーミチ村虐殺を含む大規模なラシュワ渓谷地方の虐殺の責任者であった人物があがってくる。[*11] しかし、もしも指揮系統の頂点にいた政治家や軍事指導者が起訴、逮捕、裁判にかけられなければ、下っ端たちは、残酷なボスの身代わりになっただけと見られるであろう。

　ニュルンベルクでは状況は概して異なっていた。ナチの車輪の何千という歯車は、戦後ただちに起訴を逃れたが、国際軍事裁判は国民の心を捉えた。その理由のひとつは、ニュルンベルクはナチ幹部の法的浄化に成功したためである。さらに、国連総会が人権宣言を可決した一九四八年、巣立ちしたばかりの国連の理想のなかにニュルンベルク原則が組み込まれたとき同様に、勝者と敗者が共通の価値へのコミットメントにおいて再度結び付くことができるようなやり方で、リベラルな権利の原則を回復させたからである。もしもICTYの起訴できる加害者が歩兵だけに限られていたとしたら、裁判所は社会正義というバランスを整え、犯罪の不処罰に対処することで将来の戦争犯罪を未然に抑止するという他の役割を果たすことはできないだろう。

その欠点はICTYそのものにあるというより、裁判所を生み出した諸国の曖昧さと二重の目的にあると言える。戦争犯罪を裁くことは原則として重要なことではあるが、たとえミロシェビッチという名の悪魔と夕食を共にすることになろうと、和平交渉はそれ以上に重要である、というアプローチである。ハーグへ向かうまでにニュースや批評などにどっぷりと身を浸しながら、私にはそのアプローチが短絡的に思われてならなかった。政治的ジレンマは現実のものであったし今でもそうであるが、正義を伴わない平和は長期的に見て持続しうるかどうか、というより大きな問題が不気味にのしかかっている。開かれた裁判、あるいはたとえばアパルトヘイト後の南アフリカのように過去の事実を明らかにし、悔悛という公的声明を引き出そうと考案された真実委員会がもたらすバランスの調整なしには、過去をはっきりと断つことは難しい。

記憶に関しては時効というものは存在しない。あるいは、アイヒマン、バルビー、トゥヴィエ、パポン、ピノチェトが経験から学んだように、人道に対する罪にも時効は存在しない。戦争犯罪への不処罰に取り組まない和平交渉には確実な危険が伴うのである。

ほとんどの人たちが、ルイーズ・アーバーを世界で最も困難な任務のひとつをうまくこなしてきたと評価する。ハーグによって起訴された国民の送還を何度も要求されているクロアチアとセルビア以外では、深刻な中傷はほとんどなかった。アーバーはクロアチアとセルビアの言う裁判所のバイアスと不法性についてのエスカレートするレトリックは、実のところよい兆しだと考えた。それは、彼らがICTYを恐れる気持ちが増していることを意味している。とはいえ、彼女は職員に対して最悪に備えるようにと警告している。

二つの国際刑事裁判（ハーグと、もうひとつはルワンダ裁判が設置されたタンザニアのアルーシャ）で、安全保障理事会の懸念を満足させ、同時に主任検察官を務める能力ある人を探すことは容易なことではなかった。ICTY

の裁判所規程は一九九三年五月に安保理によって承認されたが（ルワンダ裁判に関しては一九九四年一一月）、最初の候補者に関する合意が得られたのはそれから一四ヶ月後のことであった。その候補者は、定評のある南アフリカ人判事で弁護士、南アフリカ憲法裁判所判事であるリチャード・ゴールドストーンで、一九九四年七月八日に任命された。ゴールドストーンは、一九九一年、国民党政府を南アフリカ警察やズールー族が支持するインカタ自由党の一部メンバーを巻き込む殺害戦略ネットワークに巻き込んだ第三軍に関する尋問委員会の議長として国際的名声を得ていた。彼はネルソン・マンデラに推薦されたが、それは彼が誰にとっても受け入れられる人物であることを意味していた。一九九六年、ゴールドストーンは祖国に帰る段になって後継者としてルイーズ・アーバーの名を挙げた。

リチャード・ゴールドストーンが国際舞台で大いに尊敬される新南アフリカを代表していたように、ルイーズ・アーバーは平和維持活動と平和イニシアチブで知られるカナダを代表していた。一九九六年一〇月一日にハーグの職を任命される以前、彼女はカナダ有数の法学部であるトロントのオズグッド・ホールで刑法の教授として、同時にオンタリオ控訴院の判事として優れた仕事をしてきた。アーバーは女性の権利をはじめとする市民権に関してはとりわけ定評があった。また、粘り強さと外交的な人物として知られていたが、この二つの資質を併せ持った人物はなかなか見つからないのが常であった。

昨日はクプレシュキッチ兄弟とその友人の裁判を傍聴した私は、今朝ルイーズ・アーバーと会う予定になっている。アーバーといえば、間違いなく世界でも最も多忙な人たちの一人であり、過密なスケジュールに追われている一人であるから、インタビューが簡単に取れるとは期待していなかったが、意外にもすんなり約束は整った。今朝、私は彼女と会うことになっている。いつもの私らしくなく、神経質になっている。彼女のこれまでの業績を前に、少し圧倒されるように感じているのかも知れない。

ルイーズ・アーバーは気取らない気さくな人柄で、態度には活発な様子すら感じられる。四十代ぐらいの笑いの絶えない、鼻の上にちょこんと乗った眼鏡をかけたそのリラックスしたスタイルは、このポストに最低限必要不可欠の不屈な資質とはそぐわないように思われもする。私たちは彼女のオフィスのドア付近にある小さな丸テーブルに座り、トロントの共通の友人についてしばらく話をする。

「ニュルンベルクのことを考えるかですって？」。彼女は私の質問にそう答えて笑う。「毎日のようにニュルンベルクのことを考えていますよ！ そのイメージは私の脳裡に絶え間なく現れます。ニュルンベルクの人たちが、二〇世紀で最も重大な出来事として世紀のちょうど真ん中に自分たちを位置付けているという感覚を持っていたかどうかは判りません。多分、分かっていたのでしょう。自分をテルフォード・テイラーやロバート・ジャクソンのようにあの裁判の偉人たちと比較することは絶対にありません。私がニュルンベルクについて考えるのは技術的なことであって、その意味では彼らのことをうらやましく感じることもあります。考えてもみてください！ 彼らは被告全員を拘留していたのですからね。マルティン・ボルマンのように拘留できなかった人たちは、欠席裁判にかけたのですよ。上告もできませんでしたし、死刑判決も適用しました。死刑判決を承認する、あるいは死刑判決を出したいと言っているわけではありませんが、こうしたことすべてがあったからこそ仕事がやりやすくなったのは事実です。さらに、必要書類もすべて押収していましたしね。洗練された諜報員を含む何千人というドイツ軍も解隊していましたし、数え切れないほどの通訳もいました。たとえば、それを私の状況に置き換えて考えると、どうですか？ もし私にＳＦＯＲ（国連安定化部隊）を制御する権限があったら、法廷に座る検察官であると同時に軍隊を指揮できる将軍であったとしたら？ 私は人々を右へ左へと自由に動かすことができるでしょう！」ニュルンベルク裁判後、初の後継である裁判所の主任検察官は、その場合の仕事の容易さを考えて大声をあげて笑った。

ニュルンベルクに比べると、アーバーの仕事にはその一〇〇〇倍もの困難が伴っている。ＳＦＯＲはボスニア戦争の戦犯として起訴され、召喚に応じないでクロアチアに留まり続けているフラジョ・ツジマン大統領の逮捕を拒んでいる。[*12] それに、スロボダン・ミロシェビッチなどはセルビア軍が新たにコソボ全土でもっと多くの殺害を行っているというのに、ＩＣＴＹ司法の存在そのものを公然と拒否している。しかし、彼女が誇りに思っていることがひとつある。リチャード・ゴールドストーン時代には、ＩＣＴＹには命令を実行するうえで各国の協力を求めることができるという権利しかないという観念が根付いていた。アーバーは国連憲章第七章にもとづいて作られたＩＣＣ設立規程を違った意味で解釈している。命令の遵守に関してである。「刑事司法システムが自主的、慈善的ベースで営めないことは当然のことです。私たちの規程には、国家はすべて検察と協力しなければならず、国家はすべて裁判所から援助の要請がある場合にはその命令に応じなくてはならない、と述べています。たとえば、私たちはクロアチアが重大な証拠を握っているとの確信しています。私たちはその文書を提出するようにとの要求を何度となく出し、それでもクロアチアが進んで従おうとしないのを見て、国と国防省長官個人宛ての召喚状を用意しました。しかし、クロアチアがこれでも動かないので、今度は訴訟に持ち込みました。こうして、私たちは裁判所に応じるよう国家に命令する権限があるという原則を勝ち取ったのです」。

この前例を作った事実はICTYにとっては重要なことであるが、法律に盛り込まれた命令遵守を以ってしても裁判所の司法を公然とあざ笑っているミロシェビッチのような人物に主任検察官としてどう対処すべきなのだろう？

インタビューを受けるたびに指摘しているように、彼女の優先課題は明白である。政治の世界で直面している障害物は不愉快なものだが、手下になっているだけの小物に起訴を限ろうとは考えていない。証拠が十分に提出、あるいは発見されれば、裁判所は司令系統の頂点をターゲットに定める。政治的に交わされた譲歩は自分の任務には何の関係もない、と彼女は明らかな虚勢とともに言う。そして、そのことは安保理によって定義されている、と付け加える。戦争犯罪と人道に対する罪に関しては時効は存在しないという彼女のメッセージは、ミロシェビッチ、カラジッチ、ムラジッチやその仲間に向けられている。ICTYは政治的プロセスからは独立している点を彼女は強調する。

ルイーズ・アーバーの説明は堂々としていて見事である。しかし、彼女のその力強い言葉を後押ししてくれるどんな後ろ盾があるのか？「裁判所への命令遵守を無視する人たちに対して、非難や経済制裁以外に国連が利用できる選択肢にはどんな処罰がありますか？」私は尋ねる。実際、セルビアに対してはすでに経済制裁措置が取られていた。「最終責任は安全保障理事会にあります」。彼女はそう、幾分かは私の質問に巧みに身をかわして答える。「命令に従わない人たちを最終的に非難するのは安保理です。安保理が裁判所を設置したのですからね。彼らが裁判所の責任を取るか、あるいは莫大なお金を無駄にするかのどちらかです」。

「しかし、私は悲観的ではありません。旧ユーゴスラビアの指導者は、私たちが彼らを恐れる以上に、私たちを恐れる正当な理由があります。それに、私の意見では彼らにとって裁判妨害のチャンスはどんどん減っていますよ。国連の他のプログラム予算が徐々に削られる一方で、私たちの予算は増加しています。この裁判所は、世界一八五ヶ国と国連に支持された国際司法におけるまったく新しく試みです。現在、一二〇〇人が働いています。この試みが危機に瀕していると考えるなら国連がこうしたコミットメントを示すとはとても思えません」。それでもやはり、永遠に待ってはいられない、と彼女は言う。「和平プロセスを進めるためには裁判を延々と停滞させるようなことはできないと思います」。

非道が行われた後の正義。何十万人もの犠牲者や生存者。精神的に打撃を受けながら故郷を追われ、人生をずたずたにされた人たち。サラエボでセリッチ医師は、記憶から痛みが消えるまでには何世代もが入れ替わる必要があるだろうと言った。ニュルンベルクで被告者席についた数人は、彼らを具現化した政権の犯罪的性質を象徴してはいたが、人数はごくわずかだった。

「起訴がどんなにうまくいこうと、法の裁きを受けさせることのできるのは非道を行ったほんの数パーセントの人たちに過ぎません。それで十分だと言えるでしょうか？」。私はアーバーに尋ねる。

「ある意味では答えはノーです」と、彼女が答える。「大多数の犠牲者にとって、私たちが最も執拗に追っている人、つまり指導者たちはただの抽象に過ぎないからです。彼らは指導者たちのことなど何ひとつ知らないのです。収容所でレイプされ、殺害された娘の父親は、その犯人のことだけを記憶の奥に留めていますが、私たち裁判所が起訴しようとしているのはその犯人ではないのです。名前すら分かっていない犠牲者の数は圧倒的だと言わざるをえませんし、その意味では加害者の勝ちと言えるかも知れません。彼らは犠牲者たちから命を奪いました。それだけなら簡単なことです。しかし、彼らは同時に犠牲者のアイデンティティ、人間性まで奪ってしまったのです。私たちは犠牲者を墓場から引っ張ってくるか――その場合ですら多くの犠牲者が特定できないままでしょうが――、あるいはわれわれに十分な情報がないために彼らを墓場から連れてこられないかのどちらかです。これらの犠牲者のすべてが重要である、と私たちは強く信じています。とは言っても、私はＩＣＴＹが行方不明者のための委員会ではないことを初めて認めました。ある意味で、すべての犠牲者に対応できないという意味では、加害者の勝ちかも知れません。彼らは敵に死だけを求めたわけでなく、その宗教、民族、家族の一員であること、といった人間に人間性を与えていたすべてを破壊しようとしたのです」。

彼女の強い声が微妙に割れた。

「ツツ大司教にお会いしたとき、大司教は集団的罪という考えを完全には否定しませんでした」。私はなおもこだわって尋ねる。「大司教は、個人は自分の行動に責任があるが、グループもまた、スポークスマンを通して過去における自分たちの役割を承認する必要があると言われました。バルカン半島で命を落とした何千人という匿名の犠牲者と、絶対にあなたの裁判所には連れてこられることのない何千人という加害者を考えてみると、ツツ大司教の言葉に賛成しますか？」。

彼女は私が、最近、米国平和研究所の主導で動き出し、前任者であるゴールドストーンにより承認されたバルカン半島における南アフリカ流の真実和解委員会の提案について尋ねているのだと考える。そして、そのようなプロセスのタイミングは時期尚早だと、それにボスニアＴＲＣは刑法のスタンダードでの証拠探求の妨害になる可能性もあると思うと急いで言う。さらに、南アフリカとは違ってボスニアではＳＦＯＲ軍による強制という例外を除いては、未だに共存しようという意図が見られないから、そのような委員会は民族によって歴史を書き直す意図へと導かれる懸念がある、と言う。とはいえ、彼女は、特定の条件のもとでの恩赦の有効性を疑っているわけではないと指摘する。とりわけ、問題の犯罪が人間の記憶力の弱さによって、刑法の厳格なスタンダードのもとで有罪にすることが困難なほど昔に遡るときには。しかし、私のなかでは、これはまったく別の問題であり、ホロコーストにまで遡る戦争犯罪への起訴に道を開くことになりかねない。しかも、そうなると特定性と記憶に基いて行われる従来の司法制度を困難にするというアーバーの信念も成り立たなくなってしまう。

私はもう一度、集団的罪についてたずねてみる。グループは過去における自分たちの役割を承認する必要があるというデズモンド・ツツ大司教に同意するかどうか？

「集団的罪を拒否する理由は分かります」と彼女は答える。「それは、私たちの仕事の核心にある拒否なのです。つまり、責任を個人化することで、私たちはある全体の国家やある民族グループの汚名を薄めています。しかし、私がこの仕事を始めた当初のようには簡単ではなっているのも事実です。個人と集団、あるいはグループの区分けをはっきりとさせておくことは、法廷で裁かれている加害者がそのグループから幾分距離を置いていて、グループがその個人から距離を取っている場合には比較的うまくいきます。最初の訴訟であったドゥシャン・タディッチの例を取ってみましょうか。ボスニア系セルビア人コミュニティが、彼は自分たちの仲間ではなく戦犯だと主張することは可能でした。しかし、司令系統を上がっていって、たとえばラドヴァン・カラジッチの場合はどうでしょう。私たちは、彼を逮捕するようなことになればどうなるかについて議論しながら、このことには十分注意を払っていました。というのも、究極的に、国家元首にまで手を延ばしていけば、コミュニティとその個人の融合が見られるからです。彼らはその人物を選出したり、その人物が行った悪事を知っていてサポートしたかも知れません。たとえ犯罪のすべてを知らなくても、憎悪に満ちたレトリックを耳にし、それをサポートしたのです。ということは、司令系統を上っていけば行くほど抵抗も多くなるわけです。というのも、私たちが戦争犯罪者と呼んでいる人たちも、彼らのコミュニティでは英雄と呼ばれていて、そうした人々の個人的罪は集団的な罪の表現として受け取られかねないからです」。

「私たちの裁判では、狭義の意味で個人の犯罪責任だけを問い、個人の関与に関しては合理的な疑いを超える明白な証拠を要求します。事件を止める能力があったのに傍観していた人など、事件を目撃しながら何もしなかった人の道徳的責任を立証する任務は私たちにはありません。しかし、私たちが個人の犯罪に焦点を当てているといって、コミュニティを免責することになるということにはなりません。司令系統を上がり、集団性がそのカリスマ的政治・軍事指導者のペルソナへと吸収されるのを目の当たりにすれば、昔の区分けはあまりにも単純に過ぎるように思われます」。

こうした発言をする彼女は勇敢であるし、率直であると思う。集団的罪というトピックは、通常、弁護士や判事、その他多くの人が嫌うトピックだからだ。通常、こうした質問をすると、法のもとでの個人的責任という西洋的司法制度の基盤についてのぴしゃりとした断言が返ってくるのが常である。彼女が言ったこともこの意見に対する反駁ではなく、あえて彼女はこの問題をより深く考察してみたに過ぎない。私にとっては彼女が持ち出したドイツとの対比が新鮮だった。ニュルンベルク裁判によって、ドイツ人はナチと自分たちの間に線引きを行うことができるようになった。たとえ、そこにアーバーが呼んだようにアドルフ・ヒトラーのペルソナへの「集団性の吸収」が疑いようも無く存在したとしても。距離を置くプロセスは、人々がナチ以前の道徳的ルーツを回復し、前進することを許したが、同時にそのことは一握りの主要加害者をピンポイントし、傍観者を含む残りの人たちを無視するという歪んだ歴史記述の原因ともなった。ドイツに変化が起ったのはそれから何一〇年も経ってからであった。若者たちが「父親」に対して非難をぶつけはじめた一九六八年に始まり、一九八〇年代から一九九〇年代の各人が葛藤を感じるような、より広い範囲に及ぶ罪から、一九九六年にはダニエル・ゴールドハーゲンの『ヒトラーの意に喜んで従った死刑執行人たち』によるドイツ国民に対する集団批判に至った。その変化の原因のひとつは、あまりにも裁判のプロセスが狭義に限られていたことにあるのではないか。ドイツ人は時には「もう十分！」と叫ぶが、加害者と集団性の問題は未だにドイツ文化のなかに顕在している。

可能な代替案はなかったものだろうか？　ＩＣＴＹではニュルンベルクやその他の従来の司法裁判所と同じように、アーバーが「証拠のスタンダード」と呼んだものが鍵になる。デズモンド・ツツの真実と和解委員会は従来の因果応報的正義とは異なるため、必要とあらばコミュニティの責任に関する質問も含めることができる。南アフリカでは、実際に起ったことの真実を告白したからといって、あるいはアパルトヘイト時代の政治的指導にかかわったからといって、あるいは白人は黒人を抑圧した絶対的権力のおかげで利益を被ったと主張したからといって誰も刑務所には入らない。反対に、各人の過去を告白するために進み出なければ、本来の司法制度という法廷が待ちうけている。犯罪を認めることによって空気を浄化すること、それは信頼を回復し、お互いの間にある苦々しさを和解するために必要不可欠な第一歩である。この例外的ともいえる論理こそ、南アフリカを支配している考え方なのである。

しかし、一九九〇年代の極悪非道な大量殺戮後、ボスニアとコソボの悲劇を和解させるにはどんな方法があり、あるいは何が可能なのか？　たとえＩＣＴＹが最終的にトップの座にいる加害者を逮捕し、裁判にかけることができたとしても、証拠という高レベルの基準にもとづく従来の刑事裁判は十分だと言えるだろうか？　そうした裁判は、独自の独善的法律を発明した独裁政府の中だけ生きてきた人たちの「冬眠中の法的意識」をよみがえらすることができるだろうか？　ルイーズ・アーバーがはっきりと疑問を呈したように、民族コミュニティは集団的罪の重荷を感じることなしに、指導者の罪を受け入れることができるのか？それに、独裁的指導者が設定した方向性に従った人たちは、どの程度まで罪を負うべきだったのか？

戦後ドイツとフランスがそうであったように、次の世代が暗い世紀末に父親や祖父がしたことを問い始めるまでには数十年の期間が必要なのだろうか？　ベオグラードの弁護士ニコラ・バロヴィッチが示唆したように、セルビア人は彼らの名のもとで犯された犯罪の意味を受容せざるを得ない時が来るだろう。私は国際刑事裁判所にあるルイーズ・アーバーのオフィスで、バルカンの瓦礫の間で育つ子どもたちは、将来、ニクラス・フランクやマルティン・ボルマン・ジュニアのような苦しみを背負うことになるのだろうか、と疑問に思っている。「民族浄化」を生き延びた人たちはいつか復讐の機会を探すのだろうか？　あるいは、ホロコーストから生還した多くの人たちのように自殺の道をたどるのだろうか？　実際にサラエボでその傾向が顕著なように？

答えの出せない問いがあまりに多い。

よい知らせ――いくつかある――を挙げるなら、ニュルンベルクから五〇年後のＩＣＴＹが裁判を通して、将来のために新たな法律の作成に取りかかっていることである。過去には、国際法やさまざまな条約も国家主権の原則の前では力を発揮できず、その存在そのものが国内法を限定する意味となる国際法ですらそうであった（法学者のアンソニー・ダマートが指摘したように、主権を限定しないなら「国際法」――すなわち、国家を超えた法律――は概念としてさえ意味をなさない）[13]。

国際法はかつては国家間の関係だけに限定されていたが、ニュルンベルクは個人的な犯罪責任を国際法の支柱とすることで歴史を変えた。つまり、個人にとってはもはや「国家」という盾の背後に身を隠すことはより困難になったわけである。ただし、これも理論上のことに過ぎなかった。実際には、東西陣営が衛星国から忠誠を要求した冷戦時には何の意味も持たなかった。

それでは、なぜこうした干渉の時期を経て、国連はニュルンベルクの娘をハーグとアルーシャに設置する決心をしたのであろう？　一九九〇年代初期、アメリカ国務省の国連関連法律顧問であったマイケル・シャーフは、自著『バルカンの正義』のなかでこう語っている。[14]　一九九二年、セルビアはボスニアでの民族浄化を国際メディアの見ている前で実行していた。毎晩のようにテレビ画面に映し出される恐ろしい風景は、ボスニアの惨事への軍事介入を避けていた政治家たちの面目をつぶしつつあった（シャーフは非道を止められなかった国連の失敗を酷評している)。何らかの行動――どんな行動にしても――が緊急に必要であった。

一九九二年一〇月六日、国連安全保障理事会は安保決議七八〇を可決し、決議七八〇に関する委員会が設置された。この委員会の任務は「今後の適切なステップの勧告を出す」ことであった。一九九三年二月に委員会が国連事務総長に提出した暫定報告書のなかで初めて公式に「民族浄化」の定義がなされた。この「浄化」という言葉は、ニェゴスに遡るセルビアの物語に出てきた言葉であった。報告書の無味乾燥なターミノロジーでは、「民族浄化」は、「特定のグループの人々をある地域から武力、あるいは威嚇という手段により、完全に単一民族地域にすること」とされている。同時に、委員会はこの民族浄化がニュルンベルク裁判で、のちにはジェノサイド条約で定義された人道に対する罪、戦争犯罪、ジェノサイドという定義にあたると結論づけた(これを読んだ私は、定義にジェノサイドを含めることは、いささか曖昧な判断であると思った。というのも、浄化は、ジェノサイドの基準「完全絶滅を念頭にグループを標的にすること」にはあたらないからだ)。

しかし、どうして軍事力で戦争を終結させるよりはニュルンベルク・スタイルの裁判を選んだのだろう? 国際的規模での刑事的不処罰は、人類の誕生と同じくらい古いことだというのに。ニュルンベルク裁判は、遠い昔、国際法を変えたかもしれないが、その後、たとえば、何千人という民間人が「消えた」アルゼンチン、チリ、エルサルバドール、グアテマラなどのように、国連によって事実上無視された一連の非道が起こっていた。こうした暴力を裁くための新しいニュルンベルクは設置されなかった。冷戦は終わったが、現時点でニュルンベルク原則を心に留めておこうとする動機は何なのか?

この質問をルイーズ・アーバーにしてみた。「世界の主要な民主主義国家では、法に対する尊敬が徐々に高まっていることが挙げられるかも知れませんね」。彼女は言う。「主導的な西洋民主主義国家は刑事司法制度を拡大し、同時にこの制度は、個人の権利により重きを置いた格段に洗練されたものになってきています。私は、こうした変化が国際裁判所を設置しようとする意志の原動力となったと見ています。また、西洋ではこうした課題を優先させようとする若い世代の指導力が国際政治の表舞台に入りました。そうした指導力が現れ始めたのは、ホロコースト後、世界が二度と起らないと考えていた非道が旧ユーゴスラビアとルワンダで再び、それも自分たちの眼前で起こった時期でした。それは、自分たちが経験したわけではないにしろ、二度と起こさないようにという第二時世界大戦の遺産を受け取った世代の目の前で起こったのです」。

「ホロコーストは間違いなくひとつの要因でした。ボスニアで起ったことは同じ規模ではありませんでしたが、そこに至る可能性はありました。そして、彼らが直面したのは、再びそれが起るのを黙って見ていていいのか、という問題でした。率直に言って、最初に起ったのがユーゴスラビアではなくルワンダであったとしたら、ルワンダを裁くための裁判所が設置されたかどうか私には疑問です。クメール・ルージュが非道の限りをつくしていたとき、私たちは何をしていたでしょうか？　裁判所が設置されたのは、それがヨーロッパのバルカン半島、二〇世紀の大惨事の歴史に恐ろしく近い場所で起ったからです。ヨーロッパのちょうど真ん中で起っている事件は、それが良心を揺さぶったのでなければ、その過去の記憶を大きく揺さぶっていたのです」

「なぜこれが今になって起こったのかという先ほどの質問に答えるなら、安全保障理事会の状況を考える必要があるでしょう。冷戦中には安保理は機能停止していましたが、バルカンとルワンダが勃発した時期は、ちょうど人々が安保理に再び紛争解決に取り組み、平和を確実なものにしてもらいたいという希望を持ち始めた頃でした。安保理は本当にどうしていいのか途方に暮れていました。無数の決議を可決しましたが、そのひとつとして解決には至っていなかったのです。それに従来の平和維持活動もうまく機能しておらず、スレブレニッツァの惨劇を回避できませんでした。本当のところ、誰一人国際裁判所がこうした問題を一夜にして解決できるなどとは思っていないと思います。裁判所だけでは世界に平和をもたらすことはできないのです。しかし、やってみる価値は確かにありますよ。結論としては、国際裁判所設置にはたくさんの要因が作用したわけです」

国際刑事裁判所の設置を推進した最も強力な人物のひとりがアメリカ国連大使のマデレーヌ・オルブライトだった。「今日、この議場にはニュルンベルクの反響がこだましています」。一九九三年二月二二日、ＩＣＴＹ設立の決議が議論された日、彼女はそう述べた。「ニュルンベルク原則は再確認されました。長い間無視されてはきましたが、四八年前、国連の設立とニュルンベルク原則を適用しようと文明国家が交わしたサンフランシスコでの条約を、われわれは守ってきました。すべての人間が国際法に対して責任を負うという教訓は、最終的にわれわれの集団的記憶のなかに留まることになったのかもしれません」[*15]。

ホロコーストは、ニュルンベルク原則が生まれるきっかけとなったが、マデレーヌ・オルブライトがユダヤ系であること、ホロコースト生存者であることを公の場で認めるのは一九九三年二月のこの日から四年後のことであった。チェコ生まれの彼女の両親は、アイデンティティを変えることで災禍を避けようと戦前ローマ・カソリック教に改宗していた。彼らは娘とともにイギリスへわたり、一九四五年に戦争が終わった後にプラハへ戻るが、今度は共産主義を逃れてアメリカへと渡った。そこでアメリカ人として再出発し、ユダヤ人らしさのかけらも見せずに暮らしてきた。不自然なアメリカの流儀で、彼らは過去を水に流し、現在に生き、よりよい未来を願った。オルブライト自身も結婚したときにアメリカ聖公会に改宗した。

オルブライトの両親は、自分の過去を、あるいは行方不明の親戚がたどった運命を決して口にはしなかったが、それは強制収容所から生還した人たちの間では珍しいことではなかった。彼女はプラハに何度も足を運び、ユダヤ人記念碑を訪問したが、一度も個人的つながりを口にすることはなかった[*16]。

一九九七年七月、オルブライトは初めて公然と自分の過去を語った。チェコの古いシナゴーグを訪れたオルブライトは、強制移送された死者を追悼する壁に刻まれた名前が自分の家族であると語り、四年前に国連で力説した信念を繰り返した。「私は常に自分の人生のストーリーが全体主義の邪悪性と二〇世紀ヨーロッパの動乱のストーリーであると感じてきました」と彼女は言った。「私を形成している多くの様相のひとつとして、今、私は祖父母と親戚が人類史上最悪の大惨事に消えたことを加えたいと思います。……ホロコーストの邪悪性は私にとって個人的な意味があると同時に、その記憶が決して忘れ去られることのないよう努める決意を感じます。……アイデンティティとは、」と彼女は加える。「アイデンティティとは、影響と経験の重なり合った集大成なのです」。

オルブライトのアイデンティティ、記憶、忘却、見せかけの繕事、そして再出発。それに、ホロコーストのヒリヒリするような慢性的現存。二〇世紀という布地に縫い込まれた糸は、動乱の結果である人生を生きるオルブライトのような個人のなかに、さらに、過去を形作り未来を創りだそうと道を探る国家という集団性のうちにはっきりと見て取れる。

ハーグとタンザニアのアルーシャにひとたびICTYとICTRが設置され、裁判が実際に始まると、第二次世界大戦後にニュルンベルクと東京で規定された国際刑法は新しい生命を与えられた。ICTYは、二〇〇〇年四月までには九三名を起訴し、終審は一六件を数えた。起訴された人たちの二七名はまだ捕まえられていなかったが、そのなかにはミロシェビッチ、カラジッチ、ムラディッチといった大物の被疑者もいた。アルーシャ法廷は四二名を起訴し、被告七名に判決を与え、容疑者五六名の拘留を命じた。重要な容疑者たちである。ルワンダの裁判所は、元閣僚、地方の政治家や宗教指導者、軍の高級将校、メディアの重要関係者、政府の上部行政官などを拘留した。その多くは事前にヨーロッパや他のアフリカ諸国に逃亡していた。フツ族の反逆者は完全に敗北していたため、ハーグに比べると起訴された犯罪者の逮捕、引き渡しは比較的容易に行われた。

一九九八年九月二日、ICTRは、ルワンダの元市長ジャン・ポール・アカイェスを、ツチ族の破壊を意図したことによりジェノサイドをはじめとする罪で断罪することで法的歴史を作った。市長が町の住民にジェノサイドを起こすよう焚き付け、知識階級の殺害を命じ、個人的に殺害に加担したことで「個人的に、同時に刑法的に有罪」と判決を下された。彼はまた、レイプの罪に関しても有罪判決を受けたが、優勢グループとの混血の子どもを作ることで標的とするグループの破壊を意図したことがジェノサイドの行動にあたると判断されたのはこれが初めてとなった。

アカイェスに判決が下った二日後、ICTR法廷はルワンダの元首相ジャン・カンバンダにジェノサイドの罪で終身刑を言い渡した。カンバンダは有罪を認めていたが、これは歴史上初めてのことであった。彼とアカイェスはまた、一九四八年のジェノサイド条約にもとづいて有罪にされた最初の人たちであった。

ルワンダで最も重要な政治指導者であったカンバンダの答弁とその後の有罪判決は、このジェノサイドが、首相が統制権を持つ軍関係者を含む国政の最高レベルにおいて計画、実行されたことを示し、ルワンダ人をひどく驚かせた。権力の頂点にいた人が、自国の国民の虐殺を統制したことで有罪となった。突如として自国で起こったことが深みと輪郭をもって描かれると、ルワンダの人たちも事件の全貌をはっきり眺められるようになった。

私が訪れたときに旧ユーゴ国際戦犯法廷所長を務めていたのは、高名なアメリカ人判事で、アメリカ連邦判事のガブリエル・カーク・マクドナルドであった。アメリカでは公正さで知られる女性である。[*17] 所長は組織に対する責任を負い（検察局を含む）、上訴裁判部の議長を務め、本会議を指揮する。とりわけ最も重要な任務は、国連安保理の政治的議題のなかにＩＣＴＹとＩＣＴＲの必要性を盛り込むことである。

アーバーと話し終えたとき、私は上階のマクドナルドのオフィスに案内された。この国際司法裁判所の責任者が二人の女性であるとは何という驚きであろう。一〇年前なら考えられなかったろうが、今日ではそのことにはほとんど誰も気付かないほど自然である。ルイーズ・アーバーと同じように、彼女の仕事は国際舞台でも最も困難な仕事のひとつであるのに、マクドナルドの態度は拍子抜けするくらいカジュアルで、間違いなくアメリカ的なフレンドリーさを象徴するような態度だった。彼女のオフィスには、彼女が何を置いても心に留めておきたいものが置かれている。たとえば、壁に並んで飾られている二つの拡大写真。写真のひとつには、貧困にあえぐボスニアの老女が映っている。老女はカメラの向こうを見つめているが、その表情には私がこれまでに何度も見たことのある特徴がある。完全なる絶望、そして消滅した希望である。老女の目は深くくぼみ、その視線は遠く、手の届かない場所に向けられている。もう一枚も女性の写真である。彼女はイスラム教徒のヘッドスカーフを被り、仮設避難所のような場所で地面にまとめた荷物を置き、その横に座っている。先ほどの写真の老女とは違って、射抜くような不敵な視線をまっすぐにカメラに向けている。彼女はまだ手が届くところにいる。絶望以外にまだ何かを感じることができる。それは憎悪だろうか。

部屋の本棚には、マクドナルドの成長した二人の子どもの写真が置かれている。彼女は今二人からとても離れたところにいる。その横には、テルフォード・テイラーの回想録『ニュルンベルク裁判の解剖』とマクドナルドの恩師であるコロンビア大学の法学者、一九六一年から一九八四年にかけて北米黒人同盟（ＮＡＡＣＰ）の法務部門リーガル・ディフェンス・アンド・エデュケーショナル・ファンドの部長であったジャック・グリーンバーグの『法廷の十字軍：献身的な弁護士たちは公民権革命のためにいかに戦ったか』が見える。

国連の裁判所所長という職務は、マクドナルドの人権に対する生涯の献身が導いた直接的結果であった。ガブリエル・カーク・マクドナルドは人種的憎悪を実体験として知っていた。父親はミネソタ（ガブリエルはそこで一九四三年に生まれた）の鉄道で働き、その後保険販売を始めた。母親はプレンティス・ホール社の編集者であった。両親の経験と自身の経験に後押しされるように、一九六〇年代には公民権運動と法学の勉強へとのめり込んだ。

私たちは彼女の広いオフィスの「リビングルーム」エリアに座っていた。彼女の話によれば、ハーフの白人である母親は一見すると白人のように見えたため、環境が違えば隠れて見えないこともしばしば露骨に目撃した。たとえば、母親がニューヨークのタクシーに乗ったとき、運転手は彼女に「ヘンな匂い」について謝る。「今ちょうどニガーが降りましたからね」。あるいは、ある午後、九歳のガブリエルの髪を切ってもらうために美容院へ行き、娘を待ち合いエリアに置いてショッピングから戻ってくると、娘は誰からも声をかけられずポツンともとの場所に座っていた、そんなこともあった。あるいは、ニューヨークで家主が自分のアパートには黒人の子どもに入って欲しくないと主張したとき、八歳のマクドナルドは自ら論戦を張ったこともあった。

権利のための戦いを長年続けた後、最終的にハーグのICTY所長の職に就くことになった。一九九八年一二月、国連和平履行評議会（PIC）のメンバーに向けた演説で、彼女はうわべを繕うようなことはせず率直に語った。「非協力という問題はこれまで以上に大きな影を落としています。……スルプスカ共和国指導者とユーゴスラビア連邦共和国政府は、自国での被起訴者の逮捕やICTYへの送還を拒んでいます。……当検察官は二五名以上の被起訴者が［スルプスカ共和国で］自由の身の生活を続けていると信じています。……」。

「ユーゴスラビア連邦共和国政府の妨害は、われわれが任務を全うする能力に多大な悪影響を与えています。……また、ユーゴスラビアはあからさまに国際法を侵害しています……このような妨害を直ちに止めることができるよう、ぜひ、何らかの行動を起こしていただきたい。それがかなわなければ、ICTYのこれまでの仕事はすべて危険にさらされるでしょう」[*18]。

「私はマドリードでは本当に苛々していました。あなたに見て欲しかったわ」。彼女は数週間前のこの出来事にまだ腹を立てている。「こうした問題に取り組む外交官のやり方といったら！　彼らはスピーチの時間を五分間与えられると、最初の一分はここに列席できてうれしいとか、そこのポインセチアがどんなに美しいか、といったことを述べるのですからね。私は最近ルワンダへ行き、ジェノサイドの名残をこの目で見てきました。私は職員から儀式用の花輪を捧げるよう頼まれるかと思っていましたが、元学校であった場所へ連れて行かれました。そこはいろんな大きさの骸骨がごろごろとありました。彼らはそれらの骸骨をそこへ残して、将来博物館を作ろうと計画していました。私はあまりの残酷な光景に言葉を失っていました。そこを去ろうとしたとき、ゲストブックに署名を求められましたので、こう書きました。「こんなことがどうして他人に対してできるのだろう？　生き残った人たちはこれからどう生きていけばいいのだろう？　子どもたちに何を話せばいいのだろう？」。

「急な丘を登っているとき、ある職員が私に手を貸してくれ、その人の手を取りました。とても柔らかな手でした。彼は非常に親切で優しい人でした。私は心のなかで、この手はあの惨事の間何をしていたんだろう、と思いました。私がそこにいたのは、人々の人生を少しでもよくできると信じていたからですし、当然のことながら法的な問題は重要ですし、実際とても興味深いものです。しかし、あの人々のことをよく考えてしまいます。これから彼らはどう生きていけばいいのか？　自分のなかの自分と不調和を来たすことなく生きていけるのかしら？　母親が殺されるのを見た人は、その記憶を克服できるのかしら？　自分が殺した人の記憶を克服することができるのかしら？」

ニュルンベルク以来初の国際裁判所所長は、ここでふと沈黙し、自分自身の記憶と格闘した。

「あなたはマドリードで裁判妨害はこれまであなたがやられてきた仕事のすべてを危険にさらす可能性があると強いメッセージを送りました。今でもそうお考えですか？」。私が尋ねる。

「もちろんです。『危険にさらす』ことが破壊を意味するわけではありません。問題は、われわれは国際刑事司法機関であるにもかかわらず、国内機構のような強制力を持たないことにあるのです。各国に協力を求めることはできますし、協力を要請することもできますが、警察の強制力があるわけではありません。私たちは完全に国際コミュニティに依存しているため、国際世界秩序と国家主権のバランスを維持するという政治的問題の壁に直面しています。国連の創設、ジュネーブ条約、ジェノサイド条約の締結などにより、国際的風潮はすでに世界秩序維持のために主権原則を縮小するという方向に向かっています。すべての人が同じ世界に共存し、自国の問題は他国にも影響を与えるという認識が生まれつつあります。自国の出来事は他の国の人たちが平和に暮らす権利、ひいては世界平和そのものに影響を与えるからです。そのため、旧ユーゴスラビア政府がICTYをあざ笑っているとき、それに対処するのは国連憲章のもとで法廷を設置した国連ということになります。何の懲罰も課されないようなら、今後の悪例となるでしょう」

国家主権原則に対する国際刑法と国際人道法。二つの間のシーソーは、安定した均衡には達していないし、近い将来達するという見込みもない。しかし、私が一九九九年初期にハーグ（ICJ）に行ったとき、国際社会の潮流は明らかに国際法へと傾いていることを示す強力なサインが見られた。たとえば、アウグスト・ピノチェトのケースがある。チリの元独裁者ピノチェトは、彼が好んで呼ぶ「独裁的民主主義」を継続させる権限を彼に与えるか否かを問う一九八八年の国民投票で国民から五五パーセントの反対票を投じられた後、自身のこれまでの犯罪を免責する法を作った。

ピノチェトは一九七三年九月一一日、民主的に選ばれたサルバドール・アジェンデ政府に対する軍事クーデターを企て、事実上の実権を握った。このクーデターで、アジェンデをはじめ左派組織の指導者たちが殺害された。その後一七年間に、軍事政府によって五〇〇〇人が殺害、あるいは「行方不明」となった。国外逃亡、あるいは国外追放された人の数は十万人にものぼる。[19]

アジェンデはチリの裕福な階級には嫌われていたが、それには理由があった。彼は巨大な不動産を強制的に買収して農民生協に変え、労働賃金増加の政策を支持した。アジェンデは、二〇世紀初期にアメリカ資本と技術によって開発され、巨益を上げていた国内すべてのアメリカ人経営の銅鉱企業を接収、国営化したことで、アメリカとその大統領リチャード・ニクソンを敵に回すことになった。一九七〇年、アジェンデが選出された後、当時のアメリカ国務大臣ヘンリー・キッシンジャーは、「国民に対する無責任さのために、ある国家が共産主義国家になっていくのを傍観する必要はない」と述べ、アメリカの意図を公然のものとした。[20]

軍事政権の指導者として権力を握った一七年間、アウグスト・ピノチェトは二種類の政策を導入した。ひとつは経済政策であり、ラテンアメリカで初めてサプライサイド経済（供給側重視の経済）を取り入れることで、強力な中間階層と富を作り出した。もうひとつは恐怖政策で、秩序ある社会づくりに不可欠であるとしてピノチェトや彼の政策に反対する男女を殺害、拷問して、これを共産主義に対する戦争と呼んだ。

一九七八年三月には、ピノチェト政権は恩赦法を可決して軍事クーデター以降に犯罪を犯した全員に恩赦を与えた。国外に暮らす追放者を含むチリ国民もしばらくのあいだは新しい法律の動機とされた「倫理的責務」の重要性を信じた。「責務」という言葉は、その隠れた動機、つまり国民的和解における忘却性と同じくらいありふれたものだった。「チリを国家として団結させ、［さらに、］今日では意味をなさない憎悪を捨て去ることは、チリ国民全員の再統合を強化するあらゆる手段を促進する」[*21]。

しかし、ピノチェトと反対の立場を取る人たちは、自分たちが新しい法律によって利益を被るわけではないことをすぐに知るようになる。裁判所が法律を適用しはじめると、将軍の考えていた恩赦は自分の政権の名の下で犯された加害者を救う目的で作られたことが誰の目にも明らかになった。民事裁判所は「行方不明」者に関する訴訟を扱うことはできないと宣言して書類を軍事裁判所へ送り、そこでは直ちに恩赦法が適用された後、終審とされた。恩赦法は政権によるその手下へのプレゼントに過ぎなかったのである。[*22]

一九八〇年の憲法のもとで、ピノチェトは六年以上の任期を務めた過去の大統領に終身上院議員となる権利を与える法を制定し、一九九〇年には自らその恩恵に浴した。それは先にのべた「独裁的民主主義」の是非をめぐる国民投票が行われた二年後のことであった。その選挙でピノチェトは敗北した。七〇代という年齢を感じてであろう、彼は政治から退き、民主的に選出されたパトリシオ・エイルウィンが後継となった。よく知られた「民主主義への移行」が始まったのだ。しかし、ピノチェトは主要軍部の指導者として留まる手筈を整えた後、一九九八年三月には、大統領在任中に起こったいかなる人権侵害に関しても起訴されることはないという法的免責とともに、終身上院議員としての宣誓就任をした。[*23]

実際の宣誓式は、将軍にとっては楽しいものではなかっただろう。というのも、何千人という国民が彼に対する抗議行動を行い、死刑執行され、あるいは「行方不明」とされる人たちの写真（なかにはサルバドール・アジェンデの写真ポスターもあった）を掲げる野党側政治家たちが抗議行進を行い、警察は催涙ガスを発した。上院では拳骨での殴り合いが起こり、傍聴者はピノチェト派も反ピノチェト派も怒りにまかせて、「殺人者！」、「ピノチェト万歳！」という叫び声を上げた。最後には戦車が発動し、放水銃が周辺にまかれた。各地で五〇〇人以上が逮捕されたが、多くの人たちにとって過去の暴力をはっきりと思い出させる経験となった。

ピノチェトはイギリスと「イギリス的なもの」を好み（チリの保守的な上流階級と同様に、彼は紅茶とスコーンで休憩を取るのを日課にしていた）、ロンドンへもたびたび足を運び、妻のルシアとともに観光客のように陽気にはしゃぎまわっていた。*24 彼らはマダム・タッソー蠟人形館を訪れ、ウィンザー城を見ようと列に並んだ。ロケット弾やその他の武器を物色する以外は、フォートナム&メイソンでおいしいものを賞味し、ハロッズではエジプト産のコットンシャツを購入していた。ロンドンへ来るたびに、花束やチョコレートを頻繁に贈っていた友人マーガレット・サッチャー男爵夫人とのお茶と会話のため立ち寄っていた。二人は、ピノチェトがイギリスとアルゼンチンとの間に起こったフォークランド紛争でサッチャーを支持した一九八二年以来のよき友人であった。

マーガレット・サッチャーはピノチェト将軍の「経済的奇跡」を絶賛し、実際に首相を務めていた時にはチリに顧問を送り、六ヶ月間将軍の功績を研究させた。ピノチェトが一五〇パーセントという高インフレーション率と他の経済的弊害を克服したことにより——これにより反対勢力は容赦ない抑圧を加えられた——、マネタリズムと反共産主義を密接に結びつけるイデオロギーを持つイギリスやアメリカなど右寄りの民主主義政府は、チリの国内事情を「知らず」に、「共産主義に対する戦い」という標語の背後でピノチェトを最大限に支持するようになった。死、行方不明、他国における反政府人物の暗殺、CIAによる陰の援助（この公然の「秘密」は、一九九九年六月、アメリカ政府が何千件もの機密文書を公開したことで最終的に事実確認された。これらの書類はイギリス政府によるピノチェト援助を証明し、チリ人殺害に関する情報を詳述していた）などはすべて、新たな繁栄といわゆるチリ国民の国民的和解という名の下で否定、あるいはうやむやにされたままになった。

月日が経つにつれ、ピノチェトの犠牲者は別としても記憶そのものは薄れていった。政治的変化の可能性はますます不明瞭になり、多くの人たちの関心も薄れた。チリの社会学教授であるトマス・ムーリアンはこう書いている。「脱政治化は最も緻密に計算された忘却から生じる」[*25]。

しかし、フォークランド紛争から見ると時代は変わった。イギリス国民は労働党のトニー・ブレアを首相に選出し、一九八八年以降、拷問に関する訴訟では国際司法スタンダードを取り入れた新しい刑法を採用した。同法一三四条の一には、「国籍にかかわらず、公職者がその権限内において、公的職務遂行、または公的職務とされる遂行のため、イギリス国内、あるいはイギリス国外で他者に対して故意に苦痛や被害を与えた場合、拷問という違法行為を犯したことになる」とされている。簡単に言えば、公職者によって実行、あるいは命令された拷問は、行為がどこで行われたのであれイギリス法のもとでは犯罪と見なされる、ということである。

指導者が自分や仲間に恩赦を適用したにもかかわらず、一九七〇年代にラテン・アメリカを巻き込んだ「ダーティー・ウォーズ」のなかで消えたスペイン人数百人について、スペイン人判事バルタザール・ガーゾンが調査を進めていたことを、一九九六年以降ピノチェトは知っていたはずである。アルゼンチンでは、一九七六年から一九八三年までのあいだに二万人から三万人が拷問を受け、殺害され、あるいは「行方不明」となった。残虐極まりないこの独裁主義時代は、アルゼンチン政府の軍事司令部の将軍イベリコ・サン・ジャンによって次のように要略されている。「われわれは、まずは危険分子を殺し、次にその共犯者を、さらにシンパを、次に無関心でいた者を、そして最後に優柔不断であった者を殺害する」[*26]。

消えた犠牲者たちは、容疑をかけられたテロリストや「危険分子」――マルクス主義者や共産主義者、自由主義的な神学を信奉する人たちをはじめ、貧しい人たちと働いたり、労働組合に関係する者、政治機関に所属する学生たちが危険分子とされた――、あるいはジャーナリスト、弁護士、学者、精神科医に属すると考えられた人たちであった。犠牲者のなかには、妊婦や小さな子どもも含まれ、多くの子どもたちが他の家庭で養育された。捕われの妊婦から生まれた子どもは、軍部関係者や彼らと親密な人の家庭に引き渡された。

一九八三年、アルゼンチンに民主主義が戻ってくると、国家機関である委員会が過去に起こった事実を報告し、多くの責任者の刑事訴訟手続きが始まった。しかし、指導者の数名が懲役判決を下されたあと、まだ力のあった軍部は武力反乱を起こした。この状況にひるんだ政府は、ほとんどの調査と起訴を禁ずる二つの恩赦法を可決することになった。一九九〇年、カルロス・メネム大統領は有罪判決の出された人たちにすら特赦を与えた[*27]と同時に、新しい法律を可決させて訴訟を事実上不可能にしてしまった。

ニュルンベルク裁判の判例に基く国際刑法とスペインの法律を補完的に使いながら、ガーゾン判事はアルゼンチン指導者の再起訴、再逮捕、再審を試みてきた。[*28]彼はすでにアルゼンチンの将軍で大統領レオポルド・ガルティエリの国際逮捕状を発行し、ガルティエリの指揮下で行われた非道に対する責任を訴追した。アルゼンチン政府は協力を拒んだが、ガルティエリはこの国際逮捕状により国外逃亡を禁じられている。

スペインのケースが最も成功を収めたとはいえ、それ以外の国でもアルゼンチン人を海外で起訴しようとする試みがあった。一九八〇年代初旬には、人々の自由と権利のためのイタリア人同盟が、「行方不明」のイタリア人市民の名で刑事訴訟手続きに取りかかった（これらはアルゼンチンが民主主義を取り戻し、軍事関係者が起訴されるようになると中断したが、一九九〇年のメネムによる恩赦法発布後に再開された）。フランスは、フランス人修道女二人の殺害に関してアルゼンチンの海軍大佐アルフレド・アスティズを起訴し、欠席裁判で有罪判決を下した（アルゼンチン政府は大佐の身柄引渡しを拒否した）。こうした判例を重ねることで、人権擁護の活動家たちは法律学者や弁護士、検察官と一連の会議を持つようになり、その後、スペインでチリとアルゼンチンの軍部関係者に対する刑事告発へと導くことになった。

バルタザール・ガーゾン判事がこの問題に取り組み始めたとき、真面目に取りあったのはわずか数名に過ぎなかった。この若き判事はスペインでは汚職政治家や麻薬密売組織の首領、武器密売者を追求した判事として知られていたが、今では、ピノチェトに対抗することで、今まであえて誰一人やらなかった大胆な方法でラテン・アメリカの恐怖時代を掘り起こそうとしていた。一九九六年に彼が調査に着手したとき、ハーグとアルーシャの国連戦犯法廷がすでに国際刑法を甦らせていたが、この事実は海外で殺害された同国人を悼むスペインの野心的判事を大いに勇気付けたであろう。さらに、人道に対する罪、戦争犯罪、ジェノサイドに対し、国が市民の起訴を拒み、独自裁判を行うような場合には国際司法管轄権を設定しようとするスペイン政府の努力も判事を背後で支えてくれた。

アウグスト・ピノチェトは、南米の軍事独裁政権が共謀して行った左翼・赤狩りキャンペーン「コンドル作戦」の指導者をガーゾン判事が調査中であったことに気付いていなかったのだろうか？　「コンドル作戦」は、共産主義者の抹殺とキリスト教社会の保護を目的とする情報交換の手段としてチリ国家諜報理事会（ＤＩＮＡ）首脳により組織された。たとえば、アルゼンチンに難民としてやってきていた多数のチリ人、ウルグアイ人、パラグアイ人、ブラジル人、ボリビア人が、そこに配置されていた自国の諜報員の手によって逮捕、「行方不明」とされた。

ピノチェト将軍は、一九九六年四月に進歩的検察官組合という団体が自分やその他の軍事指導者に対して、ジェノサイド、テロリズム、人道に対する罪で告訴したことを知らなかったのだろうか？　あるいは、同年にはサルバドール・アジェンデ基金によって、その後は統一左翼（Izquierda Unida）や、暖炉に置いた殺害された子どもの写真を毎日眺め迫害の記憶を絶対に消すことのなかった何千人というチリ市民がこれに加わって出された刑事告発に気付いてなかったのだろうか？

もちろん、ピノチェトは承知していた。しかし、自ら作った免責の傘下で、背中の手術のためロンドンを訪問しても危険はなかろうと感じていたのだ。人権侵害に対する犠牲者たちの憤りは彼を退屈にさせたに過ぎない。そうでなければ、一九九八年九月二五、二六日両日行われた『ニューヨーカー』誌のインタビューでアメリカ人ジャーナリストのジョン・リー・アンダーソンに向かって、次のようなことを堂々と言えたはずはない。「訴訟を終わりにしようではないですか」と彼は不平を述べた。「八〇〇以上もの訴訟があるのです。そうした訴訟はいつも同じところに戻って来る。同じことに過ぎません」。将軍は、ひっそりと過去を解決する方法を信じていた。「最善の方法は、黙って忘れることですよ……そして、忘れようとするなら、訴訟を争ったり、人々を刑務所に放り込んだりするべきではないのです」と、一九九五年九月一三日、将軍は予言的にそう言っている。「忘れることです。重要なのはこの言葉であり、双方が過去を忘れて今の生活を続けることです」。

一九九八年十月一六日、ピノチェトはロンドンの診療所で術後の回復を待っているところを、ガーゾン判事の要請で発行された国際逮捕状により逮捕された。これに先立って、数日のうちに二つの重大な出来事が起こっていた。まず、ピノチェトがチリを立ち、イギリスに滞在中であるという情報を入手した統一左翼は、スペインの裁判所に名前のはっきりしている人たちの拉致、誘拐に関する将軍の起訴と、コンドル作戦における役割に関する尋問を求めた。次に、犠牲者の親戚を代表する別のグループが、ジェノサイドと拷問の罪でピノチェトの起訴を正式に要求した。ガーゾン判事はこれらの要求を受け入れ、ピノチェトの逮捕を命じた。一一月六日、ガーゾンはイギリス当局に将軍のスペイン送還を要請した。

世界中で発表されたガーゾン判事の判定によると、アルゼンチン、チリの軍部関係者とその他は、コンドル作戦で協働しており、ピノチェト将軍はチリ国民をはじめ、他国籍者の死刑、拷問、誘拐、「消滅」を命じていた。また、テロリスト政権を機構化するために武装軍事組織が設置され、複数のチリ人グループのメンバー全員を組織的に殺害していたことも明らかになった。

ガーゾン判事の行為にはいくつかの法的根拠があったが、そのうち最も重要だったのはハーグとルワンダで目下検討されている事柄、つまり、戦争犯罪、人道に対する罪で有罪とされた人物の調査、逮捕、送還、処罰における国際的協力の要請であった。

ピノチェトは、ロンドン郊外のマンションで自宅軟禁された。一九九九年三月二四日、一九八八年とそれ以降に犯された違法行為に限る期間制限を設けることにより、ピノチェトに対する嫌疑を軽減した（イギリスが国内外で実行された拷問を処罰の対象とする刑法を規定したのは一九八八年であった）。しかし、同時にイギリスの法官貴族議院（イギリスの貴族院のメンバーは最高裁判所の判事でもある）は、スペインへの身柄引渡し要請に応じる可能性があるため、ピノチェトにイギリスへ留まるよう命じた。これは、ピノチェトと友情を築き、その業績を尊敬し、その犯罪に目をふさぎ、釈放を求めて頻繁に騒ぎ立てた元保守党首相マーガレット・サッチャーにとっては平手打ちをされたような決定であった。しかし、二〇〇〇年三月、イギリス内相ジャック・ストローは、イギリス医師団の診断により裁判には耐えられない健康状態であるとしてピノチェトを釈放した。ピノチェトは直ちにチリに逃げ戻った。

送還されるにしろ、されないにしろ、人道に対する罪に関する訴訟では主権という免責と自国の恩赦法は考慮されないという決定は、国際刑事司法へ向けた重要な一歩であった。ピノチェトは、チリを出てイギリスへ向かうという決定的間違いを犯してしまった。過去の、あるいは現在の国家元首だからといって、免責の対象にはならない。それはちょうど、スロボダン・ミロシェビッチが人道に対する罪によりハーグ国際司法裁判所に起訴されたときに気づいた教訓、あるいは二〇〇〇年二月三日、チャドの元独裁者ヒッセナ・ハブレが亡命先のセネガルのダカールで判事によって拷問の罪で起訴されたときに気づいた教訓であった。ハブレに対する訴訟を進める原動力になったのは、セネガルが一九八六年に批准した一九八四年の拷問に対する国連条約の「非保護区」条項、さらにピノチェトの前例であった。

これらの指導者たち、それに彼らのような人たちの背後には、最も深い傷を負った何千人という犠牲者がいて、その一人一人の家族が犠牲者のまわりを取り囲むように大きな輪を形作っていた。両親、子どもたちだけではなく、あれから二〇年の月日が経った今、孫たちもその輪に加わっていた。地獄を生き延びた生還者は決して忘れることはない。ましてや、あからさまな不処罰を前にして、彼らが赦しを与えることは決してない。

「どうしてアレジャンドロが裁判にかけられることなく死刑になったのか説明してもらえませんか？　なぜ彼の遺骸の一部が秘密裏に軍の敷地内に埋められているのですか？なぜ彼の拘留、殺害、埋葬が一五年のあいだ秘密にされたのですか？　一体、犯人は誰なの？……」と、悲嘆に暮れたアルゼンチンの家族が問いかける。[*29]

実際、それは誰なのだろう？　この質問こそ、国家の元首が忘却という道を選んだ傍らで、目下、国際刑法が答えようとしている問いなのだ。

「司法だけでは地上に平和をもたらすことはできません」とルイーズ・アーバーは言った。ユーゴスラビアとルワンダ二つの国際司法裁判所の主任検察官として、彼女は不処罰の弊害については知り過ぎるほど知っている。彼女は第二次世界大戦後のドイツを前に押し出すためにニュルンベルク裁判が果たした象徴的役割をよく心得ている。彼女の前任者リチャード・ゴールドストーンは、私たちが一九九七年パリで会ったときに同じ信念を語ってくれた。「正義がなされることと正義がなされるのを見ることとの違いは、敵対関係の中休みと平和が続くことの違いです」。彼はそう表現した。

ゴールドストーンとアーバーは、二人とも自分たちが所長を務めた臨時の国連裁判所に長期的重要性を与えようとするなら、国際法でも最も深刻な違法である戦争犯罪、人道に対する罪、ジェノサイドを犯した人物を調査し、正義をもたらすための常設国際刑事裁判所が設立されるべきだと信じている。薄っぺらい民主主義が回復されたあと、新しい政府によって寛容にも不処罰を与えられたピノチェトとアルゼンチンの将軍を考えてみるといい。もし、このような国際裁判所が国際舞台に登場していなかったら、ある国の（スペイン）ある判事（バルタザール・ガーゾン）が、自ら法的手続きを取ろうとしないような他国でその国の指導者が行った犯罪行為を調査するという驚異的仕事を成し得たであろうか。

　常設の国際司法裁判所という考えは、ニュルンベルク裁判と新しく誕生した国連とともにずいぶん以前に生まれていた。しかし、その後半世紀のあいだ、この考えは一握りの人権擁護活動家によるほとんど気付かれることのない訴えを除いては消えたも同然であった。[30] しかし、冷戦が終わり二つの大国が袋小路から抜け出すと、叶うはずもない幻の国へと追いやられていた夢は、再び現実の世界へと戻ってきた。一九九三年、ボスニア戦争の非道がついに国連に電気ショックを与え、ＩＣＴＹとＩＣＴＲを設置することで先頭に立って正義に何らかの対処をすることになった。一九九四年、ノー・ピース・ウィズアウト・ジャスティスといった人権擁護団体や他のＮＧＯが、常設裁判所設置に向けて国連に対する働きかけを始めた。ニュルンベルク後、推定一四〇〇〇万人の民間人が戦争関連死により命を落としており、制裁措置、禁輸措置、最後に集団的軍事力の行使はこれを防ぐ手段としては不充分であることが判明した。戦争はますます民族紛争的傾向を帯び、武器を持たない民間人が直接ターゲットにされる危険性が高まると、常設の司法裁判所は次なる有益なステップとして考えられるようになった。[31]

　一九九五年、国連は長年放置していた国際司法裁判所規程草稿を引っ張り出し、その後二年間に六つの準備委員会開催を計画し、この間、各政府が常設国際裁判所設置に関連する複雑な政治的、法的問題を議論できるよう配慮した。ＮＧＯと国際的に活躍する弁護士（双方ともロビイスト、専門家としてこのプロセスには計り知れないほど重要な役割を果たすことになった）は、自国の政府と会合を重ねた。一九九八年六月、一五〇ヶ国以上の政府代表がローマに集まり、国連の召集による歴史的なローマ会議が開かれた。七月一七日、のちに国際刑事裁判所（ＩＣＣ）として知られるようになる刑事裁判所設置のための新しい裁判所規程を一二〇対七で可決した。

裁判所の設立と国連との関係を規定する裁判所規程は、一三部門、一二八条項にもおよび、弁護士にとってさえ理解は困難を極めた。規程では、次のような点をおおまかに述べている。まず、裁判所の司法管轄権の及ぶ犯罪（おもに、戦争犯罪、ジェノサイド、人道に対する罪）、異なる司法制度から導き出された刑法の原則、さらに、裁判所の構成と裁判官の条件、そして司法権の独立、容疑者の権利、裁判手続きと刑罰、上告と強制処置などである。裁判所規程への署名期限は二〇〇〇年一二月三一日までで、各国はこの期間に署名するかどうかを決めることになっている。うち六〇ヶ国が国会の承認を得て批准する必要があるが、計画通りにいけば二〇〇五年までにはＩＣＣは操業を始めていることになる。

不穏にも、反対票を投じた国のひとつはアメリカであった。アメリカが与したのはとても上品と言えるような仲間ではなかった。なかには、世界で最もはなはだしい人権侵害が行われているとされるアルジェリア、中国、リビア、そしてアメリカのかなわぬ敵イラクが入っていた。加えて、人類史最悪のジェノサイドの対象となったユダヤ人国家イスラエル（これは、戦争犯罪の定義のなかに占領地に市民を送り込むという項目を入れようと抗したアラブ諸国に対する反応であった。そうなれば、占領区にユダヤ人入植者の居住を許可することで、イスラエル政府指導者が起訴される可能性が出てくる）。

冷戦後の唯一のスーパーパワーとして、アメリカは必要とあれば自国の武力を海外で行使する権利を主張し、アメリカ軍は政治的に動機付けられた告発の対象になるだろうと不満を述べた。アメリカ代表団は、ＩＣＣに持ち込まれた訴訟はすべて、アメリカが拒否権を持つ安保理事会によって承認されることを強制する修正案を通そうと試みた。さらには、完全に司法権の独立を約束された主任検察官の権力についても疑問を呈し、彼、あるいは彼女もまた安保理によってコントロールされねばならないと主張した。アメリカ側の主張に反論した弁護士は、裁判所規程はすでにかなりの度合いで検察官をコントロールしていること、さらに、政治的に微妙な告発に関しては、安保理は事前に裁判開始の認可を与えることのできる唯一の機関はでないが、裁判開始を中止することは可能である点を指摘した。[*32]

ルイーズ・アーバーは、ハーグでのインタビューの間、私がこの話題を取り上げると、容赦無かった。「自己利益しか考えない人たちに運営されているという前提のうえで強固な機構を設置しようというのは無理です」と彼女は言う。「その機構が、知的で、熱意のある、倫理的な人たちによって運営されているという仮定からスタートし、それがきちんと行われているか、そして検察を弾劾、あるいは罷免するためにチェック・アンド・バランスのメカニズムが機能しているかどうかを確かめる必要があります。この裁判所のあるべき姿を明確に描くことからスタートし、職権上の独自調査を行う能力のある検察官を選定するプロセスを設定することです。そうすれば、裁判所の仕事は単なる政治ゲームではなくなるでしょう。安保理からの委託をはじめ、これ以外のすべての提案は非常に政治的なものです。安保理は政治機構であり、国家というものは自国の利益に基かないでお互いを告発することは決してないのですからね。イラクがアメリカを告発し、同じようにアメリカがイラクを告発する、という事態が起こりかねません。ほら、今ここでそのシナリオを書くことができるほどです。アメリカ政府は、全能なる検察官、世界の支配者というイメージを払拭できないのでしょう。私はアメリカ人にこう言いましたよ。『私だってそう願いたいですよ！　夢のなかでね！』。現在、検察局には約一〇〇人の専門家が働いています。検察官、軍事アナリスト、調査員、刑事分析官などで、非常に優秀で、非常に倫理的な人たちですよ。こうした人たちは母国でも一流の法律家としての経歴を持っています。たとえば、彼らが私のことを政治的操り人形だと考えるようなことがあれば、そこに留まったりはしませんよ。抗議として辞職するに違いありません。アメリカは、裁判所には汚職にまみれた世界支配者がいるだけではなく、その支配者が他の職員すべてを力ずくで黙らせることができると仮定しているのでしょう。私が『ミロシェビッチを起訴しなさい。証拠がなくても関係ないわ』と言っても、私の同僚たちは裁判所の仕事を辞めてどこかへ行くだけですよ。どうです？　そんなものは、国際裁判所など要らないと思っている国が事実を隠すために使う便利なオーウェル的ファンタジーに過ぎませんよ」。

彼女は憤慨していたが、アメリカ側の交渉役に立ったデビッド・シェファーは、ＩＣＣのローマ会議後、数ヶ月間にわたって脅迫を送り続けた。国際刑事裁判所の原則を支持するアメリカ政府の立場を述べながら、同時に「アメリカ国内には立派な司法制度があり、アメリカ国民が関与した問題はこの制度のもとで取扱うことができる」と主張した。[*33]「われわれは裁判所設置に向けたプロセスの枠内で努力することに決めたが、今後数ヶ月間の間にこれが機能しないようなら、徹底的反対の立場こそがわれわれの考慮すべき選択肢ということになる」[*34]。

アメリカにとってもうひとつの問題は一九九〇年代の謂れのない恐怖、国家主権の縮小であった。しかし、戦争犯罪、人道に対する罪、ジェノサイド——新たに生まれたICCが主に追訴する違法行為——は、すでに各々の国内法に埋めこまれていた。ニュルンベルク原則は、世界の最強国が特別待遇を要求するからといって廃棄、あるいは稀釈されてしまっていいものだろうか？

アメリカがICC設置を妨害、弱体化させるかどうかに係わらず、ここ最近の傾向としては人道に対する罪と戦争犯罪の訴訟における主権の力は軽減している。ローマ会議から四ヶ月以内に、アウグスト・ピノチェトの国際逮捕令状が交付され、逮捕されるに至った。ピノチェトの弁護士、友人は、各国の平等性の原則にもとづく国連憲章の条項は、スペインによる国内干渉を斥けることができると主張している[*35]。しかし、スペイン議会は、問題の国連憲章の条項が意図しているのは司法ではないと解釈し、国際犯罪に関して自国の主権を行使することを確認した。国際刑事裁判所のもとになった哲学は、自らを恩赦や免責でかばおうとする指導者ですら、人間性そのものに対する責任は逃れられないという、すでに法のなかに盛り込まれた信念に基いていたのである。

半世紀の間、常設の国際刑事裁判所設置を決してあきらめなかった人物がいる。元米国陸軍次官ジョン・J・マックロイ——アウシュビッツへの爆撃をしない決定をした人物——の親友で、ニュルンベルク裁判の若き検察官であったベンジャミン・フェレンツである。百万人を超えるユダヤ人を殺害した悪名高いアインザッツグルッペン「絶滅部隊」の指導者二二名を裁いたのはフェレンツだった。さらに、彼はナチにより迫害された犠牲者への補償としてドイツの損害賠償協定を交渉した中心人物であった。

それから五〇年後、フェレンツの名前はローマ会議の間に再び大きくそびえるようになった。彼は歴史を形作った人物、情熱と真剣さを持ち併せた人物であり、会議二日目に各国代表団を前に行った演説はあらゆる場所で引用された。「私がローマに来たのは、語ることのできない人たちに代わって話をするためです。それは、恐ろしい悪事の犠牲者たち、もはや口を開くことのできない犠牲者たちであります。私はこれまで平和と正義を求めてきました……もしもわれわれが平和と正義に十分に心を配り、十分に勇敢であるなら、世界の法秩序というパズルの失われた一片である国際刑事裁判所は、手の届くところにあります」[36]。

常設の裁判所というコンセプトを徹底的に議論しようとやってきた弁護士、交渉者、外交官で埋まったホールで、拷問された人、殺害された人たちの名において語るとはなんと適切なことだったであろう。ガブリエル・カーク・マクドナルドが、マドリッドでポインセチアを無視して嘆願したとき、公民権を求める母国の黒人の苦闘に刺激を受け、誰もの期待に反してハーグのICTY所長になった女性として、彼女もまた心の底から語ったのだ。ベンジャミン・フェレンツもまたジェノサイドの加害者と遭遇することにより、マクドナルドと同じように決して消えない刻印を刻まれたのであった。

私はインターネット上でジャスティス・ウォッチという討議メーリングリストを通してフェレンツに連絡を取り、近々行われる「五〇年後の憎悪、ジェノサイド、人権：われわれは何を学んだか？　何をすべきか？」と題された会議で受賞されることになっていた彼とモントリオールで会うことになった。この会議は、マクギル大学で国際人道法を専門とする教授で、カナダのみならず世界でも高名な人権問題の強力な擁護者アーウィン・コトラーが組織していた。

マクギル大学法学部での会議には、法律学者、議院法学者、外交官、人権擁護アクティビストをはじめ、南アフリカのリチャード・ゴールドストーン、人権、民主主義、労働問題担当の米国務次官補のハロルド・コー、デイビッド・シェファー、国際刑事裁判所設置に関するローマ会議議長フィリップ・キルシュといった主導的立場にある著名な専門家が参加した（ルイーズ・アーバーも参加を予定していたが、セルビア人によるコソボ襲撃が始まり、ユーゴスラビア国境で入国を試みていた）。

フェレンツは小柄な七九歳で、夢をしっかり胸に抱いている。彼はピンと張ったバネのように強靭、そして自嘲気味なユーモアをそなえている。実現可能性のある国際裁判所について本を書いていた時代を含む無名時代について回想しながら、「もう時間がなくなりかけています」と観客に語る。「希望を失ってはいけません。私たちが普通に持つ感覚を信じ、何かが匂うようなら、それを口に出してください！　そのときは馬鹿者と呼ばれるでしょうし、誰もあなたの本など読まないでしょう。しかし、しばらくするとあなたの時代がやってきます。年老いて、髪の毛も白くなれば、抱えきれないほどの賞を与えられるでしょう！」。観客は感謝を込めて笑いを返す。フェレンツは彼の功績をたたえて名前を刻まれた（ずっしりと重い）額を持ち上げた。

プレゼンテーションが終わると、私たちはプラスチックのカップに入ったカフェテリアの泥っぽいコーヒーを一緒にすすりながら話を始める。フェレンツは人生の節目となった日々について語ってくれる。彼はルーマニアの移民家族の家に生まれ、ニューヨーク市のヘルズ・キッチンというアメリカで最もひどい地区のひとつであるスラムで育った（「そこで初めて犯罪と法律に出会ったと言えるでしょうね。警察官が汚職にまみれているのを見たことから、弁護士になったのです」）。彼は軍に志願したが、上官が命令するロボット的従順さには閉口した。

一九四四年六月六日のノルマンディ進撃軍として、二三歳のフェレンツは最初にドイツに入ったアメリカ連隊のなかにいた。卒業したての弁護士であり、戦争犯罪について知識のあったフェレンツは（ロースクール時代、生活を支えるためにハーバード大学の高名な犯罪学者シェルドン・グリュエックの下でリサーチをしていた）、軍隊から引っ張り出され、ジョージ・パットン将軍の司令部に配属された。そこで、彼は戦争犯罪の専門家と見なされるようになり、調査部門をまとめるよう命じられた。

「戦争犯罪部門」は、フェレンツともう一人の若い弁護士によって構成された。彼らの最初の任務は、アメリカ人飛行士の殺害調査であった。これらの飛行士は、ドイツ上空で撃墜され、その後（生きていれば、の話）地元の暴徒たちによって殺された。調査はシャベルを使った死体発掘、あるいは地元の人を使ってそれをさせることだった。フェレンツと同僚は通訳の助けを得て書面の証言を取り、二〇人が同じ内容のことを述べれば、たとえ残りが別のストーリーを語ったとしても、二〇人の証言が事実であると仮定した。フェレンツは事件の責任者を追求、あるいは家族メンバーか目撃者の名前を引き出そうと試みた。それから、司令部に戻り報告書をまとめた。

この基礎調査は、一九四五年五月、ダッハウで行われたアメリカ陸軍による最初の戦争犯罪裁判の基礎となった。フェレンツは、「第三陸軍戦争犯罪裁判」と書かれた看板を自らハンマーを使って掲げた。しかし、その裁判には辟易させられた。「あの裁判は軍の将校たちによって行われていましたが、彼らのほとんどがいつも酔っ払っていました。彼らにはその重要性がまったく分かっていなかったのです。容疑者には弁護士も充てられていませんでした。リンチ裁判でしたよ。彼らは戦争神経症にかかっていて、何ひとつ気を配ることができませんでした」。フェレンツは、収監された囚人たちには正義が与えられるチャンスがまったくないことを知り、その不快な仕事を将校たちに残した。壁にはアメリカ軍の居場所を示す地図が貼られていた。それを見た彼は軍隊に追いつき、後に「強制収容所」として知られるようになる場所に入った最初の一軍に加わることになった。

ブーヘンヴァルト収容所、マウトハウゼン収容所に足を踏み入れたときの体験は、彼の記憶に永久に焼きついた。火葬された死体の山、人間の肉が焼かれる匂い、収容されていた人たちのやせ細った体と虚脱したような顔つき。しかし、彼には仕事があった。証拠書類を捜し出すこと。「アメリカ軍の指揮官たちにこう言ったものですよ。『私はパットン将軍の司令部により派遣されている。何ひとつ漏れ出さない環境が欲しい。今後は、誰もここには入れないし、ここにいる人は誰も出ることはできない』とね。ファイル、公文書、死者の記録やそこにいた収容所看守のリストなど、そこにあったものを収集しました。それらの書類をもとに容疑者が起訴され、有罪の宣告が下されました。そこで見た光景が一生消えないトラウマになったことは、後になって初めて気付きました。現代精神医学では、それは『心的外傷後ストレス障害（ＰＴＳＤ）』と呼ばれます。それは私のなかで強制的行動という病気を作りだしました。そこで見たものをその後絶対に消せないのです。それが良いのか、悪いのか分かりませんし、ひょっとすると単なる狂人なのかも知れません！」。

その後まもなく、戦争犯罪の主任検察官となる予定であったテルフォード・テイラー准将に会う。テイラーはフェレンツにチームに加わるよう言い、若いフェレンツはすぐにテイラー事務局のベルリン支局長となった。そこでは五〇人が働いていた。ナチは記録や公文書を完全なまま残していた。フェレンツと同僚は、ドイツ語とナチの組織構造についていささか知識をもつ多数のドイツ系ユダヤ人難民とともに、一〇〇〇万件ものナチ政党の記録、外務大臣のファイルをはじめＳＳ原簿など残っている書類は何であれ調べていった。そして、いわゆる金脈を発見する。それを語るフェレンツの表情は、喜びでほころんでいる。「調査員の一人が、完全なアインザッツグルッペンのファイルをゲシュタポ・ビルの地下から発見してきました。三枚か四枚のルーズリーフのフォルダで、表に一日の報告がくっついていました。アインザッツグルッペンの任務は、戦争で初めての冷血ジェノサイドでした。彼らは捕まえたすべてのユダヤ人、ジプシー、ナチの抵抗者を殺したと報告し、自分の部隊、指揮官、時間、場所、殺害した人数をリストにまとめていました。私は電卓を一本指で打ちながら殺害された人数を合計してリスト作成を続けました。その数が一〇〇万を超えてからは、ある町でユダヤ人を浄化したという証言が出た場合には、一を加えるようにしました。その数は一〇〇〇だったかも知れませんが、一〇〇万を超えた時点で私にとって勝ち目は確実になりました。私はサンプルを持ってニュルンベルクへ飛びました。『テルフォード』と私は言いました。『もうひとつの裁判が必要ですよ』。彼の答えは『確かに。しかし予算が限られているからね』。私は『しかし、だからといって彼らを不処罰のままにはできませんよ。私がやります』。それで私がアインザッツグルッペン訴訟の主任検察官となったわけです」。

四つのアインザッツグルッペン（A、B、C、D部隊）の指導者二二名は、さらにもうひとつ別の方法でフェレンツの将来のコミットメントを決定的なものにした。指導者はすべて学歴ある軍人たちで、ジェノサイド的任務を自ら買って出た人たちであった。一九四一年六月〜一九四二年六月までアインザッツグルッペンD部隊の指導者であった主要被告人オットー・オーレンドルフは、博士号を持ち、五人の子どものよき父親であった。彼は三八歳、ナチ党には一八歳のときに若き急進派として入党していた。

フェレンツを驚愕させたのは、被告の間に見られる悔悛の欠如であった。それに、彼らの哀れな嘘。ベルリンで収集された証拠は、開廷後すぐに事実を裏付け、それ以降アインザッツグルッペンの活動に反論する被告は一人もいなかった。彼らが否定したのは、自分自身の特定の関与であった。ある被告は、祖母の葬式から戦線に戻ってくると、彼の命令もなく恐ろしいことが起こったのを知った、と言った。さらに、別の被告は病気で診療所に入っていた時期、彼の部下が狂ったように凶暴になり、制御がきかなくなったと主張した（フェレンツの命令で家宅捜索したところ、ユダヤ人の大量虐殺について自慢した妻宛ての手紙が発見された）。ときおり、被告は殺された死者の数を自慢げに誇張しながら、同時に自身の関与を否定した。オットー・オーレンドルフだけが、冷静に、平然と殺害の方法といった詳細を含む完全な真実を述べた。彼の部隊は、九万人の「抹消（彼の言葉）」を行っていた。彼はそこにいて、命令を下した。

「オーレンドルフが絞首刑の判決を受けた後、私は彼を見るために地下牢に下りて行きました。妻や子どもに手紙を残そうと考えているかもしれない、と思いましてね。私が、『オーレンドルフ氏、何か伝えたいことはありませんか？』というと、彼は私をみてこう言いました。そのまま彼の言葉を引用します。『あなたたちが私にしたことで、今後アメリカのユダヤ人には苦しみが訪れるだろう』。」

オーレンドルフの証言は、フェレンツにニュルンベルク原則に基く常設の国際裁判所の必要性を確信させた。各国の国内法がどうであれ、主権原則を超えた司法権限を持つ、信頼性のある裁判所の必要性を。なぜならば、法の支配は腐敗を被ることもあるからだ。

その証言は未だもって不快を催させる。

オーレンドルフ

私はアインザッツグルッペンを指揮しました。したがって、部下が命じられた職務を遂行しているかどうか見届ける任務がありました。

ルードウィッヒ・バベル（SS弁護士）

しかし、それらの命令の遂行に関して何の良心の呵責も感じなかったのですか？

オーレンドルフ

もちろん、ありました。

バベル

そうした良心の呵責があったのに、どうしてそうしたことが実行できたわけです？

オーレンドルフ

従属する指導者が国家元首によって与えられた命令を実行しないなどということは有り得ないからです。

バベル

それはあなたの意見ですね。しかし、それはあなた個人の見解のみならず、関係した人の大部分の見解だったに違いありません。命令を遂行するように指名された人たちのなかには、そうした任務を免じてくれるよう頼んだ人はいませんでしたか？

オーレンドルフ

具体的なケースはひとつも思い出せません。こうした任務を遂行する上で情緒的に適切でないと判断した幾人かを除隊させ、家に送り帰したことはあります。

バベル

その人たちに、命令の法的義務があると偽りの説明をしませんでしたか？

オーレンドルフ

その質問の意味を理解しかねます。上位の権威者によって出された命令ならば、法的義務に関する問いは個人の頭のなかで持ちあがることはありません。というのも、彼らは命令を下した人に対する公然の服従義務があるからです。[*37]

フェレンツと私は、著名なカナダ人判事のロザリー・アベラによる基調講演を聴くために会議ホールへ戻った。知的で人好きのするアベラ判事は、換気の悪いカナダ司法に新鮮な風を送り込んだ人物である。実際、この会議は同僚たちとの同窓会のようなものなので、彼女は友人たちに挨拶した後、彼女が選んだ演目であるホロコーストについて講演を始めた。ホロコースト生還者の両親を持つアベラもまた、心の底から観客に語りかけた。彼女のポーランド系ユダヤ人の両親は生還したが、彼らの家族、親戚のほとんどが、そして当時二歳半だったアベラの兄も帰らぬ人となった。彼女が生まれたのは一九四六年、シュツッツガルトで、そこで弁護士の父はアメリカ政府の要求により難民のための法的サービスを設置した。正義への情熱を持ち、ニュルンベルク裁判とその子孫である国連憲章と一九四八年のジェノサイド条約などへのコミットメントともに育った、と彼女は語る。

彼女は現在五十代で、残虐行為が起こったときに建設的な憤慨が不足していることに心を悩ませている。ニュルンベルク裁判がどんなに大切なものであるとしても、それは止めることのできたジェノサイドに対する司法による事後の返答に過ぎない。「私たちは未だに何よりも重大な教訓を学んでいません。それは、最初に暴虐を阻止しようとすることに他なりません」と彼女が言う。「未だに歴史の点は結合されてはいません。世界中で、宗教や国家主権、国益、経済的急務、あるいは薄っぺらい傲慢さの名の下に、男女、子どもが殺害され、虐待され、監禁され、恐怖に怯えさせ、搾取されています。それも不処罰のために、それが起こっているのです」。

観客は一瞬、彼女のあまりの直截さと感情のこもったスピーチにあっけにとられたようだった。私は尊敬の念を感じた。ハーグ国際司法裁判所でのガブリエル・カーク・マクドナルドとの会話が思い出される。彼女を公民権運動と法学の勉強に導いた不正義、ルワンダへ行き、骸骨があふれる学校へ案内されたときの彼女の絶望感。そして、この二人の女性の情熱と私自身の情熱について考える。ルワンダでフツ族が性別、年齢を問わず八〇万人ものツチ族を虐殺したときの怒りはどこに行ってしまったのだろう？　確かに怒りは疲労を伴う。怒りは行動を要求する。サラエボ爆撃の映像が最もシニカルな人にさえ衝撃を与えた以前のボスニア戦争初期のように、テレビが育てたシニカルな国民がスイッチを切り、大昔の部族的憎悪を語り、選ばれた指導者が行動を起こさない状況を許容することは、怒りを感じるよりはるかに容易なことだっただろう。

その会議が開かれたアトリウムのデザインは目立ってミニマリストで、壁一面の窓、白いタイルの床、黒い鋼鉄の柱と多層構造の白い天井からはスタイリッシュなスポットライトが整然とぶら下がっている。劇的で豊かを感じさせる。レセプションのテーブルには、スモーク・サーモンのカナッペと極上のワインが置かれている。

しかし、白い壁には、写真家ロバート・ライオンズの衝撃的な写真が展示されている。ルワンダで撮影された大きなポートレイトである。男女の殺人者の顔写真。その多くが、カメラから視線を外し、深くて遠い場所を見ている。ガブリエル・カーク・マクドナルドのオフィスにあった写真の女性のように。彼らの物憂げな、沈んだような目に見覚えがある。非人間的な光景を目撃したり、あまりに恐ろしいことをしてしまったあまり、世界と二度とつながることのできない人たちの表情だ。一枚の写真に映っているのは、アンシール・ムカミネガという、自分の子どもを殺したと告白した女性である。彼女はフツで、子どもたちの父親はツチだった。彼女は子どもたちを殺すか、自分が殺されるかの選択を迫られたのだという。

ロザリー・アベラの講演から数ヶ月後、歴史上初めてとなった国際的武力干渉がコソボで、民族的残虐性から民間人を救うという公式目標のもと始まった。きっかけとなったのは二つの出来事だった。一九九九年一月一五日にラチャック村でコソボ人四〇人がユーゴスラビア軍によって虐殺されたことがひとつ、そして三月のランブイエ、続いてパリにおける和平交渉の失敗であった。セルビアの大統領スロボダン・ミロシェビッチは一九九六年にデイトンで和平を推進して以来、世界が確実に変化していたことには気づいていなかった。ボスニア戦争中に組織として磨きをかけた人権擁護派ロビーはより大きな影響力を持っていたし、人々の理解もより増した。スレブレニッツァで七〇〇〇から八〇〇〇人が殺害された事件をはじめ、特定の出来事を取り上げた本もたくさん出版されていた。[*38] それに、国際政治の前線においても、イギリスでは首相にトニー・ブレアが、ドイツではゲルハルト・シュレーダーが選出され、よりリベラルな価値へと向かう政治的シフトが起こっていた。ICTYはより多くの賛同、経済援助を得るようになった。一九九八年のローマ会議は、ベン・フェレンツの抱いていた常設の国際刑事裁判所という夢を実現可能なところまで動かせていた。ランブイエ交渉が失敗に終わったとき、先のボスニア戦争では不可能に思われた常設の国際刑事裁判所は、今では完全に実現可能なものになっていた。ミロシェビッチの鼻先では、状況はこれほど変化していたのである。

NATOによる空爆キャンペーンは、スロボダン・ミロシェビッチを止めることには成功したが、多大なPR費用という代償を払うことになった。というのも、セルビア本土でセルビア人民間人の死者を出し（信頼できるNGOのヒューマンライツ・ウォッチによればその数は四八八から五二七である一方、ユーゴスラビアのメディアは一二〇〇から五七〇〇名と報告した）、一九九九年と翌年には手を組むことは決してありえそうにない奇妙な連合が、NATOの信頼性を失わせていたからだ。たとえば、北米では昔の左翼（あるいはそれの残党）がネオ・コンと手をとりあっていた。前者は以前から嫌っていたNATOと「アメリカ帝国主義」を攻撃し、後者はセルビアの主権という根拠を掲げたうえで（ここで主権原則を侵害すれば、アメリカの主権さえ侵害される恐れがあると危惧して）武力干渉に反対しており、バルカンにおける政治的、経済的国益の欠如を引き合いに出していた。ヨーロッパ、アメリカ、カナダでは、メディアの一部はNATOとコソボ解放軍（KLA）が空爆を正当化するために、意図的に村人を危険な状態にさらしたという共謀理論を取り上げた。みんなが事件に関して独自の見解を「展開させて」いたが、やがてコソボでのイスラム系アルバニア人とセルビア人の長年にわたる対立の現実が、相対的な罪という泥沼のなかに溶けていくかのように見え始めた。そうなると、双方とも同等の責任があり、理解し難い「古代の憎悪」を根拠に再び中立を守るべし、という意見が全面に出されるようになった。武力干渉という行為そのものに質問を投げかけることは確かに理にかなってはいたが、NATOによるコソボ空爆の報道について書いたフランスの『ル・モンド』紙の記事が指摘したように、「いわゆる〈冷淡な客観的ジャーナリズム〉とは、歴史の見方に対する新しい呼び名であった。このジャーナリズムは抑圧と不正義が行われている状況を特定することを避け、どんなに野蛮な行為がなされていようが国家主権という名のもとで加害者を免責する口実を見付け、……何を代表していようと、現職の権力者に絶対の法的権利を与えるための［口実を探し出し、］圧政者に抵抗する人々にいかなる権利も［認めない］のである」[*39]。

しかし、どんなレトリックを用いたとしても、NATOによる武力介入以前にセルビア人勢力がコソボでの残虐行為を行い、ユーゴスラビア軍、セルビア警察や準軍事組織と協働して大掛かりな民族浄化を計画していたことは議論の余地なきことであった。バルカン半島の専門家ノエル・マルコムが一九九九年後期の『スペクテイター』誌で指摘したように[*40]、何千人という民間人が殺害され（二〇〇〇年五月には、ICTYによる死者数の最終確認は五〇〇〇人に近いとされた）、八〇万人が近隣諸国へと追いやられ、六万軒以上の家屋と数百のモスクや歴史的建築物が破壊されていた。ひょっとすると難民たちはミロシェビッチではなくNATO空爆から逃れようとしているのではないかという疑いがあったため、著名なアメリカ科学振興協会（AAAS）が、データの統計的確認を急いだ。二〇〇〇年五月には、報告書がまとまり、「わずかな割合のコソボ系アルバニア人がNATO空爆の直接的結果としてコソボを逃れた」こと、さらに大規模な戦闘はユーゴスラビアの意図的政策である「浄化」の結果であることを確認した[*41]。

セルビアへのNATO空爆は、強国による従来のレッセ・フェール的振るまいが変化したサインだったのだろうか？　それを結論づけるには長い年月がかかるだろうが、主権国家セルビアで起こった事件への武力介入の決定は、今後の展望をほのめかすものであった。その展望とは、確かにジェノサイドの世紀はまだ先のことかも知れないが、可能性として最終的に国際的人権に価値を置く潮流が生まれつつあるのではないかという観測であった。NATOの軍事力が紛争に一応の終止符を打った後のコソボで起こったアナーキーはぞっとするようなものであったし――国連平和維持軍が駐留していたにもかかわらず、憤慨したコソボ人が残ったセルビア人に復讐をしかけた――、今のところ多民族社会の復活という見通しは暗い。しかし、だからといって国際コミュニティの一部で何十万人ものコソボ人難民の帰還を助け、コソボにおけるセルビア人勢力を弱体化させた介入の重要性が軽減されるわけではない。さらに、ICTYの調査がコソボ解放軍（KLA）による犯罪へも拡大されたのは妥当なことであった。

一方では、正当な理由にもとづいた介入であっても侵害は許容されるべきではないという意見が出され、「勝者の正義」についての昔の懸念が再び呼び戻された。ヒューマンライツ・ウォッチは侵害の可能性に関する調査委員会の設置を求め、ノーム・チョムスキーとカナダ人法学者マイケル・マンデルが主導する国際的努力は、セルビアに対する空爆キャンペーンの期間に「国際法に対するあからさまな侵害」がなされたとして六八ヶ国の西側指導者を批難した。

ひとたびこうした批難が向けられると、調査の必要性が出て来た。一九九九年下旬、マンデルによる調査ファイルがルイーズ・アーバーの後任として同年九月にハーグ主任検察官に着任したカーラ・デル・ポンテ[*42]の手に渡されたが、彼女はただちにアメリカから説明を求められた。ホワイト・ハウスは次のようなぶっきらぼうな声明を発表した。「われわれはNATOが、コソボに関する訓練、標的、作戦においてジュネーブ条約に完全に従い、民間人の殺傷を最小限に留めるための多大な努力をしたこと、さらにNATOパイロットの行動に関してはいかなる尋問も絶対に正当化されないことを指摘します」[*43]。国防省の報道官クレイグ・クイグレー海軍少将は、NATO軍人を擁護し、彼らに対する尋問の必要性はまったくないと示唆し、「コソボでの行動に関しては、われわれは絶対にジュネーブ条約に従った」と断定した。[*44]

デル・ポンテは、アメリカ上院議院ジェシー・ヘルムズが意気揚揚と彼女を「バックペダリング（自転車のペダルを後ろに踏むこと＝約束したことを守らない、の意味）」と呼んだことについて質問を受けると、怒りとともに応酬した。彼女は、ロンドンに拠点を置く〈戦争と平和に関する報告機関〉からやってきたジャーナリストにこう言った。「『バックペダリング』とは汚い言葉です。そんなことはしません。私は前にしかペダルを踏みませんよ」。「つい先日、証拠書類に関する予備報告書を受け取ったばかりです。……その一方で第二報告書と分析が上がってくるのを待っているところです……［それから、］調査の開始に関する結論を出すつもりです」[*45]。

二〇〇〇年六月、デル・ポンテは調査の開始を斥け、戦争犯罪と人権侵害に関する有害な疑いは今後も残されることになった。この問題を『ニュルンベルク裁判の解剖』のテルフォード・テイラーほどはっきり指摘した人はいない。「戦勝国を調査から免除するいかなる道徳的、法的理由も存在しない」とテイラーは予言的に書いている。「戦争の法律は一方通行であってはならない」[*46]。アレックス・ボレーヌもまた、ANCと恩赦に関して、人権侵害が起これば、たとえ大義が正義であっても指摘されるべきであるとの同様の点を指摘している。

ニュルンベルク裁判に始まる長い道は、冷戦の始まりとともに突如として途絶え、二〇世紀の終わりに再び現れた。その途上において、際立ったランドマークの発明が見られる。たとえば、国際人権と国際刑法を強化するための条約、ドイツやイスラエル、フランス、イギリスその他で見られる戦争犯罪裁判、そして最終的には国連によるハーグとルワンダでの臨時戦犯法廷の設置などが挙げられよう。さらに、これまでの道のりのなかで、常設の国際司法裁判所というアイデアの復活は、定義づけの問題、国家主権原則の限界についての今後も世界を揺るがすような議論を孕みながらも、不可避という言葉が妥当でなければ少なくとも可能であると思われる。さらに、愚かにも自国の領土を後にした独裁者の逮捕と、戦争犯罪の罪で在職中の政治指導者を起訴するという歴史上初めての出来事も大きな方向付けとなった。ピノチェトは送還を免れ、スペインでの起訴をまんまと逃げおおせたが、独裁者、将来の独裁者に対する新しいメッセージは世界中に発信された。

しかし、私の耳の奥でロザリー・アベラの言葉が今だに響いている。「ニュルンベルクは」とエリー・ヴィーゼルを引用しながら彼女は言った。「ニュルンベルクは殺人を犯した人たちのストーリーであると同時に……何もせずそれを傍観していた人たちのストーリーでもあるのです」。二〇世紀の大惨事に直接手を下した加害者のみならず、それが行われるのを見ていただけの傍観者。

なぜなら、正義は悪事が成された後の悪に対する返答に過ぎないからだ。正義は必要ではあっても、決して満足いく償いではないのである。

最終章

記憶と忘却のあとで

国家のストーリーは私たち自身のストーリーによく似ている。部分的に幻覚を糸につむぎ、それを記憶された事実と幻想とともに織り上げていく。したがって、国家のストーリーは政治学者ベネディクト・アンダーソンが指摘したように「想像の共同体」なのである。[*1]

本著のために三年の旅を終え——今ではそれを、未解決の歴史に打ちひしがれた国々への旅だったと考えている——、歪められた公式の歴史と向かい合い、個人と集団の経験を歴史に留めようと熱心に取り組んでいる人々の姿にはいたく感動した。そうした人たちはどこの国にも存在する。日本では、第二次世界大戦中に天皇裕仁が果たした曖昧な指導者としての役割に対する責任に対し、命を張って自分の意見を主張した本島等元長崎市長、一九三七年に起こった南京大虐殺の承認を頑なに拒否する日本政府に対し、無力感に襲われながら自らの良心の呵責とともに格闘している被爆者の松尾コウソウ医師に会った。さらに、国民のあいだで信じられている英雄的レジスタンス神話により、「ユダヤ人の最終解決」に手を貸したフランス政府の責任をごまかし、ユダヤ系市民の悲劇の度合いを隠蔽していたフランスでは、ミシェル・スリティンスキーが二五年にわたる地道な調査の結果、ボルドーのある家族に起こった真実を発見した。沈黙と欺瞞に対して怒りを感じた新世代が立ちあがったドイツでも、そうした人たちに会った。ナチ加害者の子孫は未だに苦悩から解放されてはいない。さらに、深層レベルではドイツ社会全体が、二〇世紀半ばに起こった一二年間のナチ支配によって拭い去れない刻印を刻まれたままである。その悲劇的な時期は、ドイツ史には統合しえない、満足に説明されえないものであるようだが、ドイツの賞賛すべき点は、その過去が学校で記憶され、適切に教えられていることである。アメリカでもそうした人たちに会った。聞かれるべきストーリーのために戦っているのはほとんどが黒人であり、彼らは過去の奴隷制の遺産を克服しようと奮闘している。この負の遺産はアメリカの土台となっている啓蒙化された民主的イデオロギーによってすら黙認されたため、未だにその空白が残り、アメリカ文化に目に見える形で弊害を与えている。南アフリカでも、闘っている人たちに会った。真実と和解委員会は、南アフリカが完全に民主化に移行するためには過去は明らかにされるべし、という信念とともにアパルトヘイト時代の真実を知ろうとする真摯な要求により設置された。そして、旧ユーゴスラビアで歴史とされるものに対して戦い続けている人たち。私がこの旅で会った人のなかで、彼らほど悲劇的でシニカルな人たちはいなかった。自分たちの名のもとに行われてきたことを知っているセルビア人は、やたらめったら怒りをぶちまけていた。嘘をつくことが、ベオグラードの作家ドブリツァ・チョーシッチの言葉を借りれば、「愛国心の表現であり……聡明さの証」とされる国では、「歴史における真実」は、実際の出来事という基本レベルにおいてさえ無意味な言葉である。大事なのは、過去——それがいかに理解されようと——が現在に符合するようにねじ曲げられることなのだ。二〇世紀の全体主義諸国家は、統制された歴史的虚偽を操る技法をさまざまなレベルで改良してきたが、歴史が記憶される方法を統制しようとする「欲求」は普遍的であり、現在のセルビアと同様に私が訪れた国すべてに当てはまる。

私たちが「知り」得ること、「真実」とは何かについての現代ポストモダン理論を超えたところには、歴史的記録という動かし得ない礎石が存在する。セルビアが好例であるが、その歴史的記録に手が加えられた場合、それに対して私たちは二つの反応を見せるように思われる。ひとつは、多くの人がそうするようにそれに抗して戦うこと。もうひとつは、絶望、そして方向を見失うことである。読むもの、聞くものすべてが公式な嘘であるという観念を疑いようのない事実と考えているミロとゴーダナのことを、彼らの確信を忘れることができない。あるいは、ミロの個人責任に関するたどたどしい質問――彼が知る唯一の文化ではこの言葉は完全に未知の概念である――や、人生そのものに対する彼の恐怖を忘れることができない。さらに、「反体制」の知識人がセルビア国家主義の高揚に果たした役割を語ってくれたドリンカ・ゴイコビッチの話や、絶望と貧しさが蔓延する地域で見向きもされず本屋の書棚でほこりをかぶっている、彼女が丹念に調べ上げた研究書のことが忘れられない。あるいは、ボルカ・パヴィチェビッチのヒステリックな声、あるいはボルカの夫ニコラ・バロビッチの自己防衛的なシニカルな笑いを。

私たちが歴史的記憶を形作る方法は驚くほど限られている。今では、私はそう確信するようになった。その方法とは、セルビアと日本が取っているように完全な嘘と否定という方法から、フランスのように注意深く神話を創出すること、アメリカで見られる慈悲深さ、あるいは意図的怠慢、それに南アフリカのように過去に対峙し、それを正そうとする試みに至る。そのほとんどすべてが、二〇世紀の真ん中で手なずけられない猛獣のように居座り、過去として消えようともしない第二次世界大戦の記憶への取り組みのなかに見られる。二〇世紀の世界戦争は約二〇年の間隔を置いてやってきたが、二番目の戦争は心理的に大きな影響を与えた戦争の後に起こった。文化的、社会的にも破壊的影響を与えた（そして未だにそうありつづけている）第一次世界大戦の衝撃とともに開けた世界戦争の世紀は、人間性の進歩という一九世紀的観念、つまり、科学技術の発展に伴って道徳性は向上するという信念を瓦解させた。こうした信念が喪失した後では、心の拠所や確実性はより減少し、これまでになかった種類の曖昧性が現れた。

恐らく、天皇裕仁が指揮責任という規程のもとで戦犯として起訴されなかったという理由から、さらに、生物兵器に関するデータと引き換えに石井四郎が免責されるという裏取引のため（そのために東京裁判では石井が支配下の満州で行った残虐な人体実験に関する詳細は触れられなかった）、日本人はアメリカに課された民主憲法の下で何事もなかったかのように平然と生活を続けてきた。しかし、結果的に元兵士たちの個人的な罪の意識は、戦争の記憶を遮るよう（広島と長崎の原爆という公認の記憶以外は）注意深く設えられた伝統的ふすまを動かし始めた。天皇の死後、罪の意識に苛まれた人たちが告白を始めると、それまでの日本人の記憶であった白黒はっきりとした画面上には濃淡のある灰色が現れるようになった。正式な戦犯を神聖視するような不処罰の文化が根付くこの国では、東京裁判を外国の「非日本的価値」の押し付けだと無視することは、ドイツ人がニュルンベルク裁判を無視することと比べればはるかに簡単であった。さらに、日本政府は子どもたちの教育を真実を隠すための跳躍台として利用することで、おぞましい過去をいとも簡単に否定してきた。

ヨーロッパの中心に位置する加害国家ドイツでは、第二次世界大戦の記憶の構築という意味では選択肢は限られていた。ニュルンベルク裁判はいかなる合理的疑いも挟めないほど確固たる事実を提示したからである。それから五〇年後、ドイツで今もなお続行中の議論は、（たとえば、ソ連の罪との比較のような）ドイツの罪の度合いについてであり、さらに、国民の誰が批判されるべきで、どれくらいの期間、謝罪と修正を求められるべきかについてであって、日本のような歴史的事実の否定に関するレベルの議論ではない。

戦争中、「フランス」はロンドンに亡命していたという説明に関して言えば、シャルル・ド・ゴールは理解に難くはない理由のためにありそうもない神話創出に成功したかに見える。戦後すぐに公然とナチに協力した者のほとんどが略式に裁かれ、粗雑な正義がなされた後、残りの国民は数千もの同様の行為が白日のもとにさらされることはないだろうという期待とともに、レジスタンス神話を喜んで受け入れた。確かに、ほとんどの場合それらの行為は表面には現れなかった。ヴィシー政権とペタン将軍のもとでごくありふれた官僚的公務員であったモーリス・パポンがボルドーの法廷に被告として立つまでには、それから半世紀がかかった。

過去の曲解と嘘が限られた期間しか通用しないように見えるなら、（シニカルな人たちを驚かせるかも知れないが）それは人間にとっては原初の意識、恥という意識のためかも知れない。恥と告白の必要性は人間に普遍的な特徴であるかに思われる。何世紀も昔からこれを理解していたカソリック教会は、自らこれを機構化した。現代のような（大部分が）ポスト宗教時代においては、恥の意識を持つ世俗的苦悩者なら、カウンセリングや精神科医の診療を受けるか（アメリカであれば）「テル・オール」的なテレビのトークショー（個人的な問題をカメラの前で語るアメリカのテレビ番組の形式）で告白を試みることだろう。とはいえ、人々や文化がさまざまな告白の方法を編み出そうと、恥という意識の存在こそ、宗教的基盤から引き出されたと思われる「正義に基いた振るまい」という全世界で理解される普遍原則が存在し、これが、兵士や市民に非人道的行為を命じる国内法と衝突した場合には、この原則が優先するという証である。ニュルンベルク裁判が国際法のなかに盛り込んだのはこのことに他ならなかった。

　そのような考え方はかつて神学の分野に属したもので、ある人たちの脳裡では今でも神学の教義と交差する。一九九九年四月二九日、カナダ国会で演説したチェコ大統領バツラフ・ハベルは（彼自身、二〇世紀における良さを示す好例である）、この普遍的基準は「神の無限性と永遠性に照らした場合のみ意味をなす……この感覚がなければ、あるいはそれを無意識のレベルで設定しない限り、われわれには決して行い得ない行為が存在する」と述べた。[*2] ニュルンベルク裁判の人々が、新しい国際人道法や国際刑法を編み出したとき、神を念頭に置いていたかどうかは不明であるが、神がなくても現代西洋社会のポスト宗教時代に住む多くの人が、市民社会というポスト啓蒙主義的理想に基く普遍的基準の存在を喜んで認めるであろう。あるいは、より実践的には、私たちの行動は、隣人にも同様の振るまいを期待するから自分の権利を放棄するという暗黙のルソー的社会契約説に基いているのかも知れない（たとえば、われわれはある人が自分の芝生の上を歩いたからといって電動芝刈り機でひき殺すようなことはしない。その際、その人がそのような行動に出ないことを期待している。もちろんこれは神との契約ではないにしろ、社会で生活するうえでは便利な契約である）。

　未解決の恥の最も破壊的局面は、それが無実の人をも襲うことである。ナチ加害者の両親を持つ多くの人々は、かつて愛していた両親と縁を切ったとき、あるいはマルティン・ボルマン・ジュニアが悪名高い父親との間にどうにか成し遂げたように両親の思い出を事実とは違ったふうに変えたとき、事実上、人生をズタズタに破壊された。南アフリカでは、崩壊し始めたアパルトヘイトが死に絶えてしまうと、否定、怒り、そして恥の感情が表面化し始めた。マルティン・ボルマン・ジュニアと同じように、ウィリー・フルヴールトもまた、汚れた名前とともに生きていかなければならなかった。彼は「真実と和解」を自らの目標とし、ツツ大司教の委員会のために尽力してきた。彼は、「白人、アフリカーナー人、キリスト教徒、そしてフルヴールト家の一員」という消すことのできないアイデンティティを受け入れ、彼の言葉で言えば「故郷に帰ろう」と格闘していた。

　羞恥心という遺産は、これ以外の場所では世代を経るにつれてひねりを加えていくようだ。アメリカでは、アブラハム・リンカーンの一八六三年の有名な奴隷解放宣言から一三五年後、サウスカロライナ州の奴隷所有家族の後裔が、厚い沈黙を破り、かつての自家農園経営と白人と黒人を含む親戚についての本を出版した。私はトロント大学で行われたエドワード・ボールの講演を聴きに行った。彼は、自分の本によって白人の親戚との間に亀裂ができたこと、ラジオのトークショーで黒人聴者から受け取った脅迫について語った後、こう述べた。「自分が人種と奴隷制の記憶に関する人々の感情を映し出すスクリーンになっているような気がします」。

トロントの聴衆の多くがは故郷を去ったアメリカ白人で構成されており、なかには奴隷制との家族関係を持っていた人たちもいた。多くの人が、罪滅ぼしのため祖先の代わりにやってきたし、自らそう語った。黒人の聴衆はすべて奴隷制と関連を持っており、彼らもまた、祖先の代わりに参加していた。なかには、祖先がサウスカロライナ州の奴隷だったという人たちもいて、祖先が「ボール家」の奴隷であった可能性もあると考えていた。『ビレッジ・ボイス』誌は、『家族のなかの奴隷』[*3]の書評として次のように書いている。「ボールは何百年も続いた白人による沈黙を破った……」[*4]。南部の新聞『チャタヌーガ・タイムズ』は、「邪悪な制度の遺産がいかにアメリカの黒人と白人の集団的記憶に未だに反響しているか」について書いた。ある人の悔悛が、閉じられていたドアをかすかに動かしたのだ。

今、私は何千人という民間人が殺されたコソボの惨事が終わった時点でこれを書いているが、恥を感じたユーゴスラビア人兵士たちが告白を始めたという報告があがっている。『シカゴ・トリビューン』紙は、一九九九年七月七日、ちょうど紛争が終わって数日後に、脳裡から消すことのできないイメージに取りつかれたラドヴァン・ミリシェビッチ伍長を引用した記事を掲載した。私生活では四一歳のリサーチ・エンジニアであったミリシェビッチは、それまでの経験の何ひとつとして自分がその一部となった恐怖に対処する助けになるものはなかった、と語っている。

ベオグラードの『ヴレーメ』誌の編集長ミロス・バシッチは、セルビア人によるボスニアでの民族浄化に関して「人間として恥かしい」と私に言った。それは、セルビア人としてでも、ユーゴスラビア人としてでもなく、一人の人間としての反応であった。痛々しく強力な彼の言葉は、他の国々でもそれぞれの言語で語られている。

歴史に関する嘘やでっちあげはいずれ必然的に露呈するものだが、それはそうした作り話を広める指導者が人間にとって本能的、しかも基本ともいえることを理解できないためである。つまり、一般の人たちはいくら忘れろと命じられても記憶しているものであり、犠牲者や遺族――その子どもや最終的には孫たち――はたとえ長い間トラウマに悩まされ、怯えを感じていたとしても、決していなくなるわけではない。アメリカとカナダに散在する中国系ディアスポラは、長い年月の後、彼らの暮らす多元的社会の新しい市民として声を上げられるほど安全性を感じると、一九三七年に起こった「南京のレイプ」に関する公式ロビー活動を始め、ほとんど知られていなかったこの事件を世界中に知らしめ、日本政府の面目を丸潰しにした。ずいぶん昔に起こった事件が公の場に持ち出されたことで、勇気ある韓国とフィリピンの元「慰安婦」数名が公の場で身も凍るような体験を話し始めた。文化的な恥の意識を克服し、性的奴隷という厳しい苦難を生き延びたのはわずか二〇パーセントであり、今では年老いたこの女性たちにとって実際の出来事を承認することは簡単なことではなかった。さらに、日系カナダ人コミュニティにとっては、沈黙となった恥を克服し、第二次世界大戦中の戦争捕虜収容所への抑留に関してカナダ政府から謝罪と補償を要求するのに四〇年もの月日を要した。一九八八年、日系カナダ人コミュニティは二億九一〇〇万ドルの補償金を勝ち取り、アメリカでも同年、ロナルド・レーガン大統領が日系アメリカ人に対して補償を提供した。彼らの誰一人として、過去を忘れはしなかったのだ。犠牲者にとっては、過去を忘れることは決してできないのだ。

まだ八歳だったころ、セルジュ・クラルスフェルトは母とともにニースのアパートでクロゼット内の隠し戸の後ろに震えながら隠れ、父親がナチに連行されるのを目撃した。「助けてください！　私たちはフランス人です！」と誰もが包括される社会と宗教的寛容性というフランスの啓蒙的保障を主張しながらクラルスフェルトの父は叫んだ。数十年後、クラルスフェルトはドイツ生まれの妻ベアテとともに、フランスから移送されたユダヤ人の公的記憶を回復するために尽力し、後にクラウス・バルビー裁判を皮切りにモーリス・パポンに至る一連の裁判の背後で尽力してきた。

ホロコーストの犠牲者であるユダヤ人も長年沈黙を守ってきた。自らの体験を話そうと試みても、ほとんどの人が聞く耳を持たなかった。しかし、ホロコースト生還者のうちエリー・ヴィーゼルが、ユダヤ人の<ruby>み</ruby>な<ruby>ら</ruby>ず非ユダヤ人の全世代を結集させたことで、ホロコーストは戦争を象徴化する最も重要な事件となり、「ホロコースト」という言葉は二〇世紀後半の語彙集で最も頻繁に使われる言葉のひとつにまでなった。

アルゼンチンのカルロス・メネム大統領が、「ダーティー・ウォー」に関与した人たちに永久恩赦を与えると宣言したとき、国際社会では彼が望んだ忘却を阻む一連の出来事が起こった。それは、まず家族から始まった。それまで二〇年にわたり、「失踪」した子どもの母親たちは、毎週同じ曜日にブエノス・アイレス中央のプラザ・デ・メイヨ広場周辺で行方不明の息子や娘の写真ポスターを掲げて、正義を求めて行進してきた。国外ではその他の犠牲者が訴訟を起こし始めた。そして、国連によって旧ユーゴスラビアとルワンダを裁く臨時の国際戦犯法廷がハーグとタンザニアに設置されると、それを見たスペインの若き判事がアルゼンチンとチリの政治指導者を国際法に書かれた原則のもとで起訴することを決意し、両国の犠牲者たちから請願書を受け取った。

犠牲者にされた経験は、正義あるいは復讐を、あるいは両者を求める訴えを、世代を超えて伝えるものであるから、犠牲者は必然的に持続し、いずれは過去の出来事に関して嘘をついたり、あるいは彼らの苦しみを否定する指導者を数の上で上回ることになる。

そして、最終的には犠牲者のストーリーが聞かれる時がやってくる。

人々を行動へと駆りたてるもの、それは不処罰に他ならない。殺人やその他の残虐的行為を犯した人たちが、のうのうと裁きを逃れ、時には犯罪など起こらなかったと臆面もなく否定してのける。それは、人々の傷をうずかせる、許容しがたい事実である。というのも、そのことは、個人の、あるいは公的な歴史の抹消を意味するからだ。

セルジュ・クラルスフェルトは、ボリビアに約四〇年間暮らしていたクラウス・バルビーの捜索を続けてきた原動力は不処罰に他ならなかったと私に語った。彼を憤慨させたのは、犠牲者たちがものも言えず埋葬されているときに、極悪非道を犯した犯人の多くが子どもを作って幸せな生活を営んでいるという事実であった。

カナダ人作家のアルベルト・マングェルは、あるアルゼンチン女性のストーリーの背後にあったのは不処罰だったと語ってくれたことがある。ダーティー・ウォーの時期、その家の二〇歳ぐらいになる長女が、活発な政治運動をしていたことが原因で路上で射殺された。ブエノス・アイレスでは、彼女はマングェルの元クラスメートであった。

一七歳だった彼女の弟も保安部隊に逮捕され、数日後に家族の玄関先にごみ袋に入った彼の切断された死体が置かれていた。多くのアルゼンチン人の迫害者が知人であったように、母親もまた、息子の逮捕に関与した人物を知っていた。カルロス・メネムの選挙から数年間、その母親は犯人の逮捕と裁判の可能性を信じて生きてきた。メネムが犯人に対する最終的な永久恩赦を宣言したとき、彼女はちょうど地元のスーパーマーケットにいて、そこで息子を奪った人物が同じように買い物をしているのに出くわした。彼は愉快そうに笑い、「おはよう、シニョーラ」と挨拶した。

その母親は家に戻り、自ら命を絶った。

不処罰という社会的土壌が国民の無関心と結び付くと、最初は躊躇している人を勇気付けることになる。エリー・ヴィーゼルがホロコーストに関する大統領委員会へ提出した報告書のなかで述べたように、「殺人者たちは確信をもっているわけではありません。最初に、彼らは一歩踏み出し、様子を伺います。何の反応も起こらないと分かったとき、もう一歩踏み出し、それから動き出します。人種法から奇妙な中世的な法律に至るまで、国外退去を禁じる法律からゲットー設置、さらに強制収容所の発明に至るまで、殺人者たちが計画を実行したのは、まわりの世界の無関心を確認したときだったのです……」。

ナチから五〇年が経ち、不処罰はまた、歴史上最も残虐な虐殺のひとつの原因となった。ルワンダでの流血が起こる前、リーブル・デ・ミルズ・コリンズというフツ族のラジオ局が反ツチ族を呼びかける有害なプロパガンダを放映し、視聴者にジェノサイドを促した。国際社会はそれを知っていながら行動を起こさなかった。ほぼ同じ時期、セルビア共和国大統領スロボダン・ミロシェビッチは、ボスニアで示した西側の同じような優柔不断な態度を見て取り、国連決議と脅し文句を無視しても構わないという暗示を受け取っていた。これは、ミロシェビッチに二つの点で有利に働いた。ミロシェビッチは民族浄化を止めようとしなかったばかりか、バルカン紛争に関する和平交渉の代表となったのである。ボスニアの死者が調査のために墓場から掘り出される前に、ミロシェビッチがコソボでうりふたつのパターンで行った残虐行為により民族浄化を始めたことは、彼が西側のはったりを理解したという——あるいは彼がそれを理解していたと考えられる——明らかな警鐘であった。一九九九年の戦犯としての起訴は、ミロシェビッチが長年楽しんできた不処罰に対する遅れ馳せながらの一撃であったが、彼がハーグに送還されるまで不処罰は続くことだろう。

道徳的、精神的、政治的問題は絡み合っていて複雑である。たとえば、不処罰はしばしば恩赦によって合法化されるし、恩赦は困難な時期が終わって新しい時代へ移行するための昔ながらの道具であり、とりわけ内戦や抗争におけるはっきりとした勝者がいない場合にはこれまでにもたびたび利用されてきた。そうした場合、恩赦は通常では勝者側の寛大さの行為として描かれる。それに、恩赦はキリスト教における赦しの政治的表現に見えるから、一見するとより魅力的に見えるかも知れない。恩赦が必要以上に与えられる背景には、しばしばみんなが信じる経済的理由がある。多大な権力を持つアルゼンチン軍部に対して、ダーティー・ウォーの間に起こった犯罪に関しては拘留、起訴しないという例外を設けたとき、アルゼンチンのメネム大統領は怯えていた可能性もあるが、彼はまた、民主制度を確立する必要性に加え、荒廃した国の経済を復興させる必要性を念頭に置いていた。チリと他のラテン・アメリカ諸国と同様に、軍事独裁主義から立ち直ったアルゼンチンでは、過去の犯罪に対する恩赦はしばしば手っ取り早いリスタート・ボタンとされてきた。

「再出発」に関しては長い伝統を持つフランスでは（一七八九年、革命派は従来のカレンダーを捨て去り、嬉々としてフランス革命カレンダーを導入してその年を「一年」とした）、とりわけ第二次世界大戦後には、恩赦の必要性は大きく聳えていた。当時は、提案された理由の多くが理に適っているように思われたし、それは数十年後のアルゼンチンにおいても同様であった。平和、再建、民主主義への移行、そして、かつての敵との和解を心から願う気持ち。これ以上、何が必要だろうか？

確かに、これらの目標は重要であるし――無視できないほど重要である――、それが認識への道筋であるというなら、恩赦という選択肢は容易には斥けられないだろう。しかし、恩赦が長期的な平和と和解をもたらしてくれるとは考えるべきではない。一九四〇年から一九四四年までの闇に包まれた怪しい事業を、広範な恩赦法によって歴史の戸棚の後方へ押し込んでしまおうとしたフランス議会による決定は、長期的に見て失敗だったといえる。なぜなら、承認されないままの犯罪行為は、過去のエーテルのなかにひっそりと霧消してしまうものではないからである。反対に、それらは月日が経つにつれて音量を増してこだますようになる。周知の殺人者が通りを歩き、スーパーマーケットで買い物をしている風景は、社会を腐食させるだけである。たとえば、第二次世界大戦後、ドイツにとって機能しうる「解決法」が恩赦であったなどと誰が想像できるであろう？

恩赦は不処罰に対する法的な支柱であるから、掘り下げて考えれば不正義であると言える。それは、犠牲者に対する不正義である。残酷な犯罪が起こった社会に対する不正義である。さらに、奇妙に聞こえるかも知れないが、恩赦は加害者に対する不正義でもある。恩赦は、犯罪を暗黙のうちに容赦することで、承認と処罰によってもたらされる個人的、社会的なバランスの再調整を妨害するからである。恩赦は見た目もよいし、馴染みもあり（部分的には、表面的なキリスト教的伝統ゆえに）、明らかに手っ取り早い解決法であり、短期的にはうまくいきそうに思われるが、単に過去を隠蔽するだけである。パンドラの手なずけられない復讐の女神は、次回開けられるのを待つ、必要とあれば永久に待つとされる。再び歴史がその箱を再び開けるまで。

そうなると、私にはアカウンタビリティ（責任の所在をあきらかにし、行為に対する責任を当事者に負わせること）が鍵になると思われる。それがない限りは、私が訪れた戦争の傷跡の残る国々では、将来さらなる問題が待ちうけているだろう。アカウンタビリティが導入できれば、過去についての事実、それに犯罪の承認はもたらされるであろうが、何より重要なのは、アカウンタビリティは後味の悪い過去から現在を切り離し、正義に類するものへの足がかりとなってくれることである。アカウンタビリティが司法制度における裁判という形を取る国では、裁判では被告側弁護団、反対尋問、適切な時期を厳密に保障する必要がある。なぜなら、偏見が混入していれば不可避的に過去とのつながりを維持することになるからである。そして、この裁判が試みているのは、まさにその過去とのつながりを断ち切ることに他ならないからである。ニコラ・バロビッチによる、旧ユーゴスラビア全土で行なわれている歪んだ裁判手続きの描写は、シニカルで、滑稽なほど馬鹿げていて、決して忘れられない。すべてが統制下に置かれた国家機関としての裁判所は、正義、アカウンタビリティ、あるいは和解の道具としてはまったく役に立たなかった（二〇〇〇年三月、ＥＵはその茶番を認め、独立メディアや反体制的な政治家の起訴では有名なセルビア出身の判事と下級判事、検察五四名を〈好マシカラヌ人物〉のブラックリストに記載し、ＥＵ圏内への立ち入りを禁じた）。

「真実」と「和解」は、私たちが認識できる意味ではつまるところ正義ではないので、南アフリカは告白と恩赦、人種間の赦しという期待をかけられた真実と和解委員会（TRC）を設置することである種の危険を冒していると言える。スティーブ・ビコや殺害されたダーバンの弁護士グリフィス・ムクセンジの家族は、南アフリカの裁判所における委員会の力の限定を試み、それが失敗したとき恩赦と正義が相容れないものであることを理解した。何千件という小物のケースでは、告白した殺人者は自分の行為が政治的動機に基いていたという主張が認められ、恩赦を与えられた。デズモンド・ツツ大司教は、自ら立ち上がって国民の前で告白することはそれ自体が処罰であると私に述べた。それは認めるにしても、やはり通常の意味での処罰ではない。たとえば、政府主催の奇妙な人食い的ヴラクプラスに関する内部告発をした、かのダーク・コーツィにとって、それは十分であろうか？　彼がグリフィス・ムクセンジの遺族との遭遇を避けるため、遠く離れたところに住もうと考えていることは想像に難くないだろう。

南アフリカの実験に対する長期的な結果が出るのは、何年、恐らく何世代も後のことになるだろうが、ヨハネスブルグにある暴力と和解に関する研究センターの心理学者ブランドン・ハンバーは、TRCのプロセスによって南アフリカ人は、「起訴に対する反論と一括恩赦に対する反論のあいだの中間道」があることに気付いたと私に言った。[*5]

しかし、ハンバーは、委員会がアパルトヘイトに関する事実を部分的にしか明らかにしておらず、特定の真実だけを強調し過ぎていると指摘し、とても十分であったとは言えないことを認めた。たとえば、一九九〇年から一九九四年までのあいだにANCとインカタ自由党の間に起こった抗争により一万五〇〇〇人を超える死者が出たが、TRCの調査は国家による暴力にだけ集中していた。私には、そこには正当な理由があったと思われた。究極的な権力を持つ国家とその国家に公認された暴力は、それがどこで起ころうとそれだけで最悪だろうから。しかし、とはいえ、葛藤と妥協があったのも事実である。アパルトヘイト時代の南アフリカで制度化された暴力は、多岐にわたる暗部へ延びる複雑な問題であった。しかし、限られた時間内で仕事をしたTRCには、決定においては簡潔で的を絞った（これは認めざるを得ない点だが）、政治的配慮が必要であった。

しかし、委員会の主要な功績は簡単に挙げられるし、それらの功績のうち最も重要なのは、部分的とはいえ事実を迅速に解明したことである。アパルトヘイト時代に起こった出来事は完全なストーリーとは言えないまでも、南アフリカの信頼できる歴史的記録の一部となるだろう。TRCは真実の裁判所であると同時に社会的変化を示すメタファーであろうと試みたかもしれないが――これらは両立しえない目的だったかもしれない――、その過失や失敗にもかかわらず、数十年にもわたる対立と長期内戦のあとで、人種と階級間の溝を埋めようとする驚くほど勇敢な試みであった。

仮説というものは決して実験されえないのだから、ニュルンベルク式の司法裁判が南アフリカに新しい暴力を招いたかどうかを議論することは不可能である。ただし、一方がもう一方を戦争犯罪、あるいは人道に対する罪という名のもとで裁判にかけることを許したなら、大規模な紛争が起こっていた可能性は十分に考えられる。とはいえ、ツツの勇敢な努力であった委員会が終わってみると、ニュルンベルク裁判の線引きはより明らかで、恐らくより永久的なものであるように思われる。裁判の形式と適正な手続きは、理性的なものであるし、私たちに多くを教えてくれた。そうした裁判は、たとえ部分的な「勝者の正義」であっても、道徳が低下した過去の後にも正義はなされうるというメッセージを送ってくれる。

ニュルンベルク裁判は国際法における新たな時代の幕開けとなったが、その後数十年にわたって放置されたままになっていた。ただし、二一世紀初頭には国連による旧ユーゴスラビアとルワンダを裁く国際法廷が、暗い時代に終止符を打つきっかけになるかもしれないという希望は現実のものになっている。変化のきざしは、ジャン・カンバンダ首相がジェノサイドの罪を認めたルワンダに、さらにピノチェト将軍が国外で逮捕された事件に認められる。現在、生まれつつある国際司法と常設の国際刑事裁判所に象徴される正義の文化は、さらに大きな希望を与えてくれる。国境を超えた裁判が可能であるという見通しは、将来の独裁者に立ち止まって考える理由を与えるかもしれない。

「人間が作られたと同じ曲がった木材からは、完璧にまっすぐな建物は建てられない」と書いたのは、一八世紀ドイツの哲学者イマニュエル・カントであった。過去が将来を計る目安だとすれば、将来、独裁者の出現は不可避である――アウグスト・ピノチェト、スロボダン・ミロシェビッチの生まれ変わり、あるいはアドルフ・ヒトラーの生まれ変わりさえ出てくるかもしれない。多くの人がそう感じている。一九九九年七月一四日、『バンコック・ポスト』のなかで、アメリカ人弁護顧問のジェームズ・ハイタワーはポル・ポトの死のあとで、クメール・ルージュによって家族を殺された女性のストーリーを伝えている。ポル・ポト個人がその犯罪を犯したわけではないと知らされ、彼女はただ悲しそうに頭を振り、「ポル・ポトはたくさんいますよ」と言った、という。

ハイタワーは彼女の運命論的な言葉と、ジェノサイドの悪魔と戦おうとする虚しさに頭を打たれたような衝撃を感じて、「正義という蜃気楼」について、「カンボジアにおける遅々として進まないアカウンタビリティの獲得」について、彼にとっては「苦悩する何百万という犠牲者側の天秤にささやかな錘をかけただけ」のルワンダにおける起訴について、そして、コソボで未だに土をかけられていない墓場と、私たちのまわりに蔓延する「グロテスクな憎悪」について書いている。そして、ポル・ポトやスロボダン・ミロシェビッチといった個人的「怪物」に完全な責任を負わせることについての虚偽を指摘する。さらに、すべてが――まったくすべてが――非人間的とされる敵に罰を与えることができるよう「他者」から人間性を剥奪することの地域的問題について書いている。

私はハイタワーの悲嘆には同調もするし、ほとんどすべての言葉に賛成する。しかしながら、人道に対する罪はあまりにも圧倒的であるため、彼が仄めかしている、明るい期待は「少女パレアナ」（エレノア・ポーター著『少女パレアナ』の主人公のように、どんな状況にいても楽観的展望を捨てない人のこと）。のためだけに取っておける贅沢であるという考えにだけは賛同しかねる。私が思い出すのは、一九四四年という暗い時代にジョージ・オーウェルがアーサー・ケストラーに宛てた手紙である。「人間にとっての重要問題は決して解決されないかもしれない」。彼は絶望的な認識のなかでそう書いた。それから、自分の書いた言葉の意味に耐えられず、すぐにこう続けた。「そんなことは考えられない！　今日の世界を見て、心のなかで『いつだって、何百年前でさえ今と同じだったのだ……』と言える人がいるだろうか？」[*6]。

オーウェルのこの言葉は、悲嘆をかかえる国を旅する私の脳裡を掠めていたものである。とりわけ、自分の書いた言葉の意味と格闘しながら、すぐあとに綴ったその言葉に対する返答を。「人間の前にある選択はいつも邪悪なものの間の選択とは限らないだろう」と彼は手紙のなかで続けている。「社会主義の目標ですら、世界を完璧にすることではなく、よりよいものにすることなのだ」[*7]。

部分的な勝利ですら、手の届く最大の達成であるかもしれないと認めることは、ジョージ・オーウェルのような二〇世紀初頭の夢想家にとっては容易なことではなかっただろう。彼は達成不可能な期待にまで、レベルを落としたのである。

もうひとつ私の脳裡にあったのは罪という厄介な問題であった。個人の罪、集団の罪、何世代もにわたって引き継がれる罪。ハーグに赴任する前のルイーズ・アーバーのように、この研究に着手したときの私には、「罪の帽子を被らせる」ことの不公平さについてのはっきりとした考えがあった。もちろん、私がグループを、同時に個人を見るときには本著の主題——諸国家の歴史的記憶——に左右されはしたが、私にとって集団の罪という考え方は許しがたく、差別的であると思われたし、今でもそう信じている。集団の罪は、国民に一人残らず特定の色を塗りつけ、結果的には一般化と人種差別につながる。このことは、私がダニエル・ゴールドハーゲンの「ドイツ人」に関する説に異議を唱えたとき、ホロコースト生還者である観客の前で指摘した点であった。西洋の司法制度はすべて法の下での個人責任という原則に基いており、いったんそれが崩れると——たとえば、アドルフ・アイヒマン裁判でホロコーストがどうして起こったかについての周辺的な問題が持ち出されたとき、あるいはクラウス・バルビー裁判の準備段階で同じような些細な問題がもち挙がったときのように——、正義は転覆されうる(バルビーは、「tu quoque(あなただって)」という議論を使って自分の犯罪を相対化させようとした)。

どちらの場合も、法廷は被告の有罪、無実に再び焦点を当てたが、法廷の外では、不穏なジレンマがあったし、今でもその状況は変わっていない。ルイーズ・アーバーは、コミュニティと指導者の性格との心理的混合について語ったとき——彼女が特に念頭に置いていたのはボスニア系セルビア人とラドヴァン・カラジッチだった——、彼女は法廷からはみ出るような次の問いに扉を開いた。「自分たちが受動的に黙従した指導者の戦争犯罪法廷に対して、集団はどう反応するのか?」。ニュルンベルク裁判は、一般のドイツ人をいわゆる被告席の怪物と切り離して考えることを許したが、もしヒトラーがその有名な法廷にいたら、結果はより複雑になっていたであろうか? ドイツの戦後二世代は未だに、ヒトラーが自分たちの「一部で」あったという、そして自分たちがヒトラーの「一部であった」という考えに未だに苦悩している。カール・ヤスパースの言った、個人のみが負うことのできる「罪」と、集団的黙認なくては起こり得なかった犯罪に対する「集団的責任」は異なる、という主張は未だにはっきりとした解決を見ていない。

私が会った多くの人たちが連帯的な罪の意識に悩まされている。ミロス・バシッチは、集団の罪という考えは「間違っているし、不公平」だと考えている。しかし、そう言った後、彼は身を切られるような痛恨の表情で、「とはいえ、歴史は時折私たちの上に恐ろしいやり方で垂れ込めることがあります」と付け加えた。ツツ大司教は、人間はコミュニティのなかで生きるものだから、グループは自分たちが一部を担った過去について、スポークスマンを通して、犯罪の象徴的な告白という形で承認しなければならないと言った。ベルリンのシナゴーグで会った苦悩を抱えた若い女性は、家族の代わりにユダヤ人に対するつぐないをするために選ばれた夢を見た。フリードリヒシュタットの小さなコミュニティでは、元ヒトラー・ユーゲントで国防軍の一員であったカール・ミヒェルゾーンが殺害された村人の人生を記録することで死者たちの尊厳を回復させようとしている。

なかには、否定と対抗的な告発という反応を見せる人たちもいる。私はこうした人たちにも会った。しかし、個人の罪、集団の責任、そして恐ろしい犯罪が行われていたときに何もせず傍観していた固有の複雑性に関する問いは、どしゃ降り雨のあとで地表にさらされた不発地雷のように現れ始めているのではないか。さらに、人類始まって以来初めて、テレビ技術のおかげで私たちすべてが間接的に関与しているように思われる。何気なくテレビをつけ、ビールとミューチュアルファンドのテレビコマーシャルに挟まれた残虐行為や人々の苦痛を目にするとき、私たちは好むと好まざるとにかかわらず、共謀した傍観者になるのである。二〇〇〇年一月に南アフリカ放送協会（ＳＡＢＣ）が放映し（後にＣＮＮとＣＢＣが再放送した）、この種の映像はこれまでテレビ放映されたことはないと言われたドキュメンタリーのことが思い出される。このドキュメンタリー、『シエラ・レオーネ：アウト・オブ・アフリカ』は、身がすくむようなシーンで始まる。破壊の跡の残る路上で、反逆者の疑いのかけられた若い男性が命乞いをしている。「私はただの木こりです」と、その男性は目の前に立ちはだかった拳銃を持った兵士たちに言う。「食糧の魚を探しにここに来ただけです。私のことをご存知でしょう？」。彼を脅している兵士たちは、別の言葉でいえば、彼の知人なのだ（イスラム系家族が襲撃され、殺される日の前夜、その家族と一緒にコーヒーを飲んでいたヴラトコ・クプレシュキッチと同じように)。しかし、命乞いは聞き入れられない。一人の兵士が若者に狙いを定めて発砲する。彼は視聴者の目の前で死ぬ。シエラ・レオーネのドキュメンタリー作家ソリアス・サムラの撮ったこの残虐行為は、祖国で起こっている内戦の影響を生々しく描いているため、サムラはこの状況を国際社会に知って欲しいと願った。同時に、彼は今ではカメラの存在が実際にその殺人を促したのだろうかと自問し続けている。SABCの編集者クレア・ロバートソンは、このフィルムの放映を決定するまでに「魂との長い夜」を過ごしたと語った。テレビは戦争の現実を見せることと、視聴者に不必要な恐怖を見せることの間にしっかりした線引きを行う必要があることを前提に、同僚たちとの話し合いの末、最終的に視聴者には「歴史を目撃」する権利があるという結論に達した、と語った。[8]

とはいえ、目撃には責任が伴う。そのことは交通事故の目撃者となり、法廷で証言を求められたことのある人なら誰もが承知している。戦争犯罪が世界規模でテレビ化されるこの新しい時代には、「知らなかった」という弁解、あるいは中立という言い訳はもはや成り立たない。目撃者、あるいは傍観者になることは、価値判断を伴わない選択肢ではなく、道徳的怠慢の立場を取ることであり、この意味では家族の一員が犯した犯罪の記憶と共生する人々の「罪」は、ニュースの残虐な映像を無意識のうちに見ている誰にでも拡張されるのだ。数百万人もの人々がサラエボの市場での虐殺を目撃して初めて、西側諸国はとうとうボスニアとコソボで重い腰を上げた。人道に対する罪やジェノサイドを止めようとする軍事介入、抑止と処罰を目的とする国際裁判所は、私たちが感じている罪に対する部分的な補償であるとも言えるだろう。つまり、私たちを不本意の覗き見者と傍観者に代えた世界規模のテレビ番組に対する罪滅ぼしかも知れない。

問題の原因となること、また、人権のイニシアチブの理由になることのほかに、世界的に広がる情報の民主化は、歴史と記憶に違った方法で影響を与えている。困難な時期を経て国家再建を試みる種々の努力のうち――そのすべてが欠点を持ち、すべてが未完成で、すべてが矛盾に陥っている――、最も難点の多い方法は過去に関する虚言を語ることであるが、この最古の戦術はほとんどの鉄の箱を開くインターネットの存在により二一世紀にははるかに困難になるだろう。歴史的知識をはじめとする知識は、検閲とプロパガンダで世論操作を企てる政治指導者といえども、もはや同じ手で閉じ込めておくことはできないのだ。

旅が終わってみると、不穏な過去の投げた長い影に和解をもたらせるかどうかは、ごく基本的な要素次第であると思われる。それがあまりに基本的であるため、以前耳にして以来忘れられないスラブの格言が思い出される。「パンと塩を食べ、真実を語れ」。それらの要素は、事実の修復、公的アカウンタビリティ、公正な裁判の設置、終わりと始まりを印付けること、できるだけ道徳的コンパスを中央に引き戻すこと。政治的に都合のよい解決を求める声はいつの時代にも聞かれるだろう。社会的調和と実感しうる安定性のため、責任ある市民はしばしば過去を脇に追いやることを求められるし、過去に起こったことを公然と話したり、その責任者を名指しすべきではないとされている。しかし、長い目で見ると「忘却」の上に構築された平和は、限られた期間しか成功しないように見える。

さらに別の方法もある。政府のちょっとした行動が歴史のページを繰ろうとする国家のコミットメントを示すことがある。たとえば、歴史事実の公式な承認、必要であれば公式謝罪、犠牲者のための記念碑、補償金の提供、事実を語る常設博物館の設置、学校で憎悪の起源を教育することなどである。すべてが効果的で、すべてが象徴的行為である。

しかし、それでもまだ……

ドイツでは、それを「Vergangenheitsbewältigung」と呼ぶ。過去の克服という意味である。失敗する運命にある、高貴な理想である。ナチ犯罪が膨大だからではない。過去は決して克服されえないからだ。過去は永遠に記憶のなかに潜み、墓地をゆっくり彷徨する。過去は美しく描かれたふすまの背後で身を潜ませている。

唯一の方法は、過去をどうにかして扱うことである。その際、記憶とともに、アカウンタビリティとともに、正義をもって扱うことである。――正義がどんなに脆く、不充分で、不完全であるにしても……。

訳者あとがき

『歴史の影　恥辱と贖罪の場所で』（原題"Long Shadows —— Truth, Lies and History"）は歴史についての本である。歴史が現在に（さらに将来に）与える影響を考察した本である。

長い間、日本人として自国の歴史が私個人に与える影響を感じてきた。とはいえ、日本にいたときは、そうした影響は人生そのものを左右するほど目立ったものではなかった。

アジア各地を半年間旅した期間を含めると、すでに五年半を海外で暮らしていることになる。私が暮らすのは、マルチカルチャーで知られるカナダのなかでも、住民の半数が市民権を持たない移民といわれるトロントである。世界中からやってきた人々と友達になるという愉しい一面がある一方で、拙著『移民のまちで暮らす』で考えてみたように、異国の地で出会う幾多ものハードルも存在する。この経験は、自分が生まれ育ってきた国について、その文化についてこれまで以上に深く考えるきっかけにもなった。

海外生活の経験が教えてくれたのは、私が自国の歴史という重荷を常に背負っているという、否定しようのない事実だった。たとえば、あるパーティーで出会った年配のフィリピン生まれの女性に、子どもの頃、村に「裕福な日本人家族」がいて、その家の女の子が日本の唱歌を教えてくれたと言われる。韓国から来た学生から、韓国でいちばん重要な祝日は日本からの独立記念日だと面と向かって言われる。同時期にカナダに来た韓国人の友人は、会話が歴史の方に流れていかないよう気遣ってくれている。日本軍の従軍慰安婦についてのテレビ番組で、カナダ人コメンテーターの会話を聞く。そうしたときに感じる罪の感覚、日本人であることの後ろめたさ……。これをカナダ人の夫に説明しても、個人的責任という意味では無罪の私は何ひとつ恥じるべきではないと言われる。

もちろん、その出来事が起こったとき、私は生まれてはいなかった。第二次世界大戦中の日本軍の行動に対して、法的な責任という意味で、個人的に負うべき責任はまったくない。それなのに、その出来事は私の人生に計り知れない影響を与えている。さらに、まわりを見まわしてみると、同じような人たちがたくさん見られる。日本軍の侵略による犠牲者に対する人間的な悲しみを感じている日本人、不正に正義をもたらそうと試みている人たち、史実を歪めようとする動きに怒りを感じている日本人……。現時点では、日本は国家として、自国の名のもとで行われた犯罪に対して、然るべき責任を取る意志はないように見える。歴史に関する国民的議論さえ突発的に、あるいは表面的にしか起こらない。さらに、日本の外から見ていると、過去の出来事が、それに対する取り組みが日本という国全体国に、さらには国際社会における日本の立場に多大な否定的影響を与えているように思われてならない。

初めて『歴史の影』を読んだ瞬間から今に至るまで、この本が日本人読者に大きな示唆を与えてくれるものと信じてきた。さらに、過去に直面しようとする人たちを勇気付けてくれるはずだと強く信じてきた。悲惨な過去の事実に圧倒され、汚名を着せられているのは、日本に限ったことではない。日本には日本独特のやり方があるという人もいるだろう。しかし、ものごとを客観的に（ドイツのホロコーストへの、南アフリカのアパルトヘイトへの取り組みをはじめ、他の国家は負の遺産にどう対処しているのか？）、長期的に（それは現在に、あるいは将来にどういった結果をもたらしているのか？　国民はそれによってどういう心理的影響を被るのか？　それが今後の国家にどう影響を与えるのか？）眺めたアーナ・パリスの『歴史の影』は、日本人の私たちには何かとても新鮮である。一体、歴史を扱ううえでどんな方法が最も有効なのか。本書を読まれた読者は、おのずとそのことに思いをめぐらすであろう。

とはいえ、『歴史の影』は各国の単なる比較論ではない。この本のなかには、しばしば「強者」、「勝者」の歴史の陰で忘れ去られる一般市民の「ストーリー」がある。著者が世界中をめぐり、集めてきた彼らの声は、どんな歴史学者の声よりも強力に、感動的に私たちの心に直接響いてくる。彼らの苦悩のストーリーこそ、歴史の影がどのように現在を覆い、私たちの人生にどのような影響を与えているかの動かぬ証拠である。さらに、彼らの声は、私たちが決して過去の影から隠れることはできないという真実の目撃証言とも言えよう。

どんなに痛みを伴おうと、過去は「正義」という光で照らし出さなければならない。私たちの祖国はそれに耐えうるだろうか？

最後になるが、アーナ・パリスの作品が日本で紹介されるのはこれが初めてである。良書がますます出版されにくくなるなか、この本の日本語版を出版した社会評論社の勇断に敬意を表したい。

篠原ちえみ

二〇〇四年七月一日、トロントにて記す

＊原注

第1章　シーシュポスの石

1　*Dateline*, NBC, 17 September 1997.

2　1998 年，カナダ政府は，戦争犯罪プログラムとして 3 年間に 4,680 万ドルの予算を割り当てると発表した．このうち 1,100 万ドルが第二次世界大戦に関するものである．

3　拙著 *The End of Days* (Toronto: Lester Publishing, 1995; Buffalo:Prometheus Books, 1995), chapter 16ff.

4　Hannah Arendt, *The Origins of Totalitarianism* (New York: Harcourt Brace, 1951),11.（邦訳『全体主義の起源』1981 年，みすず書房）．

5　市長として在職中，クラウス・シュッツは元ベルリン市民で現在は海外に住むホロコースト生還者をベルリンに招待するという案を実行に移した．その後，シュッツの案はドイツの他の地方自治体によって採用された．

6　2 世代目のなかには，ナチ加害者の両親を激しく拒否し，極端に――右翼テロリズムではなく極左に――走った人もわずかながらいたが，その活動は彼らが反対していたものと同様に恐ろしいものだった．そうした人々の活動のおかげでヘルムート・シュミット内閣は崩壊の危機に瀕し，一方の保守派は変化を求める若者の動きを批難し，抑圧されていたナチの記憶の修復を求める声を無視する理由を得ることになった．

7　*Topography of Terror, Gestapo, SS and Reichssicherheitshauptamt on the "Prinz-Albrecht-Terrain": A Documentation*, ed. Reinhard Rürup, trans. Werner T. Angress (Berlin: Verlag Willmuth Arenhövel, 1989), 208.

8　前掲書．

9　*Topography* (上記，注 7), 214. より引用．

10　前掲書，216.

11　全文訳は以下，Geoffrey Hartman 編., *Bitburg in Moral and Political Perspective* (Bloomington: Indiana University Press, 1986), 262ff.

12　Jennifer Golub, American Jewish Committee, *Working Papers on Anti-Semitism*, "Current German Attitudes Towards Jews and Other Minorities," 1994.

13 Wolfgang Lenz, E メールによる返信 , August 20, 1997.

14 *The Revolution* (1849) in *Richard Wagner's Prose Works*, 1892-99, W. A. Ellis, Paul Rose 訳 , *Revolutionary Antisemitism in Germany from Kant to Wagner* (Princeton: Princeton University Press, 1990), 360. より引用 .

15 Dan Bar-On, *Fear and Hope: Three Generations of the Holocaust* (Cambridge, Mass.: Harvard University Press, 1995).

16 マルティン・ボルマンの死に関しては，長い間，一部で議論が続いていた．ボルマンを「目撃」したという報告は頻繁に寄せられた．しかし，1998 年には，ＤＮＡ検査によって彼の遺体の一部が本人のものと確認された．1999 年 8 月，ドイツ政府はボルマンの灰をひっそりと海に流した．

17 Peter Sichrovsky, *Born Guilty: Children of Nazi Families,* Jean Steinberg 訳 (New York: Basic Books, 1988).

18 Annick Cojean, *"Les Mémoires de la Shoah," Le Monde*, 28 April 1995.

19 Niklas Frank, *In the Shadow of the Reich*, Arthur S. Wensinger with Carole Clew-Hoey 訳 (New York: Knopf, 1991), 5.

20 Raul Hilberg, *The Destruction of the European Jews* (New York: Holmes & Meier, 1985), 69.（邦訳『ヨーロッパ・ユダヤ人の絶滅』1997 年 , 柏書房）

21 Frank(上記 , 注 19), 136-37.

22 前掲書 , 265.

23 Telford Taylor, *The Anatomy of the Nuremberg Trials* (New York: Knopf, 1992), 539.

24 前掲書 .

25 TV5, 14 October 1997.

26 Charles S. Maier, *The Unmasterable Past: History, Holocaust, and German National Identity* (Cambridge, Mass.: Harvard University Press, 1988), 15.

27 Jürgen Habermas, "The Theory of Communicative Action," 1981, Maier (上記 , 注 26), 57. より引用 .

28 前掲書 , 59.

29 2000 年 6 月，ノルテはコンラッド・アデナウワー文学賞を授与された．受賞演説のなかでノルテは，ナチズムは反ボルシェビキであり，ユダヤ人は「ボ

ルシェビキ派」を支持していたのだから，ヒトラーの反ユダヤ主義は「合理的」であったと述べた．再び，1980 年代の「歴史家論争」を彷彿とさせる騒動が起こった．

30 Raul Hilberg, 21 March 1985, Hartman (上記 , 注 11), xiii. より引用 .

31 前掲書 , 19.

32 Cojean (上記 , 注 18).

33 前掲書 .

第 2 章　曇りガラスの向こうの真実

1 拙著 *L'Affaire Barbie: Analyse d'un mal français* (Paris: Editions Ramsay, 1985)

2 本章の歴史的背景，およびクラウス・バルビー裁判とモーリス・パポン裁判との関連に関しては，拙著 *Unhealed Wounds: France and the Klaus Barbie Affair* (Toronto: Methuen, 1985; New York: Grove Press, 1985) のために行った先の調査に頼った．

3 Serge Klarsfeld *Memorial to the Jews Deported from France, 1942-1944* (New York: Beate Klarsfeld Foundation, 1983), 332. より引用 .

4 *Le Monde* (Paris) 10 December 1997.

5 拙著 (上記 , 注 2).

6 前掲書 , 61.

7 前掲書 , 228.

8 Michael R. Marrus and Robert O. Paxton, *Vichy France and the Jews* (New York: Basic Books, 1981).（邦訳『ヴィシー時代のフランス』2004 年 , 柏書房）.

9 Pierre Péan, *Une Jeunesse française* (Paris: Fayard, 1994).

10 テレビ・インタビュー , 12 September 1994.

11 Jean Bassompierre, Paris, *Unhealed Wounds* (上記 , 注 2), 87. より引用 .

12 André Halimi, *La Délation sous l'occupation* (Paris: Alain Moreau, 1983), Introduction.

13 前掲書 .

14 Suhard 枢機卿による .

15 移送された 76,000 人のうち帰還したのは 3,000 人であった .

16 Jacques Duquesne, *Les Catholiques français sous l'Occupation* (Paris: Grasset, 1966).
17 *Le Point*, 1 November 1997.
18 *Le Canard enchaîné*, 6 May 1981.
19 BBC, 22 October 1997.
20 *Le Monde*, 1 October 1997.
21 前掲書 .
22 ニュルンベルク憲章 .
23 Michel Debré, Georges Pompidou and Maurice Couve de Murville.
24 Roger-Samuel Bloch.
25 1981 年 12 月 15 日 , 委員会報告書 .
26 Pierre Pujo, *L'Action française hebdo*, 30 October-5 November 1997.
27 1999 年 1 月 , 国民戦線は , 国民戦線 (FN) と全国共和国運動 (MN) に分裂 . その後数ヶ月にわたり , ル・ペンとライバルであるブルーノ・メグレの支持者は熾烈な争いを繰り広げ , 国民の支持を失った . 1999 年 6 月における欧州議会選挙の統合票 8.97 パーセント（ル・ペン 5.69 パーセント , メグレ 3.28 パーセント）は , 1994 年時点での国民戦線の得票率 10.52 パーセント , 1995 年のフランス大統領選挙でのル・ペン支持 15 パーセント , 1997 年のフランス議会選挙での 14.94 パーセントに比べると大きな後退であった .
28 National Union of Uniformed Police Officers, 7 October 1997.
29 Henri Amouroux, *Pour en finir avec Vichy: les oublis de la mémoire* (Paris: Laffont, 1997).
30 Henry Rousso, *Le Syndrome de Vichy: de 1944 à nos jours* (Paris: Seuil, 1990).
31 Maurice Papon, with Michel Bergés, *La Vérité n'intéressait personne* (Paris: François-Xavier de Guibert, 1999).
32 Robert O. Paxton, "The Trial of Maurice Papon," *TheNew York Review of Books*, 16 December 1999.

第 3 章　歴史の抹消

1　『日本書紀』.

2　Ruth Benedict, *The Chrysanthemum and the Sword: Patterns of Japanese Culture* (Cleveland: Meridian Books, 1 969), 24.（邦訳『定訳 菊と刀』 1972 年 , 社会思想社）.

3　『毎日新聞』（大阪版）1938 年 2 月 9 日付 .

4　"Japanese Imperialism and the Massacre in Nanking," by Gao Xingzu, Wu Shimin, Hu Yungong and Cha Ruizhen, Robert B . Gray 訳 , 1996, *China News Digest*, 1995. より引用 .

5　*The Rape ofNanking: An Undeniable History in Photographs* (Chicago: Innovative Publishing Group, 1996) は , 死者数 369,366 人としている . 本著では , 法律学者の R. John Pritchard によるそれより低い推定数を使った . Peter Calvocoressi, Guy Wint and John Pritchard, *Total War: The Causes and Courses of the Second World War*, 第 2 改訂版 . (London: Viking; New York: Pantheon, 1989).

6　Harold John Timperley, *What War Means: the Japanese Terror in China, a documentary record* (London: V Gollancz 1938).

7　W. G. Beasley, *The Rise of Modern Japan: Political, Economic and Social Change Since 1850* (New York: St. Martin's Press, 1995), 18.

8　Sheldon Harris, *Factories of Death: Japanese Biological Warfare 1932-45 and the American Cover- Up* (London and New York: Roultedge, 1994). ハリスが主に頼った資料は , Peter Williams と David Wallace 著 , *Unit 731 : Japan 's Secret Biological Warfare in World War II* (London: Hodder and Stoughton, 1982).

9　Major-General Kawashima Kiyoshi, 前掲書 , 55.

10　1949 年 , ソ連・ハバロフスク法廷での証言 .

11　Harris (上記 , 注 8),66-67.

12　*The New York Times*, 4 March 1999.

13　オーストラリア , カナダ , 中国 , フランス , イギリス , インド , オランダ , ニュージーランド , フィリピン , ソ連 , アメリカ .

14　Noam Chomsky, *Year 501* (Boston: South End Press, 1993), Chapter 10. より引用 .

15 日本軍の行った生物兵器開発のための人体実験を隠蔽するアメリカと石井四郎の免責に関するストーリーは，1980年代以降，広く知られるようになった．ごく最近の報告としては，シェルドン・ハリスとニコラス・D・クリストフによる "Japan Confronting Gruesome War Atrocity," (The New York Times, 17 March 1995）がある．

16 *San Francisco Examiner*, 1 December 1996.

17 Harris（上記，注8), 190. より引用．

18 この記事は，ハリスの *Factories of Death*（死の工場）のアメリカ出版から2年後の1996年9月にインターネットサイトのThe History Net上に投稿されていた．

19 山本七平／イザヤ・ベンダサン，『諸君』（文藝春秋社）1972年3月．

20 鈴木明「"南京大虐殺" のまぼろし」，『諸君』（文藝春秋社）1972年4月．

21 ロバート・レページの『太田川の七つの支流』は，1994年9月，エジンバラ・フェスティバルにて初演された．

22 *Asiaweek*, 14 March 1997.

23 *The New York Times*, 22 January 1997.

24 前掲書．

25 「戦争犯罪と戦後補償を考える国際市民フォーラム」（1999年12月10〜12日）での発言より．

26 真崎良幸氏のウェブ・サイトより．

27 *China News Digest* Web site.

28 南京にいた外国人は実際には協力的であった．日本軍の蛮行が行われている間，安全地帯を設置しようと試みたり，避難しようとする難民を助けている．

29 *New York Times Magazine,* 2 July 1995.

30 Iris Chang, *The Rape of Nanking, The Forgotten Holocaust of World War II* (New York: Basic Books, 1997).

31 信頼性という意味ではインターネットはいまひとつ頼りにならないため，私は真崎について，彼がリサーチャー，通訳として共に働いたイギリスのテレビ製作者ジリアン・グリフィスに確認した．

32 村山首相の謝罪は1995年8月15日．

33 *The New York Times*, 22 April 1999.

34 前掲書．

第4章　奴隷制の影

1 1963年8月28日，ワシントン大行進．

2 Ulrich B. Philips, *American Negro Slavery* (New York, 1918).

3 Kenneth M. Stampp, *The Peculiar Institution* (New York: Knopf, 1 956; Vintage Books edition, 1989).（邦訳『アメリカ南部の奴隷制』1988年，彩流社）．

4 Stampp (上記，注3), 245. より引用．

5 1998年，DNA鑑定によって証明される．

6 Benjamin Franklin, September 17, 1787, *Africans in America*, Part 2, *The Constitution*, www.pbs.org. より引用．

7 Sol Cohen 編，E*ducation in the United States: A Documentary History*, Vol I (New York: Random House, 1974), *Africans in America*, Part 2: 1750-1805, PBS, 1998. より引用．

8 Dr. Samuel Cartwright, "Diseases and Peculiarities of the Negro Race," *DeBow's Review*, New Orleans, January-February 1862.

9 1997年10月10日イエール大学での講演．

10 1968年のカーナー委員会．

11 共同決議案96,19997年6月12日．

12 1998年3月．多くの人たちが，ヴァチカンの声明は責任を帰すところまでは追求しておらず，不充分であると考えた．

13 1997年6月18日，トニー・ホールの発言．

14 Brent Staples, *The New York Times*, 21 July 1997.

15 *The New York Times*, 1 April 1998.

16 Thomas Sowell, "Apologize for What? More on Phony Black History," (Thomas Sowell Resources on the Web).

17 1963年8月28日，ワシントン大行進．

18 Eudora Welty, *One Writer's Beginnings* (Boston: Harvard University Press, 1984).（邦訳『一作家の生い立ちの記』 1993年，りん書房）

19 1882と1952のあいだに534件の事件が起こっている．

20 John Dittmer, *Local People: The Struggle for Civil Rights in Mississippi* (Urbana: University of Illinois Press, 1994), 467. より引用．

21 Neil McMillen, 前掲書 ,46.

22 1962年9月30日，ミシシッピ大学への入学許可を求めるメレディスの運動（結果的には成功した）に関する暴動が起こり，死者2名，負傷者160名を出した．秩序回復のため連邦軍23,000名が出動した．

23 Susan Roach, "Willing to Take a Risk: Working in the Delta," The Mississippi Delta Cultural and Historical Background, 1991:6-7.

24 Sonia Sanchez, "homegirls & handgrenades" in Norrece T. Jones Jr., *Mechanisms of Control and Strategies of Resistance in Antebellum South Carolina* (Middletown, Conn.: Wesleyan University Press, University Press of New England, 1990).

25 アメリカを目指してやってきた何十万もの移民は，まずニューヨーク市港にあるこの小さな場所に上陸させられた．

26 Rosser H. Taylor, *Ante-Bellum South Carolina: A Social and Cultural History* (Chapel Hill: University of North Carolina Press, 1942), 37.

27 この中断期間は1865年から77年のいわゆる再建時代であった．この短期間，黒人は政治的権利を行使した．

28 エイヴァリー・インスティテュートは，南カロライナと沿岸低地帯に関する135件の原本コレクションを所有している．

29 日付は1864年4月12日．

30 Samuel P. Huntington, *American Politics: The Promise of Disharmony* (Cambridge, Mass.: Harvard University Press, 1981), 4.

31 前掲書 , 33.

32 ニュート・ギングリッチ共和党議員によるいわゆる「保守革命」により右側に押されていたビル・クリントン大統領は，ヨーロッパでは西洋諸国における現指導者のうち最も右派に属すると見られていた．

33 ジョニーは彼女の名．

34 "President's Advisory Board on Race Produces Modest Report," *The New York*

Times, 18 September 1998.

35 *Post Examiner* (Charleston), 28 September 1998.

36 これを書いている時点で，マイクロソフト・ワード6に入っている辞書を見ると，現代アメリカのイデオロギー，その言語への反映が確認でき，目からウロコが落ちるようだ．右翼の同義語を調べると，「保守」と「旧式」の2語が，左翼に対しては「極端な原理主義」，「狂信的」，「非主流派」，「過激主義者」など9つの同義語が上がってくる．

37 「われわれの奇妙な制度が奴隷制に対する婉曲的呼び方」であるのと同じように，「制度」は人種分離の婉曲法であった．

38 John Dittmer, Local People: *The Struggle for Civil Rights in Mississippi* (Urbana: University of Illinois Press, 1994), 417.

39 1999年12月17日，アメリカ国務省発表（ドイツ，ベルリンにて）．

40 トニー・ホールは諦めたわけではなかった．2000年6月19日，PIRは彼が提出した先の提案のディベートを阻止したと主張し，再び決議案を提出した．「2000年の奴隷制に対する謝罪決議」，共同決議案356.

第5章　愛する国

1 人種分離は，1948年の国民党の選挙後に成文化されたが，差別と分離はそれ以前から存在していた．

2 1998年10月8日のTRC最終報告書.vol.1, 第8章．

3 これは1991年，第三軍の活動を調査するゴールドストーン委員会によって最初に露呈された．クワズールー・ナタール州では，他の地域と同じように政治的アイデンティティは複雑であるが，インカタ自由党(IPF)の支持基盤は大部分がズールーであった．

4 W.A.de Klerk, *The Puritans in Africa: A Story of Afrikanerdom* (Middlesex, England: Rex Collings Ltd., 1975).

5 Richard Elphick and Robert Shell, "Intergroup Relations, 1652-1795," in *The Shaping of South African Society, 1652-1840*, Richard Elphick and Hermann Giliomee 編，第2版．(Middletown, Conn.: Wesleyan University Press, 1989), 214.

6 Raphael de Kadt, J.W.Fedderke and J.Luiz, "Uneducating South Africa: A

1910-1993 Legacy," ERSA (Econometrics Southern Africa), University of the Witwatersrand, 1999.

7 Kader Asmal, Louise Asmal and Robert Suresh Roberts, *Reconciliation through Truth: A Reckoning of Apartheid's Criminal Governance* (Johannesburg: David Philip Publishing, 1996), 31.

8 前掲書, 28-29.

9 ドナルド・ウッズをはじめ, デンゼル・ワシントン, ピーター・ガブリエル, リチャード・アッテンボロー, ケン・フォレットをはじめとする人たちのおかげで, ビコ殺害の20周年記念日, イースト・ロンドンの市庁舎前でネルソン・マンデラによってビコの銅像の除幕式が行われた.

10 T.R.H.Davenport, *South Africa: A Modern History* (Toronto: University Toronto Press, 1977), 393.

11 *Die Vrye Weekblad*, Jacques Pauwによる. 26 January 1990.

12 ドキュメンタリー・フィルム *Prime Evil* より.

13 Barbara Tuchman, *The March of Folly* (New York: Ballantine Books, 1984). (邦訳『愚行の世界史』1987年, 朝日新聞社).

14 *Boernews*, 3 February 1997.

15 Desmond Tutu, *The Rainbow People of God* (New York: Doubleday, 1994), 6.

16 前掲書, 222.

17 前掲書.

18 1998年8月21日, ボータはTRC委員会への出頭を拒否したことで有罪とされ, 10,000ランドの罰金, あるいは12ヶ月の拘留を課されたが, 1999年6月1日, 控訴裁判所は「技術的理由」により第一審をくつがえす判決を下した.

19 TRC最終報告書, vol.4, 第4章.

20 前掲書, chapter 5.

21 Donald Woods, *Biko*, 3d ed. (New York: Henry Holt, 1991), 231.

22 恩赦委員会は未処分のケースを解決するために継続された.

23 *Mail and Guardian* (Johannesburg), 29 October 1998.

第6章　ホロコーストは誰のものか？

1　著者によるラウル・ヒルバーグのインタビュー．バーリントン，ヴァーモント，1999年4月．

2　Alvin Rosenfeld 編 . "Holocaust and World War II as elements of the Yishuv Psyche until 1948," in *Thinking about the Holocaust After Half a Century* (Bloomington: Indiana University Press, 1997).

3　Raul Hilberg, *The Politics of Memory* (Chicago: Ivan R. Dee, 1996), 128.（邦訳『記憶』1998年，柏書房）

4　Charles S. Liebman and Eliezer Don-Yehiya, David Arnow, "Victors, Not Victims: Attributing Israel's existence to Holocaust perpetuates a myth that keeps us from taking control of our own destiny," *Reform judaism Magazine*, February 1999. より引用．

5　拙著 *The Garden and the Gun: A journey Inside Israel* (Toronto: Lester & Orpen Dennys, 1988; Chatham, Mass.: Semaphore Press, 1991).

6　www.yad-vashem.org.

7　前掲書．

8　前掲書．

9　Yosef Hayim Yerushalmi, など．

10　『出エジプト記』13:3.

11　『出エジプト記』17.

12　前掲書．

13　拙著(上記，注5), 148.

14　David Wyman, *The Abandonment of the Jews: Americans and Holocaust, 1941-1945* (New York: Random House, 1984).

15　Raul Hilberg, *The Destruction of the European Jews* (Chicago: Quadrangle Books, 1961; New York: Holmes & Meier, 1985), 324.

16　William Rubinstein, *The Myth of Rescue* (London and New York: Routledge, 1997).

17　Edward T. Linenthal, *Preserving Memory: The Struggle to Create America's Holocaust Museum* (New York: Penguin, 1995), 223. より引用．

＊原注

18 "Deformations of the Holocaust," *Commentary* 71 (February 1981): 48-54.

19 もともとの統計は 1993 年にアメリカ・ユダヤ人委員会 (AJC) によりまとめられたが，質問の言葉遣いに関するいくつかの問題が浮上し，1994 年，AJC はシカゴ大学の国民世論調査センターにフォローアップ調査を委託することにした．Working Papers on Contemporary Anti-Semitism, のトム・W・スミスによる "*Holocaust Denial: What the Survey Data Reveal*," The American Jewish Committee, Institute of Human Relations, 1995.

20 Judith E. Doneson, "Holocaust Revisited: A Catalyst for Memory or Trivialization?", *Annals*, AAPSS, 548 (November 1996). より引用．

21 Irving Greenberg, Linenthal, *Preserving Memory*, 12. より引用．

22 Jennifer Golub and Renae Cohen, "What Do Americans Know about the Holocaust?" Working Papers on Contemporary Anti-Semitism, The American Jewish Committee, Institute of Human Relations, 1995. Table 15a, 56.

23 このテーマに関する興味深い議論については，Alvin Rosenfeld 編，*Thinking about the Holocaust After Half a Century* (Bloomington: Indiana University Press, 1997) に彼自身が書いた "The Americanization of the Holocaust" を参照のこと．

24 前掲書，141.

25 1996 年 6 月 29 日，アイダホ州サンバリーでのエリー・ヴィーゼルのインタビュー．

26 Report of the chairman of the President's Commission on the Holocaust, 27 September 1979.

27 1996 年 6 月 29 日，ヴィーゼルのインタビュー．

28 Irving Abrahamson, ed., *Against Silence: The Voice and Vision of Eli Wiesel* (New York: Holocaust Library, 1985), Vol. I, 30. より引用．

29 1980 年代にはこの状況に変化の兆しが見え始めた．

30 Linenthal (上記，注 21), 35.

31 Saul Friedlander, "The Shoah in Present Historical Consciousness," in *Memory, History, and the Extermination of the Jews of Europe* (Bloomington: Indiana University Press, 1993), 50. より引用．

32 前掲書 ,49.

33 Hilberg, Linenthal, 120. より引用 .

34 Michael R. Marrus, *The Holocaust in History* (Toronto: Lester & Orpen Dennys, 1987), 20.

35 Franjo Tudjman, *Bespuca povijesne zbiljnosti* (Horrors of War: historical truth and philosophy), Zagreb, 1989.

36 Elie Wiesel, "Eichmann's Victims and the Unheard Testimony," *Commentary*, December 1961.

37 Linenthal, 88.

38 前掲書 , 210-16.

39 前掲書 , 110.

40 Yehuda Bauer, *They Chose Life: Jewish Resistance in the Holocaust*, 1973, Marrus (上記 , 注 34), 137. より引用 . 斜字体は原著 .

41 Solicitation letter by Miles Lerman, chairman, United States Holocaust Museum, Rosenfeld (上記 , 注 23), 127. より引用 .

第 7 章　ヨーロッパに再来した戦争

1 Associated Press, 29 January 1999.

2 Andrei Simić *The Peasant Urbanites: A Study of Rural-Urban Mobility in Serbia* (New York: Seminar Press, 1973).

3 Philip J. Cohen, *Serbia's Secret War: Propaganda and the Deceit of History* (College Station: Texas A&M University Press, 1996).

4 Dubravka Ugrešić, *The Culture of Lies* (London: Weidenfeld & Nicolson, 1998).（邦訳『バルカン・ブルース』1997 年 , 未來社）

5 Dobrica Ćosić, "Reality and Possibility," Christopher Bennett *Yugoslavia's Bloody Collapse: Causes, Course, and Consequences* (New York: New York University Press, 1995), 80. より引用 .

6 Drinka Gojković, "The Birth of Nationalism from the Spirit of Democracy: The Association of Writers of Serbia and the War " 未刊行の英語版原稿 .

7 前掲書 .

8 Norman Cigar, "The Serbo-Croatian War, 1991," in Stjepan G. Meštrović, *Genocide After Emotion: The Postemotional Balkan War* (New York: Routledge, 1996), 55ff. より引用 .

9 著者によるチョーシッチのインタビュー .1997 年 11 月 21 日 .

10 Petar Petrović Njegoš, *The Mountain Wreath*, D. Mrkich 訳 (Ottawa: Commoners's Publishing, 1985).

11 コーヘン (上記 , 注 3) によると , ウスタシェは（セルビア人チェトニック＝王党派とは違って）, 地元住民から多大な支持を受けていたわけではなかった . ナチの試算では , クロアチア人のウスタシェ支持率は約 2 パーセントから 6 パーセントであった . 106 ページ .

12 マンディッチの家族はイタリアから移送された . 父親はセルビア生まれのユダヤ人だった .

13 Cohen, 66.

14 Cohen, 72. より引用 .

15 *Naśa borba* and *Obnova*.

16 *Danas*, 10 March 1992, Daniel Kofman, "The Mediterranean Connection: Israel and the War in Bosnia," *Journal of Mediterranean Studies* 6, no 2 (1996). より引用 .

17 Lasiewicz Foundation の Nalini Lasiewicz は , セルビア当局がまいた退去を伝えるビラを見たと主張し , 難民は立ち退きを命じられたと報じた . E メールによる往復書簡 . 1999 年 7 月 8 日 .

18 ヴーク・ドラシュコビッチの手紙より引用 .

19 *The Boston Globe*, 29 November 1992, Kofman (上記 , 注 16). より引用 .

20 1998 年 , ミロシェビッチ政府は「偽情報の流布」という大昔の法を復活させた .

21 シェシェリが任命されたのは 1998 年半ばであった .

22 第 1 条 3 項 . NATO によるユーゴスラビア侵略の正当化における国連憲章の立場に関する議論については, Anthony D'Amato, 著 *U.N. Law Reports*, (ed. John Carey; May 1999) を参照のこと .

23 *Gazeta Wyborcza*, 5 April 1999.

第8章　新しいジェノサイド、新しい裁判

1　2000年1月14日,「クプレシュキッチとその他」で起訴されたドラガン・パピッチを除く全員が有罪判決を受け，最高で25年の懲役が課された．パピッチは証拠不充分との理由で釈放された．アントニオ・カッセーゼ首席裁判官は次のように述べた．「1993年4月16日にアーミチ村で起こったことは，間違いなく人間に対する人間の行為として歴史上最も邪悪な例のひとつであった」．

2　Taylor, *The Anatomy of the Nuremberg Trials*, 53. より引用．

3　前掲書167ページ．1899年のハーグ平和会議の後，国際司法裁判は直ちに実現し，この条約はハーグ法と呼ばれるようになった．John Carey と R. John Pritchard 編 *International Humanitarian Law: Origins, Challenges, and Prospects* にある R. John Pritchard, "International Humanitarian Intervention and Establishment of an International Jurisdiction Over Crimes against Humanity: The National & International Military Trials on Crete in 1898," ,. (Lampeter, Lewiston and Queenston: Robert M. W. Kempner Collegium/The Edwin Mellen Press, 2000), 1-81. を参照のこと．

4　ニュルンベルク裁判に先立つ交渉に関しては，数々の信頼のおける説明が入手可能．私が主要情報源として頼ったのは，テイラー（上記，注2）と Global Legal Studies Journal(11, 1999) のなかの Mark A. Bland による "An Analysis of the United Nations International Tribunal to Adjudicate War Crimes Committed in the Former Yugoslavia: Parallels, Problems, Prospects".

5　それ以前にも，1945年10月18日のベルリンにおける会合が開催されていた．

6　Taylor, 167, 171-72. より引用．

7　ロベルト・ライは拘留中に自殺，グスタフ・クルップは裁判に耐えられる健康状態にはないと診断された．

8　検察側は，シュトライヒャーは自ら主宰する雑誌 "Der Stürmer" を通して，意図的に憎悪をかき立てるような心理的状況を作りだし，ユダヤ人の絶滅を正当化させ，究極的にそれを受け入れるよう読者を飼い慣らしたと主張した．シュトライヒャーは，新しい宗教としての「支配人種理論」創出の一端を担い，それを普及させた責任により有罪判決を受けた．

9 ナチズム擁護の参考文献としては，Carlos Porter, *Not Guilty at Nuremberg* (Hull: The Heretical Press, 1998), Institute for Historical Review の出版物，そして The Journal of Historical Review. を参照のこと．

10 Judith Shklar, *Legalism: Law, Morals, and Political Trials* (Cambridge, Mass.: Harvard University Press, 1986).

11 2000 年 3 月 3 日，ICTY はティホミール・ブラシュキッチは，1992 年から 1994 年までに中央ボスニアで起こった事件に関する 20 件の容疑のうち，人道に対する罪，ジュネーブ条約違反，戦争慣例法侵害によって 19 件で有罪を申し渡された．懲役 45 年という，同裁判所が言い渡した最長の懲役期間であった．判決では，ボスニア＝ヘルツェゴビナにおけるボスニア系，クロアチア系勢力による戦争が，今は亡きクロアチア大統領フラジョ・ツジマンによって指示されたことを明確にした．

12 フラジョ・ツジマンの後継者，スティエパン・メシッチ大統領の政府は，ICTY に対して前政府と比べものにならないほど協力的であった．2000 年 5 月，同法廷の新所長クロード・ジョルダはクロアチアを訪れ，2000 年 5 月 17 日には，メシッチ宛てに彼の率直な協力に対する謝意を表する書簡を送った．2000 年 5 月，クロアチアは NATO の「平和のためのパートナーシップ（PFP）」に参加した．

13 International Justice Watch Internet Discussion List.

14 Michael Scharf, *Balkan Justice* (Durham, S.C.: Carolina Academic Press, 1997).

15 前掲書，54.

16 Michael Dobbs による *Madeleine Albright: A 20th-century Odyssey* (New York: Henry Holt, 1999). Dobbs は，1997 年にはオルブライトがユダヤ人であることを明かし，本人が遅くとも 1967 年には自分がユダヤ人であることを知っていたと主張した．

17 1999 年，ガブリエル・カーク・マクドナルドは任期を終え，後任としてフランスの判事クロード・ジョルダが赴任した．

18 マクドナルドのマドリードでのスピーチは 1998 年 12 月 15 日．

19 1998 年 12 月 11 日付 *El Pais*（マドリッド）．アウグスト・ピノチェトに対する起訴は 1998 年 12 月 10 日．

20 Derechos Human Rights, チリ (www.derechoschile.com).

21 前掲書 .

22 前掲書 .

23 2000 年 5 月には , サンティアゴ控訴裁判所がピノチェト将軍の恩赦を剥奪する判断を下し , チリにおける起訴の可能性が開かれた .

24 *Financial Times* (London), 19 October 1998.

25 Derechos Human Rights (チリ).

26 Derechos Human Rights.

27 アルゼンチンでは , 以前からダーティー・ウォーの期間に発生した人権侵害に対する起訴は起こっていた .

28 ガーゾン判事は , 軍事指導部がアルゼンチン人にあたらないと考える人々を迫害したとしたうえで , アルゼンチンで起こった事件はジェノサイドであったと主張した . さらに宗教的迫害に関する関連議論もあった . たとえば , アルゼンチンのユダヤ人は通常とは違った迫害の対象になっていた .

29 Elisabeth Lira, *Utopías de fin de siglo: verdad, justicia y reconciliación*, 1995, Derechos Human Rights. より引用 .

30 国連が設立されてすぐに , 国連国際法委員会 (ILC) は , ニュルンベルク原則の編纂 , 国際刑事裁判所 (ICC) 設置規程の草稿をまとめるよう命じられた .

31 ICC は設立される以前の犯罪には遡及されない .

32 国際刑事裁判所設置を求めるワシントンのグループの協同設立者 John L. Washburn をはじめ , その他大勢

33 *The Washington Post*, 26 February 1999. より引用 .

34 前掲書 .

35 国連憲章第 2 条第 1 項 .

36 1998 年 6 月 16 日 , ベンジャミン・フェレンツェの演説 .

37 Taylor, 248.

38 サラエボの国際赤十字によると , スレブレニッツァの 7,414 人が行方不明になっているという . そのうちほとんどが男性 . 発見された遺体 1,650 のうち , 現時点で身元が判明しているのは 60 体のみ . 1999 年 8 月 1 日付 *Het Parool* (アムステルダム). この引用を見つけて翻訳をしてくれた Erna Rijsdijk に謝

意を表したい．

39 "Un voile révisionniste jeté sur le Kosovo", *Le Monde*, 3 May 2000.

40 *The Spectator* (London), 4 December 1999.

41 Patrick Ball, "Policy or Panic? The flight of Ethnic Albanians from Kosovo, March-May 1999", AAAS, May 2000.

42 アーバーはカナダに戻り，カナダ最高裁判所の判事として着任した．

43 *The Washington Times*, 30 December 1999.

44 前掲書．

45 *Tribunal Update* 161 (24-29 January 2000).

46 Taylor, 641.

最終章　記憶と忘却のあとで

1 Benedict Anderson, *Imagined Communities: Reflections on the Origin and Spread of Nationalism* (London: Verso, 1983). (邦訳『想像の共同体――ナショナリズムの起源と流行』1997 年，NTT 出版

2 *The New York Review of Books*, 19 June 1999. より引用．

3 Edward Ball, *Slaves in the Family* (New York: Farrar, Straus and Giroux, Inc., 1998).

4 *The Village Voice*, 12 December 1998.

5 Brandon Hamber, "Remembering to Forget: Issues to Consider when Establishing Structures for Dealing with the Past," in *Past Imperfect: Dealing with the Past in Northern Ireland and Societies in Transition*, Brandon Hamber, ed. (Londonderry: INCORE, 1998), 56.

6 September 1944. George Orwell, Sonia Orwell and Ian Angus 編，*The Collected Essays, Journalism and Letters of George Orwell*, vol. 3 , (1943-1945), (New York: Harcourt, Brace and World, 1968), 234ff.

7 前掲書．

8 Corinna Schuler, "The Ethics of Airing Horrors of War," *The Christian Science Monitor*, 27 January 2000. ドキュメンタリー番組の再放送は 2000 年 2 月に *Cry Freetown* として CNN と CBC で放映．

<著者紹介>
アーナ・パリス（Erna Paris）
カナダ・トロント生まれ。トロント大学、パリ・ソルボンヌ大学卒。1971年より執筆活動を開始。ジャーナリスト、書評、ブロードキャスターを経てノンフィクション作家に。
著書に"The Garden and the Gun: Journey inside Israel","Unhealed Wounds: France and the Klaus Barbie Affair" 他。

<訳者紹介>
篠原ちえみ（しのはら　ちえみ）
高校講師、雑誌ライターを経て1999年カナダへ移住。カナダの日本語新聞に寄稿する傍ら、フリーランス翻訳者として活躍。2000年9月よりトロント大学で政治学を専攻。
著書に『移民のまちで暮らす カナダ・マルチカルチュラリズムの試み』（社会評論社、2003年）。

歴史の影　恥辱と贖罪の場所で

2004年8月15日　初版第1刷発行

著　者――アーナ・パリス
訳　者――篠原ちえみ
装　幀――桑谷速人
発行人――松田健二
発行所――株式会社社会評論社
東京都文京区本郷2－3－10
☎ 03(3814)3861　FAX. 03(3818)2808
http://www.shahyo.com
印　刷――互恵印刷＋東光印刷
製　本――東和製本

Printed in Japan　ISBN4-7845-0556-3